# 中日联合江南地区民俗调查报告辑

福田亚细男
主　编

冯莉　何彬
执行主编

学苑出版社

## 编委会

（按姓名笔画排序）

主　　编：福田亚细男

执行主编：冯　莉　　何　彬

编　　委：小林忠雄　王　恬　　刘晔原　　刘铁梁

　　　　　陈勤建　　桥谷英子　菅　丰

# 编委会成员简介

福田亚细男　（日本）国立历史民俗博物馆名誉教授

冯　莉　　　中国民间文艺家协会理事，《民间文化论坛》执行主编，编审、研究员

何　彬　　　南京农业大学教授，（日本）东京都立大学名誉教授

小林忠雄　　（日本）加能民俗之会会长，原北陆大学未来创造学部教授

王　恬　　　浙江省民间文艺家协会副主席兼秘书长，研究馆员

刘晔原　　　中国传媒大学教授，博士生导师；中国民间文学出版大系专家组专家，歌谣组组长

刘铁梁　　　北京师范大学文学院教授，山东大学人文社科一级教授；中国民间文艺家协会顾问，北京市文史研究馆馆员

陈勤建　　　华东师范大学终身教授，上海市非物质文化遗产保护专家委员会副主任

桥谷英子　　（日本）东洋文库研究员，新潟大学名誉教授

菅　丰　　　（日本）东京大学东洋文化研究所教授

# 编辑说明

本书是一套反映 20 世纪末至 21 世纪初中国江南地区民俗学研究的资料性文集。1989—2010 年，由福田亚细男教授主持，中日两国学者联合就中国江南地区民俗生产、民俗变化动态过程开展了 6 期村落田野调查，这是中日学术交流史上首次由中日民俗学者共同完成的村落民俗调查与民俗志书写的科学实践。

6 期调查报告分别于 1992 年、1995 年、1999 年、2001 年、2006 年、2011 年印刷，仅在小范围作成果分享，并未正式出版。本次为全球首次公开出版，将 6 辑报告统一规格，并定名为《中日联合江南地区民俗调查报告辑》。本书共汇集 56 位学者的调查报告 120 余篇，记录了当时的村落民俗风貌，为现今的研究提供了大量珍贵的资料。

本套书收录原调查报告分 6 辑，分别为：

1992 年《中国江南民俗文化——中日农耕文化比较》

1995 年《中国浙江民俗文化——环东海农耕文化民俗学研究》

1999 年《中国浙南民俗文化——环东海农耕文化民俗学研究》

2001 年《中国江南村落民俗志研究——上海近郊村落民俗》

2006 年《中国江南沿海村落民俗志——浙江省象山县东门岛和温岭市箬山》

2011 年《中国江南山区民俗文化及变迁——浙江省江山市廿八都和龙游县三门源》

因本套书收录的 6 辑报告时间跨度较大，为最大限度呈现报告所对应的文化时代，保留了当时报告的写作用词风格，尊重中日用字及符号的差异，未作硬性统一。因原 6 辑报告时间延续性较长，且实际印刷行尺寸不一，本次出版为了更好呈现原报告内文及提供良好阅读体验，对以下几方面进行了调整：

1. 总书名及分册名。本次出版将原 6 册报告汇编，定名为《中日联合江南地区民俗调查报告辑》。分册标题页将原报告日文标题翻译为中文，并在背面呈现原报告标题、年份等信息。

2. 本次出版新增总序，由主编福田亚细男教授作序、彭伟文教授翻译。

3. 特设编委会，负责出版过程中组织、协商等事宜。本书作者众多，原报告

无作者介绍，此次未一一增补，仅对编委会成员增加介绍。

4.原报告每辑的开头均有一篇介绍研究经过和调查地概况以及研究组织的文章，仅有日文，本次出版以原样呈现为基本准则，保持原有形式，不再另行翻译。

5.版式。原报告包含扉页、前言、目录、正文、发行印刷信息等内容。每本报告因年代不同，并非同一尺寸。本次出版为了最大化呈现原报告结构，保留原分册标题、版本等信息，并将开本尺寸、内文版式作了统一。因尺寸的修改，对内文作重新排版，并修正原有报告版式断行、错行等问题。

6.目录。原报告每辑仅有日文目录，本次增设中文目录。

7.摘要。本书每篇文后有相对应的摘要，中文报告摘要为日文，日文报告摘要为中文。其中，第一辑中周星《话说泰山石敢当》一文无对应摘要，该文原计划由小熊诚撰写文章摘要，后写作时拓展成长文《石敢当小考——围绕周星论文的要旨及其评论》，原报告按独立文章处理呈现。此两篇文章遵照原报告处理，本次出版不再另补充摘要。

8.注释。原报告均为文后尾注，为了方便阅读，本次出版统一将尾注改为页下注，原注释内提示内容根据实际页码进行了调改。

9.图片和表格。由于中文与日文在出版规范上的差异，我们并未将两方文章图表名、注作硬性统一，仅编排序号在原报告基础上作了全书统一。因时间跨度大，许多内文图片没有电子文件，现书中所用图片均为扫描原报告后加工使用，特说明。

10.内文以最大限度呈现原报告内容为原则，涉及的人物、地域划分等信息均以写作时间为准，不做修改。仅在内文出现明显错误、严重影响阅读、引起歧义等处做修改，如多字、少字、错字、别字等。

# 总　序

## 1. 长达 20 年的共同研究

1992 年到 2011 年 20 年间陆续刊行的 6 册中日合作江南调查报告书，这次得到了在中国复刻出版的机会。这是我一直以来心怀愿望，但又觉得无法实现的事，能够得偿所愿，实在是令人欣喜。日本和中国的民俗学研究者一起进行 20 余年的长期调查研究，在中日间漫长的学术交流史上，恐怕都无法见到第二个同样的例子。参与过这个共同调查研究的各位，理应引以为荣。

这个长期进行共同调查研究的计划，并非从一开始就是如此。首先，中日两国的研究者一起进行田野调查，这本身就没有先例。只要完成一次这样的调查，就已经值得赞许。日文和中文这两种日常语言之间的差异，首先就是一个既存的障碍。仅仅是研究者之间的沟通就已经极为困难，这一点在最初就已经预想到了。接下来的问题是，进入中国的村落社会之后，对当地人进行以访谈为主要方法的调查，其困难又更进一层。尤其是对日本方面的研究者来说，这是一个严重的问题。当然，在日本也有不少对中国社会、中国文化进行研究的学者，一直以来都使用中文进行研究并到中国访问。但是，民俗学研究者则大多专注于对日本的调查研究，完全没有在中国进行调查研究的经验。在明知道会有这些困难的情况下，构想中日共同实施的调查研究，并在实现后持续 20 年之久，其原因要从它的起点说起。

## 2. 民俗学学术交流的开始

日本的民俗学是作为一国民俗学成立的，其视野限定在形成于日本列岛，并在这里发展的生活文化。对其进行细致的调查研究，促使对日本的既有理解得到了修正，取得了很多成果。在这些积累的基础上，国立历史民俗博物馆在 1981 年成立。虽然这家博物馆是作为对日本历史进行研究和展示的博物馆而设立的，但并不只是一直以来那种通过文字资料究明历史的传统日本史学，还对等地加入

了考古学与民俗学，是一家以历史学、考古学、民俗学三学科协作为目标的博物馆。并且，在设立之初，它就不是以展览为中心的博物馆，而是以研究为中心，展示研究成果的博物馆。同时，它还有一个定位，就是供大学的研究者共同使用的大学公用机构。

在这座日本最早的以三学科协作为目标的博物馆，民俗研究部被认为是重要构成部分，按计划配置有共计 13 名民俗学研究者。当时，在日本设有民俗学课程的大学非常少，而有专任教师的大学则更少，即便有也不过是一两名而已。从这一点就可以看出，国立历史民俗博物馆的民俗研究部，对民俗学来说是多么重要的存在，它无疑是当时日本代表性的民俗学研究机构。

在国立历史民俗博物馆民俗研究部工作的研究者，对自己是日本代表性民俗学研究机构的一员这一点，也有充分认识。尤其是担任第一任民俗研究部长的坪井洋文，这种意识特别强烈，怀有巨大的使命感。他认为，国立历史民俗博物馆必须代表日本和世界各地的民俗学研究者进行交流，承担起发展民俗学的责任。早在 1985 年，坪井先生就已经到中国贵州省东部的黔东南苗族侗族自治州进行过民俗调查。当时，得到了贵州民族学院和贵州省民间文艺家协会的大力支持。在黔期间还通过座谈会、演讲等形式进行了学术交流。次年，坪井先生获得日本政府文部省支给的科学研究费补助金（海外学术调查），在贵州省西北部的威宁彝族回族苗族自治县进行调查。1987、1988 年又进行了再调查。

这些在贵州省的调查，部分原因是受到当时日本研究趋势的影响。在日本，很早就有关于日本人和日本文化源头的讨论，当时吸引了很多人的学说之一，是向中国西南的少数民族寻求根源。关注日本民族起源的人们造访云南省和贵州省，希望发现这些地方的民族和日本之间文化上的共通性和类似性，以证明日本文化的故乡在那里。但是，这是将文化中的个别要素抽取出来，寻找其表面类似性的做法。坪井先生的调查包含了对这些现象的批判，以深入地方，把握和理解民俗的整体样貌为目标。我也参加了这一系列调查，和坪井先生一起行动，有着相同的使命感。

中国西南和日本之间有很远的距离，在两地之间，是汉族居住的广大地区。那种无视汉族文化的根源论显然存在是有问题的。日本人自古以来就备感亲近的中国江南地区，在中国历史上有重要地位，没有对这一地区的理解，当然就不可能理解中国文化。我们认为，应该首先放下简单的根源论，或放弃表面的比较，

把握和理解包括汉族在内的中国民俗文化。对于最初的研究区域，我们首先想到了江南地区。而且，理所当然地要考察中国的民俗文化，中国民俗学研究者的帮助是必不可少的。实际上，我们希望共同进行研究，并且摸索了这种可能性。

以上，就是出于日本方面的考虑进行江南调查的前提。

### 3. 共同研究的构想

我第一次造访北京，是在1985年3月。那是一次私人旅行，在京期间，对北京师范大学进行了为期一天的访问，和中国民俗学代表性研究者钟敬文先生见面。安排这次见面的，是此前到国立历史民俗博物馆访问交流的张紫晨先生。当天，王汝澜先生到我入住的宾馆来迎接，带我到北京师范大学。面对不懂汉语的福田，王先生亲切地用流畅的日语进行交谈，帮了略感紧张的福田大忙，使其后内容充实的会谈得以实现。在北京师范大学，以钟敬文先生为首，张紫晨、刘魁立、王汝澜以及其他几位研究者参加了这次会谈。仰赖于王先生准确的翻译，谈话的内容很充实。

在这次会谈之前不久，日本研究者已经开始到中国访问，进行研究交流，但到访的日本研究者大多是研究中国民间文艺学的。日本的民俗学者到中国访问、研究交流，还几乎没有过。中国研究者关于日本民俗学的信息，也大多来自研究中国民间文艺学的日本研究者。就这一点而言，恐怕可以说，这次会谈几乎就是日本民俗学研究者和中国民俗学研究者进行的最早的会谈。钟敬文先生对日本的民俗学研究状况有非常强烈的兴趣，问了各种各样的问题。同时，双方还互相确认，今后有必要更多地进行中日民俗学的学术交流。

几个月后，福田又再次见到了钟敬文先生和张紫晨先生、刘魁立先生。1985年6月，国立历史民俗博物馆相关人员30多人访问了中国，其中包括民俗研究部的成员。整个访问团在文化部的安排下，访问了北京、大同、太原、西安。在北京，访问者们与中国社会科学院和中国民俗学会的相关人士见了面，进行了亲切的交流。这次会面并没有讨论深入细致的交流计划，但是借此机会，确认了中日民俗学研究者今后进一步交流的纲领。其具体化，则留待下次机会再进行。

1987年7月，坪井洋文和福田访问了北京。这次是私人旅行，但目的是和中国民俗学的代表性研究者见面，讨论中日民俗学研究者今后的交流计划。二人

连日和中国民俗学研究者会面，访问民俗学研究者所属的机构或团体。其中最重要的一次，是访问北京师范大学。在这里，两人和钟敬文、张紫晨两位先生进行了会谈，就具体的研究交流计划进行了讨论。说到研究交流，一般的印象是研究者互相访问，举办研究会或研讨会，进行学术报告，但坪井和福田准备的计划并非如此，而是中日民俗学研究者一起在中国江南地区展开民俗调查，共同讨论其成果，共同将研究成果整理出来并刊行报告书。对于这一提案，钟敬文先生表现出极大兴趣，赞成对其加以具体化。对研究计划进行具体化的实际工作，由张紫晨先生和福田协商推进。那以后，两人保持紧密联系，完成了研究计划的拟定。研究的必要经费通过申请日本政府文部省的科学研究补助金（海外学术研究）解决，由福田撰写具体研究实施计划，坪井洋文先生作为研究代表提出申请，研究题目定为"日本与中国的农耕文化比较研究——中国江南地区的民俗调查"。由于研究代表坪井先生在1988年8月去世，福田代替其成为代表。

**4. 调查研究的开始和经过**

很幸运，我们的研究计划顺利入选，1989年开始了为期3年的研究项目。由于日本的会计年度是从4月到翌年3月，故研究时间为1989年4月到1992年3月。我们根据预计获批的研究费金额制定研究计划，和中国方面的研究者互相联系，开始了准备工作。但是，获批的研究费相对于申请金额被大幅缩减。因此，我们相对于申请时的研究计划，缩小了研究对象区域和研究团队规模，缩短了调查日程。变化最大的是，原计划以江苏省、浙江省、福建省为调查对象，收缩为江苏省和浙江省，从第二年起，进一步将对象地区限定在浙江省。

由于种种原因，调查的实施是从1990年3月开始的。中日双方各9名研究者组成调查团，加上5位长年在江苏省和浙江省从事民俗学研究的学者作为协助研究者，又请了两名日语熟练的北京师范大学民俗学专业研究生加入。这样大规模的一行人，全部都以相同的日程参加了调查。当时道路状况不好，路上需要很多时间，但长时间挤在小型巴士上，让大家变得亲近起来，在调查研究方面加深了相互了解，也得到了促进相互交流调查资料的机会。

第一期调查在1990年3月、1991年3月，以及1991年10月（只有日本方面的研究者参加）共实施了3次，于1992年3月顺利刊行了研究成果报告书。1990年12月，中国方面的10位研究者访问日本，在国立历史民俗博物馆举行了

研究成果讨论会,并在千叶县佐仓市、茨城县牛久市以及冲绳县读谷村进行了民俗调查。尤其是在冲绳,对读谷村的两座村落进行了调查,收获了很多成果。在第一期调查期间,中日双方都提出,这种合作关系仅止于这次共同调查实在可惜的看法。尤其是中方代表张紫晨先生,表达了特别强烈的意愿。日本方面的意愿也很强烈,遂决定计划第二期调查。因为这是就进行中的共同调查的下一步计划提出申请,中日间的联系和协调也很顺利。和1991年的第一期同样,以"环东海农耕文化的民俗学调查"为题申请了文部省科学研究费(国际学术研究)。此外,第二期计划的规模相比第一期缩小了,研究对象限定在浙江省的3个地方,研究团队的规模也有所缩小。尤其是在研究团队方面,计划调查中国西南少数民族的民俗,而不是江南地区的中日研究者分离出去,另外申请研究费实施调查。由于中国方面的代表张紫晨先生去世,中国民间文艺家协会的林相泰参加进来,担任中国方面的代表。

就这样,在研究实施的过程中构思下一次的研究计划,以申请科学研究费并获得立项为前提,中日研究者进行协商,或是和准备调查的地方的研究组织、团体商议,进而通过地方文联等向设定为对象调查点的市县或镇的政府机关联系申请,毫不懈怠地进行准备。研究计划也不是纸上谈兵,而是有可操作性的内容和可预见的研究成果。正因为如此,实现了长达20年的6期调查研究,研究计划几乎连续性地得到立项通过,这是一般情况下不可能做到的。全部6期的调查研究概要整理出来如下表所示。此外,随着我离开国立历史民俗博物馆,对接单位也先后改为成新潟大学和神奈川大学,但研究团队基本维持不变。

| 期次 | 研究时间 | 调查地区 | 成果报告书(刊行年月) |
|---|---|---|---|
| I | 1989年—1991年(3年) | 江苏省苏州市常熟市白茆乡;浙江省金华县曹宅镇,兰溪市姚村;丽水市山根村、敏河村、堰头村 | 《中国江南民俗文化——中日农耕文化比较》(1992年3月) |
| II | 1992年—1993年(2年) | 浙江省湖州市小梅村、东明村;嘉兴市桐乡县利星村;宁波市奉化市崎山,余姚市河姆村,象山县溪东村;温州市永嘉县廊下村、花担村,吴坑村,瑞安市东溪村,苍南县田贡村、碗窑村 | 《中国浙江民俗文化——环东海农耕文化民俗学研究》(1995年6月) |

续表

| 期次 | 研究时间 | 调查地区 | 成果报告书（刊行年月） |
| --- | --- | --- | --- |
| Ⅲ | 1996年—1998年<br>（3年） | 浙江省丽水市碧湖镇、灯塔村、黄桂村，景宁畲族自治县西岸底村、惠明寺村，青田县洲头村；温州市瓯海区黄坑村、周岙村，永嘉县廊下村、小溪村、蓬溪村 | 《中国浙南民俗文化——环东海农耕文化民俗学研究》（1999年3月） |
| Ⅳ | 1999年—2000年<br>（2年） | 上海市松江区张泽镇、车墩镇 | 《中国江南村落民俗志研究——上海近郊村落民俗》（2001年2月） |
| Ⅴ | 2002年—2005年<br>（4年） | 浙江省象山县东门岛、温岭市箬山 | 《中国江南沿海村落民俗志——浙江省象山县东门岛和温岭市箬山》（2006年3月） |
| Ⅵ | 2007年—2010年<br>（4年） | 浙江省江山市廿八都镇、龙游县三门源村 | 《中国江南山区民俗文化及变迁——浙江省江山市廿八都和龙游县三门源》（2011年3月） |

### 5. 研究成果及意义

在20年间分6期实施的中日联合江南地区民俗调查，其最大的成果就是进行长期的连续性共同调查这件事本身，应该说这是有学术意义的。必须说，中日两国的民俗学研究者以特定的田野调查地为对象，全员按照同一日程实施调查，这就足以令人吃惊。虽然调查本身是基于各位研究者自己负责设计的调查计划进行的，但在对同一对象按照同一日程进行调查过程中，实现了调查信息的相互交换和调查着眼点的共享。一起进行田野调查的中日研究者，作为研究者相互信任、互相指导，增加了调查内容的深度。由于日本和中国一样使用汉字，所以会有轻易地认为同样的文字所指事象相同的倾向。但是，从民俗的层面看来，相同的文字所表示的内容，在日本和中国大不相同的现象有很多。日本的研究者有带着日本式的汉字理解进入调查，以日本的汉字记录调查结果的倾向。在这次共同调查中，这样的错误得到了纠正。这种理解，随着一次次调查不断加深。同样的，中国学者对日本民俗的理解，可以说情况亦是如此。

日本民俗学一直是以建立在田野调查上的研究作为基础的。这种形式在当时应该对中国学者有很大参考意义。因为在那之前，在特定地区进行数年的连续调查这种方式，中国学者还未采用。对这种在同一地区长达数年的持续调查，中国学者最初似乎感到困惑，但逐渐理解了它的有效性，对同一地区进行调查研究的时间设定也开始长期化。尤其是第五期和第六期，分别在同一地区进行了4年的调查，对该地的民俗传承进行了广泛而深入的把握，成果报告书的篇幅就说明了这一点。

这种为期数年的长期调查，首先将第一年定位为预备调查，在对象地区实施广域的调查，即对多个调查地进行1-2天的短时间访问，把握概况，对其结果进行检讨；第二年对调查对象地点进行精选，花较长时间进行正式调查。在调查地，我们和当地人也成了"老朋友"，调查得以融洽地推进；在最后一年，参加者各自将调查的经过写成报告论文，刊行研究成果报告书，但在这一过程会出现不少有疑问的地方，因此会进行以确认这些问题为中心的补充调查。在3年或4年的研究计划得到批准的第一期、第三期、第五期、第六期，第一年设定为预备调查，第二年和第三年设定为正式调查，最后一年则设定为补充调查。这种预备调查、正式调查、补充调查的三阶段式调查，在日本也比较少使用，在中国的民俗调查中应该也没有先例。通过三个阶段让调查逐步深入这种方式使江南调查得以成功实现，今后也可能会在日本和中国成为民俗调查的基本方式。

此前，无论在日本还是中国，都没有对民俗调查对象区域有明确意识地加以把握。在日本，民俗调查的结果被冠以"民俗志"之名刊行一事古已有之，但民俗传承的单位是模糊的。这种倾向一直持续到20世纪80年代。在我们的江南调查中，调查对象基本设定为村。经过预备调查，确定具体的村为调查对象。按照中国的行政区划，市、县之下是镇或乡，镇或乡之下设村。在村里组织有村民委员会，设有村民委员会主任等职。村以聚落作为基础，看似可以作为村落加以把握，但并不能说就一定是历史上形成的村落。这一点在当地是有自觉认识的。设置村民委员会的村被称为"行政村"，相对的，以聚落作为基础的组织被称为"自然村"加以区别，这样的现象广泛存在。由于我们的调查是在行政机关的许可和支持之下进行的，必然是以"行政村"作为调查单位。但是，在每个调查地，"行政村"以外都还有"自然村"。一个"行政村"包含多个"自然村"是很常见的，相反的情况也不少。我们努力将"行政村"和"自然村"两者都纳入视

野，在其相互关系中对民俗加以把握。这一视角，不仅对中国的民俗研究，对日本的民俗调查研究应该也会带来很多启发。

1990年之后的20年，是中国社会经济迅速发展、生活剧烈变化的时期。"改革开放"给中国带来了巨大的变化，尤其是在位于沿海区域的江南地区更为显著。我们的调查就是在这个时期进行的，当然也目睹和记录了这些变化。在1990年开始的第一期调查中，到达调查地时往往会有大量村民出来围观我们，人山人海。但是，这种现象很快就消失了。沉下心来稍微一想，甚至会因为很少能见到人而感到冷清。我们看到了解放后变成工作间或杂物间的祠堂逐渐恢复原有功能的现象，也看到了此前一直被藏起来的族谱，同时，看到新编纂的族谱的机会也多了起来。因为第四期的调查地是上海近郊的农村，我们访问了变化很大，整齐排列着新建筑的聚落。

此外，这20年也是中国对民俗的认识和态度发生巨大变化的时期。第一期调查得以实现，也是因为有了这种变化，虽然当时民俗仍然被认为是封建制度的残渣，是应该被消灭的东西。但是，从第二期开始，民俗作为人们自古继承至今的生活文化得到认可，被视作有价值的存在。同时，伴随着都市的急剧发展，在这些地方消失的，被称为传统的生活空间、事物成为观光对象。因在经济上稍微有些落后而得以保存下来的市街、村落，作为古镇、古村受到瞩目并得到保护，进而被修缮和改造，以吸引更多观光客。我们的调查对象区域也包含了很多这样的古镇、古村。此外，在日本被称作无形文化遗产，在中国被称作非物质文化遗产的事物受到关注，来自国家的保护事业得到大力推行，民俗学研究也深入参与其中。我们的调查也开始将古镇、古村以及非物质文化遗产保护纳入视野，这些现象对地方产生的影响以及带来的变化也成为我们的课题。可以说，这6册成果报告书也承担了将变化的江南地区民俗记录下来，留给后世的重大任务。

### 6. 感激之情

对于中日联合江南调查这一由日本和中国的民俗学研究者共同进行的长期民俗调查，虽然我们自认为取得了巨大成果，自诩为中日双方的民俗学研究发展做出巨大贡献，但毋庸置疑，持续实施这一共同调查，并非只靠研究者的努力就能够实现。

首先必须感谢的，是在各个调查地接受我们的访谈，和我们聊了很多的人

们。他们当中有一多半是亲身经历过半世纪前日本侵略的人。听说在最初接受调查的时候，有人发出了"我们曾经深受日军之苦，为什么要帮日本人？"的疑问和反对的声音。其中，还有人对我们坦言自己在日军的空袭中失去了父母。他们就是这样一边心存芥蒂，一边配合我们的调查。我们也就父祖辈的侵略行为进行了真诚的反省，并清楚地表达了我们的反省之意。当地的人们一边克制着心中的不快，一边亲切地接待我们，积极地配合我们的调查，令人不胜感激。在6期的调查中麻烦过非常多的人，每次翻看当时的照片，都会一一想起当初麻烦他们的情景，那都是令人怀念的老朋友。

其次要感谢的，是使调查得以实施的各个机构和团体。能够从日本到中国，和中国民俗学研究者进行共同调查，完全是因为得到了很多人以及机构和团体的理解与支持。不能忘记这一点。同意实施调查，给日本民俗学研究者发出邀请函的国家教育委员会、中国文联、北京师范大学、华东师范大学、中国社会科学院民族文学研究所等相关单位，以及为安排调查地不辞劳苦的来自中国民间文艺家协会、江苏省社会科学院、浙江省文联、浙江省民间文艺家协会、华东师范大学的各位人士，还有接受委托在具体调查地认真准备的江苏省常熟市，上海市松江区，浙江省湖州市、桐乡县、宁波市、余姚市、奉化市、象山县、温岭市、金华市、兰溪市、衢州市、江山市、开化县、龙游县、丽水市、景宁畲族自治县、青田县、温州市、苍南县、瑞安市、永嘉县的人民政府外事办公室、文联、民间文艺家协会，在此向这些机构和团体的各位表达诚挚的谢意。尤其是对在浙江省的调查中一直帮助我们的浙江省文联、浙江省民间文艺家协会的陈德来、王恬、程士庆，感激之情，无以言表。此外，还要感谢在调查地亲切地接待和配合我们的村民委员会、文化馆的各位人士。无论在哪里，都是人数超过20人的团员连日到访，搅扰得当地喧嚣不宁，有赖于各位的妥善处理，调查才得以顺利进行。

最后，必须感谢担任翻译的人们。日本方面的学者大都不懂中文，没有翻译将一筹莫展。同时，中国方面的学者也很难听懂当地的方言。因此，我们的调查必须依赖众多的日语翻译和方言翻译。在日语翻译方面，很多来自不同机构的人都加入团队承担了翻译工作，尤其是浙江省农业科学院的朱富云先生、浙江工业大学的徐萍飞女士，给了我们很多帮助。第五期、第六期得到了很多日语专业学生的帮助，但仍然是在徐萍飞女士的指导下实现的。方言翻译则仰赖于各地民间文艺家协会或文化馆的各位人士。全赖有各位准确的翻译和解说，我们才能进行记录。

调查就是这样在很多的机构和团体，以及众多的个人支持之下才得以实施的。通过这 6 期调查，不仅民俗学和民俗学者的中日合作关系得以发展，加深了相互之间的理解；在普通人当中也实现了中日间的相互理解，并产生了友谊。在中国学者访问日本进行调查时，可以说也同样如此。

这 6 册研究成果报告书都曾只有少量印刷，即便是专业研究者也很少有机会得到。感谢学苑出版社决定将这些有纪念意义的报告书一次性复刻刊行。不仅是研究者，很多对中国江南地区民俗抱有兴趣的人，也可以很容易地读到了。印刷这些汉文和日文混合的报告书，是一项比预想更困难的作业。向妥善处理这些问题，将这些报告书完美地刊行出来的学苑出版社各位人士表示衷心感谢。

福田亚细男

2022 年 4 月

（彭伟文　译）

# 総　序

## 1. 20年に及ぶ共同研究

　この度、1992年から2011年までの20年間に刊行した日中共同江南調査報告書6冊が機会を得て中国で復刊されることとなった。願ってはいながらなかなか実現しないことと思っていたことがここに見事に達成できたことを本当に嬉しく思う。日本と中国の民俗学研究者が共同して20年に及ぶ長期にわたり調査研究したことは恐らく長い日中の学術交流の歴史のなかでもほとんど例を見ないことだと思われる。この共同調査研究に関係した皆さんはそれを誇りとしなければならない。

　当初からこのような共同調査研究を長期に続けるという計画ではなかった。先ず日中の研究者が共同してフィールドワークをするということ自体が未経験のことであった。それが一回でも成功すればそれだけで賞賛に値するものだった。日本語と中国語という日常言語の相違が先ず障害として存在した。研究者間のコミュニケーションだけでも困難を極めることは最初から予想されていた。さらに中国の村落社会に入って地元の人たちから主として聞き書きという方法で調査することの困難性はそれ以上に大きな障害として浮かび上がっていた。これは特に日本側の研究者にとっては深刻な問題であった。もちろん日本においても中国社会・中国文化を研究する、いわゆる中国研究者は少なからずおり、中国語を駆使して中国を訪れ研究してきた。しかし、民俗学研究者の大部分は日本での調査研究に専念し、中国での調査研究経験は皆無であった。そのことが分かっていながら、日中共同の調査研究を構想し、さらにその実現後に20年に及んで継続したのには、その出発に理由があった。

## 2. 民俗学における学術交流の開始

　日本の民俗学は一国民俗学として成立し、日本列島で形成し、展開してきた生活文化に視野を限定し、緻密な調査研究を行い、それまでの日本理解に訂正を迫る成果を挙げてきた。その蓄積を基礎に1981年国立歴史民俗博物館が設

立された。この博物館は日本歴史を研究し展示する博物館として設立されたが、従来の文字資料で明らかにされるオーソドックスな日本史ではなく、考古学と民俗学も対等に加わった歴史学、考古学、民俗学の三学協業を目指した博物館であった。しかもその設立にあたっては、展示を中心とした博物館ではなく、研究を中心とし、研究成果を展示する博物館であり、また大学の研究者が共同利用して研究する大学共同利用機関として位置付けられた。

　民俗研究部は、日本で初めての三学協業を目指した研究博物館の一翼を担う存在として位置付けられ、計画では全部で13名の民俗学研究者が配置されることになっていた。当時、日本では民俗学を教える大学はごくわずかであり、しかも専任教員がいる大学はさらに少なかった。いるとしても1名か2名であった。それから見れば、国立歴史民俗博物館民俗研究部が如何に民俗学にとって大きな存在か分かるであろう。間違いなく、日本を代表する民俗学研究機関であった。

　国立歴史民俗博物館民俗研究部に赴任した研究者は自分たちが日本を代表する民俗学研究機関の一員であることを十分に自覚していた。特に、初代の民俗研究部長に就任した坪井洋文さんにはその思いは強く、使命感に燃えていた。国立歴史民俗博物館が日本を代表して世界各地の民俗学研究者と交流し、民俗学の発展を担わなければならないと考えた。すでに坪井さんは1985年に中国貴州省東部の黔東南苗族侗族自治州を訪れ民俗調査を行っていた。その際には、貴州民族学院や貴州省民間文芸家協会からの大きな支援があり、滞在中には座談会や講演を通しての学術交流を行った。これは翌年には日本政府文部省の科学研究費補助金（海外学術調査）の交付を受けての貴州省の西北部の威寧彝族回族苗族自治県での調査、さらに1987・88年度の黔東南自治州での再調査となった。

　この貴州省での調査は当時の日本における研究動向に影響された面があった。日本では日本人と日本文化のルーツが古くから論じられてきたが、当時多くの人びとが惹きつけられた説が西南中国の少数民族にそのルーツを求めるものであった。日本民族の起源に関心を持つ人びとが雲南省や貴州省を訪れ、その地方の少数民族と日本との間の文化の共通性や類似性を発見し、日本人の故郷をそこに設定しようとしていた。しかし、それは文化の個別要素を取りだして表面的な類似

性を見つけることであった。それへの批判を込めて、地域に深く入って民俗の全体像を把握し理解することを目指したものであった。この一連の調査には福田アジオも参加し、坪井さんと共に行動し、使命感を共有するにいたった。

　西南中国と日本との間には大きな距離があり、その間には言うまでもなく漢族が居住する広大な地域がある。漢族の文化を無視してのルーツ論には問題があることは明白である。日本でも古くから人びとが親しみを感じている長江（揚子江）から南の江南地方は中国の歴史において重要な地方であり、そこの理解なくしては中国文化の理解は不可能であることは言うまでもない。私たちは、安易なルーツ論を批判し、また表面的な比較を止め、漢族も含めた中国の民俗文化を把握し理解することが先ずなされるべきだと考えるにいたった。その最初の研究対象地域として江南地方が浮かび上がった。そして当然のことながら、中国の民俗文化を考察するには、中国の民俗学研究者との協力は不可欠であり、むしろ共同して研究することが望ましいと考えることになり、その可能性を模索した。

　以上は、日本側の事情による江南調査への取り組みの前提である。

## 3. 共同研究の構想

　福田アジオは1985年3月に初めて北京を訪れた。これは個人的な旅行であったが、滞在中の一日北京師範大学を訪れ、中国の代表的民俗学研究者である鐘敬文さんにお会いする機会を得た。これを設定してくれたのは、その前に国立歴史民俗博物館を訪問し交流をしていた張紫晨さんだった。当日は私の泊まっているホテルまで王汝瀾さんが迎えに来て、北京師範大学までご案内下さった。中国語の出来ない福田に優しく流暢に日本語で話しかけて下さった王さんは緊張気味であった福田を助けて下さり、その後の面談を内容あるものにした。北京師範大学では、鐘敬文さんはじめ、張紫晨、劉魁立、王汝瀾その他何人かの研究者が出席し、王さんの適切な通訳で、内容ある面談となった。

　しばらく前から日本の研究者が中国を訪れ、研究交流することは始まっていたが、訪れる日本人研究者は中国を研究する研究者であり、分野的には口承文芸の研究者であった。日本の民俗学研究者が中国を訪問して研究交流することは未だほとんどなかった。日本の民俗学についての情報も中国の口承文芸を研

究する研究者からのものであった。その点では、これが日本の民俗学研究者が中国の民俗学研究者と面談するほぼ最初の例であったと言えるかも知れない。鐘敬文さんは日本の民俗学の研究状況に非常に強い関心を持っていて、種々質問をされた。そしてこれからも日中民俗学の学術交流を重ねることの必要性を互いに確認した。

それからわずか数ヶ月後に福田は再び鐘敬文さんはじめ張紫晨さんや劉魁立さんとお目にかかることとなった。1985年6月、国立歴史民俗博物館の関係者30名余りが中国を訪問することになり、その中には大勢の民俗研究部の人間も含まれていた。旅行全体は文化部の世話で北京、大同、太原、西安を巡るものであったが、北京では民俗学研究者は社会科学院で中国民俗学会の関係者と会い、親しく交流した。この会合は踏み込んだ交流計画を検討するのではなく、これを機会に日中の民俗学研究者の一層の交流を図るという総論的な確認をするものであった。その具体化は次の機会に委ねられた。

その2年後の1987年7月に坪井洋文さんと福田は北京を訪れた。これはやはり個人的な旅行であったが、北京で中国の代表的な民俗学研究者に会い、日中の民俗学研究者の今後の交流計画を具体化することを目的としていた。北京で連日民俗学研究者と会い、また民俗学研究者の属する機関や団体を訪れて交流した。そのなかで最も重要な訪問が北京師範大学を訪れたことである。そこで鐘敬文さん、張紫晨さんと面談し、具体的な研究交流計画について協議した。研究交流というと一般的なイメージでは、研究者が相互に訪問して、研究会やシンポジウムを開いて研究発表をすることであったが、坪井と福田が準備していたのはそれとは異なった。日中の民俗学研究者が合同して江南地方で民俗調査を行い、その成果を共同で検討し、共同で研究成果をまとめて報告書を刊行するというものであった。この提案に対して、鐘敬文さんは大変強い関心を示し、その具体化に賛同した。実際の研究計画の具体化は張紫晨さんと福田との間で協議して進めることになった。これ以降、二人は緊密な連絡をとりあい、研究計画を練り上げた。研究に必要な経費は日本政府文部省の科学研究費補助金（海外学術研究）を申請することにし、その具体的な研究実施計画を主として福田が作成し、坪井洋文さんが研究代表者となって申請した。研究題目は「日本と中国との農耕文化の比較研究―中国江南地方の民俗調査―」とした。

なお、研究代表者の坪井さんは1988年8月に亡くなったので、替わって福田が代表を務めた。

## 4. 調査研究の開始と経過

　幸いなことに私たちの研究計画は1989年度からの3年間の研究として無事採択された。日本の会計年度は4月から始まり翌年3月までであるので、研究期間は1989年4月から1992年3月までであった。認められた研究費の交付予定額にもとづいて具体的な研究計画を作成し、中国側研究者とも連絡を取り合い、準備を始めた。これはこれ以降どの期の研究でも同じであったが、認められた研究費は申請額に対して大きく減額された。そのため、申請した研究計画よりも研究対象地域を狭め、研究組織を縮小し、調査日程も短縮するなどの対応をすることになった。最大の変更は、研究計画では江蘇省、浙江省、福建省を調査対象とすることとしていたが、それを江蘇省と浙江省に絞ったことである。そして2年度目からはさらに対象地域を浙江省に限定することになった。

　1989年度は諸般の事情で調査の実施が年度末の1990年3月とななった。日中双方各9名の研究者が調査団を組織し、加えて江蘇省と浙江省で長年民俗学研究に従事してきた研究者5名が研究協力者として加わり、さらに日本語に堪能な民俗学専攻の北京師範大学の大学院生2名に参加を求めた。この大規模な一行が全員同一日程で調査に取り組んだ。当時は未だ道路事情が良くなく、移動に多くの時間を要したが、そのマイクロバスの長時間の缶詰状態は互いを親しくし、調査研究についての相互理解を深め、また調査資料についての情報交換を促す機会となった。

　第一期の調査は、1990年3月、1991年3月、そして1991年10月（日本側研究者のみの参加）の3回実施し、1992年3月にその研究成果報告書を無事刊行した。また1990年12月には、中国側研究者10名が日本を訪れ、国立歴史民俗博物館で研究成果検討会を開くと共に、千葉県佐倉市、茨城県牛久市および沖縄県読谷村で民俗調査を実施した。特に沖縄では読谷村の2村落で調査を行い、多大の成果を挙げた。第一期の調査期間中に、この協力関係を今回の共同調査で終わらせるのは惜しいという意見が日中双方から出された。特に中国側代表の張紫晨さんがそのことを強く表明された。日本側でもその意見は

強く、第二期の調査を計画することになった。共同調査が進行中での次の計画の立案であったので、日中間の連絡調整も支障なく進み、1991年に第一期と同様に文部省科学研究費（国際学術研究）を「環東シナ海（東海）農耕文化の民俗学的研究」の題目で申請した。なお、第二期の計画では、一期よりも規模を小さくして、研究対象は浙江省の3地域に絞り、研究組織も小規模にした。特に、研究組織では、江南地方ではなく、西南中国の少数民族の民俗調査を構想する日中の研究者が分離して別に研究費を申請して、研究を実施することとなった。また中国側の代表者であった張紫晨さんが死去したため、中国民間文芸家協会の林相泰さんが加わって、中国側の代表を務めることになった。

このようにして、研究の実施期間中に次の研究計画を構想して、科学研究費を申請し、採択されることを前提に、日中の研究者が協議し、また予定している地方の研究組織や団体と相談し、さらに調査対象地域として想定した市県や鎮の政府機関にも地元の文聯などをとおして打診をし、準備怠りなく進めた。研究計画も、絵に描いた餅ではなく、実施可能な内容で研究成果も予測できるものであった。そのため、普通にはあり得ない、20年間に六期にわたり、ほぼ連続して研究計画が採択されることになったものと考えられる。全六期の調査研究の概要を整理して示せば、ほぼ以下の通りである。なお、研究代表者福田アジオの国立歴史民俗博物館からの転出に伴い、窓口は新潟大学、神奈川大学と変わったが、研究組織の基本は維持された。

|   | 研究期間（年度） | 調査地域 | 成果報告書（刊行年月） |
|---|---|---|---|
| I | 1989年度～1991年度（3年間） | 江蘇省常熟市白茆郷、浙江省金華市曹宅鎮、蘭渓市姚村、麗水市山根村、敏河村、堰頭村 | 『中国江南の民俗文化―日中農耕文化の比較―』（1992年3月） |
| II | 1992年度～1993年度（2年間） | 浙江省湖州市小梅村、東明村、桐郷県利星村、奉化市崎山、余姚市河姆村、寧波市渓東村 永嘉県廊下村、花担村、温州市呉坑村、瑞安市東渓村、蒼南県田貢村、碗窯村、 | 『中国浙江の民俗文化―環東シナ海（東海）農耕文化の民俗学的研究―』（1995年6月） |

前頁表の続き

| | 研究期間（年度） | 調査地域 | 成果報告書（刊行年月） |
|---|---|---|---|
| Ⅲ | 1996年度〜1998年度<br>（3年間） | 浙江省麗水市碧湖鎮、灯塔村、黄桂村、<br>景寧畬族自治県西岸底村、恵明寺村、<br>温州市黄坑村、周呑村、永嘉県廊下村、小渓村、蓬渓村 | 『中国浙南の民俗文化―環東シナ海（東海）農耕文化の民俗学的研究―』（1999年3月） |
| Ⅳ | 1999年度〜2000年度<br>（2年間） | 上海市松江区張沢鎮、車墩鎮 | 『中国江南村落の民俗誌的研究－上海近郊村落の民俗―』（2001年2月） |
| Ⅴ | 2002年度〜2005年度<br>（4年間） | 浙江省象山県東門島、温嶺市箬山 | 『中国江南沿海村落民俗誌―浙江省象山県東門島と温嶺市箬山―』（2006年3月） |
| Ⅵ | 2007年度〜2010年度<br>（4年間） | 浙江省江山市廿八都鎮、龍游県三門源村 | 『中国江南山間地域の民俗文化とその変容―浙江省江山市と龍游県三門源―』（2011年3月） |

## 5. 研究成果と意義

　20年間に六期にわたって実施した日中共同の江南民俗調査は、長期にわたって継続的に共同調査を行ったことが最大の成果であり、学術的な意義であると言える。日中両国の民俗学研究者が特定のフィールドを対象に全員同一日程で調査を実施したことは驚異的なことと言わねばならない。調査自体は各研究者の責任で設計された調査計画に基づいて行われたが、同じ対象を同じ日程で調査することで、互いに情報を交換し、調査上の着眼点を共有することが出来た。フィールドを共同する日中の研究者は、研究者として互いに信頼し、教え合い、調査の内容を深めた。日本と中国では、同じ漢字を用いているため、同じ文字が指し示す事項は同一であると安易に考える傾向がある。しかし、民俗レベルで見ると、同じ文字が意味する内容が日本と中国で大きく異なることも多い。日本の研究者は日本流の漢字理解で調査に臨み、日本の感覚で調査結果を記録することも行われがちである。今回の共同調査はその間違いを是正して

くれた。これは調査を重ねるなかで深められた。同じことは、中国側研究者の日本の民俗についての理解にも言えた。

　日本の民俗学はフィールドワークによる研究を基本にしてきた。そのあり方は中国の研究者にとって大きな参考となったものと思われる。特定の調査地を複数年にわたって継続的に調査する方式はそれまでの中国の民俗学研究ではほとんど採用されてこなかったので、この同一地域での複数年の継続調査は最初は中国側研究者に戸惑いがあったように感じられたが、次第にその有効性が理解され、同一地域に対する調査研究期間も長期に設定されるようになった。特に第五期、第六期の調査はそれぞれ4年間もの間同一地域の調査を行い、地域の民俗伝承を幅広く、また深く把握することとなり、そのことが成果報告書の分量に示された。

　複数年にわたる長期の調査は、先ず最初の年を予備調査と位置付け、対象の地域での広域調査を実施した。多くの調査地に一日か二日の短期間訪れて概況を把握し、その結果を検討し、翌年度には調査対象地を絞り込んで日数を費やしての本調査を行った。本調査は限られた特定の調査地に日数多く、しかも反復訪問して調査を行った。調査地では地域の人びととも「老朋友」となって、親しく調査を進めることが出来た。そして、最終年度には調査の結果を各人が報告論文にまとめ、研究成果報告書を刊行したのであるが、その過程で少なからずの不明な点が生じたので、その確認を中心とした短期の補充調査を行った。研究計画として3年間もしくは4年間認められていた一期、三期、五期、六期は、初年度が予備調査、2年度目および3年度目が本調査、そして最終年度が補充調査という位置づけであった。この予備調査、本調査、補充調査という3段階の調査は、日本においても採用されることは少なかったが、中国の民俗調査でもそれまではなかったものと思われる。3段階で調査を深化させるという方式はこの江南調査を成功させると共に、今後の日本と中国それぞれの民俗調査の基本的な方式になるものと考えている。

　民俗調査の対象地域は日本でも、中国でも必ずしも明確に意識して把握されてこなかった。日本での民俗調査の結果は民俗誌と名づけられて古くから刊行されてきたが、その民俗の伝承する単位は曖昧であった。その傾向は1980年代まで続いていた。私たちの江南調査は調査対象を基本的に村に設定した。予備

調査を経て調査対象として確定したのは具体的な村であった。中国の地方制度では市や県の下に鎮や郷があり、その鎮や郷の下に村が設定されている。村には村民委員会が組織されており、村長以下の役職がある。村は集落を基礎にしており、村落として把握できそうであるが、歴史的に形成されてきた村落とは必ずしも言えない。そのことは地元でも自覚されており、村民委員会が設定されている村を「行政村」、それに対して集落を基礎にした組織を「自然村」と呼び、区別することが広く行われている。私たちの調査は行政機関の了解と支援を受けて調査を行ったので、必然的に「行政村」を調査単位とすることになった。しかし、どの調査地においても「行政村」とは別に「自然村」があった。一つの「行政村」に幾つかの「自然村」が含まれているのが常態であるが、逆も珍しくなかった。「行政村」と「自然村」の両方を視野に入れ、その相互関係のなかで民俗を把握することに努めた。その視点は中国の民俗研究だけでなく日本の民俗の調査研究にも示唆する所が大きいであろう。

　1990年からの20年間と言えば、中国社会は経済的発展が著しく、生活も変化変貌が烈しい時期であった。「改革開放」は中国全土に大きな変化をもたらしたが、特に沿岸部である江南地方はそれが顕著であった。その時期に私たちの調査は行われた。当然その変化を目の当たりにし、それを記録することになった。1990年に開始した第一期の調査では、調査地に到着すると大勢の村人が私たち一行を見るために出てきて黒山の人だかりになることがしばしばであった。しかし、そのような状況は急速に消えた。ややもすると寂しい感じがするほど人びとを見ることが少なくなった。そして、解放後は作業小屋や物置になっていた祠堂がその機能を回復していることが確認され、またそれまで秘匿されていた族譜を閲覧できるようになり、さらに新しく編纂された族譜を見る機会も増えた。第四期は上海近郊農村が調査地域であったので、その変化は大きく、新しい建物が整然と並ぶ集落を訪れた。

　そして、この20年間はまた民俗への認識や対応の大きな変化の時期でもあった。第一期の調査が可能になったのもその変化があったからであるが、しかしまだ民俗は封建制の残滓であり、なくすべきものと考えられていた。しかし、第二期以降、民俗は人びとが古くから受け継いできた生活文化であると評価され、価値ある存在と見られるようになった。そして都市の急激な発展に伴い、

そこでは失われてしまった伝統的とも言うべき生活空間や事物が観光の対象になった。やや経済的に取り残されて保存されていた街や村が古鎮、古村として脚光を浴び、保護され、さらに改修され、多くの観光客を集めるようになった。私たちの調査対象とした地域にもそのような古鎮・古村が多く含まれていた。また日本で言う無形文化遺産、中国で言う非物質文化遺産が注目され、その国家的な保護事業が大きく推進され、民俗学研究もそれに深く関わることとなった。私たちの調査も、古鎮・古村や非物質文化遺産保護を視野に収めながらの調査となり、それらが地域に及ぼす影響や変化をも把握することが課題になった。6冊の成果報告書はこの変化する江南地方の民俗を記録して後世に残すという大きな役割を果たしたと言える。

## 6. 感謝の気持ち

日本と中国の民俗学研究者が共同して長期にわたり民俗調査を行った日中共同江南調査は大きな成果をあげ、日中双方の民俗学研究の進展に大きく貢献したものと自画自賛するが、この共同調査を継続実施できたのは研究者の努力ばかりではないことは言うまでもない。

先ず第一に感謝しなければならないのは、各調査地で私どもの相手をしてお話を聞かせて下さった大勢の人びとである。その人たちの大半が半世紀前に日本の侵略を身をもって経験した人たちであった。受け入れに際しては、日本軍に苦しめられた我々が何故日本人に協力しなければならないのかという疑問や反発もあったと聞いた。また実際に日本軍の空襲によって両親を失った経験を表明する人もいた。そのようなわだかまりを持ちつつ、調査に対応して下さった。私たちも率直に父祖世代の侵略行為について反省し、そのことを表明した。皆さんはわだかまりを抑え、親しく接し、積極的に協力して下さった。有り難いことであった。六期にわたる調査でお世話になった人は大変な数に上るが、当時の写真を見る度に今でも一人一人のお世話になった情景を思い出す。懐かしい老朋友である。

第二に調査の実施を可能にして下さった諸機関・組織である。日本から中国を訪れ、中国側研究者と共同調査できたのには実に多くの人たちや機関・組織の理解と支援があったからである。そのことを忘れてはならない。調査実施を

了解し、日本側研究者への招聘状を発行して下さった国家教育委員会、中国文聯、北京師範大学、華東師範大学、中国社会科学院民族文学研究所などの関係者の皆さん、そして調査地の設営に労苦を惜しまずあたってくださった中国民間文芸家協会、江蘇省社会科学院、浙江省文聯、浙江省民間文芸家協会、華東師範大学、さらにそれらからの依頼を受けて具体的な調査地域で準備怠りなく進めて下さった江蘇省常熟市、上海市松江区、浙江省湖州市、桐郷県、寧波市、余姚市、奉化市、象山県、温嶺市、金華市、蘭渓市、衢州市、江山市、開化県、龍游県、麗水市、景寧畲族自治県、青田県、温州市、蒼南県、瑞安市、永嘉県の各人民政府外事弁公室、文聯、民間文芸家協会の関係者の皆さんに改めて深く感謝したい。とりわけ浙江省での調査をお世話くださった浙江省文聯・浙江省民間文芸家協会の陳徳来、王恬、程士慶の皆さんには感謝の言葉もない。そして、調査地で私どもを温かく迎えて対応して下さった村民委員会の皆さん、文化館の皆さんに感謝したい。どこでも総勢20名をはるかに超えるメンバーが連日訪れ、騒がしい状態を作りだしたが、適切に対処して、スムーズに調査が行えるようにして下さった。

　第三に感謝しなければならないのは通訳の任に当たって下さった方々である。日本側研究者は大半が中国語を解せず、通訳なしには何もできなかった。また中国側研究者も方言を解するのに苦労した。調査には大勢の日本語通訳、方言通訳を依頼しなければならなかった。日本語通訳については様々な機関に属する人たちが参加して通訳して下さったが、特に浙江省農業科学院の朱富雲さん、浙江工業大学の徐萍飛さんには大変お世話になった。第五期、第六期では大勢の日本語専攻の学生に助けて貰ったが、その指導を徐萍飛さんがして下さった。方言通訳では各地元の民間文芸家協会や文化館の方々に大変お世話になった。皆さんの適切な通訳と解説があって記録することができたのである。

　このように調査は多くの機関や組織、そして大勢の人たちによって支えられ実施できた。六期に渡る調査を通じて、民俗学や民俗学研究者の日中の協力関係が進展し相互理解が深まっただけでなく、草の根での日中の相互理解と友情形成が行われた。このことは中国側研究者が日本を訪れて行った調査についても言える。

　6冊の研究成果報告書はいずれも少部数の印刷刊行であり、専門の研究者で

もそれを手にする機会はほとんどなかった。今回、この記念すべき報告書を一括して復刻刊行することを決断された学苑出版社に感謝したい。研究者だけでなく、江南地方の民俗に興味関心を抱く多くの人びとが容易に読むことができるようになった。日本文と中文が混在する報告書の印刷は予想外に困難な作業であったが、それを適切に処理し、立派に刊行して下さった学苑出版社の皆さんにあつくお礼を申し上げる。

2022年4月

福田 アジオ

福田亚细男和张紫晨在第一期调查中

（1990年3月江苏省常熟市）

第一期調査での福田 アジオと張紫晨

（1990年3月江蘇省常熟市）

调查场景

（1998年8月浙江省永嘉县，刘铁梁）

調査風景

（1998年8月浙江省永嘉県、劉鉄梁）

在日本的调查场景

（2000年10月日本滋贺县中主町，陈勤建）

日本での調査風景

（2000年10月日本滋賀県中主町、陳勤建）

调查间隙的谈笑

（2003年8月浙江省象山县，徐萍飞、王恬、当地研究者、刘晔原）

調査の合間の談笑

（2003年8月浙江省象山県、徐萍飛、王恬、地元研究者、劉曄原）

## 总 目 录

第一辑：中国江南民俗文化——中日农耕文化比较

第二辑：中国浙江民俗文化——环东海农耕文化民俗学研究

第三辑：中国浙南民俗文化——环东海农耕文化民俗学研究

第四辑：中国江南村落民俗志研究——上海近郊村落民俗

第五辑：中国江南沿海村落民俗志——浙江省象山县东门岛和温岭市箬山

第六辑：中国江南山区民俗文化及变迁——浙江省江山市廿八都和龙游县三门源

## 総　目　録

第１集：中国江南の民俗文化──中日農耕文化の比較

第２集：中国浙江の民俗文化──環東シナ海（東海）農耕文化の民俗学的研究

第３集：中国浙南の民俗文化──環東シナ海（東海）農耕文化の民俗学的研究

第４集：中国江南村落の民俗誌的研究──上海近郊村落の民俗

第５集：中国江南沿海村落民俗誌──浙江省象山県東門島と温嶺市箬山

第６集：中国江南山間地域の民俗文化とその変容──浙江省江山市廿八都と龍游県三門源

# 中国江南山区民俗文化及变迁

## ——浙江省江山市廿八都和龙游县三门源

# 中国江南山間地域の民俗文化とその変容

―浙江省江山市廿八都と龍游県三門源―

福田　アジオ　編

2011年3月

# 目 录

前言 …………………………………………………… 福田亚细男　1

研究经过与调查地概况 ……………………………… 福田亚细男　1

## I 廿八都的民俗文化与古镇保护开发

聚落空间与地域组织 ………………………………… 福田亚细男　27

传统的宗族组织的展开 ……………………………… 小　熊　诚　46

原有养蜂技术与近代西方养蜂技术的并存 ………… 安　室　知　77

山林资源管理与旅游开发以及文化政策 …………… 陈　志　勤　101

民俗文化多样性的表现与成因 ……………………… 崔　成　志<br>崔　远　博　120

古镇开发和地域文化的变容 ………………………… 菅　　　丰　131

活态民俗文化 ………………………………………… 王　　　恬　166

民间手工艺 …………………………………………… 刘　晓　路　182

木偶戏及其非物质文化遗产化 ……………………… 中　野　泰　202

民众对再造文化空间的认同和选择 ………………… 冯　　　莉　232

古建筑的细节设计来看建筑年代判定 ……………… 津　田　良　树　248

火葬受容和葬墓制的再构建 ………………………… 德　丸　亚　木　263

冥界观·灵魂观 ……………………………………… 德　丸　亚　木　289

## II 三门源的民俗文化及其变貌

村落组织与聚落景观 ………………………………… 福田亚细男　313

村落与民居 …………………………………………… 津　田　良　树　330

宗祠文化的当代变迁 ………………………………… 冯　　　莉　350

在族谱中看宗族规范和异姓养子 …………………… 小　熊　诚　367

古村开发及地域文化的变容 ………………………… 菅　　　丰　384

| | | |
|---|---|---|
| 水资源利用的过去与现在 …………………………… | 陈　志　勤 | 395 |
| 原有技术和近代西方技术的交错 ………………… | 安　室　知 | 413 |
| 火葬受容和葬墓制的再构建 ……………………… | 德　丸　亚　木 | 434 |
| 风水师和风水知识 ………………………………… | 中　野　泰 | 460 |
| 龙游的民间文化 …………………………………… | 王　　　恬 | 472 |
| 非物质文化遗产 …………………………………… | 刘　晓　路 | 485 |
| 浙西山区民间岁时节俗调查 ……………………… | 崔　成　志<br>占　　　剑<br>周　　　毅 | 505 |

# 目　次

まえがき……………………………………………………福田アジオ　1

研究の経過と調査地の概要………………………………福田アジオ　1

## I　廿八都の民俗文化と古鎮保護開発

集落空間と地域組織………………………………………福田アジオ　27

伝統的宗族組織の展開……………………………………小熊　　誠　46

在来技術と近代西洋技術の併存…………………………安室　　知　77

山林資源管理・観光開発・文化政策……………………陳　　志勤　101

民俗文化の多様性とその要因……………………………崔　　成志／崔　　遠博　120

古鎮開発と地域文化の変容………………………………菅　　　豊　131

生きた民俗文化……………………………………………王　　　恬　166

民間手工芸…………………………………………………劉　　暁路　182

木偶戯とその非物質文化遺産化…………………………中野　　泰　202

文化空間の再建に対する人々のアイデンティティと選択
　………………………………………………………………馮　　　莉　232

古建築の細部意匠からみた建築年代……………………津田　良樹　248

火葬受容と葬墓制の再編…………………………………德丸　亞木　263

他界観・霊魂観……………………………………………德丸　亞木　289

## II　三門源の民俗文化とその変容

村落組織と集落景観………………………………………福田アジオ　313

集落と民居…………………………………………………津田　良樹　330

祖廟文化の変遷……………………………………………馮　　　莉　350

族譜に見る宗族規範と異姓養子…………………………小熊　　誠　367

古村開発と地域文化の変容………………………………菅　　　豊　384

中日联合江南地区民俗调查报告辑

| | | |
|---|---|---|
| 水資源利用の過去と現在 …………………………… | 陳　志　勤 | 395 |
| 在来技術と近代西洋技術の交錯 …………………… | 安　室　　知 | 413 |
| 火葬受容と葬墓制の再編 …………………………… | 徳丸　亞木 | 434 |
| 風水師と風水知識 …………………………………… | 中　野　　泰 | 460 |
| 龍游の民間文化 ……………………………………… | 王　　　恬 | 472 |
| 非物質文化遺産 ……………………………………… | 劉　曉　路<br>崔　成　志 | 485 |
| 浙西山間地方の年中行事 …………………………… | 占　　　剣<br>周　　　毅 | 505 |

# まえがき

　私どもは1990年代から20年間中国浙江省を中心に民俗調査を実施してきた。中国社会が大きく変化する時期に村落に実際に足を踏み入れ、具体的な民俗を調査し、その変化の動向、行政との関わりを把握することを試み、大きな成果をあげてきた。そのような調査の第六期として、浙江省の西北部の衢州市において調査を実施した。2007年には開化県、江南市、龍游県で調査を開始したが、翌年度からの本格的な調査は江山市の最南端に位置する廿八都鎮と龍游県の北端に所在する三門源村に対象を絞り詳細な調査を行った。この時期は地域の民俗文化が非物質文化遺産として注目され、中国全土でその調査、評価、登録が行われ、民俗学研究者もそれに動員される状態であった。調査地の廿八都も三門源もその非物質文化遺産との関係で注意され、さらに集落は古鎮・古村として注目され、町並み・家並みが保護され、改修され、観光資源化される過程にあった。私どもの調査はそのような文化遺産と民俗について地域の人々の対応や認識をも含めて全体的に把握することを課題としていた。2008年からの3年間の本調査は大きな成果をあげることができた。その内容は本書に示されている。

　廿八都および三門源では、それぞれの鎮政府、郷政府、村民委員会のご協力を得て、支障なく調査を実施することができた。廿八都でも三門源でも、多くの村人のお宅を訪ね、長時間にわたって聞き書き調査を行った。皆さんはいつもご親切に応対してくださり、具体的な内容をお教えくださった。さらに猛暑の中、また寒風吹く中、村落内の施設や事物をご案内くださった。そのことではじめて地域の具体的なイメージを獲得することができた。この拙い報告書をまず最初に廿八都と三門源の皆さんに感謝の気持ちを込めて捧げたいと思う。

　ここに記載した内容はすべて皆さんのご協力の結果である。

　私どもは20年あまりの調査をすべて日中合同の研究組織を編成し、日中双方の研究者が互いに協力することで行ってきた。日中共同の調査のメリットが遺憾なく発揮された調査であった。今回の4年間の調査は中国民間文芸家協

会、浙江省民間文芸家協会との協力関係の中で研究組織が作られ、すぐれた研究者の参加を得て調査を実施することができた。中国側代表を務めた中国民間文芸家協会秘書長の向雲駒氏は多忙の中を調査に加わり、種々の配慮をしてくださった。また調査団員である浙江省民間文芸家協会副主席の王恬さんは20年に及ぶ協力関係を背景に、適切な調査地設営を行い、円滑に調査が実施できるようにしてくださった。有り難いことであった。

　私どもの調査団は日中合わせて12人であり、それに通訳や随行者を含めると20人にもなる調査団であった。調査地の村落としては対応に苦慮することが多かったものと思われる。その点を適切に案配して、何の問題も無く毎年調査を実施できたのは、衢州市文聯、衢州市民間文芸家協会、開化県文聯、江山市文聯、江山市民間文芸家協会、龍游県文聯、龍游県民間文芸家協会の各主席以下組織幹部の皆さん、また衢州市人民政府、江山市人民政府、龍游県人民政府の関係部門の皆さんのご配慮の賜物である。その諸機関をつなぐ要として奮闘して下さったのが調査団員である衢州市民間文芸家協会主席の崔成志氏である。ご尽力に改めてあつくお礼申し上げる。

　私どもの多くは中国語を十分に解せず、通訳を介さなければ地元の皆さんとの会話は不可能であった。私どもと地元の方々を結びつけてくれた通訳は、浙江工業大学の学生諸君であった。浙江工業大学外国語学院教授の徐萍飛さんにお世話願った。徐萍飛さんの優しさの中に厳しさのある指導をうけている学生諸君の通訳能力は高く、毎年満足いく調査結果を得ることができた。ここに改めて深く感謝申し上げたい。また地元の皆さんと私どもを結ぶ方言通訳を務めて下さったのは、江山市や龍游県の文聯や民間文芸家協会のメンバーであり、その適切な通訳や解説は調査の効率を高めてくれた。深く感謝申し上げる。

　4年にわたる調査研究は日本学術振興会の科学研究費補助金（基盤研究〔A〕・海外学術調査）を得て行われた。日中の合同調査が実施できるだけの研究費を補助され、充実した内容であった。改めて日本学術振興会に対し深甚なる感謝の気持ちを表したい。また、研究費の執行を適切に処理してくださった神奈川大学事務局研究支援課にあつくお礼を申し上げる。

　このように、実に多くの機関や人のご協力、ご支援を得て4年間の研究が実施できたのであり、このささやかな報告書はそのご支援の賜物である。ここに

改めて感謝の気持ちを込めてこの報告書をお届けする。しかし、私どもの理解不足から多くの間違ったことを記載してしまっているものと思っている。どうか忌憚のないご批判、ご指摘をいただきたくお願いする。また調査の進展にばかり気をとられ、種々失礼があったことを深くお詫び申し上げたい。

2011年2月

研究代表者　　福田　アジオ

# 研究の経過と調査地の概要

福田　アジオ

## 1. 調査研究の経過

### [1] 研究計画

　私たちは、中国江南を調査対象地に決めて民俗調査を開始したのは1989年であった。それから5期にわたって以下のように調査を実施してきた。いずれも文部省科学研究費補助金あるいは日本学術振興会の科学研究費補助金によって実施され、日本側の研究者と中国の研究者が一団となって共同調査を行った。また日本において、中国側研究者の参加を得て、研究成果検討会を開催し、さらに日本における合同民俗調査を実施して、比較の視点も準備した。

　第1期は、1989年度〜1991年度の3年間、江蘇省常熟市、浙江省金華市・麗水市を主要調査地として実施した。その成果は1992年3月に『中国江南の民俗文化』として刊行した。日中共同による初めての民俗調査であったが、江蘇・浙江にまたがる広域調査であったため、詳細な調査はできなかったという反省が残された。

　第2期は、1992年度、1993年度の2年間、対象地域を浙江省に絞り、浙江省湖州市、寧波市、奉化市の村落について調査を実施した。その成果は、1995年6月に『中国浙江の民俗文化』として刊行した。改革開放政策下の沿海平野部の農村で、それまで消えていた宗族とか祠堂、あるいは廟が復活しつつあることが注目された。

　第3期は、1996年度から1998年度までの3年間、浙江省温州市・麗水市を対象地にして調査を行い、1999年3月に『中国浙南の民俗文化』を刊行した。第2期が東部平野の農村を主要な対象としたのに対して、第3期は浙江省のなか

ではやや山間部の印象を与える浙江省中部の村落を対象とした。改革開放が進むなかでの農村の変化を実際に調査することができたことは大きな成果であった。

　第4期は、1999年度から2000年度の2年間、調査対象地を浙江省から上海市に移し、上海市松江区の村落で民俗調査を行い、2001年3月には『中国江南村落の民俗誌的研究』を刊行した。急速に変化する上海市近郊の松江区の村落での調査は多くの新しい問題を浮かび上がらせることができた。

　第5期は、2002年度から2005年度までの4年間、浙江省象山県、温嶺市を対象地として調査を行い、2006年3月に『中国江南沿海村落民俗誌』を刊行した。今までは専ら農村を調査対象地にして行ってきた研究を、はじめて沿海漁村に目を転じて行った。中国における漁業・漁村においてはじめて本格的な民俗調査を実施した。いずれも無数の漁船が並ぶ港をもつ規模の大きな漁村であったが、農村とは異なる民俗を知ることになった。

　以上のように5期にわたって主として浙江省において調査を行い、内容豊かな成果を挙げ、日本および中国の民俗学に少なからず貢献したと自負している。この5期までの時期は、改革開放下において中国社会が大きく変化した時期であり、特に沿海地方の変貌は大きかった。それを同時代的に調査し、記録することができた。そして、またこの時期は民俗文化に対する評価も大きく変化した時期であった。

　90年代の初めは未だ民俗は古い封建的なものの残滓であり、消えるべきものであるという、否定的存在であった。ところが90年代を経過するなかで、民俗文化が評価されるようになり、村落社会においても民俗の復活が見られるようになった。そして、古き良きものを残す街並みが注目され、古鎮という名前で紹介され、多くの人びとを集めるようになった。古鎮は、改革開放で急激に変わるなかで、変化に取り残された町であったが、その取り残された、古い姿を逆手にとって、観光資源化して多くの観光客を集めるようになった。古鎮は古いものをそのまま保存するのではなく、古い街並みの雰囲気を創り出すための修復が行われた。そして21世紀になる頃には上海近郊や浙江省各地に数多くの古鎮が登場し、どこも中国国内から多くの観光客を集めている。浙江省の烏鎮などは殊に成功した例で、静かな田舎町であったのが、巨大な駐車場に大型バスが何台となく駐車し、街並みは観光客で埋め尽くされるような姿を現出させた。

次に登場したのが、非物質文化遺産保護である。民俗学は非物質文化遺産保護に従事する学問かのような印象を与えるまでに民俗学は傾斜してきた。各地で行われてきた芸能や民俗技術を非物質文化遺産として指定することが中国全土で展開しており、民俗学研究者がそれに動員されている。非物質文化遺産とは日本でいう無形文化遺産のことであり、ユネスコの条約にもとづいて実施されるものであるが、中国は殊に熱心な国であった。私たちの研究課題も当然のことながらこの問題を視野に入れることとなった。それが、この報告書に取りまとめることになった第6期の調査研究である。中国における文化政策としての非物質文化遺産保護が地域においてどのように展開し、民俗文化に如何なる影響を与えているかを課題として研究計画を立てることとなった。

　2006年に研究計画が成案を見たので、「中国における民俗文化政策の動態的研究」の課題で日本学術振興会科学研究費補助金を申請した。その申請書に記した研究計画は以下のようなものであった。

　　中国において、改革開放以後、政治制度の変革や経済発展にともない、地方の民俗文化が、急速に変容している。それは、社会・政治・経済状況の著しい変化に対し、地方の人々が無意識で受動的に応じた緩やかな変容である場合もあるが、一方で、政治などの外部的な圧力により、積極的に促進された変容も頻繁に見受けられる。さらに、地域発展、地域開発の見地から、より時代の趨勢に適応するために企図的、能動的に民俗文化を変容させ利用を推進する地方の立場も出現しつつある。中国の地方の民俗文化は、いま、ダイナミックな変遷過程の途上にあるといっても過言ではない。本研究では、そのような一大画期にある中国民俗文化の変容の動態を、民俗誌の手法をもってドキュメントし、その変容の要因と変容のメカニズムとを検証する作業を構想している。

　　本研究の調査対象地である浙江省は、発展著しい中国の中において、経済発展とそれにともなう社会変化が最も激しい地域である。そこは、中国の民俗文化の代表的な一類型である「江南文化」を育んだ地域でもあり、その伝統性は従来頻繁に注目されてきた。しかし、上記のような経済・社会の変革にともなう民俗文化の変容は、単なる伝統性への注目では事足りない状況を生んでいる。そこは、まさに社会変容とパラレルに生起する民俗変容の多様

な類型が出現している場であり、現代社会における民俗文化の再編という問題を考えるにあたって重要なフイールドである。浙江省地域の研究は、単に浙江省という一地方の問題ではなく、現代中国に生起しているさまざまな中心的な文化の課題、あるいは鍵となる設問を解くための「実験台（test bed）」となってくれるのである。

このような、民俗文化を研究するために重要な地点で、本研究は、まず、民俗文化全般をホーリスティックにとらえる民俗誌を作成することを第一の目的とする。従来、往々にして「中国」あるいは「中華」という粗く大きな枠組みが、中国の民俗文化研究で採用されてきた。しかし、民俗文化の個別性と普遍性とを実証的に弁別可能とするためには、限られた特定の地域において制作される統合的なドキュメンテーションをもとにした民俗誌的研究が必須である。本研究では、科学研究費の交付期間において、対照的な複数の村落を選択し、長期にわたって集中的な調査を執り行い、民俗文化とその変容に関する詳細な情報を網羅した民俗誌を作成する。

さらに、本研究は、その民俗誌データによって民俗変容をモデル化することを第二の目的としている。現在、研究代表者は予備調査によって、民俗変容に関し対照的な調査対象村落の候補を準備している。それぞれが置かれた社会状況に違いがあるため、それぞれの地域の民俗変容のありかた、度合い、速度といったものが大きく異なっている。本研究では、科学研究費の交付期間において、民俗誌で得られた精緻なデータをもとに、民俗変容の状況と、その変容を生み出した社会・政治・経済的な要因、変容のメカニズムについて明らかにし、モデル化する。本研究は、民俗事象のドキュメンテーションに、そのバックグランドにある社会・経済・政治状況に関するデータを加味し、その民俗文化変容のダイナミズムを明らかにするものである。

以上のような目的を設定した研究課題の特色を次の3点として整理し、表明した。

1. 民俗文化のドキュメンテーションとしての民俗誌制作

近年になって、中国においても、体系的民俗誌作成のためのフィールド・ワークに対する理解は深まりつつある。しかし、現在、少しずつ制作されつつある民俗誌でも、旧来から行われていた地方誌などの文献資料に基づく手法に頼

ったものが多い。さらに、その対象とする範囲は、未だ民俗事象全般を取り扱う統合的民俗誌ではなく、記録する分野に偏りが多く見られる。そのような状況の中、本研究は、村落単位の詳細なフィールドワークをもとに、民俗事象を網羅的、組織的に収集し、その資料を民俗誌へ統合する作業を目指している。

2. 民俗誌による民俗変容の動態的把握

　さらに、本研究の民俗誌は、民俗変容の背景となる社会・経済・政治状況も加味しながら、変化の要因を検証する動態的民俗誌を構築する点において独創的である。従来、中国の民俗文化研究では、民俗を過去の歴史文化の「残存」として扱う、非常にスタティックなとらえ方をしてきた。そこでは、古代的な文化現象が連綿と「残存」として、現代にまで繋がり存在するという、いわば本質主義的な枠組みが主流である。本研究は、そのような研究状況の中、民俗文化が常に変容し、さらにその変容が受動的なものばかりではなく、地域住民の意思や政策によって能動的に変えられつつある現場を実体的にとらえる。

3. 中国民間文芸家協会との共同作業

　動態的民俗誌を作成するためには、地域住民や地方行政機関と十分な信頼関係を構築することが不可欠である。とくに中国においては、このような現場との密接な連携は必要不可欠である。本研究は民俗文化研究と民俗文化行政に大きな影響力をもつ中国民間文芸家協会（中国文学芸術界連合会の下部団体）と全面的に協力することにより、現場との十分な関係を構築し、より深い研究を遂行できる点においてアドバンテージをもつ。

　このような壮大な研究目的を実施するために各分野の研究者に参加を求め、さらに上記の3に記載したように、非物質文化遺産保護に先進的に取り組んでいる中国民間文芸家協会、および浙江省民間文芸家協会との共同調査・研究組織として組織化を図った。研究計画に参画した研究者は以下の通りである（所属機関などは申請時の2006年現在）。なお、制度上の変更により、2008年度から研究分担者は連携研究者となったが、その研究上の位置付けに変化はなく、研究計画通り実施した。

【日本側】研究代表者・研究分担者 6名

　福田アジオ（神奈川大学大学院歴史民俗資料学研究科・教授）
　菅　　豊（東京大学東洋文化研究所・准教授）

中野　　泰（筑波大学大学院人文社会科学研究科・講師）
津田　良樹（神奈川大学工学部建築学科・助手）
安室　　知（国立歴史民俗博物館研究部民俗研究系・准教授）
徳丸　亜木（筑波大学大学院人文社会科学研究科・准教授）
【中国側】研究協力者 6 名
向　雲　駒（中国民間文芸家協会・秘書長）
劉　暁　路（中国民間文芸家協会・研究部主任）
馮　　　莉（中国民間文芸家協会・中国民間文化遺産搶救工程辦公室・室員）
王　　　恬（浙江省民間文芸家協会・副主席）
崔　成　志（衢州市民間文芸家協会・主席）
陳　志　勤（日本学術振興会外国人特別研究員、東京大学・外国人研究員）

## [2] 研究の実施

　幸いにして、2007 年度に採択され、4 年間にわたる研究の実施が約束された。早速に研究計画の具体化を行い、中国民間文芸家協会および浙江省民間文芸家協会と協議し、2007 年 8 月に浙江省衢州市において第 1 回調査を実施することを決め、地元関係者とも連絡をとり、準備を開始した。特に地元の研究者である崔成志氏には地元政府、文化団体関係者と調査の趣旨を説明し、調査実施について便宜が得られるように尽力してくださった。

　調査は、第 5 期までと同様に、研究参画者全員が一致して調査にあたる共同調査団方式を採用した。この方式は、全員で調査村落を共通にし、同じ日程で行動し、宿泊先も同じにして、毎日のようにミーティングができるようにするものであった。この日中合同の調査団方式は、互いの意思の疎通を図り、調査研究上の問題点を日々議論し、共通の認識を得るという大きな効果がある方式であることは、すでに 5 期にわたる調査で証明済みであった。日中の研究者合わせて 12 名に加えて、調査地で方言通訳を担当してくれる地元研究者、日本人研究者の通訳を務めてくれる学生諸君を加えると、大規模な組織となり、その移動や宿泊先の確保には困難が伴ったが、地元政府の協力を得て、支障なく実施することができた。またこの大勢の調査団を連日受け入れて親切に応対してくださった調査村落の人びと、特に村民委員会の役職者には種々のご高配を賜

った。有難いことであった。

　方言通訳の任を担当してくれたのは衢州市、江山市、龍游県の政府関係者、文化館職員、各地区の文聯あるいは民間文芸家協会の人たちであった。公務忙しい中、時間を割いていただいた。また、日本人研究者のために中国語通訳を担当してくれたのは、杭州市にある浙江工業大学の日本語専攻の学生諸君であった。毎年参加してくれた学生は顔ぶれは変わったが、皆さん誠実に、そして努力して、民俗に関する聞き書きの通訳にあたってくれた。学生諸君の貢献がなければ調査は不可能であった。すべての調査の全日程に参加し、その学生たちを指導してくださったのは浙江工業大学外国語学院の徐萍飛氏であった。通訳の経験も乏しく、まして民俗についてほとんど知識がない学生諸君が通訳の役割を果たすことができたのは徐氏の適切な指導があってのことであった。有難いことであった。

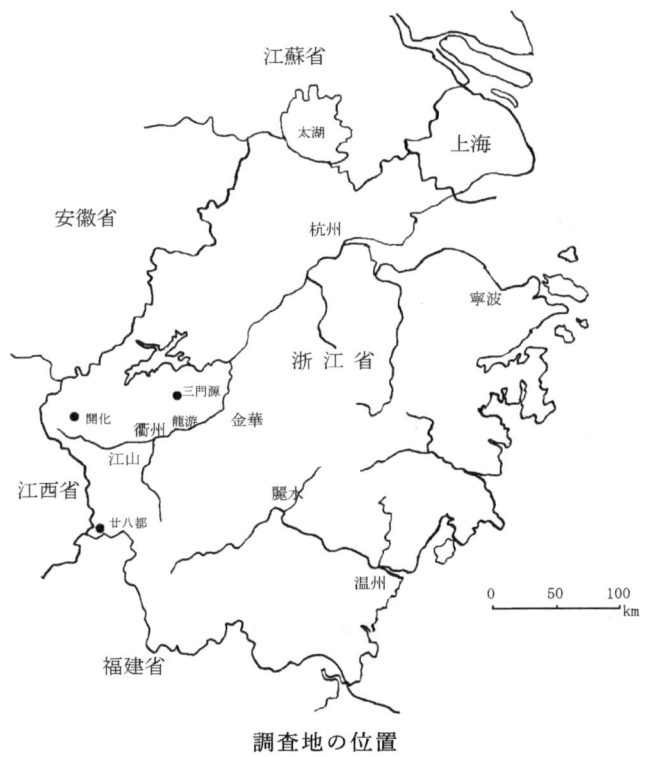

調査地の位置

## [3] 調査日程
　第1回調査　2007年8月29日～9月7日
　8月29日　杭州に集合

8月30日　衢州市に到着。衢州博物館訪問。打ち合わせ。
8月31日　開化県へ移動。霞山調査。
9月1日　開化調査、江山へ移動。
9月2日　廿八都鎮調査。
9月3日　三卿口調査。龍游県へ移動。
9月4日　湖鎮調査。主として民俗芸能の調査。
9月5日　三門源調査。杭州へ移動。
9月6日　調査成果検討会。
9月7日　解散。

　第1回調査は予備調査として位置付けていたが、訪問調査したのは開化県、江山市、龍游県の多くの村落であった。いずれも調査地としての魅力をもつ所であった。第2回以降に調査地を絞って実施することを考えつつ、調査期間中も互いに意見を出し合い、最終日には全員による検討会を開催し意見を出し合った。多くの参加者は廿八都と三門源を有力候補としてあげたが、改めて調査結果を整理して検討することにした。秋以降に協議を重ね、最終的に江山市廿八都と龍游県三門源に絞ることとなった。

　第2回調査 2008年8月24日〜9月2日
8月24日　杭州に集合。
8月25日　江山市に移動。
8月26日　廿八都調査。
8月27日　廿八都調査。
8月28日　廿八都調査。
8月29日　龍游県に移動
8月30日　三門源調査。
8月31日　三門源調査。調査成果検討会開催。
9月1日　三門源調査。
9月2日　杭州を経て寧波へ移動。
9月3日　中日非物質文化遺産保護・鄞州論壇を開催。
9月4日　引き続き論壇を開催。
9月5日　解散。

第2回調査では、江山市廿八都と龍游県三門源を対象地にして、それぞれ聞き書き調査を行った。そして、終了後、研究課題に関わる問題点を明らかにするため、寧波市において日中の研究者が一堂に会し、加えて幅広く研究者の参加を求め、中日非物質文化遺産保護のシンポジウムを開催した。

　第3回調査 2009年12月25日～2010年1月2日

　12月25日　杭州集合。

　12月26日　江山市に移動。

　12月27日　廿八都調査。

　12月28日　廿八都調査。

　12月29日　龍游県に移動。

　12月30日　三門源調査。

　12月31日　三門源調査。

　1月1日　紹興へ移動。安昌鎮調査。杭州へ移動。

　1月2日　解散

　この第3回調査から新たに小熊誠（神奈川大学大学院歴史民俗資料学研究科・教授）が研究担当者として参加した。

　第4回調査 2010年8月22日～2010年8月30日

　8月22日　杭州集合。

　8月23日　廿八都へ移動。

　8月24日　廿八都調査。

　8月25日　廿八都調査。

　8月26日　廿八都調査。龍游へ移動。

　8月27日　三門源調査。

　8月28日　三門源調査。

　8月29日　蘭渓市諸葛村調査。杭州へ移動。

　8月30日　解散。

## [4] 調査成果の検討と研究成果のとりまとめ

　今回の研究計画では、2年度目に調査対象地である中国浙江省において、第3年目には日本において、そして第4年目には中国北京で、それぞれ公開の研究会・シンポジウムを開催することを盛り込んでいた。それを以下のように実施した。

## 2008年度国際シンポジウム「中日非物質文化遺産保護・鄞州論壇」

1. 開催日：2008年9月3〜4日
2. 会場：中国浙江省寧波市鄞州区開元名都大酒店
3. 発表者と発表タイトル

福田アジオ「対非物質文化遺産保護的反思」

菅　　豊「非物質文化遺産的創造」

徳丸亜木「被"活用"的民俗文化」

2008年度国際シンポジウム（寧波）

安室　知「環境思想與民俗文化財」

津田良樹「従中国東門島民居和日本民居的現状来思考保存的應有状態」

中野　泰「韓国民俗的保存和活用的現在時」

向雲駒「論非物質文化遺産的非物質性」

王　恬「伝統節日習慣的現代価値」

劉暁路「盛世之典：民間文学三套集成」

陳志勤「民俗文化的再建構-以梁祝為例」

このシンポジウムの成果は、『中日非物質文化遺産保護鄞州論壇論文集』（2008）、および王恬主編『方式與観念』（2010、中国文聯出版社）として刊行されている。

## 2009年度国際シンポジウム「中国および日本における非物質文化遺産とその保護」

1. 開催日：2009年9月22日
2. 会場：神奈川大学16号館
3. 発表者と発表タイトル

福田アジオ「科学研究費による中国江南民俗調査の軌跡と民俗の動向」

向雲駒「中国民間文芸：60年里"三大工程"」

2009年度国際シンポジウム（横浜）

劉　暁　路「中国西部少数民族民歌保護行動項目介紹」
陳　志　勤「為了誰而保護非物質文化遺産？」
馮　　　莉「中国非物質文化遺産伝承人調査與認定的思考」
津　田　良　樹「中国建築の明・清・民国時代の細部意匠」
安　室　　　知「あぜ豆の村から」
徳　丸　亜　木「現代の祭り・行事に見る民俗の主体化について」
菅　　　豊「無形文化遺産の価値とは何か？」
中　野　　　泰「文化観光時代における韓国の人形劇と無形文化財」

なお、シンポジウム終了後、中国側研究者は長野県内の長野市善光寺門前町、松代町、東御市海野などで民家および街並み保存状況の調査を行った。

## 2010年度国際シンポジウム「中日非物質文化遺産保護検討会」

1. 開催日：2010年8月8～11日
2. 会場：中国北京市前門建国飯店
3. 発表者と発表タイトル

福田アジオ「"遠野物語"的100年」

向　雲　駒「與教科文組織合作：三大難題的破解與応対」

津　田　良　樹「従世界遺産福建土楼看持続與変容」

2010年度国際シンポジウム（北京）

小　熊　　　誠「宗族的復興及其変化」
安　室　　　知「伝統養蜂及其文化資源化」
徳　丸　亜　木「従中国浙江省地方城市和日本西南諸島的
　　　　　　　調査来看現在的民俗文化的変容和再構建」
中　野　　　泰「関于木偶戯的非物質文化遺産化的比較論的一考察」
菅　　　豊「文化的客体化」
王　　　恬「端午民俗文化的伝承與創新」
陳　志　勤「自然生態資源管理的過去與共同」
劉　暁　路「浙江農村非物質文化遺産保護」
馮　　　莉「民衆対再造文化空間的認同與選択」

崔　成　志「文昌宮対浙江山区民俗文化的影響」（論文参加）

**報告書のとりまとめ**

　4年間4回の全体調査に、個別の補充調査、そして3回に及ぶ公開シンポジウムの成果を総合して、最終成果報告書を取りまとめることにし、2010年秋以降各人は鋭意資料整理と分析を行い、廿八都および三門源についてそれぞれの報告論文を作成した。

## 2．調査地の概観

### [1]江山市廿八都

　江山市は浙江省の西部に位置する衢州市管轄下の市であり、衢州市の南部に位置し、江西省および福建省に接する。廿八都はその江山市のなかの南端に位置し、すぐ南は福建省である。江山市の中心部から南に60キロメートル離れている。福建省の港と衢州さらには杭州を結ぶ街道が浙江省に入った最初の町場が廿八都であり、古くからの宿場町であり、物資の集散地であった。多くの旅館や商店が並ぶ町として清代以降発達してきた。今は仙霞古道と呼ばれている。現在は国道205となっている。国道は廿八都の部分では、新たなバイパスを設けて、集落に入らず、走っている。そのこともあって、集落には古い面影が色濃く残され、その一部が近年古鎮保護の対象として補修復原され、観光地化しつつある。また、高速道路が建設され、集落の西側を走っている。廿八都には出口が設けられ、2010年に開通した。

　廿八都は街道に沿って集落を発達させてきた。したがって、細長い集落である。北部が高く、南に向かって緩やかに下がっている。北半分は潯里街、南半分が楓渓街と言った。道路の両側に商店、旅館、住宅が並んでおり、集落形態で言えば街村ということになろう。街道の東側を楓渓が北から南へと流れ、集落の東側を画している。集落の西側は山となっている。

　行政的には、江山市廿八都鎮となる。廿八都鎮は町場のみでなく、周辺の多くの農村部も含み、全体として10か村となる。そのうち潯里村、花橋村、楓渓村の3村が古くからの町場となり、この3村の地区を一般に鎮区と呼んでいる。しかし、この3村も周辺の農村部を含んでおり、完全に町場というわけではない。廿八都鎮の行政上の位置づけと呼称は何回となく変わってきた。以下『廿八都鎮志』（2007年）の記載を参考にして記しておこう。民国時代には江山県廿八都里

とされたが、1931年に廿八都鎮となった。34年に民国政府は県・区・保・甲の四級制を制定し、廿八都は江山県第6区とされ、内部を10保96甲に編成した。解放後の1950年に、廿八都郷となり、56年にそれまでの廿八都と徐家墩、渓口の三つの郷が合併して、新たに廿八都郷とした。58年に峡口人民公社が成立し、廿八都はそのなかの管理区の一つとなったが、翌年には廿八都生産大隊となった。61年に廿八都人民公社となった。人民公社が終わり、83年には廿八都郷に戻った。87年に現在の廿八都鎮となり、その下に13の行政村、127の村民小組が組織された。現在の廿八都鎮は16の行政村で構成されている。

16の行政村のうち、古くからの廿八都の町場には3つの行政村が設定されている。北から潯里村、花橋村、楓渓村である。潯里村は潯里街の北部であり、解放時には廿八都郷1村として組織された。廿八都人民公社時代は潯里大隊、83年以降潯里村となり、村民委員会が組織されている。花橋村は同様に廿八都2村として組織され、花橋大隊を経て、83年から花橋村となった。楓渓村は、廿八都3村であり、楓渓大隊を経て、楓渓村となった。

廿八都は町場の景観を示しているが、基本的には農村である。2004年労働力人口統計によれば、潯里村は労働力人口588人であるが、そのうち農林漁業が274人、工業が65人、建築業が52人、交通運輸業が32人、旅館飲食業は74人となっている。商工業人口が少なくないことは注目されるが、やはり農業人口が多数を占めている。花橋村の労働力人口は842人、そのうち農林漁業人口は393人、工業は242人、建築36人、旅館飲食業12人、楓渓村は労働力人口815人、そのうち農林漁業452人、工業39人、建築業56人、旅館飲食業37人となっている。どの村もほぼ同じ傾向を示すが、潯里村に旅館飲食業が多いことが注意される。

商工業で栄えた廿八都は、住民構成において大きな特色を作ってきた。この地で営業しようとし、あるいは雇われるために多くの人びとが移住してきた。現在廿八都の暮らす人びとの多くが、先祖の来歴として他所からの移住を語り、それも大昔のことではなく、清代から民国時代のこととしている。そのような移住社会としての廿八都は、多くの姓氏で構成されている。廿八都鎮全体では146の姓が見られ、そのうち家としての姓は91であり、いかに多いかが分かる。そして、その来歴が個別的であることを反映して、使用されている言葉も多様で、廿八都自体の方言だけでなく、全部で13種類の方言が使われ、多く

の人は二つ以上の方言を用いることができるという。

　廿八都の町場が古い街並みを残し、また古い建造物があることは比較的古くから知られ、注目されてきた。先ず、個別建造物の指定が行われた。1986年に当時の江山県政府が文昌宮、水安橋などを重点文物保護単位に指定した。そして88年に浙江省文化庁および城郷建設庁の幹部が廿八都鎮を視察し、その保護についての座談会を開催した。ここから古鎮保護の事業が始まった。同年に江山市は廿八都鎮を「歴史文化名鎮」に指定することを決定した。3年後の1991年に浙江省政府が廿八都を「省級歴史文化名鎮」と指定した。次第に廿八都は知られるようになり、96年には廿八都を題材とした「古鎮人的一天」などのテレビ放映が行われた。また2000年には『文化飛地―廿八都』という写真集が西冷印社から刊行された。この年に廿八都鎮政府に古鎮保護開発弁公室が設けられ、「古鎮保護」がいよいよ本格化した。この頃には浙江省、さらに中央の政府幹部や共産党幹部が次々に現地視察に訪れ、その価値を称賛した。

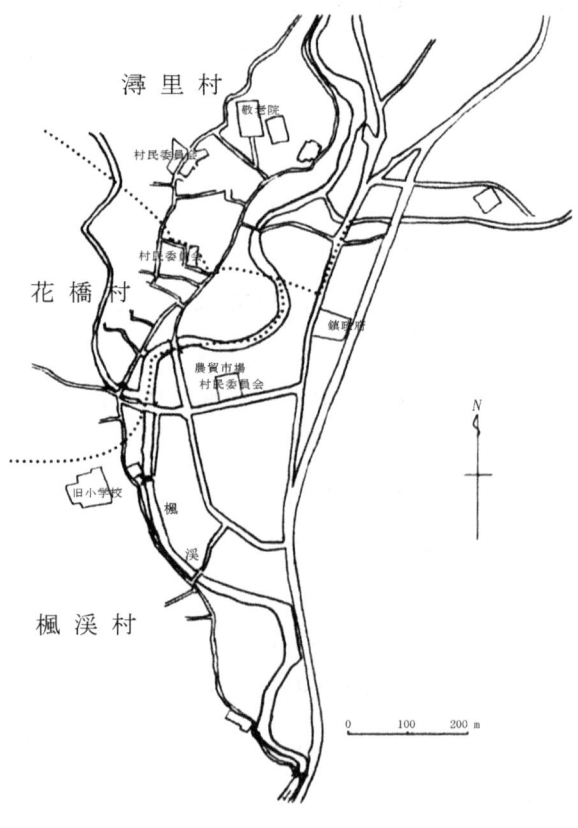

廿八都の集落

2001年に依頼を受けていた南京東南大学城市規劃設計院が「廿八都鎮歴史文化保護区保護規劃」を完成させ、これが翌02年に浙江省歴史文化名城保護管理委員、浙江省建設庁専門家、江山市などの確認を経て基本設計として用いられることとなった。03年には浙江省人民政府は「廿八都鎮歴史文化保護区保護規劃」に原則同意した。それ以降加速度的に「古鎮保護」の事業が展開した。2005年には江山市廿八都古鎮旅游開発有限公司が成立し、観光開発も進められることとなった。潯里街の「修復」工事が進められ、整然とした街並みが出現した。2009年には竣工し、公開された。

## [2] 龍游県石仏郷三門源

龍游県は衢州市地域のなかのもっとも東北部に属する。全体的には平野であり、水田地帯と言って良い。そのなかで、建徳市に接する、山間地に位置するのが石仏郷である。北側は建徳市との境界の山地が東西に走り、その山地に向かって幾筋もの谷が入っている。三門源はその一つで、奥深く入っていく谷の入口にあたる、一種の渓口集落である。三門源は、集落よりも北の谷奥に三門寺があり、村名もそれに由来するという。水田の面積は多くなく、全体的に畑作の村と言え、さらに80年代以降はミカンの栽培が行われ、出荷している。また6ヶ所池があり、魚と真珠の養殖が行われている。戸数は412戸で人口は1412人、全耕地面積は1124畝である（2007年現在）。村民委員会の下に12の村民小組がある。

三門源村は行政村であり、中心集落の三門源以外に、三門寺里、流坑源、塢山坪などの小さい集落がり、行政上は自然村と位置付けている。中心集落三門源の左右は山となっており、龍山・虎山と理解されている。三門源の集落から北方を見上げると美しい独特の山容を示す飯甑山があり、三門源の位置を示すランドマークとなっている。三門源は谷筋に発達した集落であり、集落の中央部を碧渓と呼ばれる川が流れている。川の両側に家々が密集している。

中心集落としての三門源は、基本的には二つの姓で占められている。葉氏と翁氏である。それぞれ祠堂を共同し、一族としてのまとまりを持ってきた。解放後、宗族は姿を消したが、かつては祠堂を中心に結集し、活動していた。葉氏祠堂は碧渓の西側にあり、翁氏祠堂は東側でやや下流にある。それぞれの姓の家は祠堂を中心に集住しているが、完全に分かれているわけではない。

三門源は2006年に浙江省歴史文化保護区に指定された。歴史文化保護区は

名城、名鎮、名村が指定されるが、三門源は名村指定である。現在、省クラスの名村から国家クラスの名村指定になるよう申請している。三門源には二つの祠堂、明清時代建築の民家を含めて多くの古い民家が残り、古村落として良く保存されているという評価を受けている。特に、一軒の葉氏の宏大な屋敷は葉氏民居として1997年に省級重点文物保護単位に指定されている。このような古い集落景観を観光資源化する事業が現在急速に進んでいる。ここを観光地にする試みはすでに1990年代になされていた。現在も当時掲げられた手作りの観光案内図（三門源旅游区企劃図）が道路脇に残されているが、その試みは失敗した。今回は郷政府、さらに県政府の肝煎で多額の投資を得て展開しつつあり、民家の補修工事も進んでいる。

三門源の集落

# Ⅰ 廿八都的民俗文化与古镇保护开发

# I　廿八都の民俗文化と古鎮保護開発

廿八都の景観

建物群

川の景観

用水の利用

川での洗い物

子育て

団扇の修理

橋の上の語らい

村の掲示

みんなで洗濯

水牛の水浴び

川で洗濯

蜜柑の出荷

農貿市場の様子

廿八都名物の豆腐

手あぶりで暖をとる

定期市の賑わい

皮をなめす職人

竹の加工工場

鍛冶職人

在来の養蜂

天井の利用

先祖の供養

七月半（旧暦7月15日）の供物

死者を送る

七月半（旧暦7月15日）の焼紙

葬儀に使った筵を燃やす

墓前で燃される紙製の家

先祖祭祀

キリスト教信仰

陰夢の祭壇

関帝信仰

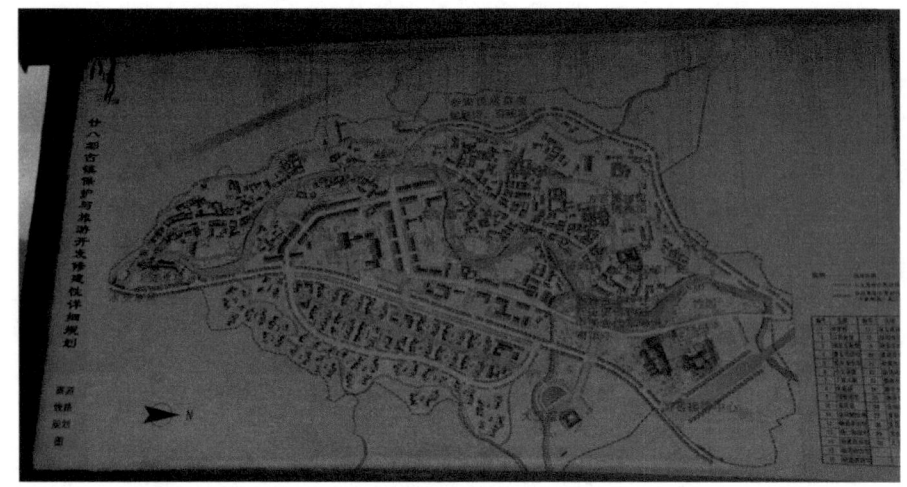

古鎮開発計画図

古鎮開発看板

新装なる古鎮

古鎮開発のスローガン

接待中心(ビジターセンター)

# 集落空間と地域組織

福田　アジオ

## はじめに

　廿八都は村落と言うことはできない歴史を持っている。街道に開かれた宿場町であり、物資の集散地であり、当然のことながら商業都市として機能してきた歴史を持っている。福建省と浙江省を結ぶ交通上の要地であり、物資の中継地としての役割は、この地を通過しない鉄道の開通によって弱まり、特に解放後、都市的要素は急速に消えて、集落景観をそのまま残して農村となったと言える。近年の古鎮ブームのなかで、形骸化していた都市的建造物が注目され、保存され、一部は復原され、一部は古色仕立てに新築されて、テーマパーク的な観光施設となってきている。しかし、現状では、観光施設の対象となっているのは廿八都の一部である。

　ここでは、廿八都の全体的な集落空間を明らかにし、それとの関係で地域組織を把握したい。廿八都については『廿八都鎮志』はじめ多くの刊行物があるが、ここでの記述は原則として観察及び聞き書きによって知り得た内容である。刊行物を参照した際には、参照文献を明記した。蔡恭・祝龍光編『廿八都鎮志』（2007年）および羅徳胤『廿八都古鎮』（2009年）は近年の刊行であり、記述内容も詳細をきわめ、参考となる点も多い。

## 1. 廿八都の全体構成

　**廿八都鎮**　廿八都鎮は全部で17村の行政村があり、143村民小組に編成されているが（『廿八都鎮志』p45）、そのうち9村が前々からの廿八都鎮を構成している。そのなかの3村が集住地域である「鎮区」にある。残りの村は周辺の

農村部にある。現在も、人びとは村名ではなく、一村、二村、三村という番号で呼ぶことが多い。

　　潯里村　　　1村
　　花橋村　　　2村
　　楓渓村　　　3村
　　富強村　　　4村
　　堅強村　　　5村
　　林豊村　　　6村
　　山峰村　　　7村
　　興墩村　　　9村

招軍嶺村　10村　この村は周村郷に属していた。周村郷全体がダム建設で水没して消滅したが、この村はダム区域外にあったので、そのまま残って、廿八都鎮に属することとなった。

　廿八都は平地に集落を展開してるだけでなく、山間地に小規模な集落が点在している。行政的にはそれらをそれぞれ「自然村」という用語でとらえている。廿八都鎮には全部で130の自然村があるという（『廿八都鎮志』）。それらの規模は小さく、山間部に散在していて交通も不便なところが多い。1998年から鎮政府は「下山脱貧工程」を開始し、遠く離れた自然村住民を平地に移し、新村を建設する政策を実行し、2004年までに117戸が下山したという（『廿八都鎮志』p12）。

　**鎮区**　町場としての廿八都は三つの地区によって構成されてきた。この集住地域が「鎮区」と表現される。農村としての行政区分名称では、北から潯里村、花橋村、楓渓村の三つである。廿八都は人民公社時代には廿八都大隊であったが、その内部組織として一村、二村、三村があり、各村にはそれぞれ10余りの生産隊が編成されていた。三村の場合、生産隊は15である。一村は潯里村、二村は花橋村、三村は楓渓村に一致していた。

　解放前の国民党時代は廿八都郷と言っていた。解放後の農村組織は、互助組、初級合作社、高級合作社と展開して、人民公社となったが、その最初の互助組当時から一村、二村、三村という番号で呼びはじめたという。合作社のときに現在の村名ができた。それまでは湖裡街と言ってきた所が楓渓村となっ

た。また潯里街、花橋街と呼んでいた所がそれぞれ村となった。1958年に峡口人民公社が成立し、廿八都は廿八都大隊と位置付けられた。人民公社は農民の組織であったが、それまであった各種の生産工場も人民公社に組み込まれた。集体所有制となり、働き手は生産隊に出て働く形になり、労働に従事した日数によって「工分」（給与）を貰った。

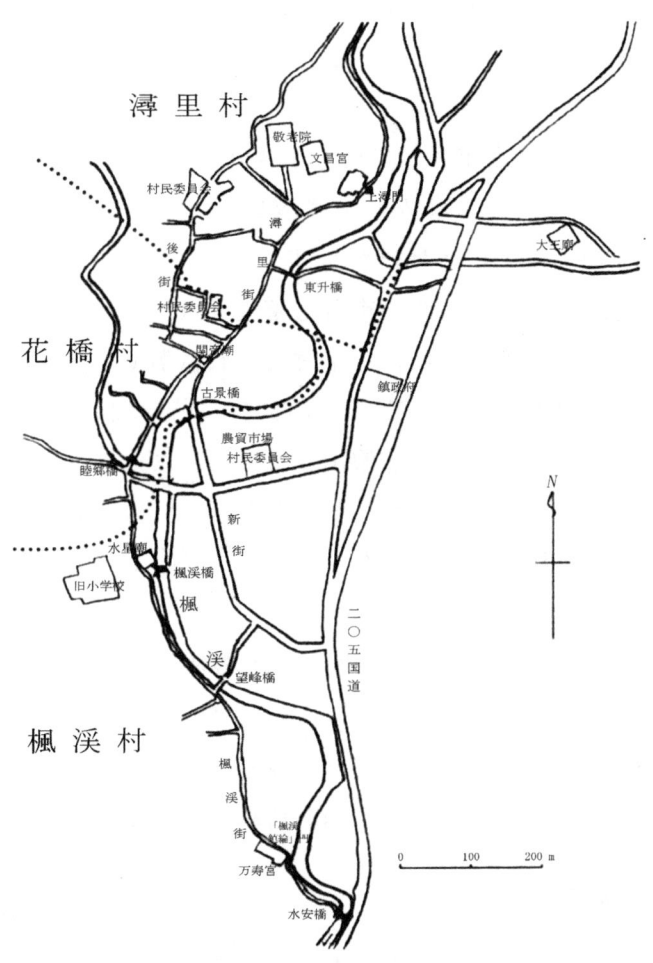

図1　廿八都鎮区概念図

潯里街と楓渓街は町場である。楓渓街の居住者は楓渓村に属するが、潯里街の居住者は潯里村と花橋村のどちらかの村民である。

廿八都鎮政府は旧国道に面して建てられていたが、近年集落から離れた北方に新しい建物を建て、移転した。高速道路の出口が設置され、それへの新しい

道路が設けられたが、そのさらに北の水田地域のなかに造成して造られた。

　廿八都鎮は、一つの学区となって、小学校がある。現在の廿八都中心小学は、宣統3年（1911）設立の「楽育初等学校」といい、現在までに校名を10回以上変更しているという。廿八都でも遠いところの子供は寮に入っているし、余裕がある家は町場に家を借りて、そこから通うようにしている。中学は2007年まで廿八都にあったが、現在では統合されて狭口まで通う。廿八都から29キロメートルも離れている。成績の良い者は江山市の高校へ行くが、職業高校へ行く者も少なくない。

　**古鎮廿八都**　廿八都は古鎮としての補修再現が行われ、2009年から本格的に観光施設として観光客の受け入れを開始した。そのためのビジターセンター、券売所、駐車場あるいは遊歩道が設けられ、対象となった潯里村、花橋村の景観は大きく変化した。元からの街路も整備され、また古鎮としての雰囲気を創り出すように加工された。特に潯里村でそれは著しい。その一つが街路に沿って水路が設けられたことである。上流部で引き込まれた水がせせらぎのように道路の左端を流れて、雰囲気を演出している。また、北から街路に入る場所に上潯門が立派に「復原」設置された。その他にも以前には隠れた存在であった施設が整備されて浮かび上がってきた。そしていくつもの建物が展示施設となり、主題にそって展示している。

　他方、町場の「古鎮」化に伴い、住宅として機能しなくなり、新たに集合住宅が旧集落の東側の国道（バイパス）に面して造られた。水田のなかに一つの団地が出現し、そこに移転して暮らす家も多くなった。2010年段階では団地全体としては完成を見ておらず、多くの棟が建設途中である。

## 2. 町場の景観と構成

　**街村廿八都**　廿八都の町場、すなわち現在の鎮区は、北の衢州市・江南市から入ってきて、南の福建省に抜ける交通上の要地に立地する。仙霞古道と現在では呼ばれる古くからの街道に沿って発達した集落である。道路は北側から廿八都に入るが、その入口には上潯門と呼ばれる簡単な土壁の門が構えられている。そして反対側の、南側の出口は、それまで川の右岸を走っていた道が左岸に渡る水安橋である。現在は衢州から福建省への道は205号公路となって、廿

八都の集落に入らずに、バイパスのように川の左岸を南下して行くが、古くからの道も集落が途切れた地点で橋を渡って、左岸を南下する。この橋が境界として大きな意味を持つことは橋の姿に示されている。橋全体に屋根が付けられており、涼亭としての機能を併せ持っているのである。川を流れる風が涼しさをもたらし、夏には涼しい空間を作り出し、人びとの涼む場所であった。そして、集落が終わる地点に「楓渓鎖綸」という額を掲げた門がある。古くは独立した門であったと言うが、現在は道の両側の家の間を塞ぐ形で設けられている。

廿八都はこのように両端を門で画した内側の一つの世界である。

写真1　上潯門　　　　　　　　　写真2　「楓渓鎖綸」門

**街**　廿八都は南北に走る一本の街道に沿って発達した集落であるが、大きく二つの集落に分かれる。二つの集落は連続しておらず、間には水田の広がった地域がある。近年はそこにも家が建つようになってきて、連続性が出てきた。

古い街道のことを古街と呼び、集落単位で大きく潯里街と楓渓街に区分する。潯里街は上潯門で集落に入ってから、南側は集落が終わり、睦郷橋を渡る所までである。しかし、一般的には関帝廟までを主として言い、そこで道は右折してすぐにまた左折して西南に向かうが、この鍵の手になった部分を別に横街と言うこともある。横街から曲がって西南にのびた道に沿った集落が終わるところは、楓渓の支流が流れており、そこには睦郷橋が架けられているが、これは必ずしも古い橋ではないようである。そこからしばらく水田が続き、再び街道に面して家が並ぶようになる。その最初にある公共建造物は水星廟である。そこから南に進む道を楓渓街という。しばらくは西側に家が並び、東側は楓渓の流れに面している。それが終わる地点には望峰橋があり、コンクリート製の橋で中央部には涼亭が設けられている。そこから南は流れから街道が離

れ、道の両側に並ぶ。密集した集落が続き、大きな建物があって終わる。そこから山が迫り、崖と川の狭い部分を道路が進み、楓渓を渡る。廿八都の出口を示す水安橋となる。潯里街は、その北半分が潯里村であり、南半分が花橋村である。楓渓街は全部が楓渓村となる。

写真3　潯里街　　　　　　　　写真4　楓渓街

　基本的には南北に走る街道、あるいはそれと並行に走る南北の道は街と呼び、地域区分名称となっている。街に面した家々は街に属する。たとえば潯里街とか楓渓街である。各家はそれに家番号が付けられる。

　**弄**　街に対して、そこから横に入る多くの道がある。その道を弄といい、それに名称が付けられ、地域名称となっている。潯里街から横に入る弄は、西側に入る弄は、北から楊祠弄、姜家弄、衛前弄、後街弄、楊家弄、大門弄、花橋弄などがあり、東側に入る弄には東河弄、東升弄、東門弄などがる。楓渓街に

写真5　弄名の表示

も同様に多くの弄がある。西側は山が迫り、東側は楓渓が近いので、弄の延長はいずれも短い。弄の名称は、北から金祠弄、知堂弄、金家弄、燕尾弄、桃花弄などである。

　**行政村と自然村**　中国には行政村と自然村という表現が学術用語としてではなく、行政用語として用いられているが、村民委員会組織の単位が行政村である。それに対して居住の近接性から把握できる単位を自然村と呼んでいる。一つの行政村にはいくつもの自然村が属しているのが基本的な姿である。廿八都

を構成する各村は行政村のことであり、行政村にはいくつもの自然村が含まれている。言い換えれば、各村は中心的な集落に加えて、いくつもの小集落が散在していることを意味する。

**浔里村** 1村である。廿八都の町場のなかでもっとも北部に位置する。自然村としては上街と上浔門の二つに分かれているが、集落として明確に離れておらず、連続性が強い。その他に離れた所に珠玻岭、砂子路がある。前者は数戸の小集落であり、後者は山間部にあったが、現在では移転して集落は消滅した。

写真6　浔里村村民委員会

街道の浔里街に面して家々が密集しており、集村であり、花橋村との境界もはっきりしない。浔里街の北半分が浔里村、南半分は花橋村と言って良い。浔里街の西側の家々の間を縫ってやはり道路が南北に走っている。この道を後街という。村民委員会は集落の背後に比較的新しく設けられた道路に面して建てられている。2004年の統計によれば、浔里村の村民小組が10組、農家戸数は285戸、それに居民委員会に属する戸数が6戸、外来戸が2戸で、合計293戸であった（『廿八都鎮志』168頁）。

古鎮としての修復と開発が進められた地域であり、近年大きく変貌した。

**花橋村** 2村とも表現する。花橋村は楓渓街に居住する家が5戸、浔里街の居住者が40戸余りで、その他に16の自然村に分散している。村民委員会の事務所は、浔里街のなかの後街にある。委員会は、書記、村主任、委員3，4名であるが、委員の1人は婦女主任を兼ねている。人民公社時代は花橋大隊と呼び、その下に18の生産隊が組織されていた。2004年

写真7　花橋村村民委員会

の統計は、村民委員会は全部で14、農家が367戸で、それに外来戸4戸を加えて371戸であった（『廿八都鎮志』168頁）。

　花橋村居住者の姓は楊姓が最も多く、次いで金姓、王姓、李姓、林姓であるが、金姓以下の家は少ない。古くからの住宅（老房子）に住んでいるのはほとんど楊姓である。花橋村で保護対象となっている古い建築物は9棟あるが、そのうち8棟は楊姓の家で、残りの1棟が金姓の家である。林姓の家は離れて「自然村」を形成している。祖先は福建省から来たという。もっとも戸数が多い楊姓は皆祖先を同じくするという認識がある。族譜があったが、「文革」中になくなり、見たことはないという人が多い。

　花橋村には、中心集落から離れて小さい集落を形成している「自然村」が全部で16ある。それをあげれば以下の通りである。

　嶺　塘（12戸、劉姓）西方2キロメートルの山間部にあり、江西省に近い。

　松樹排（2戸、劉姓）

　腊子崗（1戸、李姓）

　葫芦丘（7戸、李姓）

　葫芦丘底（4戸、李姓・王姓）

　演武坑（12戸、王姓・沈姓）

　大柴嶺（1,2戸、黄姓）山上にあり、多くの家が平地に下りてきた。

　満羊山（12戸、村姓）

　倉　塢（17,8戸、林姓）

　毛岩脚底（18戸、劉姓）

　里　坂（22戸、陳・朱・何姓）

　黄茅崗（2戸、夏姓）

　黄　塢（1戸、黄姓）

　馬路口（5戸、楊姓・黄姓・饒姓）

　岩　家（現在住戸なし）

　烏石塊（33戸、李姓が多い）町場に近い。

　花橋村にも機動田はあるが、その保留している面積はごくわずかであるという。花橋村の共有財産としては、山林、山場（山林と同じ山地）、店1棟がある。この店は個人に貸し出し、個人経営の店となっている。

**楓渓村**　3村である。楓渓村も街道の両側に家々が並ぶ。現在も6つの商店がある。楓渓村の主要な範域は川の西側になるが、それに加えて川の東側の前山坂も含まれ、新街と呼ばれる道路に沿って新しい建物が並び、商店も多い。農貿市場も新街の北部の十字路の近くにある。新街は毎月農暦1と6のつく日には市場が開かれ、新街には多くの出店が開かれ、近在から出てきた人びとで賑わっている。農貿市場の入口横にある大きな3階建てのコンクリートのビルディングが楓渓村民委員会である。

楓渓村の現在の戸数は360戸以上になっている。人民公社時代は人数が多い大戸であったが、今は夫婦と子供のみの3，4人が多く、一人暮らしの世帯もある。楓渓村の村民委員会は、村長、会計、出納で構成される。村長は党支部書記が兼ねている。2004年現在の統計によると、楓渓村の村民小組は15、総戸数は343戸で、内訳は農家が339戸で、居民委員会戸数が4戸である（『廿八都鎮志』168頁）。

写真8　定期市の賑わい（1）

写真9　定期市の賑わい（2）

楓渓村は鎮区の古い街道部分に加えて、楓渓の流れの東側に新しく形成された新街の多くの家を含んでいる。新街の家は多くが各種の商店であり、近年の観光開発に伴い、観光客を目当てにした飲食店「農家楽」の経営に乗り出す家も少なくない。さらに離れた山間部にもいくつかの自然村が含まれている。そのなかの最大の集落が竹瓦亭村で、戸数も40戸ほどある。他に林家棚、根塢、藤塢などがある。竹瓦亭は205国道を南へ2キロメートル余り南へ行った所の谷筋にある。林家棚、藤塢はそこから山間部に入った散在集落である。根塢は楓渓から離れた東方1キロメートルの山間部にある。

村は村内の道路を管理する。道路の補修の実施は村民委員会で協議決定す

る。工事は請け負いに出す。また道路の清掃は「保潔員」を村で1名雇用して行っている。公道、公共の場所の掃除とゴミ箱のゴミ収集が仕事で、各家の周辺の道は近隣の者が自分たちでする。

　村が中心となって実施している行事は、春節、元宵節、農民節の三つである。春節には、3つの村の村民委員会が相談して、日取りを決め、それぞれの出し物で3か村を巡る。楓渓村は早船と高脚、澪里村は腰太鼓、また澪里村と花橋村で山歌を唄う。これに要する経費は市政府文化局、鎮政府から補助される。またそれぞれの出し物が村を巡る時には、各家を訪れる。その時、各家では祝儀である「紅包」を出すのが普通である。紅包は1，2元であるが、100元も出す家がある。元宵節もほぼ同じであるが、春節ほど賑やかではない。

　生産承包制（生産請負制）は、人民公社解体後の1980年から実施された。先ず耕地を生産隊＝組単位に分ける「分田到組」を行い、1年後の1981年に各組の耕地を住民の人数に分ける「分田到戸」を実施した。分配する時には、生まれていれば赤ん坊で人と計算して、人数に応じて各世帯に分けた。この各人に分配された耕地を「人口田」と言い、男女区別なく1人半畝であった。人口田の面積は生産隊によって異なり、1畝の生産隊もあった。分配に際して保留した耕地があり、これを「機動田」と呼んだ。機動田から、新たに子どもが産まれると、その子に支給した。逆に、死亡した人の耕地は機動田に組み込んだ。娘が結婚して他出した場合には、その耕地は機動田に組み込まれ、逆に嫁を貰えば、その分は機動田から支給された。機動田の管理は、生産隊の隊長（組長）が行っている。この実施時期は廿八都で一斉に行われたのではなく、村によって異なった。機動田は廿八都のどの村でも行っているが、人口田の大きさは生産隊によって異なった。

　また、山についても、生産隊が単位となって、分配を行っている。各家に分配した山は「自留山」と言い、3人家族であれば1畝ほどで、自分の判断で自由に利用できる。各家では植林したり、竹林にしたり、あるいは茶畑にしている。自留山の面積は生産隊によって異なる。自留山を決める時には、その場所は抽選で決めた。配分せずに保留した山を「承包山」と言い、これは貸し付けて、生産隊の収入とする。承包山を借りた者は自分勝手に植え付けはできない。従来の状態を維持しなければならない。

写真10　楓渓村村民委員会

写真11　「農家楽」の分布

写真12　「人民公社好」

　生産隊は15で、大きい生産隊は20戸以上、小さいのは15戸ほどである。生産隊は村民小組と同じである。1981年に現在の生産隊を編成した時には、各隊ほぼ同じ戸数にしたが、その後隊によって戸数に増減があり、大小が出てきている。各生産隊には隊長がいる。隊員の推薦によって就任し、特に任期はない。各生産隊の運営にあたるのは「隊委会」で、大きい隊は5人、小さい隊は3人で構成されている。生産隊は、編成当時は地域的な区分であったが、その後新しい家を離れたところに建てて移った家もあり、その場合でも生産隊の所属に変更はないので、生産隊の地域的なまとまりはなくなってきている。生産隊はもともと農業生産組織であり、土地の管理を主な任務とするが、今では子供の就学などにも関係している。生産隊は行政の末端組織として機能している。行政上の各種の伝達は鎮政府から村長に伝えられ、村長から生産隊長に伝えられて、生産隊長がそれを各戸に「伝話」する。回覧板のようなものはない。村に納入する金は生産隊長が各家から集める。生産隊が、隊内の家の農作業など

について手伝ったりすることはない。生産隊が娯楽のために活動することもない。

　水田の用水路の管理は生産隊がする。用水路の修理や清掃は、水路の水がかりの生産隊が共同して行う。作業に必要な人数を各生産隊が出して行うが、作業に出た者には生産隊が賃金を払う。

　生産隊には収入がある。分配を保留している機動田を貸し出しており、その小作料が生産隊の収入となる。また承包山の貸し付け代金も生産隊の収入である。生産隊の収入は生産隊で管理せず、村に納入する。生産隊は必要な時に村から引き出す。

　生産隊には共用の建物や施設はない。共有の機械や道具もない。トラクターなどの大型機械は個人所有である。機械を持っている者が作業を請け負ってする。各家が金を出し合って機械を共同購入することはある。

　廿八都老年協会の建物になっている水星廟の管理は、鎮政府が管理人を選任して、手当を支給して管理にあたらせている。管理人は廿八都の人で、現在老人ホームに入っている。3食は老人ホームで食べ、寝泊まりは廟でしている。廿八都には、鎮政府が認定して、管理人を置いている廟が10余りある。管理人希望者から選任して、やはり手当を支給している。

## 3. 親族と生活空間

　**多くの姓氏**　廿八都は商業町・宿場町として発達してきたことによって、住民は様々な来歴をもった家によって構成されている。廿八都の姓は、1998年の集計によると146の姓が存在した。夫婦別姓で、婚入者も結婚に際して姓を変更しないので、一家族でも複数の姓が存在するのが原則である。『廿八都鎮志』は家に引き継がれる姓を「核心姓氏」と表現して、集計している。それによれば常住の農家では91の核心姓氏があるという。その姓のうち戸数が多いのは戴姓（983戸）、陳（891戸）、李姓（749戸）、王姓（667戸）、謝姓（479戸）、劉姓（454戸）、徐姓（421戸）、楊姓（376戸）、金姓（358戸）、鄭姓（332戸）である（『廿八都鎮志』449頁）。そのなかで、比較的多くの家数をもつ楊姓を例に、宗族について記述していこう。

　**楊氏の出自**　楊姓にはかつて祠堂があった。現在の敬老院（養老院）がその

跡である。ここは「楊氏宗祠」と言った。解放後は祠堂はなくなり、そこが廿八都郷政府の事務所となり、その後敬老院となった。祠堂が存在した頃は、位牌はそこに安置し、各家の堂前には置かなかったという。

廿八都の楊氏は「炉峰楊氏」という。炉峰はこの地の山名であり、廿八都のことである。江山にも楊氏はいるが、系統が異なるという。楊姓の先祖は楊家将という有名な将軍だったという。先祖は山西省から福建省に来て、福建省下杭から浦城へ来て、そこから廿八都へ来たという。廿八都へ移ってきたのは楊永義という人物で、「永義公」と言う。永義公から数えて12代になる。族譜があったが、「文革」で消失した。この族譜は全12巻で、1937年に編纂され印刷刊行された。族譜に記されていた内容によれば、楊永義には息子が1人おり、その子供は楊宝成、楊宝林、楊宝書の3人いた。そのなかの楊宝林は福建に行き、残りの楊宝成と楊宝書の子孫が残ったが、特に宝成の子孫が多くの房に分かれて現在も居住している。楊姓の中心的な役割を果たした人物として「八公」と呼ばれる楊秀東がいる。光緒・同治年間の人物で、杭州に出て勉強して戻ってきた。楊姓の共同施設や学校を設けたという。解放前には「族長公」がいた。楊姓全体を代表する人物で、公平で信頼できる人物が就いたという。年齢は関係なかった。

楊氏の族譜はかつて存在した。族譜は6代ごとに編纂することになっている。族譜は各房毎に1セット所有していたが、誰が管理し保管しているかは秘密であった。

**楊氏の構成** 現在廿八都の楊氏は10房に分かれている。房には名称が付いており、仁、義、礼、智、信、恒などと言う。房は現在も認識されており、自分が何房かは伝えている。結婚式や葬式には同じ房の者は参加する。別の楊姓の人物によると、楊姓の房は、大房が6房、小房が12房あるという。太公に二人の男子があり、その1人に6人の息子があって、6房となった。他の兄弟からは12人の子孫がいて、小房12房になった。

楊姓の輩字は忠→孝→家→声→遠→詩→書→世→沢→長→文→章→千→古→重→清→白→万→早→揚の20字である。同じ楊姓でも、輩字が異なれば同じ系統ではない。現在生存している楊姓の輩字は、書から文までの輩字である。この輩字が最後まで来ると、その時期の能力ある人が新たな輩字を設定すると

いう。現在では多くの人は名前に輩字を用いていない。しかし、自分の輩字は知っている。ただ、輩字を使用する機会はない。女性も自分の輩を知っているが、名前に輩字が入ることは絶対にないという。輩字は男性だけのものである。

　現在、楊姓の人たちが集まる機会はない。かつて祠堂があった頃には、冬至にこの地にいる楊姓の男子は子供や赤子も含めて全員が祠堂に集まり、祖先に拝礼をした。これを「過冬至節」という。祠堂に集まるのは男子のみで、女性は参加しなかった。集まった男は、輩毎に拝礼した。拝礼の指揮を執るのは、「族長」で、その輩字を表現して「忠字輩拝」という。指示された輩の者が祭壇前に揃うと、族長が「三肯首」「三跪九拝」と声を出し、それにしたがって拝礼をした。昼食は祠堂で食べた。供えられた「冬至餅」（大餅）は女性を含めた全員に分けた。この供える大餅は「清明租」と呼ばれる楊姓の共有地所の収穫物や収入によって作った。

　清明租は、分家する際に、保留した土地で、祖先をまつる経費をまかなうためのものであった。清明租はいったん設定すると、永久に続けられた。清明租は各家が順番に耕作していた。耕作する当番の家を「収清明租」と言った。祠堂での昼食を準備するのは、その年の収清明租が中心であった。不足する時は、他の家にも手伝って貰う。収清明租は、清明租を共同にする家数の多寡によって何年に1回まわってくるかは異なる。清明租を使用してまつるのは、清明節と重陽節の2回の「上墳」（墓参り）と冬至節の計3回であった。

　祠堂は「楊家祠堂」と言っていた。現在敬老院になっている。敬老院になる前は、各種の倉庫として利用されていた。その前は祠堂であった。1949年に倉庫に転用された。現在も祠堂の頃の建物が一部残っている。祠堂であった頃は、ここに祖公龕と牌位が置かれていた。一族の死者の総ての牌位が祠堂に安置されていた。

　上墳は収清明租が中心となって、各家に声を掛けて実施した。墓参りに出た家には、出た人数に応じて「上墳銭」を出した。上墳は男子のみで女子は参加しなかった。上墳の対象となる墓は普通は太公までであった。清明租は解放によって消滅したが、上墳はその後も続けられ、今も行われている。現在は各家がそれぞれ上墳をする。

　墓は、夫婦が並んで埋葬するのが原則である。墓は没後に造るが、金持ちは

生前に「做生墓」といって予め墓を造っておいた。解放前には自分の持ち山に造ったが、山を持たない家では墓にする山を買った。墓にする場所は地理先生が見立てた。その場所が自己の所有地でない場合は、そこの地主に売ってくれるように交渉した。

現在、位牌は堂前に安置する。その正面には祖先を表現した掛け軸が掛けられている。正面中央には「天地君親師之位」、右側に「本家福徳土地財神之位」、左側に「楊門堂上歴代遠近宗親之位」と書かれている。毎月1日と15日にこの前に線香を立てて拝む。

**楊姓の居住地域** 楊姓の人びとの居住地域は、廿八都の鎮部の中部に集中している。祠堂であった敬老院の位置は、集住地域から北側にはずれている。楊氏が最も目立つのは花橋村であり、潯里村と楓渓村にも少なからず居住する。花橋村では楊家弄という名前が付いた弄があるように、楊姓の家が集住している。『廿八都鎮志』に記載された1998年現在の統計に依れば、楊姓の人は152人が花橋村、45人が潯里村、30人が楓渓村となっている。その他に、五福村13人、崇山村に39人、林豊村に29人、富強村に46人、そして堅強村に27人居住している。もちろん、姓は生涯変更しないので、結婚して他の家に入った女性も含まれており、この統計数字は人数であって、家数ではない。いずれも同一の祖先楊永義の子孫であるという。しかし、家としての姓について、祖先の来歴を確認すると、楊姓のうち200は浦城（福建省）から、176は広豊（江西省広豊県）から廿八都に移住してきたとする。

『廿八都鎮志』の記載によれば、2005年の楊姓は全部で406人であった。これは廿八都のなかで第11位であった。最も多い姓は陳姓で910人、次いで戴姓852人、王姓815人、李姓702人、徐姓512人、呉姓483人、黄姓463人、謝姓448人、劉姓445人、周姓411人という順である。

**祖先祭祀** 祖先をまつる重要な機会の一つとして「七月半」がある。農暦の七月十五日の行事である。その準備は数日前から始める。銀紙で紙銭を作る。形状は10種類以上である。七月半の昼以降に儀礼を行う。それは鬼門が昼に開くからだという。正確には「午時三刻鬼門開」といい、お昼の12時45分に開くとされる。祖先のために家の中の堂前で紙銭を燃し、「孤魂野鬼」のためには家の外に出て燃す。堂前の中央に卓を出し、果物、野菜、魚、肉などを置

き、必ず馬の形をした菓子を供える。祖先は馬に乗って来るからといい、この菓子は七月半以外には作らず、また供えない。今は自家で作らず、食料品店で購入する。ナツメとザクロも供える。ナツメは早く子どもが産まれるように、ザクロは子孫が多く繁栄するようにという意味だという。線香と蝋燭を立てて火を点けて供え、酒を3杯献ずる。そして最後に「春紙」を燃す。粗雑な紙である春紙には紙銭を包んである。春紙を燃すことで、祖先を墓に戻るように送るためだという。蝋燭を消すが、その時には息を吹きかけない。手を振って消す。これらを行う「主持人」は「先男後女」で、年長の男子が行い、男性がいない場合に女性が行う。主持人は祖先に対して、七月半だから馬に乗って帰ってきて、食べてくれるように呼びかける。献ずる酒は米の枡を「酒盃」とする。これは酒の量が少ないと祖先が悲しむからだという。七月半に祖先に来て貰うのは、家の生活を見て貰うためだという。祖先は春節にも家に帰ってくる。祖先の魂は一つではなく、いくつもあり、どの子孫の所にも訪れるという。

墓参は年に4回行う。春節、清明、重陽、冬至である。春節は、「前三後七」といって、正月の3日前から正月七日までの間に墓参する。墓参は家族毎に時間を見計らって行うが、太公や太太公の墓参りは皆で行くようにする。その場合、供物を一まとめにして供えることもある。

墓参する対象は父母（自分の父母、妻の両親の墓は参らない）、祖父母（父の両親のみ）、太公（祖父の父とその兄弟）、太太公（太公の父とその兄弟）であり、故人が生きていれば100歳になるまでは墓参する。100歳になれば、生まれ変わるので、墓参はしない。実際には、多くの家では太公や太太公の墓に行かないという。

**舅々** 兄弟間の争いを調停し、解決するのは、母の兄弟である舅々である。ものごとを公平に処理してくれるのは舅々であるとされ、「上有雷公、下有舅公」という。舅々は母親の兄弟全員である。現在でも舅々の役割ははっきりしている。何か兄弟間の揉め事がある時には、村民委員会に頼むと同時に舅々にも頼む。舅々は重要な位置にあり、家の重大な行事には舅々は必ず招く。母親が死去した時には、舅々が来ないと棺の蓋を閉じることはできない。母親の関係する行事には舅々が招かれる。子供が結婚する時には、一番上座に座るのは舅々である。　重要な行事や儀礼には必ず舅々を招いて参加してもらう。

**外親と内親** 結婚関係によって生じた姓の異なる親戚を「外親」という。「一代親、二代表、三代不知暁」と言い、孫の代になるとほとんど付き合わなくなる。それに対して、同姓となる自己の兄弟姉妹および妻の両親は「内親」と言い、濃い付き合いをする。妻の兄弟の子は外親である。同姓の親戚は「本家」と表現することが多い。本家は何代経っても本家に変わらないという。

# おわりに

本稿は、廿八都鎮の中心部を形成する鎮部の地域社会の特徴を、その集落景観との関連で把握し、廿八都の社会的特質を明らかにすることを課題とした。結果的には十分な分析ができるほどの資料を獲得することができなかったが、以下の諸点を特色として指摘できるであろう。

[1] 廿八都鎮は一つの集落のように思われるが、実際には大きく二つの集落で構成されている。北半分が潯里街であり、南半分が楓渓街である。この二つの集落は明確に分かれており、その間には人家がなく、水田が広がっている。

[2] 二つの集落で構成され、それぞれ別の地域のように見えるが、一方では全体として一つという面も施設の配置に見られる。潯里村の北端には上潯門があり、逆に楓渓村南端には「楓渓鎖鑰」の額がかかる門がある。潯里街と楓渓街の間は水田が広がるが、そこには門その他の境界を示す装置はない。

[3] 廿八都には様々な出自をもつ多くの姓が存在する。そのうち経済的に繁栄した姓は宗族組織を発展させ、なかには大きな祠堂を構え、族譜を編纂した一族もあり、それらは同姓の家々が一定地域に集住する傾向がある。

[4] 明確な村落組織はなく、行政上の区分や組織が地域組織として機能している。しかし、行政区分や名称は今までにたびたび変更されてきた。生活組織として安定的な存在ではない。

もともと中国社会において村落が存在するかどうかは大きな研究課題である。家々が集合した集落は存在し、他方行政組織や区分は明確に存在するが、生活・生産の単位としての村落は不明確であることは、日本の村落社会に比較すると、間違いなく指摘できる。廿八都は村落というよりも町場としての形成過程、歴史過程をもっているから、村落の不明確はより一層顕著である。そのなかで、経済的な繁栄を見た宗族は祠堂を設け、その存在を誇示した。

# 摘要

# 聚落空间与地域组织

## 福田亚细男

本文的目的，是在与聚落景观的关联上，对形成廿八都镇中心部位的镇区的地域社会特征进行把握和理解，以此阐明廿八都镇的社会特征。虽然就结果而论，或许并没有获得能够进行充分分析的资料，但是作为特色而言，足可以指出以下几点。

（1）廿八都让人感觉就像是一个聚落，但实际上它是由两个大的聚落所构成的，北半边是浔里街，南半边是枫溪街。这两个聚落被明确地区分开来，在其间并没有房屋人家，是一片展开着的水稻田。

（2）由这两个聚落形成的区域，看起来似乎好像是各自为营的不同地域，但作为一个整体，又可见其一体化的设施配置。在浔里村的北端有上浔门，而相对于此在枫溪村南端有刻着"枫溪锁钥"字样的门。在浔里街和枫溪街之间展开着一片水稻田，但并没有其他像门那样可显示境界的标界物。

（3）在廿八都存在着很多具有各种各样由来的姓氏。在经济上得到繁荣的一些姓氏发展成为宗族组织，其中有的宗族设置了大的祠堂，并编纂族谱，各家以同姓相聚，具有在一定区域内集中居住的倾向。

（4）没有明确的村落组织，以行政上的区分及其组织作为地域组织发挥作用和功能。但是，其行政区分及其名称至今被屡次变更，作为生活组织并不是一个具有稳定性的存在。

本来，对于在中国社会中村落组织是否存在这个问题，是长期以来一个大的研究课题。虽然存在着作为各家集合体的景观的聚落，并且也具有明确的行政组织及其区分，但是，在与日本的村落社会相比之下，毫无疑问可以指出：作为各自生活、生产单位的村落具有不甚明确的事实。因为廿八都比起是村落不如说更具有作为市街集镇的形成过程以及历史过程，村落的不明确性就表现得更为显

著。其中，在经济上得到繁荣的宗族曾经设置祠堂，以夸耀其存在及其影响。在由众多姓氏构成的廿八都，并不是所有的姓氏都具有作为宗族的明确的存在状态，但其中有几个有权有势的姓氏作为宗族发挥了很大的作用。解放以后，虽然宗族组织已经解体，然而，拥有作为同姓同宗的这种意识，仍然维持至今。

# 伝統的宗族組織の展開

小熊　誠


## はじめに

　廿八都は、移民社会として形成されたという特徴から、多くの姓が集まる雑姓地域であるといわれる。しかし、その中でも「四大家族」と呼ばれる姓氏一族があり、その一族の人数や経済力は他を圧倒して勢力をもっていた。それは、姜・金・楊・祝などで、その一族の概要を紹介し、廿八都への来歴と発展、古民居の概要など伝統的な家族、宗族の状況について整理する。それをふまえて、廿八都における宗族のありかたについて考察する。

## 1. 廿八都鎮における宗族の概要

### (1)概要

　廿八都鎮は、行政区域としては16の行政村を含む。「1998年廿八都鎮人口分家庭姓氏分布」の表によると[①]、廿八都鎮全体の人口は12868人、姓は141にのぼる。また、廿八都鎮の中心である街道沿いの鎮区は、南北に繋がる潯里、花橋、楓渓の三つの集落から構成され、その人口は、3406人、姓の数は69にのぼる雑姓集落である。このように多くの姓があるのは、廿八都の成立と深く関わる。廿八都という名称は、本来街道沿いの行政区分でいうと鎮区にあたる潯里、花橋、楓渓の三つの集落を指す。したがって、行政地域としての鎮全体を指すときは「廿八都鎮」と表記し、街道沿いの鎮区、すなわち古鎮を指すとき

---

　① 蔡恭、祝龍光主編『廿八都鎮志』中国文史出版社、2007年、441－444頁。以下『廿八都鎮志』と表記する。

は「廿八都」と表記する。

廿八都は、浙江省と福建省を結ぶ仙霞古道の仙霞関と楓嶺関の間に広がる小さな盆地であり、交通の要所であった。この地域が本格的に発展するのは、清朝に入ってからである。明末清初に鄭成功の台湾占領などがあって、辺境に準じる防衛地域として清朝は浙閩総督署を衢州に移すことになり、にわかに仙霞関は軍事上重要な地域となった。このような状況が背景にあり、順治11年（1654）に仙霞嶺路線の防衛のため、「浙閩楓嶺営」が潯里村の北側に設けられ、軍隊が駐屯するようになった。これが一つのきっかけとなって、廿八都の人口が増加し、経済が発展して行った。

この地域は仙霞嶺の山地であり、耕地は少なく、農業は発展しなかった。その代わり、物資の流通業が発達した。荷物を運ぶ人足がこの地域の重要な副業であり、それを「挑長担」といい、その人足を「挑夫」と呼んだ。廿八都では、南の福建浦城へ貨物を運ぶ人足が多く、往復3・4日かかった。そのほか、北の峡口鎮や清湖の港に運んだ。民国時代まで物資運搬人足の仕事は盛んであった[①]。

このような物資運搬人足や商人は、廿八都で泊まることもあり、その人たちを対象とした食堂や旅館が多くあった。民国28年（1939）の統計によると、廿八都にあった旅館は26軒、食堂は32軒であった[②]。それらは、潯里と楓渓の街道の両側に広がり、それに豆腐店を加えると、全店舗の半数近くになった。

また、この山地でとれる「嫩毛竹」を利用して紙が生産された。さらに、桐籽、油茶籽、柏籽を搾って油をとり、それを樽に詰めて杭州、上海、寧波などに運んだ。特に、桐油は海外にも大量に輸出された。

清朝初期の軍隊の駐留、それ以降に盛んになった物資の流通により旅館、食堂、商店が増え、さらに土紙の製造が盛んになっていった。こうして廿八都鎮と隣接する浙江省の江山県、江西省の広豊県、福建省の浦城県など各地から次々と人々がこの地域に移入して、人口が増えていった。こうした移民によって、多くの姓氏が混在する雑姓集落が多く形成されていった。とくに、中心部の廿八都はその傾向が強かった。

---

① 羅徳胤『廿八都古鎮』上海三聯書店、2009年、9頁。
② 『廿八都鎮志』。

廿八都における有力な一族で、比較的古いのは金家一族と祝家一族である。この一族は、楓嶺営署に関わる武官を輩出し、商売も大きくして勢力を伸ばしていた。金家一族は、康熙年間と雍正年間に1名の武進士と2名の武挙人を出しており、相当な勢力を誇っていた。楓渓街の水星廟から望楓橋に至る間の西側の建物はすべて金家一族によって占められ、そこは「金半街」と呼ばれていた。また、祝家一族の祖先である祝善詮は、浙閩楓嶺営の遊撃将軍として赴任し、廿八都に遷ってきた。潯里街の東側における東河沿から東升路に至る地域は、祝家一族の地盤であり、「祝家半辺街」と呼ばれた。楊家一族と姜家一族は、廿八都に遷って数代は官僚を出したことがなかったが、この両一族が商売に成功した後、寄付をすることによって「太学生」や「同知」といった街の長の位を獲得している。「楊宝成」という商号をもつ商店の主人であった楊通熙（1864〜1927）は、長期にわたって楓嶺営署里の「稿公」（「文書」＝里長などの地方官僚に相当する）を務めた[①]。

　民国期には、廿八都鎮の鎮長は、楊家一族と姜家一族によって独占されていた。民国初年には楊秀東、1921年以降は楊瑞球、1931年から1932年は楊慶灝が鎮長に任じられている。1934年から1938年は姜秉源、1939年から1942年は曹世鎣と曹玉書が鎮長に就任し、1943年から1948年は再び楊家一族の楊慶洙が鎮長に就いている。

　経済の発展とともに有力な家が勃興し、廿八都「四大家族」と呼ばれていた。それは、姜、楊、曹、祝の四家一族という言い方と姜、楊、曹、金の四家一族だという言い方がある[②]。祝家と金家は清朝に発展した一族であり、楊家、姜家、曹家は民国期に発展した一族である。四大家族という言い方が民国期の状況を示すとすれば、民国期における鎮長の推移から、まず楊家、姜家、曹家の三つの一族がその中に入り、それ以前の清朝に大きな勢力を持ちながら民国期にはその勢力が衰退した祝家一族と金家一族のどちらかを加えて四大家族と表現したものと思われる。

　廿八都は、耕地が狭く、農業は発展しなかったが、山地の嫩毛竹を原料とし

---

① 羅前掲、12頁。
② 同上、11頁。

た土紙の生産で経済発展した。嫩毛竹は、旧暦四月後半の小満後の一か月で伐採され、土紙が生産される。土紙は、窓に貼ったり、紙銭や図書、包装紙などに利用され、冬の期間に多く消費された。楊家一族は、土紙生産で発展した。楊家一族の生産した土紙を中継ぎの問屋（過載行）をしたのが姜家一族で、そこから銭塘江の下流地域に販売し、発展した。曹家一族と祝家一族も土紙の問屋をしていた。なかでも、姜隆興と姜源興は規模が大きく、土紙の他にも、桐、油茶、柏の種を商い、それらの種を絞って油を生産して、それを木桶に入れて杭州、上海、寧波方面に出荷していた。

　四大家族とよばれた楊家一族、姜家一族、曹家一族、祝家一族は、いずれも土紙の生産や問屋を営んでおり、さらに土地を有する地主でもあった。1950年の土地改革期に、廿八都には60戸の地主がおり、その半分が姜家一族で占められ、その他も楊家一族が多かった。

　その他には、土紙生産に必要な石灰を取るために移入してきた一族がある。廿八都の東北に灰山という山があり、そこから石灰が生産される。灰山の麓に山峰村という集落があり、そこに謝、侯、饒、葉の四姓がある。彼らの祖先は、明代に江西省の宜黄から移入してきたと言われている。これら江西人は、石灰を焼くほかに、廿八都の街で商売をする者もあり、楓渓街の南端に廿八都唯一の同郷人による会館を建てていた[①]。

## (2) 廿八都への移入と展開

　中国東南部における農村の発展は、図式的に述べると、ある一族が定住して農地の開拓を進め、集落を構成するという例が多い。したがって、いくつかの有力な姓の人々が近隣に集住して、それらが一つの集落を形成する。福建省では、一つの姓で一つの集落を形成する単姓村すら存在する。それに対して、廿八都は、山地で農地が広く確保できなかったために農業は発達せず、むしろ福建、江西、浙江の三省を結ぶ交通の要所、そして軍事的防衛基地として商業や運搬業が発達した。それに伴って、商売人や荷物運搬人（前述した挑夫）として各地から人が集まって、廿八都は移民社会として発展し、69もの姓がある雑姓集落を形成した。

---

① 羅前掲、11頁。

1998年の姓氏移住来源地調査によると①、91姓11088人中、広豊2616人（23,6％）、江山2949人（26,6％）、浦城1386人（12,5％）、福建沿岸地区791人（7,1％）、江西1227人（11,1％）、汀州1427（12,9％）、その他692人（6,2％）となっている。

最も多いのは江山市を故郷とする人々で、全体の4分の1強を占めている。主な姓としては、王姓600人、劉姓254人、周姓250人、姜姓248人、徐姓200人、張姓200人、金姓200人、馬姓197人などとなっている。因みに、王姓は明洪武五年（1372）に金華から江山塘嶺の毛村に移り住み、さらに明万暦年間（16世紀後半）にそこから廿八都鎮の浮竹洋に移り住み、現在は浮竹洋王氏と呼ばれている②。劉姓も、明洪武年間に麗水市の龍泉から、江山市の水南に移ってきた。その子孫が、廿八都鎮のいくつかの村落に分かれて移り住んでいる。林豊と潯里に多く居住している。周姓は、宋代に江山市鳳林から玉山県八都［埂］頭に移り、その後六代目に［埂］頭から岩端に移って祠堂を建てて一家をなした。その後の9代目が明代に江山県の官田塢に移り、さらに廿八都鎮の張家源に移動してきた。したがって、現在は官田周氏と称し、張家山に多く居住している。③

二番目に多いのは、江西省の広豊からの移住で、全体の4分の1弱を占める。広豊は、廿八都鎮と省境を隔てた隣の地域といってもいい。広豊からは、謝姓400人、李姓399人、陳姓250人、徐姓221人、沈姓200人、鄭姓200人などとなっている。謝姓は、上述したように明代に江西宜黄から石灰焼きのために山峰村に移住した人々の子孫である。現在も山峰村最大の一族であり、廿八都鎮でも5番目に多い一族として発展している。李姓は、現在富橋と花橋地区における最大の姓になっており、廿八都では3番目に多い姓となっている。広豊からいつどのように移入したかの来歴は、不明である。陳姓は、廿八都で2番目に多い姓であり、福建から移入してきた陳姓の一族も多い。

三番目に多いのは、福建省西部汀州からの移住者である。戴姓が飛びぬけて多く、900人、その他劉姓200人、金姓158人、曾姓118人などとなっている。

---

① 「1998年91個家庭核心姓氏遷移来源地調査登記」の表を基にした。『廿八都鎮志』、449頁。
② 『廿八都鎮志』、429頁。
③ 同上、431頁。

戴姓の祖先は、清の康熙三十六年（1697）に汀州長汀県（客家の故郷といわれる）から、廿八都の嶺頭村に定住し、さらに興墩村に展開して大きな一族として発展した。仕事は、移入当初は挑夫と裁縫で、その後土紙製造を行って、嶺頭村、興墩村、張家山村を中心に人口を増やし、現在では、廿八都鎮で1、2を争う大姓の一族になっている①。

四番目は、南の省境を越えた福建省側の浦城からの移住者である。何姓208人、陳姓200人、楊姓200人、葉姓180人、祝姓140人、呉姓139人、林姓120人、曹姓93人などとなっている。何姓は、浦城から廿八都林豊村の浮竹洋に移入してきたが、その年代は不詳である。楊姓は、清の康熙末年に浦城県の忠信郷から廿八都に移り、商店や土紙製造にかかわり、経済的にも大きな勢力をもつ一族になった。鎮区の花橋を中心に富強村や林豊村などにも広がっている。葉姓の祖先は、康熙十三年（1674）に廿八都の軍事施設であった楓嶺営署に軍人として移り住み、その子孫が鎮区の花橋の他に富強村と山峰村に居住している。祝姓の祖先は、清の乾隆年間にやはり浦城県忠信郷から楓嶺営署の軍事施設に移り、その後鎮区の潯里、花橋を中心に一族が隆盛した。林姓の祖先は、清の乾隆年間に浦城から廿八都に移って商売を行い、鎮区の楓渓、潯里に多くが居住する。曹姓の祖先は、康熙年間に浦城県忠信郷から楓渓に移り住んで、染物や布などの商売を始めた。現在も、曹姓の多くは楓渓に住んでいる。

五番目に多いのは、江西省からの移住である。黄姓が250人、饒姓が200人、柯姓が200人などとなっている。黄姓は、崇山村では最大姓の一族で、山峰村にも集中して居住している。饒姓の祖先は、前述したように、謝姓、侯姓、葉姓とともに、明代に江西省宜黄から石灰焼きとその商売のために廿八都鎮の山峰村に定住した。柯姓の祖先は、清初に江西省から廿八都に移ってきた。張家山村と林豊村に多く居住している。

六番目が、福建省沿岸地域からの移住である。陳姓441人と李姓350人の二つの姓である。陳姓は、その祖先が福建省沿岸部の寧徳県九都から、清の康熙年間に浦城から浮竹洋に移り、そこから興墩村や潯里などに一族の人口を増やしていった。

---

① 『廿八都鎮志』、445頁。

廿八都鎮は、移民社会であることが特徴だといわれている。それは、移民の時期と移民の目的、移民前の居住地などによって廿八都鎮内における姓による集住のあり方やその後の一族の発展や展開などが異なっている。最も早期は、明代に江西省の宜黄からやってきた謝姓、侯姓、饒姓、葉姓で、彼らの祖先は廿八都の東側にある灰山の麓にある山峰村に定住して、石灰焼きとその商売を中心に発展していった。明代末には、廿八都楓渓街の最南端に万寿宮を建てて廿八都唯一の同郷会館である広西会館とし①、商売のための宿泊所などとして利用していた。清代順治年間に設置された軍事施設楓嶺営署には千人を越える兵隊が駐屯し、そのまま廿八都に住み着いた者もいた。祝姓や葉姓の祖先は、軍の士官級で楓嶺営署に入り、そのまま定着したし、金姓は武進士を出しており、その後商売を展開して大きく発展した。したがって、これらの姓は、廿八都鎮区に多く居住している。楓嶺営署の設置以降、廿八都の商業が発達するが、楊姓、金姓、戴姓、林姓などは清代中期の十八世紀前後に商売を目的として廿八都に移ってきた。戴姓は、廿八都鎮の東側山間部の嶺頭村、興墩村、張家山村に展開するが、その他の姓は街道沿いの鎮区に展開している。

　一族の発展は、子孫の数とその経済力そして祖先が定住してからの時間の長さなどに関連する。漢民族は男系継承の観念と規範が強く、男子が父親の姓と系譜を継承する。したがって、男子がいないとその人以下の系統は途切れることになる。逆に、男子を多くもうけるとそれぞれの子が独立して、その姓の成員が増加していくことになる。また、男子が独立する際は、親兄弟の近くに家屋を建てることが多く、経済力が大きければ、いくつもの部屋がある屋敷を建て、その部屋に兄弟や従兄弟が同居するという慣習がある。このように、同姓の一族は同じ集落の一角でその子孫が集住しながら発展していくという傾向がある。廿八都も同様で、前述した楓渓街の金姓の「金半街」、潯里街東側の祝姓一族の家屋が集まる「祝家半辺街」などは、一族の経済的隆盛を繁栄した町並みの形成である。農村部でも同様に、清代中期に移住してきた戴姓は嶺頭村、興墩村に多く居住しているなどであり、ある地域に一族が集住しているということは祖先が来た時代の古さとも関連する。

---

　①　同上、448頁。

## 2. 廿八都における宗族の事例

### (1) 姜姓

　姜姓は、廿八都の有力な一族の一つである。姜志深氏（1941年生）へのインタヴューと資料から姜姓について整理する。

　江山姜姓の来歴は、唐代に杭州市の桐廬県から江山の宏渓（礼賢付近）に移り、宋代に至って宏渓から里宅に移り、さらに数代経て里宅から嘉湖（即ち新塘辺）に移住した。宋代以前の系譜については記録がない。『宋氏宗譜』は、北宋の元祐年間（1086～1094年）に江西省撫州金川県の武官であった姜璇の9世孫である翰林院検討の職にあった姜仕登が改訂編纂している。それ以前の世代については調査することができなかったので、姜璇を第一世祖としてこの宗譜は始まっている。

　輩行字は、第一世祖姜璇の「原」から始まって、以下の47字である。原、興、天、宗、寿、千、曽、万、仍、振、瑞、鼎、亨、隆、升、仁、義、礼、智、文、行、忠、信、孝、恭、明、聡、賢、良、方、正、紀、綱、法、度、規、矩、典、章、和、厚、謙、吉、愛、敬、慈、祥。

　廿八都に移ってきた姜姓の初代祖先は、姜璇から18世の子孫である「礼」の輩行字をもつ姜七宝であり、明の万暦年間（1573～1620年）に嘉湖から来住した①。2004年に編さんされた『廿八都潯里姜氏家譜』によると、姜七宝は明の正徳年間（1506～1521年）に廿八都にやってきたことになっている②。姜七宝以降6代目までは、子孫も栄えず、貧困で文化も高くなかった。姜七宝以降の世系は、七宝—珍—受山—老五—季芳—夢熊—如升となっている。7世の姜如升は、清康熙五十二年（1713）に生まれ、乾隆廿六年（1761）に亡くなっている。清初から廿八都に設置された楓嶺営署の駐軍によって商業が発展し、商売を始めた彼自身は、献金によって太学生の位をもらっている。彼は、四人の息子をもち、その孫以降に商売を大きく発展させる。

　9世に姜殿選と姜殿魁がおり、廿八都の別の地域からそれぞれ湖里（楓渓村）と潯里に移り、商売を始めている。姜殿選の系統は、二世代だけが楓渓村

---

① 『廿八都鎮志』、433頁。
② 羅前掲、63頁。

に住んで、この系統はその後光緒三十年（1904）に峡口に移住している。姜殿魁は、「姜隆興」という商標の問屋（過載行）を創設し、清末から民国期にかけて大きく発展させた。

姜殿魁には、在東、在清、在琪の三人の息子がいた。姜在琪（1818～1895年）は、「姜隆興」の商標を受け継ぎ、発展させた。彼には、5人の息子がいた。長男から、姜遇漢、姜遇春、姜遇鴻、姜遇臣、姜遇換である[①]。姜在清（1836年生、卒年不詳）は、「姜隆興」の問屋を継承し、その他にも姜正益紙店を開設した。8人の息子があり、六男の姜遇吉が廿八都から峡口鎮に移り住み、益和隆の問屋を開いている。長男である姜在東には男子がなかったようで、姜在琪の三男である姜遇鴻を養子としている。

この姜遇鴻（1848～1917年）が「姜隆興」を継承した時期が、商売が最も盛大だった。彼は、造紙工房を各地に創設し、紙屋や金融業（銭荘）、薬店等を開き、すべてに祖先から伝承された「姜隆興」に加えて「鴻記」の商号を使用した。商売の範囲は、南は福建省の建陽や建甌、西は江西省の広豊や鉛山、北は上海、杭州、寧波にまで至った。

姜遇鴻の弟で、五男である姜遇換の長男姜秉書（1890～1951年）は、16歳で父親の商売を継ぎ、まず土紙の経営をしてから、その後に絹織物商、さらに石油や煙草などの販売を展開させ、その商号で清湖や衢州に分店を開いた。

このように、清末から民国期にかけて、廿八都が商業で発展するとともに、姜一族も商売を基礎に発展していった。その中心は、9世の姜殿魁が清末に興した「姜隆興」であり、11世姜遇鴻の時代に全盛期を迎える。こうして、廿八都の中でも、有力な一族に発展した。

民国期の近代化とともに、国家とかかわる人材も輩出される。10世姜在清の六男姜遇吉の長男である姜紹謨は、北京大学卒業後、国民党軍および政府の職に就き、江山県出身の国民党軍秘密工作責任者であった戴笠と密接な関係を持っていた。姜紹謨は、衢江広（衢州、江山、広豊の意）自動車株式会社を興し、また衢江広道路をつくった。近代化の中で、自動車の普及と道路の整備に尽力したが、1949年の解放後は台湾に移った。また、姜守全（1909～1975年）

---

① 羅徳胤『廿八都古鎮』63頁ではこの名前になっているが、『廿八都鎮志』434頁では、長男遇漢が遇文、四男遇臣が遇陽と表記されている。本稿では、前者に従う。

も、国民党軍と政府の職に就き、吉林省財政庁長まで歴任した。彼も戴笠と交流があり、彼の自宅を「中美技術合作所廿八都女特江訓練班」として利用していた。彼も、1949年の解放以後台湾に移住している。この訓練班は、廿八都古鎮の保護と同時に観光と関わり復元されている。

このように、清末から民国期にかけて商売によって発展した姜一族からは、民国期に国民党政府と関わる人材も輩出したことが、その一族の繁栄を示すものとして記憶されている。

姜姓一族の繁栄は、その建造物にも表れている。10世である姜在清の建築した旧宅が、楓渓街46号にある。清の道光年間建造で、その父親の姜殿魁名義の住宅と姜源興過載行の店舗が一緒で、前面が店舗、後が四合庁の構造になっている。建築面積は306平米あり、2000年に江山市政府から重点文物保護単位に認定されている。姜隆興記の店を繁栄させた11世の姜遇鴻旧宅は、廿八都の古民居の中でも最大級を誇る住宅である（写真1）。潯里街姜家下弄2号にあり、建築面積は1668平米以上ある。清の同治年間に建てられ、姜遇鴻自身が寧波支店から送った設計図によって建造され、完成まで10年の歳月を費やした。五進五天井の構造で、二つの四合庁が組み合わされている。19世紀後半の建築で、装飾なども伝統的な中国風のものであるが、ドアの上部がアーチ形に丸くなっていたり（写真2）、西洋式の装飾も見られる。

写真1　姜遇鴻旧宅

写真2　アーチ型のドア

姜遇鴻宅と中庭を挟んで30度ほどずらしてもう一つの四合庁があり、この建物は潯里街に面している。北から姜遇鴻銭庄、姜隆興過載行、陳冬瓜薬店、益元堂中薬店、謝文書南貨店、謝品三南貨店の6店舗が連なっている。この建物も、清の同治年間に姜遇鴻の兄である姜遇春によって建てられた。建築面積

は約500平米であり、三進二堂一天井の形式である。いずれも、1942年の日本軍の空爆によって大半が破壊された。両方の建物とも補修され、2000年に重点文物保護単位と認定されている。

　姜秉書旧宅は、潯里街楊祠弄1号にあり、清の光緒年間に建てられている。二堂四合庁の構造で、三進七天井の形式である。一つの四合庁は、潯里街に面しており、姜秉書煤油行の店舗となっている。その裏に厨房を挟んで30度ほどずれて自宅の四合庁がある。建築面積が900平米ほどで、入口の上部にある「瑞氣臨門」の揮毫とその上部の木製門楼の作りがすばらしい。門楼の支え（牛脚）部分の装飾は、東側が「招財」、西側が「進宝」の意味を持つ童子が彫られている。これも、2000年に重点文物保護単位と認定されている。

　姜秉書旧宅と姜遇鴻旧宅の間に、姜守全旧宅（写真3）がある。姜家中弄5号にあり、清の光緒年間建造である。建築面積は500平米で、三進二天井四合庁の構造で、重点文物保護単位である①。姜守全旧宅の入り口（大門）上部の門楼には4つの支柱（門罩）があり、向かって外側左は「鹿に乗る仙人」（写真4）、外側右は「如意をもつ仙人」（写真5）、

写真3　姜守全旧宅

写真4　鹿に乗る仙人

写真5　如意をもつ仙人

①　羅前掲、150—161頁および『廿八都鎮志』、119—123頁。

内側右は「盒をもつ童女」（写真6）、内側左は「荷花をもつ童女」（写真7）が浮き彫りにされている。鹿は禄、如意は福、盒は合、荷花は和と音通になっており、この4つの彫り物は、「福禄和合」を意味している。

姜守全旧宅の木彫保護に関する逸話がある。「文化大革命」のとき、廿八都の郷政府として姜守全旧宅が使われていた。福建省の浦城から紅衛兵がやってくることになった。紅衛兵がこの建物の木彫を見たら、「四旧を破る」としてこれらの木彫は破壊されてしまうと考えた当時の郷政府の書記は、小学校の先生たちに手伝ってもらって、破壊されそうな木彫の上に糊で紙を貼り付け、その上に革命標語を書いた。こうして、「四旧」が毛沢東語録に変わり、破壊を免れた①。

写真6　盒をもつ童女

写真7　荷花をもつ荷女

　姜姓一族は、清末民初にかけて経済的にも繁栄し、その時期に大規模な家屋が建てられている。それらのいくつもが重点文物保護単位に認定されている。

　姜一族は、宗族の親族的構造として6つの分節に分かれている。19世紀の初めころに、9世の姜殿魁が潯里街に姜殿選が楓渓街に移り住んでから、この一族は発展する。姜殿選の子と孫は、その後峽口に転出するので、廿八都の姜一族は、基本的に姜殿魁の子孫ということになる。

　姜殿魁には、長男姜在東、次男姜在清、三男姜在琪の3名の息子がいた。長男姜在東の系統は「仁房」、三男姜在琪の長男姜遇漢が「恭房」、次男姜遇春が「寛房」、三男姜遇鴻が「敏房」、四男姜遇臣が「信房」、五男姜遇換が「惠房」となっている。しかし、長男姜在東に息子がなかったため、姜遇鴻が

---

①　羅前掲、165頁。

その養子となって「仁房」を継承した。そのため、姜遇鴻自身の「敏房」が事実上消滅した。したがって、姜一族は、5つの系統である「房」によって構成されている。つまり、それ以降の子孫は、この5つの「房」のどれかに属することになる。

## (2) 金姓

廿八都鎮の金姓は、楓渓金氏と浮竹洋金氏の二つの系統に分かれている。廿八都において、金姓は主に楓渓街に居住している。

『楓渓金氏宗譜』によると、元初に、金敞公が江山に移り住み、江山金氏の始祖となっている。その後8世代後に南遷して保安に移り、さらに4世代後の金世忠公楓渓に来て、廿八都金氏の始祖となっている。金世忠公は、明崇禎八年（1635）に生まれ、清康熙三十年（1691）に没している。彼は、弟と妹がいた。数え16歳の時から家族を養うため、浙江省の江山から福建の浦城へ仙霞古道を通って荷物運びの仕事をしていた。保安から仙霞関を越えて南下し、廿八都鎮に入ってすぐの小竿嶺の麓で、いつも投宿していた。世忠公は、水がめいっぱいに水汲みを手伝ってから、朝出かけて行った。宿屋の夫婦には息子がなく、娘一人しかいなかったから、世忠公を婿にほしいとかねがね思っていた。清順治六年（1649）、世忠公が浦城から帰ると、家族全員が毒キノコにあたって死んでいた。行くところがなくなり、小竿嶺の宿屋に戻ると、宿屋の主人が世忠公を宿の手伝いとして留め置き、その後娘婿にした。

このような伝説をもつ世忠公が、廿八都金姓の始祖であり、その後徳成、徳俊、徳基という3人の息子をもち、それぞれ「福」「禄」「寿」という3つの房の房祖となる。また、世忠公の叔父が安徽省定遠に行って商売をしていたが、その3世代後の金應祐公が江山に戻り、さらに廿八都の浮竹洋に移り住んだ。その子孫が廿八都金氏の浮竹洋派の系統となっている[①]。

浮竹洋金氏の子孫である金之掄は、清康熙四十四年（1705）に武挙人になり、康熙五十二年（1713）には武進士になっている。金之掄には、次のような伝説がある。金家祖先の墓が廿八都の渓口にある白鳥に似た形の山の上にあった。山裾には、9つの大きな石があり、白鳥の卵のようであったところから、その地形は「天鵝抱蛋」（白鳥が卵を抱く）と呼ばれ、風水の最も佳い場所であ

---

① 『廿八都鎮志』、432頁。

った。祖先の墓の風水がよかったことから、金之掄は武進士に合格した。進士が皇帝の前で謝恩を受けている時、その中の一人が跪まずいたままなかなか起き上がらなかった。金之掄はそれを疎んで、その進士の足を蹴った。彼はそれを恨みに思い、自ら希望して金之掄の故郷の知県となって赴任した。彼は、金之掄の祖先の墓を探し出し、9つの石のうち8つを使って石橋を作ってしまった。こうして金之掄の祖先の墓の風水が壊れてしまった。程なくして、金之掄は蜂起を鎮圧しに兵を率いて出かけ、眉間に矢を受けて亡くなってしまった①。この話は、あくまでも伝説となってはいるが、『廿八都鎮志』によると、金之掄が康熙五十三年（1714）に起きた江西省の反乱をおさめに出撃して戦死したことは、記録として残されている②。

　この伝説は、金一族の盛衰が風水と関連して語られている。すなわち、18世紀の初めには、廿八都において武進士を輩出するほど金一族が栄えていた。しかし、それ以降は、金一族からは武挙人も武進士も出ていない。その理由は、金一族の祖先の墓風水が破壊されたからだというものである。確かに、伝統的な中国において、出世するという事は、科挙に及第することである。しかし、科挙及第者を出すことは、一族にそれだけの財力などの勢力が必要となる。その後、金一族は、科挙及第者こそ輩出していないが、廿八都において商売で繁栄し、名声を得た者も出ている。

　金汝鏞（1838～1918年）は、楓渓金氏の族長を務めた人物で、「太学生」の位階をもつ。太学生とは、本来国子監の生員だが、清朝末期には寄付金納付による「挂名」としての国子監生員が増加したこともあり、金汝鏞もこのような経緯による太学生であったのではないかといわれる。しかし、いずれにしても、当時の知識人であった。彼の名声は、太学生であったということよりも、廿八都において多くの公益事業をしたことである。彼は、まず東岳宮を改修している。東岳宮は、明の万暦年間の1574年に創建され、清咸豊年間の1858年に太平天国軍によって消失してしまった。それを同治年間の1865年に建て替えている。この時に、金汝鏞はそれを提唱して、中心人物として活動したと思われる。さらに、水安橋（1891年建設）、真武廟、法雲寺、景勝庵の建築に献金

---

① 羅前掲、56頁。
② 『廿八都鎮志』、542頁。

をしている。とくに、楓渓村の文昌閣の改築を提唱し、一人で二千金もの大金を負担して1912年に完成したとされ、この事業は高く評価されている。

金汝鏞の息子である金廷鎏（1877～1943年）も、廿八都の地域に対する公共事業を積極的に行い、名士として記録されている。彼は伝統的教育を受けたが、若い頃に科挙が廃止され、科挙受験の勉強はせずに、商売を学んだ。「金同順」の商号をもつ店を創設し、絹織物や干物（南貨）を取り扱い、成功した。金廷鎏は、楓渓橋の架け替えに献金をし、街灯設置を提唱した。さらに、「花子亭」を建てて、ホームレスのための臨時宿泊所とした。この親子は、このような慈善事業に力を尽くし、名声を残している①。

金一族は、前述の金同順の他に、金紹全米店、広泰祥干物及び伝統菓子店、金乾美広貨店、金慶柏食堂兼旅館、金宝山豆腐酒店、金遇水豆腐酒店、金之剣豆腐酒店など多くの商店が楓渓の街を中心に店を構えていた。また、1935年に廿八都で郵便が始まったとき、金乾美の店がその業務を代理した。

金姓一族の中で、古民居として残されているものは、それほど多くはない。楓渓街20号の場所に、明末清初に建てられた金家八字大門という建物があったとされる。108間もの広さがあり、膨大な規模の建物であったが、清の咸豊八年（1858）に焼失した。当時の金姓一族の繁栄がしのばれる。前述した金汝鏞の建てた金品佳旧宅および金同順店舗が、花橋大門弄2号にある。店舗部分は街道に面し、3間の幅で奥行きが17米ある。その奥に家屋が建てられており、建築面積は約830平米である。清の光緒年間に建てられ、2000年に重点文物保護単位に認定されている②。

前述したように、金汝鏞の息子が金廷鎏でありその字が品佳である。金品佳には、4人の息子がおり、その中の長男が金維翰で、金品佳父子の時代に金同順の店は最盛期を迎え、廿八都の中でも大商店の一つであった。1932年に、紅軍が二度にわたって廿八都を攻撃した。金品佳父子は、身代金目当ての誘拐に遭うのではないかと恐れ、一族で衢州に逃れた。30人以上もの大家族で、商売も出来ずに逃れていたが［埂］一年余りで資金が底をついてしまった。金維翰

---

① 羅前掲、57頁。
② 羅前掲、180頁。

は、廿八都に戻ったが、間もなく病死した。享年四十数歳だった。その他の3兄弟もそれぞれ残った財産を分けて分家した。金品佳の子孫も昔日の繁栄を取り戻すことはなく、1950年の土地改革期には、小地主として分類された[①]。

　清末民初において、廿八都の金姓一族の中で金汝鏞の系統が商業で繁栄していた。しかし、戦争を挟んで兄弟の分裂などにより、一族としての勢力は衰退していった。

### (3) 楊姓

　『炉峰楊氏宗譜』（1938年）によると、廿八都楊姓の開基祖は、清の康熙末年に福建省の浦城県忠信から炉峰に移り住んだ楊永義（1696～1774年）となっている。楊永義は、四人の息子があったが、次男と三男には男子がなく、四男は三代目で継承者がなく途絶えている。長男である楊士華だけが、系譜を繋いでいる。楊士華は、王氏の未亡人を妻に迎えた。しかし、結婚したとき王氏の妻はすでに身ごもっており、生まれたその子に廷彪と名づけた。その後、二人の男子をもうけたが、いずれも夭折してしまった。そこで、楊士華は、自分の父系血縁をもっていない廷彪を跡継ぎとした。楊廷彪は、その後3人の息子と9人の孫にめぐまれ、楊一族は繁栄していった。そのため、楊姓の子孫は、太原王氏と弘農楊氏の二種類の位牌を祀っている。また、楊廷彪から何代も経ても、王一族とは親戚のような交流があり、王一族とは通婚しないという習慣をもっている[②]。

　炉峰楊氏の宗族に関する伝承は、興味深い。漢族における継承は、父系血縁による継承の強い規範をもっている。男子は、父親の系譜を継承し、父親の血縁を象徴する姓を受け継ぐ。逆に、父系血縁をもたない者は、養子となることができない。これが、いわゆる異姓不養の原則である。楊士華と楊廷彪の関係は、複雑である。廷彪を身ごもった母親が未亡人となって、妊娠中に楊士華の妻となった。廷彪が生まれた時は、楊士華は社会的にはその父親であった。生物学的父ではないが、社会学的父であった。日本をはじめ、多くの社会では、社会学的父はその子に対して父親としてのほとんどの権利と義務をもつ。しか

---

① 羅前掲、185頁。
② 羅前掲、59頁。

し、楊士華の場合、廷彪が生まれた当初は、自分の系譜の継承者とは認めていなかったようである。それは、廷彪が実質上楊士華の父系血縁を有していないからである。しかしながら、楊士華の父系血縁をもつ息子は夭折してしまい、彼の系譜を継承することができなかった。そのために、廷彪を改めて後継者としている。この二人は、生まれたときから、実際には父子として過ごしながら、養子に近い形で系譜の継承が行われている。そこに、父系血縁継承の規範の強さを見ることができる。ところが、その後楊姓と王姓が通婚しないという点は、この規範と少しずれる。つまり、廷彪の母親は王姓であるが、その実の父親の姓は王姓とは限らないからである。同姓不婚の原則をもつ漢族では、廷彪の母親が同姓の王姓の男性とはじめに結婚していたとは考えにくい。そうであれば、廷彪は生物学的には王姓以外の父系血縁をもっていたはずである。それにもかかわらず、廷彪の子孫は王氏とも通婚しないというのは、同姓不婚の原則とは若干異なる。ただし、廷彪の母親が同姓の王姓をもつ男性との間に廷彪を身ごもってしまい、この二人は同姓で結婚できないので、楊士華に嫁いだということであれば、廷彪は王姓の父系血縁をもつので、王姓との通婚をタブーとすることは、漢族の規範と合うことになる。詳しい資料がないので判断はつきにくいが、後者の可能性も十分考えられる。いずれにしても、廷彪は義父としての楊士華の異姓養子としての扱いであったことと、廷彪以下の子孫は楊姓を名乗ってはいるものの、その出自は王姓にあるいという記憶が楊一族の中で消えることはなかった。

　廿八都の楊姓は、その出身地によっていくつかの派に分かれている。炉峰楊氏は、福建省の浦城県から祖先が来ているので、「浦城楊」とも呼ばれる。そのほか、江西省から来た「広豊楊」をはじめ、「南塢楊」、「童家坂楊」、「三十二都楊」、「廿七都楊」などがある。

　楊姓は、製紙業を営み、清末民初の時期に最盛期を迎えている。当時、製紙用の桶を36か所にも有し、年間生産量が4万担にも上った。出荷先は、上海、寧波、杭州などであった。楊姓一族で紙商店を経営する家は6軒あり、その店名はそれぞれ楊義成（＊潯里街41号）、楊宝成、楊恒記（＊潯里街東側）、楊仁和（＊大門弄1号）、楊智記（＊潯里街西側）、楊小円紙店であった。その他、絹織物店が、楊元亨（＊潯里街43号）、楊宝成利記（＊潯里街東側）、楊

宝成和記の3軒あり、後の2軒は染物屋も兼ねていた。楊慶顥診療所兼薬店（＊潯里街71号）、楊雲亭豆腐店、楊豐子豆腐店（＊潯里街67号）、楊鶴翔紙束店（＊楓渓街1号）などの店舗がある。楊姓一族の店舗は、潯里街の南側に集中している。

楊姓の一族で著名な人物は、まず、廿八都楊氏の族長を務め、民国初年に廿八都郷佐を務めた楊秀東（1856〜1921年）があげられる。楊秀東は、清末の貢生であり、「太学生」に属すといわれるが、金汝鏽と同じように清政府への納付金によって得た位階だと思われる。彼は、関帝廟の東北側にある「楊恒記」紙店を創設した。それが成功し、1910年に楊秀東の提唱によって、潯里街に文昌宮が建設された。それは、子弟の教育施設であったが、その時すでに科挙は廃止されていたので、廿八都の最初の新式の小学校とし、楊秀東が自ら校長となった。また、楊秀東は小東門5号に自宅を立派に建て、「三進四天井」の729平米もの建築で、2000年に重点文物保護単位に指定されている[①]。

楊通熙（1864〜1927年）は、楓嶺営署の「文書」の役を務め、また商号「楊宝成」を興した。主に土紙を扱ったが、その他綿布、乾物（南貨）、米、染めなどを扱った。土紙の扱いは楊仁和と並んで大きく、土紙を運搬する際には紙の荷負人夫が大勢集まった。楊宝成の店舗は、清の同治年間に潯里街に建てられたが、1980年に分解された。楊通熙の自宅は、同じく同治年間に潯里街東側の33、34、35号に建てられ、二進一天井四合庁の造りで、現在も保存状態が良く保たれている。

楊瑞球（1876〜1932年）も、紙業で成功し、「楊義成」の商号店舗を創業し、紙と絹織物を商った。最盛期には、福建省城浦県に原料の竹山を有し、紙製造の桶が数十もあり、400人もの労働者を雇っていたという。1910年に東岳廟を再建する際、彼は当時3百元の寄付をしている。楊瑞球もの旧宅は、清の光緒年間に建てられ、潯里街41号にある。この家屋は、楊瑞球自らの設計によるとされ、670平米で三進四天井の形式である。潯里街に面した部分は、間口3間の楊義成という商号の店舗で、紙、乾物（南貨）、布を扱っていた。この

---

① 羅前掲、59頁。

家屋も、2000年に重点文物保護単位に認定されている[①]。

楊瑞球の子孫の顛末は、中国の近現代史と関わる。楊瑞球には3人の息子があり、長男は楊怡和（1909～1966年）である。彼は、抗日戦争期に、貴州にあった飛行場の飛行場長を務めていた。1949年に国民党が台湾に逃れたとき、二人の弟たちも台湾に移った。しかし、楊怡和は飛行場管理の専門家として、政府が変わろうと残ってその技術を生かそうとした。1950年代初期は、何の圧力も受けなかったが、その後飛行場管理専門技術者の地位は別の人に移され、「歴史反革命」の罪状を着せられ、7年間の刑に服した。刑期満了で釈放され、楊怡和は貴陽で絵のデザイナーの仕事を与えられた。しかし、その仕事に満足せず、1962年に廿八都に戻ってきた。農業をやろうと思っていたが、国民党の飛行場長を務めたということで重大な罪状があるとして、楊一族の廿八都における田はすべて没収されていた。楊怡和は、郷里に戻っても耕す田はなく、当地政府の重大監視の対象となり、毎日のように家に人がやってきて革命の話を聞かされ、とうとう1966年にこの世を去った。楊怡和の長男は、楊展三といい、1943年に貴州で生まれた。彼も、父の罪状が累を及ぼし、小学校卒業後は勉強を続けることができず、田を耕し、農民となった[②]。

楊瑞球―楊怡和―楊展三という三世代の系統は、時代の波に翻弄された。楊瑞球は、清末民初に商売で成功し、地方の名士でもあった。その旧宅も、当時の繁栄をうかがわせる。その長男の楊怡和は、裕福な家庭で育ち、教育を受けて国民党政府の役人となった。しかし、解放以降は国民党の役人だったということで罪状を受け、財産は没収されてしまう。そうではあるが、現在楊瑞球旧宅は存続し、その戸長は楊展三となっている。

楊瑞球の設計によって、后街弄5号に楊通敬の旧宅が建てられた。清の光緒年間に建てられ、建築面積630平米で二進一大天井、二小天井の形式をもつ。中庭（天井）周囲の軒下の支柱（牛脚）などは、楊瑞球旧宅とまったく同じで、門楼が凝っている。この門楼は、廿八都24門楼の中で、最も良いものだといわれる。2000年に重点文物保護単位に認定された。

楊通敬は、清末に出生したと考えられる。その長男は楊慶頎で（1886～1944

---

① 羅前掲、60頁。
② 羅前掲、171頁。

年）、楊元亨の商号をもつ店舗を開き、絹織物や乾物（南貨）などを商った。その息子が楊守仁（1916～1999年）で、1950年の土地改革時に地主として分類され、数年牢に入った。楊元亨の商号が入った額は、現在、楊守仁の息子の楊承先の家に保管されている。楊承先自身は、元亨商場として小さな百貨商店を営んでいる①。

楊姓一族は、清末において輩行字「通」をもつ世代が繁栄していたと思われる。楊通孝は楊仁和の商号をもつ店舗を開設して、「通」の世代でも最大であった。楊通孝の旧宅は、花橋大門弄4号に清の光緒年間に建てられ、建築面積が約1000平米もあり、三進二天井で二棟の四合庁の構造をもち、後ろ側の四合庁は民国期に増築された。2000年に重点文物保護単位に指定されている。

現在、『廿八都鎮志』の廿八都古民居紹介の一覧によると②、楊姓一族の「通」という輩行字をもつ世代の古民居は、楊通樂旧宅、＊楊通森旧宅、＊楊通源旧宅、楊通煕旧宅、楊通漢旧宅、楊通仁旧宅、＊楊通孝旧宅、＊楊通孜旧宅と、8軒があげられている。そのうち＊印の4軒は、重点文物保護単位に指定されている。そのほか、楊姓では7軒が記され、合計15軒の古民居があげられている。楊慶洙旧宅を除いて、すべて清末の建築物である。その当時の、楊姓一族の繁栄ぶりがしのばれる。

### (4)祝姓

祝姓の来歴は、祝東山の四十三世孫である祝従高が、福建省浦城に官僚として住み着き、その子孫である祝善詮が楓嶺営遊撃将軍として赴任して、そのまま廿八都に住み着いたということになっている。祝善詮の墓碑が、姜遇臣旧宅の中庭にあり、光緒十年（1884）の年号が彫られているので、廿八都への遷住は、19世紀前半と考えられる。祝善詮は、長男定中、次男定東、三男定西と3人の息子をもうけた。祝姓は、現在潯里街と花橋街に多く住んでいる③。

祝姓の古民居は、あまり残されていない。潯里街48号にある、祝家大院は清の同治年間に建てられ、祝定東が建造し、建築面積は800平米あった。1942年の日本軍による爆撃で破壊されたが、1959年に再建された。

---

① 羅前掲、176頁。
② 『廿八都鎮志』、118—124頁。
③ 羅前掲、65頁。

### (5) 曹姓

　廿八都曹姓の始祖は、曹遠生で、宋代に浙江省台州府から福建省汀州府に移住した。清の康熙年間に、その子孫が汀州府から同じく福建省の浦城県忠信郷に移った。清の嘉慶八年（1803）に、曹慶蘭（1778～1858年）が浦城忠信から廿八都楓渓に移り住んだ。曹慶蘭は、初め染物の商売をはじめ、その後布店と乾物（南貨）等を商った。彼は、長男岳瑞と次男岳謙の二人の息子をもった。それから現在9世の子孫がいる。

　曹岳謙の旧宅が残されている。それは、楓渓街67号に清の咸豊年間に建てられ、250平米の土地に二進一天井の構造になっている。保存状態は良く、現在は曾孫世代の曹遇成の豆腐店となっている。

## 3. 廿八都における宗族組織と祠堂

　前項では、廿八都の「四大家族」といわれる、姜姓、金姓、楊姓、祝姓、曹姓の概要をまとめた。清末から民国期にかけて、廿八都で勢力があったのは、姜姓、金姓、楊姓の三一族で、祝姓、曹姓はそれに及ぶ勢力はもちあわせていなかった。そのため、「四大家族」には、前三姓のほかに祝姓あるいは曹姓が加わり、その考え方は人によって異なる。

　さて、姓を共通にする一族は、宗族といわれる。宗族は、共通の男性祖先から父系血縁の系譜によって繋がる人々による親族集団である。伝統的な漢族社会では、この宗族が村落や地域において一族の祖先祭祀だけでなく、政治、経済的に一定の役割を果たしてきた。

　同姓一族が、その人数、共有財産などの経済的条件、宗族の活動を取りまとめていく指導者など一定の条件をもつと、祠堂を作り、族譜を編さんする。祠堂には、祖先の位牌を安置するだけではなく、それを祀るための祭祀儀礼をおこなう。さらに、一族の会合や娯楽などにも利用される。

　廿八都には、金、楊、胡の3つの宗族に祠堂があった。祝姓には祠堂はなかったが、家廟的な「相亭寺」があった。そこで、廿八都には、三座半の祠堂があったといわれる。近隣の清湖には11座、峡口には8座の祠堂があったといわれ、それに比べると廿八都は人口が多い割には祠堂が少ないと考えられる。その理由としては、廿八都の人口が増えてくるのは、明末清初であり、商業の発

達により栄えるのは清朝後期以降である。しかも、水田が大きく開墾できないので農業はそれほど盛んではなく、商業と運搬業が主な収入源だった。それに従事する労働力が、周囲の三省から集まり、移民社会という特徴をもっていた。土紙の製造や運搬業などの商売で成功していったいくつかの大姓一族を除いては、鎮全体では141姓、廿八都の街でも69にのぼる雑姓集落であった。したがって、祠堂を建設してそこを中心として一族が活動するほど勢力が集中した宗族はそれほど多くはなかったといえる。明代前後から、農業を主にして分家を繰り返して、近隣に同姓の宗族集団を形成していくという、一般的な中国東南部の宗族形成とは異なる社会的状況があったと考えられる。

また、商売によって財をなした商人たちは、その財力をまず自宅の建築に注ぐ傾向があるので、廿八都には祠堂が多くないという指摘もある[①]。確かに、廿八都は多くの古民居が残されており、その多くは、清末に商人によって建てられたもので、その規模や装飾は当時の勢力を示している。しかし、宗族の組織や活動は、儒教にもとずく倫理規範と深くかかわり、ある条件が整えば、農民だろうが商人だろうが、その生業に関わらず宗族組織を整えていく傾向が伝統的な漢族社会ではあったと思われる。この指摘に対しては、結論は保留にしておく。

廿八都の金姓一族は、人数および経済的勢力が高く、金汝鏞が族長を務めていたときに金氏宗祠建設が提唱され、清の同治年間に建設された。金氏宗祠は、楓渓街の西側にある后門山の中腹に建てられ、その規模は清湖や峡口にあったどの祠堂よりも大規模だった。部屋数もかなりあり、42幅もの対聯が掛けられていた。

近代にはいると、祠堂の機能は変化した。抗日戦争期の1939年になると、上海や杭州は日本軍によって占領された。杭州からも多くの人々が、南に向けて避難していった。その年に、杭州の自動車修理工場が廿八都に避難してきて、金氏宗祠で工場を再開した[②]。また、廿八都に難民収容管理会が成立し、難民を受け入れるとともに、抗日戦争支援の募金なども行なわれた。1940年からは、日本軍による空爆がたびたび行なわれて、関帝廟や姜遇鴻旧宅など古建築

---

① 羅前掲、68頁。
② 『廿八都鎮志』、21頁。

が被害を受けている。国民党軍第二十後方医院が法雲寺や隆興社に設けられ、多くの傷病兵が収容された。1942年になると戦闘が激しくなり、国民党陸軍四十九軍が廿八都に駐軍し、一〇五師団が金氏宗祠で宣師（出陣前の必勝の誓い）大会を開いた。南進して福建へ進もうという日本軍を、一〇五師団と二十六師団が仙霞嶺で迎え撃ち、十昼夜の激戦の末、それを阻止した。そして、1945年8月25日、日本が無条件降伏したのを祝い、廿八都の人々が金氏宗祠で慶祝大会を開き、その夜は提灯行列をした①。1949年の解放以降、廿八都には資金がなかったので、金氏宗祠を小学校として利用した。上堂は講堂として、中堂は公共活動場として、前院は運動場として、1階部分の部屋は6つの教室、2階部分は学生宿舎として使われた。その建物は1982年に壊され、現在はその場所に新たに小学校の校舎が建てられている（写真8）。

写真8　金氏宗祠のあった場所

このように、抗日戦争期になると、金氏宗祠はただの一宗族の建物ではなく、廿八都の公共的な機能をもつ建物となった。金氏宗祠のあった場所は、街の西側の丘の中腹で、街を一望することができた。また、その建物の規模は現在の文昌宮ほどもあり、廿八都の人々が集合して宣師大会や慶祝大会ができる大きさであり、解放後は小学校に転用されている。その位置と規模の大きさから、金氏宗祠は民国期には廿八都の人々の抗日の意識を高揚させる象徴的な「場」として利用された。そこには、まだ伝統的な中国の宗族に対する規範が人々の中に残っており、国民党軍はそれを利用したと考えられる。解放後は、宗族の伝統は旧弊として打倒すべきものに変わった。祠堂は、儒教的精神を示す象徴としての意味をもっており、それは新中国においては破壊される対象であった。そのため、その場は小学校に転用され、新中国の国家建設に重要な教育の場として利用されたものと考えられる。

---

　　①　『廿八都鎮志』、22—23頁。

楊姓一族も、祠堂を有していた。その建設は古くはなく、民国期の1930年前後といわれている。場所は、潯里街から西側の楊氏祠堂に向かう楊祠弄を入った場所にあり、文昌宮の隣にあった。1984年に廿八都鎮政府の建物を建てる際に、祠堂の下堂と中堂を壊し、上堂を残して政府の食堂と厨房に転用した。 2003年に鎮政

写真9　旧楊氏祠堂

府が新しい建物を建ててそこに移り、以前の政府の建物は養老院として再利用されている（写真9）。楊氏祠堂の上堂は、現在でも養老院の食堂と厨房として使われ、その梁などには立派な彫刻が施されている。

楓渓街に胡氏宗祠があった。現在、廿八都における胡姓の人口はそれほど多くはないが、清末民初の当時、胡姓一族には胡老三肉店、胡えい禄南貨店、百斯堂薬店など大きな商店を経営する家族がいくつもあった。胡氏宗祠は、楓渓街45号の達成豊南貨店の中にあった。胡氏宗祠には、「百斯堂」の扁額があり（写真10）、「文化大革命」の時期に破壊を免れるために胡廷鈞宅に移されており、現在も残されている。

姜姓は、清代から勢力があったものの、廿八都には祠堂はなかった。民国期に、姜姓祠堂を建てる計画があったが、抗日戦争が始まり，その後解放になったので、結果として建築されることはなかった。

廿八都の姜姓は、宗族に関する活動は「嘉湖姜姓」と一緒に行っていた。嘉湖とは、江山市の新塘辺のことで、そこには姜姓の祠堂が3つもあったという。 祠堂には、一族の位牌が安置されるが、亡くなって三代経った位牌を祠堂

写真10　旧胡氏宗祠にあった百斯堂扁額

に移す。それを、「遷霊」といい、3年に1度行われた。位牌を移す前に祠堂に報告し、祠堂の責任者はそれを審査して許可した。悪いことをした人の位牌は、祠堂に入れることはできなかった。廿八都姜姓の位牌も、「遷霊」の際に嘉湖姜姓の宗祠に送られた。

　解放前は姜氏宗祠では、毎年清明、重陽、冬至に三牲と糕点を供えて祖先祭祀をした。清明には、蓬と竹の子を入れた「清明糕」を供えた。また、資金が必要な族員に対し、金姓一族の資金から融資をした。ただし、清明祭のときに返済する規則になっていた。その姜姓一族の基金は「清明租」と呼ばれ、一族の成員が交代で管理していた。毎年の冬至には、姜姓のすべての男性成員に餅と豚肉が分配された。餅は、長輩（年配者）は4つ、少輩（若年者）は2つで、大学生や功名をたてた成員は2倍の配分をもらえた。その準備は新塘辺の姜氏宗祠で行われ、廿八都からは姜姓一族の代表者をそこに派遣して配分を受けた。

　解放前は、廿八都の始祖である姜七宝以後の祖先で、100年、200年目の命日には、「辦陰寿」といって特別な祭祀を行った。墓に行って、豚と羊、鶏の三牲を供えて供養した。「猪羊祭」とも言った。

　族譜は、30年に一度改訂することになっていた。姜姓では、新塘辺の姜氏宗祠を中心にして姜氏宗譜が編集されていた。その際には、廿八都からも姜姓のそれぞれの家族の出生、結婚、死亡などの状況を調査して、新塘辺の姜氏宗祠に届けることになっていた。その調査には、各地域で族譜遍さんのための責任者である「譜頭」が選ばれた。「文革」で姜姓宗譜は失われたが、民国期の族譜改定以来60年ぶりの2002年に改訂された。過去の系譜がすべて失われてしまったので、現在の時点で各家族から遡ってわかる記憶による祖先の系譜を集めるだけでは復元できない。今回は、姜志深氏と姜克中氏が廿八都の譜頭となり、台湾にいる志深氏の祖父に手紙で問い合わせたり、上海の親戚に問い合わせたりして廿八都の始祖以下の系譜をまとめることができた。姜氏宗祠の編さんと『廿八都鎮志』の編さん事業によって、廿八都姜姓の系譜に関する情報が集まった。それを契機に、前述の2名の譜頭が中心となって、『天水郷嘉湖派廿八都潯里姜氏家譜』（写真11）が作成された。

　族譜は、その編さん主体の規模によって宗譜や家譜という区別があるが、いずれにしてもいくつかの条件が整うことによってそれが実現する。それには、

まず族譜編さんに対する意欲と能力のある人材が必要となる。そして、族譜編さんのための資金、さらに資金面だけでなく、家族やその系統の系譜情報を提供してもらうという族員の協力体制である。姜姓の場合、2002年に新塘辺の姜氏宗祠を中心として宗譜編さんが行われた。その際に、廿八都だけでなく、各地の姜姓の族譜情報を収集するための譜頭の組織化が行われた。さらに、姜姓の各家庭から族譜編さんのための資金提供の協力もあった。これを契機として、2005年には廿八都姜氏家譜の編さんも実現した。

写真11　廿八都潯里姜氏家譜

ところが、楊姓でも族譜の編さんをしようという動きがあったものの、楊姓一族全体の協力が弱く、それはまだ実現していない。

## 4. まとめ

中国の漢族における宗族の研究は、歴史学的、社会学的、人類学的研究においてすでに数多くある。伝統的漢人社会において、宗族は基本的には祖先祭祀を中心とした親族組織ではあったが、それだけでなく、間接的ではあるが国家の支配体制における地方組織の末端の役割を担う部分もあった。つまり、一族内部の争い、あるいは他一族の成員との係争などは、宗族内のエリート、士大夫階級の人物がその調停や解決にあたっていた。あるいは、宗族間の争いまで発展し、東南中国では械闘にまで発展する例すらあった。つまり、一族を保護し、相互補助する組織でもあり、廿八都の姜姓でも行われていたように、宗族内で融資をしたり、冬至に豚肉を分配したりという機能ももっていた。また、宗族は、公教育制度のなかった前近代において、自らの子弟を教育する書院などの施設をもち、科挙合格者養成の教育機関という性格ももっていた。その面は、すなわち科挙を通して国家を支える組織であったとも言える。つまり、伝統的中郷においては国家が直接個人を支配するのではなく、地方役人組織や宗

族といった民間組織が間に入って国家の体制が組まれていた。その根幹が儒教であり、儒教をもとに存在していたのが宗族であったとも言える。

　新中国の成立、そして「文化大革命」において、儒教をもとにする伝統的中国の社会組織は否定され、国家が直接個人を支配するという近代的国家への改革が革命という形で推進された。儒教の否定、宗族財産の没収、祖先祭祀の否定、族譜や位牌の破棄という形で、宗族はその組織も、その思想も徹底的に破壊された。

　廿八都においても、宗族を象徴する祠堂は一族から没収されて、小学校や鎮政府、養老院というように公的な建物に転用された。族譜や位牌なども捨てられた。そして、高い儒教的素養をもち、経済力も有していた宗族の中心的な人材は、台湾や都市部に流出したり、その経済的、社会的地位を没収されたりして、社会的に上昇する機会は失われた。このように宗族の組織は、徹底的に解体されたように見える。

　ところが、福建省の沿岸部では、すでに1980年代から宗族組織の復興が見られる。それには、いくつかの理由が考えられるが、まず、台湾や海外華僑の影響があげられる。台湾や海外華僑の資本が福建沿岸部に投資され、福建省沿岸部は経済復興が比較的早く始まった。都市部はもちろん、農村部でも中小規模の企業が立ち上がり、富裕層が増加していった。資本の蓄積によって、その余剰分は祠堂の改築、復元や族譜の編さんに向けられた。宗族の活動には、台湾や海外華僑が経済的にも精神的にも支援した。台湾や海外華僑の間には、中国伝統文化を尊重する考えが残されていた。むしろ、中国の故郷を離れた人々による伝統文化に対する尊重の念は、より増幅される傾向をもつ。宗族に対する考えも同様であり、台湾や海外華僑は自分の故郷の宗族、つまり自分の一族に対する経済的、その他の援助を積極的に行っていた。祠堂の新、改築や族譜の編さんには、海外華僑から多額の寄付がされている。つまり、海外華僑による経済的援助と伝統文化の逆輸入によって、福建省沿岸部では1980年代から宗族の復興が始まったということができよう。近年は、その傾向が福建の内陸部にも広がり始めており、筆者が2009年度におこなった福建西部の長汀県での調査では、いくつかの姓で長汀県地域における族譜を作成し始めている状況が見られた。

　このような福建省の状況に比べて、福建省と隣接する廿八都における宗族

は、その状況が異なっている。廿八都は、清末民初において、土紙生産や物資の流通などによって大きな経済的発展をとげた。その時代の古民居からも、その状況がわかる。しかし、民国期になると近代化が進み、道路の整備と自動車交通の発達により、廿八都の従来の物資流通拠点としての機能が後退し始めた。それは、廿八都の経済の後退を意味することでもあった。解放、「文革」期の混乱により、廿八都の商業的重要性は低迷したままで、山間部で土地が狭隘であることから農業の発展もなく、周囲から取り残されたような社会的、経済的状況にあった。つまり、民国期以前は、三省に跨る街道にあって、物資の流通で繁栄した廿八都が、それ以後は三省に跨る辺境として、社会的、経済的発展に取り残されてしまったといえる。しかし、そのために、当時の商店や古民居が破壊や改築されることなく残り、現在は政府の物質文化保存政策に則ってそれを保存することによって、廿八都は伝統文化の保存と観光開発の新たな地域発展の試みを始めている。

　ところが、宗族に関しては、復興という動きはまだまだ見えてこない。前述したように、解放から「文革」にかけて、宗族についてはその組織も規範も徹底的に破壊された。社会の基本的単位は、家族となっている。家族が父系の血縁で結合し拡大していく宗族の再組織化は、あまり見ることができない。正月やお盆に祖先を祀ることはあるが、それは家族単位で行われ、以前のように宗族の祠堂でその祖先を祀ることはない。かつて、商業の成功によって建てられた大きな民居では、3世代を超える大家族が生活し、それを単位として他の同姓一族とのつながりも密に存在したと思われるが、土地改革などによって大きな民居は、別姓のいくつかの家族に分配されたり、分家をしていくつかの家族で一つの民居を分割して使用されたりしており、建物としては残されているものの、その中の家族や親族のありかたは、すっかり変わってしまった。辺境として経済発展が遅れている廿八都では、若年層の就職はほとんどなく、多くの若年層は都市部に労働力として流出している。高齢化が進み、経済力の蓄積もあまり見られない。さらに、宗族を復興するためには経済力のほかに、それを推進する要素が必要となる。福建沿岸部では、台湾や海外華僑がその役割を担っていた。しかし、廿八都にはその影響はほとんど見られない。経済力と人材が十分でない廿八都の状況において、いったん分断された宗族の紐帯を復元す

ることは、当面なかなか困難だと思われる。ただし、姜姓による族譜の編さんなどが行われ始めており、福建省沿岸部とは異なる形で、自分の系譜を明らかにしたいというような新たな意味をもつ宗族あるいは宗族意識が展開していくことが予想される。

# 摘要

# 传统的宗族组织的展开

## 小熊诚

廿八都因为形成了移民社会的这一特征，被称为多姓聚集的杂姓地域。但是，其中也有被称作"四大家族"的姓氏家族，这几姓曾在人数和经济实力上拥有绝对的优势，分别是姜、金、杨、祝四姓，本文将介绍这几家的概要，并对其迁来廿八都的来历和发展、古民居的概要等传统的家族、宗族的状况进行整理。

廿八都位于连接浙江省和福建省的仙霞古道上仙霞关和枫岭关之间展开的小盆地，也是交通要地。但是，这一地区属于仙霞岭的山地，耕地很少，农业发展不起来。这一地区真正开始发展，是在进入清朝之后。清朝把这个地方作为相当于边境的防卫区域，并将闽浙总督署移到衢州，仙霞关也立即成了军事上的重要区域。随之而来的是人口开始增加，以土纸生产和物资流通业为中心的产业发达了。于是，作为移民社会的廿八都渐渐发展起来。

到了清末民初，形成了在经济上很有实力的宗族。这点从保留下来的古民居上就能看出来。但是，作为宗族象征的祠堂，在廿八都并不是很多。金、杨、胡这三个宗族曾有祠堂。祝姓虽然没有祠堂，但是有家庙性质的"相亭寺"。为此，廿八都被说成是曾有三座半的祠堂。姜姓曾经拥有很大的宗族，但宗族的活动是在其上位宗族位于江山市新塘边的姜氏祠堂举行的。宗族的活动不是在居住地，而是与移民前的宗族一起举行，这也是移民社会的一个特征。

民国以后的近代化，也给廿八都带来了巨大的影响。尤其是公路网的铺设和汽车的发达，使得以往作为流通中转地点的廿八都在经济上的作用逐渐衰退。此外，解放以后的社会革命，在廿八都不仅瓦解了宗族的组织，而且连其理念也瓦解了。

在福建沿海地区，大约从20世纪80年代后半期开始出现了宗族的复兴。可以认为，这里面有台湾和海外华侨的经济以及对于传统宗族组织尊重的观念等的

影响。但是，在廿八都看不到对宗族重新组织化的动态。虽然在正月或盂兰盆节也有祭祀祖先的情况，但这只是以家为单位进行的，没有以前那种在宗族的祠堂里拜祭祖先的情况。宗族的组织化，需要基于父系血缘作为一族的纽带的意识、经济实力、领导者等要素。现在，在边远地区经济发展落后的廿八都，很多年轻人都作为劳动力外流到城市，老龄化也日益加重。也不太看得到经济实力的积累。在廿八都这种经济实力和人才都不是很充足的情况下，要复原曾一度被切断了的宗族纽带，目前看起来是相当困难的。只是，姜姓已经开始进行族谱的编纂了，可以预想，在这里，具有要把自己的系谱弄清楚的这种新的意义的宗族或是宗族意识，会以和福建沿海地区不同的形式展开下去。

# 在来技術と近代西洋技術の併存
- 養蜂技術に注目して -

安室　知

## はじめに

　人と自然との関わりのうちに形成される民俗は多様である。ここでは、そのうちとくに生業の場面において人がどのように自然を管理しそれを使いこなすのかといった問題について、現代中国の養蜂技術に注目してみてゆきたい。
　現代中国においては、数千年の歴史を持つとされる在来蜜蜂（トウヨウミツバチ）を用いた自然養蜂がおこなわれる一方で、近代になって西欧からもたらされた移入蜜蜂（セイヨウミツバチ）を用いた人工養蜂が同時並行して存在する。同じ養蜂といっても、在来技術と近代西洋技術とでは人と蜂の関係性は異なるものがあり、また同時にお互いが干渉し合うことで技術がともに変容する場合がみられる。
　そうした養蜂技術の相互関係について、中国浙江省江山市廿八都を例に資料化することが本稿の目的である。

## 1. 廿八都と養蜂

　中国に西洋の近代養蜂が伝えられたのは、19世紀末から20世紀初頭に掛けてのことだといわれる。そうした中国の中で浙江省はもっとも早くに洋蜂養蜂を導入したとされ、そのため江山も洋蜂養蜂の歴史は長い。また、中国でもっとも養蜂家が多いのは浙江省で、中でも江山はその中心だといわれる。そのため江山は「蜂蜜の故郷」と呼ばれ、蜂蜜のほかにも、蜂胶（プロポリス）・蜂皇漿（ロイヤルゼリー）の名産地として知られる。そうした江山市には昔から「江山市養蜂協会」があり、先進的な養蜂技術の紹介や紛争の調停にあたっている。

洋蜂による人工養蜂が廿八都にもたらされるのは1980年代になってからだとされ、それ以前は養蜂といえば土蜂による自然養蜂が中心であった。ただし、自然養蜂は自家消費的な意味合いが強く、蜂蜜等が商業生産されるようになるのは洋蜂が導入されてからである。また、養蜂の生産物は、土蜂は蜂蜜しかないのに対して、洋蜂は蜂蜜のほかに上記の2品も商業生産することができる。

　中山間地の廿八都は周囲を山に囲まれている。そうした山の中腹まで耕地として利用され、そこには経済作物として、桔子、栗、杉、毛竹、松、山茶が植えられている。そのうち、桔子・栗・山茶は土蜂の蜜源として重要である。ただし山茶は数少ない冬季の蜜源となったが、同時に土蜂にとっては採りすぎると死を招くものでもあった。

　山茶は常緑樹で、主として標高100－200メートルの山間にあるが、廿八都の場合、同様の標高には栗も分布する。また、標高100メートルより下の山間地には、桔子が植えられている。さらにその下は畑と水田となる。かつては、山竜田（棚田）の上には山茶が植えられていた。なお、毛竹は標高500から100メートル以下まで分布する。

　山茶はもとから廿八都に自生したものではない。100年ほど前に持ち込まれたものが山のなかで自生するようになったとされる。耐寒耐旱の樹木で、「山茶は霧で育つ」と言われるように、人が水を与える必要はない。また、生命力が強く、無肥料・無農薬でもよく育つとされる。

　山茶には丸い実がなり、その種から油を取ることができる。そのため、山茶には必ず所有者がいる。所有者が除草や雑木の伐採といった手入れをし、10月中旬から11月上旬にかけて山茶子（山茶の実）を採集する。廿八都では山茶の山を1軒あたり1－2亩ほど所有するとされる。共有林の場合には、個人が5－10年単位で一定額を村に支払うことで山茶子を採集する権利を得る。

　かつては現在ほど油菜の栽培は多くなく、油と言えば山茶から採ったものが主であった。山茶を多く所有する人は油を売ることもできたが、多くの人は自家消費用に山茶を栽培した。ただ、かつてより山茶の栽培は減っており、最盛期の3分の2程度になっている。そのため、現在は山茶の油は希少価値があり、また健康にもよいとされ、手土産に喜ばれるようになった。

## 2. 養蜂にみる在来技術

　西欧近代技術による養蜂は、中国に伝えられた時にすでにかなりの程度に汎用化・規格化が進んでいた。それは個人差が出にくいように、また誰がやっても一定の成果が見込まれるように工夫されたものであった。それに対して、在来の養蜂技術は、汎用性に乏しく、規格化も進んでいない。そのため、在来の養蜂技術は個人の裁量にゆだねられる部分が大きいといえる。その結果、在来技術にはさまざまな個人レベルの工夫が見られ、成果についてもばらつきが大きくなる傾向にある。

　とくに、家畜化の重要な指標となる生殖の管理において、さまざまな個人差というものを見いだすことができる。それは、養蜂の場合でいえば、分蜂（蜂が巣を分けて殖えてゆくこと）への人の関与の度合いに象徴される。よって、本報告では蜂の分蜂をいかに認識し、分蜂群をどのように採取するかという点にとくに注目して資料化を進めることとする。

　以下の報告では、個人の有する技術を解体し地域ごとに平均化するのではなく、個人の技術を総体として記述することを心がける。それは、在来技術においては、規格化が進んでいない分、個人の裁量や工夫が多く存在し、結果として個別性の高いものになっているからである。そのため、被調査者ごとに、［養蜂経験］、［養蜂技術①─分蜂の認識］、［養蜂技術②─分蜂群の採取─］、［養蜂技術③─野生蜂群の採取─］、［養蜂用具─蜂桶─］、［採蜜］、［越冬］、［洋蜂との比較］、［土蜂の行動認識・民俗分類］、［言い伝え・ことわざ］の項目に分けて、その特徴を記録することとする。

### (1)分蜂を人が管理することと蜂群の自然採取がともに見られる事例─高度の家畜化─

　調査：廿八都、2008年8月26日・2009年12月27日

　話者：徐深海（1965年8月3日生まれ）

　方言通訳：林兵（1976年生まれ）、唐小花（生年不詳）

［養蜂経験］

　徐氏は1965年生まれと若いが、土蜂を飼うことに関してはベテランである。2009年12月現在、28個の蜂桶を所有し、そのうち16個に蜂を飼っている。蜂

桶で土蜂を飼う技術は、山峰村（廿八都の上の村）にいる姑姑（叔母：父の姉）に習った。土蜂の養蜂は女性もおこなっており、姑姑は蜂の飼い方がとても上手であったという。一般に、土蜂を飼うのは山の村に多く、廿八都はそれほど盛んではない。なお、徐氏は洋蜂を飼ったことはない。

[養蜂技術①―分蜂の認識―]

　春になると蜂桶には新しい蜂皇が誕生する。気候が良いと3ないし4個の蜂皇の卵が生まれる。蜂桶に2つの蜂皇ができると、古い方の蜂皇（老蜂皇）は新たな巣を作るため蜂を連れて外に出て行く。ひとつの蜂桶には1匹の蜂皇しかいられないからである。これを分蜂というが、廿八都では春分のころに多いとされる。

　いったん蜂桶の外に出た群れを新たな蜂桶に入れることで、飼っている蜂を増やしてゆく。その場合、蜂桶から蜂桶に直接的に蜂皇とその群れを移すことはできない。人の強制ではなく、自然に外に出た蜂群しか新たな蜂桶に移すことはできない。

[養蜂技術②―分蜂群の採取―]

　分蜂した蜂群を新たな蜂桶に入れるには、まず空の清潔な蜂桶を用意する。事前に蜂桶は水で洗ってから鍋に入れて蒸気で蒸し、きれいにしておくことが肝心である。こうしたことは分蜂する3月になるとおこなう。

　蜂桶を出た老蜂皇は自分から新しい蜂桶に入って行くことがある。また、老蜂皇の群れを手で取って新たな蜂桶に入れることもある。このとき優しくやれば素手であっても刺されることはない。蜂桶からでた老蜂皇は手で追い込むようにして新しい蜂桶に入れる。そうするとほかの蜂も新しい蜂桶についてゆく。また、煙で新しい蜂桶に追い込むこともある。艾草という草を干したものに火を着けて煙を出し、その煙を薫蜂器で吹き付けて蜂を蜂桶に入れる。

　ただ、蜂桶の蜂数が少ないときには、分蜂するとますます群れが小さくなってしまう。そうなると良くないので、分蜂しても人が強制的にまた一つの群れに戻してしまうこともある。

　同様に、蜂桶の蜂が少ない場合には、2つの桶を合体することがある。2つの蜂桶を横にして、双方の下側の口を合わせ合体させる。3つの桶の蜂を一つにしたこともある。その場合は、1つの蜂桶に蜂皇は1匹なのでもっとも大きなも

のを残して残りの2匹は殺してしまう。

　また、自家の蜂桶から分蜂した蜂群ではなく、他所から飛んできた自然の蜂群を捕る方法もある。ただし、それはまったくの野生とは限らず、他家の蜂桶から分蜂したものである可能性が高い。やはり春、土蜂が分蜂する時期に、土蜂の群を見つけておこなう。慣れるとそうした群を見つけることができるようになる。群を見つけるとまず、その上に蜂桶を置いて、下で30分ほど草を燃やして煙で燻す。そうすると、蜂の群れは自ずと蜂桶の中に入ってゆく。ただし、そうして蜂桶に入れても、飼い主が蜂のことをよく理解していないと、また蜂は逃げてしまう。

[養蜂技術③―野生蜂群の採取―]

　山に入って野生の蜂群を捕ってくることもある。おもに徐氏がそのために行くのは、村から見て東方の山々である。ただし、現在、蜂桶を置いている山の近くには野生の蜂は少ない。また西方の山にも蜂はいるが、他の人が蜂を捕っているので、徐氏はそこには行かないようにしている。

　風嶺関（地名）がもっとも多く蜂が捕れるところとして知られる。廿八都から3－4キロメートル離れたところにある。風嶺関は浮蓋山（山名）の麓にあるが、浮蓋山は岩が多く、そのため蜂も多いとされる。そこは野生の蜂蜜が採れるところとしても知られる。

　山で蜂皇を見つけた場合、採集専用の籠（購入品でプロの養蜂家が使うもの）に入れて群れを家まで持ってくる。蜂皇を籠に入れてやると、それに続いて公蜂（雄蜂）や工蜂も自ら入ってくる。

　また、春、蜂桶をきれいにしてから山に持ってゆき、適当なところに置いておく。そうして3.4日すると蜂が入っていることもある。

[養蜂用具―蜂桶―]

　通常、蜂桶は家屋や付属屋また壁面など、屋敷内に設置される。2008年現在、合計すると、屋敷内には蜂桶が28か所に置かれている。このほか、一時的ではあるが、山のなかにも少数の蜂桶を置いている。山の近くに住んでいる人の中には、日常的に蜂桶を山に置いておき、家から通って様子を見に行く人もいる。徐氏の場合は、山のなかに置くのは、あくまで蜂の数を増やすためであり、一定期間おいて蜂桶のなかの蜂が多くなると家に持ち帰る。

一般に、蜂桶は家屋の中や軒下など雨に濡れないところで、かつ空気がよく通り直射日光の当たらないところに置く。山では岩陰などやはり雨に濡れないところに置いてある。屋敷内の場合、一度蜂桶を置いたら、そこに置いたままにする。居心地が良ければ蜂は残るし、悪ければ他に移ってしまう。

　蜂桶に蜂が入っていても、手入れを欠かさず清潔に保たないと、他所に蜂が行ってしまう。そのため、蜂蜜を採ったときなどを利用して、蜂桶の中を掃除したり、日頃から周りをきれいに掃いたりしている。不衛生にしていると、メンツォン（棉虫）という虫がわく。そうすると蜂は巣を放棄して逃げてしまう。メンツォンが発生しないようにするため、月に一度、煙で蜂桶を燻してやる。蜂が入ったまま燻しても大丈夫である。ただし、山に置いてある蜂桶にはそうした防虫のための消毒作業は不要である。

　蜂桶は自製することもあれば、人に頼んで作ってもらうこともある。蜂桶の胴の部分は杉、上に被せる蜂桶蓋は棕（棕櫚）でできている。蜂桶蓋を棕櫚で作るのは風通しを良くするためである。蜂桶蓋はたが（箍）で固定されるが、胴もまた竹の箍で締められている。側面には手で蜂桶を持つための取っ手（とくに呼び名はない）がつけられている。また、蜂桶の下、接地面には7—9個の小さな切れ込みが作られている。それは出蜂口と呼ばれ、蜂の出入り口になる。また、蜂桶の内部は、蜂の巣が落ちないようにするために、側面から胴を突き通して、竹（昔）または鉄製（今）の串である蜂档が3本ほど設置されている。

　蜂桶に用いる杉は、まだ小さいものがよい。おおきく成長してしまうと、材に臭いが出てしまう。杉材は木が生えた状態と同じ上下関係で、蜂桶の上下も決める。また、杉の木は根元や先端に近いところではなく、真ん中あたりから蜂桶の材を取るようにする。

［採蜜］

　土蜂の養蜂には蜜源として畑の作物とともに野生の花が重要な意味を持つ。土蜂は、3—4キロメートルの範囲に蜜を採りに行く。春は油菜、夏（秋）は栗、冬は山茶が主な蜜源となる。なお、畑でも蜂がいるところには農薬はかけないようにする。とくに開花してからは農薬はかけない。

　蜂桶からの採蜜は花の時期で異なる。花が多いときにはいつでも採蜜可能だが、花が少ないときにはできるだけ採らないようにする。昔は畑にブタの餌として紫雲花が植えられていたが、そうしたことがなくなった結果、村のまわり

には花が少なくなり、それに伴い蜂蜜の採集量も減っている。

　廿八都は冬でも気温が10度くらいある。そのため冬でも晴れさえすれば蜂は蜂桶の外に出て蜜を集める。冬に咲く花には、狗骨材（方言）がある。白い花で桂花に似ている。また茶籽花（実を搾って油を取るための植物）も冬に花を付けるが、この花の蜜を採ると蜂は腹をこわし死んでしまうこともあるという。そのため蜂も通常はこの花から蜜を採らない。

　冬の蜜はとくに美味しいと言われる。ただし、冬は巣から蜜を採る場合、代わりに餌として砂糖を与える。蜜を採らなければ砂糖を与える必要はない。冬に採蜜するかどうかは、その年の天候にもよるが、最終的には飼い主の考え方次第である。

　通常、蜂桶からは年に1－3回蜜を採る。採蜜の回数は土蜂の働きに応じている。人と同じで、働き者の蜂なら3回採れるし、怠け者なら1回も採れないこともあるという。

　年間の採蜜量は、天気に恵まれ花が多く咲いた年は、一桶で30－40斤（15－20kg）にもなる。それに対して、天気が悪い年には、4－6斤（2－3kg）しか採れないこともある。時期としては油菜のころがもっとも多く蜂蜜が採れる。

　採蜜するには、まず蜂桶を設置してあるところから下ろし、横に寝かして置く。そして、蜂桶の下の口から薫蜂器で煙を送って、蜂を桶の上部に追い込む。そうしておいてから、蜂桶の下にある蜜の詰まった巣の部分だけを採る。ただし、このとき蜜を全部採ってしまうことはしない。煙をかけると、他の蜂は外に出てしまうものも多いが、蜂皇だけは必ず巣のなかにとどまるので、そこは絶対に採らない。

　巣は手で絞り、蜂蜜を採る。笊などにあげることはしない。蜂蜜を搾ったあとには蜂蝋（蜂蜜の絞りかす）が残るが、それは薬のカプセルの材料となるため需要がある。搾った蜂蜜は瓶の中に入れておく。そうすると土蜂の蜂蜜なら2層に分離するので分かる。

　なお、現在は蜂罩という防護帽を身につけて蜂蜜採集などの作業をおこなうようになった。しかし、それ以前はすべて素面かつ素手でおこなっていた。

[越冬]

　とくに土蜂の越冬のためにすることはない。土蜂の一部は冬に死んでしまうが、春になるとまた増える。

土蜂の場合、冬でも陽が出ていれば外に出て採蜜することができる。そのためわざと巣に陽が当たるようにすることもある。しかし、大雪が降ると蜂は蜂桶から外に出ることができない。そうした日が続くと、巣のなかの餌が不足してしまうため、砂糖水を餌として与える。通常の年は砂糖を与えないが、雪が多く寒さが厳しいときにはそのようにした。砂糖を与えるときには、水に溶かしてから容器に入れ、それを蜂桶に入れてやる。容器は小さな皿状のものなら何でもよく、とくに専用の容器があるわけではない。

［洋蜂との比較］

　洋蜂による人工養蜂は土蜂に比べると手間が掛かる。毎日、洋蜂や蜂箱の様子を見なくてはならない。死んだ蜂を掃除し、餌が足りないと砂糖を与えたりする。とくに冬の間は洋蜂は採蜜ができないので、餌として砂糖を与えなくてはならない。それに対して、土蜂は冬でも採蜜するため、基本的には自分の採った蜜で冬期を過ごすことができる。

　洋蜂は花の蜜だけでなく人が与える砂糖を餌にして蜂蜜を作る。そのため洋蜂の蜂蜜はおいしくないし、栄養もあまりないとされる。洋蜂は冬以外も花のない時期は砂糖水を餌として与えると毎日でも蜂蜜を採ることができる。

　それに対して、土蜂は花の蜜を餌にしては蜂蜜を作るので、おいしく栄養も豊富である。土蜂には通常は餌として砂糖は与えない。与えるのは、あくまで冬の天候が良くないときだけである。

　洋蜂による人工養蜂では蜂蜜とともに蜂皇漿（ロイヤルゼリー）を採ることができる。蜂皇漿は栄養があり健康食品として高く売れるが、甘みはなく味は良くない。蜂箱に砂糖を与えると蜂皇が生まれるので、その餌となる蜂皇漿も早く採れるようになる。そうして蜂皇が分蜂する前に蜂皇漿を採る。

　基本的に、洋蜂は四角い蜂箱で飼うが、土蜂は丸い蜂桶で飼う。ただし、土蜂は蜂桶とともに四角い蜂箱でも飼うこともできるが、洋蜂は丸い蜂桶では飼うことができない。また、人工養蜂の場合には蜂箱を蜜源となる花の開花時期に合わせて移動（転地）させることが基本となる。それに対して、土蜂による自然養蜂の場合は、飼い主の家に蜂桶を置いおくのが基本である（一部の蜂桶を臨時に山に置いておくことはある）。

　洋蜂と土蜂とは一緒には飼わない。土蜂に比べると身体が大きく強い洋蜂は土

蜂の巣の蜜を盗ってしまうからである。ただし、ある程度両者を離して飼うことは可能である。土蜂を飼っている人が洋蜂を飼うことはある（その逆はない）。

そして、もっとも重要なことは、洋蜂を職業として飼っている養蜂家は分蜂させないことである。洋蜂も春には新しい蜂皇が誕生するが、その前に殺してしまう。洋蜂、土蜂ともに、1回の産卵で3.4個の蜂皇の卵を生む。洋蜂はすべての卵を処分してしまうのに対して、土蜂は1つだけ卵を残して新たな蜂皇を誕生させる。そうして、分蜂させることで、巣を殖やしてゆくことができる。また、洋蜂と土蜂では、蜂皇が誕生する回数に違いがある。洋蜂の場合は年に一度しか蜂皇の卵は生まれないのに対して、土蜂の場合には調子がよければ蜂皇は卵を2回産む。つまり土蜂の場合には、分蜂の機会も2度あることになる。

[土蜂の行動認識・民俗分類]

土蜂には以下の5つの仕事があるという。①卵を産む。②花から蜜を集める。③花粉を採ってきて子蜂を養う。④巣を作り、留守番する。⑤交尾する。

土蜂は3つに民俗分類される。①蜂皇（雌）：上記1の仕事をする、普段は外に出ない。

②公蜂（雄）：別名は雄蜂、上記5の仕事をする。③工蜂（雌）：上記2・3・4の仕事を、それぞれ分担しておこなう。

工蜂は花の多い春に多く生まれる。他の季節にも生まれるが数は少ない。そのため、蜂皇と交尾する公蜂は春に多くいる。そのほかのときには巣にはあまりいない。ひとつには、公蜂は蜂皇となる卵が生まれると死んでしまうからである。そして、もうひとつの理由は、公蜂は働かず餌を食べるだけなので、冬に餌が少なくなると、工蜂に巣を追い出されてしまうからである（自然と出て行くともいう）。また、冬以外でも花が少ないとやはり追い出されてしまう。そんなときは、公蜂が蜂桶に入ろうとしても閉め出されてしまう。

[言い伝え・ことわざ]

蜂の効用としては、わざと蜂に刺されて、風湿（雨が降ると関節が痛くなる病気）を直すというものがある。また、蜂に関わることわざには以下のものがある。

- 「蜂が来ると幸福がやってくる。」（家に置いたままの桶に自然と蜂が入るような場合をいう）

- 「いつも家をきれいにしている働き者の家には蜂もやってくる。」

## (2) 分蜂を人は管理しないが、その機会を巣分けに利用する事例―中度の家畜化―

　調査：廿八都（楓渓村）、2010年8月25日

　話者：張金水（55才）

　方言通訳：王双仙（44才）

[養蜂経験]

　張金水氏は農業を主としながら、林業（竹の伐採作業）にも従事している。そうした張氏にとって土蜂の飼養は、金銭収入や食料のためではなく、楽しみであるという。

　張氏の場合、父親も土蜂を飼っていた。そのため、父に習って10代の頃から土蜂を飼っている。すでに40年のキャリアがある。

　張氏は、30個以上の蜂桶を所有し、例年30個のほとんどに蜂が巣を作る。なかには、いったん逃げた蜂がまた元の蜂桶に戻ってくることがある。

　しかし、2010年は天候が悪かったことに、外敵の蜂が来て蜂皇を殺してしまったことが重なり、30個の蜂桶のうち蜂が入っているのは5個だけである。

[養蜂技術①―分蜂の認識―]

　蜂桶に新しい蜂皇ができると、「老皇」がほかの蜂桶に移る。手入れ良くしていると、元の蜂桶の近くに置いた蜂桶に自らとどまる。それは蜂がその家を気に入っているからであるとする。そのため、人は老皇がいつ蜂桶を出るか観察しておき、出てくる前に空の蜂桶をきれいにして待つ。油菜の花が散る前に老皇は他の蜂桶に移るとされる。そのため、蜂とともに油菜の花も観察する。分蜂することを、「新しい家」に移るという。

[養蜂技術②―分蜂群の採取―]

　老皇が蜂桶を移る時には、人が手で蜂群をすくって新しい蜂桶に入れてやる。移す時には、あらかじめ新しい蜂桶の内側に砂糖水を塗っておく。これが通常の方法であるが、清潔な袋を使って移すこともある。移すための専門の道具（名称不詳）もあるが、廿八都ではほとんど使われていない。分蜂群を移す時は蜂桶を傾けて下から蜂を入れるようにする。その時、アイ（方言）という草を干したものに火を着け煙を焚くと、その臭いで人を刺さないという。

[養蜂技術③―野生蜂群の採取―]

　蜂桶からの分蜂群とは別に、野生の蜂を捕ってきて蜂桶に入れることはない。

[養蜂用具―蜂桶―]

　蜂桶の構造としては、杉板を組んで円筒を作り、それを竹の箍で2か所止める。接地面となる下は開放されたままであるが、上には竹で編んだ蓋が付けられる。この蓋はゴキブリが入らず、かつ通気を良くするためのものである。蜂桶の中には、巣を止めるためのタン（档）が3本ほぼ水平に渡されている。タンの数は3本が一般的である。

　蜂桶は水桶を専門とする木匠につくってもらう。蜂桶を作るのは難しいので、張氏が自分で作ることはない。張氏が注文する木匠は、蜂桶を1日に10個作ることができた。

　蜂桶は、細長い杉板を11枚ないし12枚組み合わせて作る。11枚の場合には、時計回りに見て、始まりの板が「生」、次が「老」、以下、「病」、「苦」、「死」と当てはめて行き、最後が「生」で終わる。12枚の場合には、始まりが「生」で、終わりが「老」ということになる。つまり、「生」（始まり）が「病」「苦」「死」と組み合わさらないようにする。

　このことは、張氏が木匠に注文する（木匠の知識ではない）。これは、張氏が年寄りから聞いたことである。金持や地主が家を建てる時にも同じようにするという。

　蜂桶は屋敷内に置いておくが、場所はあまり変えたりせず、1か所に決めておく。とくに昼間は移動させてはいけない。もし動かす必要がある時には夜におこなう。それは、昼間は工蜂が外に出ているので、蜂桶の場所を変えると帰るところが分からなくなってしまうからである。だから、工蜂が巣に戻った夜間なら蜂桶の置き場を変えることは可能である。なお、蜂桶を山に持ってゆき、置いてくることはない。他に仕事があるためそんな時間はないし、土蜂を飼うのはあくまで職業ではなく趣味だからである。

　蜂が蜂桶から逃亡を図る一番の理由は、ツァンラン（害虫：ゴキブリ）にある。ツァンランが蜂桶に入ると蜂は恐れて巣から逃げ出してしまう。そうならないように、月末または月初めの1日（月に1回）に、蜂桶を掃除してきれいにし

てやる。それさえ心がけておけば、あとはとくに世話をすることはない。

　普段は山にいる老虎蜂という大きな野蜂が蜂桶を襲うことがある。そのとき土蜂は老虎蜂と戦う。そのため、老虎蜂も怖いので、蜂桶の中には入ってこず、桶のまわりを飛んでいるだけである。

［採蜜］

　土蜂の蜂蜜は洋蜂よりも養分が多いとされる。また、土蜂の蜂蜜は、人の身体のなかの毒や余分な水分を出してくれる。さらに、皮膚にもよいとされる（ただし、これは洋蜂の蜂蜜も同様）。

　蜂蜜のほかに、土蜂からは蝋を採ることができる。蜂桶の内側は蝋がついて黒くなる。蝋は土蜂の生産物のひとつだが、人が食することは通常はない。用途としては、ブタの餌などもっとも良い家畜の餌とされる。このほか、食糧不足になった時の救荒食物にもなる。また化粧品にもなるが、廿八都ではそうした利用はしない。山奥に住む老婆はこれを食べて長生きするという。なお、蜂の幼虫を食べることはない。

　蜂蜜を採る時には、蜂桶の竹の蓋をはずし、蜜の詰まった巣を蜂桶の上から手を入れてつかみ出す。そのとき、蜂の餌用に3分の1は巣を残す。蜂蜜は3月がもっとも採れる。この時期は工蜂がもっとも多くいて、盛んに花の蜜を集めている。

　蜂桶から採った巣は笊の上に置き、箸を10本ほど束ねてその尖端で突きつぶしてゆく。そうすると、笊の目を通して蜂蜜がしたたるので、それをバケツなどの容器で受ける。

［越冬］

　不詳。

［洋蜂との比較］

　洋蜂を飼うのは、土蜂よりも複雑でめんどうである。技術の要求が高い。土蜂は日常生活の中で、暇を見つけて手入れをすればいいが、洋蜂はそうはいかない。また、土蜂は生命力が強いので、手間をかけずほおっておいても大丈夫であるとされる。

［土蜂の行動・民俗分類］

　土蜂は花蜜を持つものであればどんな花でも蜜を採ってくる。冬でも少ない

ながら野菜の花や茶の花があるので、工蜂は蜂桶の外に蜜を採りにでかける。朝になると工蜂は蜜を採りに出てゆく。いつ戻るかは決まっていないが、必ず戻ってくる。遠いところに行った時には1泊2日のときもあるという。

土蜂は以下のように民俗分類される。①蜂皇：雌、卵を産む。ひとつの蜂桶に1匹だけいる。②黒蜂（雄蜂）：雄、卵や幼虫のめんどうを見る。人を刺さない。たくさんいる。③子蜂：雄雌不詳、門を守る、警備の蜂、人を刺す。数は多くない。④工蜂：雄、蜜を集める。もっとも多くいる。

工蜂はいつも蜂桶の外に出て、蜜や花粉を集めてくる。それに対して、黒蜂は工蜂が集めた蜜で蜂蜜を作り、花粉で巣を作る。このほか、黒蜂は蜂桶の中でさまざまな仕事をしているので、普段は蜂桶の外には出ない。ただ、雨の日だけは遊びに外にでてくるという。また、蜂皇は交尾をしなくても卵を産むことができる。雄を必要としない。ただ交尾をするなら黒蜂とする。

［言い伝え・ことわざ］

なし。

## (3) 分蜂に人は関与せず、自然に蜂群がやってくるのを待つ事例―低度の家畜化―

調査：廿八都、2010年8月24日

話者：祝裕福（90才）、王双香（82才）夫妻

方言通訳：王双仙（44才）

［養蜂経験］

土蜂は30年前から飼っている。現在、蜂桶が5つある。2009年は蜂が家にたくさん来たが、2010年は蜂桶から逃げてしまったため少ない。廿八都の中の古鎮には洋蜂はおらず、土蜂がいるだけである。

［養蜂技術①―分蜂の認識―］

新しい蜂皇ができると古い蜂皇は蜂桶を出る。

［養蜂技術②―分蜂群の採取―］

新しい蜂皇ができると古い蜂皇は蜂桶を出ることは知っているが、それを捕らえることはしない。つまり分蜂した群れで新たな蜂桶を作ることはしない。蜂は寒い時は家を出て、暖かくなると家に戻ってくるものであるとする。基本は、家においてある蜂桶に自然と蜂が入るのを待つ。

［養蜂技術③―野生蜂群の採取―］

　昔、祝氏は山を守る（管理する）仕事をしていたが、そこから蜂桶に入れて蜂を家に持って帰ったのが養蜂の始まりである。現在はそんなことはしない。

［養蜂用具―蜂桶―］

　山には土蜂が多い。そのため山中に蜂桶を置く人もいるが、そうしたことをするのは村の中にひとりだけである。ただし、家に蜂桶を置く人もそれほど多いわけではない。

　蜂桶は祝氏が杉材を使って自製した。

［採蜜］

　土蜂はいろいろな花から蜜を集める。土蜂の場合、蜂桶からは1年に1回しか蜜を採らない。おもに冬に蜜を採る。冬の蜜は美味しいからである。冬に蜂桶から蜜を採っても大丈夫だが、必ず蜂の食料分は残してあげる。冬の蜜に対して、夏の蜜は美味しくない。

［越冬］

　越冬のために蜂に何かすることはない。

［洋蜂との比較］

　不詳。

［土蜂の行動認識・民俗分類］

　家で飼う蜂を「家蜂」という。それに対して、山の中にいる蜂は「野蜂」である。どちらも土蜂である。また、蜂皇は雄であるとする。

　通常、蜂は朝に蜂桶を出て行き、花から蜜を集めるなどの仕事をしてまた戻ってくる。冬は陽が出ると外に出るが、寒いと出ない。

　蜂桶から蜂の群れがすべていなくなることもある。それは、冬の寒さの厳しい時、蜂桶内に虫が発生した時である。虫は干し草を燃やした煙で追い払う。

　土蜂は普段は人を刺すことはないが、怒ると刺す。

［言い伝え・こちわざ］

　なし。

## 3．養蜂にみる近代西洋技術

　洋蜂による人工養蜂の技術は近代になって江山に伝えられたものである。そ

のため、人工養蜂に用いられる蜂を洋蜂と呼ぶほかに、西蜂や伊蜂と称することがあるのは、その蜂が西欧から来たものであること、さらにはイタリア種であったことに由来する。

　洋蜂による人工養蜂でもっとも特徴的なことは、蜂と人との関係で言うと家畜化が進んでいること、技術面で言うと規格化・汎用化されたものとなっていることである。家畜化については人が制限して蜂に分蜂させないことにそれは象徴されるし、また技術の規格化・汎用化については全国標準の蜂箱が使用されることにそれは象徴される。そうした洋蜂による人工養蜂の技術は、ヨーロッパから国家的に導入され、政策として、たとえば現代においては人工養蜂工場（人民公社）において人びとに普及されたものである。

　また、洋蜂による人工養蜂はその目的が土蜂による自然養蜂とは大きく異なっている。洋蜂による人工養蜂が商品生産を主目的に一種の産業としての成立を目指すものとなっているのに対して、土蜂による自然養蜂は個人の余暇活動でありあくまで自家消費が基本となる。そのため、洋蜂による人工養蜂では、養蜂家の間において養蜂技術の差が小さいのに対して、ビジネスとしての戦略には個人差が多く現れる傾向が見られる。それに対して、土蜂による自然養蜂は、養蜂家にビジネスとしての戦略が無い分、養蜂技術には個性が多く反映し、その結果として多様な民俗技術が存在する。

　こうしたとき、洋蜂の人工養蜂に見られるビジネスとしての戦略の違いがもっともよく現れているのが転地である。どこをどのように回って蜜を集めるか、そこに養蜂家の戦略が集約される。浙江省周辺で転地をおこなうものがある一方、より商品価値の高い「天山蜜」を求めて遙か遠い西域の新疆まで蜂を連れて行くものもいる。

## (1)南方から北方への転地を伴う養蜂技術の事例

　調査：廿八都（花橋村）、2009年12月27日・2010年8月24日

　話者：王植友（1962年8月22日生まれ）

　方言通訳：唐小花、王双仙

［養蜂経験］

　王氏は廿八都では数少ない洋蜂専門の養蜂家である。10年以上も続けて飼っている。洋蜂の養蜂は自分の代になってからはじめた。父はやっていないし、

子供も養蜂には興味はないという。王氏が洋蜂を飼い始めた頃は、金儲けのために飼う人が多くいた。当時は1年に1箱で1000元の儲けになるといった。現在は廿八都で洋蜂を飼っているのは2人だけである。

洋蜂の技術は自分で師匠を捜してその人に習った。王氏の場合には、先に洋蜂養蜂をおこなっていた友人が師匠となり、その人について転地養蜂に回った。最初は30箱から養蜂をはじめた。蜂箱は多い時には200箱もあったが、5.6年でそれだけにした。2009年現在は、洋蜂を70箱飼っている。1箱あたり蜂蜜で年間800−1000元の収入になる。また蜂を箱ごと売ることもあるが、そのときは1箱あたり400−500元の値をつける。

なお、洋蜂を飼うまでは、王氏は土蜂を飼っていた。洋蜂を始めて、土蜂を止めたという。土蜂は蜂桶に1−2個程度を飼っていたに過ぎず、洋蜂養蜂とは違い、あくまで遊びであった。

[養蜂歴]

洋蜂の養蜂暦は以下の通り、大きくは5期に分けられる。

①1月—4月：卵が生まれ、子蜂ができる。このとき生まれる蜂はすべて工作蜂となる。

②5月：花がたくさん咲く時期で、子蜂が成長して工作蜂になり、蜜や花粉を集める。

③6月—8月：中国国土を南から北へと移動しながら蜂を飼う。その間は1日も江山へは帰らない。

④8月末—10月：8月末に廿八都の自宅に戻り、10月まで休む。花があまりない時期なので、砂糖水を餌として蜂に与える。

⑤10月末以降：茶の花が咲くと採蜜できるので、浙江省杭州周辺の茶の栽培地を回る。

[養蜂技術①—転地—]

養蜂に伴う転地は以下の通りである。大きな傾向としては、開花時期に合わせて南から北へと中国大陸の沿岸部を移動するものである。

[時期] 安徽省（3−4月）→江蘇省（4月）→山東省（5月）→遼寧省（6月）→吉林省（7−8月）→黒竜江省（7−8月）→浙江省江山（8月末−2月、越冬）

［蜜源］安徽省（油菜）―江蘇省（油菜）―山東省（楊槐花）―遼寧省（荊条）―吉林省（椴樹）―黒竜江省（椴樹、葵花）

　王氏の場合、転地は花橋村の知り合いと一緒に回る。現在は2家族（4人）で回っている。転地先は毎年ほぼ同じところである。花が咲く時期がある程度予測つくからである。行く先は基本的に自由で、とくに届けを出したりする必要はない。当然、行った先ではお礼をすることはない。むしろ蜂が花粉を採ると受粉が促進されるので花にとっても良いことである。そのため、昔は礼をするどころか、反対に礼をもらっていた。

　転地先にはテントをもって行き、蜂箱のところで寝泊まりした。宿泊施設を設ける場所は大きな道の脇など自由であった。転地には、妻は連れて行くが、子供は王氏の母や親類に預けてゆく。また、田畑は人に頼んで耕作してもらう。転地にともなう蜂箱の移動には、昔は汽車を使った。国の制度で汽車賃が安くなるよう優遇されていた。今はトラックで回るようになった。1台のトラックに180―200個の蜂箱を積み、夫婦と、3.4人の雇い人を乗せて行く。親戚や友人など蜂を飼っている5.6人と一緒に全国を回る。

　採った蜂蜜は転地先で売ってゆく。国が買い上げることもある。蜂蜜を採って売るのは、3―8月の期間だけである。国内の大きな移動は上記のとおりだが、10月末になり茶の花が咲くと、浙江省内に限って蜂箱を持って回った。

［養蜂技術②―分蜂―］

　洋蜂は、西蜂または伊蜂ともいい、セイヨウミツバチの中のイタリア種である。もとは政府が輸入し、それを中国国内で繁殖させている。そうして繁殖させたものを養蜂用に販売している。王氏の場合は江山の街で買っている。分蜂させて殖やすことはしない。もし蜂蜜の生産量を増やそうとするなら、蜂を買ってきて補充する。そのため、飼い主は春になると蜂箱の中をよく観察しておき、蜂皇が新しく生まれないようにしなくてはならない。

［養蜂用具―蜂箱―］

　洋蜂は蜂箱で飼う。蜂箱には国内（国際）的な基準がある。縦38センチ（昔42センチ）、横51センチ、高さ約70センチ。上下は2段になっている。下段は蜂皇がおり産卵するスペースとなり、上段は蜂蜜を作るスペースである。上と

下の段は工蜂がやっと行き来できるほどの大きさの枡目で仕切られており、工蜂は上・下段を行き来できるが、蜂皇は上段には行けないようになっている。

［採蜜］

　洋蜂の産物には、蜂蜜のほか、蜂皇漿、蜂胶、花粉、蜂蜡がある。

　蜂皇漿はロイヤルゼリー、蜂胶はプロポリスで、ともに体に良い健康食品となる。また、蜂蜡は蜜蝋のことである。洋蜂は蜂箱で飼われているため、細菌に対抗するため、蜂胶を作るとされる。

［越冬］

　洋蜂は寒さに弱いため、冬は温暖な江山で過ごすことになる。また、洋蜂は9・10月以降、2月までの花が少ない時期には、人が砂糖を餌として与えなくてはならない。なお、餌として砂糖を与えるようになると、蜂蜜は採らないようにする。もちろん、越冬先である江山では蜂蜜は採らない。

［土蜂との比較］

　洋蜂を西蜂・伊蜂というように、土蜂のことを中蜂という。「土蜂」は方言、「中蜂」が一般的な在来蜜蜂の言い方である。洋蜂は黄色をし、土蜂は黒色をしている。

　王氏は土蜂を飼ったことがある。儲けるためにはじめた洋蜂とは違い、土蜂は遊びでやった。前述のように、洋蜂は蜂蜜以外にもさまざまなものを産物として採ることができるが、土蜂からは蜂蜜しか採れない。しかも蜂蜜の産量も洋蜂の方が圧倒的に多い。

　土蜂は蜂桶で飼うが、それは土蜂自身が蜂桶を好むからであるという。それに対して、洋蜂は蜂桶が好きではない。洋蜂の蜂箱は花の時期に合わせて移動させてゆくが、土蜂の蜂桶は動かさない。土蜂は同じところに戻ってくるので、動かすと迷ってしまうからである。土蜂は外からやってくるもので、その数で蜂桶の数も決まってしまう（人の意志で殖やしたりすることは難しい）。

　土蜂と洋蜂を一緒に飼うことはできない。喧嘩をするからである。そのため、土蜂と洋蜂は3kmほど離して飼わなくてはならない。洋蜂は身体が大きく、喧嘩も強い。また、洋蜂はひとつの巣にいる蜂の数も土蜂に比べ多い。そうなると洋蜂が土蜂の蜜を盗ってしまう。ただし、冬季は洋蜂が動けなくなる

ため、形勢は逆転し、土蜂が洋蜂の蜜を盗ってしまうこともある。そのように、冬でも土蜂は巣の外に出て蜜を集めることができるが、洋蜂は外に出ることさえできない。

［洋蜂の認識・分類］

洋蜂（イタリア種）は3種に民俗分類される。①蜂皇：雌、卵を産む。②工作蜂：雌、仕事をする蜂。③雄蜂：雄、交尾する。

［言い伝え・ことわざ］

なし。

## (2)南方から北方へ、そして西域まで転地する養蜂技術の事例

調査：夏家村注家村、2008年9月1日

話者：僇春生氏（71才）

方言通訳：馬恵蓮

［養蜂経験］

僇春生氏（08年9月現在71才）は現在、イタリア種の洋蜂（セイヨウミツバチ）を飼う。

僇氏がはじめて蜂を飼ったのは土蜂であった。20才の頃から土蜂を飼い、洋蜂は1962年以降、40才になってから飼い始めた。洋蜂にしたのは、売り物になるロイヤルゼリーを土蜂は作らないからである。

洋蜂を飼い始めたときには、土蜂の方が多く飼っていた。一緒に飼っても花が多いので大丈夫であった。花が全体に少なくなったので、40才くらいからは洋蜂だけを飼うようになった。

［養蜂技術①―転地―］

洋蜂は移動に適した四角い蜂箱（規格品）に入れて飼う。そうすることで1年間かけて全国を移動することができる。僇氏の洋蜂養蜂において最大の特徴は、転地の範囲が、中国大陸沿岸部の南から北への移動に加えて、西域の青海や新疆にまでおよぶことである。以下に、僇氏がたどった転地のルートを示す。

［主ルート］

龍游（主な蜜源は油菜）→3月下旬出発→江蘇（1ヶ月滞在、油菜）→4月下旬出発→山東（5月1ヶ月滞在、棗花＝ナツメ）→6月出発→黒竜江（7月1ヶ月

滞在、段樹―7月に開花―など森の中の花）→8月出発→青海（1.2ヶ月滞在、油菜・野生の花）→9月下旬出発→湖南（6ヶ月間滞在するが主な目的は冬を過ごすことと最も早い油菜の採蜜である、油菜は龍遊より早く花が咲く）→3月中旬（花が終わる頃）出発→龍游

［もうひとつのルート］

　龍游→江蘇→山東→黒竜江→新疆（8月下旬出発）→湖南→龍游

　移動するときには、前もって移動する先の花の状況を確かめる。また、そのとき衣食も確保しておく。湖南において冬季を中心に6ヶ月も滞在するのは、山が多くそこには多くの野生の花が咲くからである。山の蜜源としては、桂花（冬桂と春桂がある）が一番良いが、そのほかの名も知らぬ花の蜜も採ることができる。廖氏は湖南に仲間と共有する部屋をもっている。廖氏の場合、一緒にまわる仲間は、同じ村の人はおらず、杭州や江蘇の人であった。

　全国をまわるときには、現在は自動車を利用するが、1985年以前は汽車を利用した。ひとりでまわることもあるが、通常は養蜂をおこなう仲間5・6人でまわる。そのとき、妻子を連れて行くことはない。一人あたり持って行く蜂箱は多くて20箱ほどで、全体で100個ほどになった。廖氏の場合、最初の頃は持って行く蜂箱は10箱ほどで、馴れるに従い徐々に数を増やしていった。

［養蜂技術②―分蜂―］

　なし。

［養蜂用具―蜂箱―］

　蜂箱の構造は、上下2段になっており、その間が隔網窓で仕切られている。隔網窓は蜂皇の移動を制限するもので、普通の蜂はそれを通って上下の蜂箱を行き来できるが、蜂皇は身体が大きいので通ることができない。そのため、蜂皇はいつも下の蜂箱にいることになる。上の蜂箱にはチャオピー（巣枠）が整然と並べられ、そこに蜂蜜が溜まるようになっている。

［養蜂技術の習得］

　洋蜂を飼うようになったのは、もと同級生の影響である。廖氏はかつて地質調査の仕事をしていたが、1962年にその仕事を辞めて、洋蜂の人工養蜂をはじめた。当時、その同級生はすでに洋蜂の人工養蜂をしており、教わった次の年

には蜂箱をもって全国を一緒に回った。その同級生は、杭州の建徳市の人（宋代に移住してきた）で、洋蜂の人工養蜂とともに花の栽培もしていた。

　洋蜂の人工養蜂を指導する「人工養蜂工場」は、夏家村の人民公社にあったが、廖氏はそこに行ったことはなく、洋蜂の飼い方はすべて同級生に教わった。

［採蜜］

　洋蜂は花があれば2日間で蜂箱から蜂蜜を採ることができる。天気がよいときには1日でも採れる。ただし、そうした蜂蜜は水分が多く、質は良くない。洋蜂の蜜は1斤70元程度で売られる。

［越冬］

　浙江省龍游を出発し、北へ向かったあと、さらに西域を周り、10月頃に龍游に戻ってくると、次の年の2月まで温暖な龍游で過ごすが、その間の世話はすべて人がおこなう。とくに給餌は大切な仕事で、人が砂糖水を与えないと洋蜂は生きてゆけない。

［土蜂との関係］

　廖氏の暮らす汪家村には土蜂を飼う人がいるが、洋蜂の蜂箱は集落の中にはもって入らないのでトラブルはない。また、転地で他村に行ったとき、その村に蜂桶があっても、廖氏の蜂箱と村人の蜂桶とは距離をとり、集落内では洋蜂は飼わないようにしていれば、廖氏が洋蜂を飼うことは何ら咎められることなく自由である。こうしたことにはとくに決まりがあるわけではなく、自主的なものであるという。

　土蜂と洋蜂を比べると、土蜂は飼いやすく、洋蜂は飼いにくい。洋蜂は病気が多く、寄生虫にもかかりやすい。たとえば、蜂蟎という寄生虫が蜂の体内に卵を産み付けて、巣のなかで大発生してしまうことがある。

［洋蜂の認識・分類］

　不詳。

［言い伝え・ことわざ］

　なし。

写真1 さまざまなところに置かれる蜂桶

写真2 さまざまなところに置かれる蜂桶

写真3 さまざまなところに置かれる蜂桶

写真4 さまざまなところに置かれる蜂桶

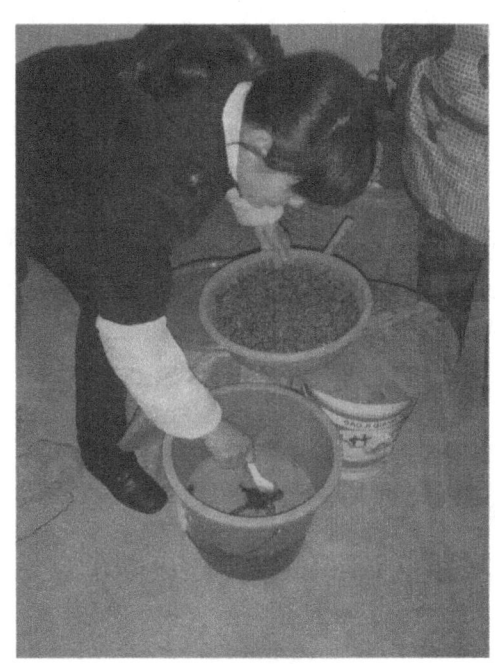
写真5 土蜂の蜂蜜採取

写真6 さまざまなところに置かれる蜂桶

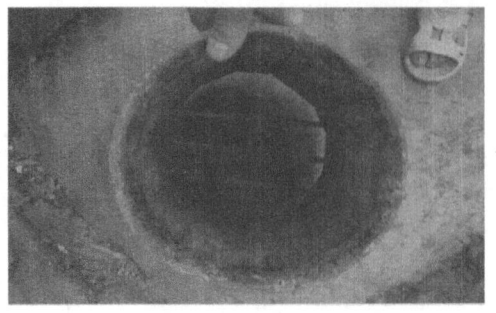
写真7 蜂桶の内部

## 摘要

# 原有养蜂技术和近代西方养蜂技术的交错

## 安室知

人与自然的关系是多样的，在这种关系性中形成的民俗也是多样的。这里就其中生产方式方面，人怎样与自然相处，并力求操纵它的这一角度，来关注现代中国的养蜂技术。现代中国，一方面持续着拥有几千年历史的原有蜜蜂（东洋蜂）的自然养殖；另一方面，并行存在近代从西方引进蜜蜂（西洋蜂）的人工养殖。尽管同样是养蜂，但在原有技术和西方近代技术中人与蜂的关系是不尽相同的，同时还可以看到，由于互相干涉使得各自的技术也发生了变容。将中国浙江省石佛乡三门源调查事例作为基本资料，考察养蜂技术的相互关系，是本文的目的。三门源原有养蜂技术在与西方近代养蜂技术的接触之中，受到了很大的影响。这其中有西方近代技术自身所带来影响的一面，也有原有养蜂人积极地吸收西方近代技术的、革新的一面。在与西方近代技术接触时，给原有养蜂带来的变化之中最有象征性的是，饲养对象还是原来的土蜂，而饲养法却从圆柱形的蜂桶转换成了方形的蜂箱。本来，方形蜂箱是用来饲养洋蜂的，并具有与之相适应的一定规格。之所以在土蜂的饲养上开始使用方形蜂箱，主要是因为土蜂的养蜂人注意到洋蜂的高收益性，是为了提高土蜂的采蜜效率。但是，这并不是单单停留在饲养用的容器发生变化，也给在考虑人与蜜蜂的关系时重要视点的分蜂造成很大影响。此外，在西方近代养蜂技术传到三门源时，不仅带来了原有养蜂技术的变化，西方近代养蜂方法也同样地发生了变化。这并不单单是为了适应三门源而产生的技术变化。可以说源自西方的近代养蜂技术在三门源这块土地上也是进行了在地化的。作为这种西方近代技术在地化的象征而备受瞩目的，是转地的废除和与土蜂养蜂共存的意向。而且，这未必是把从西方引进近代养蜂技术时，曾是最大着眼点的采蜜效率的提高以及高收益这些作为最根本目的的，这一点是不是

应该引起关注呢？其中，和使用土蜂的原有养蜂技术一样，可以看出使得业余时间充实的这一意向。可以说这种情况是在洋蜂与原有蜜蜂共存，并且以不伴随转地的形式被引进来的背景之下的。

# 山林资源管理与旅游开发以及文化政策

## 陈志勤

## 一、前言

本文的目的是在阐述廿八都镇传统的山林资源管理的基础上，考察山林保护和开发的现状，揭示其中所呈现的山林从自然资源转变为文化资源的现象，并由此分析旅游开发和文化政策对其的影响。

古镇旅游开发在中国兴而不衰，是因为它已经作为保护文化的一种方式，并进而成为各地发展地方文化以及追求经济利益的一种手段。对天津甚至中国的传统文化保护作出贡献的冯骥才最初是反对这种旅游开发的，但在2006年水乡古镇西塘召开的一次会议上，他说，"但这种旅游现在是我们'保护'古村落的主要方式之一"，并提出"关键是怎么开发"这个命题[①]。同样在这次会议上，对江南的水乡古镇保护发挥了积极作用的阮仪三以"保护和旅游"为主题作了报告，提出"要实现遗产保护与旅游发展的双赢"[②]。根据2002年的一份资料，浙江省在当时就有引起人们关注的古镇13个，大都集中在杭、嘉、湖、宁、绍、温、金、台、丽等地，分别具有典型的江南水乡和山村的特点，其中廿八都镇就是其中一个；并且基本上都在保护规划的基础上编制了旅游开发规划[③]。从我们对浙江省江山市廿八都古镇的调查来看，事实也正如此，当地对传统文化的保护是与旅游开发分不开的，或者说是一体化的。

---

① 冯骥才：《古村落是我们最大的遗产》，载王恬主编：《古村落的沉思》，上海辞书出版社，2007，第16页。
② 阮仪三：《江南水乡古镇的保护与旅游》《古村落的沉思》，王恬主编：《中国古村落保护（西塘）国际高峰论坛论文集》，上海辞书出版社，2007，第129页。
③ 魏芳勋、吴孝林：《关于省级历史文化古镇保护与旅游开发的意见》《浙江经济》，2002年第8期，第41、42页。

廿八都镇地处浙闽赣三省交界的仙霞山脉，隶属于衢州市，位于江山市的西南部，距离现在的江山市城南65公里。过去所经历的军事商旅时代印迹以及保存至今的民居特色，使其成为一个引人注目的古镇。在2008年出版的《衢州简史》一书中，廿八都镇是衢州市中唯一一个被记录在内的古镇，"1071年，江山县设四十四都（'都'介于乡和村之间），这里排行二十八，故名'二十八都'，也称'廿八都'"①。在很多资料中都提到足以说明廿八都古镇有别于其他地方的一个特色，就是它"兴起于驻军，兴盛于商业往来"，是"古商路上的一个驿站"，与其他以血缘同姓聚族而居的村落不同，人员来自四面八方，拥有姓氏142个。其中，姜、祝、杨、曹为四大家族，村民中有"姜家三条弄，祝家半边街"的说法，说明姜、祝两大宗族人口相差无几。在廿八都镇所在地周围从北至南有3个行政村，即浔里村、花桥村、枫溪村（以前叫湖里村），被称为"浔里街"和"枫溪街"（过去叫"湖里街"）的两段古街相连长1公里左右，贯穿3个村落的居住区，明清时期较大规模的民居古建筑有30余幢，还有沿村落顺势流淌的溪流以及围绕周边的山林。

廿八都在1991年被浙江省人民政府批准为首批"省级历史文化名镇"，2000年在廿八都镇成立了"古镇保护开发办公室"，2003年成立了江山市廿八都古镇保护与开发领导小组，2007年又被建设部、国家文物局评定为第三批"国家级历史文化名镇"。自廿八都镇成为"省级历史文化名镇"之后，当地村民组织和政府部门都对旅游开发充满了希望，但因为地处偏远山区以及开发资金来源等问题，一直没有正式启动。随着条件的成熟，终于在2008年4月开始动工，因为花桥村的古民居较多而浔里村的民居最好，这两个村被规划为第一期工程，主要由政府投资开发，现在已经完成古街道和古民居的整修并对外开放，但以枫溪村为主的第二期开发主要寄希望于投资商，具体实施可能还需等待。

参与廿八都古镇保护与开发规划的专家认为，廿八都镇区的形态是由古街、枫溪与公路三个主要因素限定而成；镇区中部由于山溪自西向东的横向汇入，使古镇自然形成上下两个组群，上为浔里村和花桥村，下为枫溪村；一条纵贯南北的主要街道形成空间结构的主干；其保护控制范围可分为3个层次：历史文化保

---

① 徐宇宁编：《衢州简史》，浙江人民出版社，2008，第314页。

护区整体风貌的保护控制、历史街区的保护整治、文物古迹的保护控制①。就像我们已经熟知的江南其他地方的一些水乡古镇的保护和开发一样，主要是以一条古街区为主干，辅以街区中心河流，对周围民居祠堂以及庙宇门楼进行重建或修缮。但因为廿八都镇与其他水乡古镇不同的是地处山区，除了古街道、古民居以外，还有连绵的山峦、成片的植被，而这些山林资源让我们感受到与穿村而过的溪流的直接联系。所以，山地古镇廿八都镇具有与水乡古镇不同的更为丰富的自然生态环境，在物质和非物质的文化遗产保护上也呈现出特色。

本文的调查主要以枫溪村为主，同时也涉及花桥村和浔里村。枫溪村以金、胡、曹三姓为多，就像"金家金半边、胡家长长牵、曹家搭搭边"所说的那样，在一定程度上反映了三姓的人数比例。村民们除了水田农耕之外，山地林业也是主要的生产要素和生活资料，在传统社会曾经有过擅自砍伐山林进行"杀猪封山"等传统处罚方法，而在现代社会又有森林保护公约以及毗邻护林组织，护林意识的传播性以及处罚方法的严厉性，其宗旨古今相沿，所不同的是山林作为资源其性质发生了变化。过去作为生存基础的山林自然资源，现在已经作为建设景观、建构文明的文化资源来认识了。究其背景并不仅仅是追求经济利益的古镇古村落旅游开发，还有更为广泛的保护文化遗产、平衡生态环境以及建设新农村、创建幸福乡村等文化策略的意义。

## 二、传统的山林资源管理及其水土涵养

解放以前，在姜、祝、杨、曹四大家族中，杨家的田最多，但有钱人的田在廿八都是很少的，他们的田多是在福建浦城，还有的一些在江西官丰，因为土改前在外地的田地太多，结果都归属于他地了，据说有人在福建曾经有可收3000多担租的田地。本地的田地大都是属于文昌宫的，是祭坛的田。文昌宫有田无山，有佃户为其种田。虽然地处山区，但以前还是靠田吃饭，山林收入只是副业，而山林更大的意义是储存水源。除了毛竹、棕树、桐树等具有经济意义之外，杉木、松树等大都任其生长，很少进行大量砍伐。一座高山就是一个大水源，高山下来的水，在枫溪中筑坝拦水，建沟渠引至水田，解放前是农户互相协调，按照时间顺序放水，因为山林肥沃，水源丰富，加上田少，所以大旱现象很

---

① 田利：《廿八都镇保护规划的实践与思考》，《规划师》2004年第4期。

少。解放后发展农业开发水田，又采用双季稻，用水较以前多，生产队就安排轮流拦水、看水，而现在选用杂交稻，水量则不用太多。

本地的地主、农户都有山林，姜家的山最多，姜家人的山一直可达福建、江西。以前的山林植物大多是杉木、松树、毛竹、棕树、桐树等。即使是私人的山场，杉木、松树等材木一般不当作营生砍去卖掉，自己用点木材量不大，再说当时也很少盖房子，也就很少有大量砍树的事情。而毛竹是造纸原料，还有"千棵棕树，万棵桐树，一生不愁"的说法，都是可以增加收入的。也有一些人田少不够吃，在山上种点玉米。有人专门给山场主人守山，叫作"看山"，如果荒山改造成林后，还可以与主人分成，假如十株树，三七分成或六四分成。玉米、油桐、杉木套作制度是廿八都历史上传统的播种方式①，也是一种开垦荒山的办法。解放前，村民租地主的山来开发，先砍山烧成灰作为肥料，第一年种植玉米，再套种油桐树、毛竹、杉木和松树，玉米第四年就不能种了。一些山场主人要雇人来"看山"守护山林，并以分成的方法刺激"看山"开荒育林，可以说，过去对于"看山护林、涵养水土"的意识是非常浓厚的。他们不仅仅看到的是眼前的利益，更是深知其长远的功效，因为丰润的水源、肥沃的土地才是他们的生存之本。村落周围还有一些叫"义冢山"的公山，如东边的香炉山、沙平头山、华坞口山，西边的后门山、龙头山、仓鸣湾山等，是没有山场的贫苦农户用来葬身的，有点像现在的公墓性质的小山头，其实都是些荒山，只有一些小树没有大树，可捡拾些柴火。如果有小孩在私人山场乱砍伐，就以没收柴刀、木柴来处理，但是只要不破坏树木，砍柴是到处可以的，因为能够起到捡拾柴火的作用。

当地老人说"山为银行又为粮仓"，可知山林资源在村民心目中的重要地位。在《廿八都镇志》（2007年版）一书中记载了这样的信息："解放前，廿八都民间有约定俗成的封山护林和处罚规定。如有违反，一般到文昌宫处理。"② 现在还依旧可见其辉煌的清代建筑文昌宫③（照片1）位于浔里村，由乡绅倡议集资兴建，据说是因为枫溪村现存的清代建筑文昌阁空间小，碍于发挥功能，在清朝后期富起来以后，才又另外建立了一个大的文昌宫。那么，文昌宫与过去的森林管理到底有怎样的联系？究竟发挥了怎样的作用？在传统时代他们是如何管理山

---

① 蔡恭、祝龙光主编：《廿八都镇志》，中国文史出版社，2007，第239页。
② 蔡恭、祝龙光主编：《廿八都镇志》，中国文史出版社，2007，第81页。
③ 因为曾经作为粮库使用，有的村民至今还有叫作"粮站"的。

林？在现代，他们又是如何保护山林？在历时四年每年一次的调查中，在这些问题上我们主要围绕林木砍伐处罚以及山界纠纷处理，对以枫溪村为主的三个村的老人们进行了深入访问。

很多老人对于文昌宫与处理森林、林木的违规没有太多的印象，没有亲眼看到过也没有亲耳听到过，只有Y.QS氏（1927年出生）给我们讲述了一些他曾经听到过的有关事情。据他所说，过去文昌宫是有一个组织的，叫"祭坛"，主要是有权有势的姜、祝、杨、曹四大家族在运营，一般有文化的人都要去参

照片1　文昌宫

加，自己虽然不太相信，但因为祖父和父亲都参加了这个"祭坛"，在父辈们的带领下，在15岁左右的时候曾经去看过"祭坛"。"祭坛"有五个负责人：正首、副首、报词、平沙、记录，先贤邹恩师是负责廿八都祭坛的。① 因为有了这些经历，所以他对有关文昌宫的事情还有清晰的记忆。Y.QS氏还讲述了一件关于山界纠纷的事情，是从他的亲戚那里听到的：以前，香炉山（炉峰山）山南属于杨氏家族，山北属于姜氏家族，因为没有明确的山界标记，大约在1947年到1948年之间，杨氏认为山界应该从这里开始，而姜氏认为应该从那里开始，互相争执不下，如果为此去打官司，又提不出什么确凿的凭据，所以，邹恩师以负责廿八都祭坛的身份处理了这件纠纷，劝说双方都是祭坛的人，应该互相商量，要心平气和。另外一件事也可说明文昌宫与处理山林违规的关系，Y.QS氏听一个姜姓村民说起过，该村民的父亲被文昌宫派去处理山场纠纷问题（可能也是山界问

---

① Y.QS氏所讲述的有关"祭坛"的事情，也许就是指镇志上所提到的文昌宫会员、理事、儒教仪式："镇上识字男子，到18岁一般要申请加入文昌宫，为文昌宫'会员'。由'会员'推选几位'理事'，并通过某种儒教仪式认可，以主持文昌宫的日常事务"（蔡恭、祝龙光主编：《廿八都镇志》，中国文史出版社，2007，第108页。）。

题），结果因为酒醉而死。

但是，文昌宫是否与过去的森林管理有关，仅依据这两个例子不能得到充分的说明，还必须对文昌宫有进一步的了解。过去，在普遍的传统乡村中，大都是宗族组织发挥社会管理职能，但廿八都却是非常例外的一种状态。在镇志的有关文昌宫的条款中有这样的诠释："因为廿八都姓氏繁多，几个大姓平分秋色，任何一族难以独担此任。文昌宫实际起着廿八都各宗族'联合体'的作用，行使'大宗族'的职能。……文昌宫拥有公田等资产，并设有矜恤局、代耕会、寒衣会、保婴局、义仓及义塾等民间慈善组织，承担着地方的教育、社会救济、纠纷调处、公共设施建设等多种社会职能。与常见的'聚族而居'乡村，有着明显区别"[1]。这里提到的文昌宫具有"纠纷调处"的功能是值得关注的，而且也没有特别指出只是调解山场纠纷。可能就像以上 Y.QS 氏所提及的山场纠纷那样，是一些没有证据不可能去诉讼打官司，而只能共同体内部处理的一些纠纷。但是可想而知，在共同体内部发生的纠纷并不都是有关森林的纠纷，各种各样的纠纷都有可能发生。所以，山场纠纷只是很多纠纷中的一种类型，文昌宫也承担着调处其他纠纷的职能。这一认识如以下所述，和我们了解到的其他有关山林处罚的方法一样，就是说这些方法并不是专门用来对付违反山林管理规则的人的，如有其他损害他人利益、损坏他人财物的，都可以行使同样的处罚方法，可能只因为是身处山区，关于山场的纠纷比较多见而已。

一些老人虽然不太知道文昌宫处理森林纠纷的往事，但 J.ZQA 氏（1931 年出生）、J.ZQB 氏（1942 年出生）等村民，还是给我们提供了其他一些处罚方法，如"杀猪封山"（村民用语）、"游街敲锣"（笔者语）、"看山当罚"（笔者语）、"林木包赔"（笔者语）等，基本上都是从长辈那里听说过的内容。但他们对惠及贫苦人群的矜恤局、代耕会、寒衣会、保婴局、义仓及义塾等文昌宫的一些慈善事业，都还有具体的记忆。对此，Y.QS 氏的解释可能有些道理，他认为文昌宫基本上可以说只是处理参加祭坛的四大家族的一些纠纷，所以一般村民可能并不是很了解。从先贤邹恩师在文昌宫的调解方法与村民们讲述的这些处罚方法，是否可以说前者比较文人化大都对于山界纠纷的较多，主要是以化解为要；而后者比较乡民化大都对于偷砍盗伐的居多，主要是以严惩为要。

---

[1] 蔡恭、祝龙光主编：《廿八都镇志》，中国文史出版社，2007，第108页。

根据 J. ZQA 氏和 J. ZQB 氏介绍的偷盗以及砍伐林木的处罚方法有如下三种：一是让盗砍林木的人游街，一边让其自己敲锣一边要说类似"我是×××，偷了、砍了×家的木头×根，不要学我的样。"这样的话，这在乡村被认为是最最严厉和倒霉的事情，不但当事人当时脸面扫地，还会影响一生，以后发生同样的事情，就经常会被人怀疑，并且累及后代，一家人都会被村民指指点点。这种游街敲锣的方法也并不是只限定于山林管理，他们还听长辈们说过类似的事件，是对盗墓者的惩罚。因为有村民听信风言，以为他们太公的墓内有宝物，就在夜里进行了盗墓，后被抓获，就让肇事者穿上墓里还没有腐烂的衣服游街，边敲铜锣边说类似"我盗了×××的墓，不要学我的样"的话。二是让盗砍林木的人看山，等到他抓获下一个人为止，其间少了的林木都要这个人负责。三是如被抓到砍了一根林木，现场发现的所有被偷盗的林木，不论是否是其所为，都要全部负责赔付。因为这一带造纸业发达，种植了大片的毛竹，在一些地方文献上有关于严禁偷盗竹笋的告令。这里的一位村民也提到了过去有过对偷挖竹笋者的民间处罚办法，罚钱的办法也是有的，但比之更严厉的是让挖笋者用草纸包上偷的竹笋一起焚烧，但新挖的笋水分多，与草纸放在一起，根本是燃不起来的，用多少草纸都无济于事，代价很高。因为村民们认为清明谷雨期间是笋生长的盛期，谷雨前还要生长，笋长成毛竹后是造纸的原料，上等材料为谷雨立夏之间的嫩竹，挖笋只能在谷雨过后，如果在这以前被挖掉，将损失惨重，所以对于这样可恶的偷挖者，只能百般作弄、为难，以示严厉警告，让其再不重犯。

《衢州简史》在有关保护林木的内容中，提到了"吃封山饭""演禁山戏"等民俗，其中说到开化县龙山底乡青山底村的一块清嘉庆二十三年（1818）的石碑，内有"必要时，违约者还会被罚杀猪请全村人'吃封山饭'"[①]之类的记载。廿八都的老人们好像没有听到过"演禁山戏"的，但和"吃封山饭"相同的处罚方法，有的老人提到了"杀猪封山"这个用语，但也只是听说，没有亲眼见过，也说不出是否曾有过真实的事例。但在20世纪70年代，像"杀猪封山"这样古老的处罚方法，在枫溪村的生产队集体山林管理中仍然在发挥作用。当时，在一个生产队因为发生了几起偷砍杉木的事件，就派了两个人守了一个

---

① 徐宇宁编：《衢州简史》，浙江人民出版社，2008，第196页。

月，终于在一个晚上抓到了当事人，是另一个生产队的 G.TC 氏，被发现时已经砍伐了一根杉木，但受损的生产队按照责任全当的原则，要求 G.TC 氏赔偿所有的 19 根被砍杉木，G.TC 氏不服，理由是因为有的不是他所为，几次三番索要赔款不成，就警告他如再不赔偿损失，就要杀猪了。结果在之后的一次对谈中，形成了打架的场面，受损失的生产队的十几个人就把 G.TC 氏家里的猪拖出来，当场宰杀，第二天在大队的大会堂内举行了会餐，有七八桌酒席，除了受损失的生产队的全体劳动力有三四十人参加以外，还有大队的书记队长以及其他三个生产队的正副队长，包括 G.TC 氏所在生产队的队长也都来参加。并且，如果猪肉的折合金额加上谷子、柴火、酒水等费用还不够充当所赔费用的话，不足部分的赔偿金额还是要 G.TC 氏来填补上。根据受损失的生产队队长的话来说，这样的事件，就是要广而告之引起大家的重视，并一定要让当事人受罚承担责任。另外，是在早稻收割以后将要栽种晚稻的时候，花桥村的一个生产队的人偷用了枫溪村一个生产队的秧苗，因为生产队队长具有一定的责任，结果是枫溪村的人把花桥村的那个队长家里的猪抓来宰杀掉，也在大会堂举行了宴会，有五六桌。还有偷生产队的鸭子、油茶籽等，也是以杀猪方式进行处理。

而在 20 世纪 80 年代，枫溪村对于一个不经允许砍伐杉木的村民，使用的处罚方法是"放电影"。那个村民在村里的集体山场偷了两根杉木，有村民举报，经过两个村干部的查实，在这个村民认错态度较好的情况下，村干部就商量不采用仅是罚款的方式，而是为了教育更多的村民，以这个村民的名义出钱请大家看了一场电影。当时大队一级的森林管理，都用毛笔或黑字或红字把护林公约公布在公共场所的墙上，"枫溪大队护林通告"是写在村大会堂的外墙上的，现在还字迹犹在（照片 2）。其实对于这个村民完全是可以送交林业派出所处理的，但还是考虑到仅是对这个村民罚款然后送交派出所，并不能够对大家起到教育意义，所以就采用了"放电影"的方法。在村里的一块用作晒谷场的空地，由镇里的电影队来放映。村民们一传十、十传百，全村就都知道了，让这样的行为在全村人面前曝光，起到了一种很好的教育意义。在 1982 年第一轮农田承包以后，有一年天旱水少，一个村民在晚上把村里的自来水引到了自己的承包田里，影响了全村农户的生活用水，也是用"放电影"的方法进行了处罚。

中国江南山区民俗文化及变迁

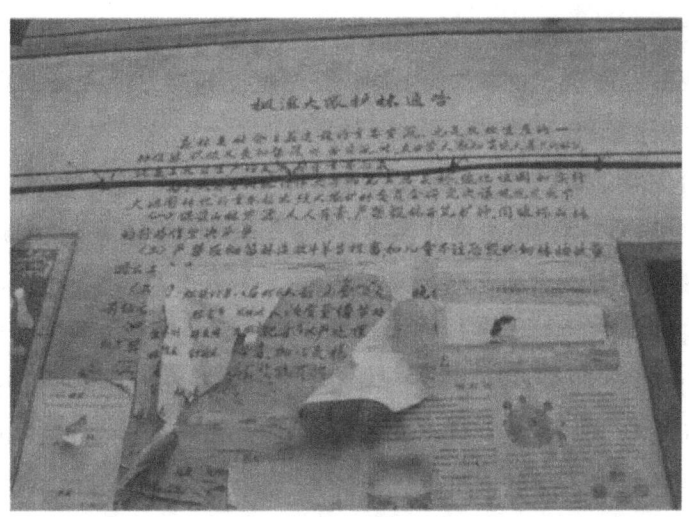

照片 2 大会堂外墙上的"枫溪大队护林通告"

这以后的处理方式其实是多种多样的：罚电影，罚钱，罚物，罚种几倍的树木，罚护林两个月、三个月、半年、一年等，可以让当事人选择，但宗旨是一定要处罚。作为村级组织主要是希望借此教育更多的人，往往会采用"放电影"的方式。枫溪大队这种"放电影"的方法，还成为一种经验，被当时的江山县委写进山林生产责任制的工作总结中。① 在《衢州民俗大观》一书中有一篇关于衢州市橘乡柯城区和衢江区的"橘乡罚规民俗"，提到在"文革"之后，各村对于偷橘人的处罚是流行罚放一场电影。② 可能在当时这是一种较为普遍的做法。

## 三、现代的山林资源管理与旅游开发

从上述对于不同时代的处罚和处理的几种方法，所感受到的一点是：虽然管理的主体有所变化，但无论过去还是现在，护林意识的传播性以及处罚方法的严厉性，其宗旨古今相沿，并且具有在方法上的传承意义。就像村里老人们所说的那样"有管理才能成林"，对于偷盗林木的行为其实处罚方法并不重要，就是要严厉惩罚并告知公众。虽然现在山林大都承包到户，但为了整体生态环境，也是不能够随便砍伐的。现在有两块新的"护林公约"，分别竖立在枫溪村口水安桥旁和村中大亭子旁。在遵守《森林法》以及当地政策的基础上，生活上使用的如

---

① 蔡恭、祝龙光主编：《廿八都镇志》，中国文史出版社，2007，第284页。
② 崔成志主编：《衢州民俗大观》，吉林文史出版社，2004，第159页。

打家具、修房子、修农具等，不属于用于贩卖商品性采伐的，经过向村委口头申请，可以采伐不超过0.3立方米的木材；但超过0.3立方米的村委就没有许可权限了，需要经过林业部门的审批发放采伐证。

解放以后土地分到户，但山林都分到集体。在20世纪80年代以前，枫溪村周围多是油桐树、杉木、松树，其他都是荒山，木材不像现在那样供不应求，当时木头用量很少，销不出去，村民来自山林的经济受益很少。第一轮山林承包时，国家正百废待兴，山林也不例外，因为在"文革"中大家都发展农业生产，林业生产和山林养护被长期忽视，荒山问题非常严重，其主要宗旨就是要避免荒山日渐严重的状况。自国家从1981年起开始稳定山林权、划定自留山和确定林业生产责任制的林业"三定"工作以后，枫溪村也开始了对山林进行第一轮承包，当时承包期限为20年左右。分到农户的山林数各个村民小组情况不同，主要是根据各小组的可承包总数目按照小组人头平均分配。根据枫溪村干部C.MS氏（1959年出生）的介绍，在进行第一轮承包时，村民小组山林分配大致有三种办法：一是自留山，是永久性属于个人的，可以传代继承；二是承包山，与村民小组签订承包合同，合同期满不想再继续承包的，再由村民小组收回；三是责任山，就是交一定的押金，山林就可以让你负责保管，无论在怎样的情况下，都要按照与村民小组的协议保管5年或10年，而且必须保证植被，避免荒山出现，没有完成的可没收押金。村民小组各自的山林，主要是于20世纪80年代返回的在土改时私人归于集体的山林，按照政策不是返给个人，而是返回到个人所在的村民小组，也是具有保护现有林木、加速绿化荒山的意义。

村里的山林现在大多是板栗、毛竹、花木、杉木、松树、阔叶林等，过去的棕树、桐树现在已经没有人种植了。所以，曾经给做三籽生意的姜家带来发达的三籽：桐籽、茶籽和柏籽，现在只剩下茶籽还在种植和生产。而柏籽，当地也有叫做蜡籽的，在1980年以后也没有了，因为这种树又轻又软，都被温州人买去作鞋样了，以前种植在公路两边、田埂上的很多蜡籽树（柏籽树），全被村民砍倒卖掉了。在公社化时代，桐树、桐子、柏籽（蜡籽）的生产，还曾经是作为生产队里的副业经济，之所以后来会被村民们当成自己自留田和承包田里的树木卖掉，也是第一轮承包时权益没有分清带来的漏洞。其实蜡籽树还可以保护田埂，就像田埂豆那样，有固定牢化田埂的作用，因为以前的田埂都是6寸左右，而且梯田多，形状各异。现在经过田型改良，大多成为四方形，田埂也做成2尺左右了。

大约八九年以前种植板栗的人很多，采伐后的山林首先用来种植板栗，共有600多亩，其中个人林300多亩，集体林300亩。集体的300亩板栗承包给了20多个农户，不仅是本村村民，也有七八个外村的村民，因为板栗树的周期大约为20到25年，所以承包期限定为25年。方法是：在前4年内，村里不收任何费用；到第5年开始收取一些费用，假如按照一亩山30株，一株树按2两板栗籽算，价格按照当年的中等（平均）市价；到第6年加到一株3两，到第15年加到一株1斤；成熟期开始加码，而衰退期开始减码。枫溪村的经济得益于板栗的生产，如2009年就有12000元的收入。以前，因为价格看涨，一斤板栗籽可卖5元，而现在最多只能到3元，因为经济效益不好，林农也就没有兴趣了，所以，这两年没有再增加板栗林，最近几年大都改成毛竹山了。毛竹生长快，如果今年种植，二三年就可以出笋，而且，近几年在廿八都毛竹的利用率很高，仅枫溪村就有10多家毛竹加工场，主要是粗加工建筑用竹板制品。以前的毛竹价格每100斤只有十几元，而去年可卖到33元，价格的升涨激发了林农的积极性。

为了改善生态环境，保持生态平衡，国家制定了生态公益林建设的要求，枫溪村于前几年开始了这项工作。如果山林被指定为生态公益林，林权和山权的性质不变，树木产出的利益照样归于农户，但要求无论集体和个体都要永久性保持植被，绝对不能砍伐。划为生态公益林之后，国家对农户和生产队都有一定的补贴，按亩发放。对国家来说，有助于生态保护、环境治理，而对农户来说权益和利益不受影响，并且还可以得到补贴，只要按照要求养护树木、看好山林。所以，村里大都是把管理上较易操作的大面积的、连片的、种植树木可以再生的山林向上级林业部门申报，如种植毛竹、茶油树、茶叶树、果树（杨梅、板栗、枇杷）的山林以及阔叶林都可以成为公益林。油茶山成为公益林的比较多，因为油茶树冬天也不会落叶，在降霜的时候采茶籽，然后晒干榨油，对于树是不损害的；毛竹也是可再生的，砍了以后第一年笋又出来了，也不会毁坏山林；茶树在清明收茶，也不影响树木；板栗也一样，10月采收以后，树木照样存在。但像松树、杉木那样的就很少了，杉木不到20到25年是不能采伐的，一些杉木林的承包也起码在20到25年之间，如果砍伐就只能毁坏树木，并且还要再造山林，成为公益林就会影响到农户的利益。

现在，枫溪村（以前是大队）有15个村民小组（以前是生产队），一共有8000多亩山林，其中3000亩为村集体林，还有5000多亩除村民小组的集体林以

外，都已经平均分给农户。枫溪村有1000多亩生态公益林，大约占山林总数的1.5%，村集体林很少成为公益林，更多的是村民小组的山林。在村入口水安桥附近有村里的集体林，杉木林约660亩，还有很多阔叶林如枫树等，因为是连批、连片的，不但成为了生态公益林，现在还主要是作为风景林和风景树，绝对不允许砍伐，并雇专人看林（照片3）。因为山林大部分靠近坚强村，就雇佣居住在两村山林临界处的坚强村人守林护林，村里不定期的进行检查。生态公益林的建设虽然来自于对国家政策的贯彻和执行，但在廿八都、在枫溪村就有了不同的意义了，又成为了一种旅游的资源。廿八都完整的旅游体系是由古镇人文景观、浮盖山自然风观以及雪岭生态资源组成的，江山市政府和林业部门已经规定，凡景区范围内的林区全部作为永久林，不能进行生产性、经济性的砍伐，其山林的旅游资源化意图是非常明确的。

照片3 枫溪村口的水安桥

除了生态公益林以及具有风景林、风景树意义的山林不能砍伐之外，对农民个人山林的砍伐也是有严格规定的。农户有砍树计划的，首先要上报审批砍伐证，并同时提出砍树之后的植树计划，还要上交保证植树和山林保管的押金，一亩200元左右，这押金是当农户没有兑现承诺时，由政府代为管理、种植的费用。如果农户兑现承诺，种植以后一亩可得到100元左右的抚育费，在三年之内每年验收之后陆续支付，最后把押金归还于农户。

因为江山市山场面积跨越境界，除了浙江境内的还有福建的、江西的，跨越山界盗伐的现象时有发生，处理时就要和相邻省份的乡村组织协商合作，所以，早在1961年江山就加入了闽、浙、赣三省毗邻地区护林联防组织，但在"文革"期间处于瘫痪状态，到20世纪70年代，这个跨越三省的护林组织又恢复了活动。枫溪村的山林区域关系也很复杂，虽然没有山林在江西境内的，但村里也有几千亩山林在福建浦城县境内，给护林工作带来很多的困难。现在的森林毗邻联防组织是各级对应，就是与三省有关的县级对县级、镇级对镇级、村级对村级展开工作。镇级对应的话，廿八都属于第四联防区，而村级之间的话，枫溪村属于第二联防小区，与枫溪村一起的有廿八都镇的坚强村（与姜家山村合并）、富强村、周村村、浮盖村、兴墩村以及福建省浦城县的官路乡姚宅村、王村村、柳家墩村、盘亭乡深坑村等，其中与枫溪村关系最紧密的是姚宅村，村里有四五百亩山场在其境内。这些村落每年要召开森林联防会，一般在每年的1月份进行，大都持续一天的时间，晚饭后解散。相关村的书记、主任、护林员要参加，会议场地由各村轮番做东，主要是互相进行林业管理人员沟通，并总结交流前一年的工作经验，会议记录由做东的村里负责，如2007年1月在枫溪村召开，就由枫溪村负责记录。

除了盗伐现象，现在森林防火更是村里的护林人员以及森林毗邻组织的头等大事，枫溪村和福建的姚宅村已经有过这方面合作的经验了。因为文化遗产的保护以及旅游景区的开发，廿八都镇、村周围的防火工作显得更为重要。特别是清明节和重阳节，村里都要派人把守山路口，对村民的野外用火进行控制和监督。因为枫溪村的坟墓零散，扫墓烧纸就有可能引起野外火灾，一般都要求尽量禁止烧纸，可代以点香点蜡，并要及时熄灭。还有烧田埂烧林地的，这时候也都要求家里的青壮年一起去，因为只有小孩和妇女很危险。村里设有扑火队，第一扑火梯队有书记、主任等7人，第二扑火梯队有15人，备有全套制服设备，必要时互相电话通知。并每年两次进行队员培训，掌握有关地形、风向、火势以及抢险、救护的知识。枫溪和花桥、浔里这三个村落，还共同合作承担防火警示的工作。就是早晚敲锣，让村民们注意生活防火和生产防火，三个村轮流各敲锣一个月，每个村敲足一个月，然后往下轮，下雨天除外，一般是早上天亮以后一次，晚上六点半左右一次，各村都设有专门的敲锣队。

农村不像城市那样可以进行大发展的规划，这里的民居集中、拥挤，前后绿

化非常困难，要改变居住环境，只有从村落的整体情况来综合考虑，但目前的状况是农村组织的能力不及。从枫溪村的情况来看，因为国家很多有关改变荒山状态、保持山林植被的政策驱动，周围的山林生态得到了改造。同时，也因为廿八都古镇的文化保护以及旅游开发的政策，又进一步促进了对山林资源的保护意识以及实践力度，而在这样的过程之中，山林资源不再是单纯的自然资源了，已经被认同为一种文化资源了。就是说，山林作为资源其性质已经发生了变化，以前作为"储存水源的山林"，在经历了公社化时代被看成是"副业生产的林业"之后，现在，已经被认识为"旅游景观的生态"了。

## 四、结　语

建设"中国幸福乡村"是江山市在新农村建设中提出的地方性举措，现在，廿八都古镇的开发也在其中得到定位。江山市委书记傅根友在古镇第一期开发完工、对外开放旅游之际，来到廿八都"幸福乡村讲习所"讲课，动员当地村民们深化古镇旅游开发，扎实推进"中国幸福乡村"的创建，把古镇的旅游开发作为"幸福乡村"建设的重要内容[①]。传统的民俗因为现代化发展而消失，现代的风尚因为文化保护、旅游开发而重构，村民的生活发生了很大的变化。根据国家和江山市政府新农村建设的要求，以道路硬化、路灯亮化、卫生洁化、环境美化、河道净化等为标准，这三个村落也正在进一步发生变化。

停止了十多年的村民建房，现在已经松动，要求是建造马头墙，并且有总高不能超过7.5米的规定，如按照层数来说就是最高不能超过二层半。但据说以前廿八都没有人叫马头墙的，大家都称为风火墙或防火墙，在2004年的《衢州简史》一书中也只提到"民间建风火墙"[②]。随着外来专家、技术人员制作的开发和旅游规划图，马头墙这个名称也被当地人所接受，当然它的功能也就不仅仅是防火了，更多的是具有了仿古景观的意义。

过去，在枫溪街和浔里街设有五座街灯，叫"天灯"，呈塔状，占地面积约2平方米，其腹部有专供焚烧字纸的炉膛，还有"敬惜字纸"石雕字样，灯油大

---

① 傅根友：《深化古镇旅游开发，扎实推进"中国幸福乡村"的创建》《今日江山》，2009年12月16日第4版。

② 徐宇宁编：《衢州简史》，浙江人民出版社，2008，第287页。

多由新婚夫妻捐赠，以求生子"添丁"①。因为解放前的墨汁是用一些粮食做的，所以字纸是不能踩的，只能捡拾字纸拿来烧掉，否则是对五谷神的不敬，据说会瞎眼睛的。以前，街巷的日常维护还设有"街会"，经费一是各户摊派，二是个人捐献②。"天灯"以及相关风俗、组织都在"文革"中被拆毁和消失，长期以来并没有尽力修缮和整治，而现在，廿八都古镇开发区的路灯建设也是一项首要的任务，并要求制作成古色古香的形状，目的是为了配合古镇风貌。

农历七月初七称为"七巧"，当地有"洗水井"的风俗。一般的泉水井大都不超过2米深，先把井水掏干，清理树枝、树叶，清扫淤泥，然后用石灰消毒；农历八月初一还有"开路"的习惯，修补路基、平整路面、整修桥梁路亭等，都是有人主动牵头，互相告知，大家出力。这些习俗随着简易自来水的引进、"村村通"的实施，也就在20世纪八九十年代自然消亡了。但修桥铺路做善事的风俗，是基于当地的一种观念，亦或是为了神灵惠顾自己的病体，亦或是为了自家的添丁传代，由此而形成的生活意义在新的社会时期也可能流传，因为在很多地方、很多时候，这样的传统还有发挥的余地。比如，虽然当地政府和村民组织出资进行了河道的整治，但一些便利于村民的埠头等，还需要村民们自己解决。如根据村民C.JX和H.AX所说，他们就是基于这样的传统观念，在1997年、2007年两次牵头集资，整修了邻近枫溪桥附近的水埠头以及洗衣台板。

现在，虽然有关枫溪村的第二期开发还没有正式启动，但作为廿八都古镇的一个整体，在街道整治、河道清理、老房子改造等各个方面，都与花桥村、浔里村同步展开，再造的一个新的古村落，再造的一个新的古镇，就将展现在世人面前。除了以前留存的古民居、古街道、古溪流、古代布局还有过去的影子以外，可能会出现一个标准化了的古镇、古村落，而这时候，周围的山景水观等自然生态环境，也许就注定要承担表征地方特色的重任了。

山林的旅游资源化，也包括十大古风景的再造，是与古镇开发相配套的。在廿八都古有"枫溪十景"之说，具体为：水安凉风、枫桥望月、浮盖残雪、龙山牧马、狩岭晴岚、西场骑射、珠坡樵唱、梓山花锦、相亭晚钟、炉峰夕照。③这

---

① 蔡恭、祝龙光主编：《廿八都镇志》，中国文史出版社，2007，第126页。
② 罗德胤：《廿八都古镇》，上海三联书店，2009，第89页。
③ 蔡恭、祝龙光主编：《廿八都镇志》，中国文史出版社，2007，第660—668页。

十大古风景中除了两座桥以外，有七个在山林之上，除了浮盖山，其他都位于枫溪村口水安桥以北。村民们以这十大古风景为自豪，不仅有清代枫溪十景咏诗，现在为了配合旅游开发，向世人展示村落美景，民间山歌艺人还创作了《歌唱十大古风景》（照片4），民间剪纸艺人也创作了十大古风景的剪纸作品。随着保护和开发的进展，山林和自然的文化化、旅游化现象都将更加明朗。正如枫溪村干部C.MS氏所说的那样，旅游开发并不是对每个村民都有好处，但它将带来激发村民创造条件发展经济的机遇。

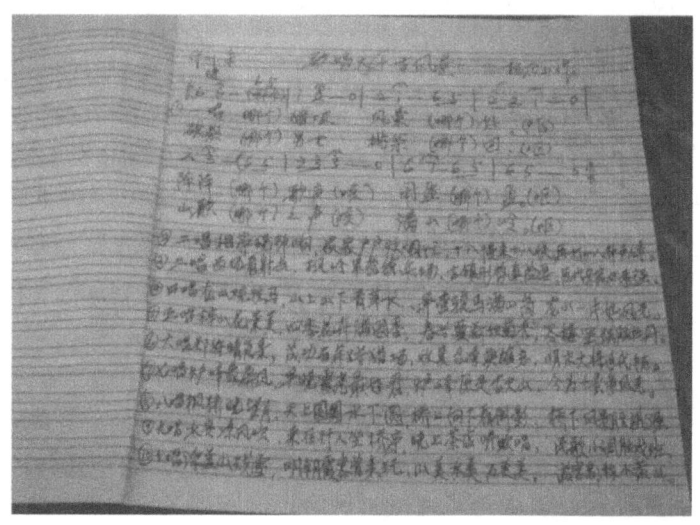

照片4　杨庆山老伯创作的山歌《歌唱十大古风景》

在农村地带为了振兴地方发展经济的目的，通过古街景等的开发而产生地方活力等连带效应，特别是对自然环境的保护具有一定的促进作用的研究，在英国、日本等国已经有了深入地研究。如日本从2000年左右开始，对于一些传统功能已经丧失的村落的街道（里道），赋予其新的作用，对其进行新的定位，其中最具意义的是散步道（Foot path）的再生，主要是以英国的公共步行道（Public footpath）为例进行传统再利用，至2009年全国已有24处。早在1960年，日本建筑学家就提出了具有扩展居民日常生活意义的"街道空间（里空间）"概念，近年来在继承和再生的实践中被认为是地方振兴的有效手段[①]。与

---

① 黑川纪章：《黑川纪章笔记》，同文书院，1994，第219—230页；川向正人监修：《东京理科大学小布施町地方振兴研究所活动记录：2006年》，2007，第4页。

此相关的继承日本古代街道（里道）再生为英国流散步道（Foot path）的传统再利用，也在对于当地的个人、社区、社会来说有可能促进人际交流、增强社区活力等有利于地方社会方面给予了评价，因为在英国的公共步行道设立中蕴含了周边自然保护的作用，所以也提出了传统街道的再利用对于社会整体来说有助于自然环境保护的可能性①。

　　中国古镇古村落的开发虽然在规划中都反映了对整体风貌的要求，但最后让游客感受到最多的还是以古街景为主的物质层面，揭示一些因为旅游开发而受到影响的自然环境以及人民生活的状态，对于我们理解古镇古村落的保护和开发应该是具有一定意义的。利用传统文化再生社区活力已经成为一个世界性的课题，较之日本、英国等以社区为主导的国外事例，像廿八都这样政府力量介入的实践或许是今后应该深入探讨的方法。

---

① 泉留维：《里道承担的共的领域—作为地域资源的散步道的可能性》，三俣学、菅丰、井上真编著：《地域性公共资源管理的可能性—自治与环境的新的关系》，ミネルヴァ书房，2010，第60—61页。

要旨

# 山林資源管理・観光開発・文化政策

## 陳　志　勤

　本論で主な事例として取りあげるのは、楓渓村についてのものである。しかし、必要な場合には、花橋村と潯里村の例についても説明を加えることにしたい。これら三つの行政村は、廿八都の中心街から少し離れたところに位置している。村落の住宅地には長さ1キロほどの古い街道が通っており、北から南へ潯里村、花橋村、楓渓村の順に境を接している。ここには数十棟の古い建築群が残されており、周囲には村に沿って流れる渓流と、村々を囲むようにしてそびえる山林とがある。廿八都鎮において最も早い時期に着手された観光開発は、主に潯里村と花橋村を対象としてすすめられた。この二つの村落では現在までに、古い街道や古民家の修理が整っており、外部への開放もはじめられている。楓渓村においておこなわれる第二期の開発は、まさに現在計画中であり、間もなく実行に移されようとしているところである。

　歴史あるこれら三つの村落は、連綿とつづく山々に周りを囲まれている。そのため、平原の水郷に比べてより豊かな自然環境や生態環境を具えている。こうした特徴は、有形・無形を問わず、文化遺産の保護という点において、これらの村落にほかの村々とは異なる特色を与えている。この地域では、水田耕作のほかに、山地での林業が主な生活の手段であり、それがまた、生活を支える資源でもありつづけてきた。かつての「伝統社会」においては、無断で山林の木を切り倒してしまうような者がいれば、それを罰するために「殺猪封山」をおこなうという伝統的な処罰の方法がみられた。現代社会にも、森林保護のための公約や、森林を守るために隣近所で形づくられた組織などが存在する。林を保護しようという意識の広がりや、違反者を罰する方法のもつ効力についてみてみると、現代社会は基本的には伝統社会の状況を踏襲しているといってよ

い。ただし、資源としての山林がもつ性質には、変化が起こっているとみることができる。というのも、かつての伝統社会においては、生活や生産の拠りどころであった山林という自然資源が、現在では景観をつくりあげたり、文明を創出したりするための文化資源として認識されるようになったのである。その背後にあるのは、経済的な利益を得るためにおこなわれる古村落の観光開発のみではない。後ろには、新型農村の建設や文明都市の確立、文化遺産の保護といった、より広範にわたる文化戦略という意味が隠されているのである。

　本論の目的は、廿八都鎮における山林資源の伝統的な管理という点について詳しく描きだしながら、そのうえで現代における山林保護と開発の状況を考察することにある。さらに、伝統社会と現代社会のはざ間で起こった、山林の自然資源から文化資源への転化という現象について、観光開発や文化政策のもたらした影響という側面に目を向けながら分析をすすめていきたい。

# 民俗文化多样性的表现与成因

崔成志  崔远博

从 2007 年起，笔者与中日民俗专家多次前往廿八都镇考察当地民俗。廿八都位于浙江省西南部山区，浙、闽、赣三省交界处。原先只是个知名度较小的村镇，但因为镇内完整保留了多处清代民居建筑和颇具特色的习俗，形成了比较独特的"文化飞地"现象，被评为省级历史文化名镇，因此逐渐被人所知。在走访过程中，廿八都丰富多彩、风格多样的民俗文化给笔者留下了深刻的印象。此次的采访对象包括：江山市民协主席徐太，廿八都镇文化站干部汤光国，廿八都镇浔里村村民徐忠英（民俗知情者），廿八都镇枫溪村村民金宗怀（木偶艺人），吴赛仙（女，74 岁民歌手），退休教师杨庆仙（83 岁），小学退休教师曹玉成，退休教师金庆康（75 岁），江山中学退休教师姜克中（71 岁）。

## 姓氏家族的多元性

据汤光国（廿八都文化站干部）介绍，廿八都是一个名副其实的"百姓镇"。根据调查，1978 年廿八都有姓氏 113 种，1985 年 115 种，1998 年 141 种。2005 年 11 月人口普查显示，廿八都现有总人口 12868 人，分属 141 种姓氏。与一般村镇具有优势姓氏特点相异，廿八都的"百姓"具有姓氏多、人口比例小、无绝对占优姓氏的特点，在廿八都 141 种姓氏中，人口数量最大的陈姓也只占了全镇人口的 7.07%，其他姓氏所占人口比例更低。

虽然姓氏多且比例小，但仍然受传统家族思想影响，呈现出个别自然村存在大姓的现象。"四大家族"的金氏后人金庆康老人说起了清末的四大家族是金、杨、姜、曹，现在还有许多地名如姜家上弄、姜家中弄、姜家下弄、杨家弄、杨祠弄、金家弄等，大都依这几个姓氏命名。大姓的家族都修有族谱，也知道自己祖上来自何处。但是现在五大姓是：陈（910 人）、戴（852 人）、王（815 人）、

李（702人）、徐（512人），这说明在时间的流逝、人口繁衍中，廿八都的大姓也在变迁。

## 语音方言的多样性

在采访廿八都各村民间艺人的过程中，笔者发现仅仅是"我们"这个词，就听见了五种说法：哦们、卬（ang）些人、啊侬、艾们、我哥，都是"我们"的意思。后来了解到作为一个三省交界、商业繁荣、多移民的小镇，廿八都保留了很多地区的方言。根据2005年的统计，廿八都除了廿八都官话以外，还有12种方言，它们是：

江山腔：廿八都隶属的县级市方言。

浦城腔：源自江西浦城。

岭头腔：源自福建汀州，清康熙、雍正年间，汀州人在岭头定居，以造纸为主。

广丰腔：源自江西省广丰县，因廿八都部分自然村与广丰接壤，所以村民仍讲广丰话。

灰山腔：源自江西宜黄县，明代宜黄商人定居廿八都，后烧制石灰，随即规模扩大，因此他们烧制石灰的地方叫做"灰山"，所说的话叫"灰山话"。

洋田腔：洋田自然村中原有李、谢两姓，先祖来自闽南，原讲闽南话，后又因洋田与浦城交界，学会浦城方言，就形成了洋田腔。

溪下腔：源自福建东部沿海一带。

乌石块腔：先祖于明嘉庆年间自浦田迁入江西南丰，后又迁入廿八都，方言来源有待考证。

南丰腔：源自江西南丰。曾氏一族迁居廿八都后仍保持着南丰方言，但只有19人使用。

下浦腔：源自闽南下浦。在富强村叠石自然村，仅数户人家，均从闽南下浦迁入。

徽州腔：源自徽州。清代徽州商人来廿八都定居。

贵州腔：贵州。因婚嫁原因，近几十年贵州一带的新娘嫁到廿八都的比较多，2005年已达到156人。

如下表所示，"月亮"这个词在这十个方言里有十种不同的说法。

| 普通话 | 月亮 | 灰山腔 | 月光 |
|---|---|---|---|
| 江山腔 | 月光 | 贵州腔 | 龙眼 |
| 广丰腔 | 月光（juang） | 汀州腔 | 月亮 |
| 浦城腔 | 月干 | 乌石块腔 | 月公 |
| 岭头腔 | 捏（niē）光 | 下浦腔 | 日光 |
| 溪下腔 | 耳更 | — | — |

除了廿八都的"官话"，方言使用最多的依次是江山腔、浦城腔、岭头腔，最少的是徽州腔（仅4人）。这12种方言，有的彼此相像，有的则是大相径庭，如"月亮"这个词，江山腔里是"月光"，在岭头腔里是"捏光"，但到了溪下腔则是"耳更"。在考察中，笔者发现镇上居民基本都会两种方言以上，个个都是名副其实的"方言能手"。

既然方言这么多，但镇民彼此交流时却畅通无阻，而且我们在与当地人交流时，他们说的都是一种比较好懂的"普通话"。如"他们"，廿八都话也叫"他们"，但在江山话中叫"e 些人"。而且当地流传着这样一个故事：抗美援朝时，镇上有几个青年参加了志愿军。部队在丹东停留时，他们吃惊地发现当地的方言几乎和"廿八都官话"一样，他们突然想到"官话"也许就是"关话"，山海关外的一种话。

廿八都当地人都会说"廿八都腔"，又称官话、"正字"。根据《浦城县志》，廿八都官话相传是清同治年间京官来当三品游击所传，因驻守廿八都枫岭营的"绿营"兵士大多来自东北，以丹东语言为主，为了方便交流，清政府官方规定，当地人的土著方言禁用于交流。日久天长，便形成了一种东北丹东语音基础的独特语言"官话"，谓之"廿八都腔"。所以廿八都官话与北方话比较相似，韵调系统以及多数基本词汇还保留着北方方言的说法，如房子、窗口、儿子、女儿等词汇；它又受江山方言的影响，在语音、词汇、语法方面都能体现江山方言的特色，如厕所、玩等词汇。但也有另外一种说法"廿八都官话"与云、贵、川的语言都有神奇的相通之处，因为当年与黄巢对阵的高骈部队多系云贵川人，也多有流落廿八都一带的。但这只是一种猜测，并无证据证明。

## 民间信仰的多样性

在整个考察过程中，笔者发现廿八都的庙宇非常多，供奉的既有道教、佛教的神祇，也有儒家的孔圣人。比较大的庙宇有文昌宫、东岳庙、水星庙、大云寺、忠义祠等，笔者挑选了几个比较有特色的庙宇进行分析。

观音殿：始建于清光绪年间，占地面积 840 平方米，主建筑有三进两天井。正殿供奉的是千手观音。千手观音又称千手千眼观世音、千眼千臂观世音等。据佛教典籍记载，千手观音菩萨的千手表示遍护众生，千眼则表示遍观世间。唐代以后，千手观音像在中国许多寺院中渐渐作为主像被供奉。

李老真君庙：位于五福村，供奉的是李老真君。李老真君原名李德胜，唐代人。贞元年间，天下大旱，朝廷派宗伯官刘太真来信州视察旱情，有闻灵山石人峰异灵，便与李德胜同到石人峰下祈雨。两人先后羽化登仙。由于石人峰位于江西省上饶县，所以李老真君信奉主要在江西地区比较兴盛，在浙江地区鲜有供奉，廿八都在明代末年建成的李老君庙可能与明末江西移民迁入廿八都有关。

万寿宫：又称许真君庙，位于枫溪村枫西岸，供奉的是道教神仙许真君。与李老真君庙一样，许真君的主要信奉地在江西，江西人视许真君为平安神、福神，所以江西商人在外乐建万寿宫。仙霞古道鼎盛期，有数百江西人在廿八都经商，正是他们将许真君信奉带到廿八都，这也是廿八都万寿宫俗称江西会馆的原因。

新兴社：原位于枫溪村，建于民国初，外殿供社公龛，内供五谷神，修公路时拆除。五谷神信奉主要是在闽北地区，江浙一带信奉不多。福建北部地区各地都有五谷仙庙，奉祀五谷仙。神像为胸前和腰部披扎树叶的泥胎金身像或木雕金身像，传说为炎帝。遇旱灾则抬神巡游于酷日当空的田间路上，祈雨抗旱。五谷仙信奉应该是闽北移民带入了廿八都。

文昌宫：位于浔里村，供奉文昌帝和魁星以及大成至圣先师孔夫子灵位。而位于枫溪村的文昌阁，也供奉着文昌帝、魁

照片 1

星、孔子。大小文昌宫是儒教和道教的完美结合。一个万人镇有两座文昌宫，一方面是廿八都读书氛围浓厚，另一方面也体现了民间信仰的功利性——文昌帝和魁星以及孔子都与科举考试有关。文昌宫全国各地都有，但是廿八都的文昌宫却因为其独特的移民因素，承担起了偶像崇拜、神仙供奉以外的功能。因为廿八都移民多，且没有绝对占优的姓氏，而异姓之间的很多事务不能通过宗祠解决，所以文昌宫这个信仰场所就担负起社会管理的任务，协调各宗祠、异姓之间的关系。如杨氏后人回忆：1947—1948年在镇北香炉山发生山林纠纷，一时难以调解，此时由文昌宫祭堂正首出面调解。正首出面将杨姓和姜姓族长叫至文昌宫，酒席之后便携族人前往山林，并由他砍出一条界线来，两族长无异议，以后便相安无事了。

## 建筑风格的多样性

在考察中，笔者发现廿八都古镇在布局上十分有趣。沿着枫溪街一路往北走，除了沿街的商铺，就是清末"曹、姜、杨、金"四大家族的住宅。廿八都村镇结构主要是沿枫溪呈三个团块布置，南部为枫溪村、中部为花桥村、北部为浔里村。虽然廿八都姓氏多，同姓主要围绕宗祠呈团块组合，如金氏宗祠、杨氏宗祠、戴氏宗祠。而其他小姓则沿着那条贯穿南北的主要商业街道，在大姓家宅之间安家落户。

同时，廿八都的建筑也呈现了多地的风格。在杨仁和的旧宅中，我们看到这所宅子的门楼特别高大，集砖雕、木雕、石雕、瓦雕、泥塑雕五种艺术形式于一身，明显与江南其他地区的砖雕门楼有着不同的风格。廿八都门楼十分讲究，一般为楼阁式，由梁、枋、檐、望板和垂帘虚柱构成四柱三楼式，上覆黛瓦，檐角翘起。各个部件都有精细的木雕装饰，特别是斜撑（姜秉彝旧宅以红木雕刻），题材多为福禄寿、合和二仙等吉祥物。除此之外，廿八都民居的外墙除少数采用夯土墙外，多数为开斗清水砖墙，檐下粉两砖宽细长白灰浆，上绘花鸟装饰，明显受到了江西民居的影响。廿八都的马头墙体现出徽派建筑的典型风格，它随屋顶的坡势，迭落二至三次，每层在墙头用小青瓦做成短檐和脊，脊上青瓦竖立排列，尽端处起翘翻卷，脊下两侧是短短的瓦坡，沟头滴水，一应俱全。当地人称为"三花山墙"或"五花山墙"。目前廿八都保存了44幢民宅，风格杂糅并包，既有江浙一带豪华兼实用的风格，又有徽派豪华精雕的细节，内饰又融合江西一带的细腻，兼顾福建一带的宽敞、简朴、实用，构成四风合一的独特建筑特点。

中国江南山区民俗文化及变迁

照片 2

照片 3

## 民间风俗的多样性

婚俗：廿八都婚礼别具特色。男方需要杀一口猪，从头至臀纵剖后，取连尾的半片，俗称大边，贴上喜庆的剪纸，抬至女家，即所谓的"扛猪边"（猪边意喻男女结合，方为一完整家庭）。女家则备香灯、鞭炮迎接，并在门前挑一肩，扛一杠，称为"接杠"。待"接杠"毕，女家便将"猪边"的头、尾（连腿）取下，于猪腿上斜插一把菜刀，贴上大红剪纸，称为"连刀肉"（象征婚姻美满，一刀割不断），悬挂于大门顶正中（这种风俗在闽北浦城县等地亦较普遍），直至次日，女儿上轿了方可取下，放到轿里，连头带尾，回还男方，称为压轿腿（寓意压住花轿，不让"颠覆"，婚姻可以牢固）。喜庆之日，大门前以刀和肉为标志，与周边地区风俗相区别，有可能是外来移民带来的习俗。给亲戚朋友送礼、回礼，也是廿八都婚礼中特有的一种礼尚往来方式，据笔者所知广东佛山一带也有回礼的习俗。在廿八都，如果亲戚办喜事，那么根据吃的餐数，主人会从礼金

· 125 ·

中返还部分给客人。如果是朋友办喜事，则主人就得全收。据当地人说，至今廿八都还保留着婚礼送礼、回礼的习俗，如果客人送 50 元则回礼 15～20 元。

丧俗：廿八都人办理丧事葬礼很有地方特性。长辈去世后，必须由长子出门通知亲戚朋友，到亲戚家必须双膝下跪求助。但江山人的丧事习俗，假如长辈逝世，去通报消息不管谁去都可以，没有其他限制。其次是出葬时间，江山人尤为重视出葬时间，一般最少也得把尸体放在家中祭拜 7 天以上，多者个把月，而廿八都的葬俗是 3 天之内就得出葬。还有绕墓送火把的扎法，江山扎的火把是一岁一圈，廿八都人扎的火把非常随意，而且不规整，这可能与多种外来文化的影响有关。

滑石块：廿八都中秋有一项特殊的习俗——滑石块，有点类似北方冰雪项目，这一习俗的形成可能与当地来自北方的驻军有关。首先要找到底面平整光滑，顶部适合踩人、搁脚，前面翘起，便于滑动的大石块，抬回家备用。自初十起便可以开始玩滑石块游戏了，至十五六达到高潮。滑石块既有强调对抗性的撞击型，旧时，廿八都浔里村和湖里村经常"争锋相斗"；也有技术性的观赏型，多为四人或六人组合，有"童子拜观音"和"蛤蟆吃水"。滑石场地设在廿八都两里长街及众多的巷弄中。据说，滑石中磨出的气味，可消毒（干鬼），这种活动方式在 20 世纪 70 年代初仍流传。

踩高跷和旱船：踩高跷俗称缚柴脚，亦称"高跷""踏高跷""扎高脚"，是在山西、山东、东北等地民间盛行的一种群众性技艺表演，但在廿八都民俗中也看到了它的身影。同样的是旱船，这种模拟水中行船的民间舞蹈在山西境内各地流行，也存在于廿八都民俗之中。据当地的杨庆山老人介绍，旱船、高跷本源于河南等北方地带，由于历代驻军、商贾曾云集于廿八都，旱船、高跷渐渐兴起。而且廿八都庙会多，跑旱船、踩高跷都成为庙会节目中最受群众欢迎的表演节目。

在采访廿八都镇枫溪村村民金宗怀（木偶艺人）时，我们了解到木偶戏也是廿八都当地的特色，提线木偶是从清顺治年间流入廿八都，至今已有 400 年的历史。在以前娱乐休闲方式极为匮乏的时代，提线木偶红极一时。用金宗怀的话说："大家为了看一场戏，不惜打起火把追十余公里山路，就连六七十岁的老人也不甘落后，演出现场经常被围得水泄不通。其受欢迎程度不亚于如今的歌星演唱会"。除在建房造屋、迁居建灶演出外，在端午、中秋、重阳、社戏和庙戏中都有木偶戏穿插演出。金宗怀是廿八都木偶戏的第 17 代传人，据他所说他的提线木偶戏就是源自江西宜黄派。也因为木偶戏在廿八都地区如此盛行，配合木偶戏的演唱形式是以

江西赣剧为主要唱腔,保留了部分古老弋阳高腔的唱腔特点,也有乱弹腔和江西化了的昆曲特色。这使得赣剧就成为廿八都的主要戏种,据说在盛大的庙会期间,法云寺、关帝庙、水星庙、万寿宫和金氏宗祠的五大戏台会同时演出闽剧、赣剧。现在金宗怀率领的坐唱班共有9人,以唱赣剧为主。

照片4

照片5

照片6

## 民俗文化多样性的成因

笔者认为,廿八都如此多样的姓氏、方言、民间信仰、建筑风格以及民俗等归根结底是因为廿八都的外来移民多。廿八都移民多主要是因为其独特的地理位置,它位于浙、闽、赣三省交界处,又因仙霞古道成为交通要塞,从军事重镇继而发展到商业重镇。

根据《廿八都镇志》考证,廿八都的先民主要有四个来源:一是黄巢起义时,起义军与高骈部队的士兵将领;二是浙闽枫岭营中驻守官兵;三是四面八方的客商定居下来;四是附近地区逃荒、逃债而来或是嫁到这里来的。

而根据村里近代移民此处的各族族谱记载,廿八都近代移民主要来自浙、闽、赣三省交界的江山、广丰、浦城以及福建、江西其他地方(包括福建沿海、泉州等地),共占迁移人口总数的 62.69%。

| 移民原因 | 主要姓氏 |
| --- | --- |
| 经商定居 | 戴氏、杨氏、金氏、林氏、曹氏(从福建浦城一带迁入,多因浦城担) |
| | 谢氏、侯氏、饶氏、叶氏(从江西宜黄迁入,初买卖夏布,后烧制石灰及经商) |
| | 余氏、俞氏、舒氏(从安徽徽州迁入,系徽商,开设商号) |
| 驻军定居 | 叶氏、诸氏、祝氏,因廿八都枫岭营驻军而定居于此 |
| 农业定居 | 根据宗谱记载及调查资料表明,其余姓氏大多初迁镇区外围,从事农业生产 |
| 婚姻定居 | 据1998年调查,在141个姓氏中有40个姓是因婚嫁迁移原因造成的 |

可以看出,廿八都近代移民主要来源有两大原因:一是经商移民。廿八都恰在浦城与清湖之间,是来往商货必经之地,遂成为人货集散地,而清代闭关自守政策也客观成就了廿八都的商业繁荣,清代也是廿八都移民高峰期,许多大姓都是这个时候迁徙来的。二是驻军移民。廿八都一带的驻军,有史可查的,始于宋代,清顺治十一年(1654),建浙闽枫岭营,驻廿八都。1932年5月、9月,广丰苏维埃红军独立团和闽北独立团曾多次攻打廿八都;1942年,日军回转福建,国军第四十九军阻击,军长王铁汉率兵驻防廿八都等等。每次有来自天南地北的残兵败将就此扎根守地,这些军人由于来自不同地方,各自的生活习俗也就存在着很大的差别,部分军官因此定居廿八都。

从先代移民和近代移民的组成就不难看出廿八都的确是一个各方文化交汇之地,也进而造就了廿八都民俗文化的多样性:来自黄巢起义军的,有山东和河南籍的人员,带来了中原文化习俗;来自高骈部队的,有云南、贵州、四川籍的人员,带来了西南地区文化习俗;来自历代王朝驻守浙闽枫岭营的官兵,主要是北方中原地区的人员,带来了北方文化习俗;而近代来自附近的福建和江西以及安徽等地的移民更是数不胜数,带来了闽北、赣东、安徽等地的文化习俗,这些都深刻影响到了廿八都的方方面面。所以,廿八都民俗文化呈现出如此多样的特性就不足为奇了。

要旨

# 民俗文化の多様性とその要因

## 崔　成　志・崔　遠　博

　廿八都は、浙江省西南部の山地に位置している。この街には、清代に建てられた民家の建築群と、地方色豊かな習俗とが完全な状態で保存されている。本論の目的は、廿八都にみられる多様な民俗文化について考察することである。

　筆者は実際にこの地を訪れ、現地の人々との交流を深めるうちに、廿八都の民俗文化には五つの「多」に代表される特徴がみられることに気づくようになった。一つめは、姓が多いということである。現在、廿八都は12,868の人口を有しているが、人々の姓は実に141種類にも及んでいる。これらの姓はいずれも人口に占める割合が小さく、絶対的多数を占めるような姓は存在しないことも特徴的である。二つめは、方言の多さである。ここでは、標準的な廿八都方言のほかに、江山弁、浦城弁、嶺頭弁、広豊弁などと呼ばれる12種類の方言がみられる。三つめは、民間信仰の種類の多さである。廿八都はかつて「道成郷」に属しており、人々はさまざまなものを信仰してきた。仏教と儒教のどちらも信じるという人が多いために、それぞれの特徴を反映した廟宇も数多くみられる。四つめは、建築の形式が多様であるということである。この地の建築物の多くは、浙江・福建・江西・安徽といったさまざまな地域の特徴を合わせもっている。とりわけ家屋の門の上にみられる屋根は、この地方ならではの特色を具えている。五つめは、民俗の多様性である。たとえば、婚姻や通夜の際にみられる民俗は、周辺の地域とは異なった趣をみせてくれる。ほかにも、「踩高蹺」（竹馬踊り）や「旱船」（竹と布で作った船の中に女装した人と船頭に扮した人が入り、歌ったり踊ったりする民間演芸の一種）、「木偶戯」（人形芝居）といった民間芸術からも、外部からもたらされた影響の強さがうかがえる。

こうした民俗文化には比較的顕著な特徴をみてとることができるが、それには廿八都が占める地理的な位置が深く関係していることがわかる。廿八都は浙江・福建・江西の三省が接するところに位置し、古くから仙霞古道が交通の要所となってきた。さらにここは、軍事の要衝から商業の要地へと発展を遂げてきており、軍事や商業に関わる人々の移民も多くみられる地域である。黄巣の乱のためにここへ入った山東・河南籍の人々や、高駢部隊にいた雲南・貴州・四川籍の人々、さらには歴代王朝において駐屯のためにここへ来た北方の人々は皆、中原や西南部、北部といった地域の民俗を携えてきたとみることができよう。また、近代に入ってからは商業のために周辺の福建・江西・安徽といった地域からやってくる移民も、すでにおびただしい数にまで上っている。彼らは、福建省北部や江西省東部、安徽省などの文化や民俗をこの地に伝えてきた。こうしたことはすべて、さまざまな面で廿八都に大きな影響を与えているのである。

# 古鎮開発と地域文化の変容

菅 豊

## はじめに

　浙江省衢州市江山市廿八都鎮では、古鎮保護と開発にともなう観光化の進展によって、地域の無形文化が、行政や観光企業という外部アクターによって客体化される一方、地域の住民自らによっても客体化され、変化させられている。

　本報告では、廿八都における無形文化の担い手たちが、地方政府が主導する観光などの政策に適応する状況と、それによる文化の変化を検討する。

## 1. 廿八都の古鎮保護と観光開発

　古くより交通の要衝として発展した廿八都は、現在でも古建築を多く残存する「古鎮」であり、国家級の「歴史文化古鎮」「中国民間文化芸術之郷」となっている。中国において、各地の古鎮は文化政策の上から積極的に保護され、観光資源として開発されているが、ここ廿八都も同様の保護と開発が進行している。廿八都鎮は、現存する建築の約8割が明末から清代、民国期にかけての古建築であり、現在、潯里街、楓渓街を中心とする街路の古建築が政策的に保護されている。廿八都の文化は、このような文化政策と密接に関わっており、廿八都の文化を理解する上で、そのような文化政策の動きを看過することはできない。

　廿八都における文化政策の動きは、1980年代まで遡ることができる。1986年、江山県人民政府は、廿八都鎮で著名な名所旧跡である文昌宮（文昌閣）、水安橋、楓嶺関を重点文物保護単位に指定し、また、1988年8月には江山市九届人民代表大会三次会議代表と常務委員会から審議意見が出され、将来、廿八

都を市級の「歴史文化名鎮」に列するための研究を行うことが決定された。その時点では、文物保護的な観点からの政策に力点がかけられていたようである。1990年には、文昌宮と水安橋とその周囲が建設抑制地帯とされ、翌91年8月には文昌宮が浙江省重点文物保護単位に指定され、それは1999年から70万元の費用をかけて修復され、2004年に竣工した。

　1988年には浙江省政府が廿八都を省級の「歴史文化名鎮」とすることに批准し、1991年に、廿八都は省級の「歴史文化名鎮」に指定された。2000年6月に江山市人民政府は、古建築のうち28件の古建築を、市級の重点文物保護単位に指定し、「江山市廿八都古鎮保護與開発辦公室」を開設した。以後、この辦公室と鎮政府が、地元での古鎮保護開発をリードすることになる。この辦公室名に「保護」とともに「開発」が謳われているように、この時点での古鎮保護の動きは、単なる文化保護だけではなく、文化を活用した「開発」、とくに観光開発にも力点を置くものに移行していた。

　2001年には、南京の東南大学城市規劃設計院・仲徳昆教授によって『廿八都歴史文化保護区保護規劃』が作られ、2002年に浙江省歴史文化名城保護管理委員会の論証を経て、2003年に浙江省政府の原則同意を得た。さらに、同年、これを受けて市政府は「廿八都古鎮保護與開発領導小組」を設立し、「廿八都省級歴史文化保護区保護管理辦法」を制定した（蔡・祝2007：127）。また、2002年には、観光地として重要視される「江郎山国家級風景名勝区」の構成単位となり、そして、2004年には、「廿八都古鎮保護與開発項目」が「浙江省重点建設項目」に加えられることとなる。また、同年には、廿八都を貫通する「仙霞古道」を、古道沿線の仙霞関や江郎山、浮蓋山などとともに、「海上絲綢之路（海上のシルクロード）」と組み合わせて世界文化遺産に申請しようという計画ももち上がった。2007年には、中央政府の建設部と国家文物局によって、廿八都は第3次の「中国歴史文化名鎮」に指定され、さらに2008年に文化部によって「中国民間文化芸術之郷」に指定されている。

　本調査が開始された2007年8月当時、廿八都は整備が進行中であり、古建築の修復、並びに古鎮整備のための用地買収、住民移転などの政策的な動きが活発化していた。そのため、当時の廿八都鎮幹部は、古鎮開発を担う役割を果たしていた。たとえば、廿八都鎮共産党委員会書記・人民代表大会主席であった

毛舒鋒氏は、江山市旅遊局（旅行局）副局長を兼務していた（2008年8月現在）。また、2006年から廿八都副鎮長に就任した、周昌炎氏は江山市廿八都古鎮保護與開発辦公室の主任を兼務し、古鎮開発の政策遂行の実務にあたり、地元住民と交渉を重ねていた。同氏は、元々江山市の旅遊局に勤務し、廿八都の開発にともない派遣されたものである。同氏によると、廿八都の古鎮保護は、歴史ある文物の保護とともに、それをもとにした経済発展を企図しており、江山市の銀行借り受けによる投資により推進されているという。その政策の立案過程には、先に述べた東南大学を始め、同済大学（上海市）、鄭州大学（河南省）などの古建築、都市計画等の専門家の支援を受けた。そして、2008年4月から2009年10月26日に完全竣工するまでの間、江山市からの7648万元の投資により潯里街を中心とする第1期の整備が進められた。今後、さらに楓渓街なども含んだ、第2次、第3次の廿八都の総合的な保護開発計画が企画されている。

2008年秋には浙江省と福建省を結ぶ黄衢南高速道路が開通し、2009年9月26日には国慶節に向けて「古鎮」として対外開放された。廿八都は年間8〜10万人の観光客の来鎮を見込んでいる。文昌宮などの中心的建築物は、そのものが展示館的役割を果たし、また、古民居は住民がそのまま居住し、生態環境と文化の調和を図る「文化生態」が重視され、また一部の古民居はこの地の特色文化を展示する展示館へと改造された。それは政策的にも支持されることになる。廿八都は「江山廿八都文化生態区」として、2009年2月に、「浙江省非物質文化遺産保護条例」に基づき、他の浙江省7文化生態区とともに、「非物質文化遺産生態保護区試点（無形文化遺産生態保護区モデル）」に指定されている。

2009年の古鎮の対外開放にともない、廿八都古鎮の経営・管理は、江山市旅遊局が出資する従業員40名ほどの「江山市廿八都古鎮旅遊開発有限公司」に移管され、ビジター・レセプション・センター（旅客接待中心）やホテルなども整備されている。公司の副総経理・曹順林氏によると、この公司は大人一人あたり120元の各展示館・古民居の入場料収入以外に、観光地の商業地として整備した建物の賃貸料収入、ビジター・レセプション・センター内のレストラン、ホテル、商店などの承包（請負）による収入などで運営されているとい

う。公司には、古鎮内を案内するガイドや、招致された外来の商店に務めるものなど、廿八都の他、江山市などからも雇用されている。公司は、収益を上げながら、古建築や街路の修復、排水処理などの環境整備なども継続して執り行っている。修復に関しては、現在、廿八都に専門的に家屋建築を行う熟練した「木匠」がいないため、すでに完了している分も含め、90パーセント以上が廿八都以外からの労働者によって担われ、設計や意匠の決定なども廿八都以外の外部者が担っているという。

2010年には、国家旅遊局が指定する「国家AAAA級景区」として認定されるため、旅遊局の質量等級評定委員会の視察を受け入れ、それに指定されている。文化保護と並行して、このような観光事業の制度的対応をも着実に進行させているのである。

鎮政府関係者によると、廿八都の廿八都の保護と開発は、以下の三要素を重視して構成されているという。

（1）文物：古建築や彫刻など。

（2）非物質文化遺産：婚姻（出嫁）、育児（満月：誕生後1カ月の儀礼）などの習俗や「木偶（伝統的人形劇）」や「花灯（農暦12月～1月に行われる龍灯・旱船・獅灯などの春節の行事）」、さらに「踩高蹺（日本でいう高足）」、「山歌」などの芸能、そして、剪紙などの民間芸術、そして、鍛冶、蓑作りなどの伝統技術。

（3）特色文化：浙江、江西、福建の三省が交わる地点であるという地理的特徴をあらわす姓氏と方言の多さ（姓氏142種、方言13種）。「方言王国、百姓古鎮」のキャッチフレーズ。

このような要素を活かす古鎮作りが進められ、旧来の古建築の改修と合わせて、種々の文化要素を展示する展示館が造られ、また街の商店などで販売されるようになった。それにともない、地域文化が取捨選択され、また観光開発にともない様式や意味合いを変化させることとなった。

## 2. 廿八都の古鎮開発

「古鎮」とは、古くからの建築群や「伝統」的な文化を残し、長い歴史を有するとされる「伝統」的町並み群を意味する。その歴史性は、現在の中国にお

いて観光開発の重要な資源となっているため、積極的に利用されている。その開発の過程では、古建築やその装飾品である彫刻や調度品が修復、保存されるだけではなく、新しい建築物を古風に造り替えたり、元には存在しなかった古風な雰囲気をもつ建築物が建てられるなど、街路や古鎮全体でさらなる歴史性を来訪者に感受させる、街並み風景の焼き直し、演出が推し進められている。また、古建築の一部は、地域文化を展示するパビリオンとして利用され、旅行客の来訪を受け入れている。さらに古鎮の観光開発においては、地域性を勘案した文化を主題とし、その主題に沿って古鎮の特徴付け、演出がなされるという、いわゆるテーマパーク化も進行している。廿八都も、古鎮として整備されるなか、同様のテーマパーク化を進展させた。

　現在、廿八都は鎮の北側、国道205号線の江山市からの入り口に、ビジター・レセプション・センターや大型バスの駐車場を設置している。このセンターは、旅行者の案内、古鎮の入場券販売、ツアー・ガイドの手配などを行っている。そこは旅遊開発公司の事務所を兼ねており、土産物屋やレストラン、ホテルなどを併設している。ここが廿八都古鎮観光の動線の起点となり、観光客はここから楓渓にかかる珠坡橋という屋根付橋を渡り、潯里街の古鎮へと入っていく。古風な様式のこの橋は、対聯や紅色の灯籠などで装飾されているものの、2009年に古鎮開発にともない新造されたもので、以前はなかった。

　この橋を渡ると、入場券販売所があり、ビジター・レセプション・センターに寄らずに入鎮した人びとに有料の各展示施設を参観するための入場券を販売している。そこから潯里街に沿って、所々に展示施設が配置されているが、古鎮観光の動線の最初に位置するのが農博館である。ここには水碓（水力を利用した搗き臼）や大型の水車、摺臼、唐箕、桐油や茶油（山茶：ツバキの一種）絞り、竜骨車、鋤、鍬、棕衣（棕櫚を使った蓑：後述する）、笠、運搬具などの展示がなされ、農作業の解説パネルが掲げられている。廿八都古鎮の地域性を示す伝統的な農業の概観を行うこの施設は、それ自体が古びた木造建築であるが、これもまた、2009年の古鎮公開にともなって建設されたものであり、それ以前の2007、2008年の調査時点では、この場所には解放後、あるいは近年作られた比較的新しい家屋が並んでいた。このような展示場整備は、住民の移転をともなっており、そのために地方政府は新しい住居群（外面の様式は景観を損

なわないように古風に装飾してある)を古鎮の外に作り、移転補償をすることによって移転を推し進めた。

農博館から、さらに進む街路には古建築を摸した煉瓦による壁が連続し、北堡門に達する。この門は廿八都鎮にかつて存在したといわれる7鎮門の一つであるが、古鎮開発時点では消失しており、再建(復元ではない)されたもので、さらにそれと連続して古建築風の賃貸店舗を併設している。そして、北堡門をくぐると、武官衙門(浙閩楓岭営総府)という清代の武官の駐屯所が復元されている。この元の建物は1654年に建築されたもので、古鎮開発時点では、朽ち果てた陋屋の一部が残存するのみであった。それが、大規模に再建され、内部には、清代の

写真1　テーマパーク化する廿八都鎮

武官の衣装や武器などが展示され、英雄・鄭成功から近代までの戦史を、地域の状況を交えながら解説されている。それは、廿八都が、かつて軍事的な要衝であったという地域特性を主題にしたものである。

　ここから路地に向けて動線が誘導され、修復された仏教の宗教施設・観音殿(観音閣)を通過し、文昌閣(文昌宮)に達する。文昌閣は、1909年に立てられた孔子を祀る建築物で、解放後、穀物倉庫として一時使用されていた。精緻な建築物やその装飾品は、往時の姿をとどめ、比較的保存状態が良い。この古鎮開発によって、その修復がなされるとともに、その裏側の家屋を取り壊し、文昌広場を整備している。そこには戯台が設けられ、古鎮のイベント時に、ざまざまな表演が行われるようになっている。文昌閣は、古鎮の代表的な古建築として重要視されている。

文昌閣から澿里街に戻ると、秉書洋貨店という展示場が設置されている。これは、1883年竣工されたもので、清末の姜秉書煤油（灯油）店の旧跡を改造して作ったもので、洋貨（舶来品）の展示をしている。これは廿八都が交通の要衝であり、かつては南北の物資が行き交う商業地として栄えたことを主題にしたものである。ただ、廿八都は、中国北部や縁辺地域の物資である北貨や、南部から来る南貨の経由地であったが、とくに洋貨の輸入経路とは直接は関係はない。展示されているものは、西洋風のタバコ入れや時計など、骨董的な物品もあるが、現代の日本や韓国、イギリス、デンマーク、ポーランドなどの磁器や、はたまた日本の現代のビール缶なども倣古（骨董風に古めかしく仕立てること）されて展示されている。

　さらに、秉書洋貨店の隣には漢方薬を売る徳春堂薬店が復元されている。ここは、元々1876年に開店された同薬店であったが、解放後、一般住居になっていたものを復元したものである。現在、漢方薬等を販売しているが、かつての薬業との連続性はない。場所を借りて（承包）、外部から持ち込んだ漢方薬、

写真2　ディスプレイされる日本のビール缶

あるいは漢方の素材を販売しているのである。ここは、2007年調査時には、まだ薬店ではなく、地元の楊俊賢という人物が趣味で集めた証券を展示する場所であった。そのため、現在でも店内に証券に関する解説板がかかったままになっている。また、ここは徳春堂農庄という名称の農家楽（民宿や郷土料理の食堂、後述する）も併設している。

　動線に従い澿里街から路地に入ると、姜炳栄旧宅がある。そこは、廿八都の古鎮文化の特徴とされる、多様な方言と姓氏について解説する方言姓氏名人館となっている。先に述べたように、廿八都は浙江省の西の端で、福建省、江西省と接している。また、交通の要衝であるため、住民の流動性が高く、移民も多い。そのため、多くの方言を有し、多様な姓が存在することにより「方言王国、百姓古鎮」としてのキャッチフレーズで売り出している。その展示館のな

かでは、廿八都の方言の特徴、姓氏の多様さとともに、廿八都出身の有名人の解説、さらに廿八都の故事来歴の解説が行われている。

また、方言姓氏名人館の路地の奥まったところには、姜守全旧宅がある。そして、そこは戴笠與女特工陳列館に改造されている。1909年に廿八都潯里村で生まれた姜守全は、国民党に身を投じ、後に軍統局（軍事委員会調査統計局：後の中華民国国防部軍事情報局）という特務機関の部長になる。そこで、国民党の特務工作で名を馳せた著名な戴笠（1897－1946）と関係をもち、戴笠が1941年に廿八都に来訪した際、16～21歳の女性難民のなかから選択した女性特務訓練班を組織し、廿八都で訓練を行った。そのような地域に因んだ歴史を主題とし、拷問道具など陳列品や解説板によって特務の活動を紹介する展示になっている。

戴笠與女特工陳列館から古鎮観光の動線は二手に分かれ、西に回ると住民が居住している姜遇臣旧宅、姜遇鴻旧宅という建築を見学し、潯里街に戻る。また東に回り潯里街に出ると、隆興銭庄というかつての金融業の店が展示されている。さらに、潯里街を南に下る一体は、修復を行うとともに、新しい建築物を、古風な老街様式に改造して、土産物屋や飲食店が入居している。隆興齋などの古い食堂の屋号も復活されて、一般住居だったものを伝統的な雰囲気に改修している。そこでは、地域の特色ある料理で観光客をもてなしている（後述する）。

また、潯里街の南端には解放後荒廃した関帝廟が復興されている。そして、その前面にイベント用の戯台を設置した広場があり、それを取り巻くように公司が賃貸する土産物屋や観光写真の撮影所などのテナントが軒を連ねている。関帝廟の背後には、さらに楊通敬旧宅、楊仁和旧宅、金同順旧宅、楊通孝旧宅などの修復された古い住宅が、住民の居住を続けながら公開されている。そして、潯里街南端にかかる古景橋の手前には、牌坊が新造され、古鎮観光の動線の終点になる。2009年までの第1期の古鎮開発が、この地点までであり、潯里街と連続する楓渓街の開発は今後の第2期計画に盛り込まれており、水安橋などの古建築の修復以外現時点では開発に着手していない。楓渓街には、人民公社時代に改修、あるいはスローガンを壁書きした建造物が多く、今後、それを主題化した街並み復元も模索されている。

以上のように、潯里街を中心に古鎮開発が進み、さらに旧宅や展示館をつな

ぐ観光客の動線がプランされており、廿八都は全体としてテーマパーク化が進行しているのである。

## 3. 非物質文化遺産の保護と変容

　古鎮開発にともない、廿八都のさまざまな文化は、そのありようと意味づけを変化させている。かつては、その地域文化の継承は無意識、かつ機能的であったが、ツーリズムという新しい状況への変化によって、文化の新しい価値や用途が発見され、また文化そのものが発見されているのである。そのような文化の代表例に剪紙がある。

　剪紙とは、中国の伝統的な切り紙である。現在、非物質文化遺産の価値が再認識され、その保護と活用が活発化している中国にあって、剪紙は中国の重要な非物質文化遺産として再認識されつつある。本来は、春節などの節日、結婚式などの祝事に、窓や天井、壁、門口、さらに器物などの生活用品の装飾品として用いられていた。通常、女性たちによって花卉や動物、風景や民間故事などの図案が描かれてきた。それは、各地でデザイン、技法などに特徴を有しているものの、総体的には民族をこえて中国国土のかなり広い範囲に分布する「国民文化」となっている。一般に、それは北方派（陝西省、山東省）、江浙派（江蘇省、浙江省）、南方派（広東省、福建省）などの流派に分かれるが、さらにより細かい地域ごとに特徴を有するとされ、またその地域的特徴が近年注目されつつある。中国の国民文化でありつつも、そのなかに地域性を発見する作業が、全国各地で行われているのである。

　廿八都でも、かつて剪紙は、日常の生活のなかに登場する普通の民俗として、とくに意識されることもなく継承されていたようである。窓を飾る「窓花」、祝いの魚を飾る「魚花」、春節の餅・年糕を飾る「糕心花」、豚を飾る「猪辺花」、そして年越し（過年）の祖先祭祀の卓を飾る「年飯花」など、祝事には欠かせない装飾品で、一般に年配の女性ならばその製作技術を保持していたというが、現在では、意識的に剪紙の製作を取り組む人はその数を減らしている。しかし、観光開発が進められ、観光資源として非物質文化の価値が認識されるなか、数少ない剪紙製作者は特別な技能をもつ者として、古鎮開発の担当者たちによって見出されている。

現在、廿八都では傅六妹氏、涂娟氏の2名が、剪紙の名手として知られている。彼女ら以外にも剪紙製作技術を保持する人はいるのであるが、それは一般的な技術として扱われている。彼女ら二人は、2001年10月に浙江省電視台が廿八都の剪紙や刺繍などの民間芸術を取材した際にも取り上げられ、その実演は『経済生活』という番組で放送されたという。

　傅六妹氏は、1917年生まれ。彼女は、16歳のときに近在の福建省浦城から嫁いできた。そのときは、まだ剪紙製作の技術は身につけておらず、婚家にもそれができる人はいなかった。その後、近在の人びとが春節などに「寿」、「喜」、「窗花」、「魚花」、「糕心花」などを家や什器に飾るのを見て羨ましく思い、自分も見よう見まねで始めてみたという。残念ながら、彼女は90歳を超す高齢のため、現在、病床に伏し剪紙製作を行っていない。

　一方、涂氏は、廿八都の剪紙の名手として、地元の人びとのみならず廿八都鎮政府や古鎮旅遊開発有限公司の関係者らに認知され、剪紙製作の活動を活発化させている。涂氏は、1979年に廿八都の農家に生まれた。母方の祖母が刺繍や剪紙を嗜んでおり、小学生の頃から、祖母の作る剪紙を見よう見まねで学んだという。祖母は剪紙や刺繍が得意で、頻繁に涂氏にその作り方を教えていた。その経験から、涂氏は中学に入ってからも絵画や剪紙に興味をもち、美術の授業のときにはとくに熱心に取り組んだ。美術の授業で剪紙の講習があり、彼女が、最初に作った作品が、「花碗」であった。それで満点の成績を取り、また友人のために作ってあげた作品も満点を取った。そのおかげもあり、美術の成績はクラスのなかでもっとも優秀で、それが剪紙の道に進む一つのきっかけとなったという。しかし、取り立てて師と仰ぐような人もなく、その後、テレビや本、図案集などをもとに自学自習で剪紙を身につけた。また、特別な専門の道具を使うでもなく、普通の家にある剪刀で製作を続けていた。この時点では、まだ中学生の趣味の域を超えてはいなかった。

　彼女は、中学を卒業後、美術学校への進学の機会もあったが、学費を工面できないためにそれを断念し、広州へと出稼ぎにいった。このときも、剪紙は彼女にとって熱中できる趣味であり、仕事の合間を縫っては、要らなくなった新聞紙や雑誌の紙を使って剪紙製作を楽しんでいた。また、親しい友人たちの新居の祝いや結婚時に、剪紙を製作して、友人たちの部屋を飾っていたという。

こういう経験を経て、彼女の剪紙製作の力量は、周りの人びとに認められるようになった。

2001年に、廿八都鎮政府は、伝統文化の保護を行うために剪紙などの実態調査を行ったという。涂氏の父親がこの情報を聞きつけて、涂氏が製作した「牧童（水牛の背に乗った子どもの図案）」、「送飯（農作業の昼食を届ける女性の図案）」などの6点の作品を、その頃、浙江省義烏に出稼ぎに行っていた彼女に代わって鎮に提出した。そして、同年、江山市では国際婦人デー（婦女節：3月8日）に際して、江山市婦女聯合会、江山市旅遊局、江山日報社主催の「"三八"江郎山杯女巧手旅遊工芸品設計大賽（三月八日江郎山杯女性名人旅行工芸品デザイン大会）」が開催され、そこに涂氏の6点の作品が出品され、幸運なことに2等賞の褒賞の栄に浴した。この賞の授与式のために、彼女は義烏から江山まで馳せ参じたが、そのとき江山市の副市長・人民代表大会副主任であった何蔚平氏から直接激励され、剪紙製作を続ける意志を固め、さらに製作活動に打ち込んだという。

また、2007年3月には、やはり国際婦人デーに廿八都鎮委員会と廿八都鎮人民政府主催の「"弘揚伝統文化、歌頌新農村"剪紙大賽（"伝統文化を発揚し、新農村を褒め称える"剪紙大会）」が開催され、涂氏はそれに出場した。そこには、90歳を超す傳六妹らの、年配の剪紙製作者も参加していたが、とくに注目されたのが26歳の若い涂氏であり、その作品は高く評価された、1等賞の栄に浴した。彼女の作品は、アメリカの展覧会にも出品されたといわれ、廿八都における剪紙の重要な継承者として、自他共に認めているのである。

このような事績を積み上げながら、彼女は剪紙製作で生計を立てる、いわゆる剪紙作家としてのあり方を希求した。しかし、2007年9月の調査時点では、未だ実質的な活動は開始されておらず、自らの作品の販売経験もなかった。涂氏は、今後の廿八都の古鎮観光開発にともない、剪紙は今後重要なこの地の特産

写真3　"弘揚伝統文化、歌頌新農村"
剪紙大賽の賞状

品になると、その時点では予想していた。鎮政府の関係者も同様の考えをもっていたが、しかし、褒賞以外には直接的な資金援助がなく、彼女だけでは専業化は困難であった。政府からは、現時点ではコンクールへの出品依頼にとどまり、その費用も自己負担なので、専門に商売としてやる道筋は見えてこない。また、涂氏自身が、自分の力量はまだ売り物になるような作品を作れる段階ではなく、未熟であり、さらなる学習が必要であるとする。彼女の夫も、彼女の才能を認め、自分たちの結婚に際しても、涂氏の剪紙が新居を飾った。また、近在の人びとも、春節や祝事には、彼女の剪紙をもらって、家に飾ることも少なくない。この時点では、彼女は未だ趣味としての一般的な剪紙文化の意義づけしかできていなかったのである。

　しかし、この状況は、廿八都の古鎮開発が進展するなかで大きく変容した。

　彼女は、2007年9月から、廿八都鎮中心小学校の美術の授業で、剪紙製作を教えるようになった。これは、鎮政府がこの地の伝統文化継承のために始めたもので、小学校校長の誘いがあった。毎日3課の「剪紙課」の授業を受け持ち、基本的な剪紙製作の技法について教えるが、クラスの半数以上の子どもたちが剪紙に興味をもっており、将来の剪紙製作を継承する有望な子どもたちも何人かいるという。将来につながる子どもたちを育成するために、低学年から興味をもたせるように工夫をしているという。

　涂氏の剪紙製作活動は、さらにこの後、着実に社会的認知とその評価を高めることとなる。とくに、2009年には、彼女の剪紙活動が、大きな転換期を迎える。彼女は2009年1月に、衢州市民間文芸家協会より、「衢州市民間文化芸術優秀人材」の栄誉称号を受け、江山市民間文芸家協会会員となった。また、同月、その剪紙製作活動が認められ、江山市文化広電新聞出版局から、「江山市首批文化示範戸（江山市第1回文化模範戸）」として表彰されている。さらに同年6月には、中国共産党衢州市委員会宣伝部と衢州市文化広電新聞出版局が主催する「衢州市非物質文化遺産大型展示会」に出品し、「優秀展演展示賞」が授与され、9月には、廿八都鎮委員会と廿八都鎮人民政府が主催した「廿八都鎮創建"中国幸福郷村"暨首届文化芸術節剪紙比賽（廿八都鎮創建"中国幸福郷村"および第1回文化芸術節剪紙コンクール）」において、「牧羊女（羊飼いの女性の図案）」の作品で特等賞を獲得している。

このように社会的評価を高めるなか、涂氏は古鎮が開園されるのにともない、自らの工房兼販売所を古鎮のなかに開店した。彼女は、まず2009年10月1日に、古鎮の濘里街、楓渓街の境附近に個人の家を借りて剪紙の店を開いた。それを見た江山市廿八都古鎮旅遊開発有限公司の関係者が、自らが経営する店に入ることを勧め、29日に年間2000元の家賃契約で、関帝廟の南門の公司の建物に移転することとなった。公司は、観光客を引きつけるための良い文化素材だとして、涂氏の入居を歓迎した。古鎮の観光開発は、涂氏にとっても歓迎すべきことであり、地元で念願の職を得る良い機会となった。現在は、通りに面した一部屋で開業しているが、将来的には奥の部屋も展示場などに使って規模を拡大したいという希望をもつほどである。彼女の作品は、個人的な趣味の作品から、商品へと転換されたのである。

　こういう社会的認知と評価の変化は、図案や、その作品の位置づけの解釈にも微妙な変化をもたらしている。

　彼女は、剪紙製作を本格的に始めた当初は、中国剪紙の一般的な図案にその題材を求めていた。それは彼女が剪紙の専門書などを通じて自学自習したためである。当初は、「太陽月亮（太陽と月の図案）」、「星体雲霞（天体の雲霞の図案）」、「鳥飛蝶舞（鳥が飛び蝶が舞うの図案）」、「牡丹鳳凰（牡丹と鳳凰の図案）」、「双鳳朝陽（鳳凰と太陽の図案）」、「龍鳳呈祥（龍と鳳凰の図案）」、「双龍戯珠（2匹の龍が珠で遊ぶの図案）」、「喜鵲登梅（梅の上のカササギの図案）」、「金魚」「連年有余（魚と蓮の図案）」「魚子蓮花（金魚と蓮の花の図案）」、「鴛鴦戯水（オシドリの水との戯れの図案）」、「万年青（オモトの図案）」、「紅双喜（双喜文字の図案）」、「団花（円形の飾りに吉祥字を配置した図案）」、「福禄寿喜（吉祥文字の図案）」、「福（吉祥文字の図案）」など、さらに干支などの伝統的、かつ中国剪紙に一般的な吉祥をあらわす図案を製作していた。それは、模倣の段階であり、学習の段階の図案といえる。それらには、彼女独自の図案的な独創性や、技法の特異性は見受けられない。しかし、このような一般的な図案を製作する一方で、彼女独自の図案を模索した。

　彼女の独創性は、廿八都という地域の特色を描く図案において発揮された。涂氏は、廿八都に存在し、古鎮開発の資源ともなっている古建築や景観、生活

写真4　涂氏の作品「水安橋」

様式を取り入れることにより、独自の作風を獲得したのである。現在、古鎮のなかで展示館化した古建築は、伝統的様式をもち、それは鑑賞する対象になっている。彼女は、古鎮開発が進行する過程でそれらを剪紙に取り込み、被写体とすることで自身の剪紙の特徴を生み出したと認識している。そして、水安橋、文昌宮、楓渓橋、万寿宮、水星廟、東岳宮などの地域性豊かな古建築、さらに「牧羊女」、「牧童」、「送飯」（これらは実際は地域性がない）のように農村生活を喚起させる図案により、政府や公司などの観光業を進展させるアクターから地域性を醸し出す剪紙として高く評価された。

　彼女は、このような地域色ある図案を、古鎮開発が進むなか、感覚的に生み出したと述べる。ある晩、寝ているときに、廿八都の名勝の光景が目に浮かび、その光景を図案化することを思いついたと述べるのである。現在では、廿八都の名勝を描く意味を、より戦略的に意識していることは間違いない。廿八都には、古くから「楓渓十景」と称する名勝が語られる。それらは「水安涼風（水安橋附近の光景）」、「楓渓望月（楓渓橋からの観月）」、「浮蓋残雪（奇岩である浮蓋山の残雪）」、「龍山牧場（龍山での馬の放牧）」、「狩嶺晴嵐（英雄の鄭成功が狩猟したと伝える古跡）」、「西場騎射（清代の兵士たちの教練場）」、「珠玻樵唱（山歌を歌う場所）」、「梓山花錦（昔時、僧侶たちが花を植えた名所）」、「相亭晩鐘（相亭寺の古跡）」、「炉峰夕照（香炉山の夕景）」であり、涂氏はこれらをモチーフに図案を考案し、風景剪紙として一組で販売している。そのなかには、今では消失してしまった風景もある

が、彼女はその名勝の様相を古老から聞き取り、また風景を想像して図案化している。彼女は現在では、より意識的に、地域の特性をもった図案を生み出そうと模索しているのである。その風景には、より地域性をもたせるような工夫も施されている。たとえば、水安橋の下を流れる川には、江山の名物されるガチョウを配置し、廿八都らしさを醸し出しているのである。しかし、実は、このような図案を、剪紙の店を開業する前の2007年から製作していた。つまり、彼女の作品は観光化によって、それほど大きな変化を遂げているのではなく、彼女の自分の作品に対する自己認識が大きく変化して来たものといえる。

一方この地に本来伝承され、普通に見られた図案に関しては、涂氏は受け継いでいない。廿八都において、先に述べたように剪紙は、日常の生活のなかに登場する普通の民俗として、とくに意識されることもなく継承されていた。それは、過年や結婚式などの吉事に製作され、調度を飾るものだった。たとえば、三十年ほど前まで、婚礼儀式である「文定（定親：婚約）」に際して、新郎は新婦の家に「猪辺」という豚の半身を台に載せて贈る儀礼的な贈与が行われていた。その上に、等身大の豚を象った剪紙が装飾されており、「猪辺花」と呼ばれていた。また、贈答品には魚もあり、それは「魚花」という剪紙で飾られていた。さらに、嫁入り道具には、蘭や梅、菊、竹、万年青などの縁起の良い図案の剪紙が貼られていた。過年には、窓に「窓花」が飾られ、春節の餅・年糕（廿八都では「銅鑼糕」という）には、万年青などを象った「糕心花」が、そして、祖先へ供える卓には「年飯花」、そして、香炉には万年青や蘭を象った「香炉花」という剪紙が飾られていた。しかし、廿八都地方で普通に見られた、これらの伝統的な剪紙は、涂氏が剪紙製作を開始する以前に消えており、涂氏はその伝統図案を知らない。彼女は、このような図案を年長者から学びたいと語るが、実際は、そのような過去の伝統剪紙のモチーフは、彼女の作品のなかには取り入れられていないのである。

涂氏は、さらに北京オリンピックのマスコットである福娃や、ディズニーのミッキーマウスなどの、現代的なキャラクターの製作を行っている。また、彼女は今後、挑戦してみたい図案として、豆腐作り、綿打ち、蓑（棕衣）作り、鍛冶屋などを挙げる。これらは、後述するように、廿八都の古鎮化において伝統性を醸し出す資源として、活用されているものであり、剪紙とともに観光資源

として変容しているものである。古鎮開発のなかで客体化される文化が、さらに剪紙のなかに客体化される。すなわち、古鎮を表象する文化として構築された文化が、剪紙の被写体となることによって再構築されているのである。

　涂氏は、元々廿八都に存在した地域性をもった図案を継承するよりも、新しく地域性をもった図案を考案する戦略をとっている。それは、廿八都を訪れる旅行客のニーズに適応したものであり、廿八都の古鎮化、観光化の過程で選択された戦略である。彼女は、旅行客のニーズをかなり意識しており、一般の旅行者は、地域性のある図案や、さらに中国の一般の剪紙に見られる「双喜」などの縁起の良い図案が好まれ、その需要が多いという。ただ、年齢が低い旅行者なども多いため、現代的なキャラクターも織り交ぜる必要があるという。彼女は、そのような旅行客に、購買意欲をかきたてるために、その場で剪紙の実演製作をし、さらに販売するのである。そして、彼女の剪紙製作は、その作品だけではなく、技術や作業工程もパフォーマンスとして古鎮文化の一つの要素になっているのである。2007年までは、家で細々と趣味として製作されていた涂氏の剪紙は、ここ数年の古鎮化にともない商品化され、その製作過程も廿八都の地域文化を表象する非物質文化遺産として演じられる行為に変化したのである。

　廿八都において、古鎮開発にともなって、このような非物質文化遺産の保護と活用が進展している。そのような過程における非物質文化遺産の意味合いの変化は、剪紙にとどまらない。たとえば、廿八都には「花灯」と呼ばれる春節の行事が伝承されていたが、それもまた、廿八都古鎮を表象する文化として活用されている。

　花灯は、春節にその年の豊年と良い天候を祈念して、さまざまのものを象った灯籠（中国提灯）の行列で、町中を練り歩く行事であった。かつてはすべての村ごとに灯会が組織され、その製作と実演を行っていた。農暦12月20日は「上灯」といって、各家で紙を貼った灯籠を掛け、春節の正月二からは「開灯」といって、花灯が街を練り歩き始めたという。花灯には、龍の形を象った「龍灯」や宮殿を象った「宮灯」、船を象った「跑旱船（劃旱船）」、蓮の花を象った「蓮花灯」、魚を象った「魚灯」、そして十二支を象った花灯など多種類あり、色鮮やかな一段が行列を組み、各家を回って言祝いでいたのである。農

暦1月15日の元宵節前後になるとそれは最高潮を迎え、隣接する福建省の官路郷や盤亭郷などからも花灯隊がやってきて、廿八都で花灯を演じていた。非常に賑やかな行事であったが、「文化大革命」期に一時中断され、その後、復活したものの近年では往事の面影はない。

しかし、その花灯が、古鎮開発と非物質文化遺産の再評価のなかで、再び注目され活用されている。その再生の中心的な役割を担ったのが楓渓村書記の曹明光氏である。彼は、1956年生まれで、90年代まで外地に出稼ぎに出ていたが、帰村後、山林の請負（承包）や栗栽培、さらに村の食品市場への投資などで稼いだ。彼は、子どもの頃に花灯を見て育ち、自らも実演経験をもっており、花灯に強く懐旧の念を抱いていた。折良く、鎮政府が廿八都の民間文化の保護を開始したことにより、彼は花灯の復活を積極的に推し進め、現在ではそのリーダー的役割を果たしている。そのため、彼には「文化書記」の渾名がつくほどである。

現在、花灯は古鎮の元宵節の一大イベントとなっている。伝統的衣装に身を纏った花灯隊が「踩高蹺（日本でいう高足）」と一緒になって街中を練り歩き、鎮のみならず外地からやってくる観光客の目を楽しませている。また、2003年以後、それは剪紙と同じく、小学校の音楽と体育の授業にも取り入れられ、江山市の文化イベントで上演し、数々の褒賞を受けた。曹氏も、ときおりその指導に協力しているという。

同様に、近年、非物質文化遺産保護の高まりのなか、その価値を再確認されている廿八都の文化に山歌がある。山歌は、伝統的な民間歌謡であり、廿八都はそれが豊富に伝承されることで知られている。廿八都が2008年に文化部によって「中国民間文化芸術之郷」に指定された際には、山歌の存在が主たる指定理由になっている。現在、花橋村の謝培旺氏、楓渓村の呉賽仙が多くの山歌を正統に歌える歌い手として知られ、そのうち呉氏は浙江省級の非物質文化遺産の「伝承人」にも選ばれている。近年、剪紙や花灯と同じく、山歌は廿八都鎮中心小学校において音楽の課程の題材に組み入れられ、児童の廿八都山歌伝承班によって積極的な保護と伝承活動が開始されている。また、江山市の地方政府機関である文化姑は7000元をかけて、山歌を集めた歌集を200冊作り、潯里村の「文化活動中心（文化活動センター）」において、地元住民を20人ほど集め「廿八都山歌培

訓班」を組織して、さらなる保護・継承活動を行っている。

　さらに、廿八都の非物質文化遺産として発見された地域文化に「木偶（伝統的人形劇）」がある。5～6人の演者が歌に合わせて操り人形で民間故事を演じるもので、かつて江山市内はもとより、江西省、福建省までも巡業して廟会などで上演していた。「文化大革命」で、一次途絶え、その後復活したものの、近年、それを専業に行う木偶班は姿を消した。ただ一人、廿八都の金宗懐氏のみが、その技術と木偶を継承するのみである。彼は、2007年当時、古鎮開発にあたり、その木偶劇を古鎮で公演することを望んでおり、鎮政府関係者にもそれを伝えていたが、その念願がかなって、古鎮内に「廿八都木偶戯」館が設けられた。しかし、恒常的な需要が見込めないため、そこでの定期的な公演は行われず、古鎮のイベント時に上演されている。金氏は、父親の金春根氏から技術を伝承し、快板（竹片を打ち合わせて調子をとりながら早口で歌を歌う大衆芸能の一種）や喇叭などの芸能も身につけている。彼の木偶戯劇の上演は、恒常的に集客を必要とするという性格上、未だ経済的には軌道には乗っていないが、非物質文化遺産の高まりとともに、彼の技能に対する社会的な評価は高まりつつある。彼は2009年1月に、江山市文化広電新聞出版局から「江山市首批文化示範戸（木偶戯：江山市第1次文化模範戸）」に認定され、同年9月に、浙江省文化庁から「第三批浙江省非物質文化遺産"木偶戯（廿八都木偶戯）"」の「代表性伝承人」に指定され、さらに10月には浙江省宣伝部、文化庁、文学芸術界聯合会から「首批浙江省"優秀民間文芸人材"」に指定されているのである。

　廿八都では、このような「伝統」的な地域文化の保護・継承活動、そして活用のみならず、伝統をモチーフにした新しい地域文化の創造と活用も行われている。廿八都は、古くは軍事的な要衝の地で、軍隊が駐屯していた。そのような地域性に因んで、2000年に浙江省群衆芸術館と江山市文化館は、古代の夜戦の戦陣法に倣い「廿八都灯陣」という舞踏を創作、演出している。それは、兵に扮した廿八都住民が戦陣を組み、両手に廿八都の文字の入った灯籠を手にして舞い踊るものであり、その社会的評価は日増しに高まっている。それは、まず、2001年11月に、江山市が主催する第2期浙江省広場文化芸術節広場民間灯彩舞踏大賽で、金賞を授与された。また、その翌年2002年11月には、全国

13 期群星賞選抜賽に出場し入選、2004 年 11 月には、第 7 期中国芸術節群衆文芸会開幕式で特別賞を授与された。2006 年には、杭州体育館における第 7 次中国芸術節・浙江省第 5 次広場文化芸術節の開幕式に行われた文芸晩会で、それは上演された。また、同年 11 月には、それは浙江省群星奨広場舞踏大賽に出場し、金賞を授与される栄に浴した。この舞踏は、その後さらに改編されて、また、衣装なども北京のデザイナーなどにより統一され、そして、2010 年 6 月 18 日から 5 日間に渡って 14 回、上海国際博覧会（上海万博）で上演されるまでになる。廿八都灯陣は徐々に洗練されながら発展し、廿八都のみならず浙江省江山市の伝統文化を顕す舞踏として、社会的評価を高めていったのである。

## 4. 文化の特産品化

廿八都には、古くから山薬（長芋）、在来ミツバチの蜂蜜、緑茶、タケノコ、栗などが特産品とされてきた。それらは、古鎮の観光化にともない、土産物としてより活発に販売され始めている。このような、旧来の特産物以外に、既存の物品やその文化を改変して、より積極的に観光化に適応させる動き＝文化の特産品化が、ここ廿八都には見られる。

廿八都に限らず、古鎮化は地域文化をめぐる状況にさまざまな影響をおよぼすが、その代表的なものが、文化の特産品化である。特産品化の過程で、文化はより地域の特性を強調され、あるいは誇張され、特色あるものとして再定置される。そこでは、文化の本質的な地域との関連性は必ずしも重要ではない。文化自体が、地域の本質と感じさせる特性を、ある程度獲得できれば、それは地域文化として注目されるのであり、さらに保護や活用の対象となるのである。さらに、特産品化の過程では、文化の商品化という変質も見落としてはならない。単なる地域文化の創造、構築ではなく、経済的な文化の売買を目的として、それは行われる。上述した、剪紙の意味の変容過程も、このような廿八都の古鎮化の過程に並行して起こる、文化の特産品化の過程と見なすことができる。

ここ廿八都において、この文化の特産品化は、剪紙以外のさまざまな文化要素について同様に見出すことができる。

剪紙以外の、廿八都の文化の特産品化の代表例として「棕衣（棕櫚を材料とした蓑）」を挙げることができる。棕衣は、「農博館」という廿八都古鎮の伝

統的農業を展示する場でも陳列され、廿八都の特徴的な文化要素として扱われている。またそれは、現在、廿八都古鎮の多くの土産物屋の店頭で販売されている。それは、数年前から、旅行客向けの産品として製作されているのである。現在、棕衣製作を専門的に行っているのは、柴法天氏、柴法喜氏、宋慕山氏の3名である。棕衣が特産品化され、商品としての価値が見出されるなか、この3名以外にも見よう見まねで棕衣を製作するものが出てきたが、この3名だけは、特産品化以前からも棕衣を作る職人「棕衣師傅」であった。

　柴法天氏は、1950年生まれ。16歳のときから棕衣製作を始めた。最初の2～3年は、兄の柴法喜氏からその製作技術を学び、その後独立した。彼が棕衣製作を始めた頃は、棕衣は農作業などに用いられる実用品・日用品であったが、十数年前から石油製品の雨具に押されて需要が少なくなった。そのような状況下、十年ほど前に上海や杭州から来た観光客とのやりとりで、棕衣を観光客向けの土産物とすることを思いついたという。廿八都の古鎮化が進行するなかで、それは旅行開発の関係者の目にとまり、廿八都の特産品としての活用が期待されているが、剪紙とは異なり、政策的に直接的な保護や活用の動きはない。あくまで、廿八都の住民による、古鎮化への適応である。

　廿八都の棕衣は、観光客向けの特産品となる過程で、形態的に大きく変化した。その変化とは、小型化である。棕衣は、実寸大で作ると製作に時間がかかり、また材料を多く必要とする。そのため販売価格が上昇してしまう。また、原寸大の棕衣は嵩張り、また重くなるので、観光客の土産物としては不適である。そのため、5分の1程度に縮小し、室内装飾用の壁掛けとして売り出している。

　他の地域では、蓑に藁などの素材を使うこともあるが、廿八都の棕衣は、その素材が棕櫚である点が特徴的である。棕衣は、耐水性、耐久性、保温性に優れており、かつての農作業従事者は、必ず使用するものであった。しかし、その棕衣自体は、素材が棕櫚である点を除けば、とくに珍しいものではなく、またとくに廿八都の文化として特徴があるのでもない。棕櫚製の蓑は他地域にも見られるものであり、それ自体は殊更、廿八都の特産品としての地方色を有していないのである。しかし、おおかたの地域では、この蓑を使用すること、さらにその製作技術がすでに消失している。一方、廿八都には、その「伝統的」な技術が、偶然残存しており、その伝統性が旅行開発の過程で注目されたので

ある。すなわち、棕衣自体が廿八都の地域特色を表現するのではなく、棕衣製作のような「伝統的」な技術が残存していることが、「伝統」古鎮としての廿八都の特色を表現しているのである。それは、伝統イメージを喚起させる象徴物として、現在再生されたのである。

棕衣の製作手順は、小型化されても、ほとんど変化していない。材料の棕櫚は、近在の山間部の農村から1斤あたり約1.5～2元で購入してくるもので、実用的な棕衣を作っていた頃とほとんど変わりはない。ただ、実寸大の棕衣には、大きめの棕皮が使用されたが、小型の棕衣には、小振りの棕皮が用いられるように変化した。分量も、実寸大の棕衣には、棕皮10枚ほどが使用されたが、小型の棕衣には、棕皮5～6枚で十分である。また、製作技術の微細な部分にも、小型化にともなって若干の変化が見られる。たとえば、棕衣の首の部分を丸く仕上げるために、かつてはモウソウチクの筒を型として用いていたが、小型の場合、口径が小さくなるために、それは使えなくなった。柴氏は、そのために不要になった小型モーターの円柱の軸を型として用いるようになった。

1枚の実寸大の棕衣を完成させるのに4日ほど要し、200元で販売されるの対し、小型の棕衣は、1日に2～3枚（1枚35元）製作することができるので、製作の効率が良い。また、売れ行きも実寸大の棕衣より小型版の棕衣が良いため、販売効率も小型版が優れていると、柴氏には認識されている。柴氏などの「棕衣師傅」は、一般に、古い布団の打ち直し（「弾綿花」）なども兼業する。本来、棕衣は夏場に需要が多いため夏の生業であり、棕衣の需要が落ちる冬場

写真5　土産物屋に飾られるミニチュアの棕衣

には弾綿花に従事するのである。現在でも、柴氏は、弾綿花も営んでいるが、全体としてその需要も低迷してきている。また、柴氏などの「棕衣師傳」は、寝台の下に敷く「床墊」（1枚約180元）や、「縄子（棕櫚縄）」（1担5元）、「棕刷（棕櫚箒）」（6～15元）なども製作する。それらも、外部から入ってくる工場製品に代替され需要は低迷している。ただ、棕刷などは、棕衣と同様に小型化され、やはり土産物として販売されている。

　棕衣製作による収益は、生活を大きく向上させるほど増えてはおらず、そのため柴氏の二人の息子は廿八都から衢州市に出てキッチン器具会社で働いている。稼ぎが少ないため、彼らは、棕衣製作の職業を継承する意志はない。また、文化政策的に保護される対象にもなっていない。柴氏などの棕衣製作職人は、経済的にその職業が衰退するなかで、古鎮化を利用して、自らの製作物の意味を観光と結びつけたが、現段階では一時的な対応であり、今後の発展は未知数である。

　このような文化の特産品化は、食文化にも大きな影響をおよぼしている。その代表が銅鑼糕である。この地では、一般的には年糕と称されているが、他地域に普遍的に見られる春節用の年糕（餅）と混同されないように、現在では、銅鑼糕の名称が廿八都でも用いられている。その形態が銅鑼に似ているところから、その名称がついた。銅鑼糕は、現在でも春節の来客用として、また、結婚に際して嫁を娶る婿方から嫁方への贈答品として、自家で作られている。それは、廿八都と、接する福建省、江西省一帯に分布する郷土食である。

　銅鑼糕の大きさは各家庭によって異なるが、おおむね厚さ3～6センチ、直径約20～25センチの円盤状の餅である。餅米と粳米をおよそ7対3の割合で混ぜ、数日水に浸し、水碓などで粉にする。これに砂糖、山茶の油、豚の三枚肉を砕いたもの、種を取ったナツメ、蓮の実、枸杞の実、キンカンの皮などを加え煮て、仏耳草（普通語で鼠曲草：ハハコグサ）を加えて搗き上げる。この材料の選択、調合も、家庭ごとに特徴をもつものである。仏耳草は、銅鑼糕を緑色に着色する役目があり、また糖尿病、胃や脾臓の病気に薬効があるという。

　次に、搗き上がったものをよく練って、銅鑼糕を包むクマザサを敷いた円筒形の型枠に詰め込む。この型枠は、本来は竹製で底部に隙間があって蒸気が入りやすくなっている。この型枠を、竹粉を燃料にする窯で温めた蒸し器で蒸す

が、その時間は蒸し器の段数によって異なる。1段が線香1本燃え尽きる程度で、およそ1時間程度、複数段重ねると、その段数の数に応じて蒸す時間が延びる。完成した銅鑼糕は、薄く切って油で炒めたり、蒸し直したりして食する。今でも、各家で吉日に作られる地域の食文化としての銅鑼糕は、現在では、さらに土産物として日常的に生産されるようになっている。

廿八都で銅鑼糕の生産と販売を、もっとも積極的に行っているのが、潯里村村民委員会書記・楊増明氏であり、現在、廿八都銅鑼糕廠の経営者でもある。楊氏は、廿八都の銅鑼糕を最初に古鎮開発に合わせて特産品として生産した人物でもある。彼によると、その特産品化は、地方政府関係者の来訪をきっかけとしてなされたという。2000年に、70名ほどの省政府の幹部たちが廿八都を視察した。そのとき、村の書記であった彼は、妻に命じて全員分の銅鑼糕を作らせ贈答品としたが、それが殊の外好評であった。そして、その評判を聞きつけた当時の廿八都鎮書記が、楊氏に、今後、観光産品として市場向けに生産することを提案した。これを受けて、楊氏は生産の拡大の工夫をし、現在、廿八都でもっとも地域色豊かな食品として謳われる銅鑼糕の最大の生産者になった。それは2002～2003年にかけて中国中央電視台（CCTV）や浙江電視台などの番組で紹介され、一挙に知名度が高まり、銅鑼糕が世に出るきっかけとなった。

楊氏が、観光産品として大量に生産するには、当初さまざまな困難がともなったという。彼は、味や製作法の試行錯誤を重ね、現在の商品に落ち着いた。普通は、銅鑼糕を作るための型枠は各家庭に数個ある程度で、大量に作るためには、それを大量に作る必要があった。しかし、地元で用いられている竹製の一般的な型枠は、作るのに手間がかかり、また、連続的に蒸し上げに使用した場合、すぐに崩れてしまう。そのため、彼はスチール製の型枠を試作して、何回も使用に耐える現在の型枠に定めた。また、大量生産をするために、専用の窯を造作し、その上に載せる蒸し器も一般家庭より大型化させた。そして、観光客の持ち運びに負担にならないように、銅鑼糕の大きさを、直径15センチほどと小型化した。小型化することは、蒸し器1段に入る型枠も増やすことができ、生産量を増やすことに好都合である。また、特徴ある味わいを出すために、山薬や百年丹桂（キンモクセイの一種）、サツマイモの粉、トウモロコシの粉も配合するようにした。さらに、土産物として保質期間を長くするために

（3カ月の品質保証）、真空包装するための機械を購入した。そのパッケージには、廿八都の建築写真とともに、廿八都の文字を大きくあしらい、古鎮特産と題して廿八都の特産品として性格を訴えている。

2007年の調査時点で、すでに真空包装されたそれは土産物として、廿八都の特産品として売買されていたが、しかし、その後の古鎮開発にともない、さらなる旅行産品として改良されている。2008年には、銅鑼糕2個を収める紙の化粧箱を作り販売するようになった。この箱には、銅鑼糕だけではなく、廿八都全体の古鎮の解説文が添えてある。この化粧箱に収めることにより、土産物や贈答品として付加価値がついたため、銅鑼糕1個15元で販売していたものが、2個1パック40元で販売されるようになった。これは、彼の店だけではなく、古鎮の土産物屋でも売られるようになった。

さらに、同年には本格的に生産を拡大させるために、従来の家屋の後ろに、こぢんまりとした専門の工場を建てている。そこは、工程ごとに部屋が分かれており、政府が要求する衛生や品質管理の基準にも一定の配慮をする作りになっており、年2回の省級衛生基準の検査に適合している。夏場は、購入者が少ないため生産量は落ちるが、10月過ぎになると需要が増えるため、昼間中生産にかかり切りになる。最近では、従来、自家で銅鑼糕を作っていた家も、楊氏の作る銅鑼糕を購入するものが増えてきたので、春節前になるとその生産は楊氏夫婦だけでは追いつかなくなり、臨時の日雇いを雇うほどである。

現在では、単に廿八都に訪れた旅行客に販売するだけではなく、外部に販売も始めている。江山市内には楊氏の店の販売代理店もあり、北京や上海、福建などからも引き合いあるという。また、廿八都から80キロメートルほど離れた江西省の観光地・三清山にもかつて顧客がいた。三清山は、世界自然遺産に登録されており、廿八都以上の観光地となっているが、そこの商人が、銅鑼糕を特産として大量に購入していったという。しかし、支払いが滞り、さらに三清山で銅鑼糕の模倣商品を売り出したため、今では取引を止めているという。生産が拡大するなかで、廿八都にも銅鑼糕を製造販売する競合者が出始め、さらに、江山市内などでも、廿八都の銅鑼糕と銘打つコピー商品が出回るようになった。そのため、楊氏は「廿八都銅鑼糕」の商標を取得したという。

楊氏は、自分の廿八都銅鑼糕廠が製作する銅鑼糕は、廿八都の良い水と特有

の材料配合があるため、他の生産者のものより良質だとの自信をもつ。コピー商品のなかには、仏耳草でなく食紅で色をつけたものもあり、品質の悪いものが廿八都銅鑼糕の名前で広がることを、彼は危惧した。そのため、2009年から真空包装のデザインを変え、廿八都銅鑼糕の文字の側に、「正宗古鎮特産（正統、正真正銘の古鎮特産）」と付記し、「購買時請認準廿八都商標。謹防假冒（購入時には廿八都の商標をご確認ください。偽物にご用心）」との注意書きまでも印刷している。

以上のように、楊氏は廿八都の古鎮開発、観光化にともなう変化に適応し、一定の成果を上げている。銅鑼糕を作る彼の家は、2007年にはトタン葺きの痛みかかった平屋の陋屋で、その門口の上には、古鎮風の写真に「江山廿八都銅鑼糕廠」の文字を配した、簡素なスクリーン印刷の看板が掛けて

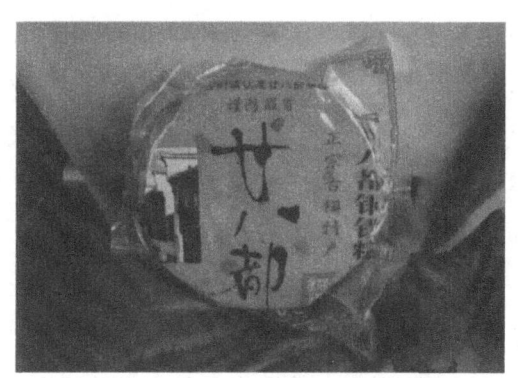

写真6　「正宗古鎮特産」の銅鑼糕

あるだけだった。それが、2009年の古鎮の公開時には、その家屋は2階建てに改造され、古風な瓦葺き屋根の合間にうだつを配し、戸口に伝統風の彫刻を施した木戸を据え、紅い灯籠を掲げるなど外装が古建築風に整えられた。古鎮と一体化した新しい古建築風の門口の上には、「中国・江山」という江山市旅遊局のロゴに、金文字で「廿八都銅鑼糕廠」と記した堂々たる木製の看板が掲げられている。この3年間で、楊氏の銅鑼糕店は、廿八都の老字号（老舗）としての風格を獲得したのである。銅鑼糕は、古鎮開発にともなう地域文化の客体化と資源化が加速するなかで、もっとも適応的な文化だったといえる。

銅鑼糕と同じように、廿八都の特産品として成功した食文化に豆腐がある。豆腐は、古鎮開発後、売り上げが急激に伸びた産品である。廿八都の豆腐は、水が良いため美味とされ、またしっかりと詰まっているために煮崩れしないと評判が良い。各家で来客を多くもてなさなければならないときには、自家製の豆腐を作るが、日常は近在の豆腐店や鎮内の市場で購入する。豆腐店での製法はとくに特徴があるものではないが、未だに手作りをしているところに付加価

値がある。豆腐店では、毎朝、大豆を桶に浸し、3時間ほどで水を切り、豆漿（豆乳）へ加工する。かつては石臼を使っていたが、今ではモーター式の豆摺器に変化している。この工程で、豆漿とおからに分離し、おからは豚の餌とする。豆漿は30分ほど豆腐皮（湯葉）を取りながら煮立て、桶に移して石膏を加え撹拌する。大豆5斤に0.1斤程度の割合で石膏を加える。桶は30分ほど蓋をしておいて、若干冷めたところで、豆漿を豆腐の型を作る枠・豆腐架に流し込む。豆腐架の底には豆腐板という一枚板が嵌っており、その上に濡れた布が敷かれている。豆漿を流し込んだ後、板状の蓋をして梃子式の圧搾機にはさみ、水を絞り出す。豆腐板には縦7、横10のマス目を仕切る線が刻んであり、そのマス目が完成した豆腐に写り、小売りする際に切るための基準線となる。したがって、一つの豆腐板から70丁の豆腐がとれることになる。豆腐板1枚あたり、5斤の大豆を使用する。

　豆腐店では、販売時には、店先の台の上に豆腐板ごと載せて、客の注文に応じて鉄へらで切り分けて売る。傍らには、豆腐を圧縮して板状にし、松で燻した豆腐干なども一緒に売られている。古くは豆腐は、「籤兌」という方法で掛け売りするものであった。豆腐店は、各豆腐店の名前を書いた竹籤（竹の札）を、馴染みの客に渡し、客は豆腐を購入するたびに、その竹籤を豆腐店に渡す。年末、あるいは各季節の終わりごとに、各家は残っている竹籤の数を数え、渡されていた数から差し引いて購入数を計算して、精算していたという。かつては、豆腐店は酒も生産、販売する職業だったという。

　現在、廿八都の豆腐は近在にその名を知られるようになった。近在から来た観光客には、それを土産として購入していく者も多く、またそれは江山市内まで運ばれて販売されてもいる。一般的に、江山市内では大量生産される豆腐が1丁3〜4角で売られている。廿八都においても豆腐は、1丁4〜5角程度で販売されているが、それが江山市内に運ばれると6角ほどの値段がつくと

写真7　「廿八都古鎮豆腐」の文字の転写

いう。そのため、現在では、廿八都の楓渓村の楓渓豆腐店などは、江山市内向けの豆腐も生産するようになっている。楓渓豆腐店の経営者は林興友氏である。彼は、豆腐店を始めて、まだ20年ほどしか経っていない。彼は、元々あった楓渓豆腐店の商売を、20年前に家屋ごと引き継いだ。豆腐作りの技術は、自家で作ることも多い廿八都で生まれ育ったものならば、たいてい子どもの頃から身につけているので、開業時には何ら困らなかったという。現在、楓渓村には、豆腐店はこの1店のみである。

　林氏は、廿八都で販売するだけでも、需要の多い冬場には1日8～12板（560～840丁）、少ない夏場でも6板（420丁）もの豆腐を毎日作る。古鎮開発が進むなか豆腐の売り上げを伸ばしており、現在では、鎮のビジター・レセプション・センターにある接待中心酒店という食堂にも卸している。観光客の多い時期には、毎日3板もの注文が入るという。また、それとは別に、彼は江山市内向けに毎日10～20板もの豆腐を販売している。また、廿八都の郊外・富強村に住む謝玉洪氏などは、廿八都の豆腐を江山市内にある酒店を毎日回って販売し大きな利益を上げているという。廿八都豆腐は、古鎮開発のなかで高い評価を受け、廿八都の特産品としてブランド化しているのである。

　そのような廿八都豆腐のブランド化の過程で、林氏は豆腐にある工夫を施すようになった。それは、豆腐の上に「廿八都古鎮豆腐」の文字を印字することである。先に述べたように、豆腐製作の最終工程で、豆腐の水を抜くために圧搾する。その際、豆腐板に彫られたマス目の線が豆腐に刻印されることはすでに述べたが、さらに林氏の豆腐板には、ちょうど1丁のマス目のなかに1文字ずつ「廿」「八」「都」「古」「鎮」「豆」「腐」の文字の図案が浮き彫りに印字されているのである。林氏は、廿八都豆腐が、江山市内で売れ始めた5～6年ほど前に、豆腐板にその文字を彫り込むことを思いつき、それを製作した。この工夫は楓渓村の従来の客にはさほど意味をもたなかったが、遠来の観光客には、より廿八都の特徴ある豆腐と受け止められ、土産物としての購買が増えたという。さらに、最近では銅鑼糕と同じく、偽物も出回るようになったため、この文字が入っていることで江山市内で購入する卸商も安心して買っていくという。楓渓村は、第1期工事ではまだ古鎮整備が進行せず、林氏の家屋も従来の陋屋ではあるが、潯里街の豆腐店は、すでに銅鑼糕店と同じく古建築風に改造され、「洪興豆腐坊」や「文武豆腐店」などの屋号を立派な看板にした豆腐

店も登場している。それもまた、廿八都豆腐のブランド化＝特産品化と古鎮開発が並行するなか、意図的に配置されたものであり、古鎮イメージを醸成する重要な文化要素になっている。

　以上のように、廿八都では、地域の生活文化のなかから、さまざまな生活文化が選別され、特産品化され、経済的な効果を生み出している。しかし、一方で、そのような特産品化に適応的でなく、経済的利益還元を余り大きく受けていない地域文化も当然存在する。たとえば、「打鉄（鍛冶）」などは、未だ伝統的な趣を残す地域文化として、古鎮イメージに沿うものであり、古鎮開発のなかで資源化しようと試みられた。しかし、その製品は現在でも地元で消費される実用農具が中心で、特産品化されていない。潯里街に店を構えるある打鉄匠の工房は、ここ数年でその店構えこそ古建築風に改造されたが、パフォーマンス的に古鎮イメージを醸し出すことに寄与し、訪れるものに地域の伝統性を感受させるものの、その製品自体、観光化にともなう特産品化はなされていない。観光客は、ただ物珍しげに工房を覗いていくだけに過ぎない。

## 5. 特色菜の発見

　現在、廿八都の地域文化として特産品化し、自他共に客体化を進行させているのが地域の食文化である。食文化は、地域の特性を表現しやすく、かつその文化の消費者である観光客に受け入れられやすい。古鎮に付随する個性的な料理、いわゆる「名菜（有名な料理）」は、商品価値が大きいのである。中国のそれぞれの地域に、それぞれの個性ある料理が少なからずあるが、ここ廿八都では、古鎮開発にともない、それを政府関係者や地域住民が共同で発見し、パッケージ化して廿八都の料理として売り出す特産品化が、ここ数年のうちに進行した。それは、もとより地元で賞味されてきた普通の食文化であるが、現在では外来者に向けて、そのエッセンスを抽出して提供している。その提供の場として、近年、廿八都で活発化しているのが「農家楽」である。

　農家楽は、グリーン・ツーリズム的な観光開発によって生まれた宿泊・飲食施設である。それは、中国において1987年に四川省成都市で農民の徐紀元という人物によって創出されたといわれ、農村・農業を基盤とする観光開発事業だとされる。また、それは、中国で近年、大きな社会的課題とされる「農業、農村、農民」という「三農問題」の改善にするものとして期待されている（展

2008：241－242)。農家楽は、単純な宿泊・飲食店ではなく、都市部から離れた地域性をもつ生活文化を体験させる点において特徴をもつ。

　廿八都でも、古鎮開発が進展するなか、この農家楽という新しい観光形態が導入された。かつて交通の要衝であった廿八都は、古くから宿泊・飲食店は存在したが、それは普通のどこにでもあるような特徴を有しない施設であった。5年ほど前から、観光客目当ての飲食店が開かれるようになり、当初は一般家屋を改造した何の変哲もない設備であったものの、出される料理は地元の特色ある料理中心に構成されていた。2007年調査時点では、廿八都の古鎮に隣接する新区で食堂を営む祝応福氏の古都飯店では、すでに地域色豊かな廿八都の料理が出され、その料理に対する故事由来や特徴性が祝氏から語られていた。彼は、90年代から食堂を開業していたという。

　古都飯店には、菜単（メニュー）はなく、客との交渉で出す料理を決めていた。客が来て希望する料理の有無を確認し、その注文によって料理を出すことも可能であるが、一般的には、地域の料理を勧め、料金に合わせて祝氏の差配によって出す料理を決めていた。祝氏が、廿八都料理としてもっとも代表性をもつ料理として挙げるものが、「風炉仔」である。

　別名廿八都火鍋とも呼ばれ、泥製の七輪を食卓に載せ、土鍋で豆腐やタケノコ、野菜、肉などを調理する鍋料理である。さらに、銅鑼糕を薄く切って炒めた「炒銅鑼糕」、楓渓で捕れた小魚と唐辛子を炒めて煮た「小渓魚」、土地の卵で作った茶碗蒸し風の「蛋糕」、豚の赤身肉を叩いて薄い皮にして、葛粉を混ぜてスープに入れたワンタン「艶皮（別称：燕圓、宴丸。本来は福建省の料理という）」、そして、近隣の山で採れたタケノコや山薬、山菜類の炒め物などが廿八都の特色菜（名物料理）とされる。

　このような特色菜は、廿八都の家々でも、吉事の御祝いなどの宴会で作られるこの地の一般料理である。そのような、一般の料理が観光客向けにふさわしいことは、2007年には祝氏によってすでに意識されていた。しかし、その後、古鎮開発が進行するなか、そのよう

写真8　風炉仔

な特色菜は、さらにより特色菜として強調され、最終的には廿八都の料理としてパッケージ化されて商品化されるようになる。その動きに大きな影響を与えたのが、農家楽の活動である。

2008年12月、浙江省人民政府農業和農村工作辦公室と浙江省旅遊局によって、祝氏の古都飯店、張春旺氏が経営する名都大酒店、さらに陽光飯店が3星級の農家楽に指定された。ただ祝氏たちは農家楽というものの実態については十分に知悉してはいなかった。その指定の際に、政府関係者から、農家楽が農民の自家において接待し、土地の特色のある料理を出す宿泊・飲食店であることを学んだが、指定自体は鎮政府が主導したものである。その後、鎮をあげて農家楽の経営が活発化する。鎮政府は、2009年9月に農家楽を発展させるための補助政策を実施した。政府は、農家楽の衛生管理やサービス業務に応じて2星、3星、4星の等級を与え、それぞれに3000元、5000元、10000元の奨励金を交付した。それを契機に、10月、廿八都に「江山市廿八都鎮農家楽聯合会（農家楽聯誼会、農家楽協会ともいう）」が組織される。

それは、鎮政府に主導された民間団体で、名都飯店の張春旺氏が会長に、古都飯店の祝応福氏が副会長に就任した。それまで、名都飯店、古都飯店などの19軒が農家楽を開業しており、また大衆飯店など10軒近くが開業を目指していた。それらのうち、25軒（3軒は宿泊のみ）がこの農家楽聯合会に加入し、農家楽として指定された。それによって廿八都全体で、飲食に関し960人分、宿泊に関し168人分の観光客の収容が可能となったのである。各農家楽は、鎮から「農家楽」の文字の入ったプレートをもらい、戸口の上に掲示している。 また、3星を獲得した名都飯店や古都飯店などの3軒の店には、農家楽聯合会から、特別に3つの星が入ったプレートが受容された。さらに名都飯店などは、『市場導報』社と中国品牌質量管理評価中心（中国ブランド品質管理調査センター）によって、浙江省優秀農家楽AAA単位として認証されている。

その後、農家楽聯合会と廿八都鎮政府は、江山市の宏興職業技術学校から教員を招へいし、廿八都の農家楽の経営者や職員に、調理法やレストランの衛生管理、宿泊施設のサービス業務等に関する技能訓練を行った。そこでは、今後、地元の野菜などの食材を観光客向けにアレンジする方法なども教えられた

という。さらに、同月、正式な対外開放がなされたのを契機に、古鎮の特色的な飲食文化の発掘、また、古鎮農家楽のブランド創造に関しての研究がなされ、12月には廿八都鎮人民政府、党委員会が主催、農家楽聯合会が共催して、「廿八都農家楽特色菜大賞賽（廿八都農家楽名物料理コンテスト）」が名都飯店で開催された。

　このコンテストは、廿八都の農家楽で提供される料理を競うもので、最終的に「廿八都十大名菜（廿八都の十大名物料理）」を決定する目的で行われ、13軒の農家楽が参加した。そこでは、廿八都の土地でとれた材料を使い、廿八都の伝統的な調理法を、規定時間内に作ることが要求された。主催者は、江山市から料理の専門家たちを招へいして、その料理の出来映えを味覚、見た目だけでなく、将来の廿八都の名物料理として発展する可能性などの観点から評価したのである。参加したそれぞれの農家楽は、自分の得意料理を2〜4種類出品し、1〜3等の褒賞を与えられた。たとえば、名都飯店は、1等：農家土鶏煲（地鶏の煮込み）、2等：山薬黄麂羹（長芋とキョンを煮たスープ）、臘肉魚乾（乾した肉や魚の蒸し物）、3等：満漢羊腿（羊の足の焼き物）を出品、また古都飯店は、1等：風炉仔（先に紹介した風炉仔）、3等：豆蔲猪笋（ビャクズクや豚足、タケノコの煮込み）、艶皮を出品し褒賞を得ている。結果、この出品料理のなかから、多くの農家楽で調理可能で、廿八都十大名菜として、下記の「廿八都八大碗両名点（廿八都の八大碗料理と二点心）」が、廿八都の名物料理として命名、選定された。

　〇八大碗

　　1．廿八都豆腐風炉仔（先に紹介した風炉仔）

　　2．廿八都風渓魚（先に紹介した小渓魚）

　　3．廿八都山薬黄麂羹（長芋とキョンを煮たスープ）

　　4．豆蔲猪笋（ビャクズクや豚足、タケノコの煮込み）

　　5．臘肉魚乾（乾した肉や魚の蒸し物）

　　6．廿八都笋乾燉排骨（乾しタケノコと豚の肉付き肋骨のとろ火煮込み）

　　7．廿八都石斛燉石蛙（セッコクとイシガエルのとろ火煮込み）

　　8．廿八都野菜（廿八都の土地野菜の炒め物）

○両名点
  1. 廿八都銅鑼糕（先に紹介した炒銅鑼糕）
  2. 廿八都燕皮餛飩（先に紹介した艷皮）

　ここに廿八都の名物料理が公的に認められ、観光客向けにアピールする特徴ある地域の食文化が認定されたのである。これらの料理は、各農家楽のメニューに記載されるとともに、農家楽のディスプレイや、街中の農家楽の案内板などに写真付きで標示されている。古鎮開発によって、地域の食文化が選択され、パッケージとして地域性を表象しているのである。

写真9　廿八都十大名菜と農家楽の名簿を載せた街の掲示板

　農家楽聯合会の会長である張春旺氏などは、新しい農家楽に対応するために60万元以上の投資をし、店舗を一新した。その結果、600平米以上の施設面積を有し、400人程度の客を収容できる食堂を開業している。そのような、新しい観光産業を支えるものとして、地域の食文化が重要な役割を果たしているのである。現在、農家楽聯合会は、「四統一」といって、団体の受付、レベル、価格、販売促進を共同して統一している。そして、それは、上海太平洋旅行社や上海山水旅行社などの大手の旅行会社と契約して、都市部の団体客を受け入れるまでに発展している。農家楽は、廿八都の農民が収入を増やすための重要な方策として認識され、さらなる発展が企図されている。結果、2010年8月時点では、29軒の農家楽が開店するまでに増加している。

**引用文献**

蔡恭、祝龍光主編　2007『廿八都鎮志』中央文史出版社

展鳳彬　2008　「中国の新型観光農家楽-四川省・成都市を事例に-」『同志社政策科学研究』10（1）、241-246頁

周晟、池田孝之、周旭　2008　「中国・湖南省における「農家楽」の実態に関する考察：株洲市市域を事例として」『日本建築学会計画系論文集』632、2139-2146頁

# 摘要

# 古镇开发和地域文化的变容

## 菅丰

在浙江省衢州市江山市廿八都镇，由于伴随古镇保护和开发观光化的进展，当地的非物质文化在被行政以及观光企业这样的外部相关者客体化的同时，同时也经由住民自身而被客体化，被加以改变。本报告探讨廿八都非物质文化的传承者们适应地方政府主导的观光等政策的状况以及由此而发生的文化变化。

廿八都是一个现在仍然保存着很多古建筑的"古镇"，并成为了国家级的"历史文化古镇""中国民间文化艺术之乡"。在中国，各地的古镇正在被从文化政策上加以积极的保护，被作为观光资源进行开发，而同样的保护和开发在廿八都也在进行中。而且在作为古镇被进行整修的过程中，导致了主题公园化的进展。

廿八都各种各样的文化，伴随着古镇开发，其存在状态和意义发生着变化。以前，这些地域文化的继承既是无意识的，又是功能性的，但是由于要去应对观光旅游这一新的情况，文化的新的价值及用途被发现，而且文化本身也正在被发现。这种文化中具有代表性的一个例子就是剪纸。此外，在原来的土特产之外，改变现有的物品及其文化，让它更为积极地去适应观光化的这种动态——文化的土特产化，在廿八都这里可以看得到。

不仅是廿八都，古镇化都会给围绕地域文化的状况带来各种各样的影响，这其中最具有代表性的就是文化的土特产化。在土特产化的过程中，文化被强调或被夸大为更具当地的特性，被作为有特色的事物进行再定位。除了剪纸以外，作为廿八都文化土特产化的、具有代表性的例子还有"棕衣（蓑衣）""铜锣糕""豆腐"。

而且，现在作为廿八都的地域文化正在土特产化，自身和外界一起使得其客体化正在进行的是地域的饮食文化。饮食文化不仅很容易表现地域的特性，而且也很容易被文化的消费者（即游客）所接受。古镇所附带的有个性的菜肴，即所

谓的"名菜",其商品价值是很大的。在中国的各个地区,具有各自个性的菜肴也不少,而在廿八都,伴随着古镇的开发,政府有关人员及地域居民共同找出了一些有个性的菜肴,加以包装,作为廿八都的菜肴出售。这种饮食文化的土特产化,就是在这几年发展了起来。尽管这些在当地本来就是一直被品尝的普通的饮食文化,但现在面向来访者,将其精华的部分提取出来进行提供。作为这一饮食文化提供的场所,近年来在廿八都呈现出活跃化的是"农家乐"。在廿八都,于2009年组成了"江山市廿八都镇农家乐联合会"(也称为农家乐联谊会、农家乐协会),到2010年8月止,开业的农家乐已经增加到了29家。而且,他们选定了"廿八都十大名菜",把它们作为面向游客宣传的有特色的地域饮食文化。

# 活态民俗文化

## 王恬

古镇廿八都，属江山市。江山于621年建县，1987年11月27日经国务院批准撤销江山县设立江山市。廿八都位于浙江西南边陲，在仙霞山脉的北麓，地处浙、闽要冲，关隘拱立，大山重围，素称"东南锁钥""八闽咽喉"，是历代屯兵扎营之所，兵家必争之地。

由于该地处于浙、闽、赣三省交界处，"鸡鸣三省闻，一足踏三省"，在人口和语言上，乃至民俗文化都具有鲜明的地域交叉性特色。它曾经作为仙霞古道货物中转的第一站，是三省边境最繁华的商埠，富足热闹了数百年之久。

据资料显示，该镇不同年代居住的住户、人口、姓氏有如下变化：

1978年住户是2208户、人口为10838人，113种姓氏的居民在该地居住。

1985年住户是2789户、人口为10857人，115种姓氏的居民在该地居住。

1998年农业人口为10970人、非农业人口为3600人，131种姓氏的居民在该地居住。

2005年11月汇总，该镇所属的17个行政村，居民住户已达3756户、总人口为12868人，生活着141种姓氏的居民。

按区域划分江山应该属于吴方言区，但是该地方言处在吴、闽、赣方言的交点上，特殊的地理位置和历史形成的移民现象，使其产生了独特的方言。它的方言特色非常明显，单音节词多，入声字、语气短促、语调较硬，保留了相当数量的古代、甚至远古时代的词汇，名词作动词用，独特的方言成语和仍在使用的13种方言都成为该地区的一大特色。还有由于受到独特的地理环境和移民多元文化的影响，该地不仅在语言表达上有其独到之处，而且在民俗风情的传承方面也能够充分感受到南北文化交融的特色。

照片1　远眺廿八都古镇老街　　　　照片2　竹器加工厂在加工篾丝

2008年8月,我们"中日非物质文化遗产保护考察团"一行去廿八都考察,我的调查点首先是廿八都镇的枫溪村。该村有5个古镇保护点,语言有普通话、闽南话、本地家族土话3种,住户384户,人口1253人,党员50人。水田面积743亩,山林面积7500亩,人均收入7000元。40%的中青年都去外地打工了,村子里只剩下老人、妇女、孩子和一些病残者留守在家务农。当地村民主要从事农业和林业生产,生产作物除了水田里种植的水稻,还有山上种植的毛竹、板栗、杉树、松树、杂木等。村子里有木器厂、粗加工的竹器加工厂等,代为加工一些篾丝、篾帘、牙签等的粗坯。

中国有两句古话:"一方水土,养活一方人""十里不同风,百里不同俗"。古镇廿八都,特有的地理环境和历史形成的移民现象,孕育了独特的民俗风情,自古至今,如山溪潺潺流水不息。

# 一、多元文化孕育的民歌和木偶戏

## 廿八都民歌

廿八都作为中国民间文化艺术(民歌)之乡,会唱民歌的人们确实不少,但我觉得最有代表性的人物要首推我的调查对象吴赛仙了。她所唱的民歌,因为受到当地多元文化的影响,既有吴地柔美的韵味,也融合了荆楚及苗族、瑶族、畲族等民族音乐的元素。

吴赛仙,女,76岁,廿八都镇枫溪村人。从小就跟奶奶学唱民歌,当时村里人还取笑她,说她疯疯癫癫的,不怕难为情等,颇有微词。但她就是喜欢唱,一直到老年,还不改初衷。又说自己非常幸运,赶上了好时候,现在各级部门都非常重视她们,作为非物质文化遗产保护的民歌传承人,中央电视台7频道、浙

江电视台钱江频道都对她演唱的民歌作过专题报道。现在家里儿子和孙女因为受她的影响也非常爱唱民歌。

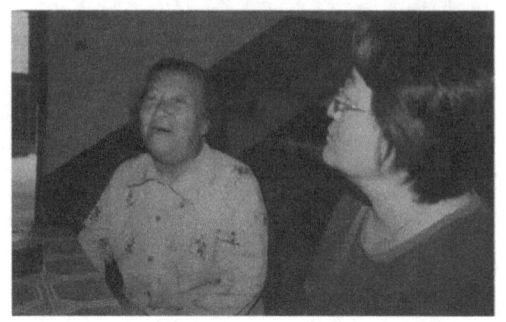

照片3　吴赛仙和儿子、儿媳妇、孙女及邻居　　　　照片4　作者在听吴赛仙唱《十八对》

2008年8月27日我们专程到吴赛仙家采访，《太阳公公》《天上星》《十八对》《十劝郎》《采茶歌》《十二月等郎歌》等都是当年她最拿手的民歌。在现场她就给我们唱了一段《十劝郎》，听了吴赛仙唱了韵味十足、不加任何修饰、原汁原味的民歌，感觉一股自然的清风徐徐吹来。吴不但音质非常好，民歌的调子也非常优美，她好像有一肚子的歌，信手拈来就是一首，唱也唱不完。当时，笔者就十分感叹，在这穷山僻壤的山沟里，竟然还有这么动听的原生态民歌，况且是从一个七十几岁老太太的嘴里唱出来的。

吴赛仙的民歌题材内容非常广泛，有劝诫人们的生活歌、劳动歌、时政歌、情歌、岁时歌、花名歌、仪式歌等，既有情意绵绵的情歌，又有为了解除田间繁重劳作时而随意自由的吟唱，以此来缓减单调重复的劳动和在劳作过程中的辛苦。她会吟唱节律自然活泼的岁时歌，还会唱尾字押韵、一唱一和的生活歌，这些民歌在幽默诙谐的问答中，往往使人们在获得轻松愉悦的同时得到些许人生的哲理。

民歌的对歌，在不同的时间、不同的地点演唱，就会有不同的内容，但大致意思还是大同小异的。吴赛仙也不例外，可能因为年纪大了，有些唱词她也记不太清楚了，所以在现场她就会即兴现编现唱，我发现她每次唱词都有变化。经笔者查阅了《中国民间文学集成——浙江省衢州市江山市歌谣卷》，当时是20世纪90年代初由吴赛仙本人所唱的《十劝郎》（那时吴赛仙56岁），有较为完整的唱词记录，可见吴赛仙是一个民歌高手。现把唱词抄录如下：

　　　　　　一劝郎，要小心，　　莫把小妹挂在心，
　　　　　　心中莫把小妹想，　　想来想去病在身。

| | |
|---|---|
| 二劝郎，燕子飞， | 不把话开郎不知， |
| 世上多少风流子， | 今日东来明日西。 |
| 三劝郎，笑嘻嘻， | 劝郎回家去讨妻， |
| 赚钱自己讨一个， | 做得鞋来洗得衣。 |
| 四劝郎，传四方， | 劝郎回家栽禾秧， |
| 多下肥粪多收谷， | 五谷丰登家兴旺。 |
| 五劝郎，莫好高， | 这山更有那山高， |
| 世上只有种田好， | 半年辛苦半年粮。 |
| 六劝郎，莫赌钱， | 赌博场中切莫来， |
| 赌博没有真朋友， | 个个都是煞心人。 |
| 七劝郎，莫贪花， | 贪花好比猴安家， |
| 贪花只可贪一朵， | 贪了两朵结冤家。 |
| 八劝郎，还得知， | 自己做事自己知， |
| 三十四十回头转， | 五十回头亦枉然。 |
| 九劝郎，是重阳， | 南方来了小姑娘， |
| 今日有钱跟你好， | 明日无钱想别郎。 |
| 十劝郎，劝得多， | 姐姐原故劝情哥， |
| 劝你要讨黄花女， | 莫讨别人半路妻。 |

吴赛仙用原生态的嗓音，单纯真挚的唱词，把一个普通乡村女子规劝郎君不要贪恋女色、不要参与赌博、不要好高骛远，要学好、要上进、要勤劳致富、本本分分做人的道理，通过民歌这一形式直接明白地表达了出来。

吴赛仙唱的《太阳公公》民歌，是一段东家与零工的对唱（笔者在其他资料中看到的也是吴赛仙20世纪90年代唱的，歌名为《零工歌》），这次去她家，她本人说所唱歌名则为《太阳公公》，虽然歌名不同，但歌词内容是相同的。通过对唱的形式表现了东家和零工各自站在本位的立场上，对问题所持不同的看法。唱词内容既有调侃的成分，又带着几分辛酸。

| | |
|---|---|
| 东家：太阳公公快出山， | 请天零工好不难。 |
| 三餐白米尽他吃， | 三斤肋条（肉）做一餐； |
| 别人工钱在年边， | 我的工钱现打现。 |

零工：太阳公公快落山，　　　　　打天零工好不难。
　　　三餐砻粗（米）亏我吃，　　　三张苦麦（菜）配三餐；
　　　别人工钱现打现，　　　　　　我的工钱在年边。

　　口头文学作为口耳相传的精神文化产品，最大的艺术特色着重表现在它独特的语言表达上，这也是其魅力之所在。《十八对》是廿八都山区农民普遍都能对唱的一种民歌题材，歌词内容不固定，可以根据当时劳动的实际情况，按照提问者即兴提问来回答，内容涉及天文地理、人间百态等。根据提问者当时的心境好坏来决定提问内容，有清新自然、诙谐幽默的对唱，也有惆怅哀婉的倾诉，这些都是通过民歌对唱这一载体自然地流淌出唱者的心声。《十八对》民歌，以其特有的文化意韵，在这片古老而神奇的土地上带着历史的遗风，生生不息地传唱着。下面是吴赛仙为我们演唱的一段《十八对》：

问：第一多来什么多？　　答：第一多来天上星。
　　第二多来什么多？　　　　第二多来凡间人。
　　第三多来什么多？　　　　第三多来山中鸟。
　　第四多来什么多？　　　　第四多来水中鱼。
问：何人收掉天上星？　　答：青天收掉天上星。
　　何人收掉凡间人？　　　　菩萨收掉凡间人。
　　哪个能知山中鸟？　　　　森林能知山中鸟。
　　哪个能救水中鱼？　　　　大水能救水中鱼。

　　作为中国民间艺术（民歌）之乡的廿八都，拥有丰富的民歌题材和优秀的民歌手，他们从劳动的采茶、挑水、磨豆浆歌到拜年、闹新房、十喜歌、光棍、寡妇、揩棺歌等的仪式歌，不同的场合用不同的民歌来对应，淋漓尽致地体现了该地"千年文化飞地"的特色。以歌会友，以歌代礼，以歌来抒发自己的情怀和心声，就是廿八都人的一种文化生活方式。在当今提倡构建和谐社会主义新农村的今天，这点显得尤其重要。

## 廿八都木偶戏

　　金宗怀，男，42岁，父亲金春根原来是廿八都木偶戏剧团的团长。据他本人讲，家族里面很多人都会演戏，他现在平时就在民间吹打乐班（俗称坐唱班）

打鼓、演戏。曾经在江山市民间吹打乐比赛中得过"一等奖",2009年被浙江省精神文明办公室等单位联合命名为"优秀民间艺人"。现在他家生活水平在廿八都属于中等水平,妻子在家经营着家庭旅馆。

根据金宗怀自述:他大戏、木偶戏都能演,有唱堂会的机会他也去参加演出。一场大戏一般要演出3个小时左右,从下午2点开始一直演到4、5点钟结束。正月去演"社戏",就要从下午开始一直演到晚上,如果是去演"会戏"就得全天候演出。

演木偶戏一般需要演员5—7人,演人戏就需要演员20人左右。对方来邀请时要连续演出三天以上的,戏班子才会同意出去演。

金宗怀17岁就去演木偶戏,23岁自己带班外出演戏,一直演到34岁。每年大概有100来天在外演出。他在本地演出唱腔都是用正宗的廿八都腔来表演,如去西邻江西广丰、南毗福建浦城等地演出,他就会用闽北、赣州方言演唱。"文化大革命"期间,木偶戏剧团解散了,金宗怀就参加到民间吹打坐唱班里,专门从事红、白喜事的吹奏演出。平时如果有机会他还会和福建、江西的民间草台班子搭班演戏,在廿八都本地演的一般都是婺剧,节目由出钱方找懂戏的人来选,如《玉蜻蜓》《金锁记》《双龙会》《宋宫仇》《寿阳关》等都是村民最喜欢的经典剧目。2010年8月在考察团要离开廿八都前,在大家的一再要求下,金宗怀搬出家里的木偶戏道具(因为演木偶戏需要五六人的配合),他在现场只能简单的给我们示意了一下提线木偶的提线技法和唱腔,并给我们展示了他收藏的木偶和作为浙江省非物质文化遗产保护传承人、浙江省首批优秀民间文艺人才的大红证书。

现在,虽然金宗怀已经很少去演木偶戏了,但在廿八都的老街上,仍有一间挂着廿八都木偶戏旗幡的标志在迎风飘扬,它记录着廿八都木偶戏当年的辉煌,也预示着廿八都木偶戏作为古镇地域文化的支撑点,将继续履行它的职责和使命。

照片5 廿八都木偶戏旗幡

廿八都的民歌、木偶戏作为现存的一种活态的民俗文化,不仅拥有优秀的传承人,在今天浙、闽、赣一带依

旧保持着鲜活的生命力。他们经常参与乡村的庙会、开张庆典、做寿、举办喜事、祭祀礼仪等民俗活动中。

在这片希望的山川田野里，他们不仅唤醒了人们对远逝民间文化的记忆，更是对我们重新构筑自己的精神家园承担了一份责任。为什么在这么偏远的大山深处，廿八都的民歌、木偶戏无论历史长河如何荡涤，人口的迁徙，这些代表当地民间文化符号的载体还能生生不息呢？这是一个非常值得探讨的问题。在这一方被誉为"千年文化飞地"、中国民间文化艺术（民歌）之乡的土地上，人们对精神家园的保护确实有其独特的一面。

## 二、地域特色酿就的民风和年中行事

居住在廿八都镇浔里村操场坪13号的姜志深是我的另一个调查对象。

姜志深，男，1941年6月出生，小学文化，农民，育有1个儿子2个女儿。2个女儿均已出嫁，儿子现在江山市变压器厂工作，也已经成家。他现在的生活来源主要是靠两个方面的收入：1. 政府给予60岁以上的老人每人每月60元的生活补贴，他和妻子两人每月一共能够拿到120元的政府津贴。2. 子女给他们生活费。其次在自家自留地里种点蔬菜平时吃。

根据姜志深自述，从1978—2003年长达25年的生涯中，他一直担任浔里村第三队队长。《廿八都镇志》中的原始资料多数由他提供，他也是该镇志的编委之一。姜志深曾经担任过江山市第五届、第六届政治协商委员会委员。应该说对他的采访是十分必要的，因为他对该村的情况非常了解，而且掌握了大量的第一手资料。

姜志深介绍浔里村现有9个古镇保护点，如关帝庙、姜遇鸿旧宅、杨通孝旧宅、牌坊等都属于保护点。浔里村的民风淳朴，节庆、饮食、七月半、葬俗等年中行事都非常有特色，下面笔者就采访内容分别介绍如下。

**春节岁时**

春节应该是中国年节中最重要的节庆，廿八都人也不例外。从农历十二月十五就要开始忙碌了，一直到正月十五过完年，整个年节都有一整套繁忙复杂的程序，节前的准备工作，首先从杀年猪、做年糕开始。

杀了年猪，有的农户把猪肉一部分留给自己吃，另外多余的部分就拿到集市卖了换成现钱。家境好的村民则全部留给自己家用，一部分吃鲜肉，另一部分用

盐腌制起来做成腌肉留着来年享用。

做年糕（以前江山人把年糕叫作大锣糕，现代人叫铜锣糕），是该地区家家户户过年一定要做的一件事，一来作为接待客人的点心，二来作为馈赠亲友的礼品。做年糕首先要去山上采摘艾草或一种绿色的野菜（叶子表面光滑，反面有一层白白的绒毛，到了冬季艾草不易摘到，就用此野菜替代。笔者在当地见到过这种野菜，当时适值隆冬，见一位村民从山上摘了一小篮野菜，笔者问野菜名叫什么？他回答不知道，只知道可以做糕用）。摘来的野菜要洗干净，并用清水浸泡十几个小时，等把野菜的绿汁都浸出来后，再把汁水倒进糯米粉一起搅拌，最后把一个个揉好的糯米粉分别装入蒸笼屉中蒸熟即可。普通人家（1个大圆年糕，土话叫1扇）过年做个五六扇就够了，可姜志深说他家却要做几十扇，因为他的亲戚朋友特别多。以前该镇没有专门做糕的师傅，都是自己家里做好后，再拿去送给亲友的。现在廿八都好多人都外出打工，做糕的技艺作为一种谋生手段，也带到了外地，被越来越多的人所认识和利用。做铜锣糕除了过年一定要做，还有就是家里面要办喜事时也是要做的。这时就会对糕的外表讲究很多，除了要好吃、好看、喜庆外，还要加上其他一些有营养的配料，如在糕的最上层中心要放上红枣，边上用瓜子仁插成梅花图案（现在好多人家把瓜子仁改成枸杞子，好看又养生）。一般送给女方家里要1对，也就是2扇。

其他过节时要做米燋（音）、米糕。米燋的原料是糯米，米糕的原材料却是籼米。米燋的制作方法也挺费时费力的，在12月前要准备好糯米，先把它蒸熟，用平底锅盖把蒸熟的饭粒先分散开再晒，晒干后用沙子将饭粒炒香，然后把白糖放入锅中烧开，放入饴糖一起搅拌熬煮，待糖熬煮到不嫩不老时，再把炒香的米倒进熬煮的糖水中搅拌均匀，最后放入米燋箱（像制作豆腐的架子）压实、再倒扣桌面、然后切片，这样才算完成了整个制作过程。

米糕则是用同样方法蒸熟、晒干，但不放沙子炒，因为糯米会膨胀，和细沙子容易分离，籼米却不容易分离，所以就只能光炒了。炒熟后的籼米放入白糖或红糖一起磨成粉，在蒸笼底垫上蒸糕扇（麦秆扇的材料），倒入1寸左右厚的粉，上笼蒸15分钟，熟后倒扣在切菜板上，用板条均匀地切成一条条，然后再切成薄片。很有意思的是，村民们往往把切下来的边边角角让自己的孩子们吃，而那些有棱有角整齐划一的就留下来日后招待客人。

在年前准备饮食的过程中，还要准备一些炒货，作为过年时的待客之物。这

些炒货都是农家自己种植的东西,如番薯片、玉米粒、花生、瓜子等均用细沙子炒制熟后待用。

十二月廿二,廿八都的村民家家户户要上灯,在上厅堂、下厅堂把灯挂出来点亮。这些灯本地人是不会制作的,都是去江山市场上买的。一般村民喜欢买玻璃灯罩的灯,如在八角灯的玻璃灯罩上绘上梅花、菊花、兰花、竹子、花鸟鱼虫等图案,又热闹又喜庆。

十二月廿三前家家户户还要搞卫生,把厨房用具、桌椅板凳清洗干净。据说他们的厨房用具,在以前没有洗洁精前都是用砻糠擦洗的,特别干净,既能去除油腻,也不会损坏餐具。下午灶司公(灶公菩萨)上天时,村民们会泡上2杯清茶、焚3炷香、点上1对蜡烛、放上一些水果,一面拜灶司公菩萨,一面在口中念念有词,请灶司公菩萨到玉皇大帝那里说说好话,保佑全家健康平安、六畜兴旺。

年三十的"谢年"、吃团圆饭也挺有意思,在大方桌四周围上带刺绣的桌围,桌上摆上米酒(农家在农历十月初十前后三天,家家户户都要自酿米酒,一般人家要做100斤糯米的量。当地百姓认为,十月初十酒仙下凡,做出来的酒味道好、酒酿多、出酒率高。按现在说法十月的气候是最适宜酿酒)、猪头、全鱼、鹅、大公鸡(鸡的尾巴毛不拔掉)、年糕、粽子(分别有豆沙、猪肉馅),点上一对大蜡烛,焚香先拜天地,再拜祖宗,然后一家开始吃团圆饭。有趣的是每户人家的餐桌上豆腐渣是必须要有的,意为家里再穷豆腐渣总是有的。家里没有条件洗澡的人,脚是一定要洗的,妈妈会给家庭每个成员做一双新鞋过年。

正月初一早上,该镇的妇女都要用小杯放茶叶、桂花糖、青果(切碎)泡成茶,分给家人每人喝一杯,意思是让家人清清洁洁过一年。男人们这时的任务是挑选时辰开家门,点蜡烛、放鞭炮。这天家庭主妇是一年中最幸福的一天,因为按当地的风俗,正月初一是男人下厨房烧饭的日子,女人可以带着小孩尽情享受节日的快乐,亲戚朋友这天是不相互拜年的。

正月初二开始,如果去平辈的人家拜年就可以带上冰糖2斤、红枣或蜜枣1斤;如果去长辈家则带上桂圆、荔枝等营养品。

正月请吃饭也叫"吃12碗",其中6碗为炒菜:笋干、豆腐、鸡、鸭、猪的内脏,另外6碗是带汤的菜:鱼、猪肉、鹅、鸡、鸭等,在请客时一定要叫上朋友或长辈作陪。就像姜志深的女婿来他家时,他就叫上朋友作陪来招待"新客",并让"新客"喝酒喝得酩酊大醉,这样从此以后,女婿就不会讲在老丈人家没有醉过的大话。

正月初三、初四以后，每个地方就要玩龙灯了，一直玩到正月底。事先有人前来发龙灯帖，所谓的"帖"就是一张红纸，上面印有"恭贺新禧×××村×××青龙队×年×月"，收下此帖的人家就表示欢迎龙灯队来表演。龙灯出来巡游时，放帖人就会提着一盏灯笼负责在前面引路。当龙灯迎到谁家，这家就会点上香，燃放鞭炮迎接，并捧出茶水、香烟、水果、红包（里面的钱按每家的经济条件和出手大方程度，没有具体规定）招待舞龙灯的人。

该镇地处山区，经济相对比较落后，不能和沿海发达地区相比，龙灯的制作比较简单，就地取材用竹篾做成龙头、龙身、龙尾，然后在竹篾外面糊上彩色纸，如果是青龙的话，就用竹篾做成圆圆的龙身，并糊上青色彩纸，龙头中的舌头给它做成活动的，龙珠含在口中，一张一合、欲含欲吐样，龙尾巴则开叉，也是别有一番韵味。

**庙会文化**

2010年农历七月初三是廿八都古镇东岳宫神像的开光仪式，据说是衢州地区有史以来最大、最隆重的一次，邀请江西龙虎山天师道法裔弟子主持了法会。我们抵达东岳宫考察时，已经是七月十四了，虽然开光仪式已经过去了十天，但仍然能够感受到当时仪式的热闹氛围。法会从农历七月初一开始至八

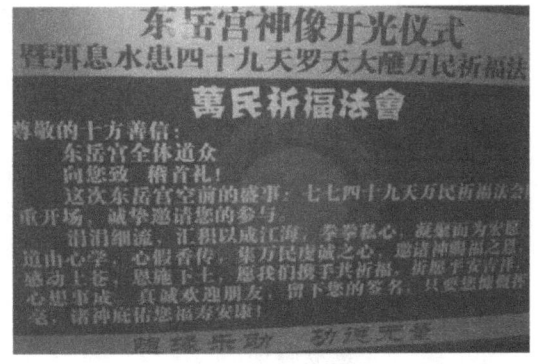

照片6　东岳宫开光仪式的道讯

月二十结束，整个过程要连续"七七"49天。活动名称为"江山市廿八都古镇东岳宫神像开光仪式暨弭息水患49天罗天大醮万民祈福法会"。东岳宫内有修葺一新的40余座神像，宫外面宣传广告、大红横幅比比皆是，到处洋溢着喜庆的气氛。条幅上书写着"阳间赶了东岳宫，阴间不受阎王罪"等有趣的劝慰善男信女赴庙会的劝戒标语，罗天大醮万民祈福法会开光庆典大型典仪的道讯也随处可见。东岳宫金道长、祝居士的联系手机到东岳宫的交通路线都在张贴之列，祈愿善单分列7项：1. 神像供奉，功德无量；2. 头炷香，长明灯；3. 延生堂祈增福寿；4. 往生堂超度亡灵；5. 家藏吉祥物礼器开光；6. 法师手书平安符；7. 平安吉祥物功德奉送。遂缘乐助，功德无量的大红功德箱恭候着运途亨通和祈福施主们的到来。

## 饮食文化

廿八都的饮食文化是非常有特色的,据说这里的土制豆腐、豆腐干都有外地固定的大饭店每天定点来取的,不到廿八都是吃不到那里正宗的豆腐和豆腐干的。特别是当外面天寒地冻时,吃上一碗在小炭炉上炖着的热气腾腾的豆腐汤时(能吃辣者加上一勺辣椒酱),那个滋味啊真当是叫赞!

在廿八都这一方土地上,每年的考察都能让我真切地感受到它的变化、它的发展。无论从当地村民的精神状态、文化生活、交通设施、住宅环境、卫生状况等都发生了很大的改观。为了配合该地区的旅游开发,该镇挖掘了本地的农家菜,并在镇中醒目位置打出了农家乐的宣传广告,下面就是廿八都的十大碗农家菜、二道名点心以及江山名菜的名称:

**廿八都十大名菜**
农家土鸡煲
廿八都风炉仔
枫溪鱼
炭锅白鹅
满汉羊腿
螺蛳排骨煲
山药麂肉羹
山药子排
腊肉鱼干
鱼豆腐锅

**廿八都二道名点心**
廿八都铜锣糕
廿八都燕丸馄饨

**十全十美江山菜**
白毛乌骨鸡
白豆蔻炖猪手
清炒山药
石锅炖石蛙
油焖笋
豆腐襄
家常鱼
炒野菜
辣肉鱼干
笋干烧肉

**江山十大冷盘、点心**
白切肉
猪皮冻
蜂蛹
八宝菜
白菇
大陈面
重阳焙糕
红糖麻糍团
五谷杂粮
铜锣糕

从以上这一系列的农家菜单中不难看出，廿八都人正在致力于发掘具有本土特色的餐饮文化。可是，我还是在他们所取的菜名中发现了一些问题，如"满汉羊腿"，这明显不是当地的叫法，他们以为名称越洋越好，其实适得其反，当时我就提出了自己的不同看法。

总之，廿八都的人们在努力！他们为落实政府提出的五大提升工程，建设中国幸福乡村的目标行动着。他们要让游客在饱览廿八都古镇民间文化的同时，享受一次山野美味的大餐，给味蕾来一次彻底的颠覆。

**七月半中元节**

2010年8月24日（农历七月十五），我们考察团一行在廿八都考察，因为住宿地点是在该镇接待中心，所以有充足的时间去村里调查。

吃早餐前六点半左右我就去老街走了一遭，今天的七月半廿八都人是怎么度过的？带着探寻的目的我来到老街，见有些村民家里已经烟雾缭绕，家门口残留着一地红色（放过鞭炮的痕迹）。一问才知道，原来这几户村民祭祀祖先和亡灵的活动已经完成。为何要在早上进行？我向村民提出了疑问，他们有的说要赶到城里去上班，有的则说要出门去办急事，所以只能提前在早上出门前把祭祀活动进行完。从这里也可以看出：廿八都村民七月半的祭祀活动，家家户户是一定要举办的，即使再忙也要调整时间进行。当天清晨我在镇的农贸集市门口，就看到很多家庭主妇在买香、蜡烛、黄裱纸、锡箔纸等祭祀供品，从中也可见一斑。

通过调查发现，绝大多数廿八都的村民，在过七月半的前两天就要搞家庭卫生，男人把家里要吃的米加工好装满米缸，把太公的像拿出来挂在家里的中堂。祭祀祖先或亡灵所供奉的食物亦非常丰盛，一般人家在吃饭的饭桌上都放了满满当当的一桌食物，已逾十几种之多。我见到水果的品种就有葡萄、苹果、橘子、石

照片7　七月半的农贸集市

榴、青枣、西瓜等，点心有铜锣糕、油炸梭子、猪、狗、羊等动物形状的糕饼，蔬菜有茄子（是整支蒸熟的茄子，家家户户必有）、冬瓜、南瓜、丝瓜、豆腐一整块、炒豆腐干等，荤菜有肉（红烧肉、咸肉、白切肉整刀的一块）、鸡蛋7个

（白煮蛋、荷包蛋）、小鱼干 5 条、茶 3 杯、酒 6 碗、米饭等样样俱全，绝对不亚于春节年夜饭的食物。祭拜时要换上干净衣服，点上香、蜡烛、放鞭炮请太公回来。烧纸钱、金银元宝供祖先和亡灵在阴间花销。一般村民不愿意我们去拍摄他家的祭拜场面，有人即使同意我们拍摄，也有要求我们在拍摄时不要超过供桌旁边的凳子，也就是说不让我们走近去拍摄。在调查中我还发现，有的村民在祭祀祖先时不仅点上蜡烛、香，同时还把古老的灯具点上。

照片 8　祭祀祖先的供品

照片 9　祭祀祖先的供品及清油灯

祭祀祖先时，不仅用蜡烛，还点亮清油灯（把灯芯草浸入清油中点亮用柏子仁炼成的清油，此油不能吃，专门用作点灯油），用最传统的方法纪念祖先和亡灵。

综观廿八都这些活态的民俗文化，不论是民歌还是木偶戏，年中行事还是祭祀礼仪，通过这些民俗活动的载体，唤醒了我们对该地区民间文化的记忆，也给我们的研究提供了不可多得的宝贵资料。

照片 10　未经改造的霞南饭店

照片 11　改造后的古都饭店

照片 12　廿八都镇农家乐协会授予的三星级牌匾

在改革开放年代，作为国家级历史文化名镇的廿八都街上的原住民，依靠自己家里得天独厚的地理位置，有手艺的就在自己家里堂前作为商铺店面，后面作为制作豆制品、打铁铺，弹棉花、制作旅游纪念品小蓑衣的作坊或者居住。还有一些经营衢州、江山特色产品的店家也加盟到老街上，如销售当地特有的民间工艺品"衢州白瓷""江山西砚"的专卖店以及专门销售本地土特产的商铺。该村现有的9家农家乐，廿八都农家乐协会都在店家正门口挂上所授予的星级牌匾，镇旅游部门在交通要道的醒目位置张榜公布了这些农家乐所在地的分布示意图、名称、联系电话、星级考评结果（根据服务态度、经营质量的好坏、环境卫生状况、店容店貌等综合因素给予考量，按星级标准设置），便于游客自由选择。

从1998年开始，大量外来人口进入廿八都古镇，从事旅游开发、经商贸易。古镇上日渐增多的饭店、农家乐、工艺品销售专卖店、土特产商铺、古玩店、电器商店、化妆品商店就不难看出一个新兴、发展的廿八都正在崛起。

笔者从2007年至2010年每年都去廿八都考察，近年来高速公路的开通，古镇环境的迅速变化，宽阔干净的街道，原汁原味的廿八都土菜，规范经营的农家乐，人头攒动一派繁荣的农贸集市，每次都能给我带来惊喜。

当今古镇商铺林立，道路绿化规范有序，村与村之间开展文明村风、美化环境的竞赛。家家农户的环境卫生检查评分结果都在公示牌上公示，这一切足以说明这个古镇在前进。

照片13　人头攒动的廿八都农贸集市　　　　照片14　农贸集市的鱼摊

要旨

# 生きた民俗文化

## 王　恬

　　浙江省西南部の辺境、仙霞山脈の北側の麓に位置する江山廿八都は、またの名を「東南の要衝」、「八閩（福建）の急所」などといい、そこは長い間、歴代の兵家たちにとって、必ずや奪取せねばならぬ土地でありつづけてきた。廿八都は浙江・福建・江西の三省が境を接するところに立地することから、「廿八都で鶏が夜明けの訪れを告げれば、その声は三省に響きわたる」、あるいは「足を一歩踏みだせば、三省に届く」といった表現が聞かれるほどである。人口や言語のうえでも、また民俗文化のうえでも、廿八都は三省が隣あうところに位置するというこうした地域的特性を具えているといえる。

　　ところで、中国には古くから語りつがれてきた二つの表現がある。一つは、「その土地の水と土が、その土地の人をつくりあげるのだ」というものである。もう一つは、「十里歩けば別の『風』に出会う。百里歩けば別の『俗』に出会う」というものである。古き街、廿八都はこうして、地理的な環境や、南や北からの移民たちによって作りあげられた多元的な文化といったものの影響を受けながら、特色ある風俗習慣を育んできた。また、民俗文化の伝承という側面からも、周辺地域の文化がもたらしてきた影響力の大きさを伺い知ることができる。本論では、この地域におけるいくつかの民俗を取りあげ、それを文化が生命を得てゆく際のケーススタディとしてとらえながら、考察を深めたい。

　　多元的な文化が育くまれるなかで、「千年の歴史をもつ文化の飛び地」という栄誉ある名をほしいままにしてきた廿八都において、とりわけきわだった特色をもつのは、民謡と人形芝居である。この地域には、民謡を歌うことのできる歌手が多く、その民謡も、豊富なモチーフと内容を含んでいる。場面が異なれば、そこで歌われる民謡も異なることが一般的で、民謡を歌うことを目的として友人同士が集まったり、歌で返礼の代わりとしたり、歌で自らの情感や心

に秘めた想いを表したりするといったことが、廿八都の人々にとっての文化であり、生活の一部となっているのである。こうして廿八都に今なお残る、生きた文化としての民謡や人形芝居は、現在までも優れた伝承者を育んできた。そればかりか、これらは今日の浙江や福建、江西といった地域において、かつての鮮烈な活力を保ちつづけたものとして存在している。また、民謡や人形芝居はしばしば村々の廟会や祝賀行事、祭祀儀礼といったさまざまな民俗的な活動の場に加わることがある。そのために、民謡や人形芝居は、人々が民俗文化に対してもつ記憶さえも背負いつづけてきたのである。

　この地域の特色を豊かに醸しだす民俗や年中行事もまた、廿八都がもつもう一つの大きな特徴である。たとえば、春節になると、人々は複雑な手順を踏んでさまざまな行事をすすめてゆく。旧暦の十二月十五日に春節の準備作業をすることからはじまり、旧暦一月十五日の元宵節まで、実に一ヵ月もの時間をかけて年越しの行事をおこなうのである。また、旧暦七月十五日の中元節がくると、村人たちは最も伝統的なやり方で祖先や死者を祭ろうとする。ほかにも、押すな押すなの人だかりができるほどにぎやかな廟会の文化や、長い間、味を守りつづけてきた廿八都の特色ある飲食文化といったものがある。こうした、今もこの地に生きつづける媒体を通して、わたしたちはこの地域の人々が抱いてきた民俗文化の記憶を呼び覚ますことができるだろう。そして、これらは、わたしたちが研究をすすめるうえで貴重な資料を提供してくれるにちがいない。

# 民间手工艺

## 刘晓路

民间手工艺的产生反映了一定时期社会生产力发展水平和生活方式的特点，包含了当时人们的生活、生产、节庆、信仰、婚丧、饮食等民俗文化信息，是劳动人民长期以来根据生活生产的需要，因地制宜、就地取材发明创造的民间技艺。这些技艺在生活、生产、饮食、居住、节庆、信仰、娱乐等方面发挥了重要作用，其产品包括劳动工具、生活用品，以及食品、家具、建筑、风俗、信仰、娱乐等方面用品。民间技艺都具有民族特点、地域特点、实用性、艺术性，以及取材方便、制作简单、形状多变、用途广泛、自然环保等优点。

由于丰富的文化价值、实用价值和审美价值，使民间手工艺成为非物质文化遗产的重要部分。同时，社会的发展和文化的交流，也使民间手工艺的保护和传承成为一个难以圆满解决的问题。

自2007年开始，以中国民间文艺家协会与日本神奈川大学福田亚细男教授为首的日本民俗学家组成考察团，对浙江省江山县廿八都镇等地进行了非物质文化遗产保护情况调查。在调查过程中，各地都呈现民间手工艺保护过程中的问题。本文仅以调查所得就廿八都镇民间手工艺方面的现状略作叙述。

## 一、廿八都民间手工艺产生发展的背景

1. 自然地理、物产条件是当地手工艺发展的基础。廿八都地处浙江的西南部山区，山林地占土地总面积的近80%，土地性质适合种植多种经济型植物，如杉木、松木、栎木、毛竹等，这些材料都是民间手工艺生产的原材料，可用于木制家具、竹制品及土纸的加工。山地还适合种植茶叶，培养了茶叶炒制技术。面积很大的山林中出产茶油、油桐、竹笋、香菇、棕片、靛青等经济作物，由此产生了榨油、棉棕匠、印染等行业。当地土质适合种植稻米、玉米、小麦、大麦、大豆等多种农作物，丰富的产品，人们在满足生活需求的同时，为提高生活

质量，创造出许多手工技艺，制作出诸如年糕、豆腐、米酒、麻糖、汤圆等日常生活和节日时的食品。

2. 廿八都开埠以后相当一段时间具有优越的地理位置，是当地民间手工艺发展条件之一。廿八都"因路而兴运，缘运而聚商"。《浦城县志》记载："两晋到隋唐，江河航道逐渐开发，中原人入闽路线多经运河达钱塘，朔须江（江山港）至江山，逾仙霞岭入闽。……进仙霞岭前后一百公里需要路行，其余路程皆有舟楫可乘，这条路逐渐形成福州经建瓯、浦城，逾仙霞岭北上中原的主要大道，进京士商多走此路。宋以来，经浦城至仙霞关之路（仙霞古道），也是福建物资出入中原的主要通道。"优越的地理位置，往来于沿海和内地的人员与物资，运输货物的庞大挑夫队伍，这些人员的生活和工作需要，使当地有了众多的旅店、饭店、商铺等设施，这些都成了促进当地手工艺发展的有利条件。

3. 交通和通商大道，四面八方人员往来此地，或路过、或留居、或迁徙、或嫁入，他们带来各自的地域文化、风俗习惯和生产技艺，形成廿八都"文化飞地"的特点，它为廿八都民间手工艺的产生、发展提供了有利条件，也使当地民间手工技艺因此吸收各地经验得到很好的提高。

4. 庙会和集市的发达，也为民间手工艺产品提供了流通的渠道，是其能够持续发展的必要条件。过去，廿八都每年要举办的庙会有16起、23次，几乎是每半个月一次，庙会即集市，是各种产品的交易和商品买卖的场所，繁荣的庙会贸易也是促使手工艺可持续发展的有利条件之一。

照片1　廿八都镇街景

## 二、廿八都民间手工艺发展的几个阶段和现状

廿八都的民间手工艺从开始到目前为止，经历了一个由盛到衰的过程。这几个阶段的兴衰过程，与社会整体民间手工艺的发展状况相一致，反映了社会发展过程中各阶段不同的物质文化特点，是人们生产、生活方式发展变化、产生影响的必然结果。

### （一）鼎盛时期

廿八都手工艺最兴旺的时候是开埠之后直到取代仙霞古道的省际公路开通之前，此时的手工艺种类多、生产忙、交易旺。据《廿八都镇志》记载，晚清至民国中期，是廿八都镇最兴旺的时期，当时的商铺和行栈有160余家，涉及的行当也十分广泛，其中包括从事商品运输的过载行3家；土纸行10家，主要利用当地盛产的竹子为原料进行纸张加工；商行2家，进行物资贸易；油行1家；米行4家；绸缎棉布店16家；南北货店20家；国药店17家；煤油店1家；百货店2家；文具、照相、瓷器、香菇、书纸、纸扎店各1家；饭店和旅店26家；小吃店3家；豆腐店25家；猪肉店4家；剃头店4家；鸦片馆2家。无论是在其中交易的，还是为这个环境服务的手工技艺都得到了很好的继承和发展。其中有些技艺，至今仍在人们的生活中流传和发挥着作用。

在这个时期，廿八都比较发达的手工技艺有造纸、榨油、印染、制糖、酿酒、做豆腐、裁缝、打铁、做竹木器、竹编、做棕衣、弹棉花、箍桶、制鞋、铡烟、油漆和打金银首饰等。

### （二）兴衰时期

1933年，江（山）浦（城）公路建成通车，旧时的仙霞古道便逐渐衰落。由于运送物资的商队和过往行人行程的缩短，不必再在廿八都中转，廿八都优越的地理位置不复存在，以往的繁荣景象逐渐消退。1939年至1940年，据江山县警察局对境内饭店、旅馆的调查显示，这段时间廿八都的饭店有35家，旅馆25家，数量虽然没有明显增长，但仍然多于县城近50%。1942年日军进攻仙霞关时，廿八都遭到轰炸，当地的各个行业都受到沉重打击，从此一蹶不振。

新中国成立之后，人民政府对私营工商业进行了一系列的合并重组、改造利用。廿八都也在1950年成立了供销合作社。1956年对私营工商业进行改造，将私营业主和民间手工艺人组织起来，开始集体的生产、交易、销售、传承，使流

传下来的和曾经衰落的手工技艺，得以继续传承、发展和为人民服务。这个时期的民间手工技艺还保留着的有制炉、水磨、熟烟丝、做豆腐、造土纸、烧砖瓦、烧石灰、修补、做棕衣、弹棉花、打铁、竹器、油漆、理发、箍桶、生产竹木器、酿酒等。但此时也同时面临着现代技术和产品的冲击。

改革开放以后，在市场经济环境下，对外交流的便利，现代生活生产方式和文化观念的影响，科学技术的发展、先进生产技术和产品的涌入，以及集体经济向个体经济的转变，都对手工艺的传承、发展产生了不利影响。此外，一些妨碍绿色环保理念推广和环境保护措施实施的民间手工艺被限制发展和传播，如造土纸和印染等。当地的手工艺状况在大环境影响下每况愈下。

照片2　廿八都土特产——铜锣糕　　　照片3　做铜锣糕用的曲曲草

## （三）目前的情况

本次调查从2007年8月始至2010年8月止。通过调查可以看出，当地的民间手工艺的种类、产品和从业人数均无法与以往相比。仅就对几项还比较活跃的手工艺所作调查的结果作一介绍。

### 1. 做铜锣糕

铜锣糕即年糕，年糕是将糯米和籼米磨成粉，再添进各种辅料制作而成的食品，是中国南方地区和一些少数民族农历年节必备和日常享用的食品。年糕作为节令食品有特殊的象征意义，其做好后的黄、白两色，象征金银，年糕又与"年年高"谐音，寓意人们的生活一年比一年提高，正如诗曰"年糕寓意稍云深，白色如银黄色金。年岁盼高时时利，虔诚默祝望财临"，是具有丰富文化内涵的食品。

据调查，铜锣糕是当地有名的土特产，原来就叫年糕，因其形状犹如铜锣，不知什么时候、什么人就给它起了这个名字。铜锣糕产生于什么年代已经没人能讲得

清楚，只知道从上一辈开始，每到农历新年时几乎是家家户户都要做铜锣糕。

制作铜锣糕的原材料除主料外，配料各有不同，一般是各家各户根据各自喜好、口味而定。主要有糯米、籼米、茶油、白糖、桂花、红枣、花生、猪肉以及当地产的各种土产坚果。原料的配制：比如 7 斤米糕中，4 斤糯米、3 斤籼米，也可以根据各自的喜好，想软些的糯米多放，想硬些的则籼米多放；一般 6 比 4 的比例是比较合适的。

制作的过程：先用冷水将糯米、籼米浸泡 3 天，然后将浸透的米磨成细粉；再将从在田间采来的曲曲草（曲曲草是当地人的叫法，长在田地边的一种野草，可食用。清明时生长最多，一般是秋天采摘，放在石灰水中保持新鲜，待腊月制作铜锣糕时，清洗后使用）用石臼捣碎，放入米粉中，曲曲草的作用是上色，增加米粉的香味和韧性，使年糕保持不开裂；将添加了曲曲草、白糖、桂花、茶油的米粉放到大缸内揉拌，最终的结果是将米粉揉得感觉到有柔韧性、软硬适当，即软而不烂，拍打时能起得泡，这个过程大约需要一两个小时；揉好的米粉可以添上花生、红枣以及其他坚果等辅料，放到铺了粽叶的笼屉上，如果年糕中要放猪肉，须先将猪肉（五花肉最好）洗净，切成 10 厘米的长条，略微腌制，放在两层米粉之间；蒸年糕的笼屉没有统一规格，一般人家的笼屉大约有 50 厘米，将切成 10 厘米长的细竹管放到铺好米粉的笼屉四面，目的是保证蒸汽能从底层一直延伸到最上面一层，使多层笼屉受热均匀，年糕能同时成熟；将笼屉放到锅中时，锅中要放上十字形竹条以保证笼屉和锅边有缝隙，避免笼屉浸泡在水中，同时还可以不时往锅里添水；大火蒸煮 3 至 4 小时即可。（讲述人：杨增明、唐小花）

2009 年 12 月 28 日，我们在廿八都镇枫桥路 82 号，篾匠杨驯江家听他媳妇讲述了铜锣糕的制作技艺，同时看到了制作过程。当天午后，我们到杨家时，做铜锣糕的材料及粽叶、曲曲草、猪肉等都已准备好了。这家一次用了 6 个笼屉，我们到时看到已经开始揉面，从开始揉到揉好用了一个多小时，揉面的是这家主妇的本家姐姐。做铜锣糕时有几个本家亲戚参加，有小孩的外婆、两妯娌和二位邻居来帮忙。他们家做铜锣糕是为了送给在本地的亲朋和在山东济南工作的亲戚。

蒸好的铜锣糕吃的时候，切成几公分的方块，用笼屉蒸热，或用油煎了吃。如果过年时吃不完，可以将其炸成焦黄的小块，晾干，长期食用。

过新年制作铜锣糕是当地特有的节日饮食习俗，而且制作方法、所用材料都

有当地特色。在生活物资贫乏、生活水平不高的时候,能在特定的时候,吃上如此美味的食品,肯定是一种享受。它还能给人们的节日生活增添不少喜气,很受当地老百姓的喜爱。因此,这一饮食习俗一直延续到现在。虽然如今的老百姓对各种美味已经司空见惯,可每到春节,许多人家仍然要做上一些铜锣糕自用或送给远在外乡的亲友。

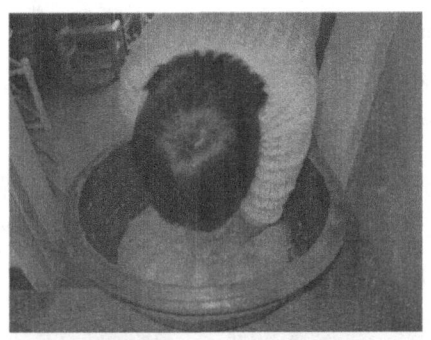

照片 4—6　做铜锣糕的过程和用具

过去,制作铜锣糕在当地年节时候是一项重要的节日食品准备过程,一到这个时候,每家每户都要从全年的收获中准备出各种材料,进入腊月便开始做起铜锣糕。从我们看到的做铜锣糕的过程看,它不仅是人们过年食品的准备工作,也

是人们进入节日氛围的一种形式,我们在采访做铜锣糕的人家时,就看到这人家在做糕时,亲戚、朋友在一起,边干活、边聊天,场面很热闹、温馨。但是这种情况这些年发生了变化。据了解,现在的情况是,有些人家已经不做年糕,一是制作过程费时、费力,准备工作头绪多,怕麻烦;二是做多了吃不了,现在好吃的东西很多,也不用多做留起来慢慢吃;三是现在过节有年糕只是讨口彩,没有实际意义。不过,过年时没有年糕还是不行。现在每到过年,如果家里老人不想做,又要吃的话,就在街上的作坊里买,年轻人没兴趣,也没必要学习这门手艺。代之而起的是一些专门做铜锣糕的作坊。

2008年8月,调查廿八都铜锣糕厂,调查对象杨增明,1958年出生,当地人,现任浔里村党支部书记,是廿八都镇不多的以作坊形式生产铜锣糕的人家,除铜锣糕厂外,家里还自办旅馆。

照片7 做铜锣糕的蒸笼

照片8 做好的铜锣糕

照片9 做铜锣糕的蒸笼

受访人讲述了自己开办铜锣糕厂的经过。他是从2001年开始制作铜锣糕,并将其推向市场的,生产形式是作坊式。开作坊做铜锣糕的动机,缘自2001年省里来人考察廿八都旅游情况,要吃当地的土特产,于是他们拿出铜锣糕请各位来宾品尝,吃过后很受领导们的好评,说可以开发。镇里的领导就让把这个东西开发起来推向市场。于是,村里干部带头,他也参加了进来。杨增明在创业初

期，利用自己的技术和经验，在自家的地板上开始画图纸，自己开始设计工具、模具和包装等。因为铜锣糕原是家庭自己制作的食品，从技术标准、生产工艺、工具、原料加工等方面都与规模生产不同，因此许多东西都要重新设计。原来蒸年糕的笼屉是竹篾做的，只有一种规格，工具也很简单。为适应批量生产，符合不同顾客的要求，现在改为不锈钢笼屉，规格大小都有，还发明了适用批量生产的工具。在确定口味时，选择了最基本的配料，保持了原有的风味。生产了一段时间后，产品受到欢迎。2007 年，杨先生按照国家标准重新设计厂房，建造了生产车间、仓库、检验机构等，更换了工具和设备，现在已经基本完成，等待有关部门的检验、批准就可以在新工厂进行生产。杨先生还注册了专有商标，还是有人仿冒他们的产品，但是口味不同。铜锣糕主要用廿八都当地的原料、独特的技术和经验生产的，都有一定之规，外地仿制还有一定的困难。

现在的铜锣糕已经不仅是年节的食品，廿八都有了专门加工铜锣糕的小食品厂，根据顾客的需要随时加工出售，前来订货的有江山、衢州、杭州、上海、福建、江西等地的商户，有些外地旅游点还有专卖店。包装精美的铜锣糕也在廿八都当地旅游景点销售。铜锣糕生产有淡季、旺季，一般进入 10 月以后便开始旺季。随着旅游开发的宣传推广，有不少新闻媒体，如中央电视台、浙江电视台、钱江电视台、衢州电视台、金华电视台等都介绍过廿八都土产及铜锣糕。宣传推广对包括铜锣糕在内的民间手工艺品发展起到了很好的作用。

### 2. 做豆腐

豆腐是中国各地区、各民族中广泛食用的一种美味、健康的食品。它是用黄豆作原料经过一定工艺过程制作而成，由于制作工艺的不同，还能制成多种样式的豆制品，如豆腐干、豆腐丝、豆腐皮、豆腐泡等。

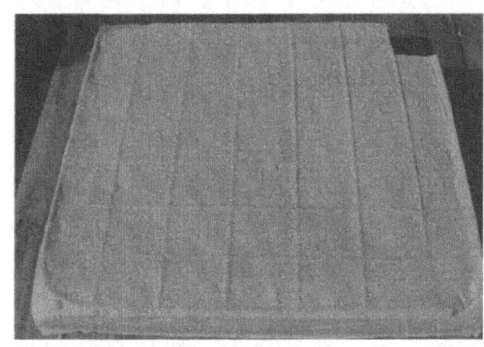

照片 10　豆腐

照片 11　用豆腐烹制的菜肴

廿八都制作豆腐的手艺很久以前就有，从《廿八都镇志》记载可以看出，兴盛时期当地的豆腐店就有20多家，可见当地有制作豆腐的传统。廿八都豆制品种类不少，有豆腐、豆腐皮（千张）、豆腐泡和豆腐干。

现在镇上制作豆腐的人家有10多家，据说其中祖传开豆腐店的世家有5家。以往，村子里的许多人家自己都会做豆腐，主要是日常自己家吃，多出来的供应饭店和拿到街上去卖。做豆腐的多为主持家务的妇女，手艺都是从自己长辈那里学习来的。廿八都豆腐的原料，主要是当地自产的黄豆；使用的水是从当地山上引来的泉水和取自流经当地水域（属鄱阳湖水系）的水，当地水质比较适合做豆腐，对豆腐的品质有一定的影响。制作豆腐除黄豆外，还需要石膏粉或卤水，目的是使磨好的豆浆凝结成块，廿八都做豆腐主要用石膏粉点制的方法，石膏从专营店里购置。

豆腐的制作流程是：将黄豆用石磨磨成浆水；用细麻巾（麻织成的布）过滤，将豆腐渣滤出、去掉；将除去豆腐渣的豆浆烧开，撇去豆浆表面的一层薄皮，这层薄皮晾干后可以在烧肉时打成结一起烧成美味菜肴；把沥好的豆浆放到预备的水缸里，等温度降到适当的程度放入石膏粉，控制温度是制作豆腐的关键技术，温度一般在50－70℃之间，有经验的师傅是用手指测量温度。此外，放石膏的比率也很重要，例如做4斤豆子的豆腐放20克左右的石膏，石膏原为固体，需要进行加工，方法是将石膏块粉碎，放到温度适当的豆浆中，进行搅拌，然后盖上缸盖等待豆浆凝固；凝固后的豆浆用麻布包裹好，放入方形的木盒中挤压水分，挤干水分后就成豆腐。做好的豆腐根据需要切成块，放到清水中进行保存，为了保持豆腐不变质，要经常换水，夏天不宜保存，冬天可放时间长些。

豆腐一般是当天做、当天卖完，卖不完的豆腐，就要加工成豆腐干等豆制品。

廿八都的豆腐干也很有特点，根据制作方法的不同，有白干、酱干和熏干几种。最初的豆腐干是因为豆腐吃不完，会变质，后来发现用不同方法做出的豆腐干味道很好，同其他东西放在一起还能做出许多美味佳肴，以后便有意将一部分豆腐做成豆腐干。

与豆腐制作不同的地方是，豆腐干在挤压时要把水分排除得更干一些，切豆腐时尺寸要小一些、薄一些，一般是二三厘米厚、十厘米见方。豆腐干制作方法分熏制和腌制两种。熏制豆腐干的制作流程是将沥干的豆腐切成方形薄片，在编好的铁丝盘上铺好松树枝，将豆腐干放在铁丝盘上，熏制豆干一般用自制的炉子，载铁锅里放上木炭、谷糠等燃料，利用燃料的烟进行熏制，熏制的时间大约

要几个小时。由于铺了松树枝,熏出的豆干有股特殊的香味。熏制豆腐干的松枝和木炭、谷糠等材料都是自家生产。

腌制豆腐干的流程是将酱油、大料、味素等作料和切好的豆腐干放入水中一起烧煮,待豆腐干入味后即可食用。这种方法是近些年开始使用的,当地传统豆腐干的做法是熏制。此外,还有一种就是只将豆腐的水分挤干,切成小片即可食用的白豆腐干。

豆腐是中国老百姓十分喜爱的食品,食用方法很多,可以炖、煮、炒、凉拌;可红烧、可白灼;可以单独成菜,也可与各种肉类、鱼类、山珍、菜蔬等相配。豆腐干一般是切成各种形状做凉菜,或与肉类、菜蔬一起炖、炒。

照片12—14 豆腐干的制作过程

制作豆腐及豆腐干的工具有：石磨，用于磨豆子，一般是请石匠打制；木箱子，用于豆腐的成型，一般是长方形，可以自做，现在为了宣传廿八都的豆腐，在压制豆腐的磨具上雕刻上"廿八都豆腐"字样；麻布，用作沥干豆腐的水分，可以自己纺织，或到集市上买；压榨水分的工具，有专门设计的、有用大石头的；水缸；刀子、铁丝筛子、松枝、砻糠等。（讲述人：唐小花，自由职业者，我的向导）

2009年12月27日上午在枫溪街37号豆腐店调查，调查对象是店主人林新友，50多岁。店里只有他和夫人2人做豆腐。他做的豆腐除了留下少部分在街上卖和供应镇旅游接待中心饭店用以外，主要是向上海、杭州、衢州、江山的饭店送货。每天要送三四十板，每板25块。这个数量因为本店是手工作坊，产量有限一家做不了，这家老板同浔里街40号洪兴豆腐店两家共同为客户供货。这两家人只是生意上的交往，没有亲戚关系，主要是因为他们做出的豆腐口味相同，质量可靠。现在廿八都镇上共有近10家做豆腐的小店，这些作坊的豆腐除了在当地集市卖以外，也都开始寻求向外地供货。

照片15　制作豆腐干的工具

照片16　待出售的豆腐干

豆腐都是当天做好,当天售出,为了保持豆腐的新鲜程度,一般凌晨开始工作,天亮后就将做好的豆腐送往各处,先从廿八都坐班车到江山,再从江山赶班车到上海、杭州、衢州等地。做豆腐时还要留下一些豆浆、豆腐渣用来出售和供应当地的饭店、宾馆。做成的豆腐干如果当天卖不了,可以浸泡在清水中保存,经常换水可维持一个星期。豆腐属不易保存的食品,店家根据各个季节气温的不同和需求量不同,每天的产量也不同,一般是夏天产量低,其他季节产量高些,节假日产量就更多些。一板豆腐的售价是 10 元左右,平均每块 0.4 元,这是在当地销售的价钱,卖到上海、杭州、江山、衢州等地时摊入运费等成本,价格要高一些。

从《廿八都镇志》可以看出,过去做豆腐是廿八都镇许多人家的营生。但是随着各种条件的变化,做豆腐的人家越来越少,这门手艺在廿八都也呈现不断衰落的状况。主要原因一是当地饭店、旅馆减少,需求量少了;二是过去生活水平有限,豆腐是人们日常生活的当家菜肴;三是过去农村人家多为大家庭一起生活,人口很多,每次都要做一定数量的豆腐才够用,值得一做。现在这些条件都发生了变化,再像过去那样每个家庭都做豆腐,既费时间、劳力,又可能造成浪费。因此,做豆腐的人家不断减少。2009 年 12 月 27 日上午的调查中,见到浔里街的一户居民家正在做午饭。我们在他们家看到了成套做豆腐的工具,问起女主人,知道该家以前也做豆腐,现在不做了。问其原因,说是因为做的人家多,卖不出去,光自己家吃,用不了那么多,做一次费时费力,不划算。当地人吃豆腐的习惯还是保持下了,豆腐是他们日常当家的菜肴,这家主妇的午饭就有豆腐,吃法很简单,用猪油炒,可以放些香菇、冬笋等辅料,这些材料都取自当地,很方便、很美味,也很经济实惠。现在她们吃豆腐都是从街上买的。

### 3. 做蓑衣

南方地区多雨,在没有橡胶和塑料雨衣之前,蓑衣是老百姓雨天必备之物。蓑衣是用草或棕或稻草制成的,披在身上的防雨用具,起源古老。在中国诗书中常见记载,《诗·小雅·无羊》中就有"尔牧来思,何蓑何笠"之句。唐代张志和《渔父》词:"青箬笠,绿蓑衣,斜风细雨不须归。"唐柳宗元《江雪》诗中的"孤舟蓑笠翁,独钓寒江雪"最为著名。

蓑衣有取材便利、制作简单、价格便宜、方便实用的特点。制作蓑衣是南方各地都能见到的民间手工艺。廿八都做蓑衣技艺源于何时已不清楚,现在还在从

事这门手艺的人也只有两三位。我调查的对象叫柴发喜，2008年60岁，从14岁起开始学做蓑衣，师傅姓曾，是江山县刚溪人。村子里还有两户人家做蓑衣及棕制品，在浔里街上有一家棕棉店，从事做蓑衣和弹棉花，另一家因为租金问题，已经关门。

据柴师傅介绍，他们做蓑衣用的材料是棕榈树皮，该树的特性是经常剥树皮可促进它的生长，该树的皮还可以做棕子叶。制作蓑衣的过程：剥下树皮，去掉树皮边缘的硬物，将棕叶理顺打干净，摊开晒干，晒干后的棕叶叠起待用。开始做蓑衣时，先将要做领口的棕叶处剪开圆形口子，下摆处剪成燕尾状，将棕叶的边缘折叠整齐，用重物压住。缝制蓑衣的线绳

照片17 蓑衣

是将棕丝拉出打成细绳，缝制工具是钢丝制成的针衣针。准备工作做完，便可以缝制，缝制的过程是先将折叠整齐的边缘缝好，再由上而下缝出一道道纬线，直至将几片棕叶连成一件完整的蓑衣，一件蓑衣是由披风和裙裤两部分组成，这样是为了便于劳作。蓑衣制作的好坏主要是看缝制衣服时针脚的密度和均匀度。制作蓑衣的钢针一般是师傅们自己用钢丝制作。此外，还要有搓制棕绳用的机器和工作台，这些工具大多也是自己做的，没有统一的样式和规格。做一件衣服所需的材料根据穿衣人身材的高矮胖瘦而定。

蓑衣的价格，根据使用材料的多少和制作时间计算，过去一件成人穿的蓑衣能卖一二十元，一件蓑衣的使用时间大约在10年左右，主要看使用的频率，用得多寿命短，否则反之。过去，当地人制作蓑衣时，工钱的支付方式不同，一是直接在店里买，根据价格付款；一是请师傅到家里做，材料自备，工钱是按天数计算，一件衣服有固定的制作天数，这种方式过去在农村商品交易中比较常用，因为材料在农村每户人家都能生产，容易得到，不用花费，在交易中只支付一些手工费，在经济落后、没有什么货币收入的情况下，这种交易方式比较容易被农民接受。

照片18 蓑衣的制作过程

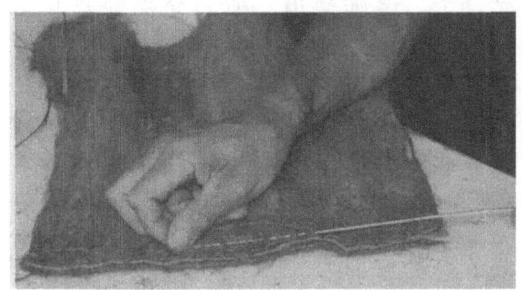

照片19 蓑衣的制作过程

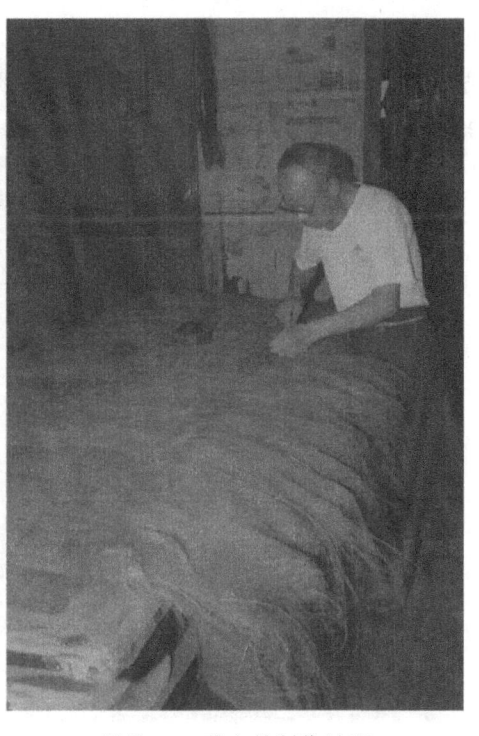

照片20 蓑衣的制作过程

现在，由于有了各种材料的先进的防雨装备，蓑衣已经没有人用了。但它已成为当地土特产，受到旅游者的喜爱，镇上旅游品商店都能看到各种型号的蓑衣，市场前景比较乐观。柴师傅说一个熟练的师傅，每天制作一二件作为旅游纪念品的蓑衣，卖给出售旅游品的店铺，价钱是20元。2008年在浔里街上遇到开蓑衣店的老人家，因租金太贵，回到家里住房附近一间小土房里做工。老房子在旅游景区的边缘，与主要旅游线路隔着两条街，很少有游人能找到这里。因此，老人没有条件实现生产、销售一条龙，只能由着中间商赚取差价，而这个差价跟生产成本相比，基本是30%，出货20元，零售30元。这个收入和付出很难满足一般人生活的需要，因此也就不会有人再来学习这门手艺。老师傅因为年龄的原因，可以领取政府的生活补贴，再加上做蓑衣的收入，生活在镇上算是可以。浔里街上那一家棕棉店，除了做蓑衣外，还弹棉花和卖一些其他商品。

### 4. 打铁

打铁是过去农村常见的民间手工艺，主要是为当地农民们打制农具及其生活用品。廿八都镇目前共有3家铁匠铺，均在浔里街上。打铁是季节性行业，农闲

时生意比较好。在我们调查的过程中,看到其中有两家生意清淡,一家比较忙些。因为,目前农村还在广泛使用铁质农具,行业前景尚可,只是工作比较脏累,年轻人愿意学习的很少,从事者多为上了年纪的人。

照片21　铁匠杨公寿

2009年12月27日上午,调查对象是浔里街80号的铁匠铺,主人杨公寿,51岁,铁匠,外来户,一家3口人,夫妻二人、女儿,以打铁为生,月收入3000元左右。从目前情况看,收入还比较稳定。杨师傅说,他的父亲就是从事打铁,到杨师傅这一代是两代。杨师傅祖籍是江山县凤林镇人,1953年到廿八都,此前走街串巷,还曾到过福建的崇安、鼓楼等地。杨师傅有兄弟4人,现有2人从事打铁,哥哥的铁匠铺在他铺子的上方,主要以打农具为主。老家有父亲打铁挣钱盖的房子。过去打铁的价钱以粮食折算,打一把锄头30斤大米,一天可以打三四把锄头,挣百来斤大米。

挣得的大米要运回家,这种雇挑夫运粮要用去收入40%作运费。现在打铁器的价格是按产品的重量计算,每斤铁十四五元,以锄头为例,每个锄头四五斤重,每天努力可以打两三把锄头,可得100多元钱。来打东西的人家一般都按照这个价格,不还价,因为镇上只有两三家打铁,价格一样,没有还价的余地。杨师傅现在主要接收外面的订货,产品是建筑工地用的砖夹,结构很简单,工艺不复杂,客源也很稳定,是一个熟人在建筑工地工作时拉的关系,主要供给上海码头工地,以后福建也有订货。每个砖夹收20元,一天能打四五把。

照片22　打制好的锄头

因为是个体经营，干多干少由自己，有时懒惰、有时有事决定了产量的多少和挣钱的多少。打铁的材料是从江山市买的。杨师傅现在用的打铁工具也有所改进，主要是体现在风箱上面，同过去老式风箱的区别，主要是更多利用了杠杆原理，对风箱的结构进行改进，拉起来省力了，风箱是产自浙江永康，每个 200 多元。杨师傅家的房子是到这以后买的，他家是外来户，没有宅基地和耕地，原来的房子是用木头建成，现在改成砖石混合。目前，杨师傅家只他一人打铁，老婆有时打下手，女儿在外面打工，没人继承他的手艺了。2010 年 8 月第四次调查时看到，杨师傅的铁匠铺因大雨倒塌了，还没有重建。

5. 编火铳

廿八都产竹子，竹器是当地人们生活中离不开的用具。过去镇上有竹器店专门做竹器，现在镇上还有竹篾加工厂，为竹器厂提供原材料。但是，专门做竹器的竹篾店镇上已经没有了。在调查中能看到的就是副业编火铳等竹制生活用品的人家。

火铳，也有叫火笼的，是南方地区老百姓冬天取暖的一种用具，既可以暖手，也可以暖脚，是用竹篾编成篓子，放进陶罐或铁皮罐，罐里放上木炭即可。镇上有专门的篾匠做此用具。根据观察，现在当地人冬季用火铳取暖还很普遍，几乎人手一个，需求量应该不在少数。从制作工艺和产品的形状、用途看，火铳是一种不错的实用生活器具和当地特色民间手工艺品。

2009 年 12 月 28 日上午，在廿八都镇枫桥路 82 号调查了一家做火铳的人家。主人杨驯江，52 岁，篾匠；妻子林爱仙，家庭主妇，腿有残疾；儿子大学毕业参加工作，不在家里住。杨师傅主要是种田，做篾活是副业，有时也会外出帮工，做些木匠活等，我们采访时，杨师傅便外出帮助人家做木匠活。做火铳的技艺和过程是他夫人为我们做的介绍。她说，做火铳一般在快到冬季时，客户会事先定货，主要是镇上的人以及周边江山、蒲城等地的人。有活时，一天可以做 2 个，每个能卖 30 元，一个冬天多的时候可以做 60 余个。一个火铳可使用很多年，在当地基本是每人要有一个，因此销路还是不错的。如果能保持这个销售数量，或是将火铳做成旅游纪念品的样式，销路还能更大些，做火铳就可以为家庭增加一部分收入。而且做火铳的技术也不复杂，有一定推广、传承条件的。

制作火铳的工具包括：钢杆刀（扣刀），样式是将两把刀交叉固定放置，用于将篾条拉得薄厚均匀；刮刀、钻子、篾刀（刨竹子用）、篾尺（量长度用）、篾

照片 23　制作火铳

舔（也叫撬毛，在编织过程中，将篾条塞进和拉出时用）、挖刀（挖槽和把篾板挖薄）、铡刀、削刀、铁尺（用于将篾条之间缝隙的打紧）、火铳钵（乘木炭用，有陶制、金属两种）、背篮（即工具箱）。

做火铳的工序是，将从山上砍来的毛竹劈成竹片，再将竹片用扣刀拉成均匀的、厚度一致的竹条待用；根据所用容器的形状和大小，用竹条搭成框架，借助框架将竹条并排、交叉编织在一起，直到编成提篮的形状，为了美观，可以根据经验设计、编出各种图案。盛木炭的容器陶罐和铁罐是从专门生产此物的店铺采购来的。

这家做篾器的人家除了火铳外，还可以编制鸡笼等竹器。

以上就是还在廿八都老百姓日常生活中流传的部分民间手工艺。一些昔日曾经存在过的手工艺种类许多已经不流行了。这些保留下来的种类也不像过去那样生存自如。调查到的掌握铁匠、棕编、篾匠、做豆腐、做年糕等民间手工艺的村民年龄都在50岁以上，没有年轻人继续学习和从事这些民间手工技艺。同时，手工艺的生产条件、产品生产销售、成本和收入比等方面都有一定的问题。目前是这些民间手工艺面临的最危急时刻。

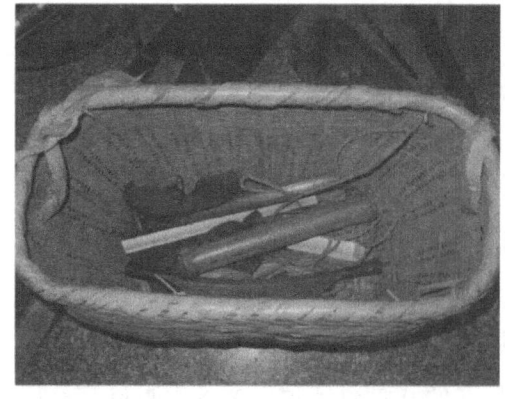

照片 24　制作火铳的工具

照片 25　制作火铳的工具

## 三、当地民间手工艺的保护、继承、发展

民间手工艺是非物质文化遗产中最接近人们实际生活的部分，它曾经改变了人们的生活质量、提高了人们的生活水平、丰富了人们的生活内容。保护、继承和利用好民间手工艺，使它发挥应有的作用，具有重要的现实意义。此外，社会发展对文化多样性的需求、不断高涨的非物质文化遗产抢救保护的呼声、人们环保理念的增强、各地发展特色经济的趋势和独特的自然环境、人文景观，以及当地民间手工艺传统和其产品自身的优势等为民间手工艺继承发展也提供了有利条件。

根据调查，民间手工艺及其制品目前所存在的问题是，制作起来费时、费力，产量低下，质量好坏难以控制，价格和成本不成正比，从业者收入低。这些因素阻碍了民间手工艺的正常发展。同时民间手工艺也有自身的优势，取材方便，生产过程绿色环保、污染小，可以为人们提供健康产品，手工生产的产品内容丰富、形式多样、特色鲜明，有浓郁的乡土气息。在调查中发现，保持民间手工艺制作的多样性和独特性，是吸引人的重要条件，也是试图使民间手工艺产业化不容易解决的问题。如廿八都现有的十多家豆腐制作者，但是产品能销售到上海、杭州、衢州、江山等地的，只有两三家。究其原因是这几家生产的产品保持了原始生产方式产品的味道和有优良的品质，才被消费者接受。而其他那些家的豆腐因为达不到客户的要求，打不开销路。铜锣糕在小工厂生产后，也存在口味单一等问题，过去各家自己制作铜锣糕时，可以根据各自的喜好，随意放入各种配料，形成了各自的特点，工厂生产后解决不了"众口难调"的问题，如果能解决这个问题，可能会有更好的前途。

如果当地政府能将保护发展民间手工艺纳入当地经济文化发展规划，出台相应的政策、措施，提供必要资金、设施；对当地特色手工艺及其产品的特点、优点进行大力宣传、推广；对手工艺的传承人进行保护、帮助；对手工艺生产、销售等进行指导；将普及条件成熟的传统手工技艺列入技能教育系列，等等，对保护发展当地手工艺会起到很大促进作用。例如目前廿八都当地的农家乐不断发展壮大，政府可以将当地的民间手工艺品和土特产与农家乐的发展一并纳入发展规划，给予相应的政策扶持，工作指导，这样对民间手工艺的传承、推广会有实际作用。

## 要旨

# 民間手工芸

## 劉　暁　路

　民間手工芸の発生というのは、ある時点において、その社会が生産力をどの程度まで発展させていたか、あるいは人々の生活様式がどのような特徴をもっていたか、といった事柄を反映している。したがって、民間手工芸は、当時のさまざまな方面にわたる社会的・文化的な情報を内に秘めているのである。それは、労働者たちが生活や生産の必要性に応じて、それぞれの土地の条件に合わせて発明し、創造してきた民間の技であるということができよう。こうした技は、日常生活のさまざまな場面において、きわめて重要な役割を果たしている。それと同時に、民間の技はいずれも、民族や地域の特徴、実用性や芸術性といったものを具えている。これらは材料も用意しやすく、製作の方法も単純であるとか、形状も変えやすく、用途に富み、自然環境の破壊にもつながらないというような長所を具えているのが一般的である。

　民間手工芸の発展という視点からみると、浙江省江山県廿八都鎮は、歴史的に名声の高い街として、きわめて恵まれた条件を有している。まず、ここは豊かで優れた自然・地理的条件と、生産の条件を具えている。廿八都は浙江省西南部の山地に位置しており、その山林は利用価値の高いさまざまな植物を得るのに適した性質をもっている。こうした条件によって、この地域では数多くの木匠や竹ひご細工職人、棕櫚細工職人といった職人たちと、油搾り、押し染め、製茶といった職業が生みだされてきた。また、この地が育む豊富な農産物を用いて、人々は「年糕」（モチ）や豆腐、「米酒」（もち米や粟で作った蒸留酒）、「麻糖」（ゴマを使った砂糖菓子）、「湯圓」（もち米の粉で作った団子）といった特色あふれる食品加工の技を創出してきたのである。二つには、廿八都は街が成立してからかなりの長い間、地理的に有利な位置でありつづけ

てきたことが挙げられる。このことも、この地域において民間手工芸が発展するうえで欠かせぬ条件の一つとして考えることができるであろう。すなわち、ここを往来する人々の生活や生産の需要が、この地における手工芸の発展を大きく促したといえるのである。三つめに、廿八都の周辺に暮らすさまざまな人々がそれぞれの地域特有の文化や風俗習慣、生産技術を携えてここへやってきたということも、廿八都の民間手工芸が各地の経験を吸収してゆくのに適した条件を与えるのに一役買ったといえよう。四つには、この地域において廟会や定期市が発達していたということに注目すべきである。すなわち、これは民間手工芸の商品に必要な流通ルートを開くという大きな役割を担ったのである。

ここで調査をおこなううちに、「銅鑼糕」や豆腐、棕櫚細工、竹の器、鉄の器といったものを作る技術としての手工芸が、今もなお民間に広く伝承されていることがわかった。社会が発展し、人々の生活が大きく変化すると、先端科学技術が普及するようになった。このことは、民間手工芸が継承され、発展させられていく過程において、さまざまなレベルで影響を与えてきた。技のなかには、こうした時代の流れのなかでしだいに軽視されてきたものも、もうすでに失われてしまったものもある。

民間手工芸というのは、非物質文化遺産のなかで最も人々の日常生活に密着したものである。それはこれまでに、人々の生活を質的に変化させ、人々の生活レベルを高め、さらには人々の生活を充実させる役割を担ってきた。こうした民間手工芸を保護し、継承し、活用するということは、民間手工芸そのものがもつ役割を発揮させることであり、きわめて重要な現実的意義を具えている。目下のところ、民間手工芸とそれによって生みだされるモノの継承と発展とは、さまざまな困難を抱えている。この地域の手工芸を保護し、発展させるためには、次のようなことが問題となるだろう。たとえば、政府は保護と発展とを要する民間手工芸を地域の経済・文化発展計画のなかに組み込み、自らが先頭を切ってふさわしい政策や対策を練ったり、必要な資金や設備を提供したりする必要がある。また、地域の特色ある手工芸と、そこから生みだされる製品の魅力を大々的に宣伝することが大切である。さらには、手工芸の伝承者を保護したり、支援したりする取り組みが重要である。このほかにも、手工芸の生産や消費に対して指導を加えたり、卓越した伝統手工芸の技を技能教育の体系のなかに組み入れたりすることも不可欠になるだろう。

# 木偶戯とその非物質文化遺産化

中野　泰

## はじめに

### (1) 問題の所在

　本研究の目的は、浙江省衢州市江山市廿八都の木偶戯を取り上げ、木偶戯の継承と非物質文化遺産化の問題性を関係付け、民俗学的に論じることにある。

　改革開放以後の中国では、都市化と開発に伴い、多くの伝統家屋、街道、城壁などが消失していった。1990年代に強まったこのような状況を愁え、伝統の保護や活用に対する機運が強くなり、非物質文化遺産政策が生まれる背景となっていった［向2004］。伝統的建築や景観を対象とする歴史文化名鎮化は、政府や学術界の強力な支援のもとで急速に拡がり、全国化している（2007年）。同様に、非物質文化遺産化も急激に進められている。例えば、2007年、国家級非物質文化遺産の「伝統戯劇」のジャンルにおいて92の項目が名簿登録され、京劇、越劇、昆曲、目連戯などの中国を代表する劇、地方の儀礼色豊かな地方劇のほか、木偶戯として、泉州の提綫木偶戯など12例が含められている[1]。これ以後、各省において省級の非物質文化遺産の対象として、木偶戯だけに限っても、続々と名簿に登録されているのである。本稿で対象とする廿八都の木偶戯も、2009年9月に浙江省の非物質文化遺産の名簿へ掲載されることとなった。このように急速に進められる非物質文化遺産化にはいかなる問題があるのだろうか。

---

　[1]　泉州提线木偶戏（福建省泉州市）、晋江布袋木偶戏（福建省晋江市）、漳州布袋木偶戏（福建省漳州市）、辽西木偶戏（辽宁省锦州市）、邵阳布袋戏（湖南省邵阳县）、高州木偶戏（广东省高州市）、潮州铁枝木偶戏（广东省潮州市）、临高人偶戏（广东省海南省临高县）、川北大木偶戏（四川省）、石阡木偶戏（贵州省石阡县）、郃阳提线木偶戏（陕西省）、泰顺药发木偶戏（浙江省泰顺县）。

中国における木偶の歴史は漢の時代にその起源が探索される。通説的に捉えるならば、木偶戯は、唐の時代に盛んになり、明清の時代に、各地で民間の木偶戯として花開き、習俗、宗教と連関し、地域的特色を生み出してきた。この頃、地方の戯劇や唱腔と融合し、各地において特色ある地方木偶戯が形成され、清の中葉から民国の初めにかけて、木偶戯は盛んになっていった［丁1991］。木偶戯は、大きく、提綫木偶、杖頭木偶、鉄枝木偶、布袋（掌中）木偶などに分類される①。これらはいずれも、地域と結びついて伝承されており、例えば、提綫木偶においては、福建省泉州の提綫木偶、浙江省泰順の木偶戯が著名である。杖頭木偶においては四川省成都や、山西省孝義が知られる。鉄枝木偶においては、広東省潮州地区が、布袋木偶においては、福建省漳州や晋江の布袋木偶がよく知られている［黄・陳2008］。

中でも、泉州提綫木偶は、中国のみならず、日本においても著名である。泉州提綫木偶は、細井、山本らによっても精力的に研究が進められている［黄・王2007、細井1997、細井・山本編1997、山本2003］。また、アジア、東南アジアの演劇の比較研究を背景に、宮尾慈良は、香港などを中心とするフィールドワークにより、人形劇を幅広く資料化している［宮尾1976、1984、1993、2000、2004］。山下一夫は、陝西省の郃陽木偶戯を取り上げている［山下2006］。これら木偶戯を扱った研究は、対象としては、提綫木偶のほか、杖頭木偶など幅広く取り上げているが、地域としては福建省、広東省などに集中している。浙江省においても国家級の非物質文化遺産に指定された泰順の木偶戯などの著名な例を除くと、地方の木偶戯の実体は必ずしも充分に明らかにされてなく、例えば、西南にあたる衢州市江山市の木偶戯については、近年に至るまで研究例が皆無であった［康2009］。

加えて、これらの研究の視角は、演劇学を背景としつつ、音楽学などの観点からなされ、事例研究を積み重ねてきている。しかし、民俗学的視角に基づく研究は少ない。ここでは、地域社会の生活を背景に営まれる姿を総体的に捉える試みを行う。つまり、木偶戯が営まれる舞台だけでなく、その外側に展開す

---

① 杖頭木偶は、俗に托棍（棒）木偶とも称する。鉄枝木偶は俗称、紙影戯という。布袋（掌中）木偶は、手套木偶とも言われる。

る時間的、空間的文脈に位置づける作業を重視する視角に立っている[①]。

## (2)研究の目的と方法

　民俗学的な視角に依りつつ、本稿は、まず、これまで充分に明らかにされてこなかった廿八都の木偶戯の全体像を、地域社会の生活を背景に捉えることを試みる。具体的には、木偶戯の継承者を個別に取り上げ、その継承の過程を通じて、廿八都の木偶戯の性格を、地域社会と関連づけて総体的に位置づける。次に、木偶戯の非物質文化遺産化の過程を明らかにすることを試み、地域社会において展開するこの過程を通じて、廿八都の木偶戯が非物質文化遺産化する際の問題を検討する。

　本研究は、以上の研究視角に立って、2007年、2008年、2010年に、廿八都でフィールドワークを行い、研究を進めた。調査対象に木偶を、対象地として廿八都を選んだ理由は、省境に位置するという特異な地域社会であることに加え、廿八都の木偶戯が中国の物質文化を重視する保護、活用の対象となっているからである。

　本研究は、フィールドワークによって得たデータに基づく。中心は口述データとなるが、観察資料も利用しつつ、資料、文献により、現在の木偶戯の歴史性を位置づけることに配慮している。筆者の調査対象は、廿八都の木偶戯伝承者金宗懐氏である。第2章では、廿八都の概観とともに、そこに伝わる木偶戯を紹介する。この紹介は、金宗懐氏が盛んに活動していた時期を現在時制として行うもので、その年代は、1980年代後半から1990年代前半にかけてである。第3章において、金宗懐氏の継承する木偶戯が伝えられた経緯、及び、以後の喪失と回復について、関連資料、及び、文献を参照しつつ、金宗懐氏の口述資料とつきあわせ、再構成する。第4章においては、廿八都の木偶戯の特徴を検討し、それがいかに非物質文化遺産として対象化され、そこにいかなる問

---

　① なお、廿八都の木偶戯が非物質文化遺産化される上で、廿八都の歴史文化名鎮化の問題を無視することはできない。この名鎮化において、さらに、農村部において展開されている「幸福郷村」政策も重要な位置をしめている。例えば、廿八都においては、五村聯創の富裕・満意・文明・美麗・和諧のうち、文明において、「《潯里村志》を編写し、村民の栄誉感を増強し、村民の淳朴な民風を発揚する」目標が掲げられている。しかし、本稿では、この問題性については、本稿の趣旨の明快さを維持するため、触れることにとどめたい。

題が認められるのかを整理する。ここでは近隣地区との比較検討を行いながら、口述資料、観察資料に基づきまとめる。最後に、研究の総括をし、文化資源化する木偶戯についての問題性を、民俗学の観点から整理する。

## 1. 廿八都の木偶戯

### (1) 概観

調査地は、浙江省衢州市江山市廿八都である。浙江省の西南端に位置する仙霞山脈の中にある。廿八都の西側は江西省の広豊県に、南側は、福建省の浦城県に接する。「一脚踏三省」と称され、国道205号（仙霞古道）は、廿八都を三つの省と連接させ、交通・商業の要衝の地とするパイプラインの役割を果たした［蔡・祝編2007］。

2005年の廿八都鎮政府統計資料によれば、人口約3600人である［羅2008：2］。69の姓が認められ、王、金、劉、楊、徐などの姓が多い。姓が多様である理由は廿八都の移民の多さに認められる［冯2002］。例えば、『廿八都古鎮』によれば、軍が駐留していた歴史的経緯、仙霞古道による交通の中核であった経緯、抗日戦争期に兵役を避けて廿八都が逃避地の一つとなっていた経緯などが言及されている。突出した姓としては、姜、楊、曹、祝、あるいは金の5姓が挙げられる［羅2008：50-54］。このような移民に支えられて廿八都の商業は発展した。これらの姓氏の居宅や商家は、建築上も特色あるものとして注目され［蔡・祝編2007、羅2008］、2009年に開園した廿八都古鎮を構成する建築・景観の重要な要素となっている。

廿八都古鎮の非物質文化遺産の1つに木偶戯がある。かつて、江山市においては、この木偶戯のほかに、手杖木偶を行う劇団が豊足村にあった。鄭という姓のものであったが、「文革」の時代に行われなくなり、廃れてしまった。廿八都の木偶戯は、従って、現在、江山市における唯一の木偶戯である。これを継承しているのは金宗懐氏である。金宗懐氏は、父、親族のほか、福建省の木偶戯の師匠を通じて、この技術を継承している。劇種名は、操り人形（提綫木偶）で、別名窟儡子ともいう。江山の他の地区、省境を越えた近隣の町村へ巡回して木偶戯を行ってきた。

口承によれば、廿八都への木偶戯の伝来は、清の順治年間、宜黄県の者が移

り住んで来て、伝えたという。継承の過程については、後述するが、木偶戯の系譜について、金宗懐氏に取材をした『衢州日報』は、江西省で徽班が贛劇という地方劇を形成し、そこから広信が分かれ、饒河、東河と合わせて宜黄の四大支派を形成していったとし、廿八都の木偶戯は「江西広信派に属す」ものとしている（2002年10月24日）。廿八都の木偶戯が、江西省の地方劇の1つの特色を有することが示されている。

## (2) 構成・演目

　以下、その木偶戯の内容を、非物質文化遺産の調査手引き［中国芸術研究院他編 2007］や［康 2009］のレポート、及び、筆者の調査に依拠して、まとめる。

【木偶・楽器・演目】

　木偶の頭は、高さ12.1cm（帽子を含む）あり、直径は7.2cmである。頭から胴までは45cmで、頭から足までの長さは86cmある（写真1・2）。糸の長さは、綫板から脚までで1m16.8cmある。綫はナイロンの釣り糸を用いている。綫は9本が基本で、武将の木偶は10本などと多くなる。9本の綫は、木偶の右腕の指に1本、掌に1本、肘に1本、左腕の手に1本、肘に1本、足に1本、背に1本、耳に2本ついている。これら9本の綫は、すべて綫板につながっている（写真3）。口を開閉する木偶の場合は、さらに1本増える。演出者はこの綫板を左手で持ち、右手で綫を操作する。耳や背中の綫の操作は、綫板を動かすことで行う。足の綫は、右手の中指などで綫を操作する。木偶の肘の綫を操作する場合は右手の小指で、木偶の手と指の綫を操る場合は、右手の人差し指と中指で行う。木偶の両手を操作する場合は、右手を用いて木偶の右手を操りながら、左手は綫板を操作しながら、人差し指と中指で木偶の左腕の綫を操る（写真4）。口を開閉する場合は、人によるが、右手で行うのがやり易いという。

写真1　計測対象の木偶

写真2　木偶の頭部　　　　　　　　写真3　綫板

　配楽には最低5人必要だった。主奏楽器は、二胡京胡、板胡、鴛鴦板、打板、鼓、挷鼓、鑼（大小）、笛子、嗩吶、鈸などがある。鑼と二胡など、1人で2つの楽器を行うこともある。木偶の演出者はセリフをうたいながら木偶を演出し、楽器の演奏者はその背後で合奏する。

　良く演じられる劇目は、歴史故事である薛仁貴征東、京劇作品で有名な（三国劇）の鉄龍山、弋陽腔で知られる合玉環、清代の白話小説である二度梅などである。演目は『合玉環』『満福堂』『善悪報』『鉄龍山』『陽陰鏡』など100程あった。

【舞台】

　自ら幕を張って舞台を組み立てる。舞台の骨組みに必要な竹は、近隣の山から捜し、それを持参して用いる。舞台全体の面積は、17～18平方㎡、高さは1.8～2mほどである。演出の舞台は、舞台裏とあわせて3つの空間で構成される。①最も手前の舞台、②中間に位置する操り人の立つ場、③最も奥の楽器演奏者が座る場である。舞台の上には、竹をかけ、木偶を吊す。この竹に主役でなく、セリフや動作の多くない木偶を吊す。竹は、左右各々4本ほどであるが、劇によって木偶の数が異

写真4　両手で木偶を操る金宗懐氏

なり、吊す木偶の数は一定ではない。木偶を操る人が立つ場には、使用しない木偶を吊しておく。舞台に向かって左側に女の木偶を、右側に男の木偶を吊す。楽器を演奏する者達の場と、木偶操りの場との間は、布をかけて区別され、観客から演奏者の姿は遮られている。奥の場は、向かって左に太鼓、真ん中の奥に胡弓、右に銅鑼が座って演奏する。使用しない楽器は、上にかけた竹の竿に吊しておく。正面の幕には「金氏木偶劇団」、左右の幕に「有色無声」「似人非人」と掲げた[①]。

【戯語・行語】

　劇で用いる言語は、康君によれば、方言を主とし、官話（廿八都の普通語）を用いるという［康2009］。具体的に確認すると、劇の言語は、戯語を使う。普通語とも違い、誰でも分かる言葉である。また、小丑など道化の役の場合は、時に方言を使うことがある。

　芸人達は、第三者が聞いても分からない言葉、すなわち、内部の人しか分からない言葉で話す。これを行語という。この理由は、泥棒など悪い者が多い為である。師匠達からみな習ったものである。例えば、条子海、春遠くから来て道が遠い。太平春、何もすることがない。他のグループもおおよそ同じであるが、師匠が違えば違うところもある。演劇の者達とは違う。準備中でも演出中でも使う。次の段階はどうやるか、伝える。

## (3) 巡回演出

【巡回】

　木偶戯は正月、また、神仏の誕生日に廟などで行った。江山の他の地区、福建省や江西省など近隣の町村へ木偶戯をしに行った。旧暦の正月には、1日から3日の間、毎日、木偶操りを行った。廟で行うのは、主として廟会や神仏の誕生日に行うものである。例えば、この地方では社司大王と殿后夫人を祭祀する廟が多い。社司大王の誕生日は旧暦9月22日であり、その誕生日に行う。観音廟の場合、旧暦の2月19日、6月19日、9月19日などに行事がある。6月19日は観音の出家する日、9月19日は神になる（成仏）日で木偶戯を行う。福建省の仙陽鎮烏陰橋では華光天王の誕生日（9月）に廟で行う。華光天王は、

---

　① これらの文字は、「形あって色あるけど、自分で声を出すことができない」、「人に似ているけど、命がない、本当の人ではない」、という意味である。

南遊記に登場する人物で、この地域で尊敬されているという。最近、農民は忙しいので、10月末に行っている。旧暦の正月～3月の頃に行うものは社戯といい、空き家（空房子）を利用した。

廿八都で行うことは多くなく、近隣の村を廻った。その数は、20～30ほどである。

特別の要求あれば、他の時間も行うが、普通、午後2～4、5時30分まで行った。廟の場合、食事は廟で食べる。稼いだお金の一部を廟に払うので、食事の場所を提供してくれる。宿泊は、その地方の人たちが配慮してくれる。廟の場合は、廟に泊まる。

【次第】

木偶戯の次第は、康君によれば、請神を行い、木偶戯を開始し（開戯）、終了時にも祈りをする（掃台）［康2009］。金宗懐によれば、木偶戯へ出資する者の目的によって、演目自体が異なり、どこに木偶戯を行うのかは異なるという。通常、祈願の最中に操ることはなく、合間に木偶操りを行う。例えば、華光天王の廟で行う場合、中央に華光天王、向かって左側に土地を司る紅将、右側に部下の黒将が位置し、華光天王の手前に香炉が置かれる。華光天王と黒将の間には社公という最も身分の低い神が位置する。供物は特に用意しない。木偶戯を始める前に、木偶の化粧をする（服装、ひげ、帽子を整える）。そして、金宗懐は、厳しい顔つきで「私は〇〇で、〇〇〇の祈りをする」といい、八仙へ対して言祝ぎをする。八仙への言祝ぎは4つあるが、1つは以下の通りである。「八仙過海浪渡涛　王母仙娘把手招　清間衆仙帰何去　一来慶賀二蟠桃」。次ぎに、施主の氏名、住所、年齢、目的を披露し、木偶戯を開始する。木偶戯が終わると、香炉へ向かって、1つの木偶が「終わります、家に帰ります」と言って、香に火をつける。これは言葉のみで行う。施主の望み、家族の健康、地域の豊作を祈願する。

【収瘟】

社戯の終了後には収瘟を行うこともある。収瘟とは、村の各家をまわって5位の伝染病の神の名が記された紙位牌を受け取り、川などで焼き、流行り病が治るよう祈願する儀礼である。収瘟を行うのは、道士と木偶操りの者である。予め、5位の伝染病の神の名を記した位牌を各家に渡しておく。家々を廻るの

は2人である。2人のうち先頭の1人は木偶を携える。この者は、木偶（老郎師）を紅紐に縛り、木偶の顔が見えないよう胸に抱えて手形を作って行動する。この手形を伍指山という（写真5）。この者は厳しい顔つきをし、笑ってはならない。もう1人は、竹に布袋を吊し、米、卵、オレンジの外、紙位牌を入れて担ぐ。この運搬具は、横に寝かした竹の上と下の部分に切れ目を入れ、そこを広げて布を挟み込み、米などを入れたものである。各家を回って受け取った位牌を布嚢の中に入れる。木偶戯を行っていると伝染病の神も喜ぶため、劇が終わってから行うという。

収瘟は、社戯が行われる1月～3月に行われる。木偶戯が関わるのは社戯に行われる収瘟のみであるが、5月には道師のみが行う類似の行事がある。収瘟は、どこの村でも行っているわけではない。経済的に余裕があり、関心がある村で行っている。村によっては、道師、木偶操の2つのうち、1つのみ依頼するところも少なくない。また、収瘟という伝染病自体、現在、少なくなってきている。

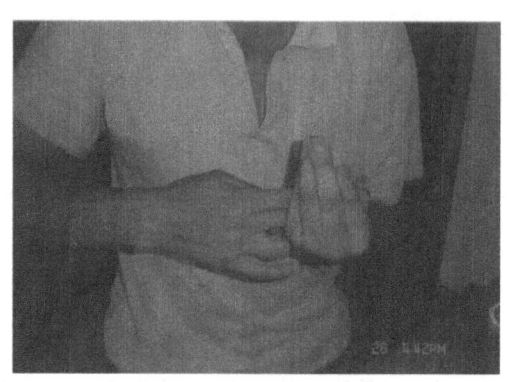

写真5　五指山の手形

## 2. 木偶戯継承の歴史的過程

### (1) 木偶戯の伝播

『廿八都鎮志』によると、廿八都における解放前の木偶劇は、黄金松の木偶劇団が「金家班」と称して、人気を博していた。活躍の場は、福建省浦城、江西省広豊を舞台にしていた。1964－66に、金春根、周連興、任良孫らが「江山木偶劇団」を形成したが、「文化大革命」により沈滞した。1985年、金春根氏を中心に、木偶劇団を再建し、息子の金宗懐氏が連なったという［蔡・祝編2007］。

一方、『衢州日報』（2002年10月24日）の内容は若干異なっている[①]。内

---

[①] これは、金宗懐氏が廿八都の木偶に関して初めて取材された新聞記事であり、実際は、金宗懐氏が書いた文章の骨子を下敷きにしている。

容を、金宗懐氏の口述を中心に整理すると以下のようになる。廿八都への木偶戯の形成には大きく2つの契機があった。①清の康熙年間に、江西省から移住して来た4つの家族（謝・饒・侯・葉）によって伝えられた。②金宗懐氏の父が、福建省の芸人周連興・武良孫と劇団を作って「文化大革命」によって喪失した木偶を復興し、活動を再開した。

①で移住してきた4つの家族は、「貧しいから」外にでて、廿八都の資源の豊かさを求めて来たという。移民によって伝えられた木偶戯と、解放前に行われていた木偶戯との関係は不明である。金宗懐氏は、解放前に活躍した黄金松の黄姓が、移転してきた葉氏と関係するのではないかと考えているが、古老に聞かなければ確かなことは分からないという。

①の経緯は口頭による伝承以外の資料を得ることができなかったが、①から②の経緯に関しては、父金春根氏の履歴や劇団活動の資料があり、再構成が一部可能である。以下に整理する。

## (2) 木偶戯の喪失と回復

金春根氏自身の履歴、及び、息子の金宗懐氏がまとめた春根氏の履歴によれば、春根氏は1923年の生まれである[①]。13歳の頃（1935年）から民間の座唱班を、山峰の謝樟樹について学んだ。17歳頃（1939年）から父親について左官の仕事を始め、20歳（1942年）から芝居を始めた。江西の芸人王加米、王加懐が廿八都へ演出に来た際、春根氏の才能を見いだし、木偶戯を勉強させた。王加米、王加懐は、金章根氏の母の兄弟にあたる。王加懐は、既に亡くなっているが、2010年現在で約101歳というので、1910年頃の生まれであろう。王加米はその兄にあたるので、1909年以前の生まれであろう。

王加米は金春根氏へ二胡を、王加懐はおじ（金章根）に司鼓を教えた。王加米、王加懐、金春根、金章根、廿老六の5人で家庭劇団を作り、木偶戯を演出した。王加米の弟子は多かったが、金春根氏は自慢の弟子であったという。廿

---

① 金姓は、清の時代の初めに、江山の保安から移住してきたという。もともとは、江山県下市底に住んでいたが、保安に行き、次に廿八都へ来た。金姓は3兄弟で廿八都に来た。この3家族の代称は、福、禄、寿であり、金宗懐氏の家系は、寿を代称する系譜に連なる。注、『楓渓金氏宗譜』の序には、保安の金世忠が廿八都へ居を移し、もうけた3人の子息が、今日の金氏の3派、すなわち、福・禄・寿のはじまりであると記している［蔡・祝編 2007：432－433］。

八都とその周辺、保安などの村のほか、福建省浦城の官路、九牧、忠信などで演出した。このように副業的に劇団活動を行い、畑仕事に三分の二、芝居に三分の一を割いた生活が建国の1949年まで続いた。この頃（1951－52年）、王加米と王加懐が芝居に対する意見の相違で班を分け、王加米と金春根氏、王加懐とおじ金章根が組んで演出した。2～3年ほどで終わった。また、同時代的に黄金松氏とともに黄小鶴氏も木偶戯で活躍していた。黄金松氏は、金春根氏の5歳年長で、江山市の山峰村出身である。黄小鶴氏は黄金松氏とイトコの関係にあたる。金春根氏は、王小鶴の指導を受けたことや、黄金松氏と組んだこともあった（1950年）。黄金松氏とのコンビは1958年に終わった。

写真6　金春根による戯本（1963年）
金宗懐氏は20ほどの戯本を、浦城県に
住む金章根も所蔵しており、併せて100本ほどある。

　1952年以後は農業に専念した。1956年からは食糧局に勤め、1961年には下放し、地元信用社でつとめ、峡口などの出先へ単身赴任し、1968年に帰省し、左官の仕事をした。1957年から58年にかけては、廿八都に文工団が作られ、金春根氏が団長をつとめた。この頃、木偶戯は途絶した。金宗懐氏によると、

この時期、理由は不明であるが、多くの木偶劇団が解散したという。

1964年には、途絶えていた木偶戯が開始され、金春根氏と黄金松氏とで報告書を提出し、当時の文教局の支持を得て、活動を復活した①。江西省の芸人を誘

---

① 江山県木偶劇団委員会の江山開放劇団が江山県文教局へ提出した「報告」1964年7月22日の写しによると、演出の回復が半年あまり前であったと記されている。これによると、共産党の文芸方針や原則を堅持し、生産の観点からプロレタリアート政治へ奉仕し、工農兵のために演出することを記されている。「文化大革命」が開始される前ではあるが、文芸界の「反動」的活動が敏感に受けとめられていたためであろう。当局である江山県文教局へ演出の審査を求め、お墨付きを得るためのものだったと思われる。以下に本文を引用する。「演出回復以来、もう半年あまり経ちました。各級の党委員会と文化行政部門の正確な指導の下に、本劇団は共産党の文芸方針と原則を堅持し、特に本劇団の特色にあわせて、山間部、農村に向かい、生産の観点から、プロレタリアート政治に奉仕し、工農兵（労働者、農民、兵士）のために演出します。半年間の間、本県の六つの区18個の公社など41個のところを舞台にしました。演出数は88場で、観客数は延べ24807人に達しました。いたるところ、特に山間部では、社員（人民公社の社員）と大衆に喜ばれ、今後の演出活動に基礎をしっかり作りました。春の耕作の時期は生産活動に参加し、自発的に演出活動を45日やめました。ほかに、県全体は夏収夏種早魃対策の三つの生産活動に専念する時期に当たって、劇団全員は討論して、33日の休みを取ることと帰省して引き続き農活動に参加することに一致しました。それによって、自己鍛錬にもなりましたし、労働者とのつながりもより密接になりました。また、8月22日に演出が回復する予定です。次の演出スケジュールは以下のとおりです。ご審査ください」。これに続いて、演出スケジュールが、下記のように記されている。ま

**1964年演出予定スケジュール**

| 月日 | 地名 | 月日 | 地名 | 月日 | 地名 |
|---|---|---|---|---|---|
| 8.22～8.23 | 二十八都 | 9.6～9.7 | 政棠 | 9.20～9.21 | 长台 |
| 8.24 | 裴家地 | 9.8～ | 南坞 | 9.22～9.23 | 张村 |
| 8.25～8.26 | 保安 | 9.10～ | 官田坞 | 9.24～ | 青石 |
| 8.27～8.28 | 三卿口 | 9.11～ | 三六都 | 9.25～ | 坊沅 |
| 8.29～8.30 | 峡口 | 9.12～9.13 | 新边坊 | 9.26～ | 白石 |
| 8.31～9.1 | 高坂 | 9.14～9.15 | 汗头 | 9.27～9.28 | 坊沅口 |
| 9.2～9.3 | 三二都 | 9.16～9.17 | 礼贤 | 9.29～9.30 | 王村 |
| 9.4～9.5 | 苗青头 | 9.18～9.19 | 石门 | — | — |

た、1964年上半期の活動内容が、江山県文教局を通じて、国家統計局へ提出されたものと考えられる「劇団演出収支情況半年報告書」の写し（1964年7月5日報告）によれば、報告内容は以下の通りである。経済類型：甲、集体。劇種：乙，提線木偶。演出場数（場）：合計65場。内、農村での演出：59場（その内現代劇は21場）、鉱工業企業部隊での演出：6場。観客人数（延べ）：合計19440人。その内、農村での演出：17995人、鉱工業企業部隊での演出：1445人。総収入（元）：合計1489.40元。その内、演出収入：25654元（その中農村での演出収入：1232.86元）総支出（元）：合計1321.38元。その内、基本給料：1087.38元、演出費：233.90元。国家手当て（元）：0。補充資料：期末総人数：9人。演出人数4人（主な芸者が4人）。楽団4人。舞台関係者1人。

って「江山木偶団」を結成した。金春根氏が団長、黄金松氏が劇務長をつとめた。しかし、1966年、「文化大革命」により、木偶戯も「四旧」の扱いを受け、多くの木偶が焼かれた。改革開放後の1979年、金春根氏は、再び文化部門に木偶劇の回復を申請したが、黄金松氏が亡くなったため、力不足という理由で申請は認められなかった。1984年、福建省の芸人とともに木偶劇団を創立し、息子もこれに加わり、木偶戯を復活することができた。晩年は、演目曲調名の収集、及び、座唱班の指導を行っていた（写真6）。1993年に亡くなった。

## （3）金宗懐氏による継承

　金宗懐氏は、金春根氏の4男である（1969年生まれ）。父をはじめ、舅公やおじなどが芸人であったため、早くから芝居が好きであった。16歳（1983年）の頃、折子戯を10本ほど演じることができた。1984年の冬、父が福建省浦城の芸人周連興、伍良孫、江西省の芸人劉文漢と一緒に木偶劇団を創設した。この劇団に付き添い、金宗懐氏も一緒に演出した。再建した劇団は「興浦木偶」と称した。もともとは廿八都で劇団を結成し、「同楽木偶」という名称を付けたかったが、政府に登録する登録料を貧しくて払うことができず、劇団結成は叶わなかった。この頃、父の眼が悪くなり、劇団から脱退せざるを得なくなった。春根氏は、宗懐氏をして木偶戯から離れさせようとしたが、宗懐氏は興味を捨てられず、劇団に残った。他人と一緒に劇団活動はストレスが大きかったが、2003年頃まで続けた。金宗懐氏は、父（金春根）や叔父（金樟根）、福建省の芸人周連興や伍良孫らの先達に学びながら、ともに木偶戯に携わってきた。それは、職業としての木偶戯であり、18年という期間にわたるものであった（1986〜2003年）。

　周連興は、福建省富嶺鎮の出身であり、金春根氏より10歳ほど年長であった[①]。伍良孫は、福建省と広東省の省境で上抗（あるいは双抗、正確には分からないという）の出身である。金宗懐氏が18歳、すなわち、1986年頃、父の春根氏が伍良孫氏を家に遊び連れてきて、初めて会ったという。伍良孫氏は、60

---

　① おそらく1913年頃の出生であろう。1959年に出版された『浦城縣贛劇團傳統劇目整理小組整理（福建地方戯曲叢書）』（福建人民出版社）の執筆者として、周連興，周慕斌の名が挙がっていることから、浦城地域の地方劇や木偶戯における第一人者の一人で、その活動は政府にも認められていたことが窺える。

歳で没した。2010年現在で、生きていれば77歳というので、1934年頃の生まれで、52歳頃の出会いであったのであろう①。

## (4)巡行地の変化

『廿八都鎮志』によれば、かつて、廿八都では毎年多くの廟会が催された。最も大掛かりな法運寺の大菩薩会は旧暦5月に9日間にわたって開催された。法運寺の大菩薩会のほか、関帝廟、水星廟、万寿廟、金氏宗祠は5大戯台と称され、閩劇や贛劇あるいは雑伎、臨時の戯台、木偶劇が演出された。また、毎年3回行われる上涼亭廟会においても、木偶戯が演じられたという［蔡・祝編2007：297－298］。この記述が、具体的にいつの時代であるのかは不明であるが、木偶戯の演出地として廿八都が言及されることは、観音廟の廟会を除けば、なかった。このことは、金宗懐氏の時代において廿八都が木偶戯の出演地として重要でなかったことを示唆している。つまり、木偶戯の演出地や巡行地は、『廿八都鎮志』に描かれた時代と、金宗懐氏の時代との間において変化していると考えられる。かつて、廿八都が繁栄をほこっていた民国の時代においては、多くの廟で廟会が催されるたびに木偶戯の演出が依頼された。有力者や軒を連ねる商店主などが、廟会の財政的支えとなっていたのであろう②。だが、廿八都の繁栄が過ぎると、依頼が少なくなり、演出は、近隣の村への巡行を中心としたものとなっていった。そして、近年においては、外の村へ演出に行くことすら甚だ少なくなっているのである。

また、演出に赴く地にも変化が認められる。かつて、1960年代においては、江山市の村々の巡行が、南は廿八都から北は50キロほど離れた江山市の白石村に至るまで行われていた③。2000年代においては、全体の演出数が減った中で、福建省の浦城県での演出が目立つ。直接の比較はできないが、金宗懐氏が記録している、座唱班や木偶戯の演出地メモによると、2010年1月における演

---

① 伍氏なのか、武氏なのか良く分からないが、7～8代と木偶戯を行ってきた家系である。

② 中国演劇研究を進める田仲一成は、中国演劇の類型を、村落組織型、村落連合組織型、市場地組織型と3分類し、宗族の構成と市場の展開を関連づけ、保守的なものから自由な演劇が展開していくものと位置づけている。この解釈にあてはめれば、廿八都の木偶戯は、市場地演劇に位置づけられよう［田仲1998］。

③ 正確には、演出スケジュールである。江山県木偶劇団委員会が江山県文教局へ提出した「報告」1964年7月22日の写しによる。

出地は、10件中、7件が福建省浦城県、2件が廿八都、1件が江西省広豊県である（表1）。福建省浦城県は、葬儀と火葬をあわせて4件、木偶戯と社公戯をあわせて2件、結婚式が1件である。廿八都の2件の内訳は葬儀と火葬、江西省広豊県の内訳は結婚式である。地元廿八都で葬儀へ座唱班の依頼が数度来ただけにとどまっているのに対し、福建省浦城県の場合は、葬儀や結婚式へ座唱班として招かれるだけでなく、木偶戯などの演出自体が依頼されている。もちろん、1960年代の記録は、政府に提出したものであり、江山市以外の地への演出が掲載されていない可能性があり、当時、江山市以外の地へ演出に赴いていた可能性も考慮する必要がある。とはいえ、復活した後の木偶戯は、福建省浦城県方面に比重を置いて演出されていくようになったと考えられる。

表1　2010年1月における座唱班、木偶戯の演出地一覧

| 日付 | 地名 | 類別 | 行政区分 |
|---|---|---|---|
| 1月5—6日 | 仙陰永建 | 喜事 | 福建省浦城県仙陰鎮永建村 |
| 1月8—9日 | 広豊十一都 | 喜事 | 江西省広豊県十一都 |
| 1月12日 | 山橋 | 白事 | 福建省浦城県 |
| 1月14日 | 更竹 | 火化 | 江山市廿八都鎮 |
| 1月15日 | 洪橋 | 社公戯 | 福建省浦城県 |
| 1月16日 | 蓮壙 | 白事 | 福建省浦城県 |
| 1月18日 | 更竹 | 白事 | 江山市廿八都鎮 |
| 1月23—25日 | 呂外塢演 | 木偶戯 | 福建省浦城県 |
| 1月28日 | 渓源 | 白事 | 福建省浦城県 |
| 1月28日下午 | 方家村 | 送火化 | 福建省浦城県 |

## 3. 非物質文化遺産化とその問題性

廿八都の木偶戯には、複数の名称が付されている。1つは、廿八都木偶戯である。また1つは大箱木偶、あるいは大箱班という名称である。

### (1) 廿八都の木偶戯の性格

【形態的特徴】

大箱木偶という名は、金宗懐氏によると、人形の体つきが大きいという意味の名であるという。詳しく聞くと、頭の形が大きく、頂上部の形状が丸い。そして、体が足まで含めて大きいのだという。木偶を入れる箱の大きさに関係があるのではないかとの質問に対して、そうではないだろう、詳しくは分からな

いという。

　この名称は、これまでの木偶戯研究において言及されて来なかった。しかし、近隣地区において、若干の事例を確認することができる。例えば、福建省の浦城においても、大箱班という木偶劇団がある。大箱班は36の木偶を有しており、各々木偶の高さが100cmある。これは清の康熙51（1712）年に福建省上杭の芸人伍仁遠、伍其俊父子が仙陽県の陽墩に伝え入れたものだという［浦城県地方志編纂委員会編 1994：1024－1025］。

　浦城における大箱班の木偶の大きさは100cmであるが、既に記したように、金宗懐氏の所持する木偶の体長は86cmであった。計測の仕方で多少のずれを考慮する必要があるが、浦城の木偶の大きさに比べ、若干小ぶりである。木の種類は、章の木、あるいは梨の木である。堅い木が良いという。さらに福建と異なる点は、頭部に付す帽子である。福建の木偶は布か紙で作られているが、廿八都の場合、木製である[①]。

【声腔の特徴】

　康君によると、廿八都の木偶戯の唱腔（節回し）は、本調と乱弾であるとされている［康 2009］。康君の報告では、本調についての説明がなく、詳細が分からない。金宗懐氏によると、本調というのは地元における俗な言い方であり、正式には西皮の節回しを意味するという。大箱木偶戯は、通常、乱弾で行うという。廿八都の木偶戯の歌い方は贛劇の歌い方であるという。贛劇の歌い方は京劇に似ているが、地元の特色があった。高腔を行うかについて筆者が尋ねると、金宗懐氏は、音楽がないものも、音楽を流しながら行うものもあるが、音域がとても高く、難しいと答え、明言はしなかった。他方で、金宗懐氏は贛劇に高腔が含まれ、贛劇の歌い方でうたうのが廿八都の木偶戯の特色であると主張している（政府への支援依頼のメモによる。これは後述する）。本人は不得手とするのかもしれない。

　演出する者によって得意とする内容は、うたであったり、木偶の操作であったり、楽器であったりと様々であった。例えば、黄金松は、うた、楽器、木偶

---

[①] 採寸した木偶は古いもので、清の時代のものであるという。なお、服は古くなったため、新調した。新調を依頼したのは、廿八都ではなく浙江省泰順の職人である。近くに職人がいないため、泰順、あるいは、温州の職人を利用する。

の3種ともできる人だったが、特に、声がきれいで、木偶を操ることに優れていた。金春根氏は、楽器に優れていた。吹く楽器も、弾く楽器も良くできた。木偶も演じたことはあるが、脇役が多かった。周連興氏の行う木偶戯も、金春根氏と同様、大箱木偶であり、木偶がとても上手であった。伍良生氏も金春根氏と同様、大箱木偶を行った。伍良孫氏は福建の生まれであるが、その地方や浙江省の地方劇の影響をあまり受けていなかったという。

【比較―福建省浦城県との類似性―】

大箱木偶は福建省浦城県にも存在する。浦城の木偶戯との比較をさらに進めてみよう。浦城には、2009年に福建省の非物質文化遺産の名簿に登載された伝子木偶戯も継承されている。この木偶戯は5つの特色がある。①基本的な声調や曲目は、民間の歌謡が精錬されたものであり、18種の歌謡を男女が半々でになうものであること、②現在は消失してしまっているが、部分的に高腔の声調でうたわれており、大変「珍貴」であること、③セリフに浦城の方言を挿入しており、地方的特徴を備えていること、④セリフ演台を設置し、他の班員がセリフを正しくうたうために、副の操り人が木偶を操り、唯一浦城木偶はセリフ演台の者が統括することが大きな特色となっていること、⑤伝承者の系譜が明確であること、である［林2009］。高腔は消失したものの、セリフ台を有しているほか、古い時代の木偶戯に連なる郭公という木偶の役割が伝えられている点が評価された［林2009］。

金宗懐氏によると、大箱木偶戯と伝子木偶戯との差異は、歌い方とセリフにあるという。一方のうたい方について、伝子木偶戯においては、歌詞が詩のようであり、それを歌謡のようにうたうが、大箱木偶戯の場合は、歌詞が、10字句の次ぎに7字句、次が10字句、続けて7字句と、字句数が定まり、一定の形式をとっている。また、大箱木偶戯の声調は、昆腔、高腔、西皮、二黄、また、南詞、北詞など多様である。他方のセリフについては、セリフの役割を担う者を区別し、特定の者に任せることは、伝子木偶戯だけであり、大箱木偶戯を初め、他の木偶戯にはない。伝子木偶戯においては、木偶の劇を行っている間、うたは木偶の演出者が行うが、木偶のセリフは、脇の説台に一人がおり、その者が話すのである。なお、伝子木偶戯の伝承者は、2010年に102歳を迎えたが、亡くなった。太鼓などの叩き方は伝統的な叩き方であり、金宗懐氏も少

しだけできるという。このように両者の木偶戯はセリフ台や役柄などの差異、及び、木偶自体の大きさの相違のほか、歌い方の違いがあるが、高腔を行っていたことなど、共通する面もある。

## (2) 非物質文化遺産化

現在、木偶戯は、周辺の村からの要請や、政府の要請などがある際に行い、ゴールデンウィークには、個人的に展覧を行っている。この木偶戯の存在が知られるようになったのは、先に示した『衢州日報』（2002年10月24日）が最も早い。以後、新聞やテレビなどで取り上げられるようになり、江山市ではよく知られた存在となっていった。廿八都の木偶戯を継承する金宗懐氏は、その過程で、「栄誉証書」（江山市文化広伝新聞出版局、2005年）、「栄誉証書」（江山市文化広伝新聞出版局、2009年）、「浙江省非物質文化遺産項目代表性伝承人証書」（浙江省文化庁、2009年9月）、「浙江省"優秀民間文芸人才"証書」（中共浙江省委宣伝部　浙江省文化庁　浙江省文学芸術界聯合会、2009年10月）を受けている。廿八都木偶戯という名称は、このような新たな状況に応じた活動の中で用いられ始めている。

【演出】

周辺の村からの要請は先に触れたように少なくなっている。旧正月には福建省の浦城で木偶戯の演出を依頼されることが多い。2007年には福建省浦城県下沙村、2008年には浦城県仙陰鎮に招かれて行った。政府からの依頼としては、2010年の5月には江山市の国家級非物質文化遺産の演出項目の1つとして廿八都木偶戯の演出を行った。1時間に満たない時間であり、ほかに山歌など10種類以上の演出項目があった。この時は妻が演出をサポートしてくれた。

【展覧】

2005年頃からは、個人的にゴールデンウィーク（5月1日～5日）を利用して、家で舞台を作って実演し、歴史の紹介するほか、木偶の道具などを展示している。2007年前のゴールデンウィークには、近隣の人は無料だが、以外の人は有料で見て貰った。毎日30人ぐらいの来客がある。最大で50～60人ほど来た。上海、杭州、福建省などからの中国人のほか、外国からも観光客、学生、学者らが来た。当時の家は、現在の建て替える前のもので、20人ほど収容できた。1人だけなので、後ろにスピーカーで音楽を流した。演じたのは二度梅で

ある。難しい動作もなく、1人でも演じることができるためだという。演ずること自体に詳しい人はいないが、ある教授とか民間美術など、この分野に明るい人は、人物紹介に詳しい人がいる。このような試みには、①木偶戯に詳しい人から教えて貰うという意味と、②収入を増やすため、の2つの意味があるという。2010年のゴールデンウィークは家を新築していたため行わなかった。

　筆者のフィールドワークの過程で、金宗懐氏は、廿八都を訪れている調査団にも、木偶戯を見せてくれた。私自身が実見したかったので依頼したところ、独りで演じるので少ししかできない、という条件のもとでの応諾であった。場所は、金宗懐氏の宿屋である。2010年の改築された建物は、広く一階の空間が設けられている。十字路に面した二辺からは扉もなく、通路から中をそのまま見ることができる。残り二辺のうち、一辺は階段や奥の部屋に連なる扉、そして、宿屋のカウンターが設けられている。残り一辺には大きな木箱が置かれ、その前にオートバイが停められている。木箱の中には木偶や楽器などが納められている。調査団の中で早めに調査を済ませた者達がほどよく集まった頃、演出が始まった。金宗懐氏は、カウンターと扉を背に、独りで木偶を操る。セリフは「在朝作宦官」である。自ら高音でうたいながら木偶を操る（写真7）。数秒で演出終了した。音楽がないと続けられないとのことである。集まった調査団員がその場で鴛鴦板、打板の手ほどきを受け、拍子木を習う（写真8）。再び、「干主定乾坤」と演出する。これも数秒で終わった。独りでの演出は長い時間行えないとのことであった。

　　写真7　演出する金宗懐氏　　　　　写真8　調査員へ楽器の手ほどきをする

【古鎮廿八都】

　2009年末に「古鎮廿八都」が開園した。明や清の時代に遡る建築が多く残っている潯里地区が「景区」となった。この「景区」は、有力姓氏の旧宅、関帝廟や文昌宮などをつなぐ潯里の老街（商店街）に沿って設けられた。古い景観を保護するだけでなく、観光客が有料で入場し、往来しながら購買するなどの活用、すなわち「遊覧」が意図されている。金宗懐氏も、老街の中程、東升門に近い通りに面して木偶の店を設けた。面積に応じて、利用料を元払う。

　しかし、開園後、観客は少なく、収入は少なかった。また、木偶を演じる定まった舞台もなかった。その結果、約半年後の2010年5月で辞めた。現在、その店舗は、「古韻茶軒」が営業している。

　古鎮廿八都の老街で開いた店の幟には廿八都木偶戯という名が掲げられていた（写真9）。また、この名称は、金宗懐氏の名刺にも用いられ、宿屋に部屋の隅に準備してある看板に用いられている。この名称は、しかし、普及したものではなく、金宗懐氏が近年の非物質文化遺産化の状況に応じて、今後用いていきたいと希望している名である。

　2010年8月に改めて受け取った金宗懐氏の名刺の表には、「金氏客桟　金宗懐　経理」と記されている。名刺の裏には廿八都の木偶が国家級の非物質文化遺産の名簿に登録されたことが記されている。その文章に次いで、金宗懐氏の宿屋に泊まると、「可免費看到廿八都木偶」と記載されている。廿八都の木偶を無料で見ることができるという。しかし、その文言の末尾は修正液で消されている。それはもともと「可免費看到廿八都木偶戯表演」と記されてあった。つまり、当初は、宿泊した客に、廿八都の木偶戯の実演を

写真9　退去した店舗に残された幟

無料で見せることを意図していたが、現実にそれは不可能であったため、「戯表演」を抹消し、木偶という人形の展示にとどめたのであった。調査団へ演出してくれたように、木偶戯は独演では行えないからである。廿八都木偶戯という名称は、演出困難という状況の中で演出不可能な実体を内包した名でもあると言える。

## (3) 継承をめぐる困難
【宿屋・座唱班】

　金宗懐氏は慶弔などの際、楽を奏でる座唱班も行っている。座唱班は、結婚式、葬式、高齢者の誕生日などに招待され、班員を集めてその家を訪問し、歌や楽器を奏で、行事の雰囲気を盛り上げる民間の音楽隊である[①]。座唱という名称は、演出する際、みな座って演奏するためである。かつては、歌を中心とする座唱班と、楽器を中心とする吹打班と2つあったが、現在は、一緒に行っている。父春根氏が導いてきたものを金宗懐氏が継承し、座唱班の取りまとめ役をつとめている。

　座唱班は、木偶戯を専業として行っていた時代も、副業的に行っていたものである。だが、現在、木偶戯では食べていくことができない。そのため、金宗懐氏は、宿屋を経営している。宿屋を主生業とし、座唱班を副業的につとめているのである。宿屋は、古鎮の老街の中にはない。廿八都の新街十字路で自宅兼用の建物で営業している。この十字路は定期的に市がたつ。一ヶ月に6回、周辺から様々な物資を売りに商人が集まる。建物は2009年に古鎮廿八都が開園した翌年の5月、建物が古くなっていたため、新装改築した。従来、金宗懐

---

[①] 結婚式の際は、文武招親、龍風呈祥、長生楽、八百春などを演奏する。文武招親、龍風呈祥は忠孝の意味の歌である。歌は、嫁を送迎する時や食事などの重要な場面で、雰囲気を盛り上げる。高齢者の誕生日においては、長生楽、皇母上寿、程咬金上寿、郭子儀上寿、渭水訪賢などを演奏する。皇母上寿、程咬金上寿は軽快な曲である。食事や、来客がお祝いの言葉を述べる際に演奏する。葬式には、孫氏祭江、李洪登仙、孔明吊孝などを演奏するが、数が多い。豚を殺す時は音楽だけで、歌をうたわない仕来りがある。これは屠殺する時の勢いを増すためであるという。また、道士が呪文を唱えている時にも仕来りが多くある。なお、2007年の統計調査によると、江山市の21の郷鎮に民間座唱班は170を越え、それに従う人数は1000人を越える。平均すると各郷鎮に5～8つの民間座唱班がある。2007年、江山民間座唱班は浙江省非物質文化遺産名簿に登載された（「江山民間座唱班」『衢州日報』、2010年8月26日付）。

氏の木偶、楽器、その他の道具は保管する場所がなく、「姜隆興旧宅」の一室にしまっていた。新装改築により、そこを引き上げ、木偶と大半の道具を自宅兼宿屋で保管することとなった。金宗懐氏は、自らその意図を説明することはなかったが、古鎮廿八都の開園による観光客の往来が、木偶戯への関心の増大、宿屋の経営改善に連なることを想定していたものと推測される。しかし、開園後の状況は、先に見たとおり、全く芳しいものでなかった。

【木偶戯継承の問題】

木偶戯は「文化大革命」で全部喪失したという。現在の木偶は、金宗懐氏が私財を投入し、収集したものが大半である。その数は40を越える。中でも古いものは清の時代に遡るという（写真10）。このように古い木偶は、父が「文革」の時代に密かに隠し持っていたものであるという。また、木偶のほか、脚本の収集、保管も行っている。

このような行為を促す1つの考えは、木偶戯自体が持つ魅力にあるという。金宗懐氏は、木偶戯は「精神財富」すなわち、金や値段で「判断できない」価値があり、「精神的な宝」であるという。このような価値あるものの継承者として、金宗懐氏の立場は厳しいものがある。1980年代、出稼ぎが流行し、同世代の多くの若者が故郷を離れる雰囲気に抗して、金宗懐氏は演劇の世界へ入っていた。それが可能であったのは、父を初め、周連興ら福建省の芸人など60歳を越える年配者達であった。結果、氏が唯一の伝承者となってしまい、彼独りへその継承の責任がみな覆い被さってきている。しかし、独り身で「文化を守る」努力に限界があることは言うまでもない。経済的な支援、政府のバックアップが必要になっているのである。

金宗懐氏は、「木偶」「木偶戯回復計画」なるメモを有している。政府に回復を認めて貰うためのメモであり、最近作成したものだという。前者の内容は、6点にわたっている。①木偶の歴史は漢代に遡り、廿八都の木偶戯は明清から民国時期まで200年以上の歴史があること、②16歳から管・打楽器などを勉強し、18歳から木偶戯を継続して勉強していること、③贛劇の伝統劇は、高腔、昆腔を含み、代表作が昆腔による「対花大八仙」であること、④廿八都の木偶戯について、江山市テレビ、衢州縦横、衢州日報などが特集をし、自身過去数年の文芸コンクールで個人優秀奨と二等奨を受賞したこと、⑤近年来、廿

写真 10　古い木偶、金宗懐氏と筆者

八都地域で木偶戯を受け継いでくれる人がいなく、消失する危険性に直面していること、⑥廿八都地域の木偶戯を継続、発展させるため、省関係部門の支持が得られるようお願いする。

　後者の内容は、演出人数、給料、食費、修繕費、保存されている伝統戯名などにわたっている。具体的には、演出人数は5～7人、給料は一日に二回の演出で一人500元、食費は一日に100元、古くなった道具などの修繕費として15000元が必要と記されている。また、伝統戯の名は21が挙げられ、折子戯の名も21が挙げられている①。

　金宗懐氏は、最盛期には80ほどの演目を演ずることができたが、現在は、うまく演ずることができる演目は20ほど、うまくはできないが演じることができる演目は45ほどあるという。色々な原因、経済的な原因、政府の原因で少なくなる。政府が支えてくれないためである。

---

　①　伝統戯の名は、長生楽、満堂福、陰陽鏡、鉄籠山、福貴栄、双献図、珍珠塔、合玉环、対金銭、双官、金山寺、忠孝全、義馬報、鳥猿報、百子図、三進士、福寿図、斬老龍、進爪記、四合計、大香山の21である。折子戯の名は張松献図、徐荐葛、孔明借箭、奪成都、戦長沙、白門楼、借衣勧友、平貴別妻、西蓮執掌、儿進宮、轅門斬子、黎花斬子、八順回朝、李洪登仙、観画跑城、女梆子、王永上寿、平貴別妻、風亭赶子、□全修書、東美招親の21である。

金宗懐氏が木偶戯を学び始めた時代、既に若い年齢層や同世代の者は木偶戯の世界に少なくなっていた。その後の、伝統的戯劇に関心が薄くなりつつある若年層を取り巻く、情報、文化的環境は急速に激変している。事実、金宗懐氏の長男も、木偶戯へは関心を示さず、父が手伝いを依頼しても、断ることまである状況だという。この状況に対し、短期的、中期的、長期的な施策がなければ、木偶戯の非物質文化遺産化は、伝承者にとって、木偶戯自体にとって、得るものが稀薄となる可能性が大なのである。

## 5. おわりに

　廿八都の木偶戯は、廿八都の黄金松と江西省から来た王加米からもたらされた。金春根氏は、解放を挟んでそれを継承し、金宗懐氏がそれを引き継いでいる。「文化大革命」による途絶を乗り越えてきた点で、金春根氏がその回復と継承に果たしてきた貢献は大きなものがある。

　本稿で明らかにしてきたように、廿八都の木偶戯は、大箱木偶戯に位置づけられる。おそらく、木偶戯に対する学術的貢献の1つは、このような位置づけを明らかにすることにあると言えよう。しかし、学術的貢献によって、非物質文化遺産の1つとして、ある対象を定義づけることに問題がないわけではない。例えば、福建省浦城県の伝子木偶戯の例を挙げることができる。この伝子木偶戯は非物質文化遺産の名簿に登載されたことで脚光を浴びた。それは、名簿登録の後、木偶戯研究の第一人者やアメリカにおける人形劇やその研究の第一人者らが現地を訪問し、伝子木偶戯の重要性を説いていたことからも窺える[①]。しかし、浦城県における木偶戯の様相は実に多様であった。『浦城県志』

---

[①] 中国木偶戯研究を進める葉明生氏と、木偶劇史の専門家であるアメリカニューヨーク州立大学のオールバニー分校東アジア系助教授の陳李凡平（Fan Pen Li Chen）、アメリカBowling Green State University 教授のBrode, Clark 氏の3人、および、木偶劇史研究専門家が浦城を訪問し、伝子木偶戯の歴史的淵源、伝承系譜、芸術の特徴、使用する器具や設備などを中心に調査し、伝子木偶戯の101歳の伝承者から話を聞いた。その結果、伝子木偶戯の保護を求める建議を政府に提出したという。叶明生氏は、福建省の木偶戯研究の第一人者であり、福建省芸術研究員、福建省非物質文化遺産専家評議委員会委員でもある。陳李凡平氏は台湾出身の中国影絵劇の研究者、Brode, Clarkは、アジアの人形劇や演劇の研究者であり、アトランタ人形劇センター（Center for Puppetry Arts）の収集キュレーターでもある。

によれば、木偶劇団は大箱班、温州班、高腔班、伝子班、南平提綫木偶、松渓、政和木偶戯の7つに分けられ、各々異なった特色があった。例えば、大箱班は贛劇、温州班は甌劇、高腔班は高腔、南平提綫木偶は大腔、松渓は京劇を特色とする。政和木偶戯の場合は、四平調と乱弾を特色とする。この中で伝子木偶戯が非物質文化遺産とされたのは、「原始的」で「珍貴」であったからだと言えよう［林2009］。一方、廿八都の大箱木偶戯は、伝子木偶戯に比して、清の時代と、黄金松や王加米との間の歴史や継承の系譜関係が不明であり、「原始的」で「珍貴」という基準に則れば、やや劣る。その点で、非物質文化遺産の選定は、複数あり、多様な性格が認められる中で、木偶戯を、「原始的」で「珍貴」な基準に沿って選別し、格付けしていることが分かる。結果的に、伝子木偶戯の場合は、伝承者が死亡してしまったことで、利・活用や改変・創造の問題は大きく発生していない。しかし、韓国などの事例において指定行為は、類似集団の中から選別、価値・権威付けをすることで、集団や地域間に、葛藤、競合をもたらし、文化財に指定された木偶戯は、政治経済的目的に沿って、アイデンティティの象徴や観光資源として利・活用され、改変・創造されていると指摘されている［丁（秀）2007、2008］。

　問題は、伝子木偶戯に次いで大箱木偶戯が選定されれば良いというところにはない。むしろ、特定のものを選定する公正で平等な基準を設けることはたいへん困難であることを認識することが重要であろう。この問題は、定義される対象と、対象を定義する主体の2点に関わっている。前者の問題は、伝承者、技芸などの定義としてあらわれる。例えば、伝承者について、大箱木偶戯の伝承者を定義する際、師弟関係の末端に位置する者などは、伝承者とも、非伝承者とも位置づけ難く、問題を残す。系譜が複数に分岐している場合、この問題はより困難さを増すであろう。非物質文化遺産の対象を定義することには本質的に、このような師弟関係の一部を選別したり、排除することを伴う行為なのである。

　後者の問題は、伝統戯劇にとって政府が認可することが大きな意味を持っていることと関わる。そもそも、中国社会において木偶戯の演出は、政府が認可しなければ、その活動は不安定なものであった。このことは、廿八都の木偶戯やその担い手の名称が、「江山木偶劇団」、「廿八都木偶戯」と移り変わって

きたことにも反映されていた。1960年代においては市、2000年代においては鎮のレベルで木偶戯がオーソライズされていることが示されているのである。このことが直面するのは、例えば、大箱木偶戯が廿八都だけに継承されているのではなく、福建省浦城県でも伝承されていることである。継承地が単一の行政単位にとどまらない点は、省境に位置する廿八都と浦城県とは、国道205号（仙霞古道）を通じて、人、もの、情報の交流が密であったことによるものであろう。このような広がりをもつことが直面する問題の1つは、非物質文化遺産を誰がオーソライズするかという問題である。廿八都の鎮政府なのか浦城県のそれなのか、あるいは、浙江省や福建省であろうか、それでも相互に競合するのなら、中国という国家レベルでのそれになるのか。実際、廿八都の大箱木偶戯の伝承者の1人（金宗懐氏のおじ金章根氏）は、浦城県に居住しており、選定が一方の政府だけでなされた場合の困難さを内在している。

　以上のように、廿八都の木偶戯の非物質文化遺産化には、伝承者が抱える問題、選定の主体である政府の問題、選定に参与する学者の問題など、困難が多々存在している。さらに、無形文化遺産政策は現在、地球規模化しつつあり、将来的環境は地域社会の文脈を超え、原型保存や商業的単純化が多層的に加速化されているからである［cf. 宮尾2003、李2007、中野2009］。このような複合的困難性の拡大に対して、解決の方途を得ることは容易いことではない。本稿の結論としては、定義される対象と、対象を定義する主体に収斂させず、継承者の視点を置くことを提唱したい。

　廿八都の木偶戯の、政府の公的認可を必要としなかった時代の名称は「金家班」、あるいは、公的認可を得られなかった名称は「同楽木偶」、「興浦木偶」であった。このことは、政府や行政単位で性格づけられない内容、すなわち、木偶戯の担い手自身のアイデンティや木偶戯に認める感性がそのまま反映されていると思われる。留意したいのは、遺産の継承者に視点を置き、彼・彼らをとりまく生活の展開のレベルから全体を照射していく視角ではないだろうか。民俗学者は、保護や創造の対象となる遺産がどのように利・活用されるのかについて個別の背景や諸条件に沿って冷静に捉え、継承者の生活に軸を取り、建設的立場を多面的に探る必要がある。

### 引用参考文献

汪世洋　2009.8.14「多年木偶戏路上，金宗怀在思索」

　　（江山市新闻信息中心 http://www.jinrijs.com/5/news_view.asp？newsid＝10590、取得、2010.07.29）

康君　2009「浙西廿八都木偶艺术研究」『民俗研究』3期

蔡恭・祝龍光編　2007『廿八都鎮志』、中国文史出版社

謝雲憾　2007「闽北浦城传子木偶调查透视」『社会科学报』2007年8月2日

向雲駒　2004『人類口頭和非物質遺産』、寧夏人民出版社

田仲一成　1998『中国演劇史』、東京大学出版会

丁秀珍　2007「民俗知識의還流와"地域만들기"」『民俗学研究』29、国立民俗博物館

丁秀珍　2008「無形文化財의　観光資源化와　포클로리즘」『韓国民俗学』49

丁言昭　1991『中国木偶史』、学林出版社

中国芸術研究院・中国非物質文化遺産保護中心編　2007『中国非物質文化遺産普査手冊』、文化芸術出版社

林葉　2009.7.22「闽北浦城传子木偶：丝线传神演古今」

　　（东南网、http://www.fjsen.com/t/2009－07/22/content_184435.htm、取得、2010.07.29）

中野泰　2009「幹国民俗的保存和活用的現在时」『民间文化论坛』6期

黄少龍・王景賢、2007『泉州提綫木偶戯』、浙江人民出版社

黄文中・陳暁、2008『民間木偶（中国民間工芸全集）』、中国軽工業出版社

細井尚子、1997「廟宇・廟祝・人形戯――中国泉州東岳廟・城隍廟」『芸能の科学』、25、139－161頁

細井尚子,山本宏子編、1997『泉州目連傀儡にもとづく日中文化の諸相＝"泉州目连傀儡"相关情况调查研究会论文集』、日本「目連傀儡」研究会

浦城県地方志編纂委員会編 1994『浦城懸志』、中华お局

馮雨峰　2002「迁徙与交融－廿八都历史文化的人类学观察」『杭州師範学院学报』3期

宮尾慈良、1976「中国木偶戯台考－1－」『日本演劇学会紀要』、16

宮尾慈良、1984『アジアの人形劇』、三一書房

宮尾慈良、1993『アジア人形博物館』、大和書房

宮尾慈良、2000『東南アジア演劇史の研究』、鼎書房

宮尾慈良 2003「人形劇の復元と商業化の弊害」『国際演劇年鑑2003』、国際演劇協会

宮尾慈良、2004「香港の手托木偶戯－棒人形芝居－」『実践女子大美學美術史學』、18

山下一夫、2006「邵陽木偶戯初探」『中国都市芸能研究』、5、4－14頁

山本宏子、2003「福建省泉州提線木偶戯の請神儀礼における音楽」『阪大音楽学報』、2
葉明生、2004『福建傀儡戏史论』、中国戏剧出版社
葉明生、2005『古愿傀儡- 悠远神奇傀儡戏一』、海潮撮影艺木出版社
羅徳胤、2008『廿八都古鎮』、上海三聯書店

## 摘要

# 木偶戏及其非物质文化遗产化

## 中野泰

　　本研究提取浙江省衢州市江山市廿八都木偶戏的事例，揭示在被迅速推进非物质文化遗产化之中，木偶戏的继承是怎样进行的，并对这当中所发现的问题做民俗学角度的论述。这个研究视角，不仅只是局限于上演木偶戏的舞台，而是站在一个考虑到了在舞台之外所展开的时间上、空间上的脉络，对木偶戏是以地域社会的生活为背景得以维持的姿态做总体的把握的立场。第一，提取木偶戏继承者，将其继承过程及廿八都的木偶戏的特性和地域社会联系起来进行定位。第二，弄清木偶戏非物质文化遗产化的过程。

　　第2章在介绍廿八都概观的同时，也介绍了在这里传承着的江山市唯一的木偶戏的概观。首先，关于剧目或构成的介绍，涉及木偶、乐器、剧目、舞台、戏语、行语等方面。关于巡回演出，归纳出了巡回地的展开，进行演出的季节，例行仪式和演出的顺序、随时举行的收瘟等与生活的各种关联。

　　在第3章中，整理了金宗怀先生所继承的木偶戏的传承经过。具体而言，提取了有关廿八都木偶戏的来历和以前的传承人以及之后丧失和恢复经过、金宗怀先生的继承情况。在这里，一边参照相关资料及文献，一边将之与金宗怀先生的口述资料相对照，重新进行构成。代替本章的总结，就巡行地的变迁进行了整理。

　　第4章揭示出了廿八都木偶戏的特征为大箱木偶。具体来讲，提示了其在形态上的、声腔上的特征，此外还探讨了它与福建省浦城县大箱木偶的类似性。在此基础上，将廿八都的木偶戏在被非物质文化遗产化之际的问题，放到以演出的减少为背景所举行的个人的展览、政府推进的古都廿八都的开园以及围绕着继承的难度之上来加以考察。

　　最后，从民俗学的观点整理了关于非物质文化遗产化的木偶戏的问题。指出

民俗学虽然能够弄清木偶戏的系谱及特性,但是这样对研究对象下定义的事情本身也存在着问题。并说明尽管要尽快地解决这一问题点是很困难的,但是对设定评选的平等标准的难度有一个自觉的认识,则是很有必要的。此外,也发现了关于授权进行非物质文化遗产化的主体是谁的这一问题的存在。关于这一问题,将观点放在传承人之上,论述了把被资源化的过程进行总体上的资料化的必要性。

作为结论,作者主张民俗学者对于成为保护或创造的对象的遗产是怎样被利(活)用的,应依据个别的背景和各种条件去冷静地把握,并以传承人的生活为核心,多方面地去探寻建设性的立场。

# 民众对再造文化空间的认同和选择
## ——廿八都大王庙修缮后的文化传统变迁

冯莉

## 前言

1989年，联合国教科文组织通过了《保护民间创作建议案》。"文化空间"一词出现在《宣布人类口头和非物质遗产代表作条例》（以下简称《条例》）中。《条例》特别指出，"文化空间"的概念指的是"人类学"的概念。此后，"文化空间"被指定为非物质文化遗产的重要形态。

有学者认为，人类学的"文化空间"，首先，是一个文化的物理空间、物态的物理"场"；其次，是一个文化场；最后，必须有人类的"在场"。有人在场的文化空间才是人类学意义的文化空间[①]。本文尝试以浙江省江山市廿八都镇大王庙的文化变迁为案例，讨论以下两个方面的问题：一、当前非物质文化遗产保护政策的执行过程中，一些主管部门由于对"文化空间"概念和含义缺乏深刻认识和理解，造成保护行为同传承主体之认同发生了偏差或冲突；二、由于传承主体的被动性适应与主动性选择，导致了文化传统的变迁。

## 一、大王庙的历史变迁

廿八都镇，位于浙江省江山市西南端，浙、闽、赣三省交界处，地处东经118°26′—118°36′，北纬28°14′30″—28°20′。东西长21公里，南北宽9.8公里，总面积183.3693平方公里。北连保安乡，东接双溪口乡，东南与福建省浦城县官路乡毗连，西南与浦城盘亭乡接壤，西北与江西广丰县嵩峰乡交界。宋熙宁四年（1071），王安石推行新法，以10户为保，5保为大保，10大保为都。江山县

---

① 向云驹：《论文化空间》，《中央民族大学学报》2008年第3期。

从县境东北（今一都江）开始，按顺时针方向分设 44 个都，因廿八都排行第 28 位而得此名。2005 年全镇管辖 16 个行政村，147 个村民小组，居民 3574 户，12614 人。①

与血缘同姓聚族而居的村落不同，廿八都是一个地缘性社会，兴起于驻军，兴盛于商业，镇内村落中主要人口都来自浙、闽、赣三省的江山、浦城和广丰。在这里，仙霞古道从全镇穿街而过，早在明清时期江山至浦城的水陆交通就已形成最为繁盛的商路。特殊的地理位置、商业地位和早年的经济实力，使得廿八都庙宇群落与一般乡镇相比，规模更大，建筑质量也更为上乘。廿八都曾建有二阁、三宫、三社、四祠、六寺、八庙，过去每一年，各宫阁庙社都要定期举办各种庙会活动。庙会期间，来自三省边界各乡镇的男女老少会云集镇内，从各地赶来的商号则在大街两旁搭棚设摊展示商品，小商贩更是肩挑货品沿街叫卖。此时的廿八都，几乎成为朝圣之地，民众从四面八方赶来赴会，许愿、还愿、看戏、售买商品，交流生活物资。1949 年后，镇内众多庙宇或改为民房或遭损毁，香火不存。目前镇内唯有东岳庙建筑完好，其庙会活动也在"文革"后得以恢复，迄今香火兴旺。

廿八都东岳庙又称大王庙，位于 205 国道以东灰山岭华坞口。大王庙是廿八都 13 座庙宇中面积和规模仅次于文昌宫的第二大公共庙宇建筑，始建于明万历甲戌年（1574），清咸丰戊午年（1858）被毁，重造于清同治乙丑年（1865）。现存于大王庙门厅内的《东岳宫记》碑（1923 年立）记载：

照片 1　修缮前的东岳宫
（2008 年 8 月）

考彼都东岳宫之建也，始于明万历甲戌，重造于本朝同治乙丑。门厅赫奕，堂构巍峨，不惟坐镇一方，抑且庇庥万姓。无如相时未善，度地不嘉。咸丰戊午，既被焚毁于红羊。光绪庚寅，复遭侵蚀于白

---

① 蔡恭、祝龙光主编：《廿八都镇志》，中国文史出版社，2007，第 41—45 页。

蚁。迄今梁折栋崩，砖酥瓦裂，所余未倾圮者，非是苍螨雨滴，即为绀霜零，有朝不保暮之势。

目前保留的建筑，是民国12年（1923）由乡绅杨秀东根据原来建筑的结构和样式设计重建，占地面积1500平方米，建筑面积1225平方米，坐东北朝西南。院内建筑两进七开间，共一大四小五个天井。大王庙正殿内供奉东岳大帝，两旁为哼哈二将；两侧偏殿塑有四大公曹、十二司，两侧厢房有财神、五谷神、三圣、四社司殿。各殿内的神像均在"文革"期间被毁。

东岳大帝是道教因袭民间信仰崇奉的泰山神。一般认为，泰山是人死后灵魂归宿之地，泰山之神是掌管阴间鬼魂的最高神灵。东方朔《洞玄灵宝五岳古本真形图》曰：

> 东岳泰山君，领群神五千九百人，主治死生，百鬼之主帅也，血食庙祀宗伯者也。俗世所奉鬼祠邪精之神而死者，皆归泰山受罪考焉。……泰山君服青袍，戴苍碧七称之冠，佩通阳太明之印，乘青龙，从群官来迎子。①

明代的《东岳大生宝忏》曰：

> 东岳天齐大生仁圣帝，应乎造化，生于混沌之初，立自阴阳，镇彼幅员之域，与天齐久。……奉行天令，宰御阴司，……知人寿之短长，设七十五司，以掌权衡。有三十六岳以惩凶恶，永绥邦社，大庇民区。②

正由于此，无论是帝王将相，还是士农工商都十分重视对泰山神的祭拜。旧时各地皆有东岳庙，大多都以道士奉祀香火。传说三月二十八为东岳大帝神诞辰日，当日各地都会在东岳宫内举行庆典活动。据《廿八都镇志》记载：旧时该镇东岳庙庙会每年三次，即正月初一、三月二十八和十一月初一。但从2005年以来，每年举办的庙会增加到了四次，具体时间也与以往有较大不同（详见下文）。

据当地的老人说，大王庙的原址并不在现在的位置，而是在现址处向东北方向大概2公里的地方。那里有一座石灰山，过去村民长年以挖石灰为生，由于开

---

① 《道藏》（第6册），文物出版社、上海书店、天津古籍出版社，1988，第35页。
② 《道藏》（第10册），文物出版社、上海书店、天津古籍出版社，1988，第1页。

挖的地方形成了许多坑，雨季时会发生塌方和泥石流，人们认为是有白马精①作怪，因此在此修建了大王庙，以威震白马精保一方平安。后来庙被洪水冲毁，才复建于现在的位置②。

1949年新中国成立后，在长达四五十年的时间里，大王庙失去了宗教功能，庙会活动全部停止，庙宇在不同时期先后被改为不同的公用场所。庙里管理人员T先生告诉我，1949年后，大王庙成为政府的公产，1952年被供销社用作收购和存放木炭的仓库，1958年改为酒厂，1963年改为木器厂，1967年人们用宁波运来的海水造盐，大王庙曾作为造盐的场所和盐仓，1970年作为竹篾生产车间，1975年改作酒厂，一直到2005年酒厂迁走。近年来，经过一批信徒集资重修神像，恢复祭祀和庙会活动，这里又逐渐重新成为香火兴旺的宗教庙宇。

## 二、大王庙作为"根庙"的角色与复兴

如用桑高仁（Sangren，1987）的民间宗教理论③看廿八都的土地庙、社公庙、大王庙之间的联系，大王庙的角色就相当于"根庙"。廿八都有浔里、花桥、枫溪三个村，这三个村各有一个社（黄坛社、隆兴社、新兴社）。各社均建有社庙，社庙的管理范围相当于一个自然村的村域，而在社下面每个村内的弄、巷中还设有土地庙，以保这一小区域家户平安。"社"既管阴间也管阳间，而大王庙的东岳大帝是管理阴间的总管，换句话说，大王庙相当于三个社之上管阴间的"根庙"。大王庙中碑文《东岳宫记》记载了1923年最后一次重修，对此进行记录的人正是"黄坛社"一个叫左谨的人。这一信息说明区域性的"社"对中心性质"根庙"的复兴和重建责任在身。

以下是2008年至2010年调查了解到的廿八都土地庙、社庙、大王庙的情况。

---

① 《廿八都镇志》中有关于"白马精"的民间故事。白马精原是宋朝大将韩世忠的坐骑，浑身雪白无杂毛，人称千里雪，死后葬在廿八都东北的灰山脚下。多年过去，千里雪成了白马精，它伸伸腰，探探头，廿八都便地动山摇，山头开裂。"白马精"怕大王庙中的东岳大帝就没有作怪。后来，地方首脑请来阴阳先生，宰数条黑狗，将血滴入裂缝中，白马精被镇。至今，在廿八都灰山一带仍可见山头开裂，裂缝纵横。见《廿八都镇志》，第492页。

② 罗德胤：《廿八都古镇》，中国文史出版社，2007，第231页。

③ 民间宗教与区域制度的关系主要体现在民间小庙是大的区域的"根庙"的分化，民间小庙到大的"根庙"的朝圣行为是把地方庙与中心庙宇连接在一起的媒介。参见王铭铭：《社会人类学与中国研究》，广西师范大学出版社，2005，第154页。

**土地庙** 廿八都枫溪村有四个土地庙，分别坐落于金家弄、桃花巷、曹家弄、水井弄。这些土地庙规模很小，内供土地公和土地婆塑像。目前金家弄、桃花巷、曹家弄的土地庙仍有香火供奉。水井弄的土地庙被农户占去盖了猪圈，不过弄巷里的老人却仍于初一、十五和二月初二土地公生日时在此处供香祭拜。

旧时，在每年农历七月十五中元节时，土地庙要举行驱鬼活动。在节前三天，村民用篾条（或稻草）和纸做成几个面目狰狞的"鬼王"，大家簇拥着、敲锣打鼓送到社庙中供奉。中元节晚上，由几名强壮男子背起"鬼王"，到隐蔽处躲藏。背鬼者身着厚衣，并在裸露处涂上食醋，以防被火烫伤。人们高举火把，四处搜索。"鬼王"被发现后逃窜，人们大声呼喊拼命追赶，并用竹枝、树梢及小棍尽情抽打，直至赶出村口。然后，众人在欢呼声中把"鬼王"模型放火烧毁，或抛入河中，任水冲走，表示邪气被驱除，村内已求得平安。①

照片 2　枫溪村桃花弄的土地庙

**社庙**　据《廿八都镇志》载：社公乃阴间一方之主。旧时，廿八都镇区分浔里、花桥和湖里（枫溪）3 个村，建有三处社庙。浔里"黄坛社"建在文昌宫弄口，花桥"隆兴社"位于花桥头南街东侧，湖里"新兴社"建在花桥头下 100 米处。社公生日这天，村民要打麻糍、买鱼肉，为社公祝寿。平时各家各户如有宰猪、过生日、婚嫁喜庆等活动，也要将煮熟的猪头（猪嘴内含一根猪尾巴）及

---

① 蔡恭，祝龙光主编：《廿八都镇志》，中国文史出版社，2007，第468页。

鱼、蛋等，另加一壶酒送到社公庙中祭拜，请社公同乐。①

黄坛社位于浔里街北西侧，今浔里街3号，占地约250平方米。由正殿、大门厨房和庭院组成。据说，民国期间正殿供奉三尊菩萨，真人大小，每年农历九月二十二逢周公菩萨生日，社内要举行庆祝活动，百姓不能挑粪、倒马桶。②但从20世纪50年代就已经荒废了，1958年曾经用作牛栏。1971年4月，庙内曾供奉的五谷神、奶娘菩萨等几尊塑像被砸毁。同年5月，黄坛社被用来养牛。1981年，被郑兆海（78岁）花1万元买下做自家房屋，至今仍在使用。现在的黄坛社，正堂内贴有神灵牌位，上书"本境廿八都黄坛周公、周婆神位"，"供奉当方土地、财神、五谷香位"和"供奉浔里正宫尊神夫人香位"。郑兆海之妻余氏，平日信佛。在她的记忆中，黄坛社内曾供社公社婆、观世音菩萨、五谷神和奶娘菩萨（保佑女人生孩子顺顺利利），每逢初一、十五村民会前来上香敬奉。她说，这里村民很相信"社公"，凡是生病、求子、"社公"生日都会来祭拜，即使在"文革"时期，也有人偷偷在门外祭拜。古镇开发后，黄坛社外部得到修缮，但房屋内部基本已成危房。余氏想让政府帮助修理房子内部，也设想如果政府整修复兴社庙，她就不动这个格局；如果政府不管，她准备改造成现代的洋房，不过还是会把"社公"原来位置保留出来。

隆兴社在今枫溪街3号，位于枫溪村北，南侧为水星庙。它是比黄坛社、新兴社面积都大的社庙，正殿4间，殿前院内南侧原来是厨房，现已坍塌。殿内曾有6尊神像，"文革"期间全部损毁。③据姜水仙老人（83岁）说，正殿以前叫三神宫，供奉社公、社婆，两边还有拿铁链的小鬼，两侧是厨房。土改时里面分给一户人家，后来卖给别人作住房了，现在里面还住着四兄弟。

新兴社位于枫溪村水安桥南，初建于民国

照片3　枫溪村新兴社（2009年）

---

① 蔡恭，祝龙光主编：《廿八都镇志》，中国文史出版社，2007，第469页。
② 罗德胤：《廿八都古镇》，上海三联书店，2009，第238页。
③ 罗德胤：《廿八都古镇》，上海三联书店，2009，第239页。

初年，曾于 1994 年 205 国道一期改造时拆除，当时由枫溪村徐氏倡议并由村民筹集资金，在原址处向北的山坡上进行重建。据说，2006 年"社公"生日时，村民们在万寿宫会馆聚餐摆到街上吃饭，一共摆了 56 桌。2009 年，新兴社进行扩建，由原来的一开间改为两开间，并将房顶部的椽子和瓦片换了。当年农历九月二十二，新兴社"社公"生日，枫溪村的村民在"大会堂"办了 40 桌酒席。新兴社管理者说，村里信佛的一般都是中年妇女和老人，年龄大约在 60 至 80 岁左右。初一、十五，村民都要到社公庙来拜，平时如果家里杀猪或者有比较大的事情也要来祈愿。每个人拜的过程为：先点蜡烛、点香，然后祭拜，再后烧纸。如果社庙举行庙会聚餐，村民都会自发来帮忙。供品通常会拿给小孩们吃，他们认为菩萨吃完是很清洁的。正月初一，廿八都镇内诸村落的居民会到庙里祭拜。社庙管理者会从福建请道士来念两天经。正月十五闹元宵、玩龙灯，"开灯"时首先要到社公庙前拜，然后再到村上各家各户的大厅拜年舞龙。徐氏认为枫溪新兴社的社公特别"灵"。她说，曾经有个年轻女人生小孩许下愿，承诺没有兑现，然后就生病了，不知道怎么回事，这边给她念经说她的承诺没有兑现。然后她又去点香烧纸，病就好了。

**大王庙会"复兴"**

大王庙庙会的复兴，同枫溪村新兴社的影响有直接关系。徐氏的口述，为我们生动地描绘了当时的经过：

> 从 2001 年开始我就给大王庙做佛龛了。当时庙里还是酒厂在里面，没有地方摆。那些人坏得很，我们刚摆了两个凳子他们就给踢开了，盘和碗都打掉了。后来第二年我和另一个管土地庙的姓杨的女的一起去敬大王公公。我点了三支香去拜他。大王公公就给我讲："你给我做一个佛龛，每年会开花结籽。"我讲："我不识字，干不了这个。"他说："你可以干。"后来，我就先干能干的事情，做佛龛是我起的头儿，我们枫溪（村）人干的。后来庙会兴起后，每次有四五十桌呢。

2009 年，我们对大王庙管理者的访谈证实了徐氏所讲的情况，即大王庙的活动最初是由枫溪村新兴社管理者开始做的。他说，最初是一些信徒将大王庙内清扫干净，并在民间筹集一部分善款制作了神像，之后就有信徒（大多是老年妇女）轮流清扫维护。接着有更多的人开始陆续到大王庙进香，这几年香火逐渐旺盛起来。

在上文所介绍的三个社中，黄坛社、隆兴社在 1950 年土改后已经失去社庙功能，唯有新兴社香火仍在，正是由于枫溪村新兴社管理者发起组织信众筹款制作神像、神龛，大王庙信仰空间才得以复兴。如果说"区庙"对中心性的"根庙"有着周期性的进香义务，那么大王庙的复兴也是一些有组织的民间信徒向中心"根庙"寻找组织认同的一种行为。

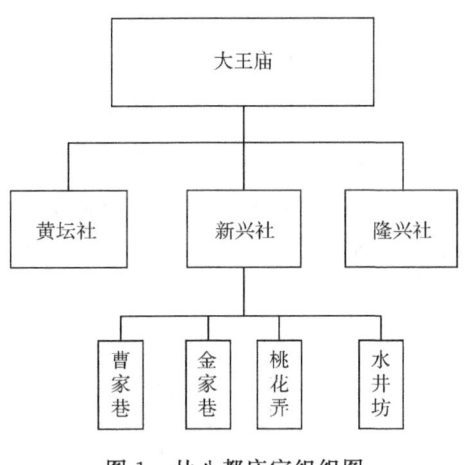

图 1　廿八都庙宇组织图

"复兴"后的大王庙会都是依靠民间援助自发组织的，在每年农历三月二十八（东岳公寿诞日）、七月二十九（地藏王寿诞日）、八月十一（李老真君）、十月初一（东岳公会）都有活动。届时，廿八都附近的五佛村、花桥村、枫溪村、上峰村，甚至福建、江西、浙江都有人来祈愿祭拜。庙会时，组织者会请大约二三十人帮忙，有专门分工：管香火的，管火的，管香的，纸钱，做饭，买菜，记账。做庙会的钱是大家援助的，要登记，用毛笔在红纸上写出来贴到庙外公布具体金额。2008 年我们来这里调查的那天，正好是农历七月二十八。据大王庙当时的组织者介绍，庙里的主殿正中供奉的是东岳公，左边是地藏王菩萨，右边是李老真君。他们说，明天（农历七月二十九）是地藏王的生日，会有一个很大的庙会，可能要有 21 桌。我们看到主殿内有一些老人，正在主殿下的庙堂中准备庙会用的东西，有的在擦桌，有的在整理香烛、冥纸，场面很热闹。

从整个廿八都公共建筑使用情况来看，由于多数公共祭祀空间已经失去了原本的宗教功能，民众不能从小的土地庙、社庙来完成更高层次的祭拜。而很多公共建筑功能的改变已造成民众祭拜行为和信仰心理的缺失。从某种程度上来看，大王庙的复兴实际上填补了地方小庙所不能完成的公

照片 4　庙会复兴后的场景（2008 年 8 月）

共仪式空白，整合了其他庙宇的公共祭祀活动。我在 2008 年调查时，发现庙堂四边塑了几尊小的神像，包括四大金刚、太阳神、观音菩萨和月亮神、财神、五谷神等，可以看出，这个空间中杂糅了许多祭祀内容。

由此可知，大王庙宗教活动的复兴一方面体现了人们对其历史感的一种延续和再创造，另一方面从中也可以体会到信众对大王庙这样一种具有区域整合性质信仰空间的认同。

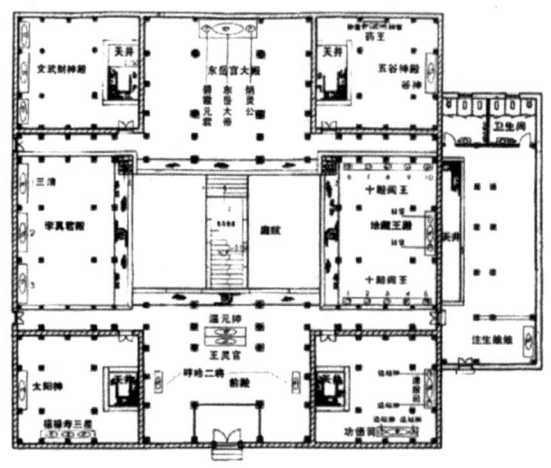

图 2　修缮后的东岳宫神像位置图（2009 年）

## 三、再造文化空间的认同与选择

**消失的庙会**　2008 年 10 月至 2009 年 4 月，大王庙由政府出资进行修缮，其间庙会活动暂时停了一段。修缮后的大王庙建筑外观变得整洁美观，倒塌的照壁不仅得到恢复，墙壁也粉刷一新，庙内神像也更换成了新的。但是仔细观察，却发现上一年还香火旺盛的大王庙，明显变得冷清了许多，与 2008 年筹备地藏王寿诞日庙会的热闹场景形成鲜明对比。已经复兴的庙会活动，在庙宇被修缮后却发生了改变：来烧香的信众少了，庙会期间也没有人来祭拜、敬香，庙会似乎突然消失了。据说，这可能与政府更换新的神像有关。原来的神像是民间筹集资金，并找人用樟木雕刻，请宗教人士进行开光的神像；这些神像已经在庙里安放了几年，信众对它们已经有较多的认同感。唐先生说："新的神像是旅游局做的。现在老菩萨没有回来，这个庙会提不起，很冷清。老菩萨是 2003 年用樟木雕的，2006 年从江西请来师公开光放在大王庙，开光花了好几千块。平常老百姓初一、

十五都会来拜的，很多人的，现在没人了。"

从对徐氏的访谈中笔者获得了另外一些信息：大王庙的庙会其实并没有消失，而是随着神像的搬迁到了位于西边村的地母庙。以前地母庙庙会每年两次，三月初一日，十月十八日。去年七月、十月和十一月，原本在东岳庙的庙会在地母庙进行了。

大王庙每年庙会四五十桌呢，现在搬走了，没人去了。现在搬到地母庙了，今天八月十二、十月初一、七月二十九都是在地母庙做的庙会。菩萨搬到地母庙就有人拜了，大王庙就没有人来了。我们的菩萨去了哪里，大家就到哪里拜。

**地母庙纷争**

地母庙位于花桥村（原西边村 2005 年并入花桥村），民国时期由民众集资建造，砖木结构，二进一天井三架两厢。坐北向南，前堂供奉地母娘娘。过去，每年庙会分春秋两次，春为三月初一，秋为十月十八。据一位周姓大爷说，在"文革"时，地母庙老的塑像就是他藏到家里保住的。后来，镇政府不让搞庙，老的神像竟让自己人偷去了。20 多年前，地母庙的香火还很旺，那时庙会聚餐有 80 多桌。由于交通不方便，到地母庙要走 3—4 里山路，所以近些年这里的香火不如以往。不过，每年十月十八，本地周围的村民会来拜祭，仍有三四十桌。

2008—2009 年，政府对大王庙进行修缮，重塑神像不仅导致了该庙庙会主体的消失，还因此带来了一场争夺民间信仰资源的纷争。

东岳宫由政府进行修缮时，旅游局要重新雕塑菩萨，老的神像地方不够不让放在殿内。原来管理庙的人想办法，到处去租房子，后来就跟西边村地母庙的人商量，暂时存放，以后假如租得到房子，想重新弄一个庙。地母庙的人同意了，旧神像搬过来的时候，都写有清单，双方签字。但一年后，当大王庙的人想要回神像时却与地母庙人发生纷争。当时大王庙来取神像的人找了旱塘村的五六十人，骑着摩托，砸了地母庙的锁，损毁了三扇门。此事件在当地造成很大影响，村民们认为这是双方利益之争，谁有老神像谁就能够把庙会的"人气"拉回来。但是当事人对此说法却不一样。

A：当时来取佛像的人说好三天之后来拿，但是提前了，地母庙的负责人没有在场，来取的人就误以为地母庙要和他们争神像。因为有清单，地母庙的人要双方负责人都在场当面点清，也算有始有终。他们说不行的，今天

非得把菩萨拿回去。随后，拿石头把锁磨开砸了，三扇门都砸了。他们都这样做了，我们肯定也不客气的。本来想义务让他放在这里一段时间，也没说要多少钱，但是既然这样，也没有什么必要客气了。我们也是农民，也不是很讲究那个的。后来，还是大家坐下来商量。反正今天是他们的不对，不是说菩萨不让拉回去，他们砸了三扇门，还有钥匙钱，算起来可能是3000多块钱。所以，拖拉机当天没有把神像拉回去，我们说好了要罚款，罚多少钱说好了，下次来拉东西的时候把钱带上，我们把东西全部还给他。就是这样，我们那天就把条件谈妥了，他们也同意了。

B：地母庙那边说不可以弄回来，要给他们钱。本来是两个人讲和，准备把菩萨拿回来，他们去了跟地母庙的人好好商量，那边不同意。原来他们是要3000的工夫钱，搬来搬去也要钱的，反正你不同意，华坞口和旱塘头村的年轻人就开车去抢了，结果花了4500块钱。其实事情的起因是某人的女儿生病，病得很厉害。有人跟他讲，你要把这个弄回来，不弄回来你女儿的病不会好的，意思是把大王庙的菩萨请回来，这个毛病会好。她就想出办法，叫他们村庄的人把菩萨拿回来，摆起来，起头还是那家的老婆。其实大家一直有这个心愿，正好她说出口了，大家就都同意弄回来。当时，他们家垫了好多钱，不过垫出来的钱已经用庙里援助的钱还给他们了。

从A和B两方的说辞中，我们可以看出B显然是略去了"砸门""赔偿"的这个事实。但最终结果是一样的，老神像拿回来花了几千元。民间争夺神像资源的起因，是偶然的突发事件加上民众一直积累下的心愿。两个因素的共同作用导致了这场纷争，而纷争的解决是由以前大王庙管理方用民众"援助"的钱去赔偿对方损失。从这个纷争的本质来看，神像的灵验能够赚取利益，并成为人们争夺它的理由，它能为个人或者一个组织解决生存或生命问题，其中体现了民众对老神像的认可程度。

**两个"大王庙"**

大王庙的修缮改变了复兴的民间宗教庙会活动，民间主体不得不做出选择，要么遵从"官方"的改造，要么按照自己的方式探索能够使之延续下去的做法。由于廿八都古镇改造，古庙作为文化资源的意义得到了新的阐释，庙会不再是"封建迷信"活动。庙宇作为弘扬本地文化的历史性建筑被开发成景点。在开发

古镇、发展旅游的背景下,"官方"与"民间"之间的相互矛盾成为必然。2010年,廿八都出现了民间和官方两个"大王庙"。

Y氏是旱塘头村人(60岁),她讲述了老神像安放旱塘头村"民间"大王庙恢复活动的情况。2010年农历二月十三,大王庙的老神像从西边村地母庙搬至旱塘头村①农户家中,二月十九菩萨上位。目前,主要是旱塘村、五里头村村民初一、十五都来祭拜,廿八都其他村来的较少。2010年农历三月二十八大王公寿诞日,参加会餐的有40多桌。

笔者于2010年8月造访民间的大王庙。如果没有人带,外面的人很难找到这个"庙"。我在村民的引领下从东岳宫出发,走了40分钟的山路,从外面看到的是一户农户的房子,11个老神像供奉在那里。民间的大王庙为什么还有如此的魅力？管理香灯的Y氏说,现在这里有11个菩萨,其中7个菩萨都是一棵樟树雕的,包括中间的大王和旁边六个。雕刻的樟木也是经过挑选的,砍哪个树要大家协商的。这棵樟树是出了400块钱买下。当时树砍下来没有马上雕刻,而是过了两年以后才雕出来的。因为那时候镇政府不相信这些东西。后来,菩萨托梦给Y氏的母亲,然后她母亲就跟她说,这个树砍下来让她去帮忙请人雕神像。那时雕刻这些神像共花了四五千,开光的时候花了一两万。在雕好的时候,镇政府当时不要人搞佛教这些东西,她晚上叫人把菩萨搞好,第二天就把菩萨摆起来,管他可以不可以。

照片5 旱塘头村的"大王庙"(2010年)

照片6 修缮后的东岳宫(2010年)

---

① 隶属廿八都镇山峰村,坐落山区山腰。早年村边有口塘,难以蓄水,经常干旱得名。2004年,19户,67人。

民间信徒之所以"信"老神像，按照Y氏的说法是菩萨肚子里面都藏有东西，菩萨才显灵。按照过去的规矩，凡是神像开光前，在神像背后洞里要把金、银、铜、铁、锡，红黄色的金丝线，海龙、海马、灵芝之类的药材包起来放在里面。另外，每个菩萨还要放一块铜钱，一块镜子，茶叶、米，根据神像的大小，大的多，小的少。

2010年7月，大王庙（东岳宫）由旅游局承包给私人，管委会主任就是承包人。据说，承包者通过政府招投标的方式拿到大王庙、关公庙、观音殿一共三个庙的承包经营权，一年40多万。调查时看到村口和古镇各处景点醒目位置，都贴有农历七月初三东岳宫举办"东岳宫神像开光暨弭息水患四十九天罗天大醮万民祈福法会"的标语，其口号是"阳间赶了东岳会，阴间不受阎王罪"。这个祈福法会连续四天，主办者花去近5万元，从江西请了很多道长来念经，为舟曲遇难同胞超度往生，早登极乐。这次活动最重要的是要给新雕的大王公塑像开光，据说，开光一天光道士花费是1000多元，还要请道士专门住在庙内，一天200元，管吃住。

就对新旧神像的看法，笔者访谈了东岳宫中的管理者。他认为，像这次七月初三的开光仪式一搞，村民也不在乎那个神像怎么样了。据说，岭关有个姓陈的半仙，他说东岳公公灵魂还在东岳宫，神像好像一块木头，他是在这里显灵的。

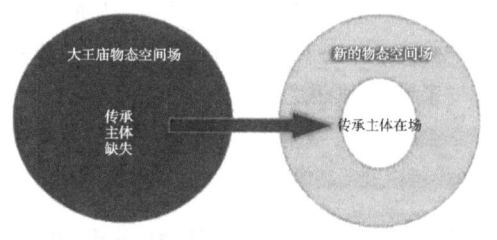

图3　再造文化空间的形成图

半仙这样一讲，现在人也不相信那个旧的、老的神像了，还是相信这个。他说，政府不允许家里搞什么佛堂、庙堂、庙会。要给他另外造一座东岳宫，那更不可能，造庙要政府允许的。政府是代表党和国家的，是最高的领导，这些神仙、菩萨也是听最高领导的。旅游局搞不会像民间百姓，现在搞起来比以前搞起来更正统，为什么？东岳宫下属的单位什么人都有的，以前就是一个东岳宫，以前人家的塑像都起来，你不知道哪一个是什么神仙，现在哪个神仙管什么的全部知道。

从他的话中可以看出对"官"与"民"的区别理解：第一，政府不可能允许私人做庙会，造庙。第二，政府的权力比天大，神仙也要听。第三，只有政府规定的才是正统，民间的没有秩序。显然，政府委托的承包者，要拥护政府的正统

地位，这样才能维护其承包的正统地位。至此，东岳宫已经升级为官方话语体系下被景点化了的大庙，只有神像而无庙堂的民间"大王庙"显然是不能与之相提并论的。

可见，民众对再造文化空间的认同和选择具有其自身的心理诉求和信仰追求。从表面看，当地政府的修缮行为使大王庙刚刚复兴起来的庙会周期中断并被改写，从而改变了民众到大王庙的祭拜行为。但这当中还体现着更深层面的问题，一方面，地方政府对大王庙的修复仅仅是从物质层面去粉饰和维护遗产的外观建筑，却没有对大王庙文化空间中非物质的层面，即民众对庙会传承的内在组织和传承主体的心理认同有足够的认识和重视，结果导致传承主体不得不重新对信仰空间作出新的选择，从而造成大王庙文化传统的改变；另一方面，在这种被动性改变的过程中，地方信众又表现出了积极、主动的一面，他们通过自己能动性的选择和调整，构建了一个具有替代功能的信仰空间，从而保证了信仰传统的延续。

总而言之，通过以上有关对大王庙历史的回溯，对其角色与庙会复兴原因的分析，以及关于民众对再造信仰空间的认同与选择问题的讨论，本文认为，文化传统在现代社会正在面临复兴和重构，现代乡土社会中的民间宗教在旅游化政策的驱动下正发生着复杂而多元的改变。在这样的背景下，"官""民""承包商"正扮演着不同的角色，各方力量都在本着各自的目的、用自己的方式延续、创造和改写着文化，其间充满了冲突、妥协和融合。正是在这种动态的互动交流中，各种符号秩序得到了新的阐释和新的建构，它们最终构成了当代社会文化生活的有机组成部分。

**参考文献**

向云驹：《论文化空间》，《中央民族大学学报》，2008（3）。

蔡恭，祝龙光主编：《廿八都镇志》，中国文史出版社，2007。

罗德胤：《廿八都古镇》，上海三联书店，2009。

王铭铭：《社会人类学与中国研究》，广西师范大学出版社，2005。

Sangren, P. Steven. History and Magical Power in a Chinese Community. Stanford: Stanford University Press, 1987. pp. 61 – 92.

要旨
# 文化空間の再建に対する人々の
# アイデンティティと選択

## 馮　莉

　本論では、浙江省江山市廿八都の大王廟においてみられる文化の変化を事例として取りあげながら、以下に挙げる二つの問題について検討することを目的としている。一つは、非物質文化遺産の保護政策が施行される過程においてみられた問題についてである。保護政策を執行するに当たって、それを管轄する一部の部門が「文化空間」という概念と、そこに包含される意味に対する認識や理解をまったく欠いていたために、保護するという行為と非物質文化遺産を伝承する人々の認識の間には、大きなずれが生まれ、衝突が起こることになった。もう一つは、文化の変化の問題についてである。伝承者たちの受動的な対応と、能動的な選択とによって、この地域の伝統的な文化には変化がみられるようになった。

　廿八都は地縁的な社会であり、そこにあるさまざまな廟宇はそれぞれ、血縁的に結びついた社会におけるものとはまったく異なる秩序を反映している。廿八都鎮にある三つの村落には、それぞれ黄壇社、隆興社、新興社と呼ばれる社廟が存在する。また、社の下位に当たる各村落の小路や路地には、土地公を守る土地廟が置かれている。これに対し、廿八都の大王廟は、三つの社の上位にあり、主にあの世を管轄する「根廟」として位置づけられている。

　1949年になって中華人民共和国が成立すると、大王廟はその宗教的機能をすっかり失い、単なる公共の空間へと変わった。それから五十余年の歳月が流れ、2005年を過ぎたころになると、信者の人々は資金を集めて神像を造りなおし、廟会をはじめとする廟宇での活動もしだいに命を吹き返していった。ここで調査をおこなううちに、この廟会の復興は、ある一面において、かつて下位の廟宇にそれぞれ組織化されていた信徒たちが、中心の「根廟」へと向かうな

かで団結したアイデンティティを探し求めることによって生まれた行為であるとみなせることがわかった。さらに、それとは別の一面において、廟会の復興は小規模な廟宇が遂行することのできなかった公の儀礼の空白を埋め、ほかの廟宇における公の祭祀活動との連続性をもたせるという実際的な必要性から生まれたものであるとみなすこともできる。

　2008年から2009年にかけて、廿八都では古い街並みを対象とした観光開発がすすめられた。そのなかで、再建された大王廟においておこなわれる廟会のサイクルは一時中断させられたり、改められたりすることになった。こうして、人々がおこなう祭祀の行為にも、変化が起こるようになったのである。しかし、こうした受動的な変化のプロセスにおいて、この地域の信徒たちは積極的かつ能動的な一面をみせてもきた。すなわち、彼らは自ら能動的に選択し、調整をおこなうことによって、大王廟に取って代わるような機能を具えた信仰空間を構築し、信仰という伝統の生き残りを確保することができたのである。それから一年後の2010年、大王廟の経営は業者に委託されることになった。こうした背景のもとで、「官」・「民」・「請負業者」の三者は、今まさにそれぞれ異なる役割を演じはじめている。この三者は、自らのもてる力のすべてを自らの目的を成し遂げるためだけに発揮し、自らのやり方でこの地域の文化を保護したり、創出したり、再編したりする。こうした三者が相互に影響を及ぼしあう動態的なプロセスのなかで、さまざまな記号の秩序体系は、新たな解釈を与えられ、また新たに構築し直されることになった。そして、こうした記号の体系は、最終的に現代社会における文化生活を有機的に構成する一部分となってゆくのである。

# 古建築の細部意匠からみた建築年代

津田　良樹

## はじめに

　一般的にいって、中国に比べ日本においては古建築の建築年代やその造営の様相を示す文献資料が比較的多いといえよう。たとえば棟札・墨書・普請関係文書があり、それらの文献資料から建築年代、願主、大工名などが判明することがある。とはいえ、日本においても、文献資料によって建築年代が判明する建物はむしろ稀なケースである。建築年代が判明しない場合は細部意匠や風触の度合いなどから判断せざるをえない。日本の近世社寺建築では建築の細部意匠から、ある程度の建築年代を判定する指標ができている[①]。

　一方、中国においては古建築の建築年代や造営の様相を示す文献資料は元来少ない。その上、「文化大革命」期には「旧思想」・「旧文化」として文化財などとともに文献資料も徹底的に破壊・破棄されたため、さらに少なくなっている。文献資料の極めて少ない中国において、細部意匠によって古建築の建築年代を判定する指標を提示できればきわめて有効であろう。

　そこで、調査を行った中国浙江省の廿八都と三門源の古建築もとに、中国の古建築の細部意匠から年代判定が可能かどうかを以下に、検討したい。

## 1. 日本における文献資料と細部意匠による年代指標

　まず、日本の場合を簡単に触れておく。日本における古建築の建築年代や造

---

[①]　後に詳述するが『近代社寺建築の手びき』（日本建築史研究会、1983 年 3 月）や文化庁歴史的建造物調査研究会編著『建物の見方・しらべ方－江戸時代の寺院と神社』（ぎょうせい、1994 年 7 月）にその事例が収録されている。

営の様相に関する文献資料は、①棟札、②墨書、③普請関係文書などが代表的なものである。

棟札は建物の新築や修理の際に、祈願文に添えて施主名・職人名・建築年月などを墨書した細長い板である。建築物の建築年代や建築技術者などを知るうえには極めて有効な資料である。通常、上部を駒のように尖頭形にし、棟木に打ち付けられることが多い。例として掲げた棟札は栗山家住宅の棟札である（写真1）。中央最上部に梵字あり、その下に二行に渡って祈願文が並ぶ。両脇には小さく「慶長十二年令月吉祥日」とあり、建築年代が慶長12年（1607）であることがわかる。

写真1　栗山家住宅棟札
日本の民家に残された最古の棟札

墨書は建物の部材に直接書かれるものである。屋根裏の棟木などに直接書かれる場合などは、屋根裏をのぞくと確認できる場合もあるが、仕口や木鼻・差物の柄など通常は隠れて見えない場所に記され、見つけることが難しい場合が多い。往々にして、修理や解体などに際し発見される例が多いようだ。

普請関係文書は該当する建築の関係箇所に残されるのが通例である。一般的に日本においては、藩政文書から寺社文書・地方文書に至るまで豊富な文献資料が残されているといえよう。とはいえ、そのような資料の中に建築普請関係の資料が含まれる場合がそう多くはない。文献資料によって建築年代が判明しない場合は細部意匠など様式から判断せざるをえない。そこで、細部意匠によって建築年代を判断する事例を紹介するが、その前にそれぞれの部材がどのようなものであるか示しておきたい。

断面パースによって社寺建築の部材名称を模式的に示したものが図1である。建物正面の向拝柱間に渡された水引虹梁（図中では単に「虹梁」とされている）、向拝柱と側柱の間を段違いに結ぶ海老虹梁、建物内部の側柱と母屋柱を繋ぐ虹梁、これらは皆虹梁である。これら虹梁の端部の袖切りと渦や若葉からなる細部意匠の変遷から年代判定の指標を見て行こう。

図1　法明寺鬼子母神堂断面パース

(『近世社寺建築の手びき』日本建築史研究会、1983年3月)より

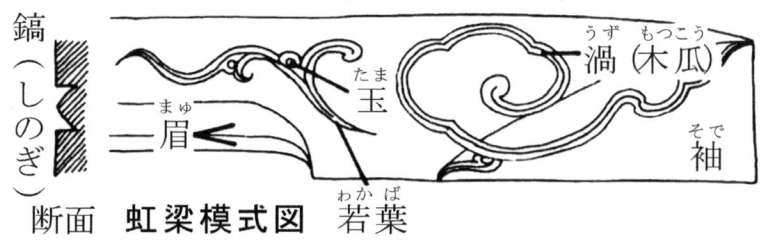

図2　虹梁絵様模式図

(『近世社寺建築の手びき』日本建築史研究会、1983年3月)より

　そのほか、水引虹梁・海老虹梁の先につけられた木鼻が図1の中では獏や獅子の丸彫りになっている。これら木鼻の変遷からも年代を占うことが可能である。

　日本の近世社寺建築などでは虹梁絵様が年代判定の指標としてよく使われる。その虹梁の絵様部分を模式化したものが図2である。虹梁の端部には袖

中国江南山区民俗文化及変遷

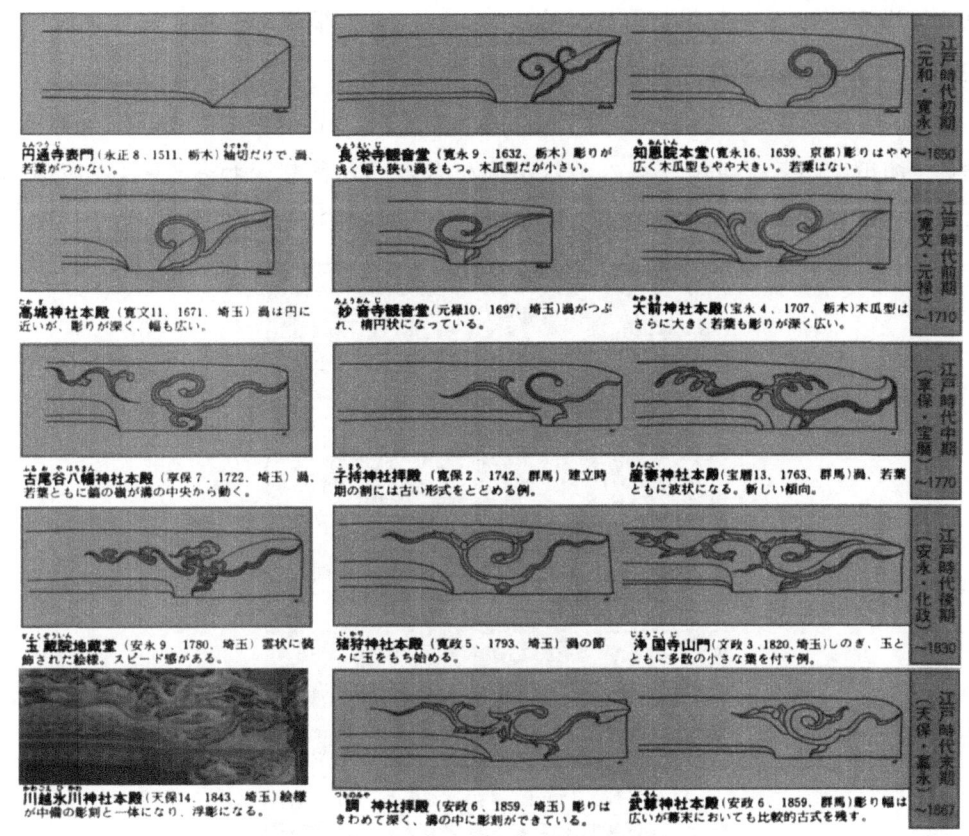

図3　虹梁絵様による年代指標

『近世社寺建築の手びき』（日本建築史研究会、1983年3月）による

（袖切り）があり、袖切りから始まる渦をなす溝があり、渦からさらに飛び出して若葉がある。若葉には別れ又の部分に玉を設ける場合もあり、また渦は円形状の単純な渦や少しつぶれた楕円形状のものさらに木瓜紋のようにくびれを持つものなどもある。

以下、虹梁絵様を中心に日本建築の細部意匠からみた年代判定法についてみていこう。

虹梁絵様から年代判定する場合の指標なる例である。江戸時代初期には袖切りだけであったり、それに彫りの浅い円形上の渦が加わる程度で単純な意匠である。次いで、渦が円形状から少しつぶれ、木瓜紋状にくびれを持つように変化し、さらに若葉が加わる。それが年代を経るにつれて、渦や若葉が崩れて原形を留めないほどに変形し派手な意匠となる。さらに江戸時代末期になるとそ

れまで溝彫りで渦や若葉を表していたものが、浮き彫りや透かし彫りの彫物と化してしまうという変化をきたす。

　図4は木鼻・蟇股（かえるまた）による年代判定の指標例である。虹梁絵様も含め、簡単にいえば単純なものから複雑なものへと移り変わっていくといえよう。以上が日本の近世社寺建築のおける細部意匠の変遷のアウトラインである。

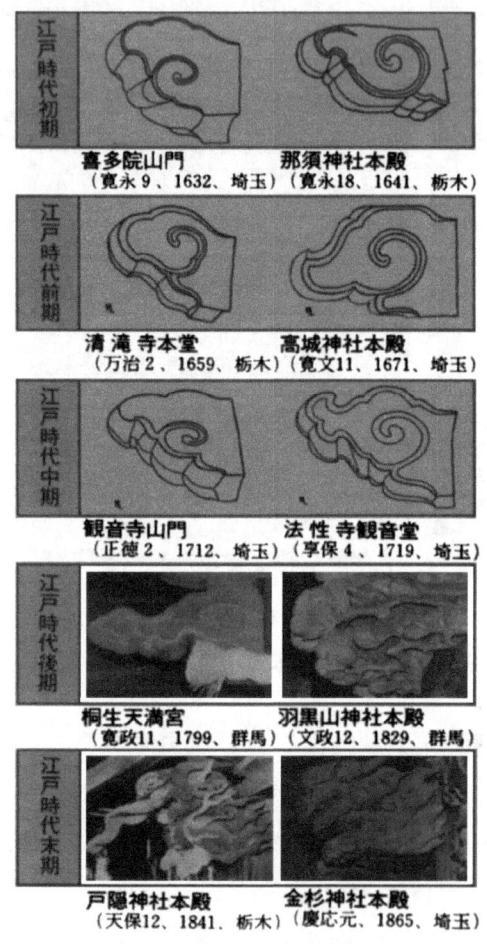

図4　木鼻による年代指標

## 2. 中国における文献資料と建築年代が判明する建築

　中国では日本における地方文書に相当するような文献資料はほとんどない。ただ、一族の系譜を記した族譜と称される家系譜の編纂が盛んで、族ごとに族譜が伝わる例がある。族譜には通常始祖から現世代にいたる一族のすべての男

性構成員の名字(あざな)・官職・生没年月日が記され、場合によっては事績などまで記されることもある①。また、まれなケースであるが建物部材に直接記された墨書がある。そのほか、廟などにはその来歴を記した石碑が残ることがあり、故人の業績などを顕彰した墓碑銘など伝わることもある。それら文献資料も建物の棟木に直接墨書されるような場合は建築年代を明確に示す例だが、族譜、石碑、墓碑などにはまれに建物について触れられることがある程度である。

　万寿宮は、廿八都鎮の南端水安橋の近くに南面して建つ。もと広西人の宿駅として造られたと伝えられるが、後に広西省南昌にある許真君を祀る道教寺院西山万寿宮にならって建てられたようだ。万寿宮は廿八都鎮でも広西人の心の拠り所であったといわれている。『廿八都鎮志』②によると「明代末年、広西籍商人集資興建、清乾隆年拡建」とされており、建物の中で特に古式を示す中殿の当たりは明末の遡る可能性が高い。

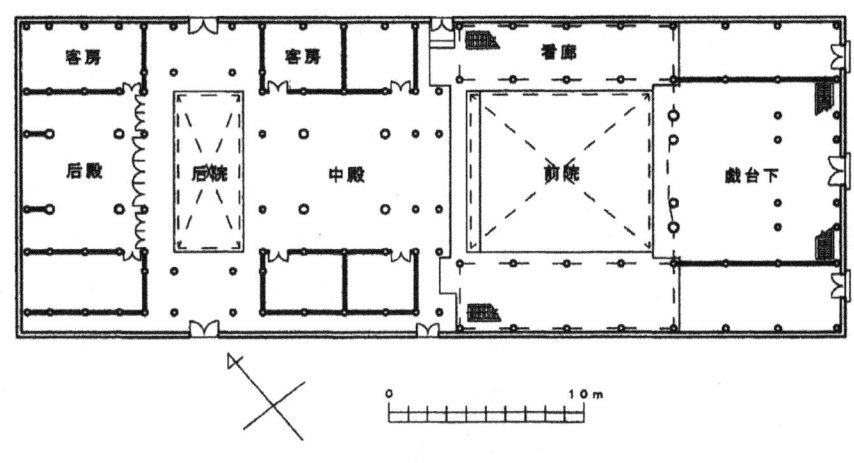

図5　万寿宮平面図

　廿八都水星廟は、楓渓村の北より楓渓橋際に南面して建つ。北方を守護し水神・武神でも有る真武神を祀り、真武廟とも称される。廿八都の南側にそびえる火山である香炉山に対峙して建てられたと伝えられている。『廿八都鎮志』

---

　① 族譜は、中国における父系血縁集団である宗族が、系図（世系）を中心に重要な人物の事績、重要な事件、あるいは家訓などを記載した文書である。
　② 『廿八都鎮志』、中国文史出版社、2007年1月

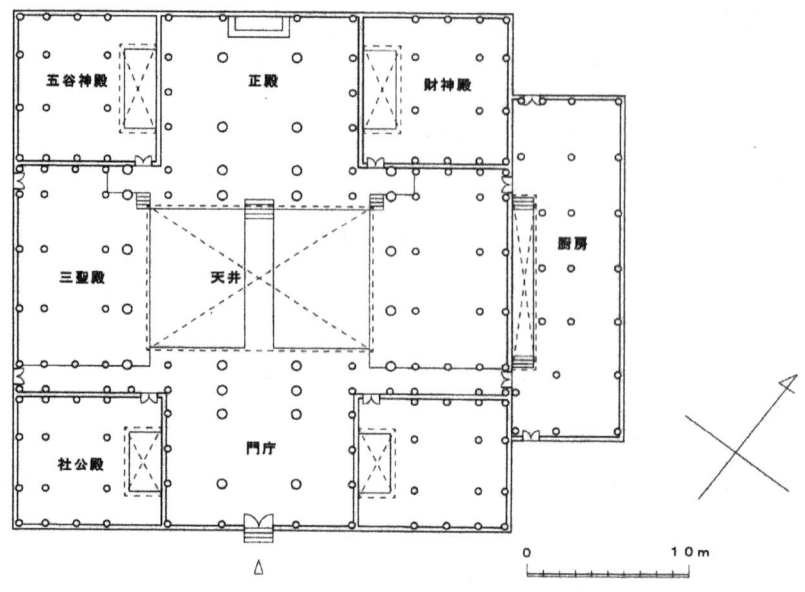

図6　東岳廟平面図

には「清同治七年建」とされる。裏付ける資料は境内南東隅に立てられた石碑のようだ。この石碑「重修水星廟碑記」には「水星廟始建于清同治七年是構成」とあり、同治七年の建築であることがわかる[①]。

文昌閣は水星廟から200メートルほど南よりに、東面して建つ。廿八都鎮の北端近くに文昌宮があるため、通称小文昌閣と呼ばれる。文昌閣に関する資料としては、鎮の南端近くの川向こうにある菜種油絞小屋の土間に埋め込まれた文昌閣の旧石碑がある。元は文昌閣の前方北寄りに立てられていたが、「文化大革命」期に倒され、菜種油絞小屋に移し、油絞り台にされていたようだ[②]。石碑は文昌閣の由来を記す「添造文昌閣記」と寄付金に付いて記す石碑との2枚である。「添造文昌閣記」の記事によると建物は宣統庚戌年（1910）の開工（着工）、壬子（1912）年の告竣（竣工）である。

---

[①] この石碑は1996年に立てられたもので、まだ十数年にしかならない。100年ほど前の同治7年の創建とするには、当時なにか拠り所があったはずである。たとえば古老の言い伝えだとか、新たに作られた石碑以前の前身石碑がありその文面が伝えられていたなどの状況下で、新石碑は造られたのではないかと思われる。

[②] 津田良樹、「文化大革命の洗礼を受けた人と文化財の数奇な運命」（『非文字資料研究』20、2008年9月）。

東岳廟は東岳大帝を記り、東岳廟とも称される。廿八都鎮の町並みの最北の潯里村から東に400メートルほどはずれに位置する。病気・寿命・死後の世界などに関してご利益があると信じられている東岳大帝が祀られている。

上記の建築を含め、ここで対象とする年代が判明する古建築は以下の通りである。

| | | |
|---|---|---|
| 明代末 | （17世紀前） | ・万寿宮（明代末、乾隆年間拡建） |
| | | ・三門源村黄茂林 |
| 明代末―清代初 | （17世紀中） | ・三門源村葉氏祠堂　永思堂 |
| | | ・三門源村翁氏祠堂　雨金堂 |
| 清代　嘉慶 | （1796―1820） | ・丁家大院 |
| 清代　道光 | （1821―1850） | ・三門源村葉鶴天旧邸宅 |
| 清代　同治 | （1862―1874） | ・水星廟（同治7年、1868年） |
| 清代　宣統 | （1909―1911） | ・文昌閣（宣統3年、1911年） |
| 清代末 | （20世紀初） | ・三門源村礼耕堂 |
| 民国 | （1912―1949.9） | ・東岳宮（民国12年、1923年） |

## 3. 中国建築の細部意匠

建築年代が判明する事例をもとに細部意匠を整理したものが以下の虹梁1―10、礎盤1―8である。

### 3―1 虹梁

虹梁1・2は明末の万寿宮・黄茂林民居の虹梁である。万寿宮は乾隆年間に拡建されているが、中殿の部分は明代末に建てられたもの。黄茂林民居は三門源に所在する元葉氏一族の民居である。虹梁3は葉氏祠堂、虹梁4は翁氏祠堂で、いずれも三門源に所在する。葉氏祠堂は後世に手が入ってはいるが、中殿部分は古式を残しており、明末―清初まで遡る遺構である。翁氏祠堂も前殿部分は古式を残っており、明末―清初まで遡ると伝えられている。虹梁5は丁家大院で、廿八都に所在する大型の民居であり、清代の嘉慶年間（1796―1820）

の建築である①。虹梁6は三門源の葉鶴天旧邸宅で、道光年間（1821－1850）の建築である②。虹梁7は水星廟で、既に記したように、同治七年（1868）の建築である。虹梁8は文昌閣で、菜種油絞小屋の土間に埋め込まれた石碑により宣統3年（1911）の建築だと判明する。虹梁9の礼耕堂は、三門源に所在する葉氏一族の邸宅であり、清代末の建築である③。虹梁10の東岳宮は、既に記したように民国12年（1923）の建築である。

　これらを時系列によって比較すると以下のようなことが判明する。明代末・清代初の虹梁の断面は丸まった楕円形に近い形である。虹梁絵様は単純であるが、引き締まったものとなっている。一方、虹梁を支え、虹梁に支えられる持ち送りや組物などは華麗でかつおおらかな様相を示している。その結果、ダイナミックで豊かな空間を創出しているといえよう。

　清代末・民国時代になると、虹梁の断面は角ばった長方形断面に近いものとなる。虹梁絵様は複雑で精緻な彫物を多用するが、表層的なものとなる。民居においては 天井（中庭をさむ 天井 ではない）を張るようになるためか、おおらかな組物は使われることが少なくなる。一方、屋根裏を見せる化粧屋根裏となる廟建築においては、虹梁絵様も精緻な彫物をあまり多用せず、組物などもおとなしく地味な構成で鈍重な意匠となる。虹梁絵様は比較的単純な意匠ながらも円形状の部分を彫刻化するなど表層を飾る点は明末清初には見られない傾向である。

虹梁1　万寿宮

虹梁2　黄茂林

---

① 羅徳胤、『廿八都古鎮』、上海三聯書店、2009年4月
② 詳しくは別稿「中国浙江省三門源の集落と民居について」を参照。
③ 前掲註7に同じ。

虹梁3　葉氏祠堂

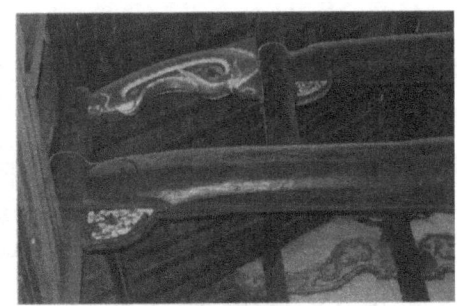

虹梁7　水星廟

虹梁4　翁氏祠堂

虹梁8　文昌閣

虹梁5　丁家大院

虹梁9　礼耕堂

虹梁6　葉鶴天旧邸宅

虹梁10　東岳廟

## 3-2 礎盤

　礎盤も上記の建物のそれぞれの年代に建てられた箇所から、時系列に並べている。

　礎盤は、明代末・清代初と清代中後期との間に明快な差があるようだ。明代末清代初の礎盤、すなわち礎盤1・2・3はいずれも、石造のくり型を持つそろばんの玉状である。日本建築における禅宗様建築に使用される礎盤によく似ている。中国では「櫍形礎」と称されている。一方、清代中期以降の礎盤、すなわち礎盤4・5・6・7・8は中国で「鼓形礎」と称されるもので、円筒形に近いものではあるが、太鼓の胴のように中央部分が膨らんだ胴張りになる。このタイプで初期のものは上下の大きさがさほど変らない、ずんどうタイプであるが、年代が降るにつれて上下の絞りが大きくなり、さらに下部が極端に絞られていくようだ。それぞれの、礎盤についてもくり型の角度や、胴張りの具合、上下の絞られ具合の変化などから細かな検討ができよう。取りあえずは、明末・清初と清代中期以降とを、誰もが簡単に判断する指標として「櫍礎」と「鼓形礎」は極めて有効である。

　同一建築の中に異なったタイプの礎盤が見られる例もあるが、それは場所によって造られた年代が異なることを示している。葉氏祠堂の中進とその他の建物や翁氏祠堂前堂と后堂の礎盤は全く異なっており、建てられた時期が違うことをよく示している。すなわち、明末―清初期に当たる葉氏祠堂の中進および翁氏祠堂前堂の礎盤が礎盤2・3であり、いわゆる「木質形礎」である。それに対し、以降に建てられたその他の部分は礎盤9―10のようにいわゆる「鼓形礎」である。そしてこれらの後補部分の礎盤は「鼓形礎」ではあるが、上下の大きさにさほど差がないずんどうに近い形で、「鼓形礎」のなかでは比較的古式を示しているようだ。

礎盤1 黄茂林民居

礎盤2 葉氏祠堂

礎盤 3 翁氏祠堂

礎盤 7 礼耕堂

礎盤 4 葉鶴天旧邸宅

礎盤 8 東岳廟

礎盤 5 水星廟

礎盤 9 葉氏祠堂（後補部分）

礎盤 6 文昌閣

礎盤 10 翁氏祠堂（後補部分）

## おわりに

　日本の古建築と同様に中国建築でも虹梁絵様や礎盤の細部意匠が年代判定の指標となることが明らかとなった。文献資料の極めて少ない中国においては、より有効な手段となろう。また、ここでは、虹梁絵様と礎盤についてのみ報告したが、それらのほか門楼の意匠や牛腿の細胞意匠なども年代判定の指標として利用できそうである。ただし、水平方向に突き出した材を支える装飾された持ち送りである牛腿は、装飾彫物という意味が強く、そのため「文化大革命」期に破壊されたケースが極めて多い。そのため、建築当初部材と入れ替わり、それらしく修復されている場合が多い。指標として利用するためには、建築当初からの部材を選び出す必要があるが、それがなかなか難しい状態である。丁寧な検討が必要であろう。ここでは牛腿や門楼の意匠の変遷が、年代判定の指標となりうる可能性を指摘するにとどめておく。

## 摘要

# 古建筑的细节设计来看建筑年代判定

### 津田良树

和中国比起来，可以说日本的提示古建筑的建筑年代或其营造的样子的文献资料要多一些。例如日本有栋扎、墨书、普请（建筑、土木工程——译者注）方面的文书，根据这些文献资料可以判明建筑年代、愿主、木匠姓名等。尽管这样，就是在日本，通过文献资料来判明了建筑年代的建筑物不如说也是很罕见的例子。在无法判别建筑年代的情况下，就不得不根据细节设计或风蚀的程度等来进行判断。在日本的近世神社和寺院，根据细节设计形成了某种程度上的对建筑年代进行判定的指标。

在中国，显示古建筑建筑年代或营造状况的文献资料本来就很少。而且，由于"文化大革命"中作为"旧思想""旧文化"和文化遗产等一起，文献资料也被破坏、撕毁，因此就更少了。在文献资料极其缺乏的中国，如果能够提示出根据细节设计来对古建筑的建筑年代进行判定的指标的话，应该是很有效的。为此，以我进行调查的中国浙江省廿八都和三门源的古建筑为基础，探讨根据中国古建筑的细节设计来做年代判定是否可能，正是本报告的内容。

来看一下根据虹梁的纹样来对日本的近世神社、寺院进行年代判定时的指标的例子。江户时代初期只是有袖裁或在上面加上涡纹就差不多了，是一种简单的设计。而到了江户时代末期，原来用沟雕来表现涡纹的形式变成了浮雕或透雕的雕刻物。简而言之，可以说是从简单向复杂的变迁。

中国方面的情况，我整理出了依据匮乏的资料来判明建筑年代的廿八都、三门源的古建筑的细节设计，记录在日语论文中的虹梁1—10、础盘1—8处。

就虹梁来看的话，明末清初虹梁的断面是与卷曲的椭圆形相近的形状。虹梁图案虽然简单，却是很紧凑的。另外，支撑虹梁、被虹梁支撑的梁托及斗拱等则呈现出华丽而开阔的形态。到了清末、民国时代，虹梁的断面变成了与有棱角的

长方形相近的断面。虹梁图案虽然多用复杂而精细的雕刻,却是很表层的。在民居中也许是因为要让天井伸展开来的缘故吧,使用开阔的斗拱的情况减少了。

至于础盘,似乎明末清初和清代中后期之间有着明确的差别。明末清初的础盘是有石砌的刳形的算盘珠子的形状。而清代中期以后的础盘尽管是近似于圆筒形的形状,但是中间部分像鼓身一样是膨胀的隆起状。关于各个础盘,还可以就刳形的角度、隆起部分的状态、上下拧接状态的变化等来进行更为细致的探讨吧。首先,作为无论是谁都可以简单地判断出是明末清初还是清代中期以后的指标,是非常有效的。

与日本的古建筑一样,中国的古建筑中虹梁的图案或础盘的细节设计也可作为年代判定的指标,这已经很清楚了。在文献资料极其缺乏的中国,则会成为更为有效的手段。在这里,仅就虹梁纹样和础盘进行了报告。还要指出的是,除了这些以外,门楼的设计及牛腿等也可以成为年代判定指标的可能性。

# 火葬受容と葬墓制の再編

徳丸 亞木

## はじめに

　本報告においては、地域の観光資源化が積極的に進められている古鎮である浙江省江山市廿八都鎮を例として、そこに居住する住民が、信仰的世界や儀礼を如何に維持し、あるいは変化させ、再編しているのかを中心に報告する。

　具体的な事象として、ひとつは、葬制の火葬受容による変化と、それに伴う共同墓地の形成を取り上げる。廿八都鎮においては、2000年に火葬の施行が命じられ、伝統的葬送習俗が大きく変容した[①]。また、土葬による遺体の埋葬から火葬骨の納骨への移行に併せて、従来の個別に独立した墓地から、共同墓地への移行が急激に進められた。その結果として、火葬骨を中心とした新たな葬送儀礼と墓制の再編が行われつつある。本報告では、廿八都鎮での調査資料を報告するが、同時に別項にて、廿八都鎮とほぼ同時期に火葬を受け入れた龍游三門源村における火葬受容と葬送儀礼の今日的変化、共同墓地の形成の諸点についても報告する。

　日本においては、火葬は近代化の過程において受容されたものの他に、藁などを用いて集落単位で行われた伝統的な火葬も見られる。報告者が2006年度に調査を行った南西諸島の与論島では、今回の調査地とほぼ同じ時期に火葬場が建設され火葬が受容されているが、そこでは火葬場建設を進める行政側と地

---

　[①] 話者によっては火葬施行は1998年5月からとの事であったが、浙江省文化研究工程指導委員会編『廿八都鎮志』(2007年　中国文史出版社　34頁)では、2000年7月に廿八都鎮他で殯葬改革が行われたとされている。ここではそれに従い2000年を採った。ただし、政府からの通達等の確認はまだ行い得ていない。

区住民側との交渉の結果、火葬場が建設され、受容された。この場合、死者の葬儀に際して遺族が火葬を選択するかどうかは、死者自身の生前の意思や、遺族の意向によるが、実態としては多くが火葬を選択している[①]。対して、現代中国における火葬受容は、政府の主導による罰則を伴う強制的なものである。廿八都鎮では、政府の通達から一年間の猶予期間の後、土葬から火葬へ強制的に切り替えられ、あわせて共同墓地が造成された。遺体が火で焼かれる事を嫌い、密かに土葬された事例もあるというが、基本的には一斉に火葬へと移行した。

　本報告では、聞き書き、および観察によって確認出来た廿八都鎮の葬礼のありかたをまず記述し、続いて火葬受容に伴う葬墓制の再編について若干の考察を試みる。聞き書きに際しては、主に程炳田氏（1959年生まれ）、謝培旺氏[②]（1953年生まれ）、林来金氏（1920年生まれ）にご協力いただき、また、葬礼に関わる親族関係調査をA氏を対象として行った。調査は、限られた話者を対象とした短時間のものであり、話者の語る内容個々についての十分な検証は行い得ていない。その為、煩雑ではあるが、それぞれの話者の語りの内容を項目

---

　① 与論島では、2005年の時点で洗骨改葬を行う事に意味を見出し、火葬を選択せずに洗骨改葬を行った例もある。

　② 謝培旺氏は、廿八都鎮における山歌の継承者であり、「民間芸術山歌伝承者」に指定されている。謝氏が山歌を学んだのは子供の頃である。五人家族であったが父親は働いておらず、母親の稼ぎで生活していた。小学校も9歳の時に止め、牛の世話をして家計を助け、農業を始めた。その頃から母親に山歌を教えられ、4年間で廿八都鎮に伝えられる山歌の多くを習得した。山歌には廿八都鎮の全てが歌われている。農業で徹夜する時など、山歌を歌うのが一つの楽しみであったと言う。山歌には色々な種類がある。「十八対」は、男女の掛け合いの歌であり、十八対の台詞を同じメロディーで歌う。廿八都鎮の独特の歌い方があり、他の地方のものとは又異なると言う。二姑娘相思は、男女が互いに思い合う姿を歌う山歌である。拝年歌は、新年の挨拶として歌われる山歌で、一月から十二月まである。謝氏は、浙江省の政府役人や観光客が廿八都鎮を訪れた際に、依頼を受けて山歌を披露した事もあり、また、廿八都鎮に幾人かの弟子も持っている。政府による山歌の評価は高いとは言えず、また、指定を受けても山歌で得られる報酬は僅かなものであるが、謝氏は山歌の評価をより高める事に腐心している。現在まで28年間、廿八都鎮の小学校で山歌の授業を担当し四年生から六年生までを教えている。また、毎年江山市から依頼があり、農村文化祭で小学生に十八対を歌わせている。謝氏自身は江山市の代表として、広州で行われた古民間芸術文化祭で歌った事もある。上海万博で歌われた桃山歌も謝氏が母親から伝えられた歌詞を用いて再編されたものであると言う。

として分類・要約した上で個別に記述し、末尾に括弧で語り手の名を付す形で報告を行う事とする。報告には話者の主観に基づく解釈も混在しているが、それも現代中国の人々の考えを示す資料的価値があると報告者は考える。

## 1. 葬礼の過程

まずはじめに、廿八都鎮における葬礼の過程について聞き書きを中心に記述する。ここでの話者の語りは基本的に土葬時代からの伝承を中心としたものであり、火葬受容後の変化については、実際の葬列や共同墓地の観察記録と共に後述する。

### (1) 正常死者と異常死者

**長寿祝** 数えで60歳を花甲の年と言い、この歳に至れば人としての完全な人生を経たとし、家の祭壇にそれを祝う対聯を貼る。花甲は、陽である天干と陰である地支(十二支)を組み合わせたもので、人生が輪廻する年齢である。これ以前の死者は、短命鬼(人としての寿命を全うせずに死んだ死者霊)と言える。70歳は古稀(古来稀)、80歳は大寿である。花甲の年齢を超え高齢で死んだ者は先祖となる。60歳で人生が完成するので、これ以前に死んだ者は、厳密には先祖ではなくただの鬼である。しかし、遺族にとっては、先祖として祭祀の対象となる(程)。

**短命鬼** 大人にならずに死亡した子供など、完全な人生を送らずに死亡した者を短命鬼と言い、長寿を全うした者よりも軽視される。短命鬼は親に色々な災いを起こす事もある。陽間(この世)で短命だった者は、陰間(あの世)の人生でも短命である。大人が子供に呼び掛ける言葉で「小鬼」という言葉がある。また、短命の死者を「竹尾倒着拉」(竹の尾が逆さまの方向に引かれた)とも表現する。まだ幼い子供が死亡した時には、遺体だけを棺に入れる。子供には息子も孫もいないので、遺族が入れる品物も無いという(程)。

**独身死者** 独身で死んだ者の魂も鬼になり、その家族に対して災いをなす事がある。人間の人生で20歳から30歳は、最も活力が盛んで、これから立身出世して行く時期であるが、その時期に結婚せずに死亡する事は最も悲しい出来事である。その様な短命鬼は家族に災いをなす事がある。また結婚して妻や子供がある場合にも、災いをなす事がある。陰間で恋愛する事もある。20歳の娘

と、同年齢の男性が同じ時期に死亡し、陰間鬼となって陰間で出会って、そこで自由恋愛をして結婚する事もある（程）。

　**鬼の種類と陰夢**　陰間で最も位が高いのは閻魔判官で、配下に小鬼や牛頭馬頭などを率いている。他にも手が長く真っ直ぐ立っても手が地面に触れてしまう手長や、足が長い足長、頭が無く胴体のみの無頭鬼などもいる。無頭鬼は、昔、悪い事をして断頭された死者が変じたものである。これらの鬼は人間に災いをなす。生前に悪事により、死後その様な鬼に変じる。鬼となっても陰間で良い行いを重ねれば閻魔によって再び人となって陽間に生まれる事が出来る。陰間には様々な動物もいる。陽間から陰間には、陰夢など特別な人だけが生きたまま通って行ける。陰間と陽間との境はとても狭く通り難いものである（程）。

　程氏は、この世界を陽間（この世）と陰間（あの世）からなると考え、陽間の人生がある様に、陰間の人生もあるものと理解している。程氏は、廿八都鎮在住の陰夢と称される宗教的職能者に生活上の問題を相談した事もあり、彼の陰間や鬼に関する知識は陰夢からの影響を受けている可能性がある。陽間と陰間を繋ぐ宗教的職能者である陰夢については、本報告書の次項において詳述する。

## （2）遺体処理と入棺

　**木棺**　木棺は60歳になった年に予め準備され、死を迎えるまで保管される（程）。しかし、火葬の受容により、使う事の無くなった木棺が、死後も家の二階部分などにそのまま保管されている場合も見られる。写真1は廿八都鎮の民居二階に置かれている木棺である。この民居に住む家族の祖母の為に生前から用意しておいたものであるが、土葬が禁じられ遺体は死後火葬に附された為、木棺のみ残されている状態である。特に大事に保管されている訳ではなく、使う事が無くなった為、放置されている。

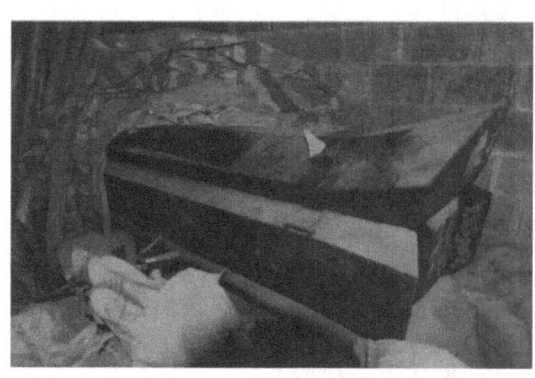

写真1　民居の二階に置かれた木棺

**遺体処理** 死者は死後、別の世界の客となるので、頭から麻布（白い布）を掛けて隠す。遺体は不吉なものであり、家の運には悪いものである。衣服は生前使っていた白いものから選ぶ。遺体には、紙製の靴を履かせ帽子を被せる。生前使っていた寝台に遺体を安置する。寝台に遺体を安置している間、供物として御飯を盛り、線香を三本立てた椀を供える。三本は、死者を尊重する意味を表す。守夜には、この他に板の上に万頭、菓子、鶏・鴨・魚・豚・鵞鳥各々の水煮をのせて供える。板には家族の名前や供物を贈ってくれた親族の名前を紙に書いて貼る。その紙を見れば死者のこの世での身分が判る（謝）。

**入棺（小殮）** 棺桶に遺体を収める事を小殮と言う。風水師が良い日、時間を選んで、その日時に棺桶に入れる。死者と家族全員の干支などから風水師が定めた吉日に墓に向かう。入棺前には遺体を洗う。用いる水は川から汲んでくるが、水の代金を川辺に置いておく。洗った後、綺麗な衣服を着せ布団で包む。遺体は恐ろしいものであるからこの様にする。孫や妹など血縁者が行う。遺体はこの状態でしばらく置かれる。息子・嫁・婿・孫など最も近い親族が側につく。入棺の際には、蝋燭四本、死者が陰間へ持って行く金や銀の紙銭、男性の死者の場合は煙草やタオル、女性の死者の場合には櫛子、49個の石灰の包みなどを棺桶に入れる。石灰の包みが49個であるのは、陽間から陰間に行くには49天（49日）かかり、その間は何が起こるか判らない為で、犬などに襲われた時に石灰を投げ付けて撃退する為である。入棺後には棺桶の蓋は開けてはならない。子供の死者の場合には遺体だけを棺桶に収め、他には何も入れない。子供のいない死者の場合も、子孫が入れる物が無いので、遺体のみとなる（程）。

**水汲み** 私の父親が死亡した際に、自身でその遺体を洗う為の水汲みを行った。川に行き、銅貨を水中に投げ、水を買う。この水は別の世界にいる川の神様から買ったものである（謝）。

**超渡** 出棺の前夜、道士を招いて亡霊を送る為の做道場（超渡）を行う。道士が経文唱えた後、死者の親族が死者を拝む。親が死亡した場合には、その息子・息子の嫁・孫・その他の親族の順に三拝を行う。その後、道士が銅鑼を叩いて経文を唱え、死者を送る。超渡が終わるのは夜中であり、その場でお菓子や食べ物が出される。遠くから集まった親族は、喪家で休み、近くの親族は自

宅に帰る。死者への供物は、菓子・餅（米粉で作ったもの）・肉・魚などであるが、特に卵、鶏肉・鴨肉、線香を三牲と言う。卵は太平卵と呼び、平安を表すものであり、肉は霊魂の成熟を表すものとする。この他、蝋燭を絶やさず、また黄酒（老酒）を供える。鼠が供物を食べない様に、親族の一人が夜明かしで付き沿っておく（程）。

## (3) 葬列

**出棺**　夜明けに出棺するが、死者の生まれの干支や亡くなった時間で風水師が出棺の時辰（時間）を決める。午前四時から午前七時の間で時間を選ぶ。棺には紅い布を掛け、生きている雄の鶏の足を結んでとまらせる。これを踏棺という。雄の鶏とするのは、鶏の雄は夜明けに鳴き、その鳴き声が鬼神を祓う為で、雌の鶏は鳴かないので置く事はない。また呼龍といい、雄の鶏の鳴き声は龍を呼ぶもので、棺桶を納める墓場で鶏が鳴くと、その墓は風水的にとても良い場所だと言われる。踏棺に用いた鶏はその場で殺す事なく家まで連れ帰り、自然に死ぬまで飼う。この鶏は殺してはならない（謝）。

葬列では道士が経文を唱えて爆竹を鳴らし、銅鑼を打ち鳴らして賑やかに運ぶ。花飾りや死者の遺品（衣服・靴・鍋など）、三牲も家から運び出す。出棺に際しては、遺族から娘や嫁など二名の女性が棺桶の側に付き従い大声で涕泣する。出来るだけ大声で泣く必要があり、悲しみを表す（程）。

**葬列**　葬列は男性の列と女性の列とに分かれる。男性の列が先に進み、白い布を竹竿で捧げた長男（開路）、線香を持つ者、八仙が担ぐ棺桶、息子達、赤い布を竹竿で捧げた男孫（祖父の死亡の場合）、そして女性の列と続く（謝）。

**開路**　葬列の先頭に立つ開路は、長男・長孫が務める。父親の場合は白い布を、祖父の場合には赤い布を竹竿の先に着けて歩き道を開く（謝）。

**温洞**　出棺は朝行われ、棺桶が到着する前の早朝に、親族の一人が墓穴の中で紙銭を燃やす。これを温洞と称する。この為にも沢山の紙銭が必要とされる。紙銭が足りないと墓穴に棺桶を納める事が出来なくなる。一度、集落に戻り昼食を採った後に、もう一度稲藁で作ったタイマツ、御飯、酒、鶏肉、魚、豚肉を持って墓に戻り死者に捧げる。タイマツは死者の火、あるいは死者の火種と称される（謝）。

**八仙**　棺を担ぐ者を八仙と言う。八名の神様を意味する。はじめて八仙の役割を引き受ける者には、高齢者の葬式で棺を担がせる。高齢で死んだ者には福があるので、幸せが来る様にする。八仙を務めるには、棺を運ぶ力が必要であり、また、棺と担ぎ棒を綱で結ぶ技術なども必要である。棺は井桁型に組んだ担ぎ棒に棕櫚のロープで縛り、横棒の前後に担ぎ手が入って担ぐか、一本の棒を棺桶の上に置いて縛り、縦棒の前後に横棒を通して、更にその前後の横棒に短い縦棒を結んで二名宛ついて担ぐ。現在は、直接火葬場へと運ぶ（程）。

　遺体を担ぐ八仙は、里の決まった男性が務める。裕福な者は死ぬ前に墓を準備するので、その時に貧しい家の者が雇われて墓を作ったり八仙を務める。墓は曾ては風水師の指示のもと山に造っていた。廿八都鎮には有名な風水師がいたが死亡した（謝）。

**巾と斗**　葬列で男性が被る白帽を巾、女性が被る斗（畚斗、ちりとりの意味）と称する。巾は男性、斗は女性だけが被る。親族の他、生涯で特に仲の良かった友人も被る。図1の家族構成を例とすると、父親が死亡した場合、巾を被るのは息子と娘婿、娘の子（父親の孫）となる。ただしそれぞれの巾の形は異なっている。息子の巾の上は平たいが、婿の巾は上部を平たくせず、白い帯を掛けた様になる。また死者と同世代の親族、結婚相手の親族、上の世代の親族、姻族は被る事はない。墓から戻る時には巾も斗も被らない。墓で破り捨てる。斗や巾には必ず一点赤い布などを縫いつけて赤い印を付ける。印の赤はそれを被る生者の陽間での幸福を示し、斗と巾の白は死者が陰間にある事を示す（程）。

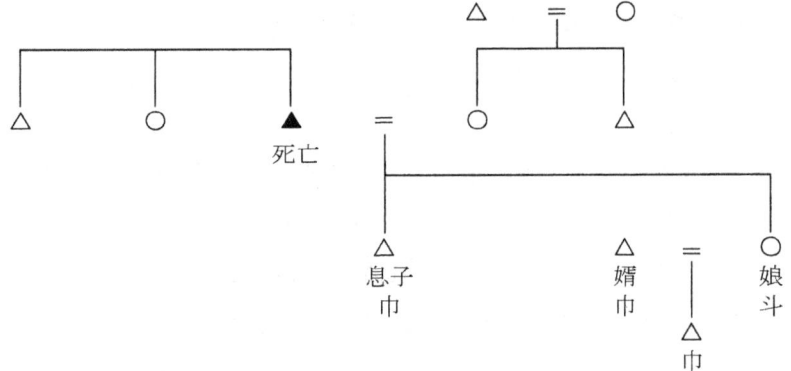

図1　葬礼において斗と巾を被る範疇

葬列に参加する者は、裕福であれば全身に麻の白い服を纏うが、そうでない者は斗や巾のみを被る。斗や巾には小さな赤い布を縫い付けるが、これは死が不吉なものであり、その不幸を赤い色で転換する為である。婚約者の祖父が死亡した女性は、まだ結婚前であっても長い赤布をその腕に巻き付ける（謝）。

**被紅** 遺族が持つ赤い袋には帯が入れられている。帯の色は特に指定されてないと言うが赤が多い。棺桶に掛ける赤い布とは別の布である。これは親族が自ら準備し、亡くなった人に贈るものである。男性の孫がいれば、その結婚相手とともに葬礼に参加するが、彼らが準備をする。葬礼は悲しい事ではあるが、同時に目出度い事でもある、死者の幸運を祈る意味もあり、赤い布を用いる（程）。

**傘** 墓に納める煉瓦（風水師が作る儀礼的な墓所占有の契約書。三門源村では地契と称する。廿八都では名称は未確認）に傘を差し掛けるのは婿である。この煉瓦には風水師が文字を記し、墓の範囲をお金を支払って購入した事を証明するものである。煉瓦が天に見えない様に傘を差し掛けるが、これは太陽の光が陽間、煉瓦が陰間に関わるからである。墓の土地にも神様がおり、この煉瓦はその神様も墓を作る事を了承している事の証拠ともなる（程）。

**涕泣** 葬列で大声で泣いているのは最も死者に近い親族である（程）。

**爆竹** 死者の骨灰を迎える為に爆竹を鳴らす。火葬場に遺体を送る際にも爆竹を鳴らす。橋の近くで鳴らすのは、橋が共同財産である為である（程）。

**山歌と葬礼** 葬礼の場では山歌も歌われる。親族が泣きながら歌う。例えば、青年が死ぬと残された彼の父母や妻が、彼の事業が完成せずに亡くなった事を残念に思う事を歌に込める。特に、高齢者が亡くなると、子供達の親を思う気持ちを示す為にも盛大に葬礼を行う（程）。

### (4) 埋葬

**墓の飾り** 土葬の際には、埋葬後、墓の上に長い白い紙を付けた竹を息子が立てた。孫は黄色い紙を付けた竹を立て、曾孫は緑の紙を付けた竹を立てる（程）。

**下棺** 棺は吉時にならねば土地に触れさせてはいけない。吉時になるまでの間、棺を担ぐのに用いた二本の木を下に敷いて土に触れない様にする。用意された墓石に埃が付いている場合には、息子が纏っている衣服のうち、その身に最も接しているものを脱いで埃を祓う。墓穴の中で冥紙を燃やし、穴の中の水

分を除く。火が消えると土が乾いている。棺を納める時には二つに割った竹を棺の下に敷いて滑りやすくする。墓穴は墓碑で塞ぐ。昼を迎えると一旦、死者の家に戻り昼食を採る。午後に墓に戻り墓前に、桶に収めた飯と線香、三牲を供え祀る（程）。

**埋葬（大殮）** 墓に遺体を納める事を大殮と言う。墓に棺桶を納める時間は風水師が指定し、必ずこれを守る。時間よりも早く着いた場合は棺桶を直接地面には置けないので、竹を二本敷いて、この上に棺桶を置く。時間が来ると、縄と竹で梯子を作って棺桶をこれに乗せ、墓穴に梯子ごと棺桶を納め、棺桶を残して梯子のみ引き出す。午後、運んで来たタイマツを墓穴に納め、石室に墓碑で蓋をして、風水飯を食べる。この風水飯は、死者の家族だけしか食べてはいけない（謝）。

**帰宅時の儀礼** 死者の家族の内、二名が早めに自宅に帰っておく。他の遺族が、墓から酒やその他の供物を持って家に到着すると、その二名は線香と蝋燭を門前で焚いて跪き「（墓からの）御飯を迎えに来た」と言う。これを家の風水と称する。墓から持ち帰った供物は家族で共食する（謝）。

### (5) 葬礼後の祭祀

**做七** 葬礼の後、七日、十四日、二十一日、二十八日、三十五日、四十二日、四十九日に家で死者に対して、葬礼と同じ供物を家の祭壇に捧げる。死者を送り、祈りを捧げる意味がある（謝）。

**祖先の祭祀** 観音を祀る祭壇の裏に祖先の牌位がある。祖先を祀る際に供える火を着けた線香も祖先の牌位を表す。祖先を祀るには燃えて土に変ずる線香を焚く必要がある。祖先を祀る期日は、①. 新暦の毎月朔日・十五日、②. 正月、③. 清明節（新暦4月15日）である。清明節には墓に参るが、正統な後継者（息子）が参るべきで、娘婿は行かないものである。息子の嫁は参る。婚出した娘は嫁入り先の家族になるので、生家の墓には参らない。傍系の親族も墓に参っても良いが拝んではいけない。墓には三牲酒礼といい三杯の酒、果物、米粉で作った自家製の菓子を供える（程）。

**七月半（旧七月十五日）** 祖先の為の日であり、中元節である。祖先が帰って来る為、祭りを行う。各家では祭壇を設け、祖先の遺影（絵画か写真）を飾り、午前中は豚・三つの卵・魚（新鮮な魚であれば種類は問わないが、蓮魚は

悪い物である為、供物には出来ないと伝えられている）を供える。家族全員で祭りを行う。昼食の後、午後には野菜・菓子・西瓜を供える。家に馬を買っていれば、馬にも稲藁を食べさせる（謝）。

　**牌位**　昔から伝えられている牌位はあるが、近年は祖先の祀りに線香を焚く事でそれに換え、作らなくなっている。昔は人一人が亡くなると牌位を一つ作った。現在でも赤い長方形の布に死者の名ではなく姓のみを書いて、家の祭壇の横に「遠近宗親位　黄門堂歴代」などと貼る。「歴代」の文字には亡くなった人に関わる全ての親族が含まれている。家代々受け継がれているものであり、魂が入っている。新暦の朔日と十五日には拝礼する（程）。

　**忌日の祭祀**　忌日には墓で祀る。氏に属する死者の魂を呼ぶ。墓前の机に三牲や菓子を供え、死者の魂を迎えて、忌日の食事を勧める。墓には普段は供物は献げず、詞堂に線香と蝋燭を献げる（程）。

## 2. 火葬受容と葬礼の変化

### (1)火葬の受容による葬礼の変化

　以上、主に土葬に際しての葬礼について聞き書き資料を元に報告した。ここで、土葬による葬礼の過程を遺体の移動と処理を中心に整理すると以下の様になる。

**土葬時の葬礼の過程**

　①．死亡した現場から遺体を自宅へ運ぶ

　②．自宅での遺体処理と儀礼（守夜、小殮（入棺）、超渡など）

　③．並行して風水師による墓地選定

　④．出殯（出棺）し葬列で墓地へ木棺を移動

　⑤．大殮（埋葬）

　葬礼全体の進行には風水師が指示を与え、また道士も死者の超渡などで葬礼に関与していた。以上の様な葬礼の過程を採っていた廿八都鎮が火葬に切り替わったのは先にも述べたが2000年からであるとされる。実施の1年前に政府による命令が文書による通知でなされた。廿八都鎮の住民が利用する火葬場は十里排の近く、三道湾磨水岡に建設され、2000年以降は、人が亡くなると政府と火葬場に連絡し、火葬する様になった。廿八都鎮の住民の墓は、それまで個別に風水

を観て決めていたが、全国的な火葬への切り替えに伴い政府が共同墓地を作り、そこを墓とする事になった。火葬場には葬儀場（殯攸館）もあり、そこで儀礼を行う場合もあると言うが、今回はその詳細は確認出来なかった。

　程氏は、火葬への移行後も葬礼のやりかたは基本的には同じだとしながらも、①棺桶を運ぶ八仙が不要となった事、②火葬骨を納める骨箱である骨灰盒を運ぶ者が必要となった事、③葬礼で花輪など現代的な飾りが用いられる様になった事、④墓碑に遺影を飾る様になった事、⑤牌位を作らなくなった事などを挙げた。

　遺体の処理に関して言えば、火葬への移行により、遺体を必ず火葬場まで運んで処理を行う必要が生じる。土葬の場合、葬礼での葬列は、自宅から墓場への移動で一度のみ構成される。これに対して火葬の場合は、遺体を火葬場まで運び、そこから遺骨を自宅へ持ち帰る過程が挿入される事になる。以下、その過程を要約する。

**火葬時の葬礼の過程**

　① 死亡した現場から遺体を自宅へ運ぶ

　② 自宅での遺体処理と儀礼（守夜・小殮（火葬場が用意した火葬用の棺桶に収める））

　③ 火葬場へ自動車で移動

　④ 火葬による遺体処理

　⑤ 集落入り口まで骨灰盒を自動車で移動

　⑥ 集落入り口から葬列で骨灰盒を自宅へと移動

　⑦ 自宅での儀礼

　⑧ 骨灰盒を出殮し葬列で墓地へ移動

　⑨ 大殮（納骨）

　土葬時と比較すると、火葬の場合は自宅から遺体を火葬場へと運ぶ過程と、火葬した骨を今一度自宅へと連れ帰る過程が加えられる。自宅から火葬場までは、火葬場が手配した自動車で遺体を運び、大型バスで親族が移動する。しかし、狭い路地まで自動車は入れない為、集落の出口で遺骨を降ろし、そこから親族と迎えに出た住民とで葬列を組んで自宅へ遺骨を連れ帰る。2007年の調査では、火葬場から火葬骨を家に運ぶ葬列の撮影を許され、その映像資料を示しながら程氏に

解説を加えていただいた。続いて、その観察記録を簡略に報告する。

## (2)2007年9月の葬礼における家への骨灰盒の移動

写真2　葬列の銅鑼・笛・太鼓

**葬列について**　午後1時近く、火葬場のバスから下りた遺族達が、開路、笛・太鼓・銅鑼（写真2）、遺骨を持った婿、親族とともに喪家へ向かう。火葬骨を納めた骨灰盒は、死者の娘婿が両手で持ち、その骨灰盒に別の男性が傘を差し掛け陽光が当たらないように気をつけている（写真3）。骨灰盒には直接、骨灰を納めてあり、程氏によればこれは「工芸品」として火葬場で販売されているものだと言う。骨灰盒に傘を差し掛けるのは、謝氏によれば、陰である骨が陽である天の眼に触れない様にする為で、また骨灰盒は陰であるので、披紅を掛けて陰陽とすると言う。この陰陽に対する意識は斗や巾にも示されている。今回見学した葬列の参加者で死者の親族にあたる者は、服喪を示す斗や巾を被り、腕に喪章を付けて、火の着いた線香を手にしているが、斗や巾には必ず赤い印が一つ付

写真3　骨灰盒と傘

けられている（写真4）。また、集落内の橋を葬列が渡る際には、特に多くの爆竹が鳴らされた。程氏によればこれは橋が誰の所有物でもなく共同のものであるからと言う。

**寝台と遺骨**　骨灰盒が火葬場から死者の家へと運ばれ、店舗の入り口から屋内に運ばれると（図2上①）、死者の寝室に運び、一旦死者が生前使っていた寝台の上に置かれる（図2上②、写真5）。程氏はこれを、魂がその家に残っており、魂と身体を別れたままにしない為であるとし、死亡した場所に関係な

く、病院での死者も必ず一度、生きている時に生活していた家に連れ帰ると説明した。骨灰盒を寝台の上に置くと、寝台の下の床に鍋を置いて紙銭を燃やす。死者の遺体を洗った後にも遺体を白い布で包んで寝台の上に置くが、遺体の下には服を敷くという。

写真4　女性の巾と陽を示す赤い印

2010年8月の調査においては、別の民居において火葬場に運ぶ前の遺体の状態を観察させていただいたが、洗って白布に包んだ遺体は死者が生前用いていた寝台に置かれ、その前の床で線香が焚かれていた。

　骨灰盒を置いた後、寝台の前では紙銭が焚かれる。その後、道士による超渡の後、骨灰盒を祭壇に移し（図2上③、写真6）、七日間家に置き、墓地に埋葬するとされる。土葬の際には、遺体を納めた木棺は、祭壇の壁を隔てた裏側に置かれたという。

写真5　寝台上の骨灰盒　　　　写真6　葬礼の祭壇

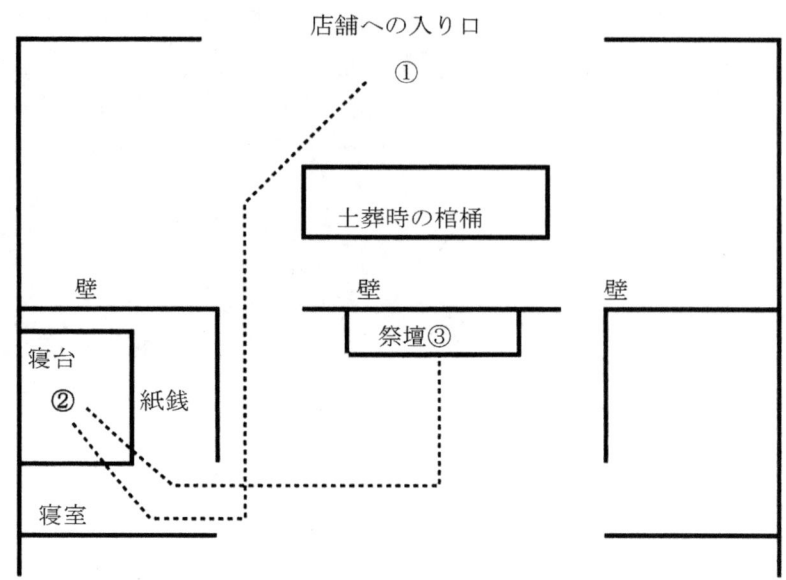

図2　火葬後の喪家における骨灰盒の安置

①店舗の入り口から運ばれた骨灰盒は、②の寝室の寝台の上に置かれ、その前で遺族が紙銭を燃やす。その後、儀礼を経て、③の祭壇の上へと移動する。

以上の観察からは、①火葬場からの帰路において葬列が構成されている事、②その葬列は、骨灰盒を中心としたものである事、③遺骨が自宅に戻る事が重視されている事、④遺骨を戻すのは死者の霊魂と生前居住していた家屋との結び付きが意識されている為である事などを指摘出来る。

### (3) 葬礼に関わる親族の範疇—A氏を例として—

ここで、廿八都鎮在住のA氏が近年体験した土葬、および火葬時の葬列から、各々に関わる親族範疇の変化について若干の整理と分析を試みる。

まず概略を説明する。A氏の母親は1997年に死亡した為、土葬したが、この時に母方の叔父の墓も前もって作った。この叔父は火葬開始後に癌となり自宅で死亡した為、火葬に附され共同墓地に埋葬する事となり、先に用意した墓は無用となった。

# 中国江南山区民俗文化及変遷

## A氏親族図および葬礼への参加範囲（A氏からの聞き書きによる確認）

### 1. A氏の母親（図上M：土葬）の場合

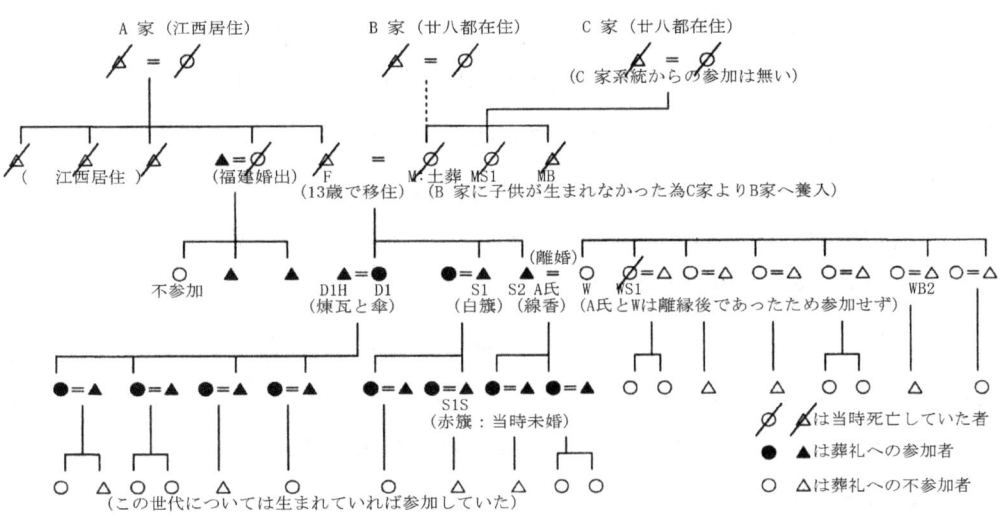

図3-1　A氏親族と母親（図上M：土葬）の葬礼への参加範囲
（A氏からの聞き書きに基づく）

### 2. A氏の母方オジ（図上MB：火葬）の場合（A氏からの聞き書きによる確認）

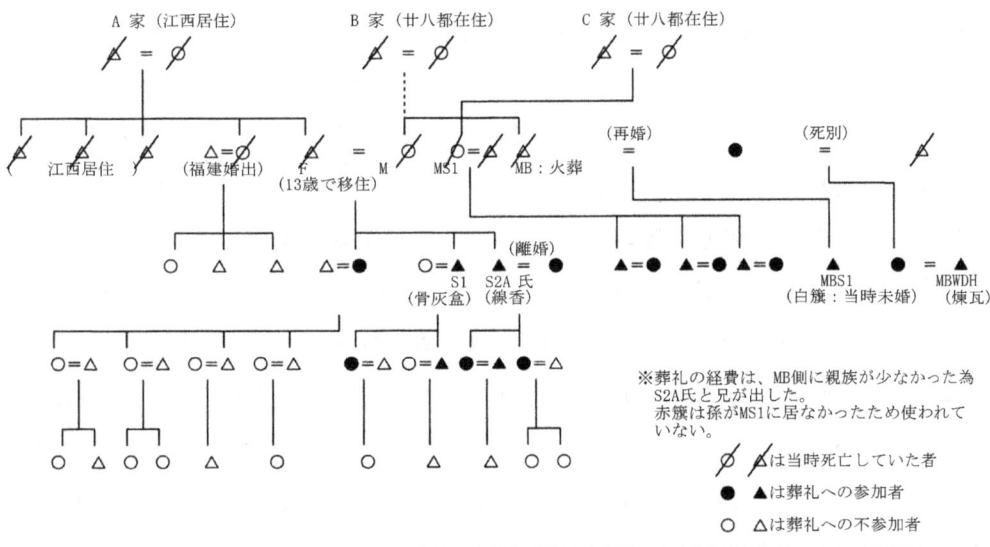

図3-2　A氏親族と母方オジ（図上MB：火葬）の葬礼への参加範囲
（A氏からの聞き書きに基づく）

・277・

母方の叔父が死亡した際には、臨終を親戚が揃って見届け、里の政府幹部の所に知らせ、書類を用意した後、火葬場に電話をした。遺体を洗う事などを済ませた後、火葬場から車を手配してもらい、火葬場側で用意した火葬用の棺桶に納め、火葬場に運んだ。棺桶を車に運ぶ際には葬列などは組まなかった。火葬骨が帰って来た際に、A氏の兄が骨灰盒を捧げ持ち、それに傘を差し掛けて自宅まで運んだ。A氏によれば、このやり方は、土葬の際に、子孫の財産でもある墓地の契約書としての煉瓦を白い布に包み娘婿が黒い傘を今一人に差し掛けられて運ぶ方法と同様であるという。火葬となった後は、骨灰盒はまず寝台に置かれる。この点については、死者の魂がまだ寝台に残っている為であり、寝台の上に骨灰盒を置いて、残った魂と一つにして祭壇に置くとの説明がここでも聞かれた。煉瓦は祭壇の骨灰盒の横に置かれる。土葬の際には、煉瓦は棺桶の横に置かれた。これは死者に対して、煉瓦に書かれた墓地の契約内容が死者の財産である事を示す為である。翌日、出殯で遺骨を共同墓地に運ぶ。その際には、曾ての葬列と同じような形で運ぶが、遺骨は次男などが捧げ、長男は開路として先頭を歩いた。

　以上の過程を、親族図を用いて今少し詳細に検討する。図3－1は、A氏（S2）の母親（M）が土葬された際に、関係した親族と葬礼において担当した役割とを整理した図である。A氏は江西居住の両親を持ち13歳で廿八都鎮に移住したA姓のFを父とし、廿八都鎮在住のB家に同じく廿八都鎮在住のC家から養入したMを母とする。A氏は二男一女兄弟の次男であり、Wと結婚して二女をもうけたが、Wとは離婚している。A氏の兄姉のDH1、S1とも結婚し、子供をもうけており、更にそれぞれの子供も結婚して孫も生まれている。土葬とされたA氏の母親の葬列には、図中の●、▲と記した親族が参加している。基本的にMの直系子孫が参加しているが、Mの配偶者の兄弟の息子二名も葬儀に参加している。A氏の妻であったWとその兄弟は離婚後であった為、参加しなかった。土葬における役割をこの図で示すと、葬列の白籏はMの長男であるS1が、S1の長男であるS1Sが赤籏を、次男のA氏は線香を、Mの長女の夫であるD1Hが煉瓦と傘を持つ役割を担った。

　対して図3－2は、A氏の母であるMの兄弟であり、養出したC家の長男であ

るMBが火葬にふされた際のものである。MBは、本来その子孫によって葬礼が行われるべきであったが、親族がC系統側に葬礼に参加出来る親族が少なかった為、MBの甥にあたるA氏とその兄とで費用を出して葬礼を行った。MBの妻と長男、MBの妻が前夫との間にもうけた長女とその夫、A氏の母であるMとその直系の子供、孫などが参加している。またA氏と離婚した妻とその姉妹のWS1と兄弟のWB2も別の関連からこの葬儀に参加した。火葬における役割は、葬列の白旛をMBの長男が、赤旛は孫が生まれていなかった為、用いられず、甥にあたるA氏が線香を、A氏の兄であるS1が火葬骨の入った骨灰盒を、MBの妻と前夫との間に生まれた長女の夫であるMBWDHが契約書としての煉瓦を、各々持つ役割を担った。先にも述べたが、土葬においては、棺桶を担ぐのは八仙である為、遺族はその役割を担う事はないが、火葬においては、遺骨を納めた骨灰盒を運ぶ役割が新たに設けられている。この役割は長男ではなく、傍系親族にあたる甥のS1にまかされている。MBの直系である長男MBS1は死者の長男が白旛を捧げるという原則通りに白旛を捧げている。また、煉瓦は妻の前夫との間に生まれた娘の配偶者が持つが、これはMが土葬された時点でMの長女の夫が煉瓦と傘を持った事と一致している。

　以上は養入や離婚など特別な経緯が含まれた事例ではあるが、火葬から土葬への変化に際して葬礼における役割の分担については、基本的には従来の様式を踏襲した印象を受ける。しかし、骨灰盒という火葬に際して新たに遺骨を運ぶ役割の担当者が必要とされ、この事例の場合には死者に直系子孫が少なく、傍系の甥が葬礼に資金を提供したという背景から、その養出した姉の長男が別姓でありながらも骨灰盒を運ぶ役割を担った事になろう。

**(4) 火葬受容に伴う葬列の再編**

　火葬場からの帰路における葬列は、土葬での家から墓までの葬列におけるそれを再編したものであると考えられる。以下、土葬時と火葬受容後の葬列の構成をここで比較する。

**土葬時の葬列の構成**
死亡した場所⇒死者の家⇒墓地
　　　　　　　　　　　　　↑
　　　　　　　　　　　　（葬列）
　① 開路（息子）
　② 銅鑼、笛
　③ 孫・曾孫
　④ 線香
　⑤ 八仙の担ぐ棺桶（遺体）
　⑥ 道士
　⑦ 坐唱班（楽団）
　⑧ 親族（喪服）

**火葬受容後の葬列の構成**
死亡した場所⇒火葬場⇒死者の家⇒墓地
　　　　　　　　　　　　↑　　　　↑
　　　　　　　　　　　（葬列）　（葬列）
　① 開路（息子）
　② 銅鑼、笛
　③ 息子（婿）が運ぶ披紅を掛けた骨灰盒（遺骨）
　④ 線香を手にした親族（喪章、巾・斗）

　葬列の構成は、木棺（遺体）と八路が、骨灰盒（遺骨）と遺族とに置き換えられている。葬送における陰間・陽間のバランスを重視する思考は、簡略化された喪服などに今だ示されている。骨灰盒に傘を差し掛ける方法は、A氏の説明する例から言えば、土葬時に煉瓦の契約書を傘を差し掛けて運んだ方法と類似しており、その関連性が考えられる。遺骨を家に必ず持ち帰る点には、死者霊魂の存在を前提とし、それが生前に居住した家屋に残るとする観念と関わっていると思われる。この観念は、土葬時点からあったものと思われるが、火葬した骨を今一度、死者の寝台に乗せるのは、そこを再び葬礼の起点としようとする意識の現れであるとも考えられる。

　以上、火葬受容後の葬礼の変化について報告した。本項の最後に火葬受容と時期を同じくして造成された共同墓地について述べておく。

## 3. 廿八都鎮の共同墓地と墓碑の様式

### (1) 共同墓地の位置

　廿八都鎮の共同墓地は、鎮の南端より幹線沿いに約1km程進んだ位置（鳥石峡）の、標高290m程の山稜南側傾斜面を雛壇状に造成されている。十数段に造成された斜面には、一つの段に十基ほどの墓石が一列に並び、コンクリートで固められた壁面に火葬骨を納める墓穴が穿たれ、納骨されているものには墓碑が設置されている（写真7）。墓の幅は1mが規格となっている。墓碑の形状は、風水を考えた亀甲形を象ったものもあるが、土葬墓と比較して、墓穴は火葬骨に合わせた小規模なものとなっている。個々の墓も、規格化され、規模

が小さなものとなっている。

図7　廿八都鎮の共同墓地

　土葬当時からの古い墓としては、廿八都鎮周辺にあたる耕地内に直径3m程の亀甲型の夫婦合葬墓がある（写真8）他、共同墓地近くにも夫婦を土葬で合葬した墓が見られる。前者の墓は、廿八都鎮でも最も古い宗族のものとされ、その形状や位置は、風水を考えたものとなっている。かつては廿八都鎮では、裕福な者は大きな墓を作っていた。一つの部屋と同じくらいの広さがあったという。

写真8　風水の判断に基づく古い墓

## (2)墓碑の様式
　共同墓地では、墓碑に死者の遺影を焼き付けた陶片を嵌め込んだものなど、死者の個性を永続的に視覚的情報として残そうとする傾向が見られる。共同墓

地の下段に立ち並ぶ墓碑間には常緑樹が植えられている。斜面上段の4段はコンクリートブロックの壁面に穿たれた墓穴に直接墓碑を嵌め込んだ簡素な形式となっている。更にその上には、葬礼に用いた道具類が乱雑に置かれたままとなっている。墓碑によっては中央の死者名の上に十字に飾りを彫ったものがあり、これはキリスト教信者の墓である。墓穴の一部は、まだ納骨されておらず、穴が空いたままであったり、土嚢が入れられた状態となっている。この傾斜面には、土葬の際に構築されたと思われる、川原石を壁面に積み上げた単独の墓もあり（写真9）、共同墓地の造成以前から、墓地として使われていた場所であると思われる。その墓からは墓碑は除かれており、改葬されたものと思われる。墓碑の形式は、以下の様式に整理される。なお以下の名称は、あくまで本稿で墓碑分類を行う為の作業上の仮称である。

写真9　石積による墓

①**椅子型墓碑**　壁面の前に椅子型の墓碑を置き、その前に福・寿、あるいは鳳・龍などの文字が彫られた石板や両翼に獅子などの飾りを置いたもの。この墓碑の背後にコンクリート製の納骨場所を有するものと、背後には何も造られていない隙間があるもの、壁面に密着したものがある。男性死者の名と生年月日、死亡年月日が彫られ、その横が空欄になっているものが多く、こちらも夫婦を合葬した、あるいは合葬を予定しているものと考えられる（写真10）。話者はこの墓碑の形状を椅子に例

写真10　椅子型墓碑

えた為、ここではこれを仮に椅子型墓碑と称する。

**②直立石板型墓碑** 碑文を刻んだ長方形の石板型の墓碑を立てたもの。①より小規模であり、この形式の墓の墓碑は、その中心に一人の死者名が彫られ、最初から夫婦の合葬が考えられていない形をとっている（写真11）。ここではこれを仮に直立石板型墓碑と称する。

**③壁面石板型墓碑** 壁面の納骨用の墓穴に墓碑である石板そのものを嵌め込んだもの。墓地の上段に多く見られ、①や②に比較して更に簡素な印象を受ける。この形式の墓碑も一名の死者のみを記しており、単独の死者の墓となっている（写真12）。

写真11　直立石版型墓碑　　写真12　壁面石板型墓碑

## (3) 共同墓地の利用

**共同墓地利用の経費** 共同墓地を利用するに際しては、その経費を鎮に支払う事になる。段の高さにより価格が決まっており、高い位置の墓は価格も高いと謝氏は説明したが、墓碑の規模から見て、墓地の上段数段には簡略な様式の壁面石板型墓碑が並んでおり、中段に比較的規模の大きな椅子型墓碑が並んでいる事から、中断部分の場所の方が高額と思われる。謝氏によれば、裕福な者や、兄弟や子孫が多く寄付を集める事が出来る死者の遺族は高いところを買い、大きな墓碑を建てようとするという。2000年の共同墓地造成間もなくの段階では、経費は数十元とされていたが、いまはもっと高額となっているとい

う。当時は墓石の形などは自由であったというが、今は政府が決めた規格のものでなくてはならず、廿八都鎮花枘村の石材店から既製品を購入する者が多い（写真13）。

写真13　石材店の墓碑

**墓碑と遺影**　墓碑を観察して注意されるのは、先にも述べた様に死者の遺影を焼き付けた楕円形の陶片を嵌め込んだ墓碑が非常に多く見られる点である。これは、夫婦を合葬する椅子型墓碑にはあまり見られないが、単独の死者を葬った直立石板型墓碑や椅子型墓碑の殆どが、碑銘上部中央か上部右側に遺影を嵌め込んでいる（写真14）。遺影を墓碑に飾る傾向は、後に報告する三門源村の共同墓地でも顕著であるが、三門源村においては、夫婦の合葬墓においても、それぞれの遺影が嵌め込まれている例が見られる点で違いを示す。程氏によると、墓石に写真を貼るのは、廿八都鎮では2000年頃に始まったとされる。程氏は、墓碑の写真について「これは新しい芸術である。私は良い事だと思う。死者の笑顔が何時までも残るから」と感想を語った。ただし、写真を貼るのを嫌がる者もいるとも語り、廿八都鎮のすべての住民に遺影を墓碑に残す事が受け入れられている訳ではない。

写真14　墓碑の遺影

**墓と風水師**　今回の調査では、古鎮より2km程離れた農村である西辺に居住する風水師の林来金氏に聞き書きを行った。林氏は30歳以降に書籍から風水の知識を得、1966年から1976年の間、「文化大革命」で風水を看る事も禁じられた以外は廿八都鎮の葬礼に関わって来たが、共同墓地の造成に関わる土地選定への関与は確認出来なかった。以下は、林氏による墓地の風水判断についての説明である。「風水の良いところとは、人が座している姿の様なものであり、気持ちが良い所である。墓や家を造る際に風水を観た。墓を作る際には、地墓（風水で選ばれた良い土地の墓）、地（その土地が本来持つ良い素質）、風水（祖先が伝える香火）の三種が重要であり、現在でもこれに留意して風水を観ている。また、死者や家族の生肖（干支）、星宿、五刑（五行）も観なければならない。更に、死者の死んだ月の干支、日の干支も重要である。死者のみならず家族全体を観なければならない。墓を選ぶ事を選墓と称するが、墓は視野が平坦な処で、墓の前に高い建物や大きな道、火を使う様な場所が無いようにする。火葬前に選んだ自分の家の墓地は、墓を中心として向かって右側が高い山で青龍、左側が低い山で白虎となっている。右が高くあっては良くない。自宅も自分で風水を観て建てたものである。風水を観る時間は決まってはいないが、裕福な者は何年も掛けて風水を確かめさせる場合もある。葬礼にも参加し、棺桶を納める方位などを指示する。特に棺桶の位置は重要で、棺桶に向かって右の部分が左より高くなる様にすると、長男の運が良くなり、家族、一族全体の運気を高める事が出来る。」

　火葬受容後の葬礼においても風水師の関与は継続されている。ただし、共同墓地の場合は、個別の墓と異なり、場所が決まっているので、それぞれの区画の利用に際して風水を改めて確認する必要はないとされる。

**共同墓地に対する意識**　最後に、話者の共同墓地に対する意識について紹介しておく。程氏は、廿八都鎮の墓について、「観光化が進んでも墓や祖先の祭のありかたはあまり変わっていない。祖先の祭は家や一族の歴史を維持する為に以前から決まっている事だから変わるものではない。廿八都鎮では知られているが、外には知られていない古い墓もあり、その様な墓は、これから多くの人に知られれば観光の対象にもなるかも知れない」と語り、また、共同墓地での葬礼についても肯定的である。しかしながら、旧墓地の具体的な観光資源化

については進められていない状況である。廿八都鎮を観光地化する過程では、地域の葬礼文化を展示するスペースも構想にあったと言うが、2010年度の調査では、その展示はなされていなかった。程氏に対して、謝氏は共同墓地や火葬への移行については否定的である。謝氏は「共同墓地は良くない。死後の墓は家の様なものである。誰でも広い所に住みたいものである。あの墓は広くない。土葬は良い。火葬では焼かれて遺体が壊れるので、中国人にとっては骨を捨てる事と同じ意味である」と語り、墓が死者の家であるとする理解や、遺骨の火葬による損壊などを憂いている。

## おわりに

現代中国地方都市の火葬受容は、強制されたものであり、従来の土葬における儀礼に火葬場からの帰路が挿入され、骨灰盒を中心とした葬列が組まれるなどの再編が見られる。共同墓地に関して言えば、そこにおける整序化した墓列は、宗族の繋がりやその中での序列を示すものではなく個別の墓が、死が生じた時系列や遺族が支払った金額に応じて配置される形式を取っている。これは、移民が多く、宗族組織を中心とした人々の結合が廿八都鎮においてはあまり確認出来ない事にも関連しよう。また、それぞれの墓は、死者の個性を記銘し、視覚的に残そうとする傾向を持つが、これも火葬受容と共同墓地の構築に関わって一般的に受容されたと思われる。遺体を火葬により急激に骨となし、死者の個性を失わしめる火葬という手段が葬礼の過程に強制的に挿入された事とも関わる可能性がある。

以上、廿八都鎮の葬礼と墓制について、火葬受容・共同墓地成立との関連から報告と若干の分析を試みた。続いて、廿八都鎮の霊魂観と他界観について「陰夢」と称される宗教的職能者への聞き書きに基づき若干の報告を試み、更に、瀧游三門源村の葬礼と墓制について、同じく火葬受容と共同墓地成立との関連から報告を行う。

# 摘要

# 火葬受容和葬墓制的再构建

## 德丸亚木

本报告的目的，是以积极推进观光资源化的浙江省江山市廿八都古镇为例，报告那里的居民如何维持、变容和重组他们的信仰和仪式的。具体报告接受火葬之后葬礼的变化以及与之相关的公墓的形成。

廿八都镇于 2000 年实施火葬，传统的丧葬习俗发生了很大变化。随着从土葬埋葬尸体到收藏火化骨灰，墓地也急速地从传统的个人墓向公墓过渡。其结果是围绕火化骨灰为中心的新葬礼仪式和墓制被重组。本报告中介绍了廿八都镇土葬时期的葬礼流程资料，并基于对 2007 年丧葬仪式的观察、调查，论述了在特定家系中进行的参加土葬和火葬葬礼的亲属范围之比较，进一步通过新形成的公墓的调查资料来分类墓碑的形状（椅子型、直立石板型、壁面石板型），进而报告墓地的结构与风水师的关系。

现代中国的地方城市按照政府要求实施火葬。因火葬而要组织以骨灰盒为中心的送葬队列，从火葬场回家也要插入到传统的土葬仪式里，增加了火化后将骨灰带回家的流程。送葬队伍中不再需要抬棺木的八仙，取而代之的是死者家属捧骨灰盒，撑伞遮盖骨灰盒的做法，可能是参考了过去风水师写的墓地地契的搬运方式。此外，人们相信死者的灵魂在遗体火化后仍留在生前居住的房屋空间里，所以要把骨灰带回死者生前的房屋里，放在他生前睡过的床上。这或许可以被认为是人们企图把死者和灵魂合为一体。

公墓里排列有序的墓，并不表示死者和宗族的关联或内部序列关系，每个墓是根据死亡时刻或者死者家属支付金额的不同而排列的。这可能与廿八都镇移民多，几乎看不到以宗族为中心的抱团现象有关。此外，每个坟墓的墓碑上都有遗像，这种以视觉记忆死者个性的倾向，似乎也是在普遍接受火葬和修建公墓之后

才被接受的。这可能与火化后遗体急速变为骨灰而失去死者个性的火葬方法强行插入葬礼过程有关。

# 他界観・霊魂観
―陰夢の活動から―

徳丸　亞木

## はじめに

　前項では、廿八都鎮における葬墓制の火葬受容における変容について論じたが、関連する報告として、廿八都鎮の人々の保持する他界観、あるいは霊魂観について、ここで若干の報告を試みておく。葬送儀礼においても、風水師による指示や道士の超渡などの儀礼があるが、ここでは、召命型シャーマンとしての性格を有する「陰夢」（インモン）と称される宗教的職能者の調査資料を通じて、その点を考察しておきたい。

　今回の廿八都鎮における調査では、陰夢と呼ばれる宗教的職能者は二名確認された。いずれも鎮の内部ではなく、鎮から数km離れた農村部に居住する農家の既婚女性である。

　一人は、厳氏（1953年生まれ）、今一人は王氏（1952年生まれ）である。厳氏や王氏が陰夢としての職能を行う事にはそれぞれの夫も賛成し、住居内に神仏を祀る祭壇を設けている（写真1）。両氏とも、廿八都鎮の住民から様々な相談を受け、陰夢としてその解決の過程に関わっている。今回の調査では、この二人に面談したが、陰夢としての職能について聞き書きを行い得たのは王氏に対してである為、その聞き書きと、陰

写真1　陰夢と屋内の祭壇

夢に相談を行った事がある程炳田氏（1959年生まれ）からの聞き書きに基づいて報告する。なお廿八都鎮の話者によれば、この他にも一名の陰夢が活動しているとの事であったが、今回は調査する事が出来なかった。

## 1. 廿八都鎮の陰夢の性質

　まず、現時点の調査資料から廿八都鎮の陰夢の特徴を纏めるならば、陰夢は、脱魂、および他界飛翔の経験を持つシャーマンであると言える。また、人生のある時点で精神不安定など巫病に類する経験の後、一定の成巫過程を経て、陰夢として相談者の依頼を受ける宗教的職能者としての活動をはじめている。寺廟、および自宅を相談者との面談、および儀礼実践の場とし、その儀礼には呪符を用いている。

　陰夢に関しては、程氏からも、その概略と自身が相談者となった際の経験を伺った。程氏は菩薩を信仰しているが、程氏の父親が死亡した時、遺体の身体を拭く為の水を湖に汲み行った後、家族に不幸が続いた事があった。陰夢に依頼して原因を探って貰うと、水を汲んだ際に、湖の水母娘娘に何も捧げなかった為に、その怒りを受けていると教えられた。そこで、湖に行き、水母娘娘に供物を捧げたところ状況が好転した。以下は、程氏による陰夢についての説明である。

　「陰夢は善良で嘘をつけない良い心を持った者であり、誰でもがなれるものではない。菩薩を信仰しており、その身体から魂を抜け出させて鬼（死者霊）や菩薩と会って話を聞いて来る事が出来る。死者の霊魂はあの世である陰間に行き鬼となるが、陰夢は陰間と生者の世界である陽間との間に橋を架けて、鬼と会い、話をする事が出来る。陰間と陽間とは、相互にバランスがとれており、ある人が死亡して陽間から陰間へ渡ると、陰間の鬼が一人、陽間へと生まれて来る。陽間に生まれて来る事を投胎と言う。陰間は閻魔大王の支配する世界であるが、陰間は陰間で鬼としての人生があり、陽間では人の死であっても陰間では、鬼として生まれる事になる。陽間で良い行いをすれば、陰間では高い地位に生まれる事が出来る。」

　程氏の示す世界観では、この世界を生者と死者の世界、陽間と陰間に二分し、人間の魂はその間を生死を境として行き来するものとする。この世界観は、廿八都鎮の葬礼に於ける基本的な死生観にも示されるものである。この世

は陽の世界であり、死後、死者霊が赴く世界を陰の世界とし、陰には白を、陽には赤を宛てる。

陰夢の宗教者としての職能は、特定の系譜によって継承されたり、あるいは修行を行って意識的に獲得されるものではない。基本的には巫病を経ることによって神霊から召命されている事を本人と周囲の人々が自覚し、精神を安定させその職能を果たす為の修行を経る。

巫病の状態には、二つのタイプがあるとされる。ひとつは非常に元気で活動的な状態になる「熱い」タイプで、飛び跳ねたり騒いだりする。今ひとつは、他人に非常に冷たさを見せる様になる「冷たい」タイプで、家族とも殆ど話す事が無くなり、鬼や菩薩についてのみブツブツと口にする事が続き、周囲の者がそれと気づくタイプである。両者の共通点としては、いずれも菩薩や鬼の事など同じ事のみを口にする様になり、家族の者が精神的な病気となったと考えて病院に連れて行っても原因が判らず、菩薩に選ばれて陰夢となっているのではないかと気づく点にある。菩薩も様々であり、どの菩薩に選ばれたかで陰夢としての性質も違って来るとされる。続いて、王氏の成巫過程を、その語りから紹介する。

## 2. 王氏の成巫過程

王氏の成巫過程は35歳の時の体調の不良に始まる。王氏は、五福村の寺廟である霊仏寺（写真2）の廟会に参加しており、その祭りに供える供物の準備を毎年行っていた。

「信仰する廟の祭りの為に、家の石臼で大豆を潰して豆腐を作っていた。体調が非常に悪くなり、夕御飯も準備出来ない用になってしまった。また、神様の前に立つのが大変恐ろしく感じる様になった。その状態をある人が観て、「それは、貴方の内側に神様が住んでいるから

写真2　霊仏寺

だ」と教えられたが、自分では信じる事が出来なかった。ある夜、夜食を作る時に、廟の神様に捧げられた24本の線香が燃えるのを見ていると、神様一人一人が自分に語りかけて来た。判官老爺が「人は一日四食を食べるが、私たちは一食もまだ食べていない。早く供物を供えてくれ」と語りかけて来た。また、観音娘娘は、「私はまだ未婚であり、南海観音と呼んで欲しい」と語った。神様の話を聞いていると、自身の身体が飛んでいる様な感覚で、その間、周囲にいた人たちに何を話したかは全く覚えていなかった。私は、飛び跳ねている様な状態になり、周囲の人々は気が狂ったと思ったが、この時、私は、その口から娘達に、「この様な状態の他の人は気が狂っているのかも知れないが、私達は神様である」と告げた。」

　王氏は、躁病的な「熱い」タイプの巫病の状態を経ており、廟に祀られる菩薩や神々が直接彼女に言葉で交渉し、トランス状態では、神仏の言葉を一人称で語る憑霊状態に入っている。王氏に最初に交渉して来たのは肉仙という三人兄弟の神仙であるという。肉仙は長男で、次男は二公老爺、三男は神公老爺といい、他の神仏に対して位の平凡な神仙ゆえ、仏像などは必要ないと告げたという。

　「この時から、色々な事が判る様になり、私が廟の祭りで五元を納めたところ、記帳役の人が、私とは別の人の名前を書いてしまった事があった。私は文字が読めないので、自分の名前が間違って書かれた事も知ることが出来ないが、仏様がそれを教え、記帳役の人に「自分の名前が間違って書かれた、そのままだと記帳役の人は一生坊主になる命（結婚出来なくなるとの意味）となるから直す様に伝えてくれ」と告げた。今でもその人は独身のままなのは、この時の出来事の為だ。」

　様々な物事を見通すとする王氏の特別な能力は、神仏からの教示によるものとされる。陰夢としての修業の過程についても先輩の陰夢へ弟子入りする様な過程は経ておらず、神仏からの直接の指示によるとする。

　「仏様の声が聞こえる様になって三ヶ月の間、色々な事を神様が教えてくれた。どの様にして神様の世界である天堂に行くか、どの様にして人を助けるか、儀礼の方法や符呪の書き方などである。王氏は字が読めないが、符の書き方を菩薩から教えてもらい、間違った書き方をした時にも菩薩が教えてくれ

る。菩薩や仏様と話す時にはその顔が見え、声が聞こえる。」

　ここで語られる神仏からの指示は、完全なトランス状態に陥って人格転換が生じるというよりも、霊感として受け取られているものと思われる。ただし、王氏の実際のトランス状態は、調査では観察出来なかった。

## 3. 王氏の他界観および霊魂観

　王氏は、その成巫過程で神仏の世界である天堂に導かれたとする。

　「ある夜には、私は海に連れて行かれ、そこに浮かぶ板に乗って天堂に向かった。板には船長がいて導いてくれたという。天堂では私を七仙女が出迎え、一人の仙女の服を借りた。仙女の風呂も借りたが、服を着たまま風呂に入り、湯を浴びると服を通して身体に湯が当たるが、服は全く濡れないものであった。その後、私は仙女に案内されて、西王母に会った。天堂で出会った仏様に、これからは貴方が人間を救いなさいと言われ、陰夢として人を救う事にした。」

　他界飛翔の体験であるが、現世との間には海があるとし、そこへの移動は船に乗る形をとっており、天堂と表現しながらも水平的な他界観を示している。陽間、陰間、天堂の関係については王氏は以下の様に解説する。

　「この世界は、現世である陽間（陽州）と、死者の魂が住まう陰間（陰州）、そして仏の世界である天堂とに別れている。陽間と陰間の間には、大きな川があってその境をなしている。川には波和橋という橋が架けられており、人の魂はその上を通るが、それは非常に恐ろしい事で、その上を頻繁に通う事は難しい。陰間は天国の様なところではなく、寧ろ地獄の様なところである。仏教を本当に信じた人の魂は天堂に行く。その為には仏典を毎日詠む事や、心が良い人である事が必要で、ごく限られた人しか天堂へは行けない。私が天堂に行くときには菩薩が手伝ってくれる。天堂には西王母がいるが、天堂そのものを西王母が納めているのではなく、天堂での役割を果たしている。天堂には、個々の人間全てに対応する植物があり、男性は樹木、女性は花である。その植物が枯れると人は死に、陰間に行く。人間には「一魂七魄」と言って、ひとつの魂と七つの魄があり、魂がひとつ、あるいは四つの魄がその身体から抜けたままになると人間は死んでしまう。」

　王氏は、この世界を生者の世界（陽間）、死者の世界（陰間）、神仏の世界

（天堂）の三世界からなるとするが、陰間と天堂を区別し、後者が、陽間と陰間を行き来する霊魂を管理する神仏の世界であると捉える。天堂の植物に関する説明は、「善書」の「花園」の説明と類似しており伝聞による知識を元にしているとも思われる。王氏が成巫過程において訪れたのは天堂であり、陰間への訪問については語られなかった。また、個別の儀礼の度に脱魂し、天堂の神仏の下に他界飛翔しているかも明確ではない。天堂への訪問の後は、神仏からの霊感を受け取る形で陰夢としての活動方法を学んで行った印象を受ける。

## 4. 廟との関係

　五福村の廟は、集落内に位置する霊仏寺である。その内部には多くの仏像が祀られている。祭壇の壁に貼られた紙には以下の神仏名が見られる。それぞれ祭祀される纏まりごとに示す（図1は廟内部の概念図。記号の位置に各神仏が祀られる）。神仏名はすべて縦書きであり、「仏光普照」「仏法顕霊」などの言葉は、上部に横書きされている。王氏によれば、Aに祀られる観音は、この廟の本尊であり人々を苦や困難から救い出す存在であるとされる。また、その左右に祀られる僧と菩薩が肉仙の三兄弟であると言う（写真3）。Bに祀られる判官老爺は、人の死が何時を判断し、地蔵は判官が下した死の年齢に更に寿命を加える事が出来る。判官の顔を赤く塗っているのは、廟会で像を修復しようとして金色に色を決めた際、王氏に赤色とする様にお告げがあり、それを廟会に伝えて色を変更させたという（写真4）。Dの関公は妖と戦う神であり、財産を守る神と五公皇帝が伴に祀られる。Cの彌来（弥勒）は天門を守る菩薩であるとされる。Eの神仏は、病魔から人々を守るものであり、耳や眼を患う者が祈願し、肩掛けを奉納している。

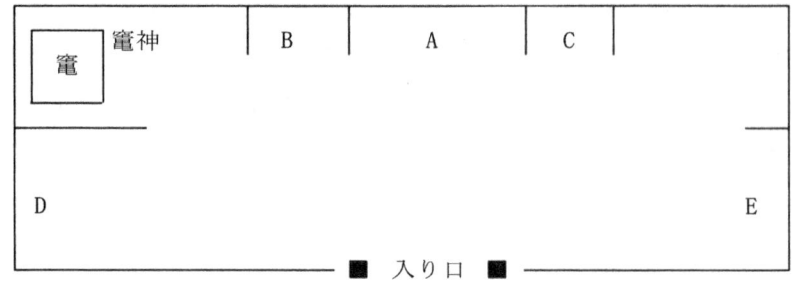

図1　霊拂寺に祀られる神仏

写真3　観音と肉仙

写真4　赤く塗られた判官

```
A　佛光普照
　　諸佛正法賢圣僧
　　　供奉愛公成記公菩薩仝座
　　南無大慈大悲觀世音菩薩蓮座
　　　南無十方常住佛法僧三宝座
　　真至菩提求服依
```

```
C　佛光普照
　　南無彌来佛之位
```

```
D　佛法顕霊
　　五谷尊神位
　　供奉関公佛之位
　　安財神之位
```

```
B　佛法顕霊
　　南無地蔵菩薩位
　　供奉判官神位
```

```
E　供奉順風耳□□
　　供奉南無四古如来佛之位
　　供奉千里眼神位
```

次に廟に掲示してある2006年2月15日付けの「公元」（寄付者一覧）を整理する。

表1　霊仏寺「公元」の掲示に見る寄付金金額（2006年2月15日付）

| 金額 | 2元 | 5元 | 6元 | 7元 | 10元 | 20元 | 30元 | 50元 | 118元 | 判読不可 |
|---|---|---|---|---|---|---|---|---|---|---|
| 人数 | 1名 | 76名 | 1名 | 1名 | 109名 | 14名 | 1名 | 5名 | 1名 | 6名 |

※この他2名が綿被1条、1名が米酒100斤、他廟から8名が10元、2名が15元を寄付。

　この廟へ現金を寄付した信者総数は215名（他廟からの寄付を除く）であり、一部の欠落はあると思われるが、これが廟会の基本的な構成員であると考えられる。判読出来ない部分もあるが、寄付総額は2163元である。215名の内、約35％が5元を、ほぼ50％が10元を寄付しており、20元以上の寄付者は

10％程度である。118元という多額の寄付を行う信者もいるが、寧ろ信者各々による少額の寄付によりこの廟の経営は支えられており、このことからも集落の人々各々の生活に廟が密着している事が推測される。

　王氏も陰夢となる以前から、この廟の信者であり、廟会の構成員であったが、その成巫過程において、廟で記られる神仏の声を聞くという体験を経る。

　「三ヶ月を過ぎて、気持や行動は落ち着いたが、廟の集まりに行くと、いつも神様の話が聞こえる様な状態だった。仏様の口調は人間の対話とは異なり、古代の口調である。ある時は、家で眠っている時、夢の中で太鼓の音がドンドンドンドン聞こえて来て、「廟には太鼓が無いので太鼓が必要だ」、との仏様の言葉が聞こえた。現在、廟には太鼓があるが、これは夢を見た私が寄付したものである。道に迷いそうになった時にも仏様は正しい道を教える。」

　廟に祀られる神仏の声を、信者達に伝え、神仏が求めた太鼓を寄進したとする王氏の語りは、人と神仏との交渉役となる陰夢としての彼女の地位を廟会に承認させて行く過程でもあったと思われる。現在の廟には、多くの仏像が祀られているが、その一部は、王氏が借り集めた資金で作られたものである。「（廟で仏像を祀る為の資金を集める相談をしていた時にも）仏様の声が聞こえ、廿八都鎮にいる誰がお金を貸すか教えてくれた。その時には、丁度、台湾から廿八都鎮に来た人がいる事を教えてくれた。私は山歌も習っており、その台湾人の前で、廟で仏様の像を新しくするのでお金を貸して欲しいという意味の歌を歌った。台湾人は、歌を聴いてお金を出してくれた。」

　ここでの王氏の語りも、彼女の能力と活動が、集落の廟の維持や発展に大きく寄与している事を表現するものである。陰夢としての活動は、依頼者の個人的な問題解決に関わるだけでなく、集落の公的な祭祀対象である廟そのものにも深く関わっている事を表現している。

## 5. 家内における祭壇

　王氏の家内における祭壇の壁には、以下の神仏名を墨書した紙が貼られており、観音像、聖人像、仏像の三体が安置されている（写真5）。

　南海大悲観世音菩薩が王氏が祭祀する中心的な神仏である。祭壇には、仏像の左右に蝋燭、三個のリンゴと三椀の茶、その前に置かれた紗の布が掛けられ

た台に、三本の太い蝋燭と三椀の線香立てが置かれ、それぞれ十数本の線香が立てられている。また、占いに用いる半月を横二つに割った形の木片を糸で繋いだものと、呪符を書くのに用いる硯と墨なども置かれている（写真6）。また、線香立てが竈の上の煙突部分に設けられており、それを通して竈王爺を祀る。新暦12月23日に竈王爺は、天に昇って玉皇大帝に祀られる家でその一年間に行われた悪い事を報告する。悪い事がなければ、その家の生活がもっと良くなる様に吉事を報告する。竈王爺は、玉皇大帝の部下であり、家々の食が満たされるのに力を貸してくれると言う。

## 6. 職能と儀礼による相談者の問題解決過程

現在の王氏の陰夢としての職能には、①. 面相を観て、その運勢を占う、②. 病気の治療、③. 抜け出た魂の連れ戻しなどがある。

依頼を受けるのは廟に人が集まる機会に相談を受ける場合と、自宅に依頼者が直接訪ねて来る場合とがある。依頼は多く、少ない日でも数名、廟会の際には数十名から依頼を受ける場合もあると言う。多い日には家に依頼者が幾人も並んで順番待ちをする。

```
神仏顕霊
再訪録竹□□□
奉　紫金山寺愛公人公老爺　神位
　　勅封本界救苦肉身成佛　神位
　　盖山仙辟支四古如来佛　神位
安奉大上天堂南海大悲観世音菩薩　神位
　　三界伏魔武曲関聖夫子　神位
　　浦城王村除妖李老真君　神位
供　福建大寺殿顕□□□□　□□
南海蓮花萬里家
```

（□は仏像の影となり未確認）

写真5　祭壇の南海観音

写真6　占いの道具

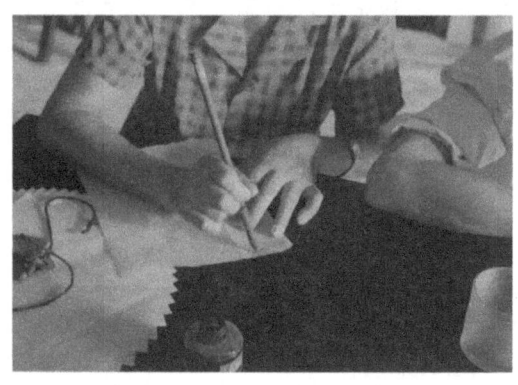
写真7　呪符を書く

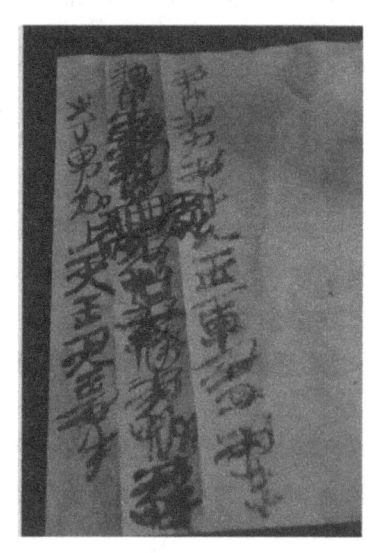
写真8　呪符

　儀礼は、自宅で祭壇に向かってトランス状態となり、天堂に飛翔して菩薩の指示を受けて行なう。儀礼に用いる呪符は二種類であり、ひとつは、依頼者に食わせる呪符であり、今ひとつは食わせないで貼り付けたり、身体に直接文字を書く方法である。

　病気治療の相談を受けた際には、祭壇に蝋燭を灯し、線香を焚き、豚肉と魚を捧げ、紙銭を燃やして、天堂へ飛び、依頼者の樹木や花の状態を観る。木が倒れていたり、花が枯れていると直すのは難しい。天堂の菩薩に、依頼者の名前・出身地・年齢を教え、病気の原因と治療の為の方法の教えを受ける。

病気の原因は、人に災いをなす鬼の影響である場合や魂が一時的に抜け出ている為である場合が多い。魂が一時的に抜け出ると、その人は寝たきりの状態になってしまう。魂は、非常に恐れるような事があった時や、驚いた時などに、その肉体を抜け出す事があり、人によっては祭壇の上の何かが倒れただけで抜けてしまうものである。また、特に子供の魂は抜け出しやすく、抜け出した魂は仙女にとられやすい。子供の魂が抜け出ると、腹痛などの病気にもなる。抜け出した魂は、近くを彷徨い歩いているが、魂自身では、どうやったら元の身体に戻れるかが判らないので導いてやらなくてはならない。菩薩の指示に従って、祭壇の前で呪符を書き（写真7）、それを燃やして灰とし、水に溶いて飲ませる。病気が重く、飲み下せない時には、病人の丹田と脛とに直接、呪符の文字を記す。

病気がそれほど重く無い時には、茶碗に半分程米を入れ、火を着けた線香を立てて病人の廻りを「哪叱経」を詠いながら回る。写真8は、王氏が調査の場で書いた呪符である。足が痛い場合にはこの呪符をその場所に貼ると治るとされる。写真9は王氏が所有する呪符の冊子であるが、これは陰夢となった後、廟会からの帰りに観音の導きで拾得したものであり、自身の呪符はこの冊子に基づくものではないと説明している。

## おわりに―廿八都鎮における他界観と霊魂観―

以上、廿八都鎮の宗教的職能者である陰夢からの聞き書きに基づき、その成巫過程、他界観、職能と儀礼を解説した。

陰夢は、基本的には廟などの公的司祭としての役割は負っておらず、廟会などを機会とした個人的な相談者の呪符を用いた儀礼による問題解決を中心に活動している。その他界観は基本的に仏教と関わる菩薩を中心としたものであり、陰間・陽間・天堂の三つの世界を想定する。人の生死を、陽間と陰間との間の霊魂の往来として捉え、それが天堂の神仏により統括されているものとする。

陰夢が、廿八都鎮の葬礼に直接的に関与した例は、調査では確認出来ず、葬礼への関与は、風水師や道士によるものであった。しかし、陰夢の提示する他界観・霊魂観は、葬礼において示される他界観とも一定の関係性を示すものであると考えられる。個人の生活上生じた様々な問題の原因を、霊魂の脱魂や神仏と

の関わりから説明し、その解決方法を提示するなどして、陰夢の他界観・霊魂観と人々のそれとは常に一定の関係を継続的に形作っているものと考えられる。

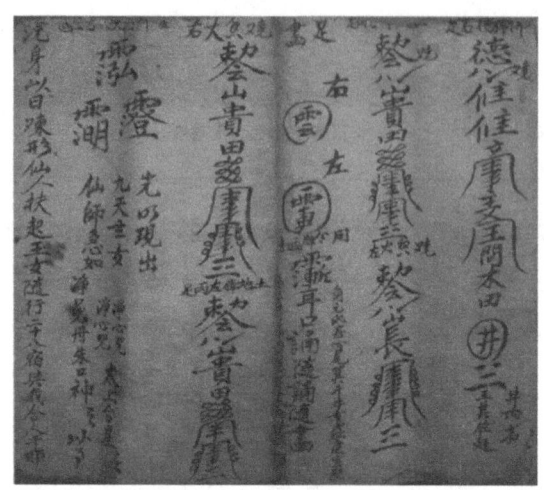

写真9　王氏の所有する呪符の冊子

　陰夢は、廿八都鎮の人々に対して、その人生を神仏が統括する生の世界と死の世界の連続性の中で理解する基本的な枠組みを、現代においても継続的に提示し、常に再編している存在であると言えよう。陰夢の様な宗教的職能者が現代においても存在し、活動している事により、神仏の世界やそれに関わる場や儀礼は形骸化する事なく、人々の実人生に対して一定の意味を保持し続ける事がまた可能となっていると考えられる。

# 摘要

## 冥界观・灵魂观

### 德丸亚木

本报告通过显示出召命型巫师的特性被称为"阴梦"的宗教神职人员的调查，来就廿八都镇的人们所保持的他界观以及灵魂观进行报告。"阴梦"是持有脱魂以及灵界飞翔经验的巫师，在这次的调查中，我与居住在廿八都镇近郊农村的二位（女性）进行了面谈，对其中一位就成巫过程、灵魂观及他界观等进行了听写记录式的调查。"阴梦"是在人生的某个时候，经历了精神不稳定等类似巫病的经验以后，经过一定的成巫过程，才开始从事作为以"阴梦"的身份接受咨询者的委托的宗教神职人员的活动。把寺庙以及自己的家作为和咨询者进行面谈、或执行仪式的场所，在其仪式中使用咒符，也接受住在廿八都镇的人的委托，和他们生活上的问题的解决过程发生很深的关系。

"阴梦"作为宗教人员的职能，既不是通过特定的系谱而被继承下来的，也不是通过去修行而有意识地获得的。基本上是本人和周围的人们意识到由于经历巫病而被神灵召命的情况，让精神稳定下来，并经历为发挥其职能而进行修行。巫病的状态分为两种，一种是进入非常精力充沛、非常积极的状态的"热"类型，一种是变得向别人表露出非常冷漠的样子的"冷"类型。此外，"阴梦"基本上不担任庙宇等的作为公共祭司的职责，而是借庙会之类的机会，通过举行使用了咨询者咒符的仪式来解决问题，以此为中心进行活动；或者要求镇外的人依照来自神佛的神谕向庙宇捐款之类的，来间接地支撑其经营。"阴梦"的他界观基本上是与佛教有关、以菩萨为中心的，设想阴间、阳间、天堂三个世界，认为现世即阳间和天堂之间被海洋和河流隔开。人的生死，被理解为灵魂在阴间和阳间的往来，这是由天堂的神佛来统辖的。

没有能够确认到"阴梦"直接参与了葬礼的事例。对葬礼的参与，是由风水师及道士来进行的。但是，可以认为，"阴梦"所提示的他界观、灵魂观，显示

出了与表现在葬礼中的他界观之间的一定的关系性。"阴梦"的职能：①从面相占卜人的运气；②治疗疾病；③把脱离的灵魂领回去等。"阴梦"将个人的生活上发生的各种问题的原因，用脱魂以及与神佛的关系来进行说明，并提示问题的解决方法。可以认为通过这些，"阴梦"的他界观、灵魂观和人们的这些观念之间总是存在着一定的关系。可以说，即使是现在，"阴梦"仍然还是一种在神佛统辖的生的世界和死的世界的连续性当中，向人们提示理解其人生的基本框架，并时常对此进行再构建的存在。可以认为，由于像"阴梦"这样的宗教神职人员存在着并进行着活动，神佛的世界和与之相关的场所及仪式才没有流于形式化，而是对人们的现实人生持续地保持一定的意义的情况仍然成为可能。

# Ⅱ 三门源的民俗文化及其变貌

# Ⅱ　三門源の民俗文化とその変容

三門源の景観

集落からのぞむ飯甑山

川沿いの集落

川沿いの道と堰

山手の集落(三門寺)

村の大楠

川沿いの建造物

新興の住宅

子をあやす婦人

保育園の迎え

村の子供たち

翁氏祠堂

村の掲示

共同井戸

村を訪れる行商

蜜柑の出荷

牛と草刈り

山羊を飼う

厩肥作り

建築現場

泰山石敢当

照墙

古建築の意匠

古建築の意匠

川沿いの涼亭

葉鶴天旧邸宅

魔除けの鏡　　　　　　　　　　　魔除けの呪具

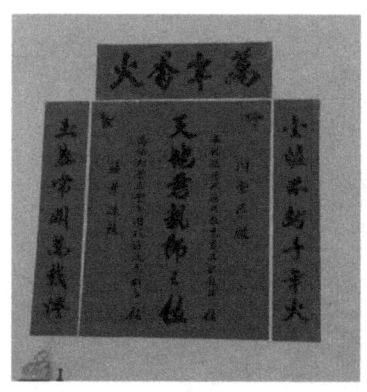 

万年香火　　　　　　　　　　　　牌位

新しい墓　　　　　　　　　　　　古い墓

風水師

キリスト教信仰

竈神

炊事場の竈神

古建築の改装（外周）

古建築の改装（内装）

改装なった古建築

観光開発と宿泊施設

開発と街路整備

新装なった川沿いの道

# 村落組織と集落景観

## 福田　アジオ

## はじめに

　村落の内部的特質は外に外観ととして表現されるというというのが私の仮説である。このことは日本の村落社会の東西の地域差として示されている（福田アジオ『番と衆』1997年）。これは日本のみにあてはまることではなく、中国においても言えることをすでに中国貴州省西南部の彝族村落、あるいは東部の黔東南の苗族村落においても検討した。漢族社会においても同様のことが言えるものと予想し、浙江省で調査を進めてきた。本稿の対象である龍游県石仏郷三門源村における調査においても、その仮説を念頭において進めた。

　三門源は龍游県の北部山間部に入るところに立地する。龍游の市街地から三門源に達するまでは低い丘陵があるが、全体的に平地の印象を与える。三門源に近づくと山が目立つようになり、さらに北側には高い山が見られるようになる。その山間部に向かって谷が入ろうとするところに三門源はある。一種の渓口集落といえる。しかし、谷の奥には居住空間が広がっているわけではないので、物資の集散地としての機能は弱い。農村というべきである。

　なお、以下の記述は専ら聞き書きによって得た内容である。三門源には葉姓と翁姓の族譜が残されているが、その記載内容に依拠せずに、村人の語るところによって記述した。したがって、族譜の記載内容と異なる点も少なくない。記述に際し、地元の人が語った言葉は「」で記載したが、必ずしもその地域の民俗語彙というわけではない。

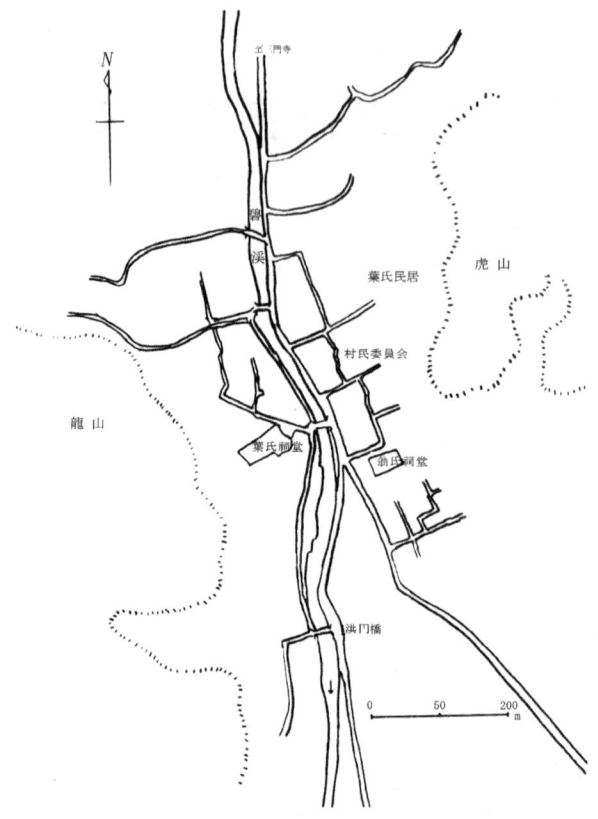

図1　三門源の集落概観図

## 1. 村落と集落

　**風水の地**　三門源の集落は南北に走る谷筋に展開している。中央部を碧渓という川が走り、その両側に家々が密集する集村である。左右は山が迫っている。西側の山は龍山あるいは青龍山、西側を虎山あるいは白虎山という。また集落の南方300メートルほどの所に東西に走る形の山があり、そのくびれた所を川および道路が通っている。西側の山は象山鼻、東側の山は獅子山と呼ばれる。現在直線上の並木道が三門源の集落から南に向かって走っているが、これは古くからの道を改修した、三門源に入る中心道路である。その道は獅子山にぶつかり、獅子山と象山鼻の間を通って南へ抜ける。龍山、虎山に挟まれ、南を象山鼻、獅子山に遮られた平地に集落がある。この場所を龍鳳鎖といい、良い風水を鎖で結んで固定してくれる所という。他所から三門源に来た人は必ず下馬して村に入ったという。このように、周囲の山が特定の意味を与えられて

おり、風水にもとづいて集落が配置設計されているといえる。

　三門源はこの地方の多くの村落と同じように、集村の姿を示している。川に面した所は整然とした景観を示しているが、集落内部では家々が密集しており、家々の間を縫うように道路が走っている。曲がった複雑な道路と建物に遮られた狭い視野が、迷路のような印象を与える。集落北部には、宏大な面積を占める葉氏の住宅がある。屋敷というのに相応しい広さと構えを持っている。しかし、その他の多くの家は敷地と建物がほぼ一致し、庭とか畑を含んでいない。道路に面しては壁を設け、わずかな開口部を設け、戸を付けて出入り口としている。各家は周囲を壁で囲んだ閉ざされた空間になっており、逆に視野の広がらない道路からは内部を窺うことはできない。

　三門源は周囲に石垣があり、集落を囲んで守っていたと言うが、現在ではその様相はない。城壁には三つの門があったという。

　**三門源とその周辺**　　三門源村は行政村であり、内部には中心集落としての三門源の他にいくつかの「自然村」が含まれている。ここで単に三門源と記す場合は、自然村と把握される中心集落の三門源を指す。三門源以外の自然村は三門寺、流坑源、白里山、塢山坑、弯里塢などであり、いずれも山間部にあり、小規模な集落である。その一つが中心集落からさらに奥に進んだ山間部にある三門寺である。三門源から北へ3里行った所にある。

写真1　三門源の集落景観（獅子山より撮影）

三門寺には村名となった三門寺が存在する。殿が二つあった。一つは「和尚殿」であり、もう一つは「姑如殿」といった。正月15日に、村人たちは拝みに行った。そこに住む僧尼は「所縁」によって各戸を訪れ、喜捨を受ける。僧尼は三門源ばかりなく、広い範囲を、木魚を叩き、経文を読んで、喜捨を得た。解放後は僧たちはいなくなった。現在は管理する人がいるが、僧侶ではない。最近火事で焼失したが、2009年には再建した。

写真2　集落内の道路(1)

写真3　集落内の道路(2)

三門源の集落の南で、隣村の夏家村との境にある小高い山に、5月5日の午後、両方の青年男子が行き、「打架」といって、石を投げ合った。打架は、武器を持参することはなく、山に入って、そこにある石を投げ合った。怪我をするものもいた。これをすると病気にならないと言った。解放前のことで、今ではまったく見られない。この打架のとき、指揮をする者は「老大」と言い、老大が声をかけて村の若者を集め、山に登る。老大は喧嘩が強く腕力のあるもので、未婚の若者のなかの年長者である。結婚すれば行かなくなる。打架の勝負が付くと、負けた側は山を下り、勝利した側が残った。三門源には地主がおり、そこに雇われている他所出身の若者も参加した。夏家よりも三門源の方がはるかに多人数であった。

墓は風水先生の見立てによって個別に設けられ、墓地という予め他の土地利用を排除した空間はなかった。死者が出ると個別に墓が設けられてきた。それが10年ほど前に

写真4　水果山の公墓

「公墓」が造成された。集落の北の水果山で、雛壇状に墓を造る場所が設けられている。現在ではほぼ総てが墓石が建てられている。数年前に、集落の南、夏家に近い所の白里山に新たな公墓が設けられた。公墓は三門源村で造成し、管理している。造成経費には国の補助があった。そこに墓を設ける希望者は管理費を村に対して納入する。火葬になることと公墓の造成はほぼ同じ時期だという。

## 2. 葉氏と翁氏

**真姓と客姓** 三門源は葉姓と翁姓の二つの姓氏が基本となっており、その他の姓氏は少なく、客姓と言われている。客姓に対して、葉・翁姓は「真姓」という。葉姓と翁姓は、かつては川を挟んで西は葉姓、東は翁姓と明確に居住地域が分かれていた。それぞれはその居住地域の中心に建てられた。現在でも居住地域は大きくは東西に分かれているが、川の東側の北部に葉姓の住宅が増えて、現在の姿になった。現状では、川の西側と東側の北部が葉姓、東側の南部が翁姓という分布を示している。翁氏の方が葉氏よりも古くこの地に住み着いたという説明をする人もいる。葉姓と翁姓は普段は特に緊張関係もないが、問題が生じると姓ごとに結集する。

客姓は陳、馬、劉、顧、慮の姓で、三門源のなかに散在的に住んでいる。三門寺には慮、陳そして葉姓が住んでいる。三門寺の葉姓は、三門源の多数を占める葉姓とは関係のない客姓だという。三門源以外の自然村には葉姓、翁姓は住んでいない。

客姓の人びとにとっては三門源は住みづらい所であったという。客姓の人びとは葉・翁姓の言うことに従わねばならなかった。水田を買う時も葉姓、翁姓の承認が必要であった。豊かな良い田は、葉・翁姓の外には売らなかった。痩せた田のみを客姓に売った。土地改革まで行われていたという。

**葉姓** 葉姓は皆祖先は同じである。同じ葉姓の人は三門源だけでなく、他村にもいる。先祖は青田から来たという。青田に葉姓がいるかどうかは知らない。ここへ来た初代の人物は葉文彬といい、「総太公」と呼んでいる。こちらへ移住してきて、農業をした。移住してきて最初に住んだのは湾里塢という所であった。そこには現在は葉姓は住んでいない。そこから三門源に移ってきた

が、川の近くであった。葉姓は川の西側に多くの家が集住している。ただし、葉姓は川の東側にも広がっている。祠堂の橋よりも上流部に多い。

葉姓は30代ぐらいたっている。分かっている輩字は、ある人の伝承では、以下の通りである。

良→栄→華→富→貴→明→徳→賢→亥→泰→智→仁→礼→義→忠→信→孝→You（漢字不明）→公→知

現存する人で、最も上の世代は智の輩字であり、一番の下の世代は孝の輩字である。

葉姓は4つの房に分かれている。

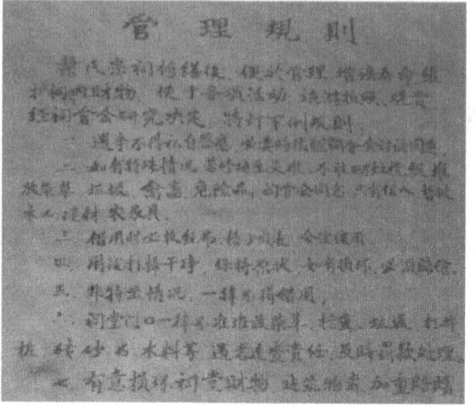

写真5　葉氏祠堂に掲げられた管理規則

「五文里公」「九字頭公」「三葉公」「大橋頭公」である。この四つの房の祖先は兄弟だったという。各房毎にその居住地はかたまっていた。各房毎に葉姓の族譜が一セットずつ保管されていたが、「文革」によってその多くは失われた。族譜は全5冊で、全部で20冊あったというが、現在は「三葉公」のもののみが残っている。各房では毎年6月6日に「晒家譜」を行った。現在も族譜が残る三葉公では行っている。この機会に人びとは族譜を見ることができた。

三葉公に属するものは30戸ほどであるが、そのメンバーは皆認識している。しかし現在は集まるということはない。解放前は、同房の18歳になった者を集めて、各人に饅頭を太公が配った。また60歳になった者にも同じように饅頭を配った。太公というのは、房のなかで最も輩が高く、年齢の高い人物である。また、正月には芝居を買って上演した。太公は房共有の田地を管理していて、その田地は1000畝以上あり、それを小作を出し、小作料を得て、各種の経費を賄った。また山林も祠堂に属していて、財源となった。

葉氏祠堂は永思堂と言い、門が四つ、「天井」が二つで、この二つの天井を「龍眼井」という。祠堂の管理は輩が高い「総太公」とは限らず、実力があり、読み書きができる人物があたった。その人物のことを「管堂前」と言った。祠堂は姓の総ての死者の牌位を安置する所であった。正月15日には「接大仏」が行われる。三門寺の仏像を借りだし、祠堂まで担いできて安置する。葉

姓の人びとは祠堂に仏像を拝みに行った。また祠堂では芝居を行う。現在も芝居を上演するが、祠堂が経費を出すのではなく、各家からの寄付金で賄う。小さくて狭い家では、葬式に祠堂を借りて行うことがあった。しかし、結婚式には祠堂は絶対使用しなかった。解放後、祠堂の管理は村になり、普段は使わず、芝居の上演会場、選挙の投票所、村民の会議などに際して利用してきた。子どもが産まれたときの次の正月には、祠堂に料理を持参して、そのとき現存している上から5代までの者を招いてご馳走した。この時の料理は肉は用いず、野菜のみであった。

各房には1人ずつ代表がいた。経済力があり、能力、読み書きができる人物が就任した。これを「房頭首」と呼んだ。解放後の土地改革で管堂前、房頭首はいなくなった。房頭首の役割は生産隊長が果たすようになった。現在は葉氏宗祠管理委員会という名称になっていて、管理規則を公布して管理している。房には祠堂はなかった。

葉姓の人全体は「葉家人」といい、祠堂のことは「葉家祠堂」という。

兄弟姉妹は、結婚していれば、「直系親戚」と言う。妻の兄弟は「親戚」ではあるが、直系親戚ではない。同じ房の人は親戚とは言わない。結婚した相手の親族は相互に「親家」と呼ぶ。

春節には「拝年」する。元旦には父、祖父、太公3代の墓に拝年する。2日以降に、親戚を訪れる。相互に親戚は行き来する。兄弟姉妹が近所に住んでいれば、声を掛け合って、一緒に出かける。訪れた先も拝年に出かけて留守のこともある。その時は、土産に持参した煙草、酒、菓子などを置いてくることで拝年とする。拝年で来た人が子供を連れてきた場合は、子供に「圧歳銭」（お年玉）を与える。息子や娘の子供に与える圧歳銭は、息子や娘が親に持参する圧歳銭の額によって異なるが、子供1人に100元は出す。他の親戚の子へは1人20元程度を与える。普段、親は子供から小遣いを貰っているので、この時には圧歳銭を必ず出さなければならないという。圧歳銭は、子供が結婚するまでは与えるものとされている。拝年に訪れるのは親戚のみである。親戚の近くに友人知人が住んでいたらついでに訪れることがある。夕飯をご馳走になることもあるが、これは拝年ではない。拝年の範囲は兄弟姉妹、妻の実家にも拝年に行くが、妻の両親が亡くなっている場合は行かないし、兄弟姉妹の子供（甥姪）

の所には行かない。

**翁氏** 三門源の翁氏は総て同じ祖先の子孫である。祖先は温州青田にいたが、その後寿昌に移り、さらにこの地に来たという。翁氏でも、ここの翁姓は塩官郡翁氏という。翁姓はいくつかに分かれていて、それを〇〇郡という名称で呼んでいるが、その意味は分からないという。しかし、他所に行って、自分は塩官郡翁氏といえば、同じ一族と認識される。総太公は建徳の寿昌からここへ移ってきたという。寿昌には今も翁姓がいる。親の代までは寿昌の翁姓と行き来をして付き合っていたが、自分の代になってから往来が少なくなり、子供の世代ではまったく行き来することはなくなった。族譜を編纂する時は、寿昌に行って調べてくる。

「総太公」に3人の息子があった。老大、すなわち長男は金喜で、老二（次男）は金寿、老三（三男）は金福といい、それぞれを大太公、二太公、三太公と呼んできた。また金喜一房、金寿一房、金福一房といっていた。別の説明では、翁姓は河上一房、大路二房、後山一房、上水碓一房の四つに分かれている。翁姓の歴史語りで頻繁に登場するのは、太平天国である。祖先が太平天国に捕まって連れて行かれたが、逃げ帰ってきたという。翁姓の代表は輩が最も高く、同輩のなかでは貫禄がある人物がなり、「太公」と呼んだ。姓のとりまとめ、管理する人は各房から出された。この人物を「頭首管」と呼んだ。

翁氏にも輩字がある。その順序は分かっている範囲では、達→恒→光→裕→中→和→履である。それを名前のなかに入れることはしない。死んだ時に、輩字を確認し、墓石に刻むこともある。族譜はある。亡くなった時に族譜で輩を確認する。族譜に追記することはない。新しい族譜の編纂も考えられているが、経費の問題があり、また賛成しない人もいて、行われていない。なお、民国35年編纂の『青山王氏宗譜』によれば、輩字は良→恭→倹→譲→仁→義→礼→智→信→福→禄→寿→康→寧→栄→華→富→貴の18字であり、さらに「新立字行」として顕→達→恒→光→裕→中→和→履→吉→祥→文→章→尊→徳→行→孝→友→乗→綱→常の20字が記載されている。

翁氏の祠堂は「雨金堂」という。祠堂の中には各房の「庁」があった。昔は、それぞれの庁に自分たちの房の牌位を置いた。今は牌位は置かないが、房ごとに庁はある。改築の時に、家財道具を一時保管するのに利用されている。土地改革で「集体」の物になったが、実際の管理は翁姓が行ってきた。翁姓の

死者の牌位は総て祠堂に安置された。「文革」で牌位は燃されてしまったが、端にあった牌位のみが残った。金寿の房の牌位のみが残って安置されている。今は牌位を作らないが、人びとは再び牌位を作って祠堂に安置したいという希望が出されているが、祠堂近くの住民はかならずしも賛成しないという。解放前には、祠堂で年2回、正月元旦と冬至に、翁姓の人びとが集まり、祝いがあった。正月元旦には、60歳以上の者には肉が2倍与えられ、また学校を卒業する者には饅頭が2倍与えられた。冬至には、60歳以上の者だけに配られた。頭首管は2倍の量を与えられた。現在は、祠堂を管理する人が5人いる。一人を総管、一人が会計である。祠堂を何かの会場に貸し出す場合は、5人で相談し、使用料も決める。翁氏の家が家を改築するときには、家財道具を祠堂に一時保管させて貰うが、その使用料も5人が決める。近年、祠堂は修理中であるが、これは文物としての修復で、国が経費を出してくれている。修復後は村の老年協会として利用し、麻雀その他の娯楽を村の老人たちが楽しんでいる。村民委員会が新聞を購入して置いている。

各家の正面には「香火」「万年香火」と呼ばれる紙が貼られている。そこには「塩官郡翁氏堂上歴代」と正面に書かれている。翁氏は塩官郡に属していたことを示す。この万年香火は祖先をまとめて祀るもので、昔から牌位は置かずに、香火を貼ってきたという。香火を貼っておかないと子孫が多くならないという。香火の上に棚をもうけて牌位を安置する家も有あるが、これは祠堂に牌位を安置しなくなった後に行われるようになったものである。香火には年4回、清明節、七月半、冬至、春節（正月）に拝む。冬至の時には墓参はしないが、残りの3回は香火の前で拝んだ後、祖先の墓を参る。父母、祖父母、太公の墓である。100歳になった人の墓には参らない。生まれ変わったからという。また父の兄弟の墓には、その人の子孫がいれば参らない。跡を継ぐ人がいない場合には、参る。娘は両親、祖父母の墓には帰ってきて参るが、太公の墓には参らない。祖先の墓には個別に行き、揃って行くことはしない。清明と七月半は鬼節であり、肉、豆腐、酒、飯、香紙を供え、爆竹を少し鳴らす。春節の墓参は「上新年墳」といい、元旦に家族全員で参る。この時は香紙のみ供え、爆竹を鳴らす。

**結婚式** 結婚は婚姻方式で言えば、嫁入り婚である。今の結婚は基本的に本

人同士が知り合い相手を決める恋愛結婚であるが、解放前は結婚式当日まで相手にあったことがないという結婚も行われていた。結婚式の日がはじめて相手に会う日だったことが少なくなかった。現在76歳になる葉姓の人の結婚式について記述しておくが、その多くは現在も行われている儀礼であるという。

写真6　翁氏祠堂に安置された牌位　　　写真7　翁氏祠堂で麻雀をする老人たち

　この人は25歳の時に結婚したが、妻になった人は19歳であった。同じ石仏郷のなかの別の村の人であった。その妻のイトコになる女性が「媒人」になって話を進めてくれた。媒人が「門当戸対」を判断して相手を探してくる。話が進み、婚約ということになると、媒人が男性側から女性側に「聘金」を届ける。これで正式に婚約が成立する。結婚の1ヶ月半ほど前に届けられる。金額は当時多い場合には64元であった。64という数字は、6が順、4が喜の発音に通じ、縁起がよいからだという。媒人は妻側と夫側それぞれ1人の計二人である。結婚後、両家から媒人にはお礼をするが、それは「一瓶酒一箇包」で、包みの中には芙蓉糕その他の品物を入れる。現金による礼はなかった。結婚話を最初に

媒人に頼む時は豚肉を持参して依頼する。金持ちの場合は、「拾籃」（駕籠）に乗せて家に迎え、ご馳走をした。

　結婚式前日に、先ず二人の媒人に夫の家に来て貰って、ご馳走を出してから、二人に「聘礼」を持参して貰う。酒、糕、その他嫁方から要求された品である。前日の夜から女性方の家では遠方の親戚も来て、「女方酒」と呼ぶ宴が行われる。男性側でも、「男方

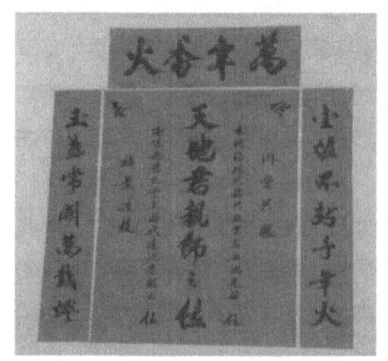

写真8　万年香火

酒」と言って、同様に行われる。男性側の宴には媒人二人が招かれ、堂前の上座に座る。堂前の正座には舅々が座る。男性本人は必ずしも出席しない。この宴は男性の両親が招いて開く。

　当日の宴は「喜酒」と言う。先ず、朝食前に、男方から7人が「催親」に女性方に行く。7人は媒人2人、新娘（花嫁）につきそう女性2人、荷物運び1人、饅頭運び1人、爆竹鳴らし1人で、「五男二女」である。一行は出発に際し爆竹を鳴らす。村中で鳴らし、さらに通過する途中の村でも鳴らす。女性方では、一行が到着する頃には、家の入口を閉ざして待つ。一行は戸の前で内側の人たちと問答をする。そして女性方の要求に基づき「紅包」を出したり、爆竹を鳴らしたりする。この時は、年輩の区別なく、下の者が上の者に何を言っても良いとされる。一連の問答が終わり、戸が開けられ、一行は中に請じ入れられる。そして、持参品が調べられる。調べる役は、幸せに暮らしている女性で「礼司」という。持参すべき物がかけていた場合は、改めて男性の家まで取りに帰る。それが終わると、7人の一行は堂前に招かれ座る。そして「糕点茶」が出される。そして昼になると昼食となる。卓には8人が座る。一行7人に加えて、接待をして一行に酒を勧める役の「和平官」が座る。

　宴会後、新娘が日暮れ前までに男性方に到着するように見計らって出発する。出発にあたり、娘は風呂に入り、花嫁衣装を着け、両親、兄弟姉妹が一部屋に集まり「拝別」をする。食事をする。新娘はその日は男性方に行っても食事をしない。最後に両親から「小紅包」を貰う。出発に当たっては、舅々が新娘を抱いて拾籃に乗せる。拾籃は男性方が手配して借りてくる。当日、出発に合わせて女性方の家に到着している。担ぐの職業的な「轎夫」である。女性方の一行は、女性の兄か弟である「新娘舅」が1人、新娘につきそう未婚の女性の「伴娘」2人の計3人とさらに新娘舅の舅々が「伴新娘舅」として1人随行する。この人は酒が飲める人でなければならない。

　一行が男性側に到着すると、男方の舅々が新娘を抱きかかえて家に入る。その時、礼司2人（男性）が、稲草を七本と紅紙を置いた篩を新娘の頭上にかかげてつきそう。家に入って堂前に来ると、莫蓙が敷いてあり、そこに新娘をおろす。礼司が「紅糖水」と3個の団子「湯元」を新娘に出す。団子のとがった部分だけを新娘は食べる。それが終わって、はじめて新郎が堂前に出てきて、「拝堂」

 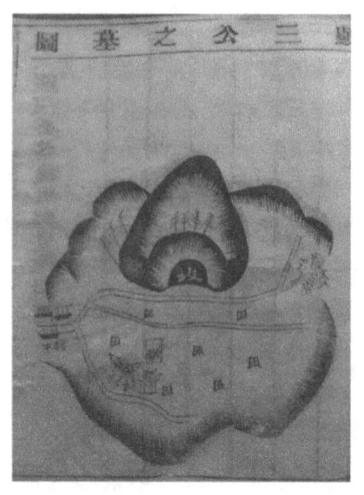

写真9　翁氏族譜掲載の　　　写真10　翁氏族譜掲載の
　　　祖先像(顕三公)　　　　　　　　墓図(顕三公)

となる。堂前には「対聯」が架けられる。舅々が用意してくれた対聯を中央に架ける。男性方でもっとも輩が高い人が音頭を取って、3拝する。一拝は「天地」、二拝は「高堂」（祖先）、三拝は「夫妻対拝」である。両親は拝堂には同席しない。拝堂を見てもいけないとされる。拝堂が済むまでは両親は新娘に会ってもいけない。拝堂の時には大きな爆竹を鳴らす。拝堂の時の新郎の衣服は一番年長の舅々である「大舅々」が用意する。

　拝堂が無事に終わると、宴会となる。堂前には女性方の一行が座り、客は多くの卓に別れて坐る。自分の家だけでは足りない場合は、隣家を借りることもある。なお、葬儀に際しては、他の家を借りてはいけない。自分の家の庭を使用する。宴では新娘が客に酒を勧めて回る。宴会の途中で、「口份」と言って、飴8個、饅頭2個、肉団子2個、肌2切れを蓮の葉で包んで「料理人」が客に配る。宴席は遅くまで続くが、夜遅くの宴は「閙洞居」と言う。詩を詠み、酒を飲む。新娘にも酒を飲ませ、酔わせる。花嫁道具を取り出して隠してしまうという悪戯をする。翌日、無くなった物を探し出して元に戻す。そしてお礼をする。このように賑やかにするのは親戚の若者であり、村の若者たちは参加しない。結婚式には、必ず頭首は招かれ参加する。客として招かれた親戚は、出席に際し必ず「紅包」を持参する。隣近所の人は手伝いを頼まれ、その

家族は招かれて宴に出席する。

　翌日は「回門」と言い、新娘、新郎、「陪新郎」と新娘についてきた4人が、新娘の実家を訪れる。「糕餅」を持参する。夕飯を新娘の実家で食べるが、泊まらない。その後の一ヶ月は里帰りはしても良いが泊まらない。それを過ぎると里帰りして泊まってきても良い。夫も一緒に行くこともある。

　**葬儀と墓**　亡くなるとすぐに「焼包裏」をする。雨傘、玉帽、草鞋それに衣服を家近くの四つ辻で燃す。また蝋燭と線香を立てる。このとき、直系親族は白装束で履き物の靴も白である。燃すときには跪拝する。これが終わると風水先生を呼んできて、「出殯」の日取りを選んで貰う。「入棺」の日も風水先生に見立てて貰う。出殯の前日から道士を呼んできて法事をする。豊かな家では、2, 3日前から行う。さらに豊かな家では、道士だけでなく、僧侶を呼んできた。3昼夜にわたり法事をするが、それに僧一人と道士4, 5人で行われるが、その場合には僧が指揮を執る。現在は僧がいないので、道士のみで執行される。僧と道士の両者は、僧が法事で、道士は功徳が役割であるという。法事の場所は家の堂前である。道士は三門源の人で世襲でしている。宗教施設ではなく、普通の民家に住んでいる。道士の人数は普通4, 5人であるが、道士仲間である「道士帮」が揃えてくれる。道士は葬儀にのみ関与する。道士が持参した「老仏」と呼ぶ仏画を堂前に架ける。それに向かって拝む。また堂前に安置した遺体に向かっても拝む。堂前の卓を出し、49本の蝋燭台に火を点し「拝灯」をする。道士が読経し、親戚の者は列席し、道士に従って、皆も拝む。紙で作った住宅、冷蔵庫、テレビなどを墓まで持参し、燃す。

　法事に際して、「直系親族」である子、孫、婚出した娘は饅頭、餅、豚肉、鶏などの「祭品」を持参して供える。親戚も訪れて参加するが、祭品は持参しない。線香、現金、香紙を持参する。

　祖先の墓は散在しており、まとまっていない。夫婦の墓も同じ所でなく、別々の所であることが多い。墓の位置は風水先生の見立てによって決める。三門源には何人もの風水先生がいて、全員が男性である。羅盤と書物を用いて風水を見て、墓の望ましい位置を指定する。指定された場所が自分の土地でない場合は、その地面の持ち主に頼んで土地を交換して貰う。場所を見立ててもらい決めると、「土地公」「土地婆」に許しを請う。そこの「開土」（穴掘り）は

その家の男子が行い、風水先生は立ち会わない。

　風水先生に見て貰うのは墓の位置、建造物についてである。また何か良くないことがあったときも風水先生に見てもらい、風水が良くないということになった場合は、「破一破」といって、悪い状態を破ってもらう。たとえば、戸口が悪いと判断されたら、その戸口を閉鎖し、他の場所に戸を設ける。風水先生には、その他に結婚式の日取り、あるいは新婚夫婦のベッドの配置や着物も見立てて貰う。葬式については、入棺の日時、葬儀の日取りも決めて貰う。

## おわりに

　三門源は中心集落としての三門源といくつかの周辺に散在する小集落から構成されているが、それは二つの有力な姓と客姓の分布にも対応している。三門源は葉姓と翁姓の二つが集住する集落であり、葉姓は碧渓の西側と東側の北部に集住し、翁姓は碧渓の東側のやや下流部に集住している。二つの姓氏は日常的に対立・対抗の関係にあるわけではないが、互いに相手を意識し、何かあれば姓氏で結集する。それを自覚化させるのが、それぞれの祠堂である。現在も祠堂は一定の機能を果たしている。

　三門源は風水によって選定され作り上げられた集落と言って良いであろう。両側を山で挟まれ、南側にも少し離れて小高い山がある。いずれも龍、虎、象、獅子の名前を与えて、風水の良い地であることを表現している。そして、北側は山間部になり、ランドマークとなる特色ある山容を示している。その中央部を碧渓が流れている。そのなかに位置するように集落を配置したと考えられる。そして、かつては集落を守る壁が巡らされていたという。そういう外に向かって閉じられた集落景観を示していたが、同時に他の村落との関係もあった。解放前のことであるが、隣村の夏家村と5月5日に境界の山で石合戦をしたという伝承は大いに注目される。

　葉姓と翁姓は三門源を地域的に棲み分けている。それぞれ他所からの移住を語り、族譜を編纂し、祠堂を設けてきた。いずれも内部組織としての房があるが、その組織と機能はあまり強くない。しかし、宗族全体での活動がほとんどない状態で、帰属する房の認知は比較的はっきりとしており、二つの姓は房単位で存在しているといえよう。

結婚式や葬送儀礼は現在でも比較的丁寧に行われている。そのなかに親戚を中心とした親族が関与する場面が多く見られ、特に舅々の果たす役割の大きさが示されている。祖先を共通にする姓氏の関係だけでなく、結婚関係によって形成される妻方、母方親族の存在も重要である。

# 摘要

# 村落组织与聚落景观

## 福田亚细男

村落的内部特征面向外部世界以某种面貌或形态被表现出来，这是我一贯的假设。正如在日本村落社会所存在的东西之地域差异，就呈现了这样的一种状态。而这个假设并不仅仅适用于日本的村落社会，即使对于中国也是可以如是解释的，对此，已经就中国贵州省西南地区的彝族村落、东部地区的苗族村落进行过探讨。对于汉族社会亦可预想具有同样的意义，由此推进了在浙江省的调查。在作为本文研究对象的龙游县石佛乡三门源村的调查中，也正是基于这个假设而展开的。

三门源是由作为中心聚落的三门源以及散落于周围的几个小聚落而构成，在两个具有权威的姓氏和客姓的分布中也可见与之相对应的状态。三门源是叶姓和翁姓两姓集中居住的聚落，叶姓集中居住于碧溪的西侧和东侧的北部，而翁姓集中居住于碧溪东侧稍靠近下游的部位。

叶、翁两姓虽然在日常生活中并不是对立、对抗的关系，但互相都意识到对方的存在，如果发生什么事情大都以同姓结集。使之自觉化的形式表现是叶、翁两姓各自拥有的祠堂，而祠堂即使在现在也发挥着一定的功能。

可以说三门源是根据风水而选定并建造起来的聚落。东西两边以山为阻隔，南边在稍远处也有小高山，这些山都被命名为龙、虎、象、狮子等名称，以表示风水良好之地，北边是山地，呈现了独特的具有标志碑意义的山容，在群山之间的中心部位流淌着碧溪，而聚落似乎就像被放置于此处那样位于其间，并且据说以前曾有保护聚落的围墙环绕其外。如此这般，虽然都显示出一种面对外部世界被封闭起来的聚落景观，但同时也反映了与其他村落之间的关系。虽是解放前的事情，但对这个传承应引起极大的关注：三门源与邻村的夏家村在5月5日，都

要在作为境界的山上进行打石子仗玩。

　　叶姓和翁姓在三门源依据区域分别居住，各自传说着从外地移民来的历史，并编纂族谱、设立祠堂。无论对于叶姓还是翁姓，虽然都存在着作为内部组织的房，但其组织以及功能都没有太强的表现。然而，以宗族整体的活动基本上是处于没有的状态，比较而言，对所归属房的认识就显得比较明确，所以，可以认为叶氏和翁氏两姓是作为房这个单位而存在的。

　　即使在现在，结婚仪式和丧葬仪式也是举行得比较认真的。其中可知以亲戚为中心的亲属参与的场面很多见，特别是体现了舅舅所发挥作用的重要性。说明了并非仅仅是具有共同祖先的同姓之间的关系，依据婚姻关系形成的妻子一方、娘家一方的亲属也是很重要的存在。

# 集落と民居

津田　良樹

## はじめに

　三門源は浙江省龍游県石仏郷に位置する小さな山村である。北側の山塊から流れ出た渓谷（碧渓）が東西からせまる谷筋を北から南へ貫流する。貫流する碧渓沿いの両岸に集落は南北500メートルほどに渡って町並みをつらね密集している。集落部分は碧渓沿いおよび一部平地に出たあたりに立地しているが、それからさらに続く平地部には田畑が広がっている。すなわち、三門源の集落は、南に開け、北および東西を山に囲まれた、山間部から平地部に出る袋状の地域に広がっている。主道路は北から南に流れる碧渓沿いの道路のほか集落の中ほどから碧渓から、やや東よりに龍游に向かって分岐する道路があり、南北主道路は逆Y字に配されている。逆Y字の主道路を北上すれば三門寺に至り、一方、碧渓沿いの道を左（東寄り）に分岐する主道路は文昌閣跡を経て、龍游中心部へと向かう。集落内に南北に配された逆Y字の主道路を縦とすれば、集落を縦断する碧渓を5本の石橋で繋いで東西に横道が随所にのびる。さらに横道を南北に繋ぐ縦の小道が巡らされている。

　渓流にかかる5本の石橋のうち、南端の石橋は石造2連アーチ（「拱円橋」）で、中央部には単アーチ石橋が掛かり、そのたもとには古亭が配されている。単アーチ石橋を渡り西に向かって古亭すぎると葉氏祠堂がある。また、中央東岸やや南に下がったあたりに翁氏祠堂が配されている。

　祠堂をもつ葉氏と翁氏は三門源における2大一族である。『葉氏宗譜』に収録された「里居図」（写真2）を見ると中央横方向（南北）に渓流を描き、渓流の右端（北）に「来水」、左端（南）に「出水」と註記されている。渓流の上（西岸）中央付近に「研」と記入された大きな建物が描かれており、これが葉氏祠堂であ

中国江南山区民俗文化及変遷

ろう。祠堂を中心に民居が集中し、それらを山々が取り囲む様子が描かれている。また、『翁氏宗譜』に収録された「里居之図」①（写真3）には北から南に流れる渓流の東岸に「庁」と註記された葉氏祠堂が描かれ、対岸（西岸）に「祠」と注記された翁氏祠堂が描かれている。それら二つの祠堂を中心に民居が集中し、それらを山々が取り囲む様子は葉氏「里居図」とよく似ている。いずれにせよ、三門源の地勢を風水的に模式化に示した図であるが、現況地勢をよく示しているともいえよう。

写真1　三門源の町並み

写真2　『葉氏宗譜』所収の「里居図」

---

①　この翁氏の「里居之図」は、葉氏の「里居図」（写真2）と方位を合わせるために上下を転倒させて収録している。

· 331 ·

写真 3 『翁氏宗譜』所収の「里居之図」

# 1. 三門源の集落

　三門源の地に葉氏等が住み着いたのは宋代の咸淳6年（1270）に建徳から移り住んだとされている[①]。建築物の面からからみても、明代まで遡る建物があり、少なくとも明代まで遡れることは確実であろう。三門源には、『葉氏宗譜』・『翁氏宗譜』があるほかは、「文化大革命」のせいが文献資料はほとんどない。そこで、集落の現状調査および「里居図」などから三門源の集落についてみてみよう。集落の現況を示したものが図1である。

　既に記したように、集落を貫通して、碧渓が南流する。この碧渓に集落の北寄りのところで西方よりほぼ直角に支流が合流している。碧渓の東岸沿いには主道路が走り、集落の中央付近の翁氏祠堂前で龍遊に向かう道路が分岐し、逆Y字の道路を形づくっている。

　また碧渓の西岸の川沿いにも集落内の上流部の橋から下流の拱円橋にかけて道路が通じていて集落の骨格を形成している。集落西岸中央に配される葉氏祠堂は後世の改造が目立つが、それでも中進あたりは古式であり、部分的には明末まで遡る建物である。この祠堂の周辺の現居住者を個別で当たり葉氏一族の住宅にY印をつけて、図1の集落図に示している。葉氏祠堂周辺および祠堂より下流部に葉氏の民居が極めて多いことがわかる。また、個別には調べる余裕がなく地域としての聞き取りだが、上流側の一帯でも葉氏が集中しているといわれている。す

---

　①　『葉氏宗譜』

なわち、碧渓の西岸で碧渓に流れ込む支流より南の地域一帯は現状においても、ほぼ葉氏一族が占めているといえよう。そのほか、葉氏は東岸の北寄りにも、広大な葉鶴天旧邸宅[①]や同じく葉氏の邸宅であった「礼耕堂」などの葉氏が邸宅を構えている。

　一方、東岸中央やや南寄りに位置する翁氏祠堂も部分的ではあるが、明代まで遡る建物である。祠堂周辺の民居を個別に確認し、翁氏一族の民居にО印をつけて図1中に示している。東岸の翁氏祠堂周辺、特に祠堂の南寄りは現在でも翁氏一族が集中して居住していることが見て取れる。ところが、東岸の翁氏祠堂の上流側（北寄り）の地域は翁氏・葉氏を含めいろいろな氏族が混住しているようだ。個別には調べられなかったが、地域的聞き取りによれば西岸の碧渓に流れ込む支流の北側には謝氏が多く、さらにその北側には陳氏が多く住むといわれている。また東岸の葉鶴天旧邸宅のさらに北の地域は余氏・程氏・葉氏等が混住している。なお、これらの地域には古民居がほとんどなく、後世に新らたに開かれた街であると判断される。集落の現状や「里居図」などから判断すれば、古くからの集落は古民居が集中する地域で、西岸には葉氏が祠堂を中心に集住し、東岸南寄りは翁氏が翁氏祠堂を中心に集住していたものと思われる。東岸北寄りは両氏以外の氏族が混住していたと思われるが、葉氏のうち成功をおさめた葉鶴天が清代の道光年間に邸宅を構え[②]、さらに葉一族の葉春富が「礼耕堂」などの邸宅を設けたために、東岸にも葉氏一族が住むような事態になったものと思われる。すなわち、明代・清代の中期くらいまでは、渓流を挟んで西岸には葉氏が祠堂を中心に、東岸南寄りには翁氏が祠堂を中心に集住していたものと思われる。祠堂を持たぬ両氏以外の氏族は東岸北寄りに混住していたものと思われる。

---

　　① 「葉氏民居」として1997年に浙江省人民政府から「省級重点文物保護単位」に指定されている。指定時の建物名は「葉氏民居」であるが、いわゆる葉氏の民居はほかにもたくさんあり、紛らわしいのでここでは「葉鶴天旧邸宅」と表記した。
　　② 後に詳述する。

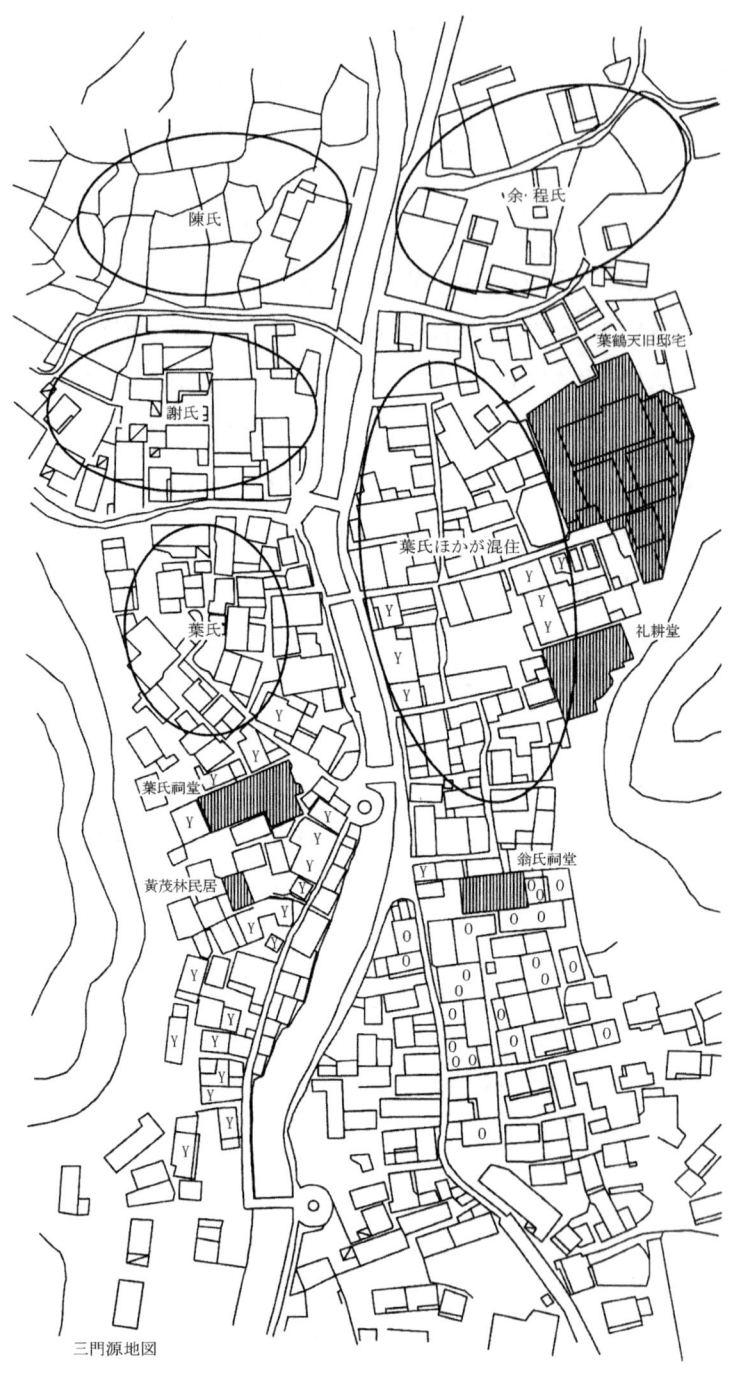

図1　三門源集落図

図中のYは葉氏、Oは翁氏の民居であることを示す。

## 2. 祠堂の建築

### 葉氏祠堂

集落を貫く渓流の西岸中央に置かれた葉氏祠堂は「永思堂」と称される。東面して建つ前進・中進・後進が前後に建ち並ぶ。その間、前進と中進の間に中庭（天井）を挟み、中進と後進が接した箇所の両脇には坪庭風の天井を設けている。さらに前進・中進・後進の3棟の建物の外周を壁で取り囲む構成である。すなわち、中庭および二つの坪庭様の中庭を3棟の建物と周囲を取り巻く壁で取り囲んだ複合建築である。現状では正面の主な出入口であるはずの門庁部分にコンクリート製の戯台（舞台）が造られ、本来であれば高床の舞台の床下を通り出入ができたはずであるが、今では通行できないように改造されている。そのため、建物の側面から内部に入らざるを得ないような状況になっている。後補されている

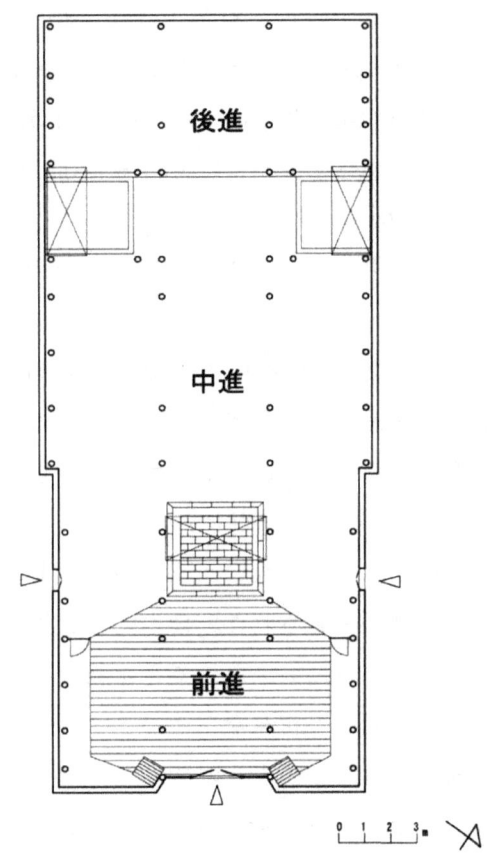

図2　葉氏祠堂平面図

舞台も当初は床下を通行できるほどに床高を高くした高床の舞台であったものだと判断される。奥の後進の突き当たりにはかつてはあったであろう祭壇などはまったく取り払われ、がらんどう状態である。それでも、仮設の卓が置かれ、僅かに対連風の赤い紙が柱に貼られて、かろうじて祠堂の趣を感じさせている。しかし、この建物は必要時以外は施錠され、日常的にはあまり使われてないようである。明らかに近年に後補されたことがわかる虹梁の持ち送りに「公元二〇〇〇年叶（葉）氏損資修建」の墨書があり、2000年に大急措置的修理が行われたことがわかるなど、後世の改造が目立つ。近年行われた修理も、破損部材を

ありあわせの材料で補足するばかりで、文化財の保護の観点からの修理ではない。むしろ文化財としての価値を毀損しているのではないかと感じられるほどである。それでも中殿あたりはかろうじて古式を留めており、部分的には明末まで遡るのではないかと判断される。なお、修理に際し、寄付金が集められたようで、祠堂にかけられた「葉氏祠堂重修集資献名録」には103名の葉氏の名前および金額が列記されている①。なぜか1名の毛氏が含まれているものの翁氏などは含まれておらず、今も葉氏の祠堂であるとの意識は続いているようだ。

### 翁氏祠堂

東岸中央に置かれる翁氏祠堂は「雨金堂」と称される。前堂と後堂からなる複合建築で、両棟間のつなぎ目の両脇に坪庭様の中庭を持つ（図3）。2009年度に修理が行われたが、大幅な修理にもかかわらず、事前に詳細な調査や図面化などもされないまま、現場の判断で工事は実施された。日本の文化財建築に対する工事法を見てきた我々の目からは極めて粗雑な工事で、かつての様相が消えてしまうのではないかとの懸念を感じざるをえなかった。さように、後世の改変箇所が多いが、前堂部分は柱・虹梁など骨組みは古式を残しており、それらの部分は明末まで遡

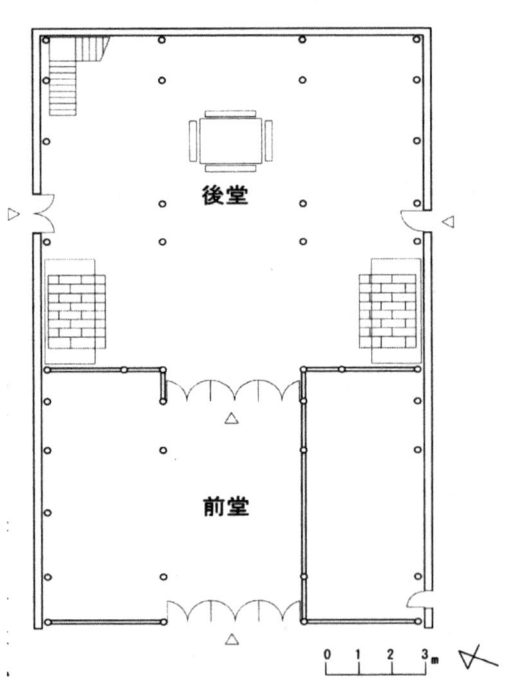

図3　翁氏祠堂一階平面図

る可能性が極めて高い。現在、翁氏祠堂は地元老人たちの集まる娯楽の場所として機能している。それでも后堂の突き当たりの卓上には位牌らしきものが3基置かれている。埃がかぶりそのままでは墨書などの判別はできなかったが、ほこりを払い濡れ布で拭くことによってかろうじて、判読できた記事を以下に示しておく。

---

①　葉氏103名のほか、毛氏1名が列記されている。

写真4　葉氏祠堂

①表「皇清□贈鏡□□堂上行顕十三諱章法府　之神主」
　　別「嘉慶十二年　　　八日卯時生
　　　　同治元年壬戌正月廿八日辰時終」
②「皇清待贈藍官□堂上先□行達諱増壽府君之□」
③「生□光緒己丑年九月初九日吉時生
　　終□民国辛未年二月念八日巳時終」

①には位牌の表となる部分（以下、表札とする。）とその背面に重ねて置かれる別札からなる。表札からこの位牌は翁氏の「顕十三」で、実名（諱）が「章法」のものであることがわかる。別札からは章法が嘉慶十二（1808）年丁卯八月初八卯時に生まれ、同治元（1874）年壬戌正月廿八辰時に亡くなったことが判明する。②の位牌は表札のみしかない。表札によると翁氏「達」行で実名「増壽」の位牌であることがわかる。別札がないが、『翁氏宗譜』をあわせると増壽は「達」行の第六で、先の顕十三の章法の次男であることが判明する。また、増壽は道光十四（1835）甲午正月廿二日申時に生まれ、民国元年壬子十二月初五日申時に亡くなっていることがわかる。③の位牌は別札のみで生年や没年は判明するものの誰の位牌かは不明である。

いずれにせよ、翁氏祠堂にはこれ等の位牌が残されている。先にも記したようにこれらの位牌はほこりを被り、何があるのかの意識もされずに放置されていたと思われる。決して丁重に安置された状態ではない。ともあれ3基の位牌だけが、なぜ「文化大革命」下をくぐりぬけて残されたのかはまったく不明である。

写真5　翁氏祠堂

## 3. 民居の建築

**黄茂林民居**：龍遊県石仏郷三門源村渓西路18号

　当民居は元葉氏一族の家屋であったと思われる①。土地改革に際し、政府が地主から取り上げ、ふたつ家に配分した。その際の、1家が黄茂林の父親である黄高盛であった。残る半分を占有していた、もうひとつの家族には子供がいなかった。そのため残る半分をその後、政府から黄家が購入し、今では黄茂林一家が住んでいる。

　当家屋がいつ建てられたかについては明確に示す記録がなく明らかではない。しかし、地元では明代に遡る民居であると伝えられている。その上、三門源に多く残存する古民家のなかでも、柱・梁などの部材の風喰が際立っており、また様式の点からみても清代中期の民居に比べ極だって古式を示しており、明末・清初期まで遡る遺構ではないかと判断される。

　桁行11.5メートル、梁間7.4メートル、2階建の小規模な民居である。北東に面して建つ。煉瓦積の外壁の内側に木造の架構を組む構造である。直径0.8－0.9尺の丸柱を12.35尺間隔に建て身舎柱とし、一重目の虹梁を掛け渡し、一重の虹梁の上に組物を積み重ね、さらに二重目の虹梁を掛け、二重目虹梁中央に組物を重ね棟木を支える。また側柱から斜めに虹梁を母屋柱に渡す。

---

　① 当家屋は土地改革に際し、地主から没収し、貧しい農民に家屋を再配分したと伝えられているものの、元地主が誰であるかなどについては伝えられていない。しかし、葉氏祠堂に近い位置関係などを考慮すれば葉氏一族の家屋であったとみてよかろう。

各柱上や虹梁上に組物を重ねて各母屋を支え、母屋と棟木上に垂木を渡し、その上に直に瓦屋根を葺く（写真6）民居であるにもかかわらず丸柱・虹梁・組物を多用した手の込んだ構成で、おおらかでダイナミックな空間は明末期の建物の特徴を示しているといえよう（図4.5）。

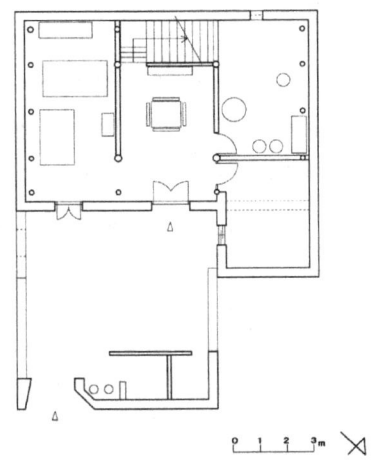
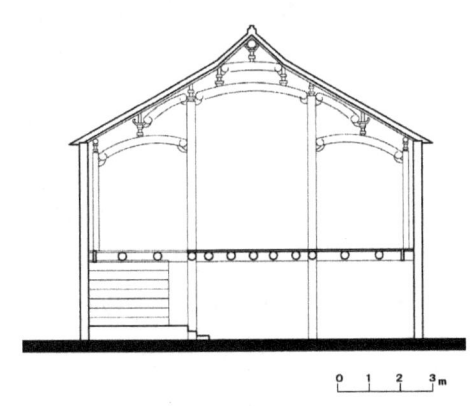

図4　黄茂林民居一階平面図　　　図5　黄茂林民居一階断面図

写真6　黄茂林民居

　1階は現状では正面西寄りに角屋を突き出すが、当初はこの角屋はなかったと考えられる。当初の平面は中央に正堂、両脇に臥室を配した3室構成であったようだ。2階は広い物置であったのであろうか。

### 葉鶴天旧邸宅

　科挙の恩貢生となった葉鶴天（1793—1862）の造営した邸宅である。葉鶴天は、道光丙午歳すなわち道光26年（1846）に科挙に合格し、最高学府である国子監で学ぶことを許可された恩貢生である。その後、村一番の富豪となった。

「鶴天公家伝」①によれば、鶴天は7人の子供を持ったが、「咸豊辛酉歳暮秋月西匪擾乱」すなわち咸豊11年（同治元年：1861）の暮れの夜に太平天国の乱に遭遇し、7人の子供のうち6人を失い、末弟の光盛だけが生き残った。光盛には3人の子供があったが、三男の樟高が家督を継ぎ、丁未歳（光緒20：1895）年の亡くなったとある。

　この葉鶴天が巨額の建設費と6年の歳月をかけて造営したものが葉鶴天旧邸宅である。建築年代は明確ではないが、道光26年以降のその年に近い道光年間（1821—1850）のことであろう。当初は5棟②の建物から構成されていたと伝えるが、戦火に遭い2棟を失ったとされている。この戦火は太平天国の乱であろうから、1861年に2棟が破壊されたことになろう。邸宅の前庭に残された石造物の一部には「同治壬申・・・」との刻銘があり、全文を判読することができないものの、同治11年（1872）に戦火で荒廃した建物をこの時期に再整備したのではないかと思われる。

　その後、葉鶴天旧邸宅の隣接地に現在も住む葉宝明の曽祖父の代に没落して、王氏に売り渡さざるを得ないことになったという。

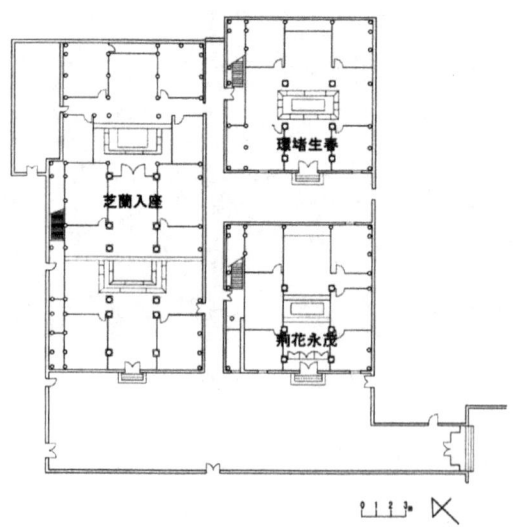

図6　葉鶴林旧邸宅一階平面図

---

　①　『葉氏宗譜』所収。
　②　ここでは5棟としているが、それぞれの棟は中庭を挟んで前後に連なる複数の建物からなる複合建築である。

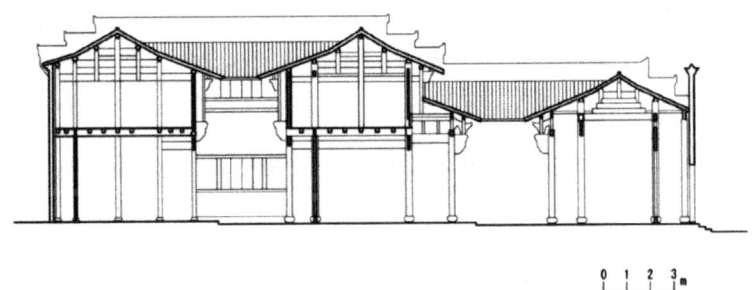

図7　葉鶴林旧邸宅一階断面図

写真7　葉鶴林旧邸宅

　王氏が購入した葉鶴天旧邸宅は、通常の地主邸宅が戦後の土地改革で分割・配分されたにもかかわらず[①]、地主階級ではなかった王氏一族のものとして分割所有されることなく現在もなお王氏一族によって住み続けられている。そのため、比較的荒廃をまぬがれて、今も当時の様相をよく伝えることになったと思われる。

　葉鶴天旧邸宅の主な建物は5棟の複合建物から構成されていたが、戦火によって2棟を失い、現在残るものは3棟である。それでも建築面積が5000平方メートルに達する大規模な邸宅である。3棟のそれぞれの建物には「芝蘭入座」・「荊花永茂」・「環堵生春」と名前がつけられている。敷地の南東隅に開かれた大院門を入ると南面[②]して建つ2棟の建物とコの字の塀とで囲まれた

---

　①　後に詳述する「礼耕堂」の場合、政府により地主であった葉氏から土地家屋が没収され、葉氏とは全く関係のない、4戸の零細農民に配分されている。
　②　正確には南南西方向に向かって建っているが、ここでは南面とした。

前庭がある。大院門からみて奥の方の建物が最も大きい「芝蘭入座」で、その手前に建つ建物が「荊花永茂」である。さらに「荊花永茂」の背後（北側）に「環堵生春」が建つ。

「芝蘭入座」は、ふたつの天井と呼ばれる中庭を取り囲んで前後に配された三つ建物からなる。すなわち、間口が13.57メートル、奥行が29.39メートルほどの長方形平面に分厚い煉瓦壁で囲み、その中に前後に「門庁」・「天井」・「正庁」・「天井」・「后堂」配する複合建築である。中国風にいえばいわゆる二進①の建物である。

「芝蘭入座」と路地を挟んで建つ「荊花永茂」は、間口が12.68メートル、奥行が13.17メートルほどの正方形に近い平面に分厚い煉瓦壁で周囲を囲み、そのなかに中庭である「天井」を取り囲み、前後に門庁・正庁を配する複合建築である。

「荊花永茂」の背後建つ「環堵生春」は、「荊花永茂」とほぼ同規模で同じような構成の建物である。すなわち、間口が12.68メートル、奥行が13.47メートルほどの正方形に近い平面に分厚い煉瓦壁で周囲を囲み、そのなかに中庭である「天井」を取り囲み、前後に門庁・正庁を配する複合建築である（図6）。

これ等の建物はいずれも分厚い煉瓦壁で外壁を造り、そのなかに柱梁構造による木造の骨組みを組み、瓦屋根を架ける工法である。内部平面は「門庁」・「正庁」・「后堂」ともに横に3室を配する構成である。中央の間を天井に対して開いた主室とし、両脇の間を個室とする。このような横に3室並べた建物を天井を挟んで前後に2列・3列と配置するが基本的なやり方だが、天井の両脇部分での前後の建物の繋ぎ方には変化がある。すなわち、個室を造って繋ぐ場合、屋根を架けコの字には囲うが天井に対して開く場合である（図7）。

葉鶴天旧邸宅は細部意匠についても見るべきものが多く、特に門庁軒下正面を飾る煉瓦彫刻が有名である。煉瓦彫刻とはいえ煉瓦を彫って細工するのではなく、粘土で作成した塑像を焼いて煉瓦とするものではあるが。煉瓦彫刻は伝統劇の有名シーンを主題とするものが多い。

## 「礼耕堂」邸宅

「礼耕堂」は葉春富が造営したとされている。葉春富は葉氏の20世代で、42番

---

① 前後にふたつの中庭をもつ邸宅。

目に生まれた人物であることが判明するが①、正確な生存年代は不明である②。また、葉春富には7人の子供がおり、これらの人達は葉氏の21世代に当たっている。民国28年に重修された『葉氏宗譜』には、この家系ではこの世代までしか書かれていない。そのようなことから判断して、葉春富は清代末期の人物ではないかとみられる。葉春富が清末の人物だとすれば「礼耕堂」もその時期に建てられたことになる。

「礼耕堂」も葉鶴天旧邸宅の建物と同様に分厚い煉瓦壁で外周を囲い、その中に木造の柱梁の骨組みが組まれ、瓦屋根を架ける構造である。

「礼耕堂」邸宅は、南面して建つ「礼耕堂」と称される建物とそれの東側に接続して西面して建つ建物とからなる。正面をL字にみせるふたつの建物の正面の壁面とそれらに相対する形でL字に造られた塀で長方形状に囲み前庭を造っている。前庭の南西隅に開かれた大院門を入ると正面に「礼耕堂」がある。「礼耕堂」の正面外壁を穿った出入口を入ると吹き抜けた天井である。現在は小部屋が造られているが、当初はこの天井を三方から取り囲むように「前庁」部はなっていた。「前庁」部の背後には中庭となる天井を挟んで「后楼」がある。かつては「后楼」（内院）にすむ婦人は「前庁」（外院）に行くことはできず、賓客や他人は「后楼」（内院）に入ることがでなかった。内と外との区画は厳格で、かつ境界が明瞭であったという（図8）。

葉春富が建てた「礼耕堂」（東に接続する建物を含む）邸宅、1951年の土地改革に当たり礼耕堂部分は政府に没収され、東側に接続する建物のみが葉氏が所有するところとなった。礼耕堂部分のほうは4分割され曹竹栄・謝樟財・馬正臣・鄭の4戸に配分された。現在は曹氏と謝氏および鄭氏・馬氏のそれぞれの二人の子供に引き継がれて、あわせて6戸が住んでいる。その分割状況を示したものが図9である。東に接続する建物は、葉春富の家系の葉氏が住んでいたが、その後葉氏祠堂前に住んでいた葉鶴翔の民居と交換された。すなわち、

---

① 『葉氏宗譜』には「仁四二　諱春富」とある。すなわち、葉氏二十世に当てる漢字の「仁」、そのなかで42番目の生まれで、諱を春富というとある。

② 『葉氏宗譜』は5冊からなっているが、1・2冊と3冊の一部のみしか、披見する機会を得ることができなかった。全体を披見することができれば、葉春富の生存年代も判明せると思われる。

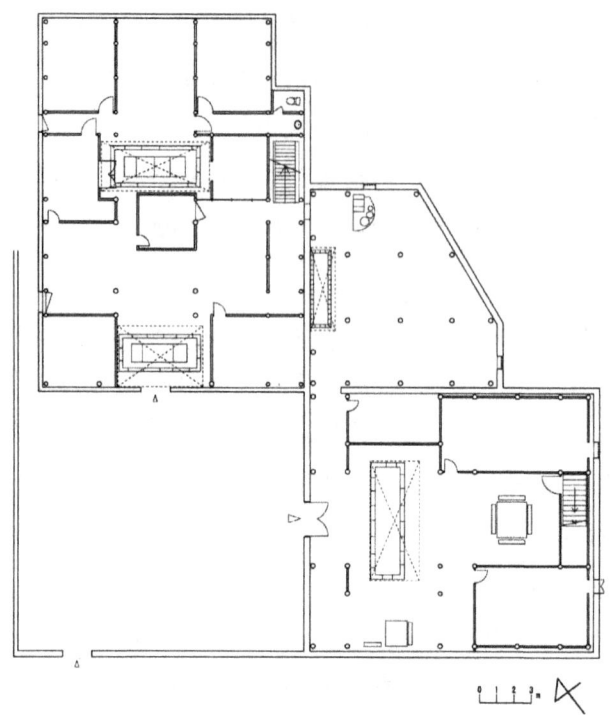

図8 礼耕堂および東側に接続する建物全体一階平面図
図面左側の建物が「礼耕堂」との額が掲げられた建物。左がそれに接続する建物。

同族の葉氏が住んでいるが家系としては入れ替わり、葉鶴翔の子供の故葉志昌の妻徐明姝が現在住んでいる。土地改革に際しては、入居者の選定や土地建物の没収・分割など、すべてを政府が取り仕切り、家屋だけでなく土地も含めてほぼ等分に分割配分されたとされている。それでも、共有部分もあり、また必ずしも境界がはっきりしないこともある上、もともと建物とは全く無関係な人々に配分されたわけで、建物に対してまったく愛着心を持っていない。そのため、管理は行き届かず、荒れるにまかせているような現状である。保存すべきというような意識もまったくないようで、当初の状態を改変する事にも頓着していないようである。分割して所有する礼耕堂部分を建築当初の姿に復原したものが図10である。ふたつの図を比較すればかつて整然とした平面形であった建物を問答無用とばかりに仕切って分割された様子がよくわかるであろう。

中国江南山区民俗文化及変遷

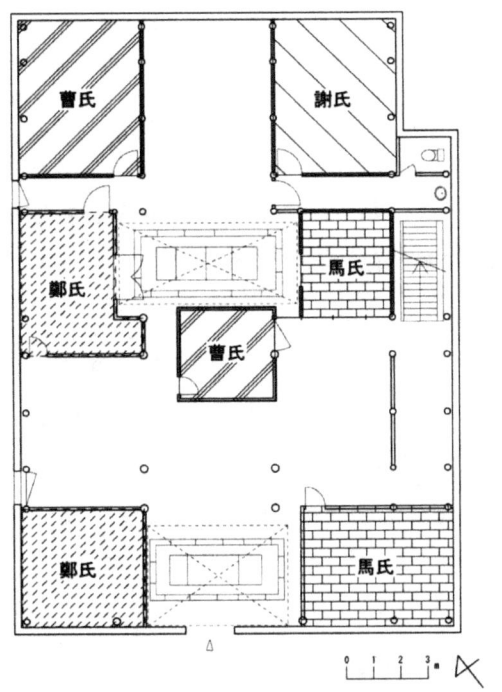

図9　礼耕堂分割所有図
鄭氏・馬氏は子供の代となりそれぞれ2人のこどもが住む。中央に住む曹氏と左上の曹氏は親子である。

図10　礼耕堂復原平面図

写真8　礼耕堂邸宅

## 4. おわりに

　三門源には、今回取り上げた建物のほかにも「楼接地」（明末）、「三層楼」（明末清初）、「是亦軒」（清末）など古民居が多く、民国時代以前に遡る建物が全戸400戸余①のなかでいまもなお60棟ほど残存している。また、浙江省級歴史文化保護区に指定され、地元ではこれらの古建築をもとに観光開発をめざしている。そのためか、調査期間中にも修理等の工事が多多進められていた。

　葉鶴天旧邸宅は浙江省級文物保護単位として指定されており、この邸宅に対する工事は国家級標準で施工された。そのため、事前に現状の図面が作成され、修理方法を検討の上、それにしたがって工事が行われたようだ。しかし、基本方針②はあるようだが、現場検分や図面等を見る限り、現場において、そのつどの判断に頼っているようにみえた。

　一方、地元が主体的に行った修理等工事はふたつの祠堂や「楼接地」古民居、古涼亭の復元である。予算的にも厳しいことが予想されるが、これらの工事は図面を作成されることもなく、現場施工で行われていた。そのため、修理以前の様相が記録されることもなく、新たな部材・新たな手法で修理されることになる。取り替えられた部材の情報はまったく残らず、修理によって過去の歴史が消されかねないような工事といわねばならない。

　既に記したように保護を前提とした修理工事においてもオーセンティシティ③を重視するという姿勢がほとんど感ぜられなかった。悪く言えば、元あった建物が別の建物に変更されようとも、それらしい伝統的スタイルの建物が出来ればそれでよしとしているようにさえ感ぜられた。建物を維持させるための緊急的な工事であろうとも、工事を実施することによって、かえって、元の建物の様相を消す結果となっては元も子もないことである。今なお、古建築を多く残す

---

　　① 三門源村政府に掲げられた掲示によると、三門源村の戸数は412戸、総人口は1412人である。
　　② 現場に貼られた『龍遊三門源叶氏民居施行』によると「対文物建築的修繕必須遵守"不改変文物原状"的原則」とあり、建築の現状を改変しないという基本原則はあるようだ。
　　③ 「真正性、信憑性」を意味する。一般に建造物の保存、修復において、それらが持つ美的価値や歴史的価値のことをいう。

中国の小さな集落を調査するなか、貴重な古建築群を有効に有意義に保護・活用していくためには、早急な保存姿勢の確立が急務であると思われる。古建築の保存活用について、多少早く、その洗礼を受けた日本の技術者のひとりが、痛感した率直な感想である。

# 摘要

# 村落与民居

## 津田良树

　　三门源是位于浙江省龙游县石佛乡的一个小山村。从北边的山石里流出的溪谷（碧溪）沿东西方向逼近的谷线从南至北贯穿流过。沿着穿流而过的碧溪两岸，村落向南北延伸 500 米左右，密集的街道房屋罗列成行。在三门源叶氏和翁氏这两姓氏至今仍然拥有很大的势力。

　　就村落来看的话，碧溪的西岸中心部有叶氏的祠堂，在祠堂周边以及祠堂以下的下游有相当多的叶氏民居，在其上游方面的一带也有叶氏聚居。也就是说，在碧溪的西岸，从流入碧溪的支流以南的地域一带几乎都被叶氏一族所占据。此外，叶氏还在东岸的偏北面也建有宏大的叶鹤天旧邸及"礼耕堂"等叶氏的宅邸等。在东岸中心部稍微偏南的地方有翁氏的祠堂。在祠堂周边，特别是祠堂偏南是叶氏一族集中居住的地方。可以判断出自古以来村落就是古民居集中的区域，在西岸叶氏就曾以祠堂为中心聚居，在东岸偏南部翁氏也是以翁氏祠堂为中心聚居在一起的。可以认为在东岸偏北部曾有过两氏以外的氏族混居，但是叶氏当中获得了成功的叶鹤天在清道光年间修建了宅邸，叶氏一族的叶春富进而建造了"礼耕堂"等宅邸，由此变成了在东岸也开始有叶氏一族居住的情形。换言之，可以认为在明代、清代的中期之前，在西岸叶氏以祠堂为中心，在东岸偏南部翁氏以祠堂为中心聚居，没有祠堂的两氏以外的氏族则混住在东岸偏北的地方。

　　就个别的古建筑来看的话，这里的祠堂有叶氏祠堂和翁氏祠堂这两座。叶氏祠堂被称为"永思堂"，在西岸的中心部朝东而建。是一种 3 栋的建筑物及围住了四周的墙壁，将天井以及两个像小庭院一样的天井包围住的复合建筑。尽管后人所做的改造很是显眼，但仍然在中殿附近保留着老式的模样，可以判断应该可以追溯到明代。翁氏祠堂被称为"雨金堂"，在东岸中心部稍微偏南的地方朝西而建。这是由前堂和后堂所组成的复合建筑，两栋之间连接处的两边有像小庭院一样

的天井。尽管有很多经后人改动过的地方,但是前堂部分的柱子、虹梁等骨架上面还是保存着老式的模样,这些部分可以追溯到明末的可能性是极高的。

具有代表性的古民居的情况如下。在当地,据传黄茂林家是可以追溯到明代的民居。从样式方面来看也比起清代中期的民居呈现出显著的老式的风格,应该能判断为可以追溯到明末的遗构。以前是中央配有正堂,两边配有卧室的3室结构。叶鹤天旧邸是于道光二十六年(1846)当上科举的恩贡生的叶鹤天在当时修建的宅邸。主要的建筑物是由5栋的复合建筑所构成的,但由于战火有2栋被烧毁,现在保留下来的有3栋。虽然说是3栋,各栋分别用厚厚的砖墙修建了外墙,里面用的是根据柱梁构造来搭建木制的骨架,再搭瓦屋顶的施工方法,内部是"门厅""正厅""后堂"一起横着配有3室的结构。"礼耕堂"被认为是叶春富在清末建造的。由朝南而建的被称为"礼耕堂"的建筑物和连接其东边的朝西而建的建筑物所组成。使得正面看起来像L字的两个建筑物的正面的墙面和用与它们相对的形状来修筑的L字的围墙,构建而成了一个被围成长方形的前院。

在三门源,除了这次提及的建筑物之外还有很多古民居,而能够追溯到明、清时代的古建筑还保留着大约60栋。当地正以此为基础来实现观光开发的目标。然而,似乎在进行的未必是那种承袭了历史的恰当的修复工程。为了有效地、有意义地去保护和活用宝贵的古建筑群,尽快地确立对保存的态度应该是当务之急吧!

# 宗祠文化的当代变迁

冯莉

三门源地处浙江省中西部，位于衢州市龙游最北部，隶属于龙游县石佛乡。村落三面环山，山涧溪流从村中纵贯而过，村南为丘陵盆地，北倚千里岗山脉，东邻横山、模环两镇，西与峡川镇相邻。其海拔最低点为125米，最高点726米。村内水泥路与320国道相连，距离县城28公里。三门源村共有三门源、三门寺里、流坑源和坞山坪4个自然村，12个村民小组，现有住户415户，人口1411人，耕地面积1124.4亩，山林面积9617亩，毛竹面积1110亩，果园面积409亩。农产品主要是粮食作物和大豆、桐油、茶油等经济作物，并有盆景园艺产业。在全村总收入中，农、林、牧、渔等第一产业占70%。本文所考察的是三门源历史文化村镇三门源自然村。该村有居住户246户，常住人口963人，其中叶姓500多人，翁姓100多人，其余姓氏被称为客姓。

三门源名称的来历，多少和旧时村落讲究风水有关系。据说，进入村庄要经过三道屏障，称三门。第一道屏障为左象山、右狮山；第二道屏障为村落中文昌阁寨门（现仅剩遗址）；第三道屏障为左青龙、右白虎。又有一泓溪水与周围诸山涧流在村尾汇合，穿梭南行，成为塔石溪的源头，故称三门源。

照片1 三门源民居（2008年8月）

2008年8月、2009年12月、2010年8月，笔者分别对该村进行3次田野考察。本报告将主要围绕三门源自然村叶翁两宗族及其祠堂，以民族志的描写来展现江南农村宗祠文化在当代社会中的文化变迁。

## 1. 宗族与族谱

**宗族**

三门源是一个多宗族聚居的村落，由叶、翁两族和其他客姓组成。据《龙游县志·氏族考》所述，龙游县氏族至民国之前有四次大的变迁：

> 第一次是宋方腊之乱，旧族泰半灭亡，随高宗南迁者颇众，而且迁来者为衣冠大族，后此地文人迭起，成为今日县中著姓焉。其次元末之乱用兵数载，旧族夷亡自所不免，其时自他处迁来者较多，是为氏族第二次变迁。又其次经明末清初之乱，继之以耿精忠之乱，旧族丧亡不少，而迁来者福建长汀人乃居十之七八，疑皆避耿乱而来，或属耿氏旧部乱后来匿居者，是为氏族第三次变迁。最后经咸同间洪杨之乱屠戮至惨，丁壮逃亡，于是江西及温台游民乘间纷至，是为第四次变迁。[①]

从县志记载和叶翁宗谱来看，翁家迁至三门源早于叶家。《龙游县志·氏族考》记载：三门一族，亦托始于翁洮，本居寿昌五都仁堂村。有名良驷者，宋时遭方腊之乱，避居县北三门，遂为其始祖，迄今二十三世。[②] 又据《青山翁氏宗谱》[③]记载：一世祖字良四，名骡，号四朋。因宋时寇贼频发，逃难于龙邱三门垣（源）。如从宋方腊之乱（1120）算起，翁氏家族聚族而居在三门源已有800多年的历史，而叶氏在"三门一族谓出于梦得五世孙文彬，于宋咸淳六年（1270），由松阳卯山道坪乡迁居三门源之黄里坞，再传至季一，始居于下店溪边，迄今凡二十一世。"[④] 叶氏家谱《三门叶氏宗谱》记载："因卜宅至龙邺于此，见崇山峻岭，飞泉幽涧，有扶兴清淑之气，遂筑室坞中，举家迁居三门源为宋咸淳六年文彬公第一世。"据说叶氏最早到三门源是做当地一户姓季人家的上门女婿。叶氏祠堂当初其实是季家造的，后来才由叶姓女婿继承。叶氏家谱中有这样的记载：叶氏的后人即使再没出息，也不能招上门女婿。但是鼓励叶家的儿

---

① （民国）余绍宋撰编，龙游县政协文史委员会点校：《龙游县志》（第一册），语丝出版社，1999，第16页。
② （民国）余绍宋撰编，龙游县政协文史委员会点校：《龙游县志》（第一册），语丝出版社，1999，第148页。
③ 《青山翁氏宗谱·卷一》。
④ （民国）余绍宋撰编，龙游县政协文史委员会点校：《龙游县志》（第一册），语丝出版社，1999，第173页。

子去别人家做上门女婿。"姓叶如果出去做上门女婿，他的孩子照样18岁了可以分馒头，只要是高小，就可以回来分馒头。"这个规矩一直沿用至1949年之前。

## 族谱

族谱是家族制度的重要体现，也是家族组织秩序的保证，宗族社会以此来达到"尊祖敬宗收族"的目的。在传统社会中，族谱是家族精英用来阐释民间文化的文本，也是对国家权力的表述。正如《翁氏宗谱》中所言：

> 先王制礼，莫重于宗族；宗族之辨，莫详于谱书。谱也者，记其姓氏，续其昭穆，派其世系，别其亲疏。诚习礼，有家者之急，先务也，苟阙焉。不讲，将何以尊祖，何以敬宗，何以收族乎？……①

> 家之有谱，犹国之有史也。家而无谱，则长幼不分，尊卑莫辨。国而无史，则治乱不明，政纲莫稽。史也，谱也，大小虽殊，而其不可一日无之，则一也。②

叶翁两家目前所传宗谱分别为《三门叶氏宗谱》和《青山翁氏宗谱》。《叶氏宗谱》四卷，共修谱八次，分别在雍正十三年（1735）、乾隆三十四年（1769）、五十一年（1786）、嘉庆十九年（1814）、道光二十五年（1845）、光绪四年（1878）、三十四年（1908）和民国二十八年（1939）。《翁氏宗谱》两卷，共修谱六次，分别在清雍正十三年（1735）、嘉庆十三年（1805）、咸丰五年（1855）、光绪十年（1884）、民国十年（1921）和民国三十五年（1946）。从其结构来看，两家宗谱均包括以下主要内容：家族修谱的年份、凡例、宗族源流、家族阳基图、家规、家训、坟图、家族人物小传、修谱人记录、世系图、历代字行、新立字行以及藏谱者题名。试举其中几例如下：

《叶氏宗谱》

《青山翁氏宗谱》

---

① 《青山翁氏宗谱·卷一·青山翁氏重修宗谱序（清雍正十年）》。
② 《青山翁氏宗谱·卷一·青山翁氏六修宗谱序（民国三十五年）》。

翁家历代字行：

　　良恭俭让仁义礼智信

　　福禄寿康宁荣华富贵

新立字行：

　　显远恒光裕中和履吉祥

　　文章尊德行孝友秉纲常

叶氏历代字行：

　　福寿康凝普良荣华富贵

　　明德贤亨泰

新增字行：

　　智仁礼义忠信孝友恭慈

　　清任和悖叙光昌焕鼎彝

翁氏家规：

　　家之有规，犹国之有法；法所以正天下，规所以正一家。君子治家如治国，家齐而后国治，其理本一贯也。人不守规，小则败坏家声，大则干犯名教；远则玷辱宗祖，近则贻累子孙。故诗礼之家，莫重于立规，其规词不取深文奥义，只道其家常，求其易晓。虽常言俗语，有切于家政者，亦皆采入。子孙后生，诚能如规约束，宗族之兴也，可翘足而立待矣。

　　家规有八：祭先祖；孝父母；和兄弟；谨闺范；训耕读；睦乡邻；节财用；戒争讼。

2009年笔者调查时，《翁姓宗谱》有四部，分别由各房保留。《叶氏宗谱》以前有四部，"文革"时烧了三部，仅留下一部。在"破四旧"和"文革"时期，被视为"四旧"的族谱自然难逃劫难。叶氏目前保留的这部宗谱，是叶正富从火里面抢出来的，它成了三门源叶氏宗族唯一现存的家谱。叶正富说："文革"期间，如果让别人知道私藏家谱要被批斗。"'文化大革命'是一种运动，那时候没有办法。家谱啊，什么东西都要灭掉的。我就留了一份。以前'破四旧'也不敢讲了，现在社会好了可以讲出来。过去的家谱起着宗族的作用。一大房人以这个本子为主，像户口一样，没有户口是不行的。"①

---

① 访谈对象：叶正富，男，民国二十二年（1933）生，三门源叶氏十九世孙，"智"字辈。访谈时间：2009年12月30日，地点：三门源村叶氏祠堂。

按照老人的说法，家族修宗谱讲究"三十年大修，十年一小补"。一般在大修时将"草谱"登记的子孙编入正式宗谱。"草谱"就像一个流水账，每一年这个家族出生的人都要登记，先登记到草谱里，之后再根据草谱写进宗谱。

我们在采访叶氏后代时，从受访者的表述中可以感受到当代三门源宗族观念日渐衰落。如当提到修谱问题时，一位受访者说：

> 如果现在考虑修族谱首先是资金问题，修族谱最少要30万。叶氏家族现在有500多人，集资可以，就是修谱的主持人很难找。修族谱的人要有文化，还有空闲，现在年轻人都上班。另外，修族谱不仅是本村，在外面也有，比如说第五代、第六代搬出去的，也要修进来。这是个涉及资金比较庞大的文化工程。如果集资可以，就要全国各地跑，有一个总支，一个分支，时间是耗不起的，至少要七八年，甚至10年才能完成。《叶氏宗谱》是72年前修的，还是在民国的时候，我父亲这一代60多岁了，他都没在族谱。①

其中十分明显地体现出大家族后裔对于本家族凝聚力和认同问题的焦虑、矛盾和无奈。

## 2. 仪式与公共文化空间

### 祭祖

三门源村民的祭祖分为家祭、坟祭和堂祭。坟祭的时间是正月初一、清明和七月十五，一般以家庭为单位去墓地祭拜，家庭成员无论男女老少都要参加。祭拜时要在坟前摆放供奉祭品——清明果或麻糍，猪肉、饭、豆腐、酒、纸钱、香烛、炮，并对祖先讲些"保平安、家族兴旺发财"之类的吉利话，然后带回一点坟前的树枝插在家门口。过去先祖的牌位通常在祠堂内供奉，因此"家祭"是在过小年的时候进行，包括拜祖宗、吃饭、放火炮、玩灯笼等一系列活动。顺序是先拜祖宗再拜灶神，再吃饭。祭拜就在厨房里，大家一起拜祖宗，然后家中男主人点香、烧纸祭拜灶神。冬至"堂祭"参加者都是男性，它是祭祖形式中参与人数最多、最肃穆的家族仪式，在传统宗族社会中承担着慎终追远、祭祀祖宗的作用。

---

① 访谈对象：叶根龙，男，35岁，三门源叶氏第二十四世孙，"信"字辈。访谈时间：2010年8月27日，地点：三门源村叶氏祠堂。

现在，叶翁祠堂不是每家每户前来祭拜，而是在大年三十、过年时由辈分比较高的太公来拜。除了过年需要祭拜外，清明、端午，还有修缮、动工动土都要去祠堂祭拜一下。

叶氏祠堂正厅（2010年8月）

翁氏祠堂供奉香火（2010年）

正月在翁氏祠堂中的祭祖仪式相对要简单一点，男女都可以拜。其做法是，正月初九晚上，家家户户自己带祭品，按族谱里排房顺序到祠堂祭拜，祭品可以是整猪、整羊、五色糕点，或五种菜、洋菜（音）、海鲜。

在调查中，我们看到翁氏祠堂正厅放祭拜牌位的墙面上挂了毛泽东的像。据翁氏老人们说，以前这里各家全部供奉香火[①]，没有像的。后来，村里书记、村委会开会说，这个祠堂现在是公共的，不是私人的，全部集体管理。如果挂一个主席像象征着集体管理，最好香火不要写，只有翁家的人放一点香火摆着，别人（其他客姓）才不会说闲话。访谈中一位老人说：

> 以前这个祠堂全部是姓翁的人放牌位，那边是姓叶的放牌位。其他姓黄的、姓赵的插不进来。到以后祠堂都成集体的了，这几块牌位是我们后来找出来的，姓叶的祠堂的牌位是很多很多的，一火车皮都拉不完的。后来"文化大革命"前全部都损坏了。

**分馒头**

《龙游县志》记载："举行堂祭的时候，祠堂门大开，清扫干净，设内外两个香案，供全猪、全羊等，请来吹鼓手，由族长主祭。仪式结束设'祠堂酒'，请

---

① "香火"就是在一张红纸上写"天地君亲师之位"几个大字及所奉祖先郡望、姓氏，一般贴中堂正中。

本族头首，各房长辈会饮。要分馒头，全族男丁每人一份，有学历者加倍，学历越高所得越多。"①1949年以前，叶翁宗祠有专人掌管宗祠公田，收租收粮，收入中很大一部分是用于整个家族冬至祭祖"分馒头"仪式。按照宗族的规矩，每年冬至，18岁的族内男丁能够分到一个4两重的大馒头。叶志仁今年75岁了，按照族谱排叶家二十一代，"礼"字辈。1949年他才15岁，所以没有分到过馒头。他的两个哥哥都分过馒头。对于叶氏家族的男性，一般人18岁、60岁那年都可以分到馒头，相当于一个人一生有两次"分"的机会。如果文化程度比较高的，高小毕业，18岁以上每次都可以分到馒头。

"分馒头"前要先拜太祖。拜太祖的时候，辈分大的站前面，辈分最小的站最后面，大家一起拜。对祖先牌位祭拜时，要有5个或10个18岁的辈分大的站前面，辈分小的站最后面。祭拜后，还要拜年纪最大的、辈分最大的。叶家"分馒头"不是按照辈分，而是按照家谱中记载的年龄来分，18岁没有文化程度、小学没毕业的，拿一个馒头回去。小学毕业办过毕业喜酒的，可以留在祠堂吃饭。据叶志仁说，"20世纪30年代时文化程度是比较严格的，高小毕业办过喜筵的每一年冬至时都可以吃饭、喝酒。除了高小毕业的，管理叶氏祠堂的人也可以，辈分大是没有用。"叶氏家族比较重文，有知识的都可以到祠堂里。不过，在老人们记忆中，民国期间能留下来在祠堂参加聚餐的人并不多，大概有三桌。

翁氏家族冬至"分馒头"与叶氏略有不同。首先在宗祠内要祭拜祖先牌位，然后按分房祭拜。祭拜后，男性可以在祠堂内吃饭。翁家分馒头的原则是"见人头，分馒头"，男的不论大小都可以分10个馒头。60岁以上的可以分20个馒头，还有3斤猪肉。女的没有馒头，也不能祭拜。男的从出生时就可以来祠堂分馒头。以前翁氏家族高小毕业的，要有单子贴在祠堂。据说，翁氏祠堂以前牌位很多，后来"文化大革命"期间被烧毁。

翁氏祠堂仅存的祖先牌位（2008年）

1949年前，家族祠堂有公产，能够支持这些

---

① 浙江省龙游县志编纂委员会编：《龙游县志》，中华书局，1991，第514页。

仪式开支。解放以后土地改革，分田到户，祠堂归集体所有，村委会管理，没有了经济来源，"分馒头"仪式就自然消失了。

## 拜老佛

1949年以前，三门源村叶、翁两家族都有接"老佛"的说法。三门源的老人管老佛也称"毛令公"。据文献记载，龙游祭祀毛令公已有200多年的历史。毛令公，即唐张巡。他在安禄山叛乱时，巡守睢阳，被围数月，粮尽援绝，至杀爱妾以饷士卒，城陷被执，骂贼遭杀。后受到民间祠祀，道教中尊为铁鬣（音道）地雷东平忠靖王张元帅，或说他居于雷城中，主上清铁鬣五雷使院，或说他居于东岳，属于"地祇"行列，俗称"毛令公"。余绍宋《龙游县志》有祭祀毛令公的相关记载：

> 灵山徐偃王祠从祀之毛令公，相传即唐张巡，未知何以有此谓也。此神为东、西、南三乡所最崇祀，各村社均置有祀产，以供迎神演剧之需。神以二月朔日出境，各村社轮值迎接，至六月十二日迎回，谓十四日为神生日，须迎神出巡也，是日极尽繁盛，十九日复出境，历各村社至十二月二十五日迎回，迎回时居民必宰豕奉献，自是日起，债主始得向债户索债，否则不理也。翌年正月间犹有派溪头等处迎接，先期灵山尚须迎神出巡下除一次，凡各村社迎去应奉祀若干日，均有一定习惯，由庙祝记载甚详，谓之路薄。若多留半日则必争闹，或竟至械斗。当派溪头之迎神回祠也，村中大赛花灯，争奇斗靡。①

三门源祭祀"毛令公"应该是在此之后兴起，以前是否灵山徐偃王祠的毛令公来三门源游神，今已无法考据。也许以前来过三门源，或者是没有，人们就近造了神像放在寺内供奉，正月也学着别村的样子游神。总之，三门源的民众已将"毛令公"改造为"老佛"，成为保佑家族平安兴盛的菩萨，平时摆在三门寺内供村民们祭拜。每年正月，"老佛"由各自的家族接到宗祠内接受祭拜、供奉、观戏，数日后送回三门寺。

据说，接佛前一个晚上祠堂要做很多准备。厅堂上面都要挂灯，摆蜡烛，很

---

① （民国）余绍宋撰编，龙游县政协文史委员会点校：《龙游县志》（第一册），语丝出版社，1999，第97页。

热闹。还有学过戏曲的，会吹拉弹唱的，在去接佛的前一天晚上要事先排演。

在三门源，叶翁两家"接老佛"和"送老佛"的时间不一样：叶姓正月初八到正月二十一，翁姓正月初十到正月十七。每年"接老佛"叶家的费用是自家出，由于叶姓在村中人口多，有很多房，每房可以轮流去接老佛，三四年才轮到一次。而翁家由于人口比较少，故每年由客姓的人轮流出钱"接老佛"。

拜老佛的程序：

迎—洗、穿衣、上轿—祠堂—放炮—祭拜—观戏—送（三门寺）

迎"老佛"的时候要先给佛洗脸，换上红色的龙袍。衣服是每年接的时候把它换上，送回去的时候又收回来保存，这样每年看到的衣服总是崭新的。"老佛"从三门寺里接出来得用轿子抬，翁姓是四人抬小轿子，叶姓是八人抬大轿。据老人们讲，老佛是一文一武，叶姓的老佛是文的，坐着，与真人一般大小，文房四宝摆在轿子前面，气势很大。翁姓的"老佛"是武的，站着，比叶家的略小。当地有一个传说是这样解释叶翁老佛大小不一的原因的：

> 从前叶翁两家的老佛"文的"跟"武的"是一样的。后来菩萨之间打官司了。两个菩萨直接打官司，姓叶的赢了，姓翁的输了。这样两个菩萨有大有小。翁氏的输了，所以翁氏的菩萨铸小了，叶氏的菩萨铸大了。

在村落中，老佛神像不能随意雕刻，即使找人开光也会犯禁忌。翁国梁讲述了一个人犯忌而丧命的故事：

> 我20多岁的时候，有人自己雕了一个佛像抬上去放在外边，自己就会倒下来。虽然那个菩萨是开过光的，但是先后倒了好几次。后来听一个人讲，说你不要去动它（佛像）。他比较麻烦，那人还是把佛像抱上去，结果抱上去后，另外一个人在地上，灰尘撒在佛像的头上，那个佛像就坐在那不动了。后来过了一个多月那个人就死了。

届时，只要去三门寺里接佛的人，每个人都会得到两个小馒头。接佛往返的路上有吹打乐器伴奏，彩旗、牌子护道，待佛像接到祠堂里面，供台前还要放三角形的毛笔架子、砚台等物品。"老佛"接来放在祠堂里牌位下面。以前叶氏都有木头浇的弧形的、挺漂亮的一把扇子一样的，转过来就是佛像放的地方。客姓如果出过钱的可以参加祭拜，如果没有出钱参加这个组织，是不能祭拜的。"老

佛"接回来供奉时,每天早晨家族的人要一起到祠堂来祭拜。老佛放在祠堂四天,做四天戏,整个村落的人都会来看戏。

调查中得知,解放后,由于国家实行破除封建迷信的政策,三门寺和尚都还了俗,寺庙没有人管理,庙内供奉的老佛塑像作为"四旧"被打掉了,接老佛仪式从此中止。

**正月做戏**

三门源村的公共空间不多,叶翁祠堂从建好之初就承担着社区公共文化空间的作用。叶氏宗祠每年最大的活动就是正月的观戏。1949年以前,祠堂每年有接老佛观戏的习俗,正月的祠堂大戏起到娱神娱人的双重功能。随着时代的变迁,"接老佛"仪式因宗族文化的衰落而消失,但是正月观戏的活动却依然是村落公共文化生活的一部分。村委会把正月的做戏作为三门源村公共活动来办,只要是愿意看戏的人都会聚集到叶氏宗祠的戏台来。请戏班一般都是村落中老人们操办,大家集资,一户人家出20到100元不等。集资戏金的名单会张贴出来,还会公布详细的收支情况,比如总共筹集了多少万元,每天多少戏金,来做几天,等等。如果有结余资金就留到次年做戏使用。

由于三门源的村民正月初一要祭奠、上坟,初二、初三要走亲戚或者接待客人,因此,这里做戏通常是在初六以后或正月十几,"村里很讲究待客之道,十几没有这么多客人就可以清闲地坐在祠堂看戏,不需要接待客人。如果有客人来了,你看戏是不好的。"演戏时间,或三天、五天或七天、十天,其长短往往根据筹集资金的多少来定,钱多则剧目可以多唱一些,演出日期长一些。做戏一般是中午一点多开始到四点钟结束,晚上七点钟开始到九十点钟结束。戏班的人通常是在戏台上"打地铺"睡。目前村中戏台为叶氏祠堂所有,翁氏祠堂原来也有戏台,据说太平天国时被火烧了。

戏班所唱的是婺剧,演员大都是业余的,由其他村里组织起来的。据说解放初期方圆地区有70多个业余戏班,助唱团有100多个,现在则有十几个。三门源在1996年前后曾经有一个剧团,现已解散。目前常来村中演出的,有

叶氏祠堂戏台(2010年8月)

西京元村隆昌的婺剧团、衢州婺剧团、金华婺剧团。通常上演的剧目有《闹花台》《踏八仙》《战潼台》《清风亭》《梨花斩子》《金锁记》《玉蜻蜓》《双龙会》《麒麟锁》《香蝴蝶》《马超追曹》等。

## 3. 宗祠管理与功用

### 祠堂公产

  宋以来，中国宗法制度庶民化导致民间家族各自扩张势力、累世而居，纷纷建立宗祠、家庙，家族组织作为一个血缘性的自治组织开始拥有族内公有财产，维持族内公共事务。1949 年以前，三门源叶翁两家族的祠堂都有公产（田、山、果园），主要用来维持族内的公共管理：如冬至祭祖"分馒头""接老佛"、正月做戏、祠堂修缮、续修宗谱等。叶氏祠堂曾有公田 30 多石[①]，差不多是现在的70—80 亩。公田租给租户，然后收缴粮食为租。田有一等田、二等田，租户根据田地的质量交租。公田一年收入，大概有 20 来石稻谷，供祠堂公用。冬至祭祖"分馒头"用的粮食就从这儿来[②]。92 岁的翁国梁从 1935 年开始管理翁氏祠堂。他回忆，当时翁氏祠堂的公田大概只有两三亩，山林有四五百亩。地一般都租给别人种，由祠堂管理者收租，大概一年有 100 银圆。这笔钱主要用于冬至家族"分馒头"，过年"接老佛"和祠堂修缮。翁氏祠堂做戏，以前一般都是集资的多，不够的部分祠堂才补[③]。

  正如王铭铭在《社会人类学与中国研究》一书中所言，宗族制度在民国时期已经步入衰微。宗族被当成"国族""民族"对立物来批判，被当成是阻碍中国社会进步的"恶势力"来批判。"1949 年至 1952 年全国范围开展的'土地改革'运动没收和征收租田、征收祠堂、焚毁族谱，其目的是为了用新的土地关系和认同取代旧的宗族土地制度和认同。'土地改革'期间实行的'反霸''镇反'，通过阶级划分和斗争打破了宗族在民间社会分化格局。""集体化"运动打破了宗族与区域的中间层，建立起个人与国家直通的经济关系。[④] 经过土地改革后的三门

---

 ① 一石田等于现在的 2.5 亩。
 ② 访谈对象：叶志仁，男，民国二十五年（1936）生，三门源叶氏第二十一世孙，"礼"字行。访谈时间：2010 年 8 月 27 日，地点：三门源村委办公室。
 ③ 访谈对象：翁国梁，男，民国七年（1918）生，三门源翁氏第二十三世孙，"裕"字行。访谈时间：2010 年 8 月 28 日，地点：三门源村翁氏祠堂。
 ④ 参见王铭铭. 社会人类学与中国研究[M]. 桂林：广西师范大学出版社，2005：79.

源村，叶翁祠堂的管理权和拥有权归集体所有，祠堂的公田被征收，新的土地关系得到确认，取代了旧的宗法制度、土地制度。

**祠堂功用**

宗祠是家族用于聚会和祭祀先祖的地方，也是婚嫁丧葬等重要人生礼仪和传统伦理教育的场所。翁氏宗祠又称"雨金堂"，是明代早期的三进二开间建筑，由于戏台在太平天国时被烧毁，目前尚存两进。叶氏宗祠又称"永思堂"，共三进，系明中期建筑。从调查来看，三门源村没有大的公共建筑供全村百姓举行公共集会活动，由于叶氏祠堂空间比较大，不仅被用于叶氏子孙祭拜祖先和家族聚会，而且历史上就作为全村公共建筑来使用。民国时期，村民在叶氏祠堂内选举保长、甲长。而今，村民大会选举依然在叶氏祠堂的大厅内举行，在每三年一次的选举中，村民们自己带凳子、椅子来这里参加会议。选举结束时，书记和主任会在祠堂的戏台上讲话。

除了公共选举活动，至今村民家里要办大事都可以使用叶氏祠堂。如办丧事，过去叶姓的家庭如果有人过世，遗体可以放在祠堂内。不过祠堂内停尸的时间不能超过冬至，当年一定要葬出去。以前祠堂除了大厅，还有两个小厅。这两个小厅是为下葬遇到不吉利日子、尸体不得不放到第二年的情况而备用的。因为在那种情形下，尸体停留时间会比较长，就要抬到小厅里面，不能放大厅里了。现在叶氏祠堂成为集体财产，日常如果村里有人需要用大的空间请客或者做什么事情，只要和村委会打招呼、申请，都可以免费使用宗祠的场地。比如，造房子（家里住不开）、办寿筵、喜筵等，叶氏祠堂已成为村民们使用方便的公共空间。

**祠堂管理**

1949年以前，祠堂的管理者都是家族的长者，是最有威望和地位的人。据现在叶氏祠堂管理者叶正富说，以前管理祠堂的人首先是家里比较富裕，如果修缮祠堂可以拿出来钱。贫穷的人不能管祠堂，因为没有经济实力来支持。叶氏祠堂解放前的管理者叫叶凤岳。翁氏的管理者：翁来会①—翁丙祥②、翁水生③（1935年以前管理）—翁国梁（1935—1949年管理）—翁成寿、翁培铨、翁云一、翁海锦（2000年—至今管理）。

---

① 翁来会（1869—?），男，三门源翁氏第二十一世孙，"恒"字行。
② 翁丙祥（1894—?），男，三门源翁氏第二十二世孙，"光"字行。
③ 翁水生（1891—1938），男，三门源翁氏第二十二世孙，"光"字行。

目前，由村委会对两个祠堂进行管理，并负责安排族里面的人来打扫卫生和日常修缮管理。由于没有专门用于祠堂修缮的资金，村委会也会上报县的一些部门，比如文化局等，争取一定的修缮资金。宗祠负责日常维护管理的通常是叶、翁两家在宗族中辈分较高的年长之人，因为他在村落中比较受大家尊重，有长辈的威望，便于管理。但是，他是受村委会的委托义务进行管理工作，如保持清洁、防火防盗等，祠堂真正的使用管理权还是在村委会。叶氏祠堂的管理者叶正富，从2000年开始管理祠堂。他是叶氏家族辈分最高的人，在家谱里排第十九代，被族人称作太公。在叶正富记忆里，祠堂大概修过3次，分别在20世纪80年代、2000年和2007年，其中除2007年是政府招投标修的，以前都是叶氏宗族自己筹款解决修缮资金。

从翁氏家族的祠堂管理来看，翁氏子孙对祠堂的管理更自主、更有主动性，管理方式具有半商业半公益性质。翁氏祠堂成为村委会公共财产后，由于村委会没有专门的修缮资金，就将翁氏祠堂出租给翁姓的年轻人做活动中心，搞经营（有些农家乐的性质）。由于客源不足，经营的人申请在这里创办了老年协会。租金一年2800元左右，一共签了10年。这笔钱交给了翁氏家族里的管理者，被用来进行祠堂修缮。2000年，族人集资修祠堂的时候，选出了4个人来共同管

叶（上）翁（下）祠堂重修集资名单

理祠堂。2006年农历正月初一，翁氏祠堂召开翁氏大厅集资户主会，形成《关于大厅管理制度的决议》[①]，其中规定了使用大厅的收费标准，决定以后不再由每户集资来修缮祠堂的大厅。会议确定了5个管理人员，有以下分工：负责人1名；记账1人；出纳、事务管理1人，成员2人。具体规定如下：

● 免费使用范围：

1. 红白喜事
2. 已集资户房屋出现倒塌后无处栖身者，可免费使用半年以下，但电费自付。

---

① 2009年12月30日，访谈翁培铨时提供的文字。

●收费标准:

1. 建房户使用大厅 4 个月内每天收 1 元,超过期限每天收费 2 元。但必须先上交场地费 120 元,电费 60 元,然后才能使用,待搬出后多退少补。时间计算从材料进入起计算至材料用完。场地打扫干净为准。

2. 酿酒每天 5 元。

3. 车辆停放每天 5 元。

4. 收割季节如遇阴雨天气,农户需要摊谷,每天收 1 元。

5. 经营租用大厅每月收 100 元,不足一月按一月计算,以上四条只供场地收取场地费,但不包括物品的安全管理。

●以上条款的收费标准属已集资户标准,如未集资户使用大厅应加倍收费方可使用。

●使用大厅不论事情大小必须先交费才能使用,如出现管理人员任意答复而未收款的应由当事人自行添资。

●大厅管理人员均为义务管理不计报酬,但搞维修、卫生打扫等杂工要付给适当工资。

●大厅购买材料管理人员应在场或知情,材料费由大厅支付(见发票)。

●大厅现金必须存放在村服务站保管,以免失窃。

●使用资金 300 元以下的由管理人员商议决定,超过 300 元以上必须召开户主会讨论决定方可。

●财务账目每年年底进行张榜公布。

大厅管理小组<br>2006 年正月初四

2007 年,三门源开始申报国家级历史文化名村,计划集资 3000 万对历史建筑、村容村貌进行改造。2008 年,由县文体局牵头对三门源四个建筑,一个古凉亭,两个宗祠进行规划修缮。资金来源于省里补助 50%,县里 30%,村户 20%,特困户 15%。对村庄的标识,卫生进行整治,引导开发农家乐。2008 年下半年,三门源历史文化名村保护规划正式启动,由政府牵头对历史建筑修缮、水源治理、村落环境整治、危房民居救助保护维修的项目进行招投标。具体见下表:

| 修缮对象 | 修缮时间 | 投入资金 | 主管单位 | 施工单位 |
|---|---|---|---|---|
| 叶氏民居 | 2009年9月—2010年4月 | 50万元 | 县文物局 | 浙江东阳广厦集团 |
| 叶氏祠堂 | 2008年10月—2009年3月 | 26万元 | 县规划局 | 浙江临海古建公司 |
| 古凉亭 | 2008年10月—2009年3月 | 5万元 | 县规划局 | 浙江临海古建公司 |
| 翁氏祠堂 | 2009年12月—2010年5月 | 22万元 | 县规划局 | 浙江临海古建公司 |
| 楼接地 | 2009年12月—2010年5月 | 6万元 | 县规划局 | 浙江临海古建公司 |
| 水源治理（碧溪） | 2009年5月—2010年10月 | 100万元 | 县农开办 | |
| 村庄整治（绿化、道路、卫生） | | 30万元 | 县农开办 | |
| 危房救助 | 一年两户 | 每户5000元 | 省建设局 | |

# 结　语

　　三门源作为复主姓村落形态，在1949年以前，村落文化基本由两大家族来掌握，以宗族血缘为组织的管理秩序影响和操纵着整个村落公共文化。1949年后，受土地改革、"破四旧"、"文革"等一系列政治运动影响，以族长制为最高权威的宗法制度彻底崩溃，叶翁两家族谱此后一直没有进行续修，叶家宗祠牌位目前已经全部损毁，仅翁家祠堂还残存几块。其春节、冬至祠堂祭祖仪式变得简化，过去以家族为核心聚会的形式如今已被以家庭为核心所代替。然而，宗祠作为村落公共建筑的功用却延续下来。通过对叶翁两祠堂在当代的管理比较可以看出，叶家基本丧失其管理祠堂的主动权，所有的管理基本以村委会为核心；而翁氏祠堂的管理却具有半公益半营利性质，其祠堂管理者是集资户推选出来的5人小组，有明确分工和具体制度。这在一定程度上表明，翁氏祠堂的管理模式在当代已经完成了从宗族管理到集体管理再到经济共同体管理的转换。

　　2009年，三门源成为国家级历史文化名村。随着经济和外部环境的改变，叶翁两家是否会像"诸葛八卦村"一样续香继谱，恢复祠堂礼仪，将宗祠文化作为村落旅游资源向游人展示，这个动态的过程值得我们继续关注和研究。

要旨

# 祖廟文化の変遷

## 馮　莉

　宗族文化を研究する際には、異なった形態をとるいくつかの村落の場合について考察する必要があるだろう。本論では、主に浙江省衢州市龍遊県石仏郷の三門源という自然村に存在する葉姓と翁姓の宗族とその祠堂について、事例を挙げながら報告する。具体的には、民俗誌的な記述の方法を用いながら、江南地方の農村における祖廟文化が、現代社会のなかでどのような変化を遂げてきたのかを明らかにしたい。

　三門源は、複数の宗族が集まって暮らす複姓村である。1949年の中華人民共和国成立以前には、村落における公共の文化すべてが、二大宗族の血縁関係に基づいてた管理秩序が形づくられていた。

　時代は下り、1942年から1952年までにおこなわれた土地改革を経験した後の三門源村において、葉姓と翁姓の祠堂の管理権や所有権はいずれも集団所有とされた。こうして、族譜の修譜が断絶し、位牌が破壊されただけでなく、祠堂という空間にもきわめて大きな変化が起こった。さまざまな儀礼的活動も簡素化されるか、中止せざるを得なくなった。さらには、家族を核として集まるという方式が、家庭を核として集まるという現在のような方式に取って代わられるようにもなった。しかし、村落公用の建築物としての祖廟がもつ役割（たとえば、正月に地方劇を観たり、村落の選挙をおこなったり、公益事業をしたりというように、この役割は多様である）は、現在までもつづいている。

　現代社会における管理の方法という視点から、葉姓の祖廟と翁姓の祖廟とを比較してみると、次のようなことがわかる。まず、葉姓の人々は自らの祖廟を管理するうえでの主導権を失っており、すべての管理は基本的には村民委員会を中心としておこなわれる。一方、翁氏の祠堂の管理体制は半公益・半利益の

性格をもっている。翁姓の人々の場合、その祖廟の管理モデルはすでに、宗族による管理から集団による管理へ、さらに経済共同体による管理へと相次ぐ転換を遂げてきたことがわかる。

　2007年から2008年にかけて、三門源村では歴史文化村保護計画が実施され、翌年の2009年には国家指定の「歴史文化名村」に名を連ねることになった。三門源村で調査をおこなううちに、村では施設の建造や改築など物質的な側面には明らかな変化がみられるものの、保護活動のなかで村落文化がみせた変化はほんのわずかなものであることがわかった。観光開発が進められるなかにあって、三門源村における祖廟文化は復興を遂げてゆくことができるのだろうか。観光資源のあり方を問ううえで、三門源村で起こりつつあるこうした動態的な過程は、これからも継続して注目し、研究するべき課題であるといえるだろう。

# 族譜に見る宗族規範と異姓養子

小熊　誠

## はじめに

　族譜は、その一族の系譜が記録されているだけでなく、その中にはさまざまな情報が記されている。その一族の来歴、変遷、世系、婚姻、族規、墓地風水、人物の事績などであり、それはその一族だけでなく、その地域の歴史文化をも記録していることになる。したがって、族譜からはその地域のさまざまな事象について分析することが可能である。

　三門源には、いくつかの宗族の族譜が残されている。調査の過程において、『青山翁氏宗譜』と『三門葉氏宗譜』の写真を撮らせていただくことができた。その中で、『青山翁氏宗譜』の概要を紹介し、そこに記された凡例について取り上げる。

　凡例は、族譜を編さんするのに必要な規則であるが、その規則には族制が反映されているだけではなく、宗族の規範となるようなさまざまな決まりが記されている。これについて、若干の整理と検討を加えたい。

　『青山翁氏宗譜』の中には、特例として異姓養子についての凡例がある。さらに、その凡例のすぐ後ろに、「議約」として2例の異姓養子の記事が記されている。その事例から、三門源における異姓養子のあり方を検討する。

## 1.『青山翁氏宗譜』の概要

　現在三門源に残されている『青山翁氏宗譜』は、民国35（1946）年に修譜された族譜で、それは六度目に改訂されたものである（写真1）。それは、族譜の初めの部分に掲載されている序文から確認できる。すなわち、「青山翁氏六修

宗譜序」が民国35（1946）年となっている。それから遡ると、「青山翁氏五修宗譜序」が民国10（1921）年、「青山翁氏重修宗譜序」光緒10年（1884）、「青山翁氏重修宗譜序」咸豊5（1855）年、「翁氏続修譜序」および「三門翁氏譜序」嘉慶13（1808）年、「青山翁氏重修宗譜序」雍正13（1735）年となっている。最初の族譜作成が清朝の1735年で、それから70年あるいは30年ほどの時間をおいて合計6回の改訂が行われていることになる。

『青山翁氏宗譜』は、二分冊となっている。巻之一は、序から始まって、凡例、宗支源流、里居之図、輿地誌、題中邨中諸景引、題中邨中諸景詩、家規小引、像図、墳図などが編さんされている。巻之二は、主に世系が記されている。

写真1　青山翁氏族譜の表紙

翁姓の世系における始祖は、周代の宜王から始まっている。始祖から27世代目の良四公が、三門源翁氏の始祖となっている。宋末に世が乱れ、兵火を逃れて三門源に移り住んだと記録されている。良四公以下、世代ごとの輩行字が「歴代字行」として以下のように決められている。良恭儉讓仁義禮智信福禄壽康寧榮華富貴と18世代分が決められている。さらにその後を継いで、「新立字行」として、顯達恒光裕　中和履吉祥　玄章尊徳行　孝友秉綱常の20世代分が決められている。民国35年版の族譜には「中」の輩行字の子孫までが記載されているので、良四公から24世代目までの子孫が記録されていることになる。

巻之一の墳図は、比較的多くの部分が占められている（写真2）。墳図は、三門源始祖の良四公夫妻の墓から始まり、恭四公、儉八公、禮一公、信一公と続き、禄字3人、壽字2人、康字2人、寧字1人、榮字1人、華字2人、富字1人、貴字1人、顯字1人、達字7人、恒字3人、光字7人、その他康字の妻、顯字の妻2人、達字の妻3人、光字の妻1人と43人の祖先の墓の地図が記されている。華二四公より上の世代の墓は、夫婦合葬が

写真2　良四公夫妻の墳図

基本となっている。華二四公は、雍正元（1723）年生まれで、乾隆四十三（1778）年に亡くなっている。華字世代の一世代下の富字世代からは、夫婦の墓は別に作られる傾向にある。したがって、墳図にも顯、達、光の世代で妻だけの墓が記録されている。乾隆後期以降は、夫婦別々に風水を看て墓を作るように墓制が変化していったと考えられる。

族譜に描かれた墳図からも、風水などいろいろな角度からの検討が可能であるが、この点については稿を改めて検討したい。

## 2. 凡例に見る宗族の規定と規範

養子に関する規定は、巻之一の「凡例」に記されている（写真3）。凡例には、族譜の記載方法などについて28項目の記載がある。まず、その内容について各項目の概要を列記する。

(1) 翁氏の来歴。

(2) 世系に宗法あり。親の宗は兄弟がこれを継ぎ、祖父の宗は従兄がこれを継ぎ、曾祖父の宗は二従兄がこれを継ぎ、高祖父の宗は三従兄がこれを継ぐ。身事四宗という。

写真3　凡例

(3) 系図は五世をもって一提とし、五服の親族を明らかにすること。

(4) 世系の書き方は、厳しく宗法に拠ること。

(5) 世系の次第は、嫡子が正宗を継ぐこと。嫡長子に継承者がないときは、嫡次子がこれを継ぐこと。嫡次子がない場合は、庶子が継ぐこと。しかし、嫡庶の別は明確にすること。

(6) 行第は、譜の最も要所である。長幼の序は乱してはならず、缺を遺してはいけない。

(7) 譜は、世流を伝え、諱、字、号、官爵、行実、遷徙流寓を記すこと。

(8) 譜は、遠近流衍世派を記し、各々本源の義を念じ、尊卑の序を失ってはならない。

(9) 諱、字、号そして妻の氏姓、生まれた子女、生死年月、葬地すべてを書き止め、一人の経歴を整えるものとする。

(10)（個人の）伝記については、亡くなった者についてこれを記し、生者はこれを書いてはならない。女子は節操について書く。

　(11) 七十歳を過ぎる者は、素履、清貞、秉心、不易を果たすといえども、その後を明らかにし、実際の行いに従ってこれを書くこと。

　(12) 傳贊のある者は傳贊ありと記し、すべての諸伝を列記できないものは数語でその生涯を概括し、その下に勤懲を明らかにして、譜を見るものが一目でわかるようにすること。

　(13) 娶嫁の例は、まだ娶っていないものは某地某人の娘を「聘」すると記し、すでに娶ったものは某地某人の娘を「娶」ったと記す。すでに嫁に行った娘は、某地某人に「適」（嫁ぐ）、また改嫁は某地某人に「改適」と書く。聘（婚約）を受けた者は、某地某人夫と書く。婚姻は、閥閲（家柄）を考えてその相性を選び取り、うまく調うものである。したがって、才を量り、配偶を求めるには、必ず某氏と書き、その地名を書くこと。

　(14) 妻と妾の例。正妻は、「娶某氏」と書き、後妻は「継某氏」と書く。再婚の女性は「継室」と書く。ただし、妾は「側室」と書き止める。子を育て、分を守る者について、その氏は妻と等しく、敵対することはない。したがって、後妻と正妻は正しい例をもって娶ったのだから、後妻もこれを尊ぶことによって氏を書く。同じ理由で、妾の氏も書き止める。

　(15) 夫が亡くなり、子があって再婚する婦人は、夫の名の下に書かず、子の名の下に「嫁母某氏所生（生みの親）」と書く。罪を得て（家を）出た者は、「出母某氏所生」と書く。夫が亡くなり、子が無く嫁いだものは、夫の名の下に「某氏改志」と書く。寡婦で、義を守る人の、盛衰、改節、存亡、易心が必ずない、またその再婚がないとは言い難いので、夫の名の下に、「非配」とは書かない。

　(16) 寡婦で志を守った婦人は、（清廉潔白で）傷のない圭玉であり、夫とともに孝徳があると称すべきで、必ず貞淑伝を立てること。

　(17) 子が無く養子を立てる者は、名の下に某の第何子で嗣となると書き、その生父の下に第何子は「出継某為嗣」と書く。そして、兄弟の列に名を列し、その下に「出継」と但し書きをすること。

　(18) 同姓兄弟の子を子とする者は、その養子の名の下に「某人之継子」と

書くこと。異姓の子を子とする者は、その養子の名の下に「某人之蜻蛉子」と書くこと。

(19) 妻を娶り、子が無く、若くして不幸にも夭没した者は、本房兄弟の義理によって、その子（の一人）をもってこれを継ぐ。また、（子が）生まれた時に立継する例は、これを記すこと。

(20) 五十歳以上の者は始めに「壽」と書き、五十歳以下の者は歳を書き、未成年の者は「殤」と書く。

(21) 八歳から十一歳は「下殤」、十二歳から十五才を「中殤」、十六歳から十九歳を「長殤」とし、必ずこれに拠って書き記すこと。

(22) 埋葬の例は、夫婦同穴の場合は、「合葬某山」、夫婦異穴（別葬）の場合はそれぞれの死亡年月日の後に「葬某山」と書く。先祖の墓に附葬する場合は、その実態に従って「附葬某公の側左右」と書き、後世に子孫が永久に祭祀を奉ずる拠り所とすること。

(23) 祖先の墳墓は、すべてを記載できないものが多くあり、遠祖の失われている者はむやみに補填するのではなく、しばらくそのままにしておくこと。旧譜に存在したり近祖でわかるものは、当然子孫が祖先を守り、失ってはならない。遠郷にあるものは、その山向畝分の四つを詳らかにして図に刻み譜に入れ、後世に失うことがないようにすること。

(24) 孝子、順孫、忠臣、義士、烈女、節婦、その品行が人倫に照らして卓抜しており、すでにその顕彰が上奏された者は、規定に照らしてこれを譜に記録すること。まだ顕彰について上奏していない者は、それを詳らかに記し、顕彰することでその優れた点を伝えること。

(25) 存心忠厚（正直で温厚）、立品端方（品行方正）、居家勤倹（日々勤倹）、行誼賢良（道義賢良）の者は、その事柄を一々譜に載せ、その優れた点を奨することによって子孫の励みとすること。

(26) 官職に就いた者は、某職を授かったと書き、その科挙、部署、恩蔭、学校を書き、寿栄をもって尚義を賜った者は、その事実に従ってそれを記すこと。

(27) 僧道に出た者は、僧と書き、釋道に従って書くが、それは異端である。

(28) 一族すべての中で、道義に従わずに放縦であり、盗賊などの事情で祖先をけがした子弟は、本譜から追放して削り、その行第は無行として戒めとす

ること。

　凡例は、大きく7つの分類項目に分けることができる。まず第1分類項目は、総論から始まる。翁という姓の由来、青山翁氏の由来、三門源翁氏の始祖などが（1）に記されている。

　第2の分類項目は、（2）から（6）までの「世系」（系譜）の書き方である。世は世代であり横の繋がり、系は系統であるから父系による縦の繋がり。父系血縁を基本とした横と縦の繋がりが世系で、これが宗法の基本である。（2）では、親は兄弟が、祖父は従兄弟が、曽祖父は二従兄弟が、高祖父は三従兄弟がその宗を継ぐと説明し、日本のような一子継承ではなく、兄弟が宗を継承していくことによって、宗法では末広がりの構造となることを示している。これを受けて、（3）では系図の書き方を示し、五世を一提にすると書かれている。つまり、系譜を書く際には、5世代を一単位とし、頁の右端に縦に第何代から第何代と5世代分の「行」を組んで、縦の「列」に5世代を繋げて書く。次の世代は頁を改めて、前頁の最後の世代を最初の世代として新たに5世代分の「行」を組んで、繋げていく。したがって、1単位分は5世代であり、これは五服の関係を明らかにし、2単位分は一世代が重複するので9世代となり、「敦九族」という。縦は父子で繋ぎ、横は兄弟で繋いでいく（写真4）。こうして、血脈が貫通して永遠に繋がっていく。（4）では、横の「行」の書き方を説明している。兄弟は、出生順に右から左へ書く。世系を繋ぐ際は、列の最終世代が次の列の第一世代になるが、そのときの横の行の書き方は、出生順ではなく、長男の子を先に書き、次に次男の子、三男の子という具合に宗法にしたがって書く。つまり、写真5を見ると、信の世代は兄の信六が先に、弟の信八が後に書かれている。しかし、壽の世代になると、兄信六の子孫が先に書かれるので、信八の子孫が先に生まれて壽三ではあるが、それ以降に生まれた壽六の子孫が先に書かれている。「堤」が変わっても、同様の規則であるので、出生順に並ぶことはなく、長男系譜の子孫から出生順に並べられることになる。さらに、（5）では正宗の継承方法を示し、嫡出子を優先し、庶子はその次の序列として嫡庶の区別について書かれている。（6）には、行第（兄弟の順序）は譜の最も重要な事だと記され、長幼の序は乱してはならないこと、欠を残してはいけないこと、そして順序に従って書くように指摘されている。日本においては、長

男一人が家とその系譜を継承するので、長男と次三男はその家における地位や権利が全く異なる。中国の場合は、相続、継承においては基本的に兄弟均分であるから、親に対する権利義務は兄弟ほぼ等しいと言える。そのことと、(6)の規定は矛盾するように見えるが、この規定はあくまでも族譜の書き方に限定している。兄弟は生まれた順に右から左に書くということで、これが乱れると譜も乱れてしまう。行つまり兄弟の横のラインは、長幼の序によるという規定である。

　族譜の世系図の後に、行譜が編さんされている。行つまり世代ごとに、個人の履歴が出生順に書かれている。これが第3の分類項目で、個人の履歴をどのように記録するかについて、(7)から(12)に記されている。基本は、(9)に記されている諱、字、号そして妻の氏姓、生まれた子女、生死年月、葬地である。その他、伝讚や賞罰がある者は、それを書くことになっている。

写真4　世系図の五世一堤と敦九族

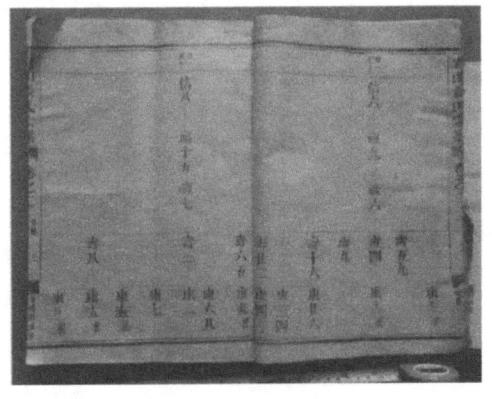
写真5　横の行の書き方

　(13)から(16)は、娘と娶った妻の記載方法であり、これが第4の分類項目である。(14)には、正妻、後妻、妾の書き方が記されているが、いずれもその氏名は書かずに「某氏」と姓だけ書き、その後に出身地名を書くことになっている。氏を書くのは、それを尊ぶことで、また、子を育て、子孫を延ばし、分を守り、夫を助け、服をわきまえることは妻も妾も同じであるから、書き方も同じであると説明されている。妻と妾の家族的あるいは社会的地位は異なっていたと思われるが、同じ父系血縁をもつ子孫を残すという点においては、族譜に残す必要があるわけで、その母親として正室と側室という表記は異なるがい

・373・

ずれも氏を記して族譜に記載されることになる。寡婦で貞節を守った婦人は、貞節伝を載せて讃えることが（16）に記されているが、実際には再婚する女性もいるわけで、その書き方が（15）に記されている。再婚の女性は「改志」と書くことになっているが、女子は二夫にまみえずという儒教的な規範がここに表れている。

　（17）から（19）は、養子の書き方で、これは第5の分類項目である。中国における養子規範は、同じ父系血縁をもつ同姓の中から、子どもと同世代の者を養子とする。これを「同姓昭穆」という。また、異姓の者を養子にすることはできないので、これを「異姓不養」という。（17）と（19）の規定は、それに則っている。しかし、（18）の規定は、異姓養子に関するもので、異姓養子をした場合は「蜻蛉子」と書くようにと記されている。蜻蛉子とは、「蜻蛉有子、螺蠃負之」から来ており、螺蠃（ぢばち）が蜻蛉（あおむし）の子を取って養うこと、あるいは養っているうちに蜻蛉の子が螺蠃になってしまうことから異姓養子を蜻蛉子というようになった。原則は異姓不養であるが、蜻蛉子の規定は例外としてそれを認めていることになる。

　（20）から（23）は、死者および墳墓に関する内容で、第6分類項目になる。50歳以上でなくなった者に「壽」と書き、未成年で亡くなった者は「殤」と書いて区別する。これは、長命を寿ぎ、親より若く亡くなることを不孝とする儒教的な規範によるものと考えられる。

　（24）から（28）は賞罰に関することで、これは第7分類項目である。

## 3. 異姓養子の事例

　『青山翁氏宗譜』巻之一には、凡例に続いて「議約」として異姓養子について一族で協議したことが二例記されている。同姓養子については、凡例にあるように世系図と行譜の中に養子であることが明記されている。これは、宗法による規範の通りなので、とくに議約などはない。しかし、異姓養子は規範に反した行為であり、それを一族の族譜に入れることは、特別な理由と一族による承認が必要となる。その内容が、「議約」に記されている。

　まず、第1例の内容を下記に記す（写真6・7）。

中国江南山区民俗文化及変遷

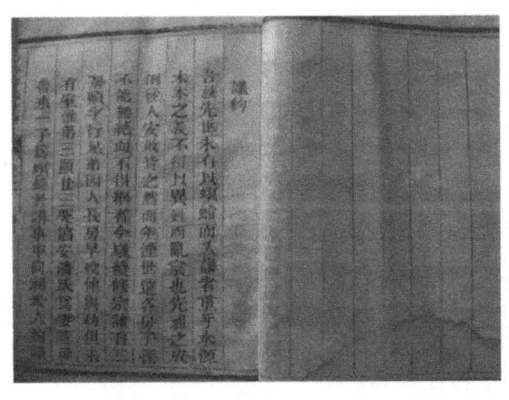
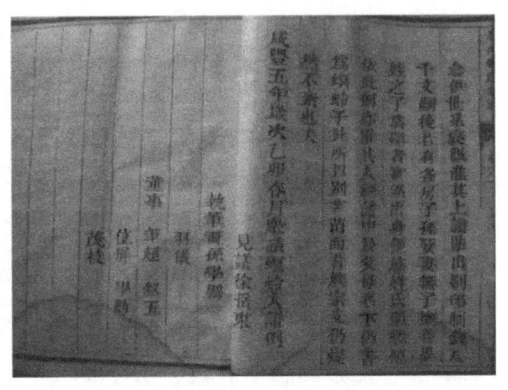

写真6　異姓養子第1例の議約(1)　　　写真7　異姓養子第1例の議約(2)

　我が一族は、先の世から螟蛉（異姓養子）を族譜に入れることはなく、水源や木の本義を異姓をもって宗を乱すことはできない。先祖の先例を、後人がなんで敢えて背くことができようか。「年湮世遠」それぞれの房の子孫は、無絶（子孫がなく系譜が絶えること）になることはできないが、（系譜の）継続ができない者が、今年宗譜を改訂するにあたって二つの房がある。顕の輩行字の兄弟4人のうち、長房が若死をし、次男と末子がともに幼くしてまだ妻を娶っていない。ただ、三男の顕廿三は、浯安の潘氏を娶って妻とし、（その妻か）母として連れてきた子を螟蛉とすることを譜事において祠衆人（宗祠の成員）と協議した。この世系が衰微してしまうので、（嗣子に準じて）族譜に加え、印刷製本代として銭八千文を出すこととした。この継承の後、もし各房の子孫で妻を娶っても子がなく、異姓の子を養育して嗣子とする者は、実際は異族姓氏の出身であっても、明確にこの例にしたがって、その人を祠譜に入れることを許し、父母の名の下に続けて螟蛉子と記すこととする。そこは別に悪い苗というわけではなく、吾一族の宗〇は燦然としてびくとも揺らぐものではない。
咸豊五（1855）年歳次乙卯春月衆議螟蛉入譜例

　　　　　　　　　　　　　　　　　　　　見議徐岳東
　　　　　　　　　　　　　　　　　　執筆裔孫学鵬
　　　　　　　　　　　　　　　　　　　　羽儀
　　　　　　　　　　　　　　　董事　筆超　叙五
　　　　　　　　　　　　　　　　　　位屏　学勤
　　　　　　　　　　　　　　　　　　茂枝

世系図によると（写真8、9）、顕廿三公の祖父は富十五公で、貴四公、貴六公、貴九公、貴十七公の4人の子があった。貴六公と貴十七公には子が記されていなく、その下の系譜は途絶えている。長男の貴四公には、顕一公、顕二公、顕四公、顕六公の4人の子があるが、いずれもその後代はなく、途絶えている。顕廿三公の父は、三男の貴九公で、顕八公、顕十六公、顕廿三公、顕廿六公の4子がある。そのいずれにも子がない。つまり、富十五公の曾孫の世代で、その系譜を継承する子孫が誰もいないという状況になっている。

顕廿三公の行譜情報は、以下のようになっている。

　　諱太典　字叙五　嘉慶二十年乙亥九月二十一日亥時生

　　終欠（死亡年月日欠如）　葬後山

　　娶潘氏　○○安人

　　道光三年癸未七月十三日卯時生

　　道光廿一年辛丑二月初五日卯時終

　　葬流塘倉

　　螟蛉子達二十

　　継娶朱氏　道光五年乙酉二月二十八日卯時生

　　終失考　葬三石壟

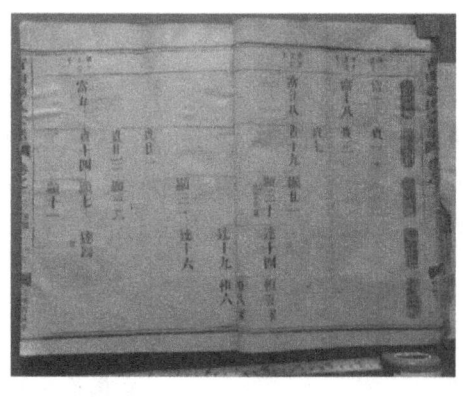
写真8　富五公以下の世系図

写真9　顕廿三公の世系図

顕廿三公は、嘉慶二十（1815）年生まれである。その妻である潘氏は、道光三（1823）年生まれで、道光廿一年に弱冠18歳で亡くなっている。後妻を娶っているが、子には恵まれていない。

顕廿三公だけでなく、その祖父の富十五公の系譜を繋げるためにも、養子は

・376・

必要であった。富十五公には8人の孫がいたが、いずれも子がない。養子の規範に則れば、兄弟や従兄弟などの一族から同姓養子をもらうことになる。しかし、そのいずれにも子がない。富十五公には、一人だけ兄弟がいて、それは富五公である（写真8）。富五公の孫は5人あり、顕廿三公の二従兄弟にあたるが、その中で子をもつ者がない。顕七公に一人息子である達四公がいるが、それも夭折している。つまり、顕廿三公の二従兄弟まで範囲を広げても、継承する子もなく、したがって養子のやり取りは不可能であった。

　顕廿三公の先妻潘氏に連れ子があった。その連れ子は、実際の生活において顕廿三公が社会的には父親となっていたはずである。しかも、顕廿三公の従兄弟や二従兄弟の範囲では養子のやり取りが不可能であった。こういう状況で、顕廿三公の義子を異姓養子にすることが協議されて、許可されたものと考えられる。

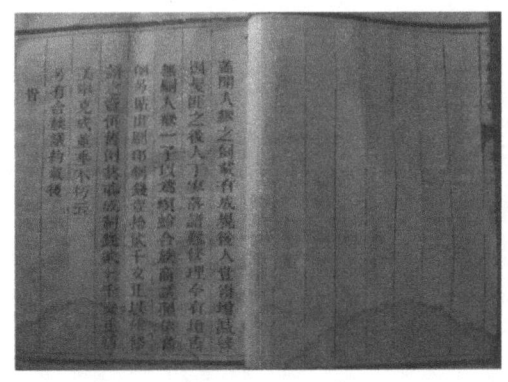 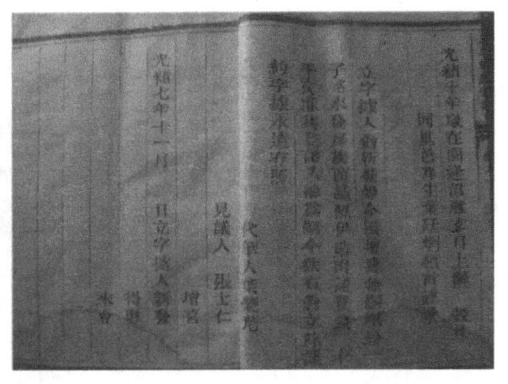

写真10　異姓養子第2例の議約(1)　　写真11　異姓養子第2例の議約(2)

　養子に関する規範によると、同姓であればそれは可能である。そうであれば、一族の中で該当する達世代の人は多くいる。しかし、そういう同姓の遠い親族から養子を選択しないで、妻の連れ子を異姓養子としたことは、宗族の規範よりも親の情を優先したものと考えられる。つまり、顕廿三公の二従兄弟の範囲には養子該当者はいなかった。二従兄弟は6親等であり、この場合は、8親等の範囲でも該当者がいなかった。8親等は、凡例（2）で記されている四宗の範囲で、これは一族の中で一つの単位を示す。この範囲を越えると、同宗であってもかなり遠い親族と認識される。そのような遠い親族から養子を取るより、父系血縁のつながりはないものの、実際に父子として生活している妻の連

れ子を養子とすることは情として理解できる。あるいは、情だけでなく、むしろ実生活の実態を優先させたと考えたほうがいいのかもしれない。

さて、異姓養子の例がもう一つある。顕十三公の次男である達六公が、異姓養子を取っている。まず、その議約を下に記す。

入継の例を載せるに成規ありと聞く。後人が（子孫の）増減を得ることができようか。（太平天国）長髪族の後、人丁の数が著しく減り、族譜を改訂するのが難しくなっている。今ここに、嗣子のない者が螟蛉をもって一子を継承者に入れることは、めでたいことである。一族が一緒に協議し、旧例に従って印刷費として一万二千文を別途に支払って族譜改訂の資金とし、また旧例に合わせて二万一千文を集めてこの美事を成功させ、いつまでも後世に伝え残す。

別途一族の議約を後に載せる。

旹

光緒十年歳在閼逢（申）涒灘（申）玄月上澣（上旬）穀旦（吉日）

同里邑庠生葉廷炯頓首謹撰

立字據人翁新發等、今ここに慶びを増やすため、無嗣螟蛉一子、名来発を房族協議の上、族譜費二万文を支払い、族譜に載せ、嗣子として入継することを許す。今ここに、証人を立て、この議約を永遠に存照する。

　　　　　　代筆人葉栄光
　　　　　立会人　張士仁
　　　　　　　　増喜
光緒七年十一月　日立字據人新発
　　　　　　　　徳財
　　　　　　　　来会

議約によると、達六公の名は翁新発であり、その異姓養子である恒七公は翁来発である。達六公は、道光十四（1834）年に生まれ、民国元（1912）年に亡くなっている。道光二十四（1844）年生まれの妻を娶ったが、同治年間に早世している。その後、道光二十二（1842）年生まれの後妻を娶っている。いずれも子が授からず、異姓養子をとることになった。異姓養子の議約は、光緒七（1881）年に決められており、義父の達六公は満４７歳であり、その後妻は満４１歳になっていた。異姓養子の恒七公は、同治十一（1872）年生まれで、民国

十二（1923）年に亡くなっている。養子縁組時には、満9歳であった。恒七公の出自の姓についての情報はない。「達六公蜻蛉子」とのみ記されており、他の記述はその他の人物と変わらない。

さて、達六公には、兄の達五公と弟達八公、達十一公があり、4人兄弟である（写真12）。達五公には一人の息子恒公があり、達八公には恒二公と恒四公の二人の息子がいる。達十一公には、息子はいない。宗族の養子規範からすると、達六公の弟である達八公に二人の息子がいるので、その一人を達六公の養子にするのが通常である。しかし、それをせずに異姓養子をとった理由はどこにあるのか。

議約には、三門源も太平天国の乱の影響を受けて人口が減少しており、族譜改訂にも支障が出ていると書かれている。そうであれば、その他の子がない族員も異姓養子を取ればいいと思われるが、他に例はない。この事例では、異姓養子を一族に認めてもらうために族譜制作費として二万文支払っている。それは、族譜制作費のほとんどの額に匹敵する。前事例にもあるよう

写真12　達六公の世系図

に、異姓養子を承認してもらって族譜に載せるためには、族譜制作費の一部を拠出することになっていた。これだけの費用を拠出することができたという事は、達六公は、経済的にある程度裕福であったと考えられる。

達六公の名前は、新発である。光緒十年の4回目族譜改訂の役員筆頭に新発の名がある。また、民国十年の5回目の族譜改訂の役員に、その異姓養子である来発の名がある。族譜作成費用の大部分を拠出しているので、その筆頭役員として達六公の名が挙げられていると考えられる。それだけでなく、族譜改訂については高い文化的素養が必要であり、達六公は一族の中で文化的、経済的にある程度有力者であったと予想される。このような背景から、達六公は族譜改訂にある程度発言力があったので、この異姓養子が行われたと考えられる。ただし、なぜ弟の子を養子としなかったかについては、不明である。

## 4. 小結

　『青山翁氏宗譜』に記載された2例の異姓養子の事例は、例外とは言いながら、議約として族譜にその記録が残されている。第1例は、咸豊五（1855）年の事例であり、第4回の族譜改訂のその年に行なわれている。それ以前には、異姓養子を族譜に入れることはなかったとされ、先例に背くべきではないと書かれている。にもかかわらず、これ以降族譜製作費として金銭を拠出することと一族の承認を得ることによって、異姓養子を族譜に入れることを許すと大きく方針を展開している。

　『青山翁氏宗譜』の作成は雍正13（1735）年であり、行譜をみると、康熙年間に生まれた榮世代以然の情報は欠落が多く、それ以降は比較的網羅的に編さんされている。改訂は、1808年以降19世に入って後の事であり、同姓養子や異姓養子に関しての記録は19世紀以降に正確に記されていると思われる。したがって、それ以前に異姓養子が存在したかどうかについては、族譜記録からだけでは何とも言えない。族譜に記録が無いので、異姓養子が行なわれていたとしても、それを族譜に入れることはなかったという点は間違いではないと考えられる。

　そこで、異姓養子を許すという方向転換がなぜこの時期に行われたのかについては、宗族規範がこの時期に緩んだというよりは、実態を記録するという方向に族譜編纂方針が変化したのではないかと考えられる。福建は、異姓養子が伝統的に比較的多く行なわれてきた地域である。その影響が、この地域にもなかったとは言い切れない。もうひとつは、異姓養子を許すことに対して、族譜作成費用の一部として金銭を拠出する条件が付随していることも重要な点と考えられる。30年前後に一度族譜を改訂するということは、その費用だけでも一族にとって大きな負担となる。異姓養子を希望する者で、経済的に余裕のある者は、喜んでこの制度を利用したと思われる。

　男子は、その系譜を後に継承することが義務であり、それができないことは最大の不孝であるという儒教的な観念は、民間でも強く生きていた。子が無いということは、自分の系譜を後世に繋いでいくことができないので、養子などの社会的な方法によって後継者を確保して族譜においてもその系譜が繋がるよ

うにする。それには、一定の条件が必要で、財産のない者などは養子の来て手もなく、その系譜は絶えてしまう。このような絶譜の例は、族譜の中でも数多く記録されている。経済的あるいは社会的にある一定の地位をもった者は、その系譜を繋ぐように最大の努力をする。『青山翁氏宗譜』に記録された2例の異姓養子の事例は、限られた条件の中で異姓養子という方法を選ばざるを得なかった、あるいは異姓養子という手段を選ぶことができたという記録であると考えることができる。

## 摘要

# 在族谱中看宗族规范和异姓养子

## 小熊诚

在三门源村里有几个宗族至今仍留存着族谱，在调查的过程中，我们还拍摄到了《青山翁氏宗谱》和《三门叶氏宗谱》这两个族谱的整本照片。对其中的《青山翁氏宗谱》，我们首先介绍其概要，然后就此中记载的有关凡例展开进一步的整理和探讨。

在编纂族谱时，凡例是其必不可少的一种规则。在凡例中，诸如关于族谱的记载方法等共有 28 个项目的内容，可大致分为 7 个小类项目，即总论、世系的写法以及其中的个人信息的写法、母亲和妻子的记载方法、养子的记载方法、有关死者及其坟墓的记载方法，还有赏罚事宜等。

在《青山翁氏宗谱》卷之一的凡例之后，作为"议约"记录了两例在翁氏宗族中对有关异姓养子进行协议的事情。异姓养子是属于违反常规的行为，把之记载于族谱中，需要提出特别的理由得到宗族全体的认可，其内容被记载于"议约"之中。

第 1 例为咸丰五年（1855）的事情，是在族谱第 4 次修订的当年进行的。因为在这之前把异姓养子记载于族谱中是没有过的事情，所以其中写有这是违背先例之事这样的内容。尽管如此，由于作为族谱制作费的筹款事宜得到了翁氏一族的承认，这之后就允许异姓养子进入族谱，其记录方针有了很大的转变。

关于为什么在这个时期会出现允许异姓养子进入族谱这样的宗旨变化，比起宗族规范在当时比较宽缓的原因，或许可以考虑是族谱编纂方针发生转换之故，转向了以记录实际状况为要的方法。福建是一个在传统上异姓养子比较多出的地区，不能断言这个地区没有受其影响。另外，还有一点也是应该探讨的一个重要问题，就是其中附加了作为族谱制作费用的一部分进行筹款的条件。30 年左右进行一次族谱的修订，即使仅仅只是费用问题，对于这一宗族来说也成为一种相

当大的负担。希望成为异姓养子的人，如果在经济上比较富裕，是会很高兴地利用这样一种制度的。

对于男子来说，继承宗族世系家谱是一种义务，如果不能实现的话，那就是一种大不孝，这样的儒教观念即使在民间也是非常强烈的。没有子女，意味着自己的宗族家谱不能够传代后世接续香火，而依据养子等一些社会性的方法，就可以确保后继者，在族谱上也就可以承继世系。对此，必须具备一定的条件，而没有财产的人就没人来做养子，其家谱也就此断绝。在经济上或者在社会上具有一定地位的人，为了延续宗族家谱可谓是竭尽最大之努力。在《青山翁氏宗谱》中记录的两例异姓养子的事例，可以认为是如是情形的记录：在有限的条件中不得不选择异姓养子这种方法，抑或是选用异姓养子这种手段是可能的。

# 古村開発と地域文化の変容

菅 豊

## はじめに

　浙江省龍游県石仏郷三門源村では、古村保護と開発にともなう観光化を推し進めようとしている。しかし、その古村保護と開発は、まだ緒についたばかりである。

　本報告では、三門源における古村保護・開発と地域文化の状況について検討する。

## 1. 三門源の古村保護と観光開発

　三門源は、4つの自然村からなる戸数400数十戸、人口1400人強の山村である。そこには、葉氏民居（清代、省級文物保護単位：1997年公布）を始めとする、60以上もの古建築が残存している。農業生産は、水田稲作を中心とし、山茶（ツバキの一種）や茶、蜜柑（80年代に導入）などの商品作物も栽培されている。さらに、そこは近年、古鎮保護と、それに基づく観光化の計画が模索されている。

　三門源は浙江省の省級歴史文化保護区に指定されており、現在、国家級の申請を行っている。また、2006年6月には、省級の「歴史文化名村鎮」として指定された。そして、それは「龍游県三門源歴史文化村鎮」として保護されるとともに、「龍游県石仏郷三門源景区」として観光開発が計画されている。それは、第1期工程が2009年〜2011年9月31日、第2期工程が2011年10月1日〜2013年9月31日、第3期工程が、2013年10月1日〜2014年9月31日の3期に渡る計画である。それは、古建築を中心に資源化する「三門源古村遊賞区」、

周辺の自然を資源化する「自然風光遊賞区」、農業体験を行う「農事体験区」、三門源と同じく石仏郷にある名刹を資源化する「石仏寺文化区」というかたちで整備される予定である。さらに、現在、国家AAAA級景区の指定に向けて努力中である。

写真1　壁書きされた20年前の旅遊区計画図

　三門源の古村の保護は、1990年代末には開始されていたが、それが本格化するのは先に述べた2006年の名村鎮への指定後である。しかし、20数年前には、石仏郷と三門源村では、独自に「三門源旅遊区」として観光開発する計画を立て、観光地として公開していた（写真1参照）。これは、既存の三門源の町並みを、そのまま公開し、村の入り口で入村料を観光客から徴収するものであったが、十分な観光客が見込めず頓挫している。

　その後、名村鎮指定を契機として、龍游県の観光開発への積極的な関与が始まった。現在、龍游県風景旅遊管理局が、その保護と開発の実務を担っている。

　この古村開発の資金は、第1期工程だけでも3449万元と見積もられており、龍游県人民政府が民間からの出資を受けて、負担する予定であったが、現段階では十分に資金が集まっていない。そのため、三門源の古村開発は、未だ十分に進行していないのである。

　古村開発の龍游県における実質的な担当者は、黄国平氏である。黄氏は、龍游県風景旅遊管理局、龍游県文化広電新聞出版局の副局長であり、さらに龍游県民間文芸家協会主席も務めている。同氏は、1964年に龍游県湖鎮に生まれ、高校卒業後、浙江広播電視学院を卒業、通信制の中央党学校を卒業している地方幹部である。彼は、1984年に龍游県社陽郷人民政府に文書係として勤め始

め、その後、社陽郷共青団書記、土元郷人民政府宣伝委員・人民武装部部長、湖鎮区委員会組織員などを歴任し、1990年代中頃から文化行政にも関わるようになる。そして、2001年から龍游県文化局の副局長となり、三門源が省級の「歴史文化名村鎮」となる実質的な業務に携わった。

この名村指定を受けるにあたって、龍游県規劃局と文化広電新聞出版局は、保護計画と観光開発計画を立案し、浙江東華規劃建築園林設計有限公司と杭州華策規劃建築設計有限公司に委託し、30万元を投じて古村保護に関して「龍游県三門源歴史文化村鎮保護規劃」、観光開発に関して「龍游県石仏郷三門源景区旅遊建設規劃修編」という報告書がまとめられた。これに基づき、今後、古村保護と開発が進められる予定である。

古村保護と開発にともない、現在、種々の制限が加えられている。たとえば、町並みの景観を保護するために、新築の家屋は、古建築風のデザインを採用しなければならない。とくにこの地の伝統的建築に採用されていた、特徴が重視されている。それは、1、馬頭墻（うだつ）、

写真2　古建築風に仕立てられる新築の家屋

2、小青瓦（青瓦）、3、刷白灰（壁の白い漆喰）、4、墨絵や彩絵など外壁の絵などの特徴である、新築、改築の際は、そのような特徴に留意して行わなければならない。

## 2. 三門源の非物質文化の状況

黄国平氏によると、三門源の古村保護、観光開発では、古建築のみならず、非物質文化の活用も考えられているという。龍游県には、すでに県級の非物質文化遺産が72件、省級の非物質文化遺産が5件採択されており、将来、国家級の申請も計画されているが、しかし、三門源では非物質文化遺産指定は、まだなされていない。現在、三門源の観光資源として考えられている非物質文化は、浙江省金華を中心に伝承される婺劇の「婺劇座唱班」（扮装せずに芝居の

一節だけを歌う団体)、民間の故事を楽器の伴奏に合わせ語る道教系の語り物である「道情曲芸」、「民舞」、空手の組み打ちである「空手格闘」、「請老仏」と呼ばれる仏教儀礼、さらに、三月初四の廟会などである。

　黄氏は、このようなパフォーマンスとともに、以下のような山茶の搾油、酒造り、豆腐作りなど生活のなかの生産文化や食文化なども、観光資源として考えている。しかし、いずれも未だ特別な保護措置や活用がなされておらず、三門源の人びとの日常生活のなかで営まれているに過ぎない。

　山茶は三門源の特産で、附近の山間地で栽培されている。山茶油はカメリア油の一種で、オリーブ油と並ぶ木本から採れる植物性の食用油であり、中国でも珍重されている。山茶は、12月立冬の頃に開花し、ほぼ1年近く経過する翌秋に実が大きく結実する。それを寒露から霜降の時期に収穫し、殻付きのまま乾燥させて、なかの山茶の種子（山茶籽）を搾って油を採る。山茶の油搾りは冬場の作業で、11月末から1月一杯にかけて行われる。山茶は、植栽後三年以上経たないと結実しないといわれ、古木になれば樹齢100数十年のものもあるという。

　三門源では、劉水根氏（1954年生まれ）が、唯一山茶の油搾りに従事している。劉氏は自らも山茶の栽培を行うとともに、他所から山茶の実を購入して山茶油を生産する。その生産量は、年間1万斤（1斤は500グラム）以上にも上るという。また、劉氏は、地元の人びとが生産した山茶の委託搾油にも従事している。劉氏は、山茶の搾油を1992年からやり始めた。かつては、木の梃子を使って油を圧搾していたが、その後、劉氏は搾油機を購入し、機械搾りを行っている。劉氏は、自ら10本ほどの山茶の木を保有している。1本の木から50～60斤の山茶の実を収穫できる。三門源の山茶栽培を行う家では、劉氏に搾油を頼むが、山茶籽100斤あたり16元の加工費が支払われる。山茶の実の良し悪しで搾れる油量が決まり、良いものなら山茶籽100

写真3　山茶の圧搾機

斤で27～28斤、悪いもので16～17斤の油を獲得することができる。山茶油は1斤あたり20数元で販売される。

　山茶油は、一般の市場に出回っておらず、劉氏の場合は、5キロ入りのプラスチック・ボトルに入れて、龍游の専門の代理店で販売している。山茶油は、現金収入源であり、三門源の一般の人びとは、茶の実からとった茶油を日常的に使用している。劉氏は、今後、三門源の特産として山茶油が発展することを期待しているが、それはまだ観光地の特産としては販売されていない。山茶の搾油は季節労働であり、冬場の繁忙期には、打工を雇ってまで作業しなければならないが、春先のナタネの搾油の時期などを除き、それ以外の時期には農業に従事している。

　葉口雲氏（1929年生まれ）は、三門源の酒造り（作酒人）として有名である。葉氏の家では元々酒造りをやっており、その製法は親から学ぶとともに、金華の樟南酒廠で学んだ。30歳頃から本格的に酒造りを始め、販売するとともに、他家から米を預かって委託製造も行っている。米を原料とした一般の「米酒（三門源では白酒と呼ぶ）」は、普通の人びとでも作ることができるが、三門源の人びとが日常飲む酒は、中国で一般に白酒と呼ばれるサツマイモを原料とした蒸留酒「焼酒」である。葉氏は白酒、焼酒以外に、薬酒なども製造している。年間150人ほどの依頼があるという。委託製造料は、焼酒の場合は、モミ200斤あたり100元、白酒の場合は、米100斤あたり80元で請け負う。また、酒造りのため、他地域からも依頼があり、塔石鎮や模環郷、建徳の寿昌鎮などに赴いて、酒造りを行うこともある。

　翁培川氏（1957年生まれ）は、三門源で唯一の豆腐作り（豆腐老板）である。数年前まで、他にも豆腐老板はいたが、現在では翁氏一人だけになってしまった。翁氏の家では父も豆腐老板をやっており、翁氏は35歳のときにその職を継いだ。翁氏は、豆腐の製造販売と、豆腐の委託製造を行っており、その委託の手法は古い形態を残している。委託の場合は、原料の大豆を依頼主がもってきて、翁氏はそれに見合う豆腐を受け渡す。普通、1斤の大豆から6斤の豆腐を製造することができ、それが目安となる。委託の場合、1斤の大豆に対し、作っておいた豆腐を3斤渡す。つまり、携行してきた原料となる大豆を加工するのではなく、大豆と豆腐を交換するのである。依頼主のもってきた大豆

でできる豆腐の半分が、販売することにより翁氏の利益となる。

　販売する場合、普通の豆腐は1斤8角、豆腐干の場合は1斤1.5元で売られる。翁氏は、1日に5板（1板＝25斤）の豆腐を製造している。各家でも自家用の豆腐を作ることもなされており、豆乳作り（磨豆子）までの工程を翁氏に委託するものもいる。その場合、磨豆子の工賃に4斤あたり1元受け取る。豆腐は、三門源の村内で消費されており、外部には移出されていない。翁氏は、毎朝7時半前後から、村内を振り売りする。原料の大豆と交換するよりも、販売する方が儲けは多くなるが、大豆を購入する手間や費用がかかるため交換を継続している。観光客が翁氏の豆腐を購入することはほとんどなく、あっても年に2～3人程度である。ほぼ、村内の消費で売り切れ、他所に販売する量までは生産していない。豆腐の料理に関しても、とくに特産の意識、あるいは名物料理の意識もない。

　以上のように、三門源の生活のなかに見られる生活文化は、未だ観光化されておらず、また委託生産を行うなど、商業化も大きな進展が見られていない。むしろ、在地の前代の経済のあり方が、若干ながら残存しているといえよう。

## 3. 三門源の観光化への対応

　現在、観光産業といったものは三門源では創出されておらず、また、観光化にともなう文化の変容は限定的である。ただ、観光化を意識した活動は、僅かながらも開始されている。

　毛発松氏（1952生まれ）は、根彫という工芸に取り組んでいる。根彫とは、木や竹の根の部分を、自然の風合いを活かしながら加工し図像化する彫刻で、現在、古鎮を始めとする歴史的文化や伝統を売り物にする観光地に多く見られる工芸である。それは、現在では「根芸」と名前を変えて、中国芸術の一ジャンルと化している。そこに描かれるもの、様態はいかにも古風であるが、それが伝統芸術として中国で意識されるようになったのは、ここ20数年のことである。それは、必ずしも地域性をともなわないが、伝統的風合いは伝統イメージを喚起するために、伝統をテーマとする観光地で重宝がられ、多くの地方で制作されている。

　毛氏は、高校卒業の学歴をもち、三門源では比較的高学歴である。現在、息

子の養豚を手伝っているが、元々は農業に従事していた。彼は、子供の頃から美術に関心があったが、1999年から木の根を利用した根彫を趣味として開始し、息子が自立して養豚を始め、時間に余裕ができた今では、その制作活動は活発化している。

　毛氏が根彫を開始したのは、畑で面白いかたちをした木の根を見つけことがきっかけである。それを何気なく庭に置いていたところ、ある日、娘婿が家に遊びに来て、「なぜ、ここにアヒルがいるのか？」と冗談をいったことが契機になったという。それで、この木の根を使って彫刻することを思いついた。もちろん、専門としてではなく、あくまで趣味として始めたが、その後、友人から根彫というものを紹介してもらい、それに関する書物を買って独学した。また、義烏や浦江などの根彫の生産地にも見学に行ったことがある。同氏は根彫制作にあたって、訪問地で求めた根彫の図録やパンフレット、さらに書画関係図書や盆栽関係図書を参考にするとともに、馬駟驥・張二濱編著の『中国根芸』（金盾出版社）を閲読している。この書物は、中国の根彫芸術の創始者がまとめたもので、根彫芸術のバイブルともされる書籍であるが、そのような書籍を媒介として、知識を増やしているのである。

　彼は、これまでに100以上もの根彫を制作した。最初の作品が、「貴人鳥」という作品で、先述の畑で発見した木の根を用いた。材料となる根は、三門源附近の山間部で探すが、自らは掘ることはせず、工事現場や他家の伐採地などで捨てられたものを拾ってくる。近年、近くにオート・ラリーのレース場が作られたため、その近辺では良い根が見つかるという。

　毛氏は、村の書道を趣味にしている人から紹介を受け、2009年9月に開催された龍游県老年書法研究会主催の「慶祝建国60周年書法、絵画、剪紙、根彫、撮影芸術大展」に、自らの作品を出品し、2等賞の褒賞を得た。近年、三門源に数少ないながらも観光客が訪れるようになり、そういった人のなかから毛氏の作品を購入したいという希望もあったという。しかし、どこかの会社経営者から2000元という値段をつけられたが、売らなかった。それは、自分の作品は、まだ趣味の延長線上であり、どれくらいの商品価値があるか現段階では分からないからだという。現在は、子供達の家に飾る程度で満足しているが、将来、三門源の観光開発が進めば、展覧館を作りたいという。

写真4　毛氏が使う根彫のテキスト　　　　写真5　「貴人鳥」を紹介する毛氏

　このような、漠然とした観光化に対する意識と行為とは異なり、明らかに観光化を意識した行為も見受けられる。その最たるものが農家楽である。三門源の村民委員会の書記・徐法氏は、兄の徐弘氏、甥の夏立新氏とともに共同で150万元を個人投資し（一部政府補助）、農家楽を開業した。徐氏は、村の幹部として観光開発に積極的で、かつ今後の三門源観光開発のいく末に楽観的である。2010年4月に、三門源村のもっとも奥まった場所に、「龍游三門源双瀑休閑山庄」という農家楽を開店。現在、さまざまな観光地で農家楽が流行しているところに目をつけた。宿泊施設5棟、全11室で、会議室や麻雀等の活動室も備えている。また、レストランを備え、将来的には豆腐作りなどの体験施設も作る予定である。現在でも、三門源の生産物を使用した、土地の料理が供されている。

　5～6年前まで、三門源にも農家楽を標榜して、飲食店ができたが、サービスや衛生的な問題で客足が伸びず頓挫している。そのようななか、施設とサービスを改善して、今回、徐氏が試みた。現在、月に7～8万元の売り上げがあるという

写真6　農家楽「龍游三門源双瀑休閑山庄」

が、主たる顧客は龍游県の政府関係者が多いという。将来的に、杭州や上海の客を呼び寄せるために、農業信箱(携帯メールを使ったコマーシャル)などで広告を出している。

## 摘要

# 古村开发及地域文化的变容

菅丰

在浙江省的龙游县石佛乡三门源村，正在致力于推进伴随着古村保护和开发的观光化。但是，这样的古村保护和开发，不过才刚刚开始。本报告中将就有关三门源的古村保护、开发以及地域文化的状况进行探讨。

在三门源，保存着以叶氏民居（清代、省级文物保护单位：1997年公布）为首的超过60处的古建筑。在农业生产方面，以种植水稻为主，此外也种植山茶（椿的一个品种）、茶叶、柑橘（于20世纪80年代引进）等经济作物。此外，近年来，还开始摸索古村保护和以此为基础的观光化的计划。

三门源的古村保护尽管在20世纪90年代就已经开始了，但是正式的保护则是在2006年被指定为省级的"历史文化名镇"之后。二十几年前，在石佛乡和三门源村，已经独自地制订了作为"三门源旅游区"的旅游开发计划，并将之作为游览景点进行开放。本来是将现有的三门源的街区景观照原样开放，并在村的入口处向游客收取入村费，但是由于无法预估到足够的游客数量而处于停顿中。在这之后，以名村镇的评选为契机，开始积极地参与到龙游县的旅游开发中去。

在三门源的古村保护、观光开发中，不仅是古建筑，也考虑到了非物质文化的活用。但是，在三门源还没有进行过非物质文化遗产的指定。现在，可以看作是三门源的旅游资源的非物质文化，有以浙江省金华为中心传承下来的婺剧的"婺剧坐唱班"、随着乐器的伴奏而讲述民间故事的道教类的说唱故事"道情曲艺""民舞"、空手扭打的"空手格斗"、被称为"请老佛"的佛教仪式，此外还有三月初四的庙会等。与这些表演一起被看成是旅游资源的，还有山茶的榨油、酿酒、做豆腐等生活之中的生产文化或饮食文化等。但是，还没有对其中任何一项采取特别的保护措施或加以活用，而只是被运用在三门源的人们的日常生活当中。

现在，诸如观光产业这样的事物在三门源还没有被完全地打造出来，而且伴

随着观光化而出现的文化变容也是很有限的。只是，有意识的观光化的活动，尽管还很少但也已经开始了。例如，在三门源可以看到根雕这种工艺的萌芽。根雕是将树木或竹子的根的部分，在有效利用其自然材质的基础上进行加工并加以肖像化的一种雕刻。现在，在以各地古镇为首的、以历史文化或传统为卖点的观光地，根雕已成为了一种很常见的工艺品。它并不一定是伴随着地域性的，但是为了能够唤起传统的形象，在以传统为主题的观光地则被视为重宝，在很多地方都有人制作。甚至，在三门源还可以看到显然是意识到了观光化的行为。最为甚者就是农家乐。在三门源，"龙游三门源双瀑休闲山庄"这一农家乐于2010年4月开业。

# 水资源利用的过去与现在
## ——旅游开发与公共性重构

陈志勤

## 前言

本文的调查地三门源村是隶属于龙游县石佛乡的一个行政村，位于浙江省西部衢州市东部龙游县的西北部，距离县城 28 公里。村落的东、西、北三面群山环绕，源自北部高山的一条山溪向南贯穿于村中心，沿溪两边是村民的居住区，明、清、民国不同时期 60 多座古民居错落有致。这条山溪在一些资料上都称为碧溪，村民们则将其叫做"大溪"，大溪将村落分成东西两侧，世代居住着翁氏和叶氏两大宗族，东侧翁氏居多而西侧叶氏居多。[①] 该村在 2006 年 6 月被浙江省政府命名为第三批"省级历史文化名村"，又在 2008 年 12 月被建设部、国家文物局评选为第四批"中国历史文化名村"，在衢州市内获此殊荣的村落三门源是唯一的一个。虽然三门源现在多被介绍为具有山水人文景观丰富，古村落文化要素集中的特色，但很多有关的旅游资料以及网页首先提到的还是村里的古民居，特别是叶氏建筑群及其砖雕、石雕和木雕工艺。如在《乡土中国衢州》一书中，对于三门源村唯一化篇幅详细介绍的就是叶氏老宅[②]，叶氏建筑群的大型牌楼式戏曲砖雕被认为具有龙游地方特色[③]。而且，据说这个村落被外界发现具有文化保护和旅游开发价值时，也是因为以叶氏建筑群为代表的民居特色和留存状况。

在 2006 年 6 月三门源村被命名为第三批"省级历史文化名村"之后，同年 9 月，龙游县规划局委托编制的《三门源省级历史文化名村保护规划》，通过了省

---

[①] 据《姑蔑龙脉—龙游文化遗产图志》（龙游县文化广电新闻出版局编制，2006，第 42 页。）介绍，"至清代中期，溪东侧北面却被后来居上的叶氏家族占去了近一半地盘"。
[②] 陈峻文：《乡土中国衢州》，生活·读书·新知三联书店，2004，第 138—145 页。
[③] 朱土生：《龙游三门源叶氏门楼砖雕》，《东方博物》，2008 年第 1 期。

建设厅组织的名城委员会专家组的论证，对于三门源的特色主要是这样描述的："该村保存有完好的明清古建筑群，其布局之精巧，结构之完美，木雕、砖雕之神奇有着十分宝贵的科学研究和观赏价值，是珍贵的历史文化遗产"[①]，可见基本上是关注于古建筑群的特色。而有别于文化保护规划的旅游开发规划则关注到了自然资源如古街道的开发以及山地生态的利用。2007年报道了《三门源村省级旅游规划》通过专家论证[②]，其规划空间格局为"一街、一区、一景"，即沿溪建设一条古街、建立叶氏建筑保护区、开发白佛岩[③]风景点。而在2008年12月三门源被评选为第四批"中国历史文化名村"之后，根据当地媒体次年1月的报道，龙游县有关部门已开始将三门源规划成火山瀑布区、古镇民居区、宗教文化区及生态保育区四个功能区，呈现了对古村落进行整体开发的意图[④]。随着非物质文化遗产的申报和评审，反映村民日常生产生活的习俗、传说、技艺等也日渐引人注目，如古坝古堰、风景典故、食品工艺等[⑤]，三门源的保护和开发趋向于物质与非物质并行、文化与自然一体的格局。如这里提到的古坝古堰以及调查中听到的水塘、水碓等，反映了过去灌溉用水和生活用水的历史，与之有关的很多生产生活习俗，其实也是三门源村中很有特色的传统文化，就像在下文中对此要进行详述那样，说明了该村过去在水资源的共同利用上具有对现代社会启示的意义。

但是，这些水资源共同利用的传统在解放以后大都已经消失，还有一些是伴随着环境问题的日渐严重也随之渐渐退出社会舞台。水质污染和水源枯竭的问题，给村民们带来了很多困惑，使他们开发旅游的愿望也遭遇了严峻的现实。其实在十多年前，村民们就已经萌发了利用古村落的自然资源和文化资源发展旅游的设想，从当时的旅游规划图来看主要分为三大旅游区：自然景区、古作坊区和古民居区，其中自然景区主要以白佛岩瀑布为主（照片1）。并曾经付诸实践，后因为诸多原因而流产，至今仍然成为村民所纠结的因素之一的，就是有关水资源缺乏特别是白佛岩瀑布水源的问题。现在，虽然来自政府主导的古村落保护行

---

① 龙游规划网：http://www.zjlyplan.com/Article/ShowArticle.asp?ArticleID=286.
② 《今日龙游》，2007年10月10日第350期。
③ 白佛岩位于村落北部的高山上，海拔689米，有宽3米、高达90米的白佛岩瀑布（第46页）。《叶氏宗谱》（卷之一 里居志·里基 第3页）为"阔二尺有咫，高百丈"。
④ 衢州新闻网：http://news.qz828.com/system/2009/01/14/010106973.shtml.
⑤ 黄国平：《古风遗韵三门源》，《浙江文物》（电子刊物），2009年第3期。

为对一些古民居正在进行修缮,但从旅游开发来说还处于起步的阶段,其瓶颈之一仍然是水的问题。在衢州外侨办的网页上 2010 年 5 月公开发布了"三门源旅游区"的对外招商合作项目,以寻求招商对象吸引外来资金①。在该网页上对以上提到的四个功能区有一些具体的介绍,其中对第四个生态保护区的介绍是:"在保护区内封山育林,涵养水土,以保证飞瀑水源",这里的"飞瀑"就是位于村落北部高山的白佛岩瀑布。从以上文字所示可知,为了保证飞瀑的水源,需要投入资金进行封山育林和涵养水土。因为,现在的白佛岩瀑布只有在三至七月是来自山水的自然瀑布,如果长时间不下雨瀑布就将失去其壮观景象。虽然村民们对山林水土和瀑布水源的关系都有着清晰的认识,但为了保障瀑布水源的当务之急以尽快发展旅游,当时,在村干部的带领下,曾经向上级部门要求希望加高瀑布上方的水库库容,在少雨缺水的干旱季节引水补充瀑布水源,据说是有关部门踌躇于高山水库的危险性,长期以来并没有能够解决这个问题。

照片 1　十多年以前的"三门源旅游区规划图"

三门源世代居住着叶氏和翁氏两大宗族,他们和睦相处成为一个村落的整体,过去在灌溉用水以及生活用水的共同利用上具有严格的管理体系,伴随着社会的变化以及生活的改善,这些传统都已经被人们淡忘。虽然三门源村还在为水的问题而烦恼,但是,当作为水利资源的"水"被发现也是旅游资源的"水"的时候,可以看到在现代的村落中将呈现出一种新的水利用的公共性。本文的目的就是在考察从过去到现在的三门源村民水资源利用变迁的基础上,阐明曾经存在过的宗族、村落共同体背景下传统的水利用公共性之状况,并对现在因为旅游开

---

① 衢州外侨办:http://wqb.qz.gov.cn/zsxm/201005/t20100526_161570.htm。

发而生成新的水利用公共性的可能性展开探讨。

## 一、水塘利用的传统与祖业不外流

三门源的灌溉用水来源主要是两个：一是在村落中心由山泉水形成的大溪，二是在水田的间隙开挖的水塘。在《翁氏族谱》中有关于堰坝的记载："桥西有殿，曰下龙殿，殿后有突，曰西山，凹匕下有田，广可数十亩，障水有堰，曰下龙堰"（卷之一，舆图，五），下龙堰至今都还在发挥作用，大溪的水通过下龙堰的调节，可灌溉数十亩水田（照片2）。下龙堰位于村口明代石拱桥上游数米处，"宽3米，长约30米左右，用块石及大卵石浆砌，引水用于村口田畈东片农田灌溉"①。但在三门源以前有一个灌溉用水的管理规则，就是说可以利用水塘灌溉的水田，是禁止使用大溪的水灌溉的。

在溪水中筑坝拦水主要目的是提高水位蓄存水量，一种是用来引水至农田进行灌溉，称为"青苗碓"，一种用来引水至水碓，利用水力进行舂米、磨粉、榨油，是龙游当地的一般方法。《龙游县志》中有关于堰坝民俗的内容："堰坝等水利设施，设有'碓坝会'，由受利农户组成，置有田产，以租费作维修之资。凡鸣锣通知，各户须派劳力参加筑坝劳动。"② 根据《三门源——古代地方戏曲的活化石》一书中对"碓坝会"的介绍，三门源大致也是如此，但"碓坝会"的鸣锣通知是在天旱时，主要是定期加高碓坝，蓄水抗旱，并且各户都要参加，否则要受罚。"碓坝会"还备有面条和酒，招待筑坝人员，③ 但这里是否说的就是下龙堰不甚明确。根据以上《翁氏族谱》的记载和调查时老人的回忆，三门源只有下龙堰这一个碓坝，

照片2 古堰坝——下龙堰

---

① 龙游县文化广电新闻出版局（编制）：《姑蔑龙脉——龙游文化遗产图志》，2006，第45页。

② 《龙游县志》编纂委员会编纂：《龙游县志》，中华书局，1991，第500页。

③ 徐淑娟主编：《三门源：古代地方戏曲的活化石》，浙江大学出版社，2009，第108页

从农田大都分布于村落南面村口附近来看，也是比较合理的解释。

正像村民 Y.YL 氏（1938 年出生）所说，因为大溪源流短，流量少，多挖塘蓄水灌溉，所以在三门源水塘很多。《翁氏族谱》中在以上下龙堰的记载之后，提到了几个水塘的名称，如下龙塘、壶瓶塘、外翁塘、石塘和柳塘（卷之一，舆图，五）。柳塘在《叶氏宗谱》（民国二十八年）中也有出现，并还提及了另外一个社塘："有塘曰柳塘，水暖鱼肥，淡花鼓浪，可以娱目，可以赏心，越阡陌而上又有社塘，所灌田亩益多，其他大如掌净如镜澄泓若深渊者随所在，而有不能悉志要，皆农人所恃为水利者也"（卷之一，里基，五），可知当时有很多大大小小的水塘，可能有一些都是没有名称的。在《翁氏族谱》中有两首关于柳塘和瓶塘的诗句，名为"瓶塘鱼浪"和"柳塘烟水"（卷之一，诗，一、二），而在《叶氏宗谱》中也有一首"柳塘鱼浪"的诗（卷之一，十景诗，二），所以柳塘和瓶塘（壶瓶塘）应该都是景致极佳群鱼泼剌之处。

在《龙游县志》中有关于水塘的内容，在"塘注"的条目下是这样解释的："旧时灌溉依赖水塘。为避免争塘水斗殴争讼，每口水塘均载于鱼鳞册（登记土地图册），写明引注田丘，称'塘注'。有私塘、合用塘、公用塘之分。每口塘置石柱或木桩为标高，私塘超过标高之水，附近农田可引用，标高以下属塘主专用；合用塘须有'引注权'农户，才可引水，天旱时约定时间同时车水；公用塘按规定引注田亩分配用水。村边公用塘只准洗涤不许引灌，备消防。"① 所以，水塘并不只是在三门源才有，在山区地带都是常见的。而在余绍宋编纂的民国《龙游县志》（1999 年重印版）"卷首叙例·食货考"中有这样的说明："小塘注田不及五十亩者，多属私家自凿无关公众，亦不录。"② 亦可知除了大塘之外，还有不可计数的小塘。

据 Y.YL 氏的解释，在三门源解放前规定大溪的水是公用的，水塘的水都是私用的；一个私塘一般可灌溉几亩田，合用塘大都为五六家合用；公用塘只有一个称为"大塘"的水塘。通过细致了解，可知在三门源虽然也同样有私塘、合用

---

① 《龙游县志》编纂委员会编纂：《龙游县志》，中华书局，1991，第 500 页。在《三门源：古代地方戏曲的活化石》（徐淑娟主编：浙江大学出版社，2009。）中，对三门源水塘使用的介绍有与此基本相同的内容，可参考。但该书中提供了标高以上为"塘面水"，标高以下为"塘底水"的概念。

② 1999 年三门叶氏宗谱，民国二十八年重修，叶氏宗族所藏，余绍宋撰编：《龙游县志》第一册，语丝出版社，第 21 页。

塘、公用塘之分，但较多的是五六家合用的水塘；而 Y.YL 氏是把这样的合用塘也包括在私塘之内的；在村南面大唐山称为"大塘"的被认为是公用塘，其实具有灌溉范围较广引注田亩较多的意思，并不是大家可以共用的概念，但也有灌溉范围的规定，就是可用溪水以及私塘的不能利用大塘，这里的私塘包括 Y.YL 氏所说的几家合用的水塘。关于为什么合用塘也是私塘的一种以及有关水塘刻度标高的方式、塘面水塘底水的问题，我们在调查时与 Y.YL 氏有一段对话，记录整理如下：

问：根据资料，几家合用的水塘在使用上水有上下两层的区别，就是有水位刻度，用什么方法标示又是如何划分的？为什么在天旱时只有塘主能够使用下层的水，三门源的情况是怎样的？

答：一般用石头、木桩和水沟的位置来标示。

问：在其他资料上也提到用石头、木桩标注，容易理解，但如何用水沟位置来区分呢？

答：就是排水沟，放水用的，有好几个沟，有的分为上、中、下三层沟，最下面的排水沟最小，当水位到最下层的排水沟之下时，水放不出去了，留下的就是塘底水了，即使自己要灌溉水也放不出去了。因为是私人的土地，要保住一定的水位。

问：等于说天旱到水位在最下层的排水沟之下时，即使想让别人用，水也放不出去了？还有，为什么保住塘底水时，要和土地的权力所属联系在一起？

答：是的。因为水不能放了，只能抽水了，但没有这样抽水的，就是这些塘底水是属于这块水田所属者的。

问：就是说塘底水并不是属于这个水塘的主人"塘主"的，而是属于包括这个水塘在内的水田所有者的？这个塘主是否也就是这个水田的主人？不能抽水，但如果得到主人的许可，是否可以来挑水？

答：是的。挑水是可以的，可以用来吃，但不能灌溉。但塘里的鱼还是归主人所有。

问：在翁氏、叶氏的族谱上有关于水塘中有鱼群的记载，这样说来这些鱼也是跟着水田的？

答：水跟田，鱼跟塘。水跟田的意思就是有水塘的水田卖掉了，水塘的水也跟着转移了，但塘不能卖。而鱼跟塘，就是水塘的水连同水田卖给你了，但塘也不卖的，塘是不属于你的，塘底水也不属于你，因为塘底水要保鱼是不能用的，但如果鱼不养了，塘底水就可以给新的主人了。

问：如果有人买了包括水塘在内的水田，那么这个塘也就是属于新主人了，为什么塘还是不能卖？

答：是水塘的水属于新主人了，但以前利用水塘的农户还是可以引水灌溉的，灌溉田亩不变。但塘是属于几户人家合用的，不能卖。

问：因为不卖塘，所以保证了以前引水灌溉的农户仍然可以使用水塘的水。但为什么水塘初期开始就要合用呢，还要让人家使用呢？水塘在最早不是一户人家开挖的吗？

答：因为原来就是一家人，本来都是兄弟，后来分家了，成为了几家人，其他人是不能用的，属于宗族的财产。比如说，最早都是属于叶家太公的，后来渐渐分家，田亩也分到各房名下，水塘在哪块田亩就属于这块田亩的主人，但因为水塘原来就属于叶家太公（祖先），各房都有平等使用的权利。

问：等于说，如果水塘原来就是叶氏宗族的，虽然是合用，但也只能是叶氏宗族的后代使用。

答：基本上就是这样的。

问：那么，不是叶家的人或是外村的人是否也可以来买叶家的田地？

答：外村人、外地人也可买叶家的田亩，但塘不能卖。就是卖田卖水不卖塘，卖田不卖木，卖屋不卖基，无论卖田卖水卖屋，但下面（基业）还是叶家的。翁家也是一样的，都是太公传下来的。

从以上的关于合用塘的内容，我们可以理解 Y.YL 氏为什么把合用塘也作为私塘的一种来解释了。对此还可以总结如下三点：一是反映了"祖业不外流"的传统。卖田卖水不卖塘、卖田不卖木、卖屋不卖基，正是"重乎水源木本之义"也（《翁氏族谱》卷之一，议约，一）。二是体现了保障后代使用水塘的权益。因为水塘原来就是同一个祖先的基业，所谓合用塘的合用，其实只是同一祖先后代之间的合用，虽然有可能连同水塘的水田被外姓人、外村人所买的可能性，但还

要保证原先水田使用者的权益。三是在前两者基础上呈现了一种开放性以及对公共水域的不侵犯性。可能到后来"祖业不外流"只是名义上的一种概念，而在保障后代使用水塘权益的同时，又严格规定了不能侵犯公共权益。在由叶氏、翁氏两个宗族形成的村落中，维护和保持赖以生存的生活生产资源是他们共同的责任，在这样公共性的基础上，形成了在私人权益基础上对保障村落整体利益的义务。

现在，村人们还能够按照位置分得清以前的水塘。如村民 Y.LX 氏（1935年出生）家解放前有 35 到 40 亩的水田，分成五块田，分别位于：一块在乌龟山脚下，大约有十来亩；二块在村东面白里山脚下的东塘里外，大约有二十来亩，有一口大塘一口小塘，叫小东塘和大东塘；还有二块在村东面的石潭背，大约有十来亩。大都属于坂田（当地认为是好田）[①]，被村里人称为"没良心田"，因为即使在其他水田无收成时也能够保障收获，每亩可获 400 斤的稻谷，旱时也至少能出谷 300 斤，原因是"水利很好"，五块田却拥有四口水塘以及一口井水（小塘），而且这些塘都是活水叫"冷水塘"，也就是泉水塘，第一天用完，第二天又可出水保持水量。

因为水库的建设，以前的水塘有的转为他用有的废弃不用了，现在，不包括小的村里还有大的水塘 6 个，大约是 100 多亩水面，主要用来养鱼养菱和套养珍珠等。只有大塘在 1955 年左右改为大塘水库，现在村里共有 6 个水库，除了大塘水库其他还有：白佛岩水库、麻车坞水库、大坞水库、盘龙园水库、杨塘坞里水库。白佛岩水库位于白佛岩瀑布上方，以上提到的村民们希望增加水库容量保障瀑布水源的就是这个白佛岩水库。

## 二、大溪的变化以及水利用共同性的消失

贯穿整个村落自北向南流淌的大溪，不仅用来农业灌溉，直到 20 世纪 90 年代中期主要还是村民们的生活用水。生活用水大致由三个部分组成：一是作为饮用水；二是作为洗涤用水；三是作为水碓用水。

在《翁氏族谱》中有五言和七言两首名为"新溪垂钓"的风景诗（卷之一，诗，二、四），把大溪称为"新溪"，诗大意为清流之上有山翁垂钓，可见村民们把它作为一道风景。大溪的水量最多的时候在每年的 5 月左右，正值梅雨季节。

---

① 还有叫作"三垅田"的，指的是阳光和水利条件不好，只能靠天收成的水田。

虽然大溪的水是公用的，但为了大家的利益，也有很多不成文的规矩，世代相传。如在解放前，据说是头首（其实是叶氏和翁氏宗族管事的长老）规定的，因为大溪的水主要作用之一是饮用，所以在早饭以前不能洗衣服，特别是女人的衣服；等大家挑完水之后，一般在早饭以后也只能洗菜洗衣服，不能洗马桶，马桶和粪桶都在私塘里洗；也不可以把水引到不应该的地方，如放到大塘里等，否则当地的保长会出来警告大家。妇女们在大溪的埠头洗衣服、洗菜，但过去没有淘米的习惯，因为不可以淘米，否则就会失去营养成分，男人们有的到晚上会在大溪里冲洗身体。为了赶早挑到清洁的水用来饮用，青壮年们天亮以前都要到大溪挑水，早的三四点钟，最迟的也在五六点钟。一般农户家里可储存3担水左右，大户人家有千斤缸，可存满五六担水。20世纪五六十年代还都是挑大溪的水饮用，到20世纪70年代初又开始挑大溪边泉井水，这样的挑水吃的生活一直延续到20世纪90年代中期左右。

在干旱时，大溪的水量就会减少，就要在大溪边挖井（坑）取泉水，以前大都是有威望的老人且一般是叶氏宗族的老人会点名找人挖掘，深度基本上在1米左右，因为考虑到有可能会淹死来玩的小孩，所以不能挖得太深。村里的老人们会自动管理井户，不让小孩到水井边玩。还有，埠头的维护、水井的冲洗也大都是村里有威望的老人先起头招呼，然后大家响应，在用水管理上村落老人们的作用是不可忽视的。溪边埠头的维护原则上是由使用埠头的农户为主，但特别是老人们都会主动监督；水井的清洁比如有青苔什么的都要随时清理，大的水井的清洗时间不定，但只要老人们招呼一下，都会有工出工、无工出米，先掏干井水然后用石灰消毒。

当时村子里还有三口古井也可以作为饮用水，但后来因为污染，有的废弃有的停用。因为干旱大溪的水量减少，在20世纪60年代左右开始在溪边打了四口泉井，形状是方方的，作为饮用水的补充。井水不够用的时候，有时也在山上挖坑储水。特别是在1972年发大水以后，不但冲掉了溪上的一座桥梁和溪边的一些房屋，而且大水还冲出一条水路，致使大溪改道。改道后的大溪水竟没有原来的好了，主要是原来的溪流中是有泉水涌出来的，改道后溪下没有泉水了。所以，在1972年以后村民们就很少饮用大溪的水了，开始改为饮用溪边挖的泉井水，冬热夏凉，村民们从早挑到晚，白天挑光了，晚上涌出来了又再来挑。

这几口溪边的泉井，大约用了20多年。但自从2005年在大溪靠上游部位建立了养猪场，受其废水的污染，导致井水不能再饮用了（照片3）。虽然，在

2008年养猪场进行了搬迁，但被污染的水质是不可能恢复如初了，于是，村民们又在山边找水源，开始挖井饮用山水。就是在山腰和山边挖井，一般打1米到2米、或2米到3米，最深不到3米，用水泥砌筑并用水泥板封盖，形状有的是方的有的是圆的，然后利用管子引到山下的农户，成为一种简易的自来水（照片4）。但大部分是在大溪最上游没有污染的地方引水，制作方法大致是一样的，最浅的1米，最多不超过大约2.5米，有的农户用400多米的管子引水至大溪中游部位的家里。在20年以前，最初只有三家农户开始使用这样的方法，据说还是从外地学来的，而现在基本上有80%以上的农户使用这样的简易自来水，都是村民们自己想办法，村里以及有关水利、改水部门没有统一的规划。没有这种装置的人家就到使用简易自来水的人家去挑水，因为山泉水不怕用，而是越用越干净，越用出水越多。如Y.YL氏家的邻居有一个蓄水池，是一口方形的井，如果打了招呼以后，可以自由去挑水，但尽量使用邻居准备的水桶吊水。

照片3　已经废弃的大溪边的方形泉水井

照片4　现在使用的山腰上的山水井

在上文中已经介绍过碓坝有两种，一种是用于引水灌溉的"青苗坝"，一种是用来引水至水碓房，利用溪水落差之力进行舂米、磨粉和榨油的。三门源的老人还记得原来有三个水碓，只是用来舂米的，就是把粮食的皮壳去掉，是什么时候开始有的已经说不清了，但大都说是在20世纪30年代就已经存在了。在民国二十八年（1939）重修的《叶氏宗谱》上，还有三个水碓的踪影（照片5）。照片5是《叶氏宗谱》中当时的三门源村落布局图，图上明确标示了上碓、中碓、下碓三个水碓的位置，同时还有部分水塘的位置也清晰可见。据说其中一个被1952年的大水冲掉了，有可能是中碓，因为年轻一些的人只记得有上下两个水碓，有些老人也要回忆一番才会记起来其实有过三个水碓。另外两个水碓一直使用到20世纪70年代左右，之后就被电动机器所取代了。水碓都是属于私人的，主要是用来舂米，把谷加工成米，有水碓的主人专门管理和维修，即使在后来分田分地的时候，这种私人的水碓也没有改变性质。村民们去舂米时要支付费用，以前可用米或糠折合费用，比如一担谷舂成米，可扣除一斤米作为费用，解放以后也可以用现金支付。

从以上大溪的变迁以及由此给村民们带来的生活用水状态的变化，从饮用溪水到饮用泉水再到饮用山水，从为了抗旱而挖井到因为污染而挖井，在不断地探求清洁的饮用水的过程中，可以看到村民们渐渐离那条村里的大溪远去的身影，他们依赖于大溪的生活也就这样结束了，为了生存基于生活用水的共同性也逐渐消失殆尽。在我们从2007年开始历时4年的调查过程中，前两年看到的大溪到处都是生活废弃物，因为他们已经不再需要大溪了。但当我们2009年12月再去调查的时候，却看到水面漂浮的垃圾大致清除，溪流两岸已经整修一新，同时，我们看到的是以叶氏建筑群为主的古民居正在动工修缮。曾经被迫"流产"的村民们希望发展旅游的愿望，现在在政府主导的文化遗产保护的背景下有望实现。现在，村里还计划在大溪上筑两个堰坝，以保持全年都

照片5　民国时期三门源村落布局
（叶氏宗谱卷之一，里基，二）

有水的景观。已经被抛弃的大溪、已经被淡忘的溪水，现在，正在成为旅游开发这个村民们共同心愿的一种资源开始受到关注。

## 三、作为景观的"水"的发现与公共性重构

现在正在启动的三门源旅游开发，得益于 21 世纪初开始的物质与非物质文化遗产保护活动，在文化保护背景下开发所需的前期资金投入等才有可能得以实现。前言中已经提到的十多年前三门源村民对于旅游开发的实践，只是基于村民们单纯的愿望，没有国家政策上的支撑，可谓生不逢时。当时主要是根据三四位退休教师和原村干部的建议，在当时现任的村支书和村主任的带领下依靠自己的力量，通过取得村委会同意和乡政府的支持，考察了外地乡村旅游发展的实例，在具体规划游客的旅游线路的基础上，曾经建立售票处开始对外开放，门票定为每张 20 元，大约营运了两个月左右。后来虽然因为旅游景点审批手续等一些问题而"流产"，但对于村民们来说水资源缺乏是一个纠结至今的课题。从当时的旅游规划图来看，主要分成三大区域：自然景区、古作坊区和古民居区（参见照片 1），其中自然景区主要以白佛岩瀑布为主。在没有大量资金来源的情况下，古作坊区和古民居区要进行改观是不可能的，从村落的现有力量出发，只能从改变水资源状态开始着手，因为村民们已经发现了作为景观"水"的重要价值。

十多年以来从第一届村委会开始都有一个共识，三门源没有工业上的资源，有的只是山、水和民居，所以只有通过旅游开发才能谋求新的发展。就像曾经担任过村支书的 Y.XB 氏（1950 年出生）所说的那样，不保障充足的水资源，要开发、要发展是不可能的。除了因为水源干涸、水质污染而造成的灌溉用水和生活用水的问题，三门源又面临了一个更为现实的景观用水的迫切问题。所以，他们向上级部门提出在白佛岩瀑布之上建设一个水库的要求。在农户们和村委会集资的基础上，能够得到一些资金支持的政府机构在当时只有水利部门，这也许源自于长期发展农业生产积累的智慧，因为在此之前村里已经有 5 个水库建设的经验。但是，虽然农户们和村委会筹集了 14 万元左右的资金，又费了很多周折得到了当地水利部门几十万元（资金到位数目没有定论）的经费，但原计划二期工程的水库建设只进行了一半就收场了，原因似乎是高山水库的危险程度以及规划图纸的不翼而飞，建了 1 年的水库就这样已经停止了七八年，而遗留问题一直延续至今。一期工程的水库库量只有 3 万方左右，而要满足村民们的要求起码要再

扩建到20多万方左右。现在的作用主要是在旱时放水灌溉水田，并有时为了保障大溪清洁而放水冲洗，还根本顾不到旅游用水和生活用水。无论是十多年前要求建设水库还是现在希望加高水库，主要的目的就是四个：一是解决水田的灌溉；二是补充瀑布的水源；三是改善大溪的水景；四是保障饮用水供给。

建设水库虽然是可以在短期内解决水质、水量和水景的问题，但作为长期的考虑，山林生态的养护是必不可少的。熟知村里山林生态的Y.YC氏（1955年出生）曾经说过，要旅游开发一定要管理好山林资源，荒山秃山是不行的，这关系到溪流水质。三门源的村民历来对山林和水的关系都有着深刻的认识，如Y.YL氏告诉我们：因为西边的山林茂盛，所以那里的泉水水质最好；而东边的山是空的不茂盛，所以东边的泉水不怎么样；北面山后就是建德遂昌，水位低，地下水都流过去了，所以水质也不太好；还有因为大溪上流有村庄，人口多，所以溪水的水质也不理想。还有一个有关山林和水源关系的直接事例，说是在1995年，村落东北边汪里坞的后山奋斗坞遭遇火灾，结果就发生了用水难吃水难的问题。因为长期以来国家的政策是注重农业发展，一直忽视林业生产，三门源也不例外，在1980年以前植树造林很少，山林长期荒废，导致下大雨时，大溪中黄泥水泛滥，而且水势急速，满地都是冲下来的树叶。因为20世纪80年代开始的第一轮山林承包已经过去20多年了，荒山的情况有所改变，现在大溪就比以前水质更清、水流更长。

三门源虽然三面环山，但南面的丘陵盆地之中有大片农田，主要还是以水稻生产为主，并不是靠山吃饭的地方，山林的收入历来不是主要的生计来源，只是作为补充而已。解放前的山林大都是个人的，据说是翁氏的山比叶氏的山要高一点，这两个宗族各自都有祠堂山。有的老人回忆，其实那个年代当时周围山上基本上也没有什么大的树木，贫困一点的村民会去山地种点苞米什么的，因为人口少，除了农业生产，很少有人会到高山种植点什么的。而即使有一些杉木、松树之类的林木，也不会像现在这样大兴土木，一般是很少被大量砍伐的。可见，在三门源，过去的山林并不是一种经济的概念，可以说是平衡自然保持水源的一种存在。因为村里的老人们都知道"一座山就是一个大水库"。

村民们为了旅游开发这个共同的目的，发现作为景观的"水"的价值，同时也催生了对山林资源的新的认识，山林不仅仅是蓄水池，其本身也是一种景观。比如靠南的山地在历史上就是竹子山，而靠北面的山地以前基本上是荒山，虽然

也有些松树和杉木，但因为阳光充足种植毛竹利用率更高，所以在1990年开始就进行了南竹北移，也是与发展旅游有一定的关系。三门源大约有山林面积9600多亩，集体林约5000多亩，分到农户约4000多亩，松木、杉木等生态林占多数，其他是毛竹、油茶、柑橘、板栗等经济林。从20世纪90年代后期开始，根据当地县政府的规定，也是配合村里的旅游规划，基本上要求按照规划连片种植，并根据山地土质进行选择，有樟树、毛竹、茶籽树、松树、杉木、杂木等，平地一般可为经济林如橘树等，作为风景林、观赏林进行管理。而现在，村里为了搞好旅游开发，无论是个人以及集体的林木，无论是杉木、杂木以及经济林，更是要求村民们都不能随便砍伐。在旅游开发之前，其实荒山的程度是很严重的，现在不仅消灭了荒山更是改善了景观。所以，从20世纪90年代开始，三门源的山林管理就不再是单纯的以经济收入为目的的山林生产了，也不再是简单的以生态平衡为目的的自然保护了，他们的很多有关山林的事业都与旅游开发紧密联系在了一起。

以前，在每年的农历十二月十五以后，村民们都会一起打扫弄堂、清理大溪，一般都要干到过午，为的是干干净净过个好新年。根据老人们的回忆，一直以来三门源人互相帮助风气很好，特别是一些公益事业如造桥修路等，都会有人首先牵头招呼，然后大家有钱出钱有力出力。历史上有宗族长老出头造的古新桥，现实中有村里书记带头修的上下桥，在这个村落里，年长老人们的作用以及具有声望的人的作用是不能忽视的。在上文中也已经提到过在过去的用水管理上，老人们所发挥的作用不可忽视，而现在在旅游开发这个共同的愿望下，老人们的作用也将再次得到发挥。

三门源村从思考旅游开发开始已经历了十多年的时光，在初期阶段并没有关心到环境整治和清洁卫生的问题。大约在2007年左右，为了接待"五一"节、"十一"节的游客，垃圾问题、厕所问题被提到了议事日程上。2008年6月三门源村委向村民发布了《关于三门源村村民环境卫生倡议书》，2009年10月在村中显眼的地方悬挂了大幅《三门源村文明卫生公约》的公告，2009年11月又在村落中人流过往频繁的地方，挂上了有关整治环境卫生的醒目的宣传标语牌。这些标语牌大约有十几块，比之前的数量更多、内容更贴切，透射的共性就是要让村民们深刻地觉悟：旅游的开发、生活的改变首要从自己、从环境做起。这些有关环境卫生整治的宣传标语牌，是村委会通过对外地经验的学习和引进，经过

反复酝酿和讨论的结果。据村委会的年轻干部们的解释，可知其用意之深厚：首先是痛感在旅游开发中良好的环境卫生状态的重要性，经历了几年的徘徊现在想尽全力改变面貌；其次是在整治环境改变形象中发挥村里老人的作用，如果碰到不雅的行为，老人们在规劝时就可以有据可依。

## 四、结　语

在三门源村委向村民发布的《关于三门源村村民环境卫生倡议书》上有这样的一段话："村民们，良好的人居环境，整洁的村容村貌，要靠广大村民参与和协助。好的环境能带来良好、旺盛的'人气'和'商气'，也就能不断提高我村对外的形象和良好的影响力，为解决改变我们的村容村貌而共同努力！"三门源村试图向世人展示自己，并在旅游开发的共同愿望中形成一种新的力量。但三门源村已经不是一个封闭的古老村落，以叶氏和翁氏宗族为基础的传统共同体制度消失已久，现在的三门源村必须在各种外界力量的影响下，才能真正完成新的公共性的重构。因为国家和地方的文化遗产保护政策以及与之相关的旅游开发规划，当地文化部门和旅游部门已经介入到这个小山村，形成了保护古村落的趋势。为了保护村落风貌，村民们有8年没有建新房，但最近三年以来，在建造马头墙、高度控制在两层半的规划下，并利用"高山脱贫、下山脱贫"政策置换土地，已经解决了一些农户的建房问题。而借助于自然生态保护的大背景，林业部门的很多政策也让村落改变了荒山严重的状态，一片片的风景林有助于旅游的开发。

但让村民们纠结的水资源问题仍然存在，他们等待着水利部门、改水部门的惠顾，因为村民们仅仅依靠自己其力量是很有限的。Y. YL氏曾经设想依靠村民们的集资，在东边后山建一个水塔，在西边后山也建一个水塔，再加高白佛岩水库，或许可解决水的问题。还有Y. YC氏也曾经建议依靠村民们的集资，只是把白佛岩水库再加高二三米。但这些设想和建议，也许只有在"高山水库危险论"发展成"高山水库意义论"的时候，才有可能实现。三门源虽然发现了作为景观"水"的价值，但要实现其价值还困难重重。因为现在的问题还不是景观用水的问题，而是现在的库容不能保障灌溉，不用说生活用水，也就更不用说景观用水了。

从以上三门源村从过去到现在的水资源利用的描述，我们可以看到以叶氏和翁氏两大宗族为基础的村落整体，过去在灌溉用水以及生活用水的共同利用上具

有严格的管理体系，但伴随着社会的变化以及生活的改善，过去的水利用公共体已经完全解体。虽然当作为水利资源的"水"被发现也是旅游资源的"水"的时候，在现代的村落中呈现出重构新的水利用公共性的可能，同时，也受到外界各种力量的影响，其中有推动的力量也有阻碍的力量，但有一点是可以明确的，就是在旅游开发的背景下，将有可能生成新的自然资源以及文化资源的利用和管理的公共性。

## 要旨

# 水資源利用の過去と現在

## 陳　志　勤

　本論では、過去から現在までの間、浙江省衢州市龍游県石仏郷の三門源村に暮らす人々がどのように水資源を利用してきたのか、その変遷について考察する。はじめに、かつて宗族や村落共同体を背景としながら存在していた伝統的な水利用の方法について、それがもっていた公共性の具体的な内容を描きだす。その後に、観光開発がおこなわれるようになったことで、現在、生みだされつつある水利用の新たな公共性に注目し、それが秘める今後の可能性について検討することにしたい。

　三門源村は、東、西、北の三方を山に囲まれている。北側にそびえる高い山から流れ込んだ渓流が村落の中を貫いており、その両脇に入り乱れるようにして建つ民家は、そこを訪れる者に情緒豊かな情景をみせてくれる。ここ何年かの間に、地方政府の主導による古村落保護の動きがもちあがっており、古民家の何軒かは現在も修築がおこなわれている。観光開発の点からみれば、保護の取り組みは未だ最初の一歩を踏みだした段階に過ぎない。しかし、実はこの十数年前、村人たちのなかにはすでに、古村落の自然資源や文化資源を利用して、観光事業を発展させたいという願いが芽生えはじめており、以前にもさまざまな取り組みが試みられていた。多くの要因が重なり、こうした取り組みは失敗に終わってしまったのだが、このときから今日に至るまで村人たちの間で複雑に絡みあいつづけている厄介事の一つが、水資源の問題である。三門源村には、この地に何世代にもわたって暮らしてきた葉氏と翁氏という二つの大きな宗族が仲睦まじく生活や仕事を共にしながら、三門源という一つの村落を成り立たせてきた。かつての三門源村では、灌漑用水や生活用水の共同利用に厳格な管理体系がみられた。そして、「大集団」とも呼ばれる人民公社や生産隊

の時期を経験した後で、社会が変化し、生活にも大規模な改善がみられるようになると、村では次第に、水源の枯渇や水質汚染といった環境問題が取りざたされるようになっていった。こうして、観光開発をすすめたいという村人たちの願いの前には、厳しい現実が立ちはだかることになった。しかし、水利資源としての「水」が、同時に観光資源としての「水」でもあるのだということに気づいたとき、三門源村という現代村落には、新たな水利用の方法が大きな可能性を秘めた公共性をもつものとして姿を現しはじめたのである。

# 在来技術と近代西洋技術の交錯
―養蜂技術に注目して―

安室　知

## はじめに

　人と自然との関わりは多様である。当然、その関係性の中に形成される民俗も多様なものがある。ここでは、そのうちとくに生業の場面において、人がどのように自然と折り合いを付け、それを使いこなそうとするのかといった問題について、現代中国の養蜂技術に注目してみてゆきたい。

　現代中国においては、数千年の歴史を持つとされる在来蜜蜂（トウヨウミツバチ）を用いた自然養蜂がおこなわれる一方で、近代になって西欧からもたらされた移入蜜蜂（セイヨウミツバチ）を用いた人工養蜂が同時並行して存在する。同じ養蜂といっても、在来技術と近代西洋技術とでは人と蜂の関係性は異なるものがあり、また同時にお互いが干渉し合うことでそれぞれの技術が変容する場合もみられる。

　そうした養蜂技術の相互の影響関係について、中国浙江省龍游県石仏郷三門源を調査地として資料化することが本稿の目的となる。

## 1. 三門源と養蜂

　三門源（行政村）は5自然村（かつては8自然村）からなるが、在来養蜂は川の上流つまり山間地に近いところの自然村（三門寺や弯里塢）に多くみられる。

　主要作物として、畑にサツマイモ、油菜、コムギ、水田にコメが栽培される。また、経済作物としては山茶と蜜柑がある。なお、蜜柑が経済作物として導入されたのは、1986年以降のことである。このうち、油菜、蜜柑、山茶といった作物が養蜂における蜜源となっている。

三門源では在来の養蜂技術とともに、興味深い現象として、在来養蜂技術の近代化現象が顕著に見られる。つまり、養蜂にみる在来技術への西洋技術の応用である。象徴的なこととしては、本来は西洋技術で使われていた規格化された蜂箱を在来養蜂に応用している（後述）。

またその反対に、西洋から伝えられた近代養蜂技術が在来化するという現象も見られる。象徴的なこととしては、近代養蜂技術を特徴づける転地がなされず、同じ村内において在来養蜂と棲み分けするようになっている（後述）。

以下では、在来養蜂の近代化と近代養蜂の在来化という2つの側面から三門源の養蜂技術の現在を記録する。

なお、本報告では、個人の有する技術を解体し地域ごとに平均化するのではなく、個人の技術を総体として記述することに心がける。それは、在来技術においては、規格化が進んでいない分、個人の裁量や工夫が多く存在し、結果として個別性の高いものになっているからである。そのため、被調査者ごとに、［養蜂経験］、［養蜂技術①－分蜂の認識―］、［養蜂技術②－分蜂群の採取―］、［養蜂技術③－野生蜂群の採取―］、［養蜂用具－蜂桶－］、［採蜜］、［越冬］、［洋蜂との比較］、［土蜂の行動認識・民俗分類］、［言い伝え・ことわざ］の項目に分けて、その特徴を記録することとする。

## 2. 在来養蜂の技術

在来技術の近代化および近代西洋技術の在来化を論じる前に、まず三門源における在来の養蜂技術について記録しておく。ただし、在来技術とはいいながら、古いかたちの養蜂が変わることなく伝えられているわけではなく、現代に到る過程においてさまざまに変化してきていることは変わりない。本節の事例は、近代養蜂とのかかわりという点において、次節以降で記録する事例に比べると、顕著な影響関係は認められないというにすぎない。

また、ここに取り上げる在来養蜂家は、その本業（主な生計活動）が桶職人であり、かつ在来養蜂には不可欠な蜂桶を制作する職人でもあるという特徴を持つ。

○事例1
調査：三門源、2010.8.27・2010.8.27
話者：謝竹林（2010年現在、73才）

方言通訳：葉秀和（1944年生まれ）
## ［養蜂経験］
　謝氏の本業はクートンシャ（抳桶匠）である。クートンシャとは桶専門の木匠のことである。謝氏は30年以上クートンシャをしている。もとは隣人が木匠で、その人のところに自分から教わりに行きクートンシャの技術を習った。

　製作したものは、便桶、水桶、飯蒸、蜂桶。このうち、製造販売していたのは、便桶、飯蒸、蜂桶で、水桶は注文でのみ作った。製造量でいうと、飯蒸がもっとも多く、次いで便桶であった。材料費別の手間賃は、便桶（大40元、小25元）、飯蒸（大100元以上、小50元以上）、蜂桶（40元）である。

　謝氏は、蜂桶を作るクートンシャ（抳桶匠）であるとともに、自身でも土蜂を飼っている。10年以上の経験を持つ。謝氏の父も年を取ってから飼うようになった。養蜂は若い時は時間がないのでできない。60才以上（定年）になって余暇ができてから始めた。

　2010年現在、10個の蜂桶を持つが、そのうち9個に蜂が入っている。

## ［養蜂技術①―分蜂の管理―］
　清明節の頃、分蜂は多い。新しい蜂皇ができると、老蜂皇は蜂桶を出て行く。これを「分家」という。新しい蜂皇と蜂桶にそのまま残る蜂の方が、老蜂皇とともに出て行く蜂よりも、数としては多い。

　新しい蜂皇の卵が2つあるときは、分蜂の仕方として、①それぞれ別の蜂桶に移す、②1匹を殺す、という2つの方法がある。①の場合は、元の蜂桶に新蜂皇を1匹、新しい蜂桶にもう1匹の新蜂皇を入れる。その2つの蜂桶は近くにおいてはいけない。近くに置いておくと、2つの蜂の群れがまた合体して1つになってしまう。この場合、老蜂皇は自分から分蜂してゆくが、それを捕まえることができれば、都合3つに蜂桶を殖やすことができる。

　新しい蜂皇の卵は4.5個あるので、卵が長くなってきた時に、人が間引いて2.3匹にする。2匹の場合には、前述のように蜂桶を2つにする。新たな蜂皇の誕生は3つまで可能である。その場合には3つの蜂桶（元からあるものと新規のもの2つ）ができることになる。

　上記のように2ないし3匹の新蜂皇を誕生させて、桶を分割するのは、蜂の数が十分に多い時である。複数に分蜂が可能な場合にのみ、新蜂皇を複数残す。

あまり分蜂させると、蜂が足りなくなってしまいよくない。

　複数の新蜂皇が誕生する時には、蜂自身がそれぞれの新蜂皇のところに別れてゆくが、蜂の数が少ないと喧嘩になってしまう。そのため、人はあらかじめ蜂桶を下から覗くなどして観察しておき、蜂の数を把握した上で、複数の新蜂皇を誕生させるかどうか判断する。蜂の数は巣の段数でおおよそ判断がつく。とうぜん巣の段がたくさんあるほど多くの蜂がいる。

### ［養蜂技術②―分蜂群の採取―］

　土蜂を最初に飼った時は、蜂の方から蜂桶に入って来たものもあるし、捕まえて蜂桶に入れたものもある。たいていは木の上などに群れている時に蜂を捕まえる。傘状の捕獲容器（名称不詳）の内側に砂糖水を塗り、いったんそこに群れを入れてから蜂桶に移す。

　清明節のときが、野外に分蜂した蜂の群れがもっとも多くいる。他の家の蜂桶から出たものでも捕ってよい。その反対もあることだからである。蜂桶をでた老蜂皇が、低いところにとどまらず、すぐに高いところに行った時は、遠くに逃げてしまうものなので、それは捕ることはできない。

　捕獲容器に群れを捕ると、それを蜂桶に移す。蜂桶にはあらかじめ内側に砂糖水を塗っておく。蜂桶に入れて、5日間とどまっていれば、その群れはそのまま居着く。それまでに逃げてしまうものもあるが、それはそれでしようがない。取り立てて、砂糖水をあげるなど、引き留めるための手立ては講じない。ただ、蜂桶から出た群れが、まだ低いところにいるようなら、もう一度捕まえてほかの蜂桶に入れることはある。

### ［養蜂技術③―野生蜂群の採取―］

　不詳

### ［養蜂用具①―蜂桶―］

　蜂桶は自分で作ったものを使う。現在8個の蜂桶を所有する。水桶と便桶の転用が、各1個ずつある。謝氏の場合、蜂桶には、記録のために、制作年「2006年」（例）と名前「毛林」を書いておく。

　便桶を転用したものは、メイチェ（桶内の巣を固定する串状のもの）の数が多い。横に5本、縦に2本の、計7本ある。それは便桶の胴部は通常の蜂桶に比べると太くなっているため、メイチェが少ないと中の巣をうまく支えられない

ためである。

　蜂桶には、蓋としてツォン（棕）をかぶせる。さらにその上には雨除けになるものを被せるようにする。そして、3－5日に1回の割で蜂桶の手入れをする。帚（手ぼうき）で巣のまわりを掃いて掃除する。また、日中、多くの蜂が働きに出た時を見計らって、帚で蜂桶の中もきれいにする。汚いと土蜂は自分からでていってしまう。また、蜂のふんをきれいに掃除しておかないと、虫（不詳）が発生する。その虫は巣の中の蜂蜜を食べてしまう。それが発生すると、蜂は群れごと蜂桶から逃げてしまう。

[養蜂用具②─蜂桶製造─]

　クートンシャとしては、蜂桶の場合、注文があれば作る。1日に3個の蜂桶を作ることができるが、今は注文は少ない。蜂桶の寸法（規格）は決まっているが、誂えのときは指定された寸法で作るようにする。

　謝氏の場合、蜂桶の規格は、高さ1.6尺（52cm）、上径0.7尺（23cm）、下径0.9尺（29cm）で、タガ（箍）を3か所に付ける。また、持ち手となる大きなメイチェを下から0.6尺のところに胴部を貫くようにして1本付ける。また胴の内部には、巣を支えるための小さなメイチェを5ないし6本、井桁に組んで固定する。そして、桶胴の下辺に蜂の出入り口となる洞口を連続して4ないし5か所開ける。洞口は土蜂がぎりぎり通れる程度の大きさで、かつ外敵となる蜂（名称不詳：人が刺されると死ぬほど強力な野蜂）が通れない程度のものにする。胴部の素材はスギで、タガ（箍）は竹を使用する。胴部の側板の数に決まりはない。なお、蜂桶の蓋となるツォン（棕）は使用者が付けるもので、クートンシャ（箍桶匠）は作らない。

[採蜜]

　蜂桶1個あたり多い時は10斤以上の蜂蜜が採れる。少ない時は3－4斤である。

　採った蜜は売ることもある。代理店に納めたこともあれば、人が直接買いに来ることもある。

[越冬]

　不詳

［洋蜂との比較］
不詳
［土蜂の行動認識・民俗分類］
1. 蜂皇…雄。巣の中で一番偉い蜂。
2. 公蜂…雄。蜜を集める、働き蜂。
3. 衛蜂…雄雌不詳。門を守る蜂。
4. 黒蜂…雌。卵のめんどうを見る蜂。

［言い伝え・ことわざ］
蜂に刺されても大丈夫である。痛いけれども、身体にはかえって良いとされる。

## 3. 在来養蜂への近代西洋技術の影響―在来養蜂の近代化―

三門源の在来養蜂は西洋の近代養蜂と接触することで、いくつかの大きな影響を受けている。それは西洋近代技術が与えた影響という側面とともに、在来養蜂側が積極的に近代西洋技術を取り込もうとした在来養蜂の革新という側面もある。

近代西洋技術に接したときに在来養蜂にもたらされた変化のうち、もっとも象徴的なことは、飼養対象は土蜂のまま、飼養法が円柱形の蜂桶から方形の蜂箱に転換した点である。本来、方形の蜂箱は洋蜂の飼養に用いられるもので、それに合わせて一定の規格を持っている。土蜂の飼養に方形の蜂箱が用いられるようになったのは、ひとつには土蜂の養蜂家が洋蜂（セイヨウミツバチ）の高い収益性に目を付け、土蜂の採蜜効率を向上させるためであった。しかし、そのことは単に飼うための容器が変化したにとどまらず、詳しくは後に例示するが、人と蜂との関係を考える上で重要な観点となる分蜂にも大きな影響を与えることになった。

○事例2
調査：三門源（三門寺）、2008.8.30
話者：楊卸宝（1950.11.3生まれ）
方言話者：葉秀和（1944年生まれ、男性）

[養蜂経験]
　楊氏は、土蜂を4.5年前（2008年現在）から飼いだした。土蜂の飼い方は隣人の周阿章氏（82才：2008時点）に教わった。周民は何十年も飼っているベテランである。楊氏が知る限りでは、信用村で土蜂を飼っているのは5軒だけである。なお、楊氏はこれまで洋蜂を飼ったことはない。
　2008年8月現在、楊氏が所有する蜂桶・蜂箱は全部で28個ある。その内訳は、蜂桶が22個、蜂箱が6個である。2006年は気候がよく花が多かったので、28個のうち20個に巣が入った。しかし、2007年は、飼っている土蜂が人工養蜂の洋蜂と喧嘩して負けてしまい、蜂蜜を盗られてしまった。競い合うと洋蜂の方が強い。さらに、巣の中にメイツォン（害虫）が発生し、蜂の卵を食べてしまったため、2008年は8月まで蜜をまったく収穫できなかった。2009年12月現在では、28個のうち土蜂が入っているのは、蜂桶が3個、蜂箱が3個の計6個しかない。こうした状況は他の人も同様で、かつて31個の蜂桶に蜂を飼っていた人も現在は5個にしか蜂の巣が入っていない。このように、2007から2009年の3年間は土蜂の養蜂は不良であったが、いつも土蜂を安定して飼うのは難しいという。

[養蜂技術①―分蜂の認識―]
　新しい蜂皇が生まれるのは油菜の花の咲くときである。この季節は花の蜜も多く、分蜂がしやすいからである。それに対して、たとえば農暦6－7月の夏の2ヶ月間は、暑くて花が咲かないので新蜂皇は誕生しない。油菜の時期のほかにも、新しい蜂皇の卵は、1年のあいだに多い時には7－15個も生まれる。このうち、できるだけ時期をずらして卵を2つだけ残し、新蜂皇を誕生させるようにする。そうして卵を間引くのは、数多く分蜂すると、蜂群が相対的に小さくなってしまい採蜜に使えないからである。
　4－5月にかけて、蜂桶のなかには蜂皇の卵が通常は2個、多いと4.5個もできることがある。巣の下側に乳房のように新しい蜂皇のさなぎができる（巣の上側には古い蜂皇がいる）。新しい蜂皇が、もし3つ以上さなぎになったときには、その段階で、もっとも大きなものを1つ残して、残りはつぶしてしまう。または、卵の段階で間引いてしまう。そのときは、卵が長くて太いものを残すようにして、先に孵化するものから間引いてゆき、最後の卵を誕生させる。通

常、卵（サナギ?）は1週間で孵化（羽化）する。卵（サナギ）は生まれたばかりは白色をしており、それが黒く変色すると3日目に孵化（羽化）する。人はそうした卵やサナギの色の変化を目安にして分蜂をコントロールしてゆく。

### ［養蜂技術②―分蜂群の採取―］

基本的には、ひとつの蜂桶には1匹の蜂皇しかいない。そのため、新しい蜂皇が生まれる3日前になると、古い方の蜂皇が群れを分けて蜂桶から出ていく。蜂皇が蜂桶を出るときには、その前に探路蜂と呼ぶ役目の蜂2.3匹が巣の外に出て、それぞれ新たな巣の場所を探す。その役目が「探路」ということになる（ただし、花を探すのも探路という）。2.3匹の探路蜂は探しに行った距離により帰ってくる時間が異なる。探路蜂が帰ってくると、候補となるところに今度は10匹の探路蜂を連れて行く。それが戻ると、今度は40－50匹の探路蜂を連れて確認に行く。そうした蜂が帰ってきて、そこで良しとなると、次はやっと蜂皇が一緒に行く。そのときは、蜂皇を中心にして、他の蜂がまわりを囲んで行く。

そのとき、蜂群は一気に新しい巣へは行かず、蜂桶をでたところでいったん木の枝などに塊になっていることが多い。その上に、フォントウ（蜂斗）を被せて、木の葉でふるってやると中に入ってゆく。優しく手で掬い入れてあげることもある。フォントウを木に掛けておくと分蜂した群れが自らその中に入ることもあるという。その場合、まずは雌の蜂が入り、その次に蜂皇が入る。通常、蜂皇は他の蜂がまわりを取り囲んでいるので見えないが、蜂皇が中に入ると他の蜂たちもたくさん入ってゆくのでそれとわかる。もしなかなか入ってゆかないときには、前述のように木の葉で蜂群を追い込んでやる。

そうしていったんフォントウに入れた後、蜂群を前もって用意しておいた空の蜂桶に移す。それには、まず蜂の群れが入ったフォントウを、天地を逆にした空の蜂桶（つまり蜂の入る穴が上にくる位置）に被せておき、フォントウを上から手で叩いて蜂群を蜂桶に移す。そしてから蜂桶ともども天地を元通りにする（つまり本来の蜂桶の向きにする）。

また、蜂箱に移す場合は、フォントウを蜂箱に被せることは同様だが、フォントウは丸く、蜂箱は四角形なので、フォントウを両手でつぶすようにして蜂箱のかたちに合わせてから、やはりフォントウを上から叩いて蜂を下に移す。

楊氏自身の蜂桶から分かれた蜂群を採るだけでなく、野生の蜂の巣を採ることもある。話者はやったことはないが、土蜂を飼うベテランの隣人（周氏）はそうしたことやっていた。

なお、分蜂群の採集に使うフォントウはパンカイともいう。棕と竹で自製する。写真のものは、上円が径28cm、下円が径39cmで、高さが29cm、重さ650gある。

### ［養蜂技術③―蜂箱への分蜂―］

楊氏は採蜜量を多くする目的で、蜂桶から分蜂したものを蜂箱に入れることがある。蜂箱への分蜂群の入れ方は、蜂桶の場合と同じである。

楊氏は、蜂箱で土蜂を飼うにあたっては、蜂桶とは勝手が違うため、飼い方を研究したという。蜂箱には人工の蜜蝋（商品名「Beewax」：蜜を搾った後の滓で作る）と、フォンピー（蜂皮）と呼ぶ巣枠を用いる。土蜂はフォンピーにも巣を作ることができる。しかも、枠がすでにできているので巣作りは早いという。土蜂は新しいフォンピーでも卵を生むことができるが、洋蜂は古くないとだめである。フォンピーは4．50年前から使われているもので、楊氏自身、その使用法は昔養蜂工場で習ったことがある。

方形をした蜂箱に土蜂を飼うには、蜂箱が新しくてまだ木の香りが残っていると良くない。それに対して蜂桶の方は昔からそれで飼っているので新しい材でも大丈夫であるとされる。

### ［養蜂用具―蜂桶・蜂箱―］

土蜂を飼う容器には蜂桶（円柱形）と蜂箱（立方形）の2種類がある。昔からあるのは桶状の方で、箱状のものは新しい。箱状のものを楊氏宅で使い出したのは2008年からである。隣家（周氏）では箱状のものを4．50年前から使っている。楊氏の場合、箱状のものは隣人のものをまねて作った。通常用いられる洋蜂の蜂箱は全国共通の寸法で2段1組であるが、楊氏の使うものは1段しかなく寸法も規格とは異なる。

土蜂が巣を作るのは蜂箱の方が速い。蜂桶は時間が掛かる。巣を早く大きくするのには蜂箱の方が適している。また、蜂箱の方が蜂蜜を取り出しやすい。蜂桶は上の方まで巣が達しないと取り出せない。また、箱状の巣箱では油菜の季節なら、1週間ほどで蜂蜜を採ることができる。最短は3日で採ることが可能であ

る。ただし、そうすると蜂蜜が水っぽくて質が悪いものになってしまう。

　土蜂は蜂桶の方が好きであるとされる。それは中が暖かいからである。そのため、蜂桶の方が分蜂しやすく、巣の数を増やしていくには良い。それに対して、蜂箱は中が広くて寒いため、分蜂しにくい。

　蜂箱は本来は洋蜂を飼うためのものである。しかし、箱形の方が採蜜しやすく、採蜜量も多いため、土蜂を箱状のもので飼い始めた。年間に蜂桶が10kgの採蜜だとすると、蜂箱は30kg、つまり3倍の採蜜ができるとされる。

　楊氏の場合、蜂桶・蜂箱は、家の2・3階に置いてあるほか、屋敷内の庭（壁の内側あたり）や屋敷まわり（壁の外側に面したところ）にもある。蜂桶は蜂桶と、蜂箱は蜂箱と、それぞれある程度のまとまりを作って置かれているが、それにはとくに意味はないとされる。家の1階に置かないのは、人にとってそこが日常生活の場であり、刺されると危ないからである。蜂桶と蜂箱には、自分の所有だと言うことを示すために、話者の名前である「卸宝」の文字を墨書している。

　蜂桶の部分名称は以下の通りである。蜂桶の上に被せてあるのが「棕」、手に持つところはトータン（漢字不詳）、蜂の出入り口や桶内の巣を支える串にはとくに呼び名はない。

　蜂桶の出入り口は小さく作られており、土蜂（洋蜂も含む蜜蜂）を襲う蜂蝴や老虎蜂といった野蜂が中に入れないようになっている。蜂蝴は腹が大きく、人の親指ほどもあり、羽は蝶のようである。老虎蜂は3cmもある大きな蜂で、土蜂の身体を噛み切ることができる。なお、蜂桶や蜂箱の近くでこれらの蜂を見つけると、へら状の木の板（名称不詳）で叩き落とし退治する。

　蜂桶は箍筒匠（桶や蒸籠を作る職人）が作る。スギで作られ、30－40年は使用することが可能だという。2008年現在、スギなどの材料代とは別に、1個を製作するのに20元払う（昔は7－8元）。楊氏の場合、箍筒匠が近くに住んでおり、そこから蜂桶は買ってくる。

　蜂桶や蜂箱のまわりは、いつも刷子を用いて掃除して、衛生的にしておく。そうしないとメンツォン（害虫）が発生する。

[採蜜]

　土蜂は2－3km先まで蜜を採りに行く。現在は、1年の前半は油菜、後半は山

の野花が主な蜜源となっている。油菜の蜜よりも、野花の蜜の方が蜂蜜としてはよい。野花には漢方薬の花もあるので、その蜜は栄養があり身体にもよいとされる。油菜は公暦3・4月、清明節の前後が一番の花盛りである。この季節が最も量としては多くの蜂蜜が採れる。そのほか、蜜柑は公暦5月に咲くので、その時期の蜜源となる。昔は訢子の花が畑に多かったので、その時期も蜂蜜がよく採れたが、今は訢子が栽培されなくなった。なお、茶油樹の花からは土蜂は蜜は採らない。蜂が好まないからだという。また、なかには毒のある花が山にはあり、その蜜を採って蜂が死んでしまうこともある。

働き者の蜂だと、1年に3回、合計10kgもひとつの蜂桶から蜂蜜が採れる。しかし、怠け者だと採れる蜂蜜の量は少なくなる。また、蜂皇は大きなものほど、その蜂桶から採れる蜂蜜の量も多いとされる。体の大きな蜂皇は卵をたくさん産むので、働く蜂も多くなり、結果的に採蜜量も増える。

同じ土蜂でも、蜂桶で飼う方が蜂蜜の質が良い。蜂箱の蜜は産量が多い分、水分が多い。蜂桶では数ヶ月経たないと蜂蜜が採れないのに対して、蜂箱では花の時期なら3日で蜂蜜が採れる。蜂桶の場合は、花の時期でも2ヶ月たたないと蜂蜜を採らない。当然、蜂桶から採れる蜂蜜の量は蜂箱に比べると少ない。

[越冬]

不詳。

[洋蜂との比較]

洋蜂は土蜂に比べると身体が大きく黄色い。喧嘩をすると、洋蜂の方が強い。ただし、冬の間だけは、洋蜂は寒さに弱いため、人が砂糖を餌として与えないと死んでしまう。それに対して、土蜂は冬でも日光さえ出れば、外に出て蜜を採ってくる。また、近くに洋蜂の蜂箱があると、そこから蜜を捕ってきたりもする。その時期は、洋蜂は何も対抗できないという。

夏家村には洋蜂の人工養蜂をやっている人がいる。山門寺まで人工養蜂の蜂箱を持ってくることはないが、その探路蜂がここまでやってくる。そして、見つけられると、夏には洋蜂がやってきて、土蜂の蜂桶のなかにある蜜を盗って行ってしまう。

また、蜂蜜の値段を比較すると、自然養蜂（土蜂）の方が人工養蜂（洋蜂）よりも高い。人工養蜂の蜂蜜が1斤あたり4－5元のところ、自然養蜂の蜂蜜は

20元以上する。土蜂の蜂蜜は生産量が少ないからである。市販されている蜂蜜は、ほとんどが人工養蜂のもので、しかも蜂蜜の含有量は、良いものでも49％、悪いものだと19－20％であるという。蜂蜜の代わりに、コメで作った糖分を添加している。

### [土蜂の行動認識・民俗分類]

自然養蜂の蜂は方言でトーフォン（土蜂）という。それに対して、人工養蜂の蜂はヤンフォン（洋蜂）という。それらを総称するミツバチはミーフォン（蜜蜂）である。

土蜂の巣には、3つの蜂がいる。①蜂皇（雌）、②烏蜂（雄）、③黄蜂（性別なし）。

蜂皇は卵を産むのが役目で、交尾は1回だけで産卵し続けることができる。烏蜂は、公蜂ともいい、生まれたては黒いので烏蜂と呼ばれる。烏蜂は交尾するだけで、働かず、蜜を食べるだけである。そして、5.6月に桐籽樹の花が咲くと、烏蜂は死ぬ。黄蜂は、生まれたては黄色いのでそう呼ばれる。昼は蜜を集め、夜は巣を作るというようによく働くので、工蜂とも言う。

蜂の役目は、7つある。①花を探す（探路する）－黄蜂（「探路蜂」）、②花粉を採る－黄蜂、③巣を守る－黄蜂、④巣を作る－黄蜂、⑤蜜を採る－黄蜂、⑥卵を産む－皇蜂、⑦交尾する－烏蜂。

蜂皇の寿命は3年である。普通の蜂の寿命は、春・冬で1－2ヶ月、夏だと18日間しかない。

土蜂は一桶が一家族。そのため、同じ土蜂であっても近くにあると桶同士で喧嘩する。

### [言い伝え・ことわざ]

「今日は蜂桶をもらった」ということは、「発財」つまりこれから財産ができること、大もうけできることを意味する。

また、蜂蜜を食べると美人になるという。

## 4. 西洋近代養蜂への在来養蜂の影響—西洋近代養蜂の在来化—

三門源に西洋発の近代養蜂が伝えられた時、在来の養蜂技術に変化がもたらされたのと同様に、西洋の近代養蜂の側もまた変化している。それは単に三門

源という地域に適応するための技術的な変化というレベルにとどまらない。いわば西洋発の近代養蜂が三門源という地に在来化することでもあった。

　そうした近代西洋技術の在来化を象徴することとして注目されるのが、転地の廃止と土蜂養蜂との共存への志向である。そして、それは西洋から近代養蜂が導入された時のもっとも大きな眼目であった採蜜効率の向上と高い収益性といったことを必ずしも第一義的な目的としないものであることは注目すべきであろう。そこには、土蜂による在来養蜂と同様に、余暇の充実という志向性が見て取れる。そのことが在来養蜂との共存を志向し、かつ転地を伴わないかたちで西洋近代養蜂が導入されたことの背景にはある。

○事例3

調査：三門源、2009.12.31・2010.8.28

話者：葉礼森（1949年8月22日生まれ）

方言通訳：葉秀和（1944年生まれ、男性）

**［養蜂経験］**

　葉氏は、蜂が働き者であることを好ましく思い、そのことを蜂を飼うようになった第一の理由にあげている。飼養の対象とする蜂は土蜂からはじめ、途中から洋蜂を加えて両方を飼うようになっている。なお、父親は蜂を飼うことはなかった。

　土蜂は2009年現在10年以上前から飼っているが、現在は2個の蜂桶で飼うだけである。蜂桶は三門源の木匠（謝竹林氏）から買ったもので、自製することはない。そして、2009年からは土蜂に並行して、洋蜂を飼うようになった。現在は、蜂の数で言うと洋蜂の方が主となっている。

　葉氏が洋蜂を飼うようになった理由として以下の6つを挙げている。①洋蜂は管理が簡単で飼いやすいから。②洋蜂は蜂の数が多い（巣が大きい）から。③洋蜂は繁殖力が強いから。④洋蜂は逃げないから（土蜂はよく逃げてしまう）。⑤洋蜂には市販の参考書があるから。⑥儲かるから。

　洋蜂は、2010年現在、8個の巣箱で飼っている。もとは2箱からはじめ、2→4→8と殖やした。最初に山高叶（地名）で蜂箱を購入し、それを持参して洋蜂を塘辺村にいる養蜂家（洋蜂）の知り合いから2箱分買った。蜂の価格は、1箱が160元である。

こうして蜂箱や蜂を買ったのは2009年4月のことである。本来、洋蜂を購入するのに最良の時期は9月であるという。この時期に買えば、約半年間の餌を節約することができ、かつ来年の油菜の花の時期には蜂蜜が採れるからである。4月ではその年の油菜の時期には採蜜できない。

[養蜂技術①―転地―]

　葉氏の場合、移動可能な規格品の蜂箱を使用するが、自分の耕作する畑の中に置いておくだけで転地はしない。つまり、叶氏の洋蜂は1年中、三門源にいる。全国を回るような洋蜂の養蜂家は三門源にはいない。葉氏のほかにも、村の中だけで洋蜂を飼う人はおり、転地を伴わない飼い方の方が三門源ではむしろ一般的であると言える。

　葉氏は最初は洋蜂の蜂箱を冬は家の2階、そのほかの時期は自分の畑の1画に置いておくようにしていた。しかし、蜂箱の数を10個以上に増やすと家には置ききれないため、現在は冬も畑に置いたままにしている。この畑は面積が7分あり、そのうち1分が蜂の置き場となっている。洋蜂の蜂箱を置く畑は、8月現在はゴマが植えてあるが、次は油菜、その次はダイズを植えるというように、いろいろな作物を輪作する。みな蜂の蜜源となるものである。洋蜂は2－3kmの範囲で蜜を集めて回る。

[養蜂技術②―分蜂―]

　土蜂は自然に分蜂するので、そのときを利用して巣の数を殖やしていくことができるが、洋蜂は人為的に分蜂させなくてはならない。そのとき用いるのが、市販される子脾である。新しい蜂箱に、子脾を2つ入れて、そこに成熟した蜂皇の卵を入れて孵化させ、新たな巣を作らせる。洋蜂の場合、土蜂とは違って、一時期でも自然に帰ることはない。

　蜂皇を孵化させるための卵の容器が、塑料王胎（蜂皇の卵を入れる33の空間がある）というもので、塑料はプラスチック、王胎は蜂皇の卵の意味である。これは市販されるもので、そこに入れて蜂皇漿を餌として与えることで、新しい蜂皇が誕生する。たとえ工蜂の卵でも、そのようにすると、蜂皇になるという。油菜の季節にこうしたことをおこなう。塑料王胎を使用したからといって一度に33匹も蜂皇を誕生させたりはせず、太くて長く、健康な卵だけを残して、あとは処分してしまう。とくに小さくて曲がっている卵はよくない。

以上は、洋蜂の分蜂であるが、土蜂の場合は、蜂桶から蜂皇が出た時にそれを捕らえて分蜂する。土蜂の分蜂はあくまで自然の成り行きに任せており、人はいったん自然に帰った分蜂群を再度採集することで、新たな巣を得ること。晴天の日の昼（11時以降）に蜂皇が出る。兆候としては、新しい蜂皇の巣穴に蓋のように膜が張ると、老皇蜂（古い蜂皇）が蜂桶を飛び出る。飛び出た老蜂皇はいったん木の枝や庇の下にとどまっている。そこにファンカイ（方言、収蜂篭）を被せて採る。そのときを逃すと、どこか遠いところに飛んで行ってしまう。蜂の入ったファンカイを空の蜂桶に被せ、蜂群をふるい落とすようにして移す。

[養蜂用具―蜂桶・蜂箱―]

　洋蜂を飼う蜂箱は、上下2段式のもので、規格品である。上段は蜂蜜や蜂皇漿が作られる生産空間で、下段は蜂皇がいる繁殖のための空間である。上下段1箱で1万匹以上の洋蜂が入る。この蜂箱は、自製したり三門源の箍筒匠が作ったりするものではなく、山高叶（地名）で販売されているものを購入した。

　このほか、洋蜂養蜂の道具には以下のものがある。飼喂器（プラスチック製の給餌器、元は竹製）、蜂臘を採る板（とくに名前はない）、皇台（蜂皇が生まれる台）、噴煙器（煙を出して蜂を追う道具）、揺蜜机（蜂蜜を搾る遠心分離器）、起刮刀（こそげ取る刃物）、蜂掃（ブラシ）、割蜜刀（2種類、刃物）、取漿具（蜂皇漿を取る小さなスプーン状のもの）、移虫針（蜂皇卵を皇台に入れる針状のもの）、蜂皇篭（蜂皇を1匹ずつ入れておく篭）。

　毎日、巣箱の中を観察し、洋蜂の世話をする。とくに夏7－9月（農暦）は胡蜂という野蜂が毎日のように巣箱を襲ってくるため、毎日見回りに行かなくてはならない。野蜂が襲ってきても巣箱の中には入れないように、巣箱の蜂の出入り口を小さくし、またそこに紅花油（野蜂がいやがる薬）を塗っておく。また、雨や雪を防ぐため、巣箱の上に大きな棚を作っている。

[養蜂技術の習得]

　葉氏の場合は、洋蜂の飼い方は、塘辺村にいる養蜂家（洋蜂）の知り合いに教えてもらったり、自分で本（出版されている指導書）を読んだりして技術を得ている。この養蜂家の知り合いも家のまわりだけで洋蜂を飼っている。「蜂客」と呼ばれるような全国を転地して回る養蜂家ではない。

なお、1970年代には生産隊で洋蜂の飼育法を指導しており、そこで近代養蜂を習った人もいるが、葉氏の場合そうではない。

### [蜂蜜生産]

洋蜂の産物としては、蜂蜜、蜂皇漿、蜂腊、花粉がある。どれも売り物となるが、自家消費もされる蜂蜜を除くと他はすべて商品生産物である。それに対して、土蜂の産物はほぼ蜂蜜に限られ、他はその搾りかすである蜜蝋があるだけである。

洋蜂の場合、蜂蜜の産量は、多いときで、蜂箱1箱あたり年間100斤、少ないときでも50－60斤ある。土蜂の蜂桶に比べると格段に多い。現在では、その違いは価格に反映する。洋蜂の蜂蜜は1斤8.5元、それに対して土蜂の蜂蜜は1斤20元である。ただし、同じ花から蜜を採るので、栄養や色は同じであると叶氏は言う。なお、産量に大きな違いがあるため、洋蜂の蜂蜜は仲買人がいて買い集めに来るが、土蜂の場合にはそうした仲買人はいない。

洋蜂の場合、産物の中では蜂皇漿（ロイヤルゼリー）が一番の売り物となる。1斤あたり70元と高価なため、村人が購入することは稀で、ほとんどが都会向けに出荷される。蜂皇漿は工蜂の吐き出したもので、本来は蜂皇の餌となる。そのため、都会では健康食品としての需要が高い。なお、土蜂の場合は、蜂皇漿は蜂桶の中にできることができるが、ごく少量のためすべて蜂皇の食物になるので採らない。

蜂皇漿は塑料王胎から採取する。それは、蜂皇の幼虫が食べ残した分を採るもので、3日間経過してから採る。夏の間は3日に1度の割で蜂皇漿を採ることができる。蜂皇漿の生産には一定の技術が必要で、その技量により採集量は大きく異なる。飼育法が良いと1年に1箱あたり20斤、悪いと3斤ほどしか生産できない。通常は1箱あたり10斤程度を生産することができるが、2009年に洋蜂養蜂をはじめたばかりの叶氏の収量はまだ3斤ほどであるという。

蜂皇漿を生産するには、餌として砂糖をふんだんに与えなくてはならない。蜂箱1箱あたり、年に150斤の砂糖が必要とされる。砂糖の価格が2010年は1斤あたり3元と高騰したため葉氏の技量では割に合わなくなってしまった。

また、洋蜂の場合には、蜂腊を採ることができる。蜂には口に腊腺があり、そこから分泌されるものである。蜂腊は工業用に用いられるもので、すべて村

外に出荷される。1斤あたり11－12元で売れるが、蜂箱1箱で年に1－2斤しか生産できない。

このほか、洋蜂からは花粉も採ることができる。蜂箱の入り口に設置する脱粉器で集める。脱粉器は狭い通路を蜂が通るときに足に付けた花粉が自然と脱落するようになっている。なお、叶氏はまだ花粉を採集して売ったことはない。

### ［越冬］

洋蜂は11月終わりから1月まで冬眠するという。洋蜂は冬の間は巣の中で過ごす。採蜜などの行動はしない。そのため、9月くらいから、砂糖や蜂蜜で餌を作り、給餌用の器に入れて与える。

洋蜂の場合、冬の管理は重要で、寒さを防ぐ工夫が必要である。洋蜂を飼いはじめた年、冬になると巣箱を家の2階に持ってきたのはそのためである。蜂箱の上に何か被せるなどして、暖めてやらなくてはならない。今ある大きなテントはそのためのものである。また、蜂箱の中に藁を入れてやることもする。

### ［生殖管理］

1月からは蜂を人為的に繁殖させる。砂糖水を与え、蜂箱を暖めることで、蜂皇に卵を産ませる。そうして、油菜の開花のときに工蜂がもっとも多くなるようにする。それに間に合わせるためには1月から繁殖させなくてはならない。

蜂箱の暖め方としては、藁を箱の中に入れてやるとともに、巣箱のまわりも藁で囲う。そうして、巣の中が35度になると繁殖するという。それ以下だと、蜂皇が産卵しても卵が育たない。

### ［土蜂との関係］

土蜂と洋蜂を近くで飼うことはできない。喧嘩してしまうからである。洋蜂の方が身体が大きい。普通は、洋蜂が土蜂の巣に蜜を盗みに行くので喧嘩になる。しかし、冬になると、土蜂の方が強くなり、立場が逆転する。

そのため土蜂と洋蜂とでは飼う場所を分けている。土蜂は家で飼い、洋蜂は自分が所有する畑の中で飼っている。その畑は村の出口に近いところにあり、葉氏の家とはそれほど離れてはいない。土蜂は蜂桶に入れて家の前に置いておく。洋蜂の蜂箱は冬の間は家の2階に置いておくが、春になると土蜂と競合しないよう油菜の植えてある畑（油菜田）に移す。油菜田の中には一画にテント

を建てて置き場所を作っている。こうしておくと、同じ村内には土蜂を飼う人もいるが、花があるときには滅多なことでは喧嘩しない。

[洋蜂の行動認識・民俗分類]

洋蜂は以下の3種に民俗分類される。①蜂皇：雌。卵を産むだけ。②雄蜂：雄。交尾する。③工蜂：性別なし。働き蜂。

雄蜂は身体が大きく、繁殖の時期には蜂箱の中に100－1000匹もいるが、それ以外の時期は数匹しかいない。繁殖以外には餌を食べるだけで役に立たないので、繁殖期が過ぎると工蜂が巣から追い出してしまう。

工蜂は仕事として、蜜や花粉の採集、巣箱の中の掃除、卵や幼虫の世話をする。工蜂はふ化後3週間で外に出て蜜を集めるようになる。

土蜂の民俗分類は洋蜂と同じ構成である。ただし土蜂の方が巣は小さく、蜂の数は全体に少ない。

[言い伝え・ことわざ]

蜜蜂が来るとその家が豊かになるという（土蜂でも洋蜂でも）。

中国江南山区民俗文化及変迁

写真1　さまざまな蜂桶

写真2　さまざまな蜂桶

写真3　さまざまな蜂桶

写真4　さまざまな蜂桶

写真5　土蜂の蜂箱

写真6　洋蜂の蜂箱（2段式）

写真7　蜂桶の内部

写真8　分蜂群の採集器具（フォントゥ）

## 摘要

# 原有技术和近代西方技术的交错

安室知

人与自然的关系是多样的。当然，在这一关系性之中形成的民俗也是多样的。在这里，就其中尤其是生业的情况下，人是怎样与自然相处，并力求操纵它的这样的问题，来关注现代中国的养蜂技术。

在现代中国，一方面进行着使用据说拥有几千年历史的原有蜜蜂（东洋蜂）自然养蜂，另一方面使用进入近代从西方带来的引进蜜蜂（西洋蜂）的人工养蜂，也同时并行的存在着。尽管同样是养蜂，在原有技术和西方近代技术中，人与蜂的关系性是不尽相同的，而且同时还可以看到由于互相的干涉使得各自的技术也发生了变容的情况。就这种养蜂技术的相互之间的影响关系，将中国浙江省石佛乡三门源作为调查地来进行资料化，是本稿最为重要的目的。

三门源的原有养蜂在与西方近代养蜂的接触之中，受到了几个大的影响。这其中有西方近代技术所带来的影响的一面，同时也有原有养蜂一方积极地去吸收西方近代技术的、原有养蜂的革新的一面。

在与西方近代技术接触时给原有养蜂所带来的变化之中，最有象征性的是，饲养对象还是原来的土蜂，而饲养法却从圆柱形的蜂桶转换成了方形的蜂箱这一点。本来，方形的蜂箱是用来进行洋蜂的饲养的，并具有与之相适应一定的规格。之所以在土蜂的饲养上开始使用方形的蜂箱，主要是因为土蜂的养蜂家关注到洋蜂（西洋蜂）的高收益性，是为了提高土蜂的采蜜效率。但是，这个事件并不是单单停留在饲养用的容器发生了变化这上面，也给在考虑人与蜜蜂的关系时成为重要观点的分蜂造成了很大的影响。

此外，在发自西方的近代养蜂传到三门源的时候，不仅带来了原有的养蜂技术的变化，西方的近代养蜂一方也同样的发生着变化。这并不单单是停留在是为了适应三门源这一地域而产生的技术上的变化这一水平上。可以说发自西方近代

养蜂在三门源这块土地上也是进行了原有化的。

作为这种西方近代技术的原有化的象征而备受注目的，是转地的废除和与土蜂养蜂共存的意向。而且，这未必是把从西方引进近代养蜂的时候曾是最大着眼点的采蜜效率的提高以及高收益这些作为最根本的目的，这一点是不是应该引起关注呢？在这里面，和使用土蜂的原有养蜂一样，可以看出使得业余时间充实的这一意向性。可以说这种情况是在西方近代洋蜂是立志于与原有养蜂共存的，并且是以不伴随转地的形式被引进来的背景之下的。

# 火葬受容と葬墓制の再編

## 徳丸　亞木

## はじめに

　本項では、廿八都鎮と同じく、龍游三門源村における葬墓制と、その火葬受容における再編についての報告を行う。本報告においても、まず、聞き書き、および観察によって確認出来た三門源村の葬墓制のありかたを記述した上で、火葬受容についての若干の考察を試みる。なお、聞き書きは、主に翁栄林氏（1933年生まれ）、翁国梁氏（1918年生まれ）、翁培元氏（1955年生まれ）、葉浩林氏（1943年生まれ）を対象として行った。本稿においても語りの内容を項目として要約した上で個別に記述し、末尾に括弧で語り手の名を付した。

## 1. 宗族の祭りと祠堂

　**三門源村について**　三門源村は三門源村里、烏山坪、流坑源、穹里塢に別れる。明朝時代、洪秀全が武装蜂起し多くの者達がこの地で死亡し、生き残った者達がこの村を作って来たと伝えられる。杏花村と呼ばれていたが、武装蜂起の際に的を防ぐ為に土壁を周囲に巡らし、入り口に三つの門を建てたので三門源村と呼ばれる様になったと言う。翁姓と葉姓という二つの宗族があり、それぞれ祖先の牌位を祀る祠堂を有しているが、現在、翁姓の祠堂の管理は宗族では行っておらず、地区の老年活動室として利用されている（翁栄林）。

　**翁姓と祠堂**　翁姓は元、建徳市寿昌鎮から宋代に移住してきた青山翁氏であり、周昭王之後青山公之派であるとされる。曾ては10戸ほどであったが、今は40戸以上に増加している。一番古い翁姓の家は翁国梁家で、現在五代目である。移住して来た初代が、老大、老二、老三、老四の四名の息子をもうけ、そ

こから一族が増え、大きな姓となったとされる。正月になると、翁姓の子孫は祠堂に集まり、爆竹を鳴らして揃って先祖を祀った。家々にも、先祖の牌位が祀られていたが、「文化大革命」の折りにすべて焼却された。祠堂の牌位や族譜は燃やされずに済んだ為、今でも残されているが、現在、祠堂は管理組合で管理されている為、残された牌位も翁姓が自由に出来るものではなくなっている。かつては族長が祠堂を管理した（翁栄林）。

**字輩** 祖先から貰う字を字輩と言うが、翁姓では、始祖以降、それぞれの世代に応じて祖先から受け継いだ字輩が全て決まっている。本来は、字によって名前を採るが、今は必ずしも用いられていない。翁姓の字輩は以下の様に定められている。顕字輩（この地に移住した初代。建徳市には30代以上居住していた）、達字輩、恒字輩、光字輩、裕字輩（翁国梁氏の代）、中字輩（翁栄林氏の代）、和字輩（息子の代）、履字輩（孫の代）、吉字輩（曾孫の代）、祥字輩の順となる（翁栄林）。

**祭祖** 正月1日に家で行う先祖の祭を祭祖と言う。家で祭祖を行った後、掃墓（墓掃除）を行う。年齢が高い者から小さな子供まで、一代一代が並んで拝礼を行う。外では爆竹を鳴らし、線香を焚く。拝んだ後に皆で菓子や落花生を食べる。祖先を祀る際には女性は加わらない。正月の祭りの後には集落の人々に饅頭を配るが女性には配らない。正月には女性は墓を拝んではいけない。未婚の娘も同様である。改革開放が進んだ今日では、女性も加わる様に変化した（翁栄林）。

**墓地の祭り** 墓で祭を行うのは、正月の祭祖の他には、①清明節、②七月半（新暦七月十五日）、③冬至である。墓は家庭それぞれにある。男性子孫は祠堂の掃除を行う。封建的には夫婦の内、妻が死亡し、夫が存命の場合、夫は妻の墓を参拝する事はない。また、その妻の墓に後から夫が合葬される事も無い。また、跡継ぎが生まれて100年の間は女性子孫がその跡継ぎの墓を掃除しなければならない。（翁栄林）。

**清明節** 清明節には、祖先の牌位を祀る祠堂で祭祀を行う。清明果、紙銭（冥紙、土紙）、錫箔を供える。紙銭は中国の古代のお金である元宝の形を表す。金紙や銀紙を折って作る。紙銭は墓前で燃やす。燃やす数は決まっていないが、裕福な者は100枚は燃やす。夫婦の墓ならば、それぞれの墓前で燃や

す。冬至と七月半も同様である。墓前で祭祀を行った後、石や土を墓の前に置いて、「温かさ」を与え、子孫が祀った証拠とする。土葬であれ火葬であれ行う。7月半には特製の米糕を供える（翁栄林）。

**女性と祠堂の祭祀** 翁姓の嫁になる女性も、その出自が明確な者でなくてはならない。女性は婚姻後も翁族ではなく姓は変えない。祠堂で祀る先祖は全ての翁姓の先祖である。祠堂は宗家男性が中心となって祭祀する。祠堂の祭祀には女性は加わらない。墓参りの時には拝んでも良い。翁姓の子孫は集落の外で働いている者が多いが、祠堂での祭礼の際には必ず帰る。妻が死亡した為、男性が再婚する場合、再婚相手の女性は、その地位が前妻より高くなくてはならない。息子をもうけた後、夫が亡くなった妻が再婚する場合には族譜から外す。夫が死亡した後も再婚しない女性は族譜に書かれたまま姓を残され、貞淑であるとの美称が与えられる（翁栄林）。

**一族の規約と葬墓制** 一族には規約があり、その規約を守っていない者は死後その棺桶に蓋をする事が許されず埋葬も出来なかった。翁姓である事を認めて貰えないと、出生地が不明扱いとなり、遺体は埋葬出来ないまま腐敗して行く事になる。20歳前後の既婚男性が無子で死亡した場合、その財産は兄弟の息子が相続し、その墓の祭祀も引き継ぐ。その様な息子を侄子と称する（翁栄林）。

## 2. 葬礼の過程

続いて三門源村における葬礼の過程について聞き書きを中心に記述する。ここでの話者の語りも基本的に土葬時代からの伝承を中心としたものであり、火葬受容後の変化については、共同墓地の利用形態の特徴と共に後ほど報告する。

### (1) 鬼と異常死者

**鬼の種類** 死者霊を総合して鬼と称する。水死者は淹死鬼、首吊りの死者は吊死鬼、出産で死んだ者は産婦鬼と称される。いずれも不自然な死に方をした者であり鬼となる。葬礼の方法は通常と異なるところはない。陰間については、伝説の様なもので、実際に行った事もないから良くわからない。死者が陰間で生活出来る様に、色々な紙で作った道具や銭を燃やして送るが、陰間はどの様な生活かは知らない（翁栄林）。

**若年者の葬儀**　8歳から11歳までの子供の死者霊は短命鬼であり、下殤として葬礼も行わず埋葬のみ行う。12歳から15歳までの死者霊も同じであり、中殤として葬礼を行わない。16歳から19歳までの死者霊は短命鬼ではあるが、長殤であり葬礼は行う。下殤で葬礼を行わない場合には、遺体を山の中に遺棄する事もあった。その様な例を実際に見ている。草で編んだムシロに遺体を包み、運んで捨てたり、穴を掘って埋める場合もあった。他の者には知られないように密かに行うものとされる。家族にも名誉がある為、短命鬼を出した事が知られ家族の名誉を傷つける事の無いように配慮する。親が子供を産み、育て、成人させる家庭が正常であり、育てられずに子供が死んだ家庭は親に何か問題があるのではないかと言われる事もある。短命鬼の別称としては、討債鬼という言い方もある。これは、借金取りの事であるが、親がお金を掛けて育てたにも関わらず、親の扶養などの子供としての役目を果たさずに早世し、親に対して借金が残ったままであるからとされる。短命鬼の魂は生者に事故や病気を引き起こす事があるので、道士に超渡を行ってもらう事もある（翁栄林）。

**独身死者（孤魂野鬼）**　結婚して死亡した女性は、その嫁入りした家系の祖先となる。祠堂には牌位は祀らない。族譜には、昔は女性の場合は姓のみが記載されたが現在では名前も書かれている。独身で死亡した娘は族譜には記載されない。墓には姓のみが彫られ、名前は彫られない。18才以前に死亡した娘の場合は、そのまま土葬して墓石すら建てなかった場合もある。短命鬼と呼ばれる。年をとっても嫁に行かなかった女性も翁姓宋家に恥をかかせた事になるのでかつては墓は作らなかった。子孫も無く、親もその娘を先祖祭で祀る事はない。頼る者も無く、家も無く、子孫も無い為、命日に祀る者もいない死者は孤魂野鬼となる（翁栄林）。

## (2)遺体処理と入棺

**死の知らせ**　人が死ぬと、里に知らせる。これは戸籍を抜く為である（翁国梁）。また、集落には冠婚葬祭の世話役を務める女性がいるので、その女性に知らせる。翁姓では、翁冬英（73歳）がそれを勤めている（翁栄林）。

**遺体の処理**　遺体に着せる服を做寿衣と称する。鞋を履かせる。何れも綿で作られる。昔は60才になると、従福として棺桶を用意した。遺体は、お湯とタオルで洗った後、做寿衣を着せる。遺体を洗う水は、集落外にある湖か川から

汲んで来る。家の水を使ってはいけない。水を汲んだ後、硬貨を一枚、その場に置いて来る。水を買った事を示す為で、硬貨は何でも良い。遺体は死者が生前用いていた寝台に、布団を下に敷いて横たえる。遺体を横たえた後、古代の銅銭を赤い紙で包んでその口に入れる。陰間で閻魔大王に会う時、お金を渡す為である（翁栄林）。

**葬礼と風水師**　現在、風水の判る人に葬礼の風水は判定して貰っている。墓の位置や出棺の日時も風水師が判断した（翁栄林）。土葬の際には、風水師に墓の土地を選んで貰わねば悪い影響が子孫にあるとされていた。家を破って人が死ぬなどと言われる。これを信じない人もいるし、自分で風水を選んだ事もある。墓を遷す事もある。ある風水師に墓を選んで貰い、家での出来事が良くない時には、別の場所を選んで貰う事もあったと言う（葉浩林）。翁姓族長の国梁氏も風水を観る事が出来、一族の経理を務める息子も同様である。死者、その息子、娘の出生日時などから、通夜の期間を定める。風水を観るのは死者の子孫の幸運を祈る為であり、墓地の位置を決める際や、葬礼、結婚など様々な機会である。国梁氏は現在92歳であるが、師匠の風水師から指導を受けた事はなく、16歳頃から自身で書籍を読み、風水の知識を身に付けた。10年ほど掛けて族譜まで自分で読める様になった（翁栄林）。

**守夜**　通夜を守夜と称する。最短で一晩、長い場合は七晩以上の事もある。かつては短くとも三晩は行った。遺体には、蝋燭、山盛りの御飯に立てた線香、野菜で作った提灯（油に浸した木綿糸の芯に火を付ける）、鶏と豚の肉、御飯の上に干した豆腐をのせたものなどを供える。遺族が拝む順番など、全て決めておく。守夜の間、毎日、長男、次男、三男の順に拝礼するが、特に、最初の守夜には、家族・親族が順に全員拝礼し、出棺の際にも拝む。絶えず泣かなくてはならない。線香も絶えず燃やさなくてはならない。燃やしている線香の火が消えそうになると、拝んで線香を新たに焚く。家族ではなく親戚の者が線香を焚く。また、夏など遺体からの臭いを防ぐ為に樟の木の皮を遺体の側で燃やす。入棺の前に、棺桶の蓋をいつ掛けるかを風水師に相談して決めてもらう。この時間は厳しく決められている。この時間を厳しく定めるのは末世まで子孫が繁栄する為である。また死者も次の世で人となる事が出来る事を願う意味もある（翁栄林）。

**道場**　出棺の前の晩に、道士を呼んで道場を行う事がある。道場は亡霊を超渡する為に行う。道士は3kmほど離れた集落の黄卸富（40歳）である。祖父の代から道士を務めている。息子が継ぎ、娘には伝えられない。道場を行う際には、豚の頭、ガチョウ、鶏、アヒルの肉から三種を選んで供える。また万頭、粽、菓子、果物、煙草（生前喫す場合）を供える。五名の楽団が銅鑼を鳴らし、喇叭を吹き、道士は剣を振り回しながら経文を唱える。また符を燃やして駆逐邪を行う（翁栄林）。

## (3) 葬列

　**出棺（出殯）**　遺体を入棺すると出棺となる。遺体を棺に入れて、子孫が順に拝礼し、布団を遺体に掛ける。棺桶には、遺体を入れる前に、石灰と木炭を入れておく。遺体を入れた後、息子が布団を掛ける。もう一度、遺体を皆で見て、風水師が決めた時間に蓋をする。出棺の時間も風水師が決めるので、蓋を閉めた後、時間が来るまで待っておく。一度蓋を閉めると二度と開けてはいけない。出棺に際しては、子孫が家の外に並び、跪いて酒を献げる敬酒を行う。道士が経を唱え、楽団が銅鑼を鳴らす。三門源村近くの集落では、手提げ籠の中に線香を立てる椀を入れて墓まで持って行くが、三門源村では、棺が家を出る時に線香を立てる腕を割る。棺は四名の八仙（四仙とも言う）が担ぐ。棺の左右を長い棒で挟み、前後左右に一名ずつ付く。横棒は用いない。棺の上には赤い布を掛ける。扁担と称して、生きた鶏など供物を天秤棒で運ぶ（翁栄林）。

　**布団・衣類の処理**　死者が生前に使っていた布団や衣服は全て燃やして処分する（翁栄林）。

　**葬列**　開路（籏を掲げた親族）、葬列は銅鑼を鳴らす者、棺桶を担ぐ八仙、親族と続く。籏は長男が持つ。別れ道（盆路）に葬列が差し掛かると冥紙を捨てる。これは印の様なものである。谷間や川に掛かった橋の上でも冥紙を捨てる（翁栄林）。

## (4) 埋葬

　**埋葬（大殯）**　埋葬は斜面に横穴を掘り、そこに棺桶を横に納める。墓穴を掘るのは、部屋を建てるのと同じであり、墓を作る「左官」が穴を掘る。棺桶を墓穴に納める前に、草を墓穴で焚いて湿気を除き、虫を防ぐ。墓穴の一番奥には、死者の出生日時、死亡日時、子供や家庭の状況について記した煉瓦（地

契）を赤い布で包んで納める。棺桶は、墓穴に対して真っ直ぐに入れなくては
ならず、傾いてはならない。棺桶を納めた後、お茶、米、稲藁も納める。碑を
立てて墓穴を塞ぐ。墓前には、祭壇を設ける。墓を作った者達には赤い布で包
まれたお金である紅包を配る。（翁栄林）。

　**霊屋**　墓場では、爆竹を鳴らして、紙で作られた建物や自動車など陰間に送
る死者の財産を燃やす。これを霊屋と称する。火を着けると直後に線香を立て
た御飯の椀を火の前に供える。再び爆竹を鳴らし、万頭を皆に配布する（翁栄
林）。二つの箱を作っておき、夫婦の内、一人が先に死亡した際には空いた方
の箱に香火を焚く。箱は竹で作られ、白や赤、金など七種類の色紙を貼る。家
の様なものであり、これを墓に持って行き燃やす。死者の家となるものであ
る。この家の部屋にはテレビや家財道具がある。また金色の箱には洋服や靴を
入れ、これも燃やす（翁培元）。

## 3. 火葬受容による葬墓制の変化

　以上、断片的ではあるが三門源村の葬制について報告した。三門源村では火
葬は1998年7月に始まったと言う。1997年に火葬に切り替える通達があり、ま
た葬礼を簡略にするように指示が来た。三門源村の各戸には宣伝資料が配付さ
れ、テレビやラジオでもその件が宣伝され、周知された。以下、話者の語りよ
り、火葬受容による葬礼の方法や、墓制の変化について報告する。

### (1) 火葬の過程と火葬場

　**火葬の過程**　火葬場は公営であり、龍游県では城東に一個所のみ火葬場が作
られ、三門源村でもそこで火葬を行っている。廿八都鎮の場合と同じく、三門
源村でも死者の遺体は自宅から火葬場へ運ばれ、火葬骨となって生前居住して
いた家屋に持ち帰られ、そこでの儀礼の後、共同墓地に送られる。ただし、共
同墓地に骨を送る日時は風水師が決める為、少ない例ではあるが火葬場から直
接、共同墓地に送られた事もある。火葬場に死者が出た事を親族が連絡すると
車が手配され、それで遺体を運ぶ。裕福な家では、火葬場で遺体に死化粧し告
別式など儀式をしてもらうが三門源村では、あまり例はない。火葬場には専属
の楽団もいる。火葬した骨は骨灰盒に納める。親族の者は骨灰盒とともに火葬
場から帰る。火葬後は自宅に少なくとも七日間置いておく。家には祭壇を設

け、骨灰盒を置き、朝、夜の二回線香を焚く。死者の寝台に骨灰盒は置かず、直接、祭壇に置く。寝台は燃やして処分してしまう。供える物は無く、線香のみを焚く（翁栄林）。

**火葬の費用**　里から龍游五爪龍にある火葬場にバスで向かうのは午前8時頃が多い。火葬場までは40kmほどあるが、早ければ午前11時頃には戻って来る。火葬を行う日時については風水師が指示する事はない。当日の受け入れの数により時間が変わる。空いている日は火葬場に到着すると直ぐに火葬となる。火葬場では、職員が蝋燭などを捧げ、火葬炉に遺体を送る。関係者が炉が見える処に入る事は許されていないが、自分（翁国梁氏）の母親が21年前に死亡した時には、職員に頼み込んで炉に遺体を入れるところを見せて貰った。火葬場での火葬には高額料金の火葬と通常料金の火葬とがあり、高額料金の火葬の場合は親族が炉の近くまで入る事が出来る。通常の火葬で1400元程である。遺骨は骨灰盒に納められて渡されるが、通常で600～800元、高いもので数千元する。これらの費用は息子が分担する。葬礼で喪家を訪れた里の人々からもお金を出して貰うので、その返礼に土産物を用意する。人一人が死亡すると、全てを終えるまでに1万5千元から2万元かかる。私の父の葬礼では2万5千元かかった。また、火葬を行う事でかなりの経費負担が遺族に必要とされる様になった為、貧しい家では、骨灰盒も買わず、白布で遺骨を包み持って帰る場合もあった。（翁国梁）。

## (2)骨灰盒と葬列

**火葬受容後の変化**　火葬が始められたばかりの時（1998年当時）には、葬礼の方法はかなり簡略化されたが、その後、徐々に儀礼の方法などを調えて行った。長男が赤い布を掛けた骨灰盒を持って傘を差し掛けて運ぶ方法は、1998年当時からそうだったが、葬列に銅鑼も無く、八仙も無くなり、爆竹などは鳴らさなかった。自分の母親の葬儀を行った2001年には葬列を組んで送った（葉浩林）。

**骨灰盒**　火葬場で販売している骨灰盒の大きさは高さ30センチ、幅20センチ、奥行き40センチ程の箱形である。この中に、火葬骨が全て収まっている。骨の入った骨灰盒を渡されるとその場で経文を唱える。火葬場の楽団が哀悼の音楽を奏でる。火葬場からバスへと移動する際も楽団が音楽を奏でる。骨を家

に持ち帰ると、祭壇の上に置く。祭壇から見て男性は左側、女性は右側に置く。死者が生前に用いた寝台に置く事はない。直接、祭壇に置いている。この時、死者の顔写真も祭壇に飾る。遺骨には、蝋燭、三杯茶（砂糖水）、菓子、水菓、ビスケット、リンゴなどを供える。吉日に煉瓦の契約書を風水師が作ると、死者の部屋の床に墓石とともに置いておく。風水師が遺骨を墓に送る日を決めるが、火葬から十日後の事もある（翁国梁）。

**骨灰盒の置き方**　1998年の葬礼では、遺骨は祭壇の上に男性は左に、女性は右に置いた。この様な置き方は土葬からの影響である。寝台の上には置かなかった。骨灰盒を床の上に直接置くのは良くないので、椅子の上など高いところに置く。祭壇に向かって骨灰盒の高い面が向けられる。これも土葬で死者の頭を祭壇に向けるのと同じである。祭壇には、蝋燭、線香、紙銭、果物、砂糖水などを供え、墓に送る日には三杯茶を供える。死者と家族のパーツーで墓に遷す日が決まるので、死ぬと直ぐに風水師に観て貰い日時を決める（葉浩林）。

**葬列（登位）**　火葬受容後の家から墓場へと向かう葬列は基本的には土葬の時と同じである。墓に向かう葬列の出立から墓に骨灰盒を納めるまでを登位と称する。遺族は白い斗、巾を被り、白い服を着る。遺骨と煉瓦にはそれぞれ傘を差し掛けるが、遺骨は死者の長男が運び、地契は長女の夫が運ぶ。いずれもそれぞれ傘をさす。葬列は、葬列を導き路を開く分路標（寿服を纏い黄色の小さな紙を巻き、死者のものとなった事を示す竿を持つ）、骨灰盒を運ぶ長男、銅鑼（楽団）、息子達、娘達、従兄弟、孫、五名の道士と続く。地契（煉瓦の契約書）は、葬列の前に出発する。分路標は、現在では、葬列の道々で一角の銭を撒いたりする役目も持つが、以前はこれは行っていなかった（翁国梁）。

**旋棺林**　土葬であっても火葬であっても、墓に棺や骨灰盒を納める時間が風水師により定められ、それに合わせる事が必要である為、集落の中で棺桶や骨灰盒を止めて、その周りを葬列が回る旋棺林を行なう。村の出入り口などで、椅子の上などに棺桶や骨灰盒を安置し、右回りに三回半、左回りに三回半、計七回その周りを葬列が廻る。土葬の際には、棺桶の高い面を集落の外方向に、低い方を集落の方向に向けていた。火葬になった後は、骨灰盒の高い面が集落の方向を向くように置くようになった。1998年の段階でも、骨灰盒を対象に旋棺林は行った。土葬の際には、家から棺桶を出す際に、頭の方向（棺桶の高い

側）から先に出す。これは頭の方が重くて運びにくい為、重さを支えられる様に前にする。村境でもこれに倣った。火葬になって高い面を集落に向ける様になったのは、その面に飾りがあって綺麗だからである。特に風水師などに相談する事もなく、その方が綺麗だからその場でその様に置く事にした（葉浩林）。

　墓への通り道の中で広い場所や集落からの出口を選んで椅子に置いた骨灰盒を中心に葬列が、時計回りに三回、反時計回りに三回、計六回、廻る。これは土葬の時にも行っていた。墓に到着し、骨灰盒を墓穴に入れる時刻は風水師が決める。地契も墓穴の奥に納め、その後で棺桶を入れる。地契に文字を記した面を遺骨側に向ける（翁国梁）。

### (3) 風水師と火葬

**火葬の時間と風水師の指示**　火葬になっても、基本的に葬礼のやり方は同じであるから困る事は無かった。火葬では遺体を家から火葬場へと運ぶ必要がある。遺体を火葬場へと送る時間は、風水師が決めて、時間通りに迎えの車が来るように火葬場に連絡するのが良い方法であるが、火葬場の都合で何時に来るかはわからない事が多い。出来れば風水師の決めた時間が良いが、急がせて事故があっても良くないので無理は言わない。その場合、風水師が火葬場への遺体の運び出しを例えば2時を指定していた場合は、その時間に遺体を少しだけ動かして、遺体を運び出した事にする。遺体を出す日が、家族のパーツーや死者のパーツーにより翌日や翌々日に風水師から指定される事もあるが、その場合は遺体を腐敗しないように保存する保冷庫が火葬場から準備され、その日まで待つ事は出来る。火葬場で遺骨を受け取る時間は、風水師に観て貰っても実際に指定は出来ないので、指示を受ける事はない。対して、火葬骨を家に入れる時間は、風水師が指示し、その時間とする。風水師の関与としては、土葬の際は、遺体を入棺する時間、墓に送る時間、墓を作る時間、墓に棺桶を入れる時間である。火葬の場合は、火葬場へ送る時間、墓を作る時間、墓に送る時間、骨灰盒を入れる時間である（葉浩林）。

**地契と風水師**　墓を買った事を示す契約書が地契である。土葬の際には改葬の為、墓を壊す事もあり、長く墓の中に残る契約書が必要であった。売り手と買い手の間で取り交わす紙に記した売買契約書ではなく、風水師が死者の出

誕、死亡の時間などを見て吉日を判断し、その日時に煉瓦に死者の氏名、住所、出生・死亡日時、墓を購入した証明などを墨で書き、鴨の卵白を塗って乾かしたものを墓に納める。墓に納めるのは、墓を作る左官で、地契の方位は羅針盤を用いて風水師が定める。土葬が行われていた時には、地契は白布で包んで墓穴の奥に納め、その手前に棺桶を納めた。葬列では、死者の長女の夫が白布で包んで捧げ持ち、直射日光が当たらないように傘を差し掛け、行列の最後尾を歩いた。遺骨も同じであるが、死者の所有物も陽光にあててはならない。火葬になっても煉瓦で地契を作る。火葬場には運ばず、家から墓へと親族の（遺骨は長男が運ぶ為、次男以下）一人が傘を差し掛けて運ぶ（翁国梁）。

　地契は煉瓦で作る。煉瓦を用意するのは家の者であるが、文字を書くの風水師である。男性は「天」であり、煉瓦に右回りに丸く字を書いて行く。女性は「地」であり、上から下へ、下から上へと縦に文字を書いて行く。筆を用いて墨で書く。彫り込むものではない。文字を書いた後は、鴨の卵白を線香を刷毛の様に用いて塗る。風水師が煉瓦に文字を書くのは、墓に遺骨を送る日の前である。入れる前には作っておくが、特にその時間などは決まっていない。風水師の自宅で書いて、遺族が受け取りに来るか、風水師を喪家に呼んで、遺骨を置いてある部屋で書いて貰う。人が死ぬと必ず風水師に連絡を入れるが、これは墓へ送る日を決める為でもある。墓所で、墓穴に地契を納める際に、風水師がその位置を指示する事は今は行っていない。地契は、墓穴の奥に入れ、その前に遺体の頭が向くよう棺桶を納める。火葬で骨灰盒を納める際も、地契は墓穴の奥に納める。地契は倒れる事の無いように、奥の壁に立て掛ける。火葬になった当初は、地契の下に黄紙を敷いた（翁培元）。下の写真1は、翁国梁氏の手による地契信行の手控えである。

## （4）納骨と分金

　**墓への納骨**　骨灰盒が墓に着くと、左官が地契をまず墓穴に入れ、ついで骨灰盒を受け取って納骨する。地契をはめ込む穴が事前に設けてあるものと、そうでないものがある。文字が書いてある面を表にして納める。地契には男性のものは丸く文字が記されるが、女性のものには上下縦書きの文字と、その四隅に東西南北が書いてあり、これを実際の東西南北の方位に合わせる。素人が入れても良いが、本来は風水師の仕事である。近年では、地契は、墓石と同じ石

で作る場合もある（葉浩林）。

**分金**　墓穴に骨灰盒を納める位置を定める事を分金と称する。墓は天干であり、骨灰盒は地支である。死者の干支には関係しない。共同墓地の場合は、墓の天干が全て同じであるから、分金も同じとなる。共同墓地は風水的に良い位置にある。土葬の際には、墓は位置がそれぞれ異なっていた為、その中に納める棺桶の分金も慎重に行った。棺桶には中心を示す線が蓋に引いてあるので、その上に羅針盤を置いて分金を行った。土葬の際には長男が遺体の頭を支え、四仙が両手、両足を支えて棺桶にまっすぐに入れる。曲がって入れてはいけない。入棺の時間は、死者の年齢、生年月日と誕生時間で決める。火葬に用いる骨灰盒の上にも十字の線があり、羅針盤を置いて方位を確かめる事が出来る様になっている。骨灰盒の中の遺骨は灰になっているので、遺体のように並べられていない。一度納められた遺骨を開けて確かめる事はしない。遺骨の箱は、両端に高さの差が付けられており後ろ（墓穴に納める際に奥に向けられる面）が高くなっている。木棺の場合も遺体の頭が納められる方向が高くなっており、これは古代の家の形に似ている。墓も家も同じものである。骨灰盒は、最初からこの形となっていた（翁培元）。

**火葬に対する意識**　火葬を行いたくて行っている訳ではない。特に年寄りは火葬より土葬を望んでいるが、政府の命令には従っている。火葬にする指示が出てからは土葬で埋葬された者はいない。もし土葬を行うと罪に問われ逮捕され、罰金を払わなくてはならない（翁国梁）。

以上、三門源村における火葬受容後の葬礼や墓制の変化についての話者の語りを整理した上で報告した。その内容を簡略に要約するならば、以下の特徴をあげ得よう。

1）火葬受容の当初は、葬送儀礼は非常に簡略化されたが、しかしながら、それから12年ほどを経た2010年現在では、多くの儀礼的行為が火葬骨を納めた骨灰盒を中心として再編されている。

2）火葬の受容により火葬骨を納めた骨灰盒が火葬後の儀礼の中心となるが、廿八都鎮の葬礼に見られる様な、骨灰盒を一旦寝台に置く過程は、今回、調査した話者からは確認出来なかった。

3）骨灰盒は、木棺を模したものと意識されており、死者の遺骨が納まる家

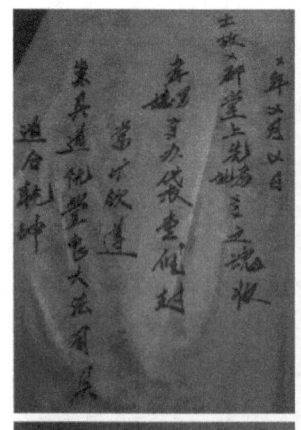
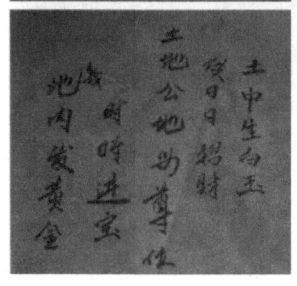
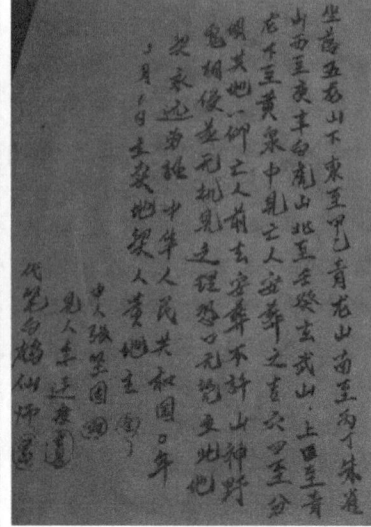
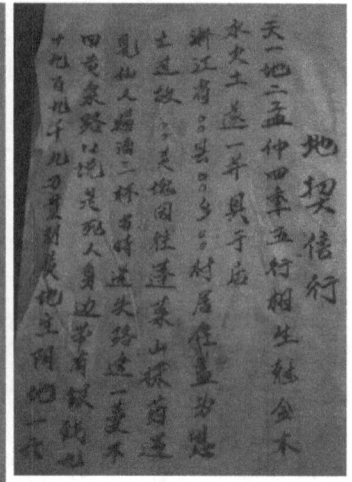

写真1　地契信行

屋とも考えられている。墓へ骨灰盒を運ぶ途中で行われる旋棺林では、土葬当時は木棺に納められた遺体の頭の方向が意識され、集落に対して木棺を置く位置が定められた。火葬受容後は、骨灰盒の中の遺骨は元の遺体の形状に即した納め方はなされてはいないものと推測されるが、墓への納骨に際しては、木棺を埋納する際の方位性と対応する形で骨灰盒は墓穴に納められ、分金が行われる。ただし、旋棺林に際しては、骨灰盒の飾り文字が集落方向を向くようにとの理由から、木棺の際とは逆の置き方としており、変化が見られる。

4) 火葬受容後においても風水師は葬礼に関与している。共同墓地に骨を埋納する為、墓地選定を行う必要はなくなっているが、遺体を火葬場に運ぶ時間や、遺骨を墓に納める時間などを決定している。また、墓地を死者が利用する権利を示す地契の習俗は火葬になっても継続されており、その制作には風水師が関与している。

さて、火葬受容に際しては、共同墓地が造成され、死者の遺骨はすべて共同墓地に納骨される事となった。本項の最後に、三門源村の共同墓地について報

告を行うとともに、若干の分析を試みる。

## 4. 共同墓地の墓碑に見る墓地利用の変化

### (1) 三門源村の共同墓地

**三門源村の共同墓地**　三門源村の共同墓地は東西二個所にある。同村の場合も廿八都鎮と同じく、共同墓地の造成とそこへの納骨は政府の命令による。かつては山に個別の墓を建てていたが、今では全ての死者の骨を公的な墓に納める様に定められている。

　西の墓地は、火葬となった1998年以前に造成されたと言う。東の墓地は、墓碑の記銘から確認すると2008年3月1日に利用が始まっている。西の墓地が一杯になってしまった為、東の墓地が造成されたと言う。東の墓地は、集落から東側方向へ約0.5km離れた標高150m程の山稜南側傾斜面を造成したものである（写真2）。この場所に近接して、規模が大きく煉瓦で傾斜面に壁面を形作った墓が散在しており（写真3）、共同墓地の造成以前からこの場所が墓地として用いられていた事が伺われる。

写真2　三門源村の共同墓地

　三門源村の共同墓地は、傾斜面を階段状に造成し、その壁面に一定間隔で墓穴を穿ち、その前に墓碑を建てている廿八都鎮の共同墓地とは異なり、なだらかに造成されており、特に大型の墓碑が集中して並ぶ共同墓地東側区画（ここではこの区画をA区画とする）では墓碑も比較的ゆとりをもって並んでおり、

一部分はランダムに墓碑を配した印象を受ける。壁面に墓穴を穿つ形の墓よりも、地面に比較的大型の廟型の墓碑を建てている例が多い。その大型墓碑が並ぶ区画の西側斜面の棚状の造成区画（この区画をB区画とする）には、コンクリートで固めた地面に箱型の小型の墓碑を立てた例や、あるいは石板状の墓碑を直接地面に埋め込んでいる例が多い。墓地の一区画を利用するには300元以上を政府に支払う必要があり、これには墓碑などを作る費用は含まれてはいないと言う。

　翁国梁氏の説明では、三門源村の東側の共同墓地は一人用の墓地、西側の墓地は二人用の墓地として利用されると言うが、実際に東側の墓地を観察したところでは、一人用の区画も見られるが、夫婦合葬の墓碑もあり、厳密にその様に区分されている訳ではないようである。土葬で夫婦合葬の場合は、墓を二つに別けて、夫婦の内、男性が死ぬと墓から見て左側に納骨し、右側に妻を納骨すると言う。妻が先に死亡した場合、夫が死なない限り、そこには墓碑を立てないとされる。観察では、夫が先に死亡している場合は、妻の名が入る部分の墓碑の文字を刻印しないでおいたり、赤字として、弁別している。

　**墓碑**　墓碑は個人個人が購入すると言う。三門源村ではなく、火葬場に隣接して墓碑を加工販売する業者があり、そこに依頼する場合が多いと言う。事前に依頼をしておくと、遺体を運んでいる間に加工を始め、火葬が終わる時には、既に彫り上がっている。現在はコンピューターで文字を加工するので非常に早く、極端に言えば火葬を終えた遺骨とともに墓石を持って帰る事も出来る。墓碑は600元から1000元程で用いる材料や大きさで価格も異なる。

　**共同墓地の選定と風水師**　共同墓地を造成する際の場所の選定は、風水師が行っている。1997年に火葬に切り替える通達があり、1998年の3月頃に共同墓地の場所を造成した。三ヶ所ほど風水が良い土地を風水師が選んだ。いずれの土地も個人の所有であったが、土地の所有者と里が交渉して二番目に良い土地を購入したと言う。費用は里が負担した。以下は、風水師による墓地選定の説明である。

　「三門源村の共同墓地を選定する際には、私が里の担当者の依頼を受けて風水を観た。家を選ぶように墓も選ぶ。家を造る事が出来れば、墓も造れる。共同墓地は広く、その内は多くの区画に別れるが何れも風水的に良い場所である。

写真3　共同墓地近くの古い墓

陽間是一片、陰間是一間という言葉がある。墓には全体に大きな面積が必要であり、そういう所が人の住む場所のように風水が良いものである。その中から一つ一つの場所を選ぶのが良い。墓地に遺骨を納める日時も私が風水を観て決めている。本来は、墓地の風水によって納める日時も変わって来るのだが、共同墓地は地形も決まっているので、どの区画に納められるかにかかわらず墓地そのものを観る必要は無い。納める日を死者の干支などにより判断する」

　**墓碑の遺影**　墓碑には現在、殆どの人が遺影を焼き付けた陶片を嵌め込む様になっており、翁国梁氏によれば、これは近年の傾向であるが、1998年当時も僅かにあったと言う。火葬場や政府からの勧めで始まったものではなく、その経緯は十分確認出来ていない。現在では、生前撮影していた写真から良いものを選んで持って行き、墓碑を彫る際に依頼しており、墓によってはカラー写真の遺影も見られる。国梁氏は、死者の遺影が墓碑にあると、子孫がその墓が自分の家系の墓である事が一目で判り、また、その死者の生前の人となりを知らない子孫に、その顔立ちを教える事が出来るなど、肯定的に捉えている。

### (2) 墓碑の様式

　続いて、実際に観察が出来た三門源村東側共同墓地の墓碑の形態を整理する。なお以下の墓碑名称は、あくまで墓碑分類を行う為の作業上の仮称である。

　①**廟型墓碑**　緩やかな傾斜面に大型の廟状の墓碑を建てている形（写真4）。墓碑の前には、寿・福の文字を刻んだ石板が置

写真4　廟型墓碑

・449・

かれている。墓碑の背後は、コンクリートで形成された低い壁面となっているが、墓穴は墓碑の下に設けられているものと思われる。規模が大きく、墓によっては広い面積を専有している。夫婦が合葬されているものと、単独の死者を葬ったものとがある。また、夫婦を合葬する予定ではあるが、妻が生きており、その名前を彫るスペースを空けているものや、あるいは死者の名は黄色、生者の名を赤とし、生者の名の上に紙を貼って隠しているものなどがある。ここでは仮にこの形状の墓碑を廟型墓碑とする。

②箱型墓碑　緩やかな傾斜をコンクリートで堅め、そこに石板を組んだ箱状の墓碑を置き、上面に墓碑銘を刻んだもの（写真5）。この形の墓碑はすべてが同一形状ではなく、飾りや遺影を嵌め込む場所に若干の違いが見られる。この墓碑には、単独の死者の墓であるものと、夫婦

写真5　箱型墓碑

の名を死者と生者とで黄色と赤色に色を違えて彫っているものが見られる。この場合も墓穴は墓碑の下に設けられているものと思われる。この形状の墓碑は、A区画に集中する①の廟型墓碑とは区別されたB区画内に一列に並んで設けられている。ここでは仮にこの形状の墓石を箱型墓碑とする。

③平置石板型墓碑　②と同じく地面をコンクリートで固め、その上に墓碑として石板を平置きしたもの（写真6）。②より更に簡略な印象を受ける。単独の死者の墓であるものが殆どであり、また、キリスト教信者である事を十字架の線刻で示しているものが1例のみある。この形状の墓碑も、①とは区別されたB区画に設けられている。ここでは仮に、こ

写真6　平置石板型墓碑

の形状の墓碑を平置石板型墓碑とする。

　三門源村の共同墓地の墓碑は大きく以上の形態に整理出来る。

## (3) 墓碑から見る共同墓地利用の変化

　ここで三門源村共同墓地の墓地概要を表1として整理を試みる。短時間の墓地調査しかかなわなかった為、視認し撮影出来た墓碑は、土葬時代の墓を除いて32基である。先にも述べた如く、共同墓地区画は、旧土葬墓地に接し比較的大型の廟型墓碑が建ち並ぶ東側のA区画と、小型の箱型墓碑や平置石板型墓碑がある西側のB区画に大きく分かれる。

　**祀られる対象**　ここで、各々の墓に祀られている死者について墓碑への記銘から若干の分類を試みると、①個人名のみの記銘、②夫婦それぞれの記銘に大別され、更に夫婦の記銘は、②－1. 夫の生年、死亡年月日・時間のみ彫られ、妻については生年月日・時間のみ彫られているものと、②－2. 夫と妻双方の生年、死亡年月日・時間が彫られているものに大別される。この内②－1. は、夫が先に死亡し、その妻が死亡した際に同じ墓へ合葬する事を予定しているものと考えられ、②－2. は既に合葬を終えたものである（あるいは墓地を作った段階で夫婦とも死亡していたもの）と考えられる。これに対して、妻が先に死亡し、存命している夫の名が併記された墓碑銘は一つも確認出来ない。これは、妻が先に入った墓に後から夫が入る事はあまりないとする三門源村の話者の説明と合致している。

　（ただし、1番の墓は妻が2003年に死亡した後、夫が2005年に死亡、9番の墓は妻が2002年に死亡した後、夫が2009年に死亡しているので、移葬を行っていないとするならば妻が先に墓に入った事となるが、夫の死亡時点で墓碑を建てた可能性もある）。

　まず、個人名のみの記銘は20例であり、確認出来た墓碑の62.5％に見られる。この内、性別不明分2例を除く18例の内、12例、66.7％が女性名である。対して、夫婦の記銘があるものは、12例、全体の37.5％であり、個人名の記銘の方が倍近く多い。更に、後者の内、夫の死亡年のみあるものは9例（判読不可1例を含め）で、全体の28％、夫婦双方の死亡年があるものは3例で、全体の9％あまりとなる。

ここで墓地区画A、Bとの対応を見るならば、大型の廟型墓碑のみが並ぶA区画に位置する13例の内、個人名のみ記銘は7例、夫のみ死亡年のあるものは3例、夫婦とも死亡年のあるものは3例となり、夫婦とも死亡年のある墓碑はこのA区画に全例が位置する。

　小型の墓が並ぶB区画は、全19例の内、13例、約68％が個人名の記銘である。更に13例の内、性別不明分1例を除き9例約69％が女性名である。全19例の内6例、約32％は夫のみ死亡、妻は合葬予定の夫婦墓となる。

　**墓碑の建立年**　墓の建立年を整理してみると、A区画では、最も古い記銘が2002年3月（13番）であり、最も新しい記銘が2009年10月（9番）である。2007年や2009年の記銘であるが、これは夫婦の合葬が行われた際に彫られたものと思われる。いずれも先に死亡した配偶者の古い死亡年が彫られており、先に夫婦の何れかが死亡した段階で墓が建てられた可能性が高い。以上の推測に従えば、2002年に建てられた墓は6例、2003年1例（前述の本人2005年建立の可能性もある）、2004年1例、2005年4例であり、この墓地における墓碑の建立が2002年を皮切りに2005年度まで行われた事が判る。また2005年以降は、後に死亡した夫婦の片方の合葬は行われたが、新たな墓碑の建立は無かった可能性が高い（9番については前述の本人2005年以降の建立の可能性を残す）。これは、A区画がこの時点で多数の大規模な墓碑の建立によってかなり狭隘となった為であると思われる。

　同様にB区画について整理して見ると、最も古い記銘が2008年1月であり、新しいもので2010年10月である。夫婦を合葬済みの墓碑はこの区画には無いので記銘通りに整理するならば、2008年に建てられた墓碑は10例、2009年6例、2010年3例となり、この区画が2008年から現在に掛けて利用されている新しい区画である事が判る。両区画全体を通して見ると2006年と2007年のものが極めて少ない事が気に掛かるが、これが、三門源村の今ひとつの共同墓地の利用に関わるものか、それぞれの年の実際の死亡数の増減と関わるのかは現状では不明である。

## 表1 三門源村共同墓地墓碑分類表

| 番号 | 墓碑の形状 | 区画 | 祀られる者 個人記銘のみ | 夫婦記銘あり 夫死▲妻生○ | 夫婦記銘あり 夫生△妻死● | 夫婦記銘あり 夫死▲妻死● | 死亡年月日 | 遺影 | 冥紙 | 靴 | 花 | 線香 | 菓子 | 酒瓶(花立) | 煉瓦 | 杖 | 備考 |
|---|---|---|---|---|---|---|---|---|---|---|---|---|---|---|---|---|---|
| 1 | ① | A | | | | ▲(男性88歳)●(女性83歳) | 2005年乙酉月 2003年癸未月 | ○ | ○ | × | × | ○ | × | × | ○ | ○ | 夫婦各々に杖 |
| 2 | ① | A | | | | ▲(男性78歳)●(女性79歳) | 2005年12月 2007年10月 | × | ○ | × | × | ○ | × | × | × | × | |
| 3 | ① | A | ●(女性81歳) | | | | 2005年5月 | × | ○ | ○ | × | ○ | × | × | ○ | × | |
| 4 | ① | A | ▲(男性68歳) | | | | 2005年11月 | ○ | ○ | × | × | × | × | ○ | × | × | |
| 5 | ① | A | ●(女性41歳) | | | | 2004年10月 | × | ○ | × | × | ○ | × | × | ○ | × | |
| 6 | ① | A | | ▲(男性76歳)○(存命) | | | 2005年5月 | × | ○ | × | × | × | × | × | × | ○ | 茶器 |
| 7 | ① | A | (性別不明) | | | | 不明 | × | × | × | × | × | × | × | × | × | 廟子ではなく石碑を立てた形態 |
| 8 | ① | A | | ▲(男性66歳)○(存命) | | | 2002年6月 | ○ | ○ | × | × | ○ | × | × | × | × | |
| 9 | ① | A | | | | ▲(男性78歳)●(女性66歳) | 2009年10月 2002年7月 | × | ○ | × | × | × | × | × | × | × | |
| 10 | ① | A | ●(女性80歳) | | | | 2002年10月 | × | ○ | × | × | × | ○ | × | ○ | × | 蜜柑あり |
| 11 | ① | A | ▲(男性26歳) | | | | 2002年10月 | ○ | ○ | × | × | × | × | × | ○ | × | |
| 12 | ① | A | ▲(男性82歳) | | | | 2002年11月 | ○ | ○ | × | × | × | × | × | × | × | |
| 13 | ① | A | | ▲(男性70歳)○(存命) | | | 2002年3月 | × | × | × | × | × | × | × | × | × | |
| 14 | ③ | B | | ▲(男性85歳) | | | 2008年1月 | ○ | ○ | ○ | × | ○ | ○ | × | × | × | |
| 15 | ③ | B | | ▲(男性91歳)○(存命) | | | 2008年3月 | ○ | ○ | ○ | × | ○ | ○ | × | ○ | × | |
| 16 | ③ | B | | ▲(男性91歳)○(存命) | | | 2008年5月 | × | ○ | ○ | × | ○ | ○ | × | ○ | × | |
| 17 | ② | B | ●(女性33歳) | | | | 2009年1月 | × | × | × | × | ○ | × | × | ○ | × | |
| 18 | ③ | B | ●(女性91歳) | | | | 2008年12月 | × | ○ | × | × | ○ | ○ | × | ○ | × | 線香を5個の泥団子に立てる |
| 19 | ③ | B | ●(女性96歳) | | | | 2008年11月 | × | ○ | ○ | × | ○ | × | × | ○(4個) | × | |
| 20 | ③ | B | ●(女性91歳) | | | | 2008年9月 | × | ○ | × | × | × | × | × | × | × | 記銘を塗りつぶす |
| 21 | ③ | B | (性別不明78歳) | | | | 2008年11月 | × | ○ | × | × | ○ | × | × | ○ | × | 基督信徒 |
| 22 | ③ | B | ●(女性70歳) | | | | 2008年6月 | ○ | ○ | ○ | × | ○ | × | × | × | × | 杉枝あり |
| 23 | ③ | B | ●(女性90歳) | | | | 2008年1月 | ○ | ○ | × | × | ○ | × | × | × | × | |
| 24 | ③ | B | ●(女性85歳) | | | | 2008年8月 | × | ○ | × | × | ○ | × | × | × | × | |
| 25 | ② | B | ●(女性83歳) | | | | 2009年9月 | ○ | ○ | × | × | ○ | ○ | × | ○ | ○ | 竹棒に鈴 |
| 26 | ② | B | ▲(男性83歳) | | | | 2009年3月 | × | ○ | × | × | ○ | × | ○ | ○ | × | |
| 27 | ② | B | | ▲(男性)○(存命) | | | 2009年11月 | ○ | ○ | × | × | ○ | × | × | × | × | |
| 28 | ② | B | ▲(男性83歳) | | | | 2009年12月 | × | ○ | × | × | ○ | × | × | ○ | × | |
| 29 | ② | B | | ▲(男性88歳)○(存命) | | | 2010年10月 | × | ○ | × | × | ○ | × | × | × | × | |
| 30 | ② | B | ●(女性) | | | | 2010年10月 | × | ○ | × | × | ○ | × | × | × | × | 赤布 |
| 31 | ③ | B | ▲(男性82歳) | | | | 2010年1月 | × | ○ | × | × | ○ | × | × | × | × | 赤布、赤糸 |
| 32 | ② | B | | ▲(男性79歳)○(存命) | | | 2009年 | × | × | × | × | × | × | × | × | × | 後に竹棒多数 |

注）墓碑の形状、①廟型墓碑 ②箱型墓碑 ③平置石板型墓碑を示す

**墓碑の様式** 続いて、墓碑の様式を数値で表すならば、A区画は、13例すべてが大規模な①廟型墓碑である（ただし内、1例のみやや簡略な様式となっている）、対してB区画には、廟型墓碑に当てはまるものは無く、小規模な②箱型墓碑が8例、③平置石板型墓碑が11例となっている。それぞれの形態と個人名記銘、夫婦記銘との対応は特に見出せないが、2008年中に建立された墓は全

て③平置石板型墓碑であり、2009年以降のものは、1例を除きおしなべて②箱型墓碑である。三門源村の話者は、政府から大規模な墓碑を建立する事を禁ずる通達があったと語っており、A地区に見られる大規模な①廟型墓碑が、新たに用いられているB地区に全く見られない事はそれとの対応を示すとも考えられる。2008年中の墓碑形状と2009年以降の墓碑形状の差異も、通達により墓碑形状を極めて簡略化した③平置石板型墓碑から、若干の装飾を伴った②. 箱型墓碑への移行が生じているものと思われる。

**遺影**　更に、墓碑に嵌め込まれた死者の遺影に注目して見るならば、これもA区画とB区画とで顕著な差が現れる。A区画においては、遺影を用いた墓碑は、13例中3例である。2002年に2例、2003年に1例（夫婦合葬）であるが、全体数に対してその比率は少なく、2002年当時は、まだ一般的ではなかった可能性がある。対してB区画においては、遺影を用いた墓碑が増え19例中13例が該当し、2009年以降の墓碑は全て遺影を用いている。また2009年以降の墓碑形式の殆どは全て②の箱型墓碑であり、墓石業者からの規格化された様式の提案により、それまでの選択的に行われていた遺影の利用が一挙に一般化した可能性も考えられる。

**供物**　墓に供えられた葬具や供物についても視認出来たものを表上に纏めた。蝋燭や線香などは、その殆どが燃え尽きたと考えられ、また風雨に晒されて葬具も散逸したものが多く統計的な分析は難しいと思われる。あくまで印象程度の記述となるが、冥紙を石や煉瓦で飛ばないように押さえて置いている墓は新しいものにも多く、また、葬礼の際に遺族が脱ぎ捨てたと思われる靴や、死者が使う為に供えたと思われる杖などが見られる。また、線香を五個の土団子それぞれに一本宛突き立てて供えている墓がある（18番）。以上、三門源村の共同墓地と墓碑の特徴を整理するならば以下の様になろう。

1) 三門源村の共同墓地では2002年から共同墓地東側のA区画における廟型墓碑による火葬骨を伴う埋納が行われはじめた。新たな墓碑の建立は2005年までで途絶えるが、夫婦の場合は2007年、2009年の死者もA区画に合葬された例が見られる。

2) 2008年からは共同墓地西側のB区画における、小規模な平置石板型墓碑による埋納に移行した。A区画からB区画への移行については、A区画墓地の

狭隘化が基本的にあると思われるが、墓碑の小型化については政府による葬礼簡素化に関わる通達と、墓石業者による墓石の規格化の影響が考えられる。

　3）2009年以降はB区画における、小規模な箱型墓碑による埋納が一般化した。

　4）墓碑への遺影の嵌め込みは、A区画の廟型墓碑の一部でも行われていたが、B区画において2008年に増加し、更に一般化したのは、2009年移行の箱型墓碑となってからである。これは、墓石業者による遺影加工技術の発達や、規格化された箱型墓石の販売が関わる可能性がある。

　5）墓碑から見る限り夫婦を合葬する場合には夫が先に納骨された墓碑に、妻が納骨される傾向が見られ、これは男性を優位とする儒教的な原理に関わると考えられる。この為、夫のみが先に納骨され、妻の納骨がまだ行われていない墓碑は散見されるのに対し、妻のみが納骨されて夫の納骨がまだ行われていない墓碑は見られない。

　6）個人名のみの墓は女性名のものが多く、これは女性を先に夫婦合葬墓に納め得ない事と関わる可能性もある。この点は今後の検討が必要である。

## おわりに―火葬受容は何を変えたか―

　以上、三門源村における火葬受容と葬墓制の変化について報告を行った。本項の最後に、廿八都鎮と三門源村双方の資料から小活を行う。

　1）廿八都鎮、三門源村とも火葬の受容、および共同墓地への火葬骨の埋納は政府による強制的なものであり、地域住民は否応なく土葬から火葬へ、個人墓から共同墓地へという葬墓制の再編を迫られた。

　2）また、火葬は、火葬場利用の経費や、共同墓地区画購入の経費など新たな負担を必要とするものでもあった。

　3）葬礼には、家から火葬場へ遺体を運び、火葬後自宅に遺骨を持ち帰る過程が加えられ、特に後者は遺骨を中心とした葬列が編成される事となった。

　4）葬列は遺骨を納めた骨灰盒を中心として編成され、土葬における八仙は不要となる代わりに、骨灰盒を遺族が運ぶ事となった。骨灰盒に傘を差し掛ける方法は、風水師が作成する墓地購入の儀礼的な契約書である地契を運ぶ方法が参考にされた可能性がある。

5) 骨灰盒は死者が死後住まう家屋としてイメージされ、それに基づき、分金における骨灰盒の配置が決められる。しかし、三門源村の旋棺林では、土葬の際とは異なる理由付けで骨灰盒の置き方が定められる場合も見られ、葬礼の参加者によるその場での主体的な判断も行われた様に思われる。

6) 死者の霊魂は、遺体を火葬した後、生前居住した家屋空間に残留していると考えられており、特に廿八都鎮の場合、火葬骨を死者の生前の住居に持ち帰り、その寝台に乗せる事で、死者霊魂と遺骨の一体化を図っている可能性がある。ただし、三門源村では、この過程は確認出来ず、より広い範囲での確認が必要とされる。

7) 葬礼全体の進行に関して納骨の時間決定や分金、地契などを通じて風水師は現在でも強く関与している。三門源村においては、共同墓地の場所選定に際しても風水師が関与した事が確認された。

8) 葬礼や墓地利用においては宗族組織の関与は明確ではなく、寧ろ個々の家を中心として親族・姻族の結びつきに基づいた個別的な形態となっている様に思われる。

9) 墓地は共同墓地の利用へと移行し、一定の墓地区画で規格化された墓碑を用いて墓が構築される形へと移行した。三門源村の場合、墓碑の様に年度によって共通性が見られ、政府の葬礼簡素化の指導など外部的な影響が考えられる。また墓碑は様式的には規格化されているが、夫婦による墓地利用に際しては男性が優位に立つなど儒教的序列は継続して示されている。

10) 共同墓地の受容と平行して、遺影を用いて、死者のイメージを視覚的に表現する事が一般化している。

11) 生者の世界と死者の世界を連続性のあるものとする考えは、陰夢など宗教的職能者の活動により現在でも保持され、生活上の問題を解消する為の儀礼行為の基盤ともなっている。ただし、陰夢が葬送儀礼そのものに関与した事例は確認出来ない。

以上、甚だ不十分であるが、限られた調査資料から廿八都鎮および三門源村における葬礼について、その今日的あり方と、それを支える人々の意識について報告を試みた。興味が持たれるのは、火葬が強制されながらも、人々は従来の葬礼における儀礼のあり方や霊魂観などを参照して、新たな葬礼のありかた

を編成し、火葬という新しい要素を旧来の葬礼の枠組みの中に適合させている点である。火葬受容は、地域の葬墓制に関する民俗を解体する機会とはならず、寧ろ新たな民俗を地域住民が主体となり、伝承を踏まえながら自律的に創造・再編する機会となっている。

今後は、火葬の受容以前と以降の形態をより稠密に調査し、地域の族制との対応を検討する必要がある。更には、死者に対する意識や、家・廟における祖先祭祀儀礼が現代の住民にとっていかなる意味を持ったものとして継承され、あるいは再編されているかも検討する必要がある。今回は時間の関係で触れ得なかったが、異常死者に対する対処や、宗教的職能者による人々の生活史上の問題の外在化・物語化とその解消過程なども考察する必要があろう。

## 摘要

# 火葬受容和葬墓制的再构建

## 德丸亚木

本报告以阐述生活在龙游三门源村这个现代中国的古镇的居民，是如何维持他们的信仰的世界及仪式，或者又是怎样让其发生变化并进行再构建的为目的，尝试将葬墓制在火葬受容中的再构建作为具体的调查对象来进行报告。在本报告中，也尝试就听写记录式调查确认到的葬墓制的现状及火葬受容进行考察，并通过对公共墓地所做的观察调查，来就墓碑的式样分类及墓地的利用进行分析。

在三门源，火葬的受容以及把火葬骨灰埋放于公共墓地，也是由政府主导、带有强制性的，地域居民不管情不情愿，都被迫进行从土葬到火葬、从个人墓地到公共墓地的这种墓葬制的再构建。此外，火葬是需要火葬场的利用经费以及购买公共墓地区划的经费等这些新的负担。关于伴随火葬受容而发生的葬礼的变化，尽管与廿八都镇的变化有很多的共同之处，但也可以看到诸如从火葬场回到自己家的时候，这里并不把骨灰盒放置于死者的床铺上的这样的不同。此外，在三门源，骨灰盒被想象成死者死后居住的房屋，基于这个观念，有在分金仪式上决定骨灰盒的摆放的倾向。只是，在去墓地的途中绕棺材和骨灰盒的棺材林中，与土葬的时候不同，看起来似乎也由葬礼的参加者当场进行了自主的判断。关于葬礼的整体执行，风水师通过决定安放骨灰的时间以及分金、地契等，即使是现在也仍然有着很强烈的参与，并且在选定公共墓地的地点之际也有风水师的参与的情况也得到了确认。在葬礼及墓地利用中宗族组织的参与并不明确，反倒是可以认为似乎是形成了基于以各个家庭为中心的亲属、姻亲的联合的一种个别的形态。

三门源的墓地由于火葬受容而向公共墓地进行过渡，并过渡到了在一定的墓地区划里使用被规范化了的墓碑来修墓的形式。公共墓地的墓碑的式样，可以分为庙型墓碑、箱型墓碑、直立石板型墓碑等式样，而在其修建的区划以及式样上可以看出根据年度的共通性，可以认为其中有政府进行的葬礼简朴化的指导等外

部的影响。另外尽管墓碑被进行了规范化，但在夫妇使用墓地之际，男性处于优势地位等儒教的序列仍然得到了持续的体现。与公共墓地的受容同步，使用遗像来从视觉上表现死者形象的情况也成为一般化。

在廿八都镇、三门源村，尽管火葬是被强制的，但是地域的居民们还是参照原有葬礼中仪式的形态及灵魂观等，构成了新的葬礼的形态，并让火葬这一新的要素适应到以前的葬礼的框架之中。可以下这样的结论，火葬受容并没有成为瓦解与地域的墓葬制有关的民俗的机会，反而成为了地域居民以主体的身份，在依照传承的同时，自律性地去创造、再构建新的民俗的机会。

# 風水師と風水知識

中野　泰

## 1. 本稿の目的と調査地概要

　**本稿の目的**　本稿は、浙江省龍游県石仏郷三門源の風水師と風水の知識を報告する。三門源において、非物質文化遺産化の動きは顕著でない。いまだ、民俗文化は生活と連関して継承されている。この村には3人の風水師がいる。2人は親子で同じ系統に属し、もう1人は別の系統に属す。両者の知識を比較し、共通性や差異を見出し、経験や背景の相違と連関づけることを意図として調査を行った。結果、比較的充分な成果は得られず、本稿は、両者の知識習得の経緯と風水知識の一端を報告することとする。

　調査は、親子のうち、90代になる父親と、もう1人の別系統の風水師を対象に行った。聞き書きにより、両者の知識習得の経緯と風水の知識を聴取し（2008年）、2010年には、小熊誠、徳丸亜木両氏とともに、知識習得、風水知識、葬送儀礼と火葬への移行について調査を行った。なお、資料の撮影も両年を通じて行った。

　**調査地概要**　三門源は、浙江省龍游県石仏郷に属している。12の村民小組、8の自然村で構成され、人口1412人、総耕地面積1124.4畝である。現在、村においては、建築、古建築の修復、観光、衛生や美化など様々な掲示が見られる。三門源においては、村の景観や建築の管理と修復、環境の改善や美化が、

観光地化に伴って意識されている①。しかし、江山市廿八都に比して、その進度は遅く、開発の展開はいまだ見られない。

## 2. WG氏

### (1)知識・技術の習得経緯

　WG氏は2010年で94歳を迎える。煙草をたしなみ、麻雀を好む老翁である。WG氏の風水の先生は妻の父である。5里ほど離れている上渓村に住んでいた（70歳で亡くなった）。その先生は湖州市風陽県の出身である。

　16歳の時、父と母が亡くなり、一人息子だったため、どんな職業を選ぶか考え、最後に風水師に決めた。その頃は、村に風水師はいなかった。

　WG氏の先生は、昔、塾の先生だった。生徒は、この辺りで知識の勉強を求めていた人だった。塾の場所は翁氏の祠堂であった。そこで4, 5年行った。この塾の先生へは、沢山の村が先生を依頼して行って貰っていた。普通は1年、よくできると2年などと続けた。内容は、初めは、『三字経』『五字経』『百科姓』などを読み、理論を勉強した。上達すると、『四書五経』『草書』『論語』などを習った。風水については、まずは本を読んで、先生のあとを付いて、4, 5年学び、学習した。先生の家へ通った。自分の家の畑仕事があるので、毎日行った訳でなく、先生に風水の仕事の依頼が来た時など、仕事がある時に行った。先生の家には、本が沢山あった。道具もあった。勉強はとても難しく、限界もない。実際に風水を始めた。

　普段は先生と一緒に行ったが、先生が忙しく時間がない時は、一人で行っ

---

　① この背後に、国家、省などの重層的政府レベルの政策があることが窺える。村の中には、年月日は不詳であるが、村鎮全体と建設を規画管理することが掲示されている。この内容は、規画は場所を選定し、審査の上指示を与えること、規格は建設に関する許可証を審査することを示されている。このような「村鎮総体規画或建設規画」の審査は、さらに、中華人民共和国の城市規画法、及び、それに関わる浙江省の同協法、国務院の村庄和集鎮規画建設管理条例、浙江省の村鎮規画建設管理条例にも依拠していることが掲示されている。また、年代は不詳であるが、「三門源旅遊区規画図」が民家の壁に描かれ、2008年8月においては、葉家祠堂、翁家祠堂、楼接地民居の修繕、村の中の橋梁と四角涼亭の復旧が、三門源の党支部と村民委員会の研究に基づき決定され、行われている。これと関連して、「開展村庄環境整治建設和諧美好家園」というスローガンが、モデルとなる写真を背景に掲げられ、居住地の環境を良くし、外貌を改善しようとする掲示も2008年に見ることができた。

た。30歳の時、先生が死んだので、1人で行うようになり、お金も自分が貰った。先生へ教授料などは払わなかった。その代わり、稼いだ金は先生へ渡した。最初は生徒であったが、30歳前に結婚したので、行くと昼ご飯は食べさせて貰った。

　三門源の他には、石仏に昔、風水師がいた。既に亡くなっているが、その人の師匠が誰だかは分からない。ここから20里ほど離れた龍游の横山鎮の頂家という村にも風水師がいる。年齢は、80歳以上になるが、その人の先生も分からない。

　現在、この村に他の風水師は2人いる。1人はWP氏（後述する）である。もう1人は、長男のWQ氏（2008年で68歳）である。この村でWG氏の弟子は息子だけである。息子は教師をしていたが、40歳ぐらいで退職したあとすることがないので、風水の勉強を始めた。息子には、暇な時に教えた。今は石仏のセメント工場で働いている。風水は、90歳まで行った。生活のお金を稼ぐために働いた。今は疲れたので、風水は行わないが、家まで訪ねてくる依頼人の結婚の日取りなどを見る。稼いだお金では麻雀をする。

　依頼して来る人は、龍游、蘭渓、衢州、杭州などである。近いところは良く行ったが、遠いところは、1年に1回、2回しか行かなかった。昔はみな歩いて行った。90歳まで依頼人は車で迎えに来た。

　風水を調べるのに、本を利用する。写真1は、WG氏が良く用いている書籍である。表紙には、「民国戊午年新正月校正　朱瑞芝抄　関放」と記されている。師匠が1918年に書写したものである。内容は、二十四向□局、九星水断、乍□五行長生、風水の内容は、全部この本に書いてあるという。

## (2) 風水の知識

　風水用の方位磁石で、数値を見て、本で判断する。例えば、家を建てる場合、まず、風水を頼む人が自ら位置や向きを決める。その位置や向きを、赤い糸とコンパスを用いて、調べ、本で確認する。次に、戸主の生年月日と選んだ方角を本で調べ、対立するかしないかを見る。対立する場合は別の方角を探す。この方法は墓も同じである。水、川、山、地形によって風水を見る。

　風水には種類がある。一つは、家などの建物を建てる場合である。どこに建てるのが良いか、その位置、建てる時、建てる向きなどを見る。家の位置については、向きだけでなく、ドアの位置や向きも見る。建てる日時については、

工事を開始する日、棟上げをする日、何時そこへ移り住むかなどを見る。家の建築の場合、2回は見に行く。このお礼は100元余りであるという。家の修理については、大きい工事は見るが、小さい工事では見る必要がない。

もう一つは、墓を作る場合である。墓をどこに作るかなどを見る。墓の位置、向きのほか、何時工事を始めるかも見る。また、葬儀の出棺する日も見る。墓の場合は3回見に行く。このお礼は150〜180元である。家の建築より多い理由は、時間がかかるためである。一番多い時は、1000元貰った経験がある。金額は、依頼者の気持ち次第で異なる。なお、改葬する場合は、新しい墓を作るので、同じように改葬の日を見る。

写真1　WG氏が利用してきた民国年間(1918年)の風水の書

また、一つは、結婚する場合である。結婚式の日取りなどを見る。具体的には、男、女の生年月日を合わせ、2人が対立か、家族の一人ひとりと対立か調べて、良い日を選ぶ。対立しない日が一番良い日である。これらを見るのに1，2時間かかる。このお礼に一回100元を貰う。

その他、家の竈（灶頭）を建てる時、養殖のため、豚の養殖場（猪圏）を建てる時、あるいは、新しい菩薩像を初めて見せる日（開光）などで日取りを見ることは少ない。新しい店を開店する時や、外出する日にちとして、今日は出かけるかどうかを見ることも、とても少ない。

## 3. WP氏

### (1)知識・技術の習得経緯

WP氏は、1955年の生まれである（2008年で54歳）。父は畑作を行う農民であった。4人の兄弟の3番目であり、1人の妹がいる。風水の先生は、建徳県の寿昌に住むXP氏である。XP氏は、2008年時で94歳だったが、2009年に亡くなった。16歳の時から、30歳までずっとその先生に習った。習うようになった

きっかけは、姑父、父の姉妹の夫が依頼して、三門源に風水を見に来た際、先生が自分の家に一週間ほど泊まった時に、風水の生徒を求めており、本人もお金を稼げる仕事を求めていたからである。

まず、書籍を送ってもらって勉強した。『原経』や吉日を選ぶ本などである。そして、先生と一緒に風水を見て教わった。先生の家で学んで泊まったこともあるし、風水を見に行った先で泊まったこともある。外で実習し、傍で学んだ。書籍だけでは身に付かないので、先生が話しながら、その技術を身につけた。例えば、杭州、金華の義鳥や東陰、龍游の近くなどに行った。先生と一緒に行くことが多かったので、どこに行ったのか、正確な名前は忘れた。

初めて一人で行った仕事は、寧波の五金工場であった。師匠のXP氏が新安で仕事をしており忙しく、時間が取れないので、弟子のWP氏に依頼され、初めて一人で風水を見た。それまで先生と一緒に随分経験してきたので緊張せずにできた。その工場は今も商売繁盛している。行きと帰りに1日ずつかかり、全部で5日間かけた。余裕がある時は遊んでいたが、まず工場の正門の位置の向きと、工場の位置を見て、出口の方向は水の流れを見て、部屋の向きを見た。寧波は盆地で山が少ないので水の向きを見るだけであった。

WP氏は、いくつもの書籍やそれを写した写本を有している。筆者が確認したものを以下に記す。『地理直指原真』（［清］徹瑩和尚著、李非校釈、中州古籍出版社、1996年刊）、この書籍は「寿昌徐先生贈　弟子□□□」と記した厚紙で綴じられている。風水書の写しは、表紙がなく、WP記と記された厚紙で綴じられている。この内容は、起工架馬、動土平基、築砌牆垣、定磉扇架、竪柱上樑、造作門楼、入宅歸火、安奉香火、安葬備要、斬草破土、晋葬分金、㗊合嫁娶、及び、三十六用要法である。末尾のものは、その内容の冒頭に、「此書係徽州田十謝瑞祥世代先生傳出功垂万世不朽云々　老本有龍印上」と記された複写である。「地契信行」には、毛筆で、「地契磚」の文言、「金箱」や護符などが書写されている。その他、直筆のノートなどもある。

## (2) 風水の知識

WP氏を中心に、墓地、煉瓦や葬送儀礼については、翁栄林氏（1934年生）、葉浩林氏（1943年生）の説明もあわせて記述する。

家を造る、墓を作る、結婚が中心で、他の風水を見ることはあまりない。な

お、結婚の場合は、依頼者がこちらに来る場合が多い。

　風水の地形を見るのに、大きく3つの方法がある。「関家」とは、口で言う、ただ理論的なものである。本はどう書いてあると言って、具体的なことは何もない。「形家」とは、山や土地を見るものである。ただし、土の質、地下水は関係がない。「法家」は最も厳しいものである。WP氏が見るのが、この「法家」である。「法家」は、水流の方向を見る。水流の方向によって良いか悪いかを判断するが、この判断は難しいという。

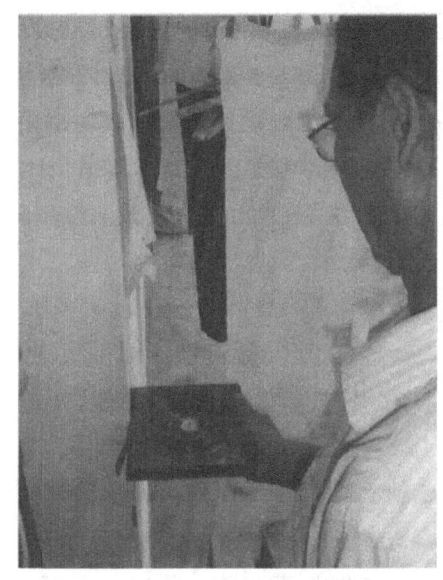

写真2　自宅の風水の見方を説明するWP氏。背後に筆架山が位置する。

写真3　部屋の四隅に置く護符

写真4　建築に際して記された文書

　位置や向きの善し悪しは羅針盤で見る。例えば、方角が丙と申を結ぶ一直線上に向いている場合、丙申分金（分経とも）という。分金とは、つまり方角を見ることを意味する。羅針盤を用いて分金を行う際、四局と3種の向きを見る。四局とは、金、木、水、火である。土はない。四局のことを四族ともいう。水（北）、火（西）、木（東）、金（南）を表している。例えば、WP氏の家の向きは、筆架山の真ん中に向いており、羅針盤においては艮坤と寅申をつなぐ北の方角である（写真2）。これは水局を意味している。水局を代表するのは、乾、戌、辛、酉、庚である。天干は艮坤を、地支は寅申と交差する。天干は部屋の向きの善し悪しを、地支は墓地のそれを意味する。部屋は天干の方角

が、墓は地支の方角を見て確認する。3種の向きは、1つは来龍といい、龍が来る方向を外局、外盤で見る。もう1つは膁泉を見る。これは膁泉盤で見る（あるいは中盤ともいう）。最後の1つは方向であり、内盤に見る。各盤の呼応する方位を見て3種の向きを確認する。膁泉に当たる方角である場合、人が亡くなるなどとても悪いことがあるという。

【家の風水】家を造る場合、その場所を1回見に行く、一日で済む。その場所の位置、家の向きを見てどこが良いかを決める。概略を示すと、四局（族）から位置を見て、向きについては、家族全員の生年月日を見て、相克しない向きを決める。具体的には①選んだ土地、草の掃除、始める日、②壁を作る日、③ドアを作る日、④棟を上げる日、⑤家に住む日、各々を見る。全て、家族全員の生年月日を見て、本によって決める。新築や新しく部屋を作る時には、部屋の四隅へ写真3のような護符を置く。ただし、新しい家を建てる前に風水師を頼んで決めることをしない家族もいる。

写真4は、家を建てる際の日取りなどを書き付けた文書である。題を記した次に、家の向きと位置、次に戸主の生年月日と母親の生年月日、次に工事を始める年月日と時間、続いてドアを作る年月日と時間、そして、上棟の日と新しい家に移り住む年月日と時間が一緒に記されている。この書式は、依頼者によって大きく異なることがない。

竈については、新しい竈を作る時、他の所に作り直す時、悪いことがあった場合に見る。奥さんの誕生日を見る。

石敢当についても風水師が見る（写真5）。例えば、新しい家で家族が順調に過ごせないため、風水師に聞きに行った。家の向きが悪いとか、原因を探して、その前に石敢当を作った、悪い運を良くすることがある。また、家の前に祠堂があると、人が拝んでいる向きに家があることになる。祠堂がなかったらみなが拝んでいるのは家ということになる。常に拝まれることになり、困るので作った。そこで、悪いものを阻むため、ドアの前に照墻立てたという（写真7）。

【墓の風水と葬送儀礼】墓を見るのは、葬儀を含めて3日かかる。1日目は、墓の周りの地形を見て、位置と向きを見る。家族の八字（生年月日時）を見る。2日目は、煉瓦に記した土地の契約書を書く。煉瓦に記した契約書を地契磚という。3日目は、墓地へ向かって家を出棺（登位という）する時間を見

る。3日目の内容は、更に細かく分けることができる。遺体を棺に入れる入棺の時間、墓地へ向かう出棺の時間、墓穴を掘る動土の時間、墓穴へ入れる入穴の時間である。

写真5　泰山石敢当と書かれた照墻

写真6　照墻の家屋側　　　　　写真7　翁氏祠堂の祭壇裏側にある照墻

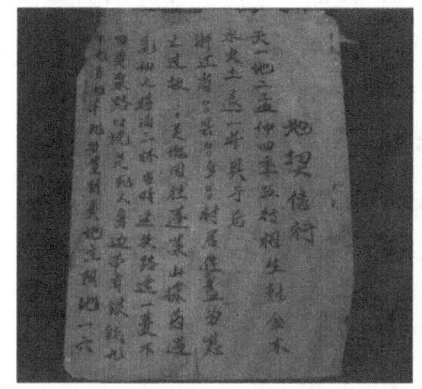 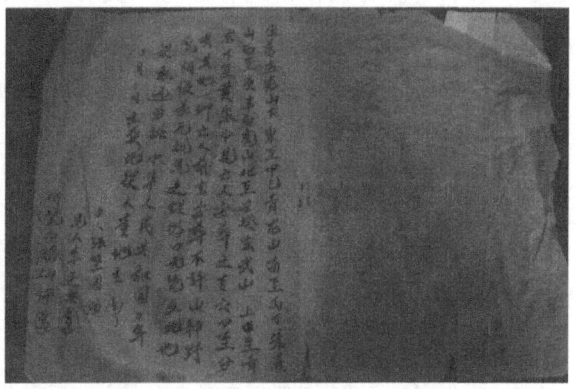

写真8　地契磚の案文

昔は、自分の土地や他の人に頼んで贈られた土地に遺体を埋葬したので、地契磚はあまり無かったという。以後、他人の土地を利用する際、契約を取り交わすようになった。契約書には2種類ある。1種類は、紙に記す契約書である（写真8）。これは、土地の持ち主、買い主、証人の3者が確認して記すもので、3人の中の1人が書き記す。もう1種類は、煉瓦に記すものである。前者は、生きている人間のために記すもので、後者は、選んだところが死者に属することを意味している。地契磚に用いる物質は、煉瓦が好まれて来たが、近年は石が好まれている。

　地契磚の煉瓦は家族が用意する。風水師は、墓に棺を送る日の前日から、墓に入れる日までに作る。死亡した人の家で作る。煉瓦の滑らかな面に、実際の方向によって煉瓦の東西南北を定め、風水師が、住所、死んだ時間などを毛筆で記す。記し方は、男の場合は丸く、時計回りに記す。息子は天上を代表するからである。女の場合は四角く記す。娘は土地を代表するからである。墨で記した文字は消えないように鴨の卵の白身で上から塗る。桑の木の棒を用いて塗ったり、卵の白身を直に煉瓦の上に注いで塗ったりする。鴨の卵を準備するのも家族である。作成した地契磚は死者の部屋の床に置く。出棺時間は風水師が決める。それまでは棺も、2日～7日ほど家に置いていた。この期間中、家族の者と死者の八字（生年月日時）が相克を起こさなければ良い。

　家から棺を出棺し、墓に向かう行列では、地契磚を長女の夫が持って、墓地に向かう。長女の夫は、地契磚を白い布で包み、肩に担いで行く。この際、傘をさして行く。行列は、遺骨をもつ長男が一番先に位置するが、その前を分路標①が先導し、長男の後ろに親族、5人の道士が続く。地契磚の出発は、出棺の後であった。この理由は、墓地を作るのに時間がかかるからである。地契磚を持つ長女の夫は、それらの後ろに付いていくが、特に定まった位置はない。地契磚の出発時間は風水師が決めた。棺を墓に入れる前に地契磚を入れる。その位置を風水師が羅針盤で決める。頭の後ろに置く。どのような位置かコンパスで決める。文字が遺骨の方を向くように入れ、封じて埋める。人が死んだり

---

　①　分路標は、黄色の紙銭を撒きながら、死者が通る道を勝って、この道は死者が通った道であることを示す役である。分路標の者は、寿服を着て、銅鑼を鳴らす。

し、墓地の風水が悪いと考えた場合、風水を信じる人の中には、その墓地を、良い風水の地へ替えることもある。しかし、風水をあまり信じていない人は替えることはない。このように風水が悪いという場合、新しい風水を見て貰う人は、他の風水師ではなく、同じ風水師に依頼する。未婚の女性が亡くなった場合、風水は同じである。墓碑で内容が違うことが分かる。子どもも同様である。

【火葬による変化】現在は火葬になった①。これにより、風水師が関わる土葬時の4点、すなわち、遺体を棺に入れる入棺の時間、墓地へ向かう出棺の時間、墓穴を掘る動土の時間、墓穴へ入れる入穴の時間については、大きな変更はない。例えば、墓穴を掘ることは実際には行われないが、その時間はやはり風水師が見ることになっている。

細かく見ると、微細な変化が確認できる。棺桶は遺骨を入れる箱へと代わった。この箱を骨灰盒という。棺を火葬場へ送る時間は、風水師が決めるが、込み具合など火葬場の都合で、その時間に遅れることもある。遅れる場合、風水師が決めた時間にあわせて、遺体を動かすことで、出発した意味にする。地契磚の出発も出棺とほぼ同時になった。墓地を大きく作製する必要がなくなったためである。墓地へ到着すると、風水師が地契磚を墓に入れる。そして、風水師は地契磚の位置は見ず、分経は行わない。次に、長男から左官へ骨灰盒を渡し、左官が墓へ入れる。骨灰盒の向きは風水師が見る。共同墓地②ができてからは、骨灰盒を入れる日取りや向きは見るが、地契磚の向きは見る必要がない。向きがほとんど同じだからである。しかし、遺骨を入れた骨灰盒の分経は行う。この場合、死者の八字で行う。これにより、入土の時間と骨灰盒の位置

---

① 火葬場は龍游の五爪龍という所に、1998年にできた。火葬は1998年7月から始まった。

② 共同墓地の風水は、村の担当者が候補地を選定し、その土地をWP氏1人が見て決めた。共同墓地は村の2ヶ所に設けられた。2ヶ所のうち、一方は第一期の共同墓地で、村の北方に設けられた。もう一方は、第二期のもので、村の入り口の方に設けられた。このうち、北方に設けられた共同墓地は、向きが良く、良い風水であるという。後者の共同墓地が満杯になると、2007年に第二期の共同墓地が隣に増設された。この墓地は生態公墓という。複数の共同墓地の中で、特定の墓地を個人が選ぶことができず、現在は、新しい墓地に入らなければならない。これらの墓地に関わる村民委員会の担当者は1人であるが、墓地の政策は幹部と相談して進めている。

を決める。墓地の向きが天干であるなら、骨灰盒の向きは地支で決める。土葬の場合は、羅針盤で決めていたが、火葬により骨灰盒に図が描かれるようになったので、その上に羅針盤の1/4を重ねて決める。

## 摘要

# 风水师和风水知识

中野泰

本稿就浙江省龙游县石佛乡三门源的风水师及风水知识进行报告。这里选取的两名风水师，是各自属于不同系统的风水师。本稿以这两名风水师为对象，对二者学到风水知识的经过及其风水知识的一端做一介绍。所介绍的内容主要是通过采访的方法获得的。

在第 2 章中，整理了在 2010 年迎来 94 岁的 WG 先生学习掌握风水知识的经过。WG 先生从 16 岁开始跟湖州市风阳县的朱瑞芝学习。WG 先生后来和师傅的女儿结了婚。30 岁时师傅去世，便开始独立看风水。风水的委托，主要来自龙游、兰溪、衢州、杭州等地。如果是看结婚日子的话，委托者大多会到三门源来。其他如果是建房、修墓、举行丧葬仪式的话，一般是 WG 先生去到委托者的所在地。WG 使用师傅在 1918 年抄写的风水书来看风水。这本风水书一直到近年还在使用，现在也被收藏在 WG 先生身边。

在第 3 章中，归纳整理了出生于 1955 年的 WP 先生学习掌握风水知识的经过及其知识的内容。WP 先生的风水师傅，是住在建德县寿昌的 XP 先生。WP 先生从 16 岁到 30 岁之间师从 XP 先生学习，之后独立。风水的地形大致用三种方法来看，即"关家""形家""法家"，比起前两种而言"法家"是最难的。WP 也能够算出"法家"，即水流方向的好坏。具体来说就是用罗盘来判别方位。这称为分金。分金是看四局和 3 种朝向。四局是指金、木、水、火，而 3 种朝向中的一种，是龙到来的方向，这称为外局。其次的一种是膜泉，称之为膜盘。最后一种是方向。这是用内盘来看的。

关于风水师具体的作用，就建房和葬礼方面做了一个总结。特别将焦点放在关于地契砖和埋葬上。地契砖是给埋葬的死者拟定写在砖上的土地契约书，并和死者一起埋葬的物品。此外，还整理了这些事物由于火葬而发生的变化及其是怎样与生态公墓的设置发生关联的。

# 龙游的民间文化

## 王恬

龙游自秦代建县开始，距今已近2230年历史。该地位于浙江西部，金华、衢州盆地中心。衢江、灵江逶迤盘桓，穿梭而过，素有"双龙抢球""地杰人灵"之美誉。古时候也称为"姑蔑"。

龙游石佛乡三门源村是"中日非物质文化遗产保护联合考察团"的一个点，我们从2008年至2010年连续三年在此进行考察。

该村背靠石佛岩大山，左右有狮山、虎山、象山、龙山形成的三个关隘，面向平原，碧溪水穿村而过，犹如陶渊明笔下的"桃花源"，是一块天然的风水宝地。据介绍这个村的祖先是在宋代方腊起义时，为躲避战乱从浙江的建德县迁徙过来的。溪水左岸为叶姓，溪水右岸为翁姓。以前听说骑马进村的官员，在狮子山外就得下马走进来，可见这里自然的风水形势对人们的威慑力。

如今的三门源村，是国家级历史文化保护名村（国家级别的分为名城、名镇、名村三个档次，衢州为名城、廿八都为名镇、三门源为名村）。根据该村的村书记徐法、村主任翁发平介绍，三门源有12个村民小组，8个自然村，412户村民，人口为1412人，以翁姓和叶姓为主。总耕地面积为1124.4亩，村集体经济年收入为6000元，村民人均收入1806元。主要产业：1.农业：种植水稻、小麦、番薯；2.养殖业：珍珠、生猪、鱼（草鱼、鲤鱼、鲫鱼、包头鱼）、泥鳅；3.经济作物：毛竹、柑橘、茶树、木材。

由于受山区和盆地环境的双重影响，世世代代在这里繁衍生息的当地的人们，经过几千年的时空穿越，创造了丰富灿烂的民间文化。主要集中在以下几个方面：1.集山水与人文景观之大成；2.集古村落必备的所有要素，宗庙、祠堂、土地庙、家庙、古民居、古坝、古坎、古堰、石雕、木雕、砖雕、彩绘等，汇聚了明、清、民国各个时期的文化、建筑遗产，它的戏剧砖雕被誉为中华一绝；

3. 色彩斑斓的婚丧和别具一格的硬头狮子（民舞）等民间艺术。本文就第三点做一调研报告。

照片1　叶氏民居的砖雕　　　　　　　　照片2　站在自家门前的龚金菊

# 一、三门源村的婚俗与葬俗

## （一）婚俗

从前，婚姻观念对于男女双方来说不仅是他们个人的终身大事，更重要的是为了完成家庭的传宗接代，使家族血缘得以延续。婚俗作为一种复杂纷繁的文化现象，随着社会的进步，中西方文化的碰撞，崇尚文明和观念的更新，它的一系列婚姻程式也在发生很大的变化，这些无疑为我们研究各自的民族文化特性提供了依据。

三门源的婚嫁迎娶传统和现代有很大不同。我访问了该村村民龚金菊（女，84岁，农历十月廿五出生），她是典型的"父母之命，媒妁之言"包办婚姻的经历者。19岁时她通过媒人牵线搭桥（她说那时来家说媒的媒人都是坐轿子来的），经过双方父母认可，然后托媒人把他们二人的生辰八字拿去请算命先生推算是否相合，如果八字相合，五行相生就可以押贴了。押贴后他俩的亲事就算定下来了，一直到她21岁那年嫁到三门源时才见到新郎，她说那个时候是不时兴看"东家"的（也就是俗称的相亲。现在在三门源是必须要过的程序）。

三门源人在迎亲的头一天要先抬嫁妆。一般男方去女方家抬嫁妆时，要挑着礼担去的。有酒六七坛，2只鸡，割掉猪头的整头猪，一块毛巾或一块手帕或一双袜子（礼金是没有的）。快到女方家门时，先放炮仗告知。

女方娘家陪送的一般有7个桶：大脚桶、小脚桶、马桶（子孙桶）、果子桶、米升桶（量米用）、梳妆桶（也称头盒）、面盆等用具，另外还有一对箱柜（女方

父母亲会把红包压在箱底)、一只脸盆架、一个铺盖(送好几个铺盖的人家也有),吹吹打打,招摇过市地抬到男方家。陪嫁物品的多少、贵贱,象征着新娘的门第和身份。

龚金菊说自己的迎娶是很隆重的,我想可能龚金菊嫁的是住在叶氏民居的大户人家的缘故。当时是用八乘大轿来抬她的,一路上轿子里面还要点上蜡烛,意为传承香火。娶亲队伍也很庞大,除了抬轿子的轿夫,还有2个背灯笼的,1个拎汽灯的,36个人的乐队,一路吹吹打打气派又风光。

上轿前女方如果要用餐,就跟自家娘家的兄弟一起吃"上轿餐"。用餐时1对(2条)丁香鱼或鲫鱼、鲤鱼是一定要有的。时辰一到,媒人会拿八仙桌拦住男方的迎亲队伍,讨要红包,拿到红包后才放行。这时就由女方娘舅或兄弟把新娘抱上轿,抱上轿子时女方母亲要大哭,表示对女儿的留念和不舍。龙游民间还有"不哭不发、越哭越发"的说法。新娘下轿时由新郎抱下轿,先送入新房休息(这也预示着如果以后夫妻两人吵架了,新娘就有说法了,不是自己要嫁的,是你请我进门的),然后再由娘舅把新娘抱进用席子垫地的中堂拜堂。

照片3　准新娘和亲友跟着媒人"看东家"

照片4　准新娘接受赠送的礼物

拜堂时两旁要站2个利时嬷嬷(一定要儿女双全,夫妻健在的人来担当此任),点燃供奉的香烛,新郎、新娘首先一拜天地,感谢天为媒地为妁,喜结连理,一鞠躬;二拜高堂,尊老敬贤,不忘养育之恩,再鞠躬;白头偕老,永结同心,夫妻对拜等,一整套拜堂仪式完成后喜宴就开始了。

在吃喜酒时,每上一个菜就会吹奏一支歌曲,婚宴始终处在热闹、隆重、喜庆的氛围里。

第二天,新人起床后要先拜祖宗、父母,然后是兄长等同辈。

第三天回门,有大轿子和小轿子,有条件的家庭男方家里还请乐队一起回门,一路吹吹打打,更加增添了一份与众不同的感觉。

三门源村现在非常流行女方先到男方家"看东家"(俗称相亲),然后男方再到女方家相亲叫"认亲"。2009年12月30日我们在调查时,碰巧遇上该村花园巷11号叶水明家里嫁女儿,所以就实地进行了采访。叶水明(男,52岁)、叶菊花(女,46岁),育有一儿一女,儿子叶舟17岁,还在读书,女儿就是新娘叶丽霞(24岁,生肖属虎),从事财务工作,婚前曾经在杭州红楼大酒店、马可波罗大酒店工作过。新郎和新娘同年出生也是24岁,在龙游县城从事电脑销售工作。

根据叶水明介绍,他们这里迎亲、接车、送嫁妆都挑农历逢单的日子,如农历初五、七、九、十一等。第一天女方去男方家"看东家",男方家给未来儿媳妇3万元钱(钱的多少没有规定。有的人家为了面子,经济条件不允许,借钱也要向富裕的家庭看齐),给女方父母亲一般情况下每人1680元或1280元,不论大人还是小孩每人都给308元。当时他家有24个女方家亲戚(陪同人数不限)陪同一起去男方家"看东家",这天晚饭男方父母的兄弟姐妹及孩子、朋友都会被邀请去吃饭,女方则在吃完晚饭后回自己家。第二天,男方家人就会去女方家"认亲"。

我在叶家看到他给女儿的陪嫁品有容生电冰箱、海尔全自动洗衣机、微波炉、火璁1大1小(新娘小的、新郎大的)1对,还有给接亲的及客人每人都准备了一个喜袋,里面装有香烟1包、糖1袋、味精1包、营养快线饮料1瓶等物品,据说饮料和味精是喜袋里的必需品,其他物品可以根据家境因人而异。我们在现场采访的人员也每人分到一个喜袋,大家都分别回赠了一些小礼物以示祝贺。我们当时看到新娘的脸上写满了幸福,并对着我们的镜头,欣然接受了采访。

照片5　叶水明家的全家福照

照片6　新娘叶丽霞的陪嫁及喜袋

## (二) 葬俗

当地的葬俗也颇有地域特色。我走访了一些人家，其中一位是虞月红，女，44岁，三门源村人，是专门为村里人操办白喜事、做丧服的人。根据她的介绍，家里有人去世后，首先把做白衣的人请到家里，然后请看风水的先生来家里选日子，报丧的首先从亲属中最亲的人开始报。做道场、吃"豆腐饭"都在选日子后再进行。做道场的工资一般1次在300元左右，请1位厨师操办"豆腐饭"，时间大约要一周，每天的工资100元左右。

孝服的制作：白帽或白布盖在头上，男的白帽顶是四方的，女的白帽顶则是尖的。媳妇的尖帽后的白布要拖到屁股以下，儿子的方帽要戴三年，烧七的时候要戴，一周年、三周年忌日的时候都要戴白帽，脖子上还要挂麻绳。亲戚朋友戴四方帽，女的是尖顶的，但是做法不一样。

虞月红说做一场丧事，仅仅是白布料一般情况下要买上百米左右（按需要人数的多少来定），有时候还不止上百米，男亲属的孝服是白披风，腰围系稻草绳，用辫子状编织的麻绳挂在脖子上，女亲属穿的则是白裙子，用4.6尺×4.8尺门幅的白布料可以做一件披风或一条裙子。逝世者的寿衣要做3套半，这个半套就是男人的寿衣要加做帽子，女人的寿衣则要加做头巾。在逝者病危没有断气前要提前把棉长袜、布鞋替逝世者穿上。当地有一种说法：断气前穿上的东西才是逝者本人的，否则就是给别的鬼魂穿了。

敛尸人当地叫"扛死人"。如果逝世者是男的，寿衣就让敛尸人帮忙穿；逝世者是女的话，寿衣就让女儿、媳妇或亲属帮助穿上。逝世者原来使用过的床上用品或床垫草席等用具统统拿到野地路边烧掉，烧的时候要点上一对蜡烛，并不断地燃放炮仗。

穿寿衣前要给去世的人脸、手、脚、身体都擦洗一遍，然后再穿寿衣。根据当地风俗，亲属必须拿水壶到溪里去"买水"（把硬币扔到溪水里，意为付买水的钱），到溪边后要先在3处地方点上香，然后燃放炮仗，再把硬币丢入溪水，最后才能把溪水灌入水壶。买来的水拿回家后是作为给去世的人净身用，接着用2贴黄裱烧纸放垫在死者头部当枕头（以前当地人在棺材垫脚的地方和枕头部位都是用檀木做踏板和枕头的，因为檀木又硬又不会腐朽，据说这样就能早日复生），再盖上1床儿子送来的被子就可以了（如果逝者有好几个儿子，也就盖1床由长子送的被子就可以了）。逝世者是女的，就盖她娘家亲属带来的被子。盖

被的被面用大红布，大小尺寸 4.5 尺×6 尺，跟其身前所盖尺寸大小一样，只是薄一点，垫被则用蓝色的被面。敛尸人最后还在逝世者的嘴里放上一点银子（外面用红纸包着），当地叫"含口银"，就是不让逝世者空着嘴离开人间。另外，停尸期间在逝世者的头前方，放置并点上用灯芯草和清油的"长明灯"，据说是为逝世者的灵魂在阴间引路的。长明灯的一侧还要放上一碗饭，并把饭的形状堆砌成宝塔形，意思是逝世者如果在阴间碰到饿死鬼的话，这碗饭就可以用来为他解围。

照片 7　参加葬礼归来的亲属们

照片 8　做白衣孝服的裁缝

逝世者没有火化前要派人守灵，最少要放在厅堂中三天。往往是东家出钱由敛尸人来守夜，一夜工钱 20 元左右，还要配给夜宵、烟、酒等。

请道士超度亡灵做道场，是一件必须要做的事。一般情况下是从下午 4:30—5:00 开始做，规模 5 个人左右。如果要连续做 24 小时，那就需要 9 个人轮班做了。如果逝者是男人就要请道士来"开库"，"开库"的意思就是破地狱。反之，逝者是女人的话则要"破血河"。因为当地人认为：男人生前杀生等罪孽太多，所以要"开库"才能入门。女人生前生儿育女沾染污血不干净，死后要破"破血河"。"开库"和"破血河"的任务都是由道士来主持，祭品有用猪头、鹅、发糕、粽子、长寿面、水果、八宝菜、豆腐干、饼干、饭等放在祭桌上（做道场时供桌上摆放的祭品，一罐饭、豆腐干是必备的），这些食物可以让村里的小孩拿来吃，有说法是吃了孩子会健康长命的。道士开道忏悔生前罪孽，六亲九眷三跪九泣，这时要大放火炮，烧纸钱、纸马。道士又吹又打，口唱"九幽破狱金科"完成了"开库"。

"破血河"时道士把米薄薄的一层撒在四方桌上，用手指在米上划出一个"寿"和"血河汤"四个字，点起灯烛，摆上香案，放上一碗生姜红糖汤（俗称血河汤），道士开始念《血河忏》经卷，亲生子女三跪九拜，等道士念完"血河忏"后就把"血河汤"分给子女们喝完，然后道士把放"血河汤"的碗摔在地下打破，并口念咒语把写在米上的"寿"和"血河汤"的字涂掉。这样"破血河"就算结束了。

我曾经向丽水缙云县一个道观的张道长询问过，他们在做道场时是如何搭建奈何桥的？据他介绍是用整匹的全棉白布披在六亲九眷头顶上，最前面是由长子头顶白布，手提香碗和灯笼，随后的人每人一手拿香，另一手把披在头顶上的白布扯平，有点像舞布龙的阵势，白布的长度按参加人员的多少来决定。

可是三门源村奈何桥的搭建颇特别，他们是因地制宜利用本地的竹子或木板加上纸糊搭建起来一座奈何桥（一般在天井内），鸽子（作为仙鹤的替代品）放在竹竿桥中央，下面用大脸盆装鲤鱼放在桥下面，领头的道士手拿宝剑，口念《解冤释结真科》经卷在前引路，然后鼓乐手们拿铜鼓（和坐唱班的道具相同）、法铃、拂尘，孝子（由长子担任）手拿竹子紧随其后。接着六亲九眷三跪九泣，哭声哀哀。这时哭娘人就配合着唱道："金大将军来造桥，造了多少高？千丈深万丈高。造了多少宽？3寸3分3厘宽。母亲做人做得好，金童玉女搀过桥；上面仙鹤叫，下面鲤鱼跳。别人做人做得坏，牛头马面吓过桥。金桥银桥母亲过，愿此母亲承道力。奈何桥让别人过，奈何桥畔勿亲随。"最后这一行人再回到原地，然后燃放炮仗结束。

虞月红说现在一般哭娘人都是用磁带来代替哭娘，所唱的唱词单指桥的种类就有十几种，如金桥、银桥、铜桥、铁桥、锡桥、木桥、竹桥、棕桥、石板桥、奈何桥等，这些哭唱的内容都为不同身份的逝世者而准备的。

出殡前后，丧家还要操办"豆腐饭"，汇集亲朋好友，左邻右舍，杀猪宰羊犒劳帮助办理丧事的人们。三门源虽然并不富裕，但大操大办丧事的大有人在。从亲朋好友送的奠仪里就可看出参加者的重视程度，每家除了送钱100~400元不等外，另外还要加送云丝被、纸烛、被褥等日用品。帮忙的人中就有专门分管奠仪记账的，可见收受的奠仪不是一笔小数。我在调查时就拍下了收受奠仪的记账簿和一家正在举办"豆腐饭"的丧家"吃豆腐饭"的情景。他们借用了一个旧仓库，当时正值就餐时间，将近20桌的酒席，宴请前来参加葬礼的亲友们，每

张桌上都有 12 盘菜肴，各种菜肴的质量绝对不会亚于喜宴。据说这家要用为时一周的时间陆陆续续地接待来奔丧的亲朋好友。

照片 9　屠夫为丧家杀猪

照片 10　"吃豆腐饭"的村民

照片 11　12 碗菜肴的"豆腐饭"

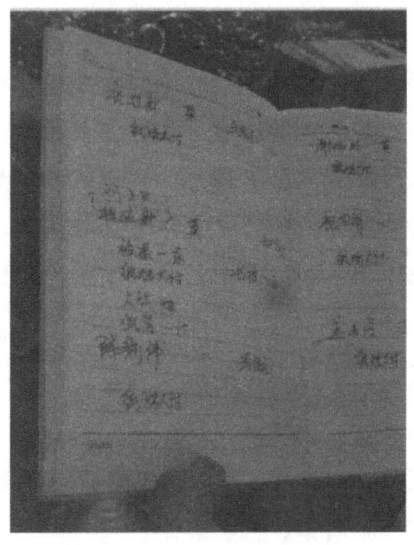

照片 12　奠礼记账本

## 二、独具魅力的民间艺术

民间艺术在今天的传承不仅仅是保存传统，满足人们对昔日文化艺术的记忆，更应该从精神层面上去延续它的文化精髓。

龙游的民间艺术极富地方特色，种类繁多。从 2004 年至 2008 年该县已经连续五届举办了国际龙舟邀请赛，产生了相当大的影响力。从 20 世纪 50 年代开始，他们的民间舞蹈节目就参加了北京怀仁堂的演出，并受到中央领导的接见；

80、90年代又多次参加省、市各级民间艺术表演的赛事，并屡屡获奖。代表地域特色民俗文化的硬头狮子、草龙、脱节龙、滚花龙等多个民间舞种也频繁地开展对外交流活动，使带着泥土芳香的由农民演绎的"草根文化"真正步入艺术的殿堂。下面将2010年6月龙游硬头狮子和貔貅参加"第二届中国龙舟文化节"全国比赛的盛况作一阐述。

已列入浙江省第二批非物质文化遗产保护名录的龙游硬头狮子（民舞），它的外形独特，介于"狮、牛、马、虎"之间，俗称"四不象"。是当地人们心目中能驱邪气、避瘟疫，保佑国泰民安的清洁灯、吉祥物。在龙游众多的民间灯舞中，要首推明崇祯年间就有的硬头狮子为最出色，每次灯会它一定是打先锋的。

硬头狮子的狮头用材是樟树或水杨柳，把木材镂空雕刻成狮头，狮身用麻绳、麻布，外罩细网绳结，黄麻制毛，染成靛青蓝，重量约达80公斤。舞蹈时4人一组（雌雄1对），每狮2人，1人舞头，1人舞尾。主要表演动作有"起跳""摆尾""撒衣""侧蹲""擎狮"等，套路有"跳街""开四门""踏八卦"等，乐队伴奏以古老曲牌为主，舞者都是中、青年劳动力，穿着红裤子，双腿扎着绑带，双脚穿着草鞋，外貌威武，动作粗犷迅猛。貔貅，又称"软头狮子"，传说清乾隆年间民间就有舞貔貅的活动，目前该县还拥有100多貔貅。貔貅的制作头部以木条制成框架，外罩花布，绘以眼、鼻、嘴等，黄麻制毛披于舞者身上。由雌雄各1只配对，同时带1只小貔貅，每貔貅2人，1人舞头，1人舞尾，动作以弯、滚、夹等为主，主要套路有拜揖、破四角、抢球、跳十字、滚背、睡狮、掏耳朵、捉跳蚤、树牌坊、爬板壁、喝水、挠痒、磨麦转、串阵、盘柱、跳兴、打滚、回狮等，以树牌坊、爬板壁最具难度和特色。乐器伴奏有先锋、大锣、小锣、狗叫锣、竹板等。

鉴于2010年第二届中国龙舟文化节是一项全国性的活动，考虑到龙游民间舞蹈的独特性和没有可比性，所以我推荐了"龙游石窟龙舟队"参加了这次赛事。比赛的规则分为两种，一、艺术展演：主要是比龙舟的造型和创意；二、龙舟竞赛：则是比速度、比相互的协作。两者之间的区别是显而易见的。因为不熟悉当地水域的情况，出于安全考虑，主办方把邀请的外省龙舟队都作为参加展演比赛。龙游石窟龙舟队因为去广东东莞路途较远，加上时值江西发洪水冲垮了高速公路，水淹、塌方，旅途几经绕道通行。为了吊装、起运方便，我们就利用2艘小船，带上装潢公司技术人员，等抵达目的地后再把2只小船拼装成1艘大船。然后

在拼装的大船上铺上地毯,在船的前部安放一对"硬壳狮子",作为开路先锋的双狮对舞。船的后半部分是一对貔貅,因为表演是在船上而且是行进式的,为了安全起见,一些难度和幅度较大的动作受到了风浪的限制,所以我们的队伍只能在船头、船尾安排划手8人,船中央安插民乐队员5人,乐器有先锋、大锣、狗叫锣、貔貅锣、竹板等民间器乐。这一独特的龙舟造型,打破了常见的造型布局,给人耳目一新的感觉。成为《南方日报》、东莞电视台等众多新闻媒体的焦点,他们纷纷争相采访、报道龙游石窟龙舟队,最终我省龙舟队荣获大赛的金奖。

从中我们得到的启迪是:墨守成规不可取,唯有在传承中创新,才是"非遗"保护的生命力所在。为什么我们的龙舟会在展演比赛中受到大众和媒体的青睐,归根结底就是一句话,在不脱离传统龙舟造型的基础上,就地取材,运用独特的创意、新颖的手法,由地地道道的农民来演绎的本土民间文化,是取胜的最有效途径。硬头狮子、貔貅、民族器乐等一系列具有独特民俗文化元素的结合运用,达到了很好的视觉效果,恰到好处地展现了龙游人的智慧和精神风采。

照片13　龙舟上的硬头狮子、貔貅

## 三、民间文化的保护和"活用"

民间文化作为一项代代相传的传统习俗,体现出广大民众的精神文化需求。随着社会现代化进程的迅猛发展,对于此类非物质文化遗产如何保护、重构、活用确实给我们出了一道难题。福田亚细男教授曾在2008年中日非物质文化遗产保护(鄞州)论坛上的讲话中指出:"相对于物质文化来讲,非物质文化是这样的一种文化遗产:它一定是和人类成为一体的东西——对于非物质文化来讲,生

成和发展这个非物质文化的人们,比如说它的利用者和使用者,是肯定在其相关中显现其必要性的。人类进行行为,发生语言,这就生成了非物质文化遗产。对非物质文化进行收集、整理、保护,限于对其本身的保护和活用,是远远不够的,我们必须关注非物质文化与传承非物质文化的人、保持非物质文化的人之间的关系"。

"对非物质文化遗产进行保护,'指定''活用'等,其实是对拥有非物质文化遗产、传承非物质文化遗产的人们的一种规制,或者说是带给了他们一种制约。对非物质文化遗产进行传承的人,他们又是处于普通的生活当中的人们。对这些普通人进行限制或者带给他们一种制约,终究将会产生一些重大的问题。对非物质文化遗产进行指定、保护,我们不能把保有这些文化的人们以及这些文化固定起来,期望没有发生变化那样地进行保护,那是不可行的。这些文化的保持者,他们在传承文化的同时,也在不断地顺应着时代的变化,他们的生活也理应向前发展。"我觉得福田先生的讲话非常精辟,他已经回答了我们急需解决的那道难题。人是非物质文化遗产的携带者,只有通过保护传承人这个载体,民俗文化才得以延续。所以我们必须完善保护机制,健全传承机制,打造培育文化品牌,开展多种形式的传承、创新活动,使民俗文化的传承和活用相得益彰。

2000年以后,非物质文化遗产保护的概念迅速地在中国得到普及和传播,特别是各地把中华民族的民间文化,作为一种精神文化的软实力加以弘扬。尤其是在打造民俗文化的平台上,导演了一幕幕地域特色鲜明的精彩节目,复活了中华民族最迷人的精神实质。这些具有浓郁地方性的表现形式和生活场景,它所承载和传递的普通民众的情感诉求都是相同的,精神内涵也是一致的。这种源自于生活的民间艺术题材,能让外地观者感到真实、新鲜,本地民众感到亲切、满足。真正实现慰藉心灵,陶冶情操,愉悦身心的最终目的,并通过传统民俗文化的活用这一载体,留住了它的文化生命力。

## 要旨

# 龍游の民間文化

## 王　恬

　浙江省衢州市にある龍游県石仏郷三門源村は、国家指定の歴史文化保護村落として知られるところである。その背後には石仏岩大山がそびえ、左右は獅山、虎山、象山、龍山といった山々によって形づくられた三つの堅固な関所に、それぞれ囲まれている。三門源という村名は、この三つの関所に由来するという。この村は平原に面しており、村の中を碧渓水という小川が流れている。この小川を挟んで左岸には葉姓を名乗る人々が、対する右岸には翁姓の人々が、それぞれ暮らしている。ここは、きわめて優れた風水上の条件を具えた天然の地形を誇る村である。

　山地であり、盆地でもあるという二重の環境条件の影響を受けながら、この地で何世代にもわたって暮らしてきた人々は、何千年もの時を経るなかで、珊珊ときらめく豊富な民間の文化を生みだしつづけてきた。筆者は本文において、この地域における婚姻と葬送の慣習を事例として取りあげる。そして、その魅力あふれる民俗芸術、さらには民間文化の保護と「活用」という点について調査・研究した内容を考察したい。

　三門源においておこなわれる嫁取りや嫁入り、葬送の習慣というのは、地域的な特徴を多くもちあわせており、それ自体が複雑に入り組んだ一種の文化現象として存在している。社会が進歩して、人々は文明を崇め奉るようになった。さらに、さまざまな観念が新たなものへと取って代わられ、西洋文化の衝突をも経験するようになると、それらの慣習が全体としてもっていたであろう表現方法にも、大きな変化が現われはじめた。こうした事実は、私たちがそれぞれの民族がもつ文化的特徴を研究する際に、大きな拠りどころを与えてくれるにちがいない。

すばらしい魅力を具えた民俗芸術も、この地域で大きな注目を集めるものの一つである。ここの民俗芸術は、種類が多いのみならず、その内容もきわめて豊富であるというのが特徴的である。たとえば、地元の民俗的・文化的特色をあわせもつ「硬頭獅子」や「草龍」、「脱節龍」、「滾花龍」といった市井の舞いは、しばしば対外的な文化交流の場で披露されることがある。こうして、泥臭さを漂わせる「草の根」の文化は芸術の殿堂にまで上りつめることができるのである。地域的な特徴を色濃くもったこれらの表現方法や生活の情景は、伝統から逸脱しないという基礎の上に立ちながら、一方では独創性や斬新な手法を駆使して民俗文化という元素と有機的に結合しようとしているかのようである。こうした「草の根」の芸術というのは、人々がかつての過ぎ去りし日の文化に対して抱いている記憶を満足させることができるのみではない。それは、自らがもつ文化の精髄を精神的な側面から継続させつづけることができる。さらに、「草の根」の芸術を「活用」するという方法を通して、私たちはそれらがもつ文化の息吹をここに留めることができるのである。

　民間に息づく文化というのは、ある種の歴史的・文化的記憶として、多くの人々が精神的に、あるいは文化的に求めつづけてきたものを体現している。社会が現代化へと向かい劇的な発展を遂げるなかにあって、こうした種類の非物質文化遺産をどのように保護し、再構築し、活用してゆくのかということが、難問として私たちの前に立ちはだかっている。人は、非物質文化遺産の担い手である。それゆえに、伝承者という伝達手段の保護を経ずして、民間の文化を生き延びさせることは不可能だろう。私たちはまず、こうした芸術や文化の伝承者を十分に保護するための体制を整える必要がある。そうした後に、さまざまな形式の伝承活動や創作活動を展開し、民間文化を伝承し、活用するという二つの側面が相乗効果を上げることのできるような取り組みをつづけなければならない。

# 非物质文化遗产

## 刘晓路

  同在江山县廿八都的调查一样，中日两国的民间文化研究者对龙游县石佛乡的三门源村进行了连续 4 年的调查。调查目的主要是了解当地的非物质文化遗产及其保护情况。由于三门源村的地理位置和不很发达的交通条件，保留着一定的非物质文化，如民间手工艺和节日风俗等。同其他地方一样，在改革开放 30 年间，受各方面因素的影响，这些非物质文化遗产或多或少发生了变化，许多已经不复存在，即使是保留下来的，也有不同程度的演变。希望通过这次调查，能为当地非物质文化遗产保护工作提供一些有用的材料。

### 一、三门源村概况

  三门源村位于龙游县最北部，距县城 26 公里。三门源村由三门源、三门寺里、流坑源、坞山坪等自然村组成。三门源是由宋代为避战乱从建德迁来的人组建的，他们选中了这里两面靠山、面向平地的风水宝地。这里的山因形得狮、虎、象、龙名，其饭甑山为火山岩地貌，上有"拜佛岩瀑布"，高约 150 米，是江南最长的瀑布。从山上下来一股溪水穿村而过，将村子一分为二，村中有叶、翁两大姓，各建有祠堂。三门源村有明、清、民国时期修建的民居、祠堂、庙宇、街巷、石板路、堰坝等，建筑风格为徽派，粉墙、灰瓦、马头墙、彩绘、砖雕、木雕、石雕等均佳，其中以叶氏民居的建筑、砖雕、木雕和石雕最为著名。手工艺产品曾经有竹篾、木匠、铁匠、榨油、做豆腐、酿酒和制作粉皮等。三门源村以其独特的古建筑群、丰富的文化遗产和优美的自然风光被列入当地旅游开发重点村。

  三门源村共有 413 户，人口 1400 余人，其中劳动力 980 余人，外出务工 300 多人。三门源耕地 1200 余亩，山林地 9600 多亩，分毛竹 700 余亩，油茶 450 亩，果园 500 多亩，各类树木近 8000 亩。农林产品有稻米、小麦、大豆、桐油、油茶、

柑橘等。此外，村里还有水塘约800亩，进行珍珠和淡水鱼养殖，品种有草鱼、鲤鱼、鲫鱼、石板鱼（当地人的俗称）、泥鳅等。农业收入是当地老百姓的主要经济来源，收入水平在浙江省算低的。

照片1　三门源村景色

## 二、三门源村的非物质文化遗产

三门源村是典型的江南稻作经济和山林经济相结合的地区，封闭和自给自足的经济、文化、生活环境，使当地保留着许多与之相适应的文化遗产。其中一些非物质文化遗产随着不同的历史阶段和不同的社会生活，不断发生着变化。此次中日民间文化和民俗工作者联合组成的调查团，以了解"中国江南农村非物质文化遗产保护"为目的，对三门源村非物质文化遗产的历史和现状进行了调查。现将调查成果整理如下。

### （一）三门源村的民间手工艺

经过调查，目前三门源村的非物质文化遗产的生存现状不容乐观，在各种因素的影响和冲击下，能在老百姓中流传的民间手工艺种类已经很少，从业人员也不多，虽说从业者还能依靠民间手工艺维持生活，但其前景很难预料。以下是其中的几个门类。

#### 1. 打铁

三门源同所有从事农业生产的村庄一样，有为自我服务的各种行当，其中就有铁匠。目前村里只有一家打铁铺，还兼做碾米、磨面等，在溪东路56号。2008年8月31日的调查内容，铁匠铺主人翁培昌，52岁，家庭人口有夫妻、两个孩子，

老母亲与他住的很近，负有照顾的责任。铁匠铺的房屋是祖传的。家有田（指平地）7分，主要种水稻；地（指山地）2亩，主要种树、柑橘、豆子、地瓜等，此外村里的荒山可以自由开垦，收获归己。翁师傅以打铁为业，主要为本村的人打农具等，也有外村的人来订货。农闲时打铁的人比较多，"闲时准备，忙时用"。翁师傅说自己20岁开始学打铁，手艺是跟一个叫方长春的长辈学的，传承脉络是：方师傅将手艺教给翁培云、翁培昌两兄弟，翁培云现在已经不再打铁。翁师傅主要打的农具有锄头、斧头、镰刀、羊角（挖竹子、笋的工具）、宽板（挖沟、除草用）、条锄（挖山地、硬地、开山用）、草锄、两齿（挖地瓜用）、镰刀等。打铁的收费方式是按照所打物品的重量计算，每斤约12元（当地人的生活水平与廿八都相比偏低，因此物价也低些），翻新的农具要便宜些，没有材料费，只收加工费。每件产品使用的时间一般在一年左右。目前村子里仅此一家，客源比较稳定。翁师傅除了接待上门的客户外，还要打出多余的产品，拿到集上去卖。打铁的原材料是在龙游县买的。调查时在现场看了翁师傅的工作过程，听他讲解了打铁的技术特点。程序是，取要打制工具所需的材料，先将原材料在炉子里烧红，再用气锤将其打成雏形，这道工序过去是由两名铁匠使用大小锤轮流敲打而成，一般是师傅拿小锤、徒弟拿大锤，师傅指挥掌握节奏，现在有的人家使用电气锤进行初步锻造省力不少。这道工序完成后，再用小锤进行精细加工，这个过程要反复不停地重复淬火（将烧红的铁件放到泥水里冷却）、敲打的过程。锻打到一定程度时，要在锋口处加钢，

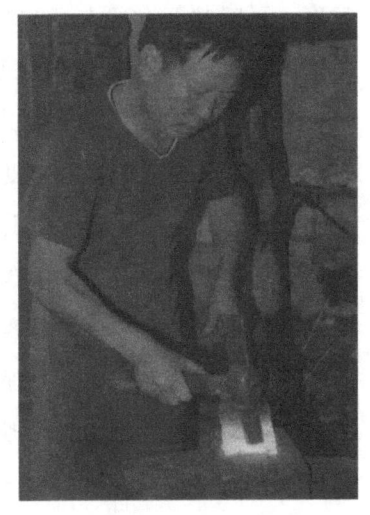

方法和过程是先在锋口两边各打出一个弯钩，用来卡住钢片，将钢片嵌进烧红的锄头、镰刀、菜刀等的锋口处，再将加了钢片的物件放在泥浆水中进行淬火，不停地对钢片和物件的结合部敲打使其连为一体。产品的好坏关键在钢口，因此，加钢的好坏是衡量铁匠师傅手艺好坏的关键，如何确定打制的效果，全凭师傅的经验。据翁师傅介绍方法主要是听声音判定好坏，越清脆越好。打一件产品大约需要二三个小时。现在的铁质农具也可以用机器加工，价格比手工打制的要便宜些，因其质量不如手工打制的结实耐用，老农们还是喜欢使用铁匠师傅打的农具。现在当地农民使用的农具主要还是在铁匠铺

照片2 铁匠翁培昌

定制，因此农村打铁的人还是很有用处的。翁师傅的铁匠铺是在自家祖屋，没有房屋租金，收入还是不错的。翁师傅除了打铁之外，还购置了电磨为村里的人加工米、面等物，收取一些加工费。每箩筐谷子、荞麦等的加工费4元。有时也将自家的余粮加工了出售给来当地旅游的人，如每斤荞麦粉能卖10元钱。

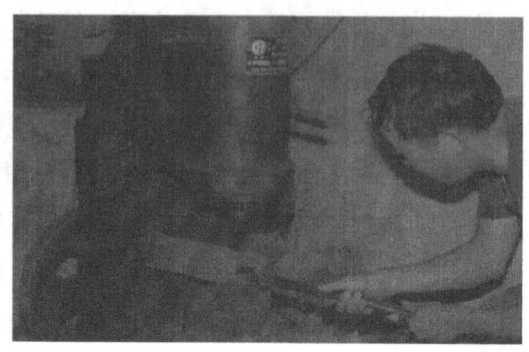

照片3 出售的锄头　　　　　　　　照片4 铁匠在工作

## 2. 做豆腐

据陪同调查的当地人介绍，过去三门源家家都会做豆腐，因为村子小，又不在交通要道，没有饭店，做豆腐只是为家用。而且豆腐的制作方法很容易学习，工具也不复杂。但是现在村里只有一家人家开作坊，做豆腐，在村里卖或进行来料加工。村里其他的人家只是来了客人和家里的人聚会，以及过年节时才自己做豆腐，平时吃豆腐便上豆腐坊去买，自己不再做豆腐了。不做豆腐的原因是现在家庭人口都不多，每做一次豆腐都要有一定数量，吃不了，卖不出去，又放不住，容易造成浪费。如果将来村里人家都开展农家乐，豆腐需要量会有所增加，有了销路，一些人家就会恢复这门手艺，继续做豆腐。2010年8月，在当地调查时看到，已经有一些年轻人在山脚下建造了饭店和旅社，开始了农家乐，他们在自己饭店的菜谱里已经将豆腐菜作为当地特色菜肴，介绍给顾客。我们调查时，在那里看到许多来自附近城镇的游客边看风景、边品尝包括豆腐在内的风味菜肴。

三门源的豆腐房在大塘底巷31-1号，男主人叫瓮柏州，53岁，在村里专门做豆腐出售，有个不大的豆腐作坊，因为主要在村里卖，产品量也不多。据翁师傅讲，他家每天做十几斤豆子的豆腐，每斤豆子可以做五六斤豆腐。他做的豆腐分北豆腐和南豆腐两种，北豆腐水分少些硬些，南豆腐水分多些软些，因此出售时北豆腐贵一些、南豆腐便宜一些。翁师傅豆腐坊还有其他豆制品，如豆腐泡、

豆腐干、油豆腐、豆腐皮、豆腐丝等。翁师傅制作豆腐的方法和工序与其他地方大致相同，也是用石膏作引子。比较有特点的是，他的销售方法有几种，一种是拿现金买，北豆腐每斤1.5元、南豆腐每斤0.8元；另一种方法是来料加工，顾客自带豆子，每斤豆子收加工费1元；还有一种是用黄豆换豆腐，1斤豆子换3斤豆腐。采用什么方法，个人根据自己的经济条件而定，很灵活方便。还有的人只是用豆腐坊的电磨将自带的黄豆磨成豆浆，然后回家自己点豆腐和喝豆浆，这种情况下，适当收取电费和设备磨损费。用自己生产而且用不了的东西，向对方换取自己需要的东西，弥补没有货币来源的缺陷。这种以物换物的方式在过去经济不发达的农村和集市贸易中是常用的方式。在经济发达的今天，还采用这种方式，可见传统文化在农村中的影响根深蒂固。透过这一现象，也有助于人们了解和认识类似三门源村这样欠发达地区相对封闭和具有特色文化氛围的农村文化现象。在我们进行新农村建设和非物质文化遗产保护工作中也是值得注意和研究的现象之一。

翁氏豆腐坊现在使用的工具与过去也有所不同，例如过去用石磨，现在用电动钢磨磨豆浆；过去外出卖豆腐是用挑子挑着买，现在是用独轮车推出去卖。但其他工具还是老样子，如千张石，做豆腐皮（千张）时用它来挤压水分；豆腐桶，是用木料箍成的，放豆浆用的。当地做豆腐的水是用竹子做成水管，由山上引下来的，水是天然的，未经过自来水厂处理。这些原始的生产方式和生产工具，对豆腐的口味有一定的影响，这也是农村人做出的豆腐味道独特、鲜美，深受人们欢迎的缘故。

翁师傅每天只做固定数量的豆腐，做完了定量，就找人打麻将或进行其他娱乐活动。他除了做豆腐外，也种地。

照片5  制做豆腐的工具和原料

照片6  制做豆腐的工具和原料

### 3. 榨油

三门源村山地多，可以种植适合山地的经济作物，如茶籽等，当地还盛产油菜籽。许多村民都种了茶籽、油菜籽，这就为榨油坊的出现创造了条件。2008年8月，在三门源对榨油坊情况进行了调查。调查地点：三门源翁氏祠堂，调查对象刘永根，55岁，家住溪东路158号，家有榨油机2台，1992年开始从事榨油工作。刘先生现在已经不用传统方式和工具榨油，但是他还保留着传统榨油的记忆，并试图在适当的时候恢复传统的榨油工艺，生产绿色食用油。

三门源村榨油的历史很久。同其他地方一样，以前榨油使用的传统榨油机，是用两根粗树干，各挖一个对称的长形孔，再做两块长方形的压油板，这两块板合在一起，正好放在长方形的孔里，这两块板上面一块平滑，下面一块中间有圆形沟槽，还有一个伸向外边的导油孔，加上一些木楔，就是一架传统的榨油机。榨油的工序是，先将菜籽、茶籽炒至半熟以去掉水分，用碾子碾碎，放入蒸笼蒸熟，这样做的结果是使压榨过程中能顺利榨出油。然后将油菜籽、茶籽用布包起，油料包放在两块压油板之间，放在木槽里，不断加入木楔起到增加压力进行压制的效果。最后是将榨出的油进行脱粒，去除杂质，就可以食用和出售了。这种原始榨油方法，20世纪80年代中期以前还常在本地使用，现在主要是用机器榨油。用原始方法榨出的油有原汁原味的感觉，很香、很纯正。榨油是季节性工作，多为两季，根据原料的收获季节而定。

油菜籽是农历四月收获，茶籽是农历十月收获。三门源村里的榨油坊主要为本村和附近村的村民服务，原料基本是村民本家自留地种植的，每家每年大约能收籽500余斤，榨出150斤油，加工费每斤2元。三门源村民自家榨的油，一部分自己吃，吃不完的拿到集市出售，菜籽油每斤9元、茶籽油每斤18元。榨油坊三门源村只此一家，每年有2至3个月的工作时间，忙的时候每天可加工原材料2000斤。开工时雇两个帮工，工钱是每人每天50元。来榨油时村民自带柴火，用于炒和蒸原材料，不带柴火的另付柴火

照片7　榨油工具

费。榨油的出油量同师傅手艺的好坏有关，在炒制、蒸制等工序上都要掌握一定的技术，主要是根据原料的水分决定炒制、蒸制的时间和温度，具体要靠经验判断。刘师傅说，对将来的发展有自己的考虑，想利用自己的技术开发绿色食品，要充分利用好当地的绿色原材料、原生态加工技术和加工工具，再设计特色包装等，生产绿色山茶油。

### 4. 做发糕

发糕指龙游发糕，它不仅是年节食品，也是当地流行的日常食品，因源于龙游县而得名。据《龙游县志》记载：龙游发糕的制作始于明代，距今已有600多年历史，风味独特、制作精良，名字又取"福高"的谐音，寓意吉利，因而成为年节礼品。逢年过节三门源村家家户户蒸制发糕，用作点心或馈赠亲友，希望大家都"年年发"。发糕现在是当地有名的土特产。

当地向导为我们介绍了发糕特点、制作方法和工序。据当地人介绍，龙游发糕，按口味分为白糕、丝糕、青糕、桂花糕、核桃糕、红枣糕等；按使用的主要原料，可分为纯糯米糕和混合米糕。龙游发糕的特点是配料上乘，加工精细，色香味美，糯而不黏，甜而不腻。

制作发糕的过程是，事先将要用的米在凉水里浸泡五六天，然后磨成浆水，再用纱布沥干待用，用料是糯米少些，籼米多些，比例大约是二比八、三比七，具体要根据米的质量决定；纯糯米发糕，又名"糖糕板"，制作方法与混合米糕类似，只是原料中不加籼米，这样的做法常见于龙游南部的乡村，流行范围不如混合米糕广。发糕配料有白糖、肥猪肉（猪油）、酒糟（发面用）、桂花、枣、红豆、芝麻等，每箩米（约8斤）放一碗（碗口约1.5公分）酒糟；将各种材料揉在一起，放水时要掌握好温度，用手摸着温热即可，温度掌握不好，面发不好。糖要放多点，当地人喜好甜味。龙游发糕也有咸味的，配料是豆腐干、豆芽菜等，将这些材料炒熟了放在发糕粉里面一起蒸熟。面和好后，经过发酵蒸熟即可食用，确定发糕是否蒸熟的办法是用筷子插到发糕中，面不粘筷子就算是好了。

为了表现节日的欢喜气氛，做发糕时还可用六角茴香沾上红色或绿色食用颜料在蒸熟的发糕上印满图案。发糕除了年节时食用外，还用在造房子上梁、结婚娶媳妇时，取意吉祥幸福，为仪式增加喜气。

### 5. 圆馃（也叫米馃）

当地人介绍，圆馃是他们在年节和家里来了客人时做的一种待客的食品。我们见到吃圆馃，是在叶氏祠堂。一家正在建新房借住祠堂的叶姓人家，男主人叫叶金富，1932年出生，是三门源村叶姓族人中辈分最高的长辈，按照规定，凡叶氏家族的人家，家里有事都可借用本族祠堂。我们到祠堂时，叶先

照片8　制作米馃

生的夫人正在给帮助他家建房的工人师傅做茶点，即圆馃。据她介绍，圆馃像汤圆，但个头要大得多，"圆馃"是当地人的叫法，和汤圆不同，圆馃馅是咸的，里面放有豆腐、肉、冬笋、辣椒、萝卜丝、葱等。做圆馃的面粉也是用籼米和糯米浸泡7天，冲洗干净，再磨成粉，晒干备用，这种米粉又叫"七天粉"。圆馃的做法是将面粉加入一定量的水揉好，将馅料包在其中即可。煮圆馃的时候不盖锅盖，小火慢慢煮，这样做既可以保证圆馃煮熟，又不致使锅里的水扑出。吃圆馃的时候还要加进酱油、醋、辣椒酱、猪油等佐料。圆馃皮薄馅大，个头很大，一个有几两重，食量大的人一次可以吃四五个或十多个，尤其是干体力活的人。（讲述者是叶金富的夫人）

在调查中了解到，当地的特色食品还有粽子、肉圆等，当地的粽子以咸味为主，放猪肉、笋、芋头等材料，用笼屉蒸熟，粽子原来主要是在端午节食用，现在日常饮食和来了客人也常做了吃；肉圆是用地瓜粉、萝卜丝、豆腐、毛芋、肉等捣碎搅拌在一起，捏成一定的形状，用笼屉蒸成，各家根据口味不同配料不同，是当地百姓家常用的食物。还有一种麻糍，过去是来客人和过年时才做了吃的小食品，是用糯米蒸熟捣成黏面，揉成小团，吃的时候蘸上芝麻、花生、

照片9　煮米馃

糖粉合成的作料就可以，现在随时可以吃到这些过去很难吃到的食品，我们在叶义龙先生家调查时，就赶上他家做了这种麻糍，吃了之后感觉味道不错。

在调查时还看到，每到下午四五点钟时分，村里的男女老少都聚集在村中心的凉亭桥边，这时有不少摆小摊卖萝卜丝饼和红薯丝饼的，这些小食品是将萝卜和红薯搓成丝，添上各种作料，裹上面粉用油炸成，味道很香甜，许多大人小孩都在买。三门源这些特色食品都可以在旅游开发后当作土特产品进行推广。

据龙游县文化旅游局黄国平局长介绍，过去三门源村还有诸如木匠、砖雕和木雕师傅、篾匠、箍桶匠等民间手工艺者，但是近些年来，各种现代技术和产品不断涌入，逐渐代替了传统手工艺及其产品。我们经常接触到就有，生活用具中：塑料桶代替了手工箍的木桶；电暖器、热水袋代替了火铳、汤婆子（民间一种冬季取暖的用具）；板材家具代替了竹椅、竹床、棕绷床；现代工艺的毛竹拉丝席子代替了手工编织的篾席。据黄局长介绍，相比较而言，手工编织的篾席工艺复杂，做工时间长，售价低成本高，靠编制篾席维持生活不可能，这门手艺的传承已经很困难，现在当地能做和愿做篾席的人不多，有做篾席出售的也是价格昂贵。过去南方人常用的棕床也没人做了。这些民间手工艺制作的产品都很费工、价格也偏高。三门源当地盛产的竹子，现在多是被人把竹根挖出来去卖，整根竹子的利用率很低，还有其他一些物产都是很好的手工艺加工的材料。县里正在研究如何发挥民间手工艺的作用，将这些材料利用起来。黄局长还说，用现代技术生产的产品同民间手工艺生产的产品进行比较，手工艺品在品质和特色方面还是有很大优势的。比如，机器席子与手工的席子，在光滑度、舒适度、牢固度等方面都有很大差别；棕绷床具有透气性好、软硬适度，比现在流行的床具更能适合南方潮湿炎热气候的特点；竹器将当地的材料和手艺都用上，具有使用凉爽舒适的特点，十分适合南方高热的气候，还就地取材、减少成本。其他如箍桶、榨油、砖雕、石雕、木雕等，都能同当地大力发展旅游、保护非物质文化遗产等工作联系在一起。现在由于要求改扩建的民居等建筑仿古，木雕、砖雕和石雕等手艺都有可能恢复。龙游现在有20多座像叶氏民居规模的古建筑，需要维护和修建，当地被命名为省级非遗传承认的手艺人只有二三人，从事这个行当的有200余人，年龄多在40岁以上，是当地家具厂的工人，手艺是跟本厂的老艺人学的，没有什么特色。现在培养民间手工艺传承人的工作已经提到议事日程上。

## (二) 三门源村的节日习俗

节日习俗是从过去到现在，各地农村都广泛流传的民俗事象。它根据当地的生活、地理、历史、宗教、文化的特色，形成了各自的民俗风情。这些节日习俗，随着历史的发展、社会的进步、文化的变异，带有明显的时代特征。三门源村的节日习俗也不例外。

在三门源村调查期间，我们在当地向导王志元先生的带领下，对当地的节日习俗进行了调查（王先生1949年出生，高小毕业，有烧砖瓦的手艺，改革开放后在家种地；家有夫妻、四个女儿，现住叶氏老宅，房子是百年前他的祖父从叶氏人家手中买过来的）。

2010年8月27日下午，关于当地节日习俗的调查。调查地点是三门源村西溪路49号，主人叫叶义龙，1938年出生，原乡农机站干部，退休，家庭成员有夫妻二人、二儿一女，现住的房子是小儿子出钱建造，占地面积120平方米。

叶先生为我们讲述了当地的一些年节习俗。主要是清明、端午、中秋、七月半、重阳节、冬至、春节（包括廿四、三十、正月初一、正月十五等日子的活动）。这些习俗有的还在当地流行，有的已经不存在。

### 1. 清明节

清明，是中国传统农历二十四节气之一。清明节大约始于周代。《历书》曰："春分后十五日，斗指丁，为清明，时万物皆洁齐而清明，盖时当气清景明，万物皆显，因此得名。"清明也是天气转暖，春耕春种的大好时节，故有"清明前后，种瓜种豆"的农谚。清明节人们还要踏青、栽柳、娱乐，同时它也是一个祭祀祖先的节日，主要活动是扫墓。

三门源村清明活动主要是打清明粿，到墓地祭祀祖先和逝去的亲人。清明粿是用糯米、艾叶草、黑芝麻、糖（红糖）、大豆、菜籽油等制成，馅料也有咸的，用猪肉、笋、豆腐、腌菜等调制。做清明粿的糯米事先磨成粉，沥干，切成小块状晒干备用。清明将临的时候用水将糯米块浸泡调成软硬适当的面团，包入馅料，用笼屉蒸熟即可。

清明的主要活动是上坟祭拜，时间是清明的前三天和后七天，以四月初五为中心。上坟时全家一起去，也可以分着去，在当地没有什么禁忌。过去村民们常用的祭品是鸡、鸭、鱼、肉等。特殊的是当地人的祭品中必须要有骨头，这表示故人的后代有骨气，骨头要煮熟、带肉的，现在还是这样。不过现在的清明节也

有所变化，祭祀场所已由过去分散的祖坟，变成村里的集体坟地，即公墓；祭祀仪式中过去的烧纸钱、上香等，现在被限制，主要是为了防止森林火灾，随之而变的是人们开始用献鲜花祭祖；祭品也有变化，有的只带一些肉和豆腐，再加些水果；去坟地的路上，也可以乘车了。这些祭祀仪式的变化是随着时代和社会的变化而改变的，每个时代对民众行为规范的约束也是促使变化的因素。

2. 端午节

端午节是每年农历的五月初五，又称五月节、艾节、夏节等，它原本是夏季一个驱除瘟疫的节日。端午节必不可少的活动有吃粽子，赛龙舟，挂菖蒲、蒿草、艾叶，喝雄黄酒等。其中挂菖蒲、艾叶，喝雄黄酒是为了避邪。

三门源村没有大面积的水域，因此与其他南方地区端午节不同的是，没有赛龙舟之类的活动，只是包粽子，还有小辈给长辈送酒和点心，这是祖上传下来的规矩。粽子是用当地自产的糯米，馅料有甜味和咸味，甜味是用红糖、豆子制成；咸味是用猪肉和山货等制成，口味可根据自己的偏好随意配制，当地人最喜欢吃的是芋头和猪肉放在一起做馅的粽子。三门源村每户人家都会包粽子，届时每家都要做上十几、二十斤米的粽子，可以吃上一个礼拜，六月天热，粽子要反复蒸煮，以保鲜。端午期间还要吃绿豆糕，绿豆可以驱毒、祛暑，是这个季节很好的保健食品。

3. 七月半

七月半，即"中元节""盂兰盆会"，民间又叫"鬼节""施孤""亡人节"。"中元"之名起于北魏。根据古书记载："道经以正月十五日为上元，七月十五日为中元，十月十五日为下元。"民间多在中元节以祭祀的形式，怀念亲人和表示对未来寄予的美好祝愿。

"七月半"时当地要打麻糕，麻糕是用糯米、芝麻、糖等做的，当地打麻糕的过程是将糯米浸泡后，蒸成米饭，然后放在石臼里用木槌反复打击成黏面，揉成团，放入馅料，即可食用。麻糕既可当祭品、也可食用。麻糕是祭祀时的主要供

照片 10　中元节祭祖

品，此外还有猪肉、酒、豆腐、香火等，上完坟后供品带回家。当地七月半的时间阶段是农历七月十五的前三天、后七天，上坟的时间是早晨。叶先生解释为什么要早上去上坟时说，当地人认为下午阴间要关门，带去的供品先人收不到，因此趁着太阳刚出来就要去。现在还有一种解释，就是早上天气凉爽，有露水，上坟烧纸不容易引起火灾，而且上坟时人们要带上防火的用具和水，防止烧纸时引起火灾，如果有人因此引发火灾，要依法惩办。

### 4. 八月十五

农历八月十五是中国的传统节日中秋节。中秋节与春节、清明节、端午节是中华民族的四大传统节日。"中秋"一词，最早见于《周礼》的"汉服中秋"。据史籍记载，中秋是古代帝王祭月的节期，时日恰逢三秋之半，故名"中秋"；中秋节又有祈求团圆的信仰和相关习俗。中秋节的盛行始于宋朝，至明清时已与元旦齐名，成为中国的主要节日之一。

解放前三门源有拜月亮仪式，现在不拜了。但每到中秋节，家庭成员都要团聚，吃团圆饭，小辈要给老辈送月饼。当地有个风俗是长辈也要给小辈送中秋，即送麻饼、月饼等。麻饼是从店里买的，是用芝麻、糖和糯米搅在一起烤制而成，吃的时候切成块或薄片。月饼是许多地区中秋节都要吃和当做礼品送人的食品。当地人在送月饼时要用红纸包裹，这一习俗相传是明朝刘伯温采用此方法，将写有"八月十五杀鞑子"的符咒放在里面，告诉人们在这一天起事，反抗当朝统治者。这是当时民族斗争的表现，随着时代的变迁，它最初的意义已经不重要了，只是作为一种习俗延续下来。

### 5. 重阳节

重阳节在农历九月初九，又称"老人节"。《易经》中把"六"定为阴数，把"九"定为阳数，九月九日，日月并阳，两九相重，故叫重阳。重阳节早在战国时期就已经形成，到唐代，被正式定为民间的节日，此后历朝历代沿袭至今。重阳又称"踏秋"，与三月三日"踏春"一样，都是全家倾巢而出，一起登高"避灾"，插茱萸、赏菊花。三门源过重阳节已经没有什么特殊的活动，但是要吃自家包的粽子。

### 6. 冬至节

冬至节又称冬节、交冬，既是二十四节气之一，也是传统节日，从周代起就有祭祀活动。《周礼·春官·神仕》："以冬日至，致天神人鬼。"目的在于祈求与

消除疫疾，减少荒年给人们带来的灾害。冬至是北半球全年中白天最短、黑夜最长的一天，过了冬至，白天就会一天天变长，黑夜会慢慢变短。中国古代对冬至很重视，有"冬至大如年"的说法，而且有庆冬至的习俗。民间有以冬至测天之说，如谚语"冬至在月头，要冷在年底；冬至在月尾，要冷在正月；冬至在月中，无雪也没霜""冬至黑，过年疏；冬至疏，过年黑"。各地冬至有不同风俗，北方地区宰羊、吃饺子、吃馄饨；南方地区吃冬至米团、冬至长线面。各地在冬至这天还有祭天祭祖的习俗。

三门源"冬至"这天祭祀上坟可以不拿东西，如今有时连纸也不烧了，当地人的解释是冬至时节天干气燥，烧纸容易引起火灾，而且制度不断完善、处罚也严厉，人们必须改变以往的一些习俗，冬至去坟上走走就可以了。这种改变是前几年的事情。解放前，当地冬至节有个特殊的仪式，要在各宗族的祠堂里搞活动。届时60岁以上的老人到各自宗族的祠堂集中祭祖，族里有文化和高等学校毕业的人也可以去（主要是叶氏宗族），去的人可以在那吃饭，有肉和豆腐，过去那些考上进士的人在这一活动中可以得到双份的馒头带回家，最大的馒头有4两重，以此鼓励族里年轻人好学上进。解放以后，祠堂充公了，族产也没有了，宗族组织也不能活动了，此俗就没有了。改革开放以后，分田到户，族产也没人管理了，活动也难以恢复了。此外，当地冬至要炒黄豆、核桃等，拌上红糖一起吃，这是因为冬天到了，适合对身体进行滋补。

### 7. 腊月廿四，过小年

进入腊月在中国广大的农村地区就开始做过年的准备。三门源也是如此，腊月初八，要喝腊八粥。再就是办年货，不好买的东西要提前准备，如猪下水等东西，买来后用盐腌起来。节日吃的猪肉也是在立春前杀好，人们把肉用盐腌起来。此外，要包粽子、做发糕。

在这个过程中，腊月廿四过小年是重要的活动。三门源村过小年主要吃汤圆，汤圆是用糯米包上豆腐、猪肉、笋、腌菜等，还有不放馅料的，将煮熟的糯米团撒上磨碎的炒黄豆和红糖拌在一起吃。这一天，所有人家都要将灶神像揭下来烧掉，寓意送灶王爷升天，烧纸时还要说"上天言好事，下界保平安"之类的好话。烧灶神像的同时，要供甜汤圆，为的是让灶神吃了嘴甜，上天后在玉皇大帝面前多说好话。等到年三十还要再请灶神下凡，即请回一张新的灶神像，贴的时候，要献年祭，物品有猪头、鸡、豆腐干一块、米饭一碗、黄酒等，磕头、拜

神，做完这些才可以吃年夜饭。当天，老百姓还要用咸馅汤圆祭祖先。

## 8. 年三十

三门源把年夜饭叫吃过年，过程是，腊月三十晚上，将猪头、鸡等烧熟，饭碗、杯子、香、筷子、刀等放在门外的八仙桌上，东、南、西、北四个方向拜天地三次，拜完后，再把桌子抬到堂屋上的牌位前拜祖宗，而后再拜猪栏，祈求六畜兴旺。拜天地时，供品有豆腐干、猪头、鸡、酒和三个杯子、三双筷子。年饭除了鱼是必备之物，取"年年有余"之意外，其他的随意。

照片11　祭品

吃年夜饭时长辈打（给）压岁钱，数量不限，1块、2块，100、200都行，吃年夜饭时给。年夜饭全家一起吃，通常的菜有鸡、鸭、鱼、肉、豆腐及豆腐丝、豆腐干、千张（豆腐皮）、香干、青菜等，还要有长寿面、粉丝。其中主菜5个必不可少，鸡、鸭、鱼、肉、青菜。饭后，子夜时分，开始放鞭炮、焰火。在过去没有钟表时，农村确定这个时间是用香火和听村里打更的人报时。

## 9. 春节

春节民间叫阴历年、农历新年、旧历年，约源于殷商时期年头岁尾的祭神祭祖活动。传统意义上的春节，是从腊月初八的腊祭或腊月廿三、廿四的祭灶开始，直到正月十五元宵节（有的是正月十九）结束。年节期间，人们举行各种庆祝活动，这些活动大多以祭祀神佛、祭奠祖先、除旧布新、迎喜接福、祈求丰年为主要内容。

三门源村在过完除夕后，年初一开始拜年，当天主要是亲戚、街坊邻里等。年初二祭拜祖先和死去的亲人，现在这个时间也不是固定得那么死了。春节期间的拜年，当地一般是从初一到二十，也不像过去事先要看着黄历选好日子了，这些都是解放以后的变化，如今有些风俗也在恢复之中。

春节期间，村子里要演戏。演出时间根据戏班子的时间而定，但是要逢双日，演出地点在叶家祠堂，一般连演4天，请班子的钱是村里人凑起来的。演出的剧种主要是婺剧的古装戏，具体什么剧目请村里懂得戏剧的老年人定。

### 10. 正月十五

正月十五即元宵节，至今已有2000多年历史，元宵节赏灯习俗始于东汉明帝时期。该节日经历了由宫廷到民间、由中原地区到全国各地的发展过程。汉文帝时，下令将正月十五命名为元宵节。元宵节的习俗除观灯外，还有舞龙、舞狮、跑旱船、踩高跷、扭秧歌等。

目前，三门源村元宵节因为村子太小，财力有限，不举办什么风俗、娱乐活动，但是要吃发糕和粽子。元宵节期间龙游很多地方都要舞龙舞狮、玩走马灯，在三门源村几里路以外的地方就有元宵节活动，三门源的人主要是到附近村里去过元宵节，自己不组织什么活动。由于传统影响，现在到过元宵节时，村里准备外出务工人员已经开始出去打工了。

解放前，三门源村里的两个祠堂，大年初八、初九都要接菩萨到自己的祠堂，解放后这个仪式也没有了。

## 三、三门源村传统文化遗产的保护

三门源村非物质文化遗产保护的过程中，政府的介入起到了很重要的作用。

但是，在调查当中也可以看出，政府在保护非物质文化遗产方面的观念和方法有一个逐渐成熟的过程。

从调查中了解到，三门源第一次政府参与的文化遗产保护工作是在全国开展非物质文化遗产保护工程之前，主要目的是想借用当地的自然和人文资源进行旅游开发。20世纪90年代初，村里曾经进行有组织的旅游开发，自筹资金，对村容进行了整治，添置了一些旅游设施，迎接游客。我们前两年调查时，还能看到当时整治的痕迹，村口的售票厅和墙上绘制的村里的旅游路线图都是当时的产物，现在已经破烂不堪、名存实亡。据村里人介绍，因为当地有很多路口可以进到村里，前来参观的人许多不从指定的入口买票进入景点，根本无法保证门票收入。村里在导游、卫生保障、服务设施等方面投入很大，入不敷出，不仅无法收回成本，连日常维持都很困难。这一期的改造失败了，原因是多方面的。但要达到既能保护当地文化遗产，又能产生一定经济效益，使其自身持续发展，是一件很困难的事情。正像当地旅游文化部门负责同志说的，当地包括非物质文化遗产保护在内，只有通过综合开发才能达到目的。如果只靠国家和集体投入，自身不能产生效益，解决不了根本问题。另外，主要是传承人的生活保证和生活质量改善问题，都是非物质文化遗产保护可持续发展的基本条件。

照片 12　三门源旅游区规划图

　　2008 年起，三门源村在当地政府的支持和指导下，进行了新一轮的综合治理。目前，村里正在进行大规模的整修，主要目标是古建筑，包括民居、凉亭、祠堂、街楼等。修缮费用按县政府承担 50％，当地政府 30％，个人 20％的比例分担，困难户减免 10％。同时整治的还有村里的环境和卫生条件。在此基础上逐渐开展农家乐。据龙游县文化旅游局黄局长介绍，这次村里整治费用是：小流域治理 100 万元，农业开发办给的；古民居叶氏民居 50 万元，叶氏宗祠 26 万元，翁氏宗祠 22 万元，文物局给的；凉亭 5 万元，地界楼 6 万元，规划办给；综合整治 20 万元、水泥路 20 万元，农业开发办给，其他的是县政府直接给的。这次整治的主要目的是为了农村环境改造，古民居修缮，目前还没有收回投资的打算，只是为今后的旅游开发和文化遗产保护作铺垫。经过调查我们感觉到，保护非物质文化遗产是个综合性工程，只是就事论事很难达到目的。保护非物质文化遗产必须借助各方面的力量，其中也包括旅游开发等能够产生经济效益的行业。

　　据黄局长介绍，在这个阶段整治的基础上，下一步的工作将是对非物质文化遗产的抢救保护。具体想法是，首先是利用当地物产，推广和恢复有发展前途的民间手工艺，如恢复传统榨油工艺和工具，出产用当地茶油籽榨制的绿色食用油；利用满山的毛竹，编制手工竹篾席，制作竹制生活用品；随着农家乐的不断扩大，将当地手工制作的豆腐在内的特色食品供应游客。三门源地处山区，有许多山珍可以开发成旅游产品向游客推销。这些方面都可以为旅游开发提供有力保障，同时也可以借助旅游开发的便利达到自身保护、传承的目的。对当地口头传承的民间文学，进行搜集整理、编辑出版，系统介绍当地的文化、风俗，吸引更

多的游客。提倡和推广各种有益的、独特的节日习俗，丰富人们的精神文化生活。在这方面，政府也要出台相应的措施和政策，保证非物质文化遗产保护工作尽快开展起来。如果这些想法能顺利实现，既可以保护当地自然和文化资源，又可以解决老百姓的生活困难和改善生活质量，使当地经济可持续性发展，文化遗产得到有效的保护和传承。可以认为，只有在政府正确方针政策引导和大力支持下，老百姓自觉自愿的参与下，保护非物质文化遗产工作才能开展起来；只有保护非物质文化遗产行动能满足人们的生活需求，才能保证这项工作的持续进行。

要旨

# 非物質文化遺産

劉　暁　路

　三門源村は、浙江省衢州市龍游県の最北部に位置しており、県の人民政府が置かれる中心街からは26キロの距離にある。ここは、宋代に戦乱を逃れて建徳から移動してきた人々によって造られた村である。彼らが選んだのは、両側を山に囲まれ、平地に面した絶好の風水の条件を有する、この土地であった。この地で明代や清代、中華民国期に建てられた民家や祠堂、廟宇、横町、石畳の道、堰といった建築物はいずれも、徽派の特徴を具えている。ここでみられるれんがの彫刻や木彫り、石の彫刻も、どれも美しい輝きを放つものである。なかでも、葉姓の人々が暮らしてきた民家や、れんが彫刻、木彫り、石の彫刻といったものの存在は、知らぬ者がないほど著名である。三門源村は、こうした独特な古い建築群と豊富な文化遺産、美しい自然によって観光開発に重きを置いている、地元でも有数の村落である。三門源村は、江南地方に典型的な稲作経済と山林経済とが結合した地域に位置する。それゆえ、この村の人々は閉鎖された空間で経済や文化、生活を自給自足させるという環境のもと、こうした環境に適応した多くの文化遺産を残してきた。いうまでもなく、こうした文化遺産は、さまざまに異なる歴史的・社会的段階において、種々の変化を経験してきている。

　調査をおこなうなかで、三門源の非物質文化遺産はさまざまな要素による影響や衝撃を受けており、今後も命脈を保っていけるか否かについては、目下のところ楽観を許さない状況であることがわかってきた。しかし、今回の調査では、三門源村に今なお残る民間の手工芸の現在の姿について把握することができた。たとえば、この村には、鉄を打つ技術や、豆腐作り、油搾りといった手工芸が存在している。それと同時に、「発糕」（蒸し菓子の一種）や「圓餜」（もち米の粉と野菜などで作った餅の一種）、「粽子」（ちまき）や「肉圓」

（肉団子）、「麻糍」（ゴマをふりかけた餅の一種）、だいこん餅、さつまいも餅といったこの地域に特徴的な食べ物を作る技術もまた、村人たちの間に伝承されている。人々の生活に密着した節句の慣習についてみてみると、それは社会の進歩や文化の変化にともない、それぞれの時代の特徴をはっきりと示していることがわかる。清明節になると村人たちは「清明粿」と呼ばれる餅をこしらえ、祖先や死去した肉親を祭祀するし、端午節になれば、人々はちまきを作り、「緑豆糕」（リョクトウの粉でできた菓子）を食べたりする。さらに、より下の世代の者が世代の上の者に酒や菓子類を送る光景もみられる。また、中秋節がくると村人たちは、「麻糕」（ゴマを使った菓子の一種）を作ったり、家族みんなで集まって食事をしたり、「麻餅」（ゴマを使った餅の一種）や「月餅」を送りあったりする。そして、旧暦十二月二十四日になれば、人々は「小年」を越すのだといって「湯圓」（もち米の粉で作った団子）を食し、「竈神爺」と呼ばれるかまど神を天へと送りだすのである。さらに、旧暦十二月三十日には、各家庭でかまど神を家の中へと招く行事がおこなわれ、家族全員で夕食をとる様子がみられる。この夕食は、この地域で「年越しを食す」と呼ばれている。人々はこうして夕食を終えた後に、東西南北の各方角を拝んだり、祖先やブタ小屋を祭ったりする。そして、春節になると地元の劇団を呼んで劇を演じてもらうといったことがおこなわれる。ほかにも、七月半（旧暦七月十五日）や重陽節（旧暦九月九日）、冬至といった時期になれば、人々はさまざまな活動をするのである。ただし、こうした一年の節目に当たる時期に作られるものや、そこでおこなわれることというのは、以前と比較して変化がみられるのも事実である。

　三門源村で非物質文化遺産が保護されてきた過程においては、政府の介入も重要な役割を果たしている。そのなかでは、政府が非物質文化遺産を保護するうえで提示する理念や方法も、長い時間をかけて次第に成熟していくという過程をみることができる。この地域の地方政府は今まさに、いかにして民間工芸の力を発揮させることができるのか、いかにしてこうした手工芸を利用することができるのかを検討しているところである。このほかにも、人々の間に手工芸を伝えていく伝承者たちを育成する取り組みが議事日程として乗せられるなど、地方政府はこの地域ならではの民俗活動を発展させる動きを積極的に支持していることがわかる。こうしてみると、非物質文化遺産の保護というのは、

一つの総合的な取り組みとしてとらえることが可能である。もちろん、情況や条件は各地域で異なっており、政府がこうした類の取り組みを進める際には各地域の情況や条件を十分に考慮し、それらを有効に利用しながら、それぞれの地域に合った対策と政策を実施する必要があるだろう。こうしてはじめて、非物質文化遺産保護の取り組みを迅速かつ順調に展開してゆくことができるのである。

# 浙西山区民间岁时节俗调查

崔成志 占剑 周毅

## 一、江山廿八都岁时节日民俗

江山廿八都地处浙、闽、赣三省交界，历史上是边区的重要集镇，素有"枫溪锁钥"之称，专家誉此为"文化飞地"，学者称其为"一个遗落在大山里的梦"。镇区有许多保存完好的明清古建筑，属省级历史文化保护区。丰富多彩的人文景观，古朴浓郁的民俗风情，独特厚重的文化积淀，使古朴淡雅的廿八都镇在现代文明的包围中显得异样夺目。独具特色的岁时节日文化也给笔者留下了深刻的印象。此次廿八都的采访对象包括：江山市民协主席徐太，廿八都镇文化站干部汤光国，廿八都镇浔里村村民徐忠英（女民俗知情者），廿八都镇枫溪村村民金宗怀（木偶艺人），吴赛仙（女，74岁，民歌歌手），退休教师杨庆仙（83岁），小学退休教师曹玉成，退休教师金庆康（75岁），江山中学退休教师姜克中（71岁）。

**正月初一**：男人必须先起床，女人先起床则不吉利。梳洗完，点燃香灯，择良辰开大门、放炮，祈"进财得福"。早餐吃素，摆几盘细糕点，喝青果茶，烧些青菜豆腐、豆芽冬笋之类素菜，以示全家清洁平安。早餐后，晚辈要向长辈拜年，家长要告诫子女、后辈尊老爱幼，礼貌待人，勤劳发奋。同时给小辈发个红包（压岁钱）。新年伊始，凡遇亲友、邻居，均笑脸相迎。逢人便说"新年好""恭喜发财"等吉祥语。

**正月初二**：开始走亲访友，相互拜年，相互祝贺新春。一般拜年客各携带两包"果子"（桂圆、荔枝、糖果）。"新客"（刚结婚的上年新郎）却要一担"果子"，凡女方亲友每家两包。丈人首先开席请新客（又称拜年、正月酒），本族长辈、邻居、好友作陪，少则三五桌，多则十多桌。猜拳行令，轮番敬新客和长辈。必须将新客灌醉，以免女婿日后讲大话：丈人家冇好酒、一世人冇吃过醉。

女婿醉了大吐，岳父一家才高兴。自此各亲友、邻居等一家一天轮流请新客。亲友多的，有时还忙不过来。俗称"正月陪陪客"。

**正月初五**：五谷神生日，不准煮饭。初四晚饭后，要煮好初五的饭，并用新煮的饭装在大碗中，中间竖根竹签或筷子，将饭压捏成小塔形，插上红枣、扁柏、天竹叶，顶端插个红桔，摆放香几中央，并摆放各色水果、青菜叶、豆腐及三杯清茶。初五早上点燃香灯，祭祀五谷神，以祈保佑耕作顺利，谷物生长良好。

**正月十五元宵节**：晚上合家盛宴，吃"元宵"（即汤圆）。廿八都各村均有民间灯会。正月初二花灯开始上街，俗称开灯。十五、十六是高潮。廿八都花灯品种繁多，以龙灯为主。廿八都原有13班舞龙队，每年的元宵节，他们都要拿出看家本领到邻村轮流献艺。舞龙队每到一个村，该村的家家户户必须敞开大门迎接；如户主不在家，舞龙领队会在你家门上贴上一幅喜帖，即某龙队某日来此地；龙队到各家舞龙献艺时，主人一定要敬上一份红包（约5元钱），寓意你家清清洁洁、万事如意、身体健康；如两龙队相遇，则互相祝贺。这些舞龙队自元宵日起一直要到正月底才解散。除此之外，还有旱船、高跷、民间艺人表演节目，一边表演，一边游街，引来众多人观看，热闹非凡。

**二月初二煮糕汤**：廿八都镇居民春节爱好制作、食用年糕（大锣糕），多得一个月吃不完。农历二月初二天气开始转暖，过年留着待客的各种荤腥及年糕等已难以储藏，要在二月初二全部煮了吃，俗称"煮糕汤"。吃了"糕汤"，脱衣衫。一个正月请客、陪客。至二月二，客已回，酒宴已散，脱下长衫换短装、上山下田铲油菜和麦子。俗称"二月铲铲麦"。

**清明节**："油菜花黄，妇人鬼走栏"。清明前两三天，家家磨米粉，邻居妇女互相帮忙，一家家地做"清明馃"（菜馃形似饺子，稍大，糖馃圆形印花）。清明节，前三（天）后七（天），均为清明扫墓祭祖期。应具备"三牲"（猪头、全鸡、鹅）、酒礼、香烛、纸箔，到先茔扫墓祭祖。拜祭后，坟头及两侧各压三条白纸条，留下半杯余酒洒在坟头上。还要在自家的大门、小门、窗户上插上柳枝。一说，柳枝的叶形状像剑，能祛鬼辟邪；二说，长毛（太平军）曾在此驻扎过，长毛看到谁家富裕，就要分谁家的财产给贫穷者，相传只要谁家门口插上柳枝，谁家就太平无事，年复一年，代代相传。

**立夏节**：立夏节前一天，将饭煮至半熟，放入舂臼打烂，搓成小桂圆形的圆球。立夏节早上加入肉丝、笋丝、香菇、墨鱼丝等佐料，便是鲜美可口的立夏馃。街坊邻居互相送一碗，交换着吃。据说吃过7家立夏馃，眼睛就明亮。家家立夏节

还要吃茶叶蛋。据说，吃了立夏蛋，身体健康。中餐后，全家老小要过秤，称一称各人的体重。称时秤只能向外移，不能向内移。称得斤数逢九，要加一斤，九是尽头数，不吉利。逢百也要加一斤，因为斤为担，谐音"上当"，也不吉利。

**五月初五端午节**：这天是廿八都尊师敬教之日。人们不但为自己准备一些可口食品，而且还要专门包粽子，做铜锣糕等食品送给教师，师长以一把小麦扇还礼，以表满意。初三、初四家家户户大扫除、擦锅灶、包粽子、做包子。女伢子用一小块绸布或花布，缝制成小鸡心状的香包，又称"鸡心包"，鸡心谐音"记性"，谓佩戴可增强记忆力。内装独蒜、雄黄粉、甘草、香粉，用丝带挂在胸前，或赠送情人、好友。端午日，门前要挂菖蒲、艾草葛藤，意在驱邪。正午时分，要用石灰粉撒遍屋角、灶根、门槛。前堂撒成一把弓箭型，箭头正对大门外，以示病魔、鬼怪莫入。端午要吃茶叶蛋（意在强身健体）、蒜头（意在不会中暑）、笋崽（嫩笋，意在夏秋时节，遇不到蛇）、螺蛳（意在亮眼睛）、雄黄酒（意在解毒避邪）。要给已出嫁女儿送端午礼：粽子、鸡蛋、扇子、火笼、烘篮等。自古至今，包粽子、挂菖蒲、挂艾的习俗相沿。

**五月二十六至六月初四大菩萨会**：各祠堂、庙宇有戏台的演传本（连续剧，俗称大戏），一般一天一夜演一本，剧目有《观音游十殿》等。并在沿街搭临时戏台，演出木偶戏等，俗称"拦路戏"。几个戏班汇集一处演出，叫参（抢）台戏。廿八都菩萨会时均是参台戏。这时，四乡八坞的山民都来拜菩萨、看戏，廿八都家家宾客盈门，酒肉飘香。

**七月十五中元节**：本地人叫"七月半"。各家内外洗扫清洁，取太公（祖宗）画像挂中堂。桌面摆满油炸麻糍、花馃、紫苏蛤蟆（紫苏及面粉制作的甜点心）、香饼马（用米、面粉、糖印制成马状的食品）、灰碱糕（千层糕）等十二碗荤素菜及点心、果子，俗称"请太公"。这天，全家衣衫齐整，为太公敬酒。米瓮、油盐罐要装满，灶前要堆满柴火。据说，白天、晚上每家每户既不能关大门，又不可熄灯。这天太公要携带没有出世的孙子回家巡视，见油盐柴米充足，衣衫齐整，太公便知儿孙能干，心里舒畅。其间还要给祖上各太公剪一帖纸钱，以保先祖在阴间生活快乐。

**八月十五中秋节**：吃月饼、青豆、"番蒲崽"（没有熟透的青南瓜）炒粉干。月光下，摆起各色月饼，泡上清茶，点燃香烛拜月亮。俗称"请月亮姐"。"请过月亮姐姐，大人伢子崽吃月饼"。同时，青年与小孩又玩起"滑石块"和"偷冬瓜送子"，热闹异常。滑石块就是人踩在一块鹅卵石上进行滑溜，3人滑叫蛤蟆

滴水，7人滑叫观音拜佛。据说，滑石中磨出的气味，可消毒（干鬼）。送子是廿八都姑娘、小伙子为新婚夫妇庆贺的一种方式，小伙子们把牛犊乔装成麒麟，姑娘们把冬瓜切成小孩状，送给所有新婚夫妇，祝贺他（她）们早生贵子。新订婚的后生家，要给女娃子家中送"中秋礼"：月饼数筒、猪肉一刀（块）、粉干五斤、衣服一套（或两块布料，意在秋凉了要加衣）。

**九月初九重阳节**：家家户户打麻糍，蒸千层糕（又称汇咸糕）。廿八都人在重阳节期间必须在各自的祠堂里或家中祭祀太公。在祠堂祭祀时，祠堂的主持人要请长辈在祠堂里用餐，分土烟等；祭祀顺序先男后女，从大到小；祠堂活动由长辈轮流主持，祠堂中的收入归主持人所有，称为"清明业"；祭祀祖宗除了杀羊、宰猪外，还要做糕点、夯麻糕、买果品等。

**十月初十**：廿八都家家户户酿米酒。据说，十月初十前后三天，天上酒仙下凡。这时酿酒，质好、味香、出酒率高。因此，各户都不错失良机。一般人家至少也要酿两三斗糯米。如要娶亲、做寿庆的数量更多，总在百斤米以上。"酿酒"成，便可饮酒。下酒水后需密封月余，然后去糟加热后封存，平时开一坛吃一坛。

在十月"小阳春"天暖的一段日子，家家户户霉豆腐乳。霉豆腐乳时温度要适可，温度太高豆腐易生"黑花毛"，豆腐乳的味道就不好。温度适中，豆腐生"红花毛"，豆腐乳的味道才正宗。

**十一月冬至**：俗称"冬至一过无时节，一朝雨一朝雪。"冬至，家家要打麻糍，做冬至馃。冬至馃以糯米三成、籼米七成，磨成米粉，不加艾草。用萝卜丝炒肉丝做馅，形状如清明馃。冬至前，各祠堂的理事们是非常忙碌的，一面安排杀猪、做香饼（类似广式月饼），一面将本族各家各户的人丁（男人）及年龄、学历、功名等情况统计造册。然后按照祠堂的资产及当年收支情况，男丁每人发数只香饼，读书人、有功名者和60岁以上男人发双份。每一男丁并发猪肉1斤。俗称祠堂"关"香饼。冬至前后，儿孙们又像清明一样，携带"三牲"、纸箔、香烛及冬至馃等，至祖宗坟上祭祖。

**十二月近年关**：男人准备砍过年柴，赚钱办年货；妇女们要为全家大小做新布鞋，纳鞋底、做鞋面。十五一过更加忙碌，炒苞萝子（玉米）、薯丝、薯片；炒米焦（冻米糖）、炒米、磨粉做"炒米糕"（又称"江山糕"），做"雪花白"（全糯米粉蒸熟压成片，剪成各种花样，撮捏成花朵形，晒干，以油炸食）。接着，家家杀年猪、宰鸡、宰鹅、包粽子、蒸年糕。

**廿三夜送灶神**：灶神，又称灶公、灶婆。一户一对，相传，此君负有特殊使

命,每年上天汇报一次。十二月廿三,是他上天向玉皇大帝汇报的日子,所以谁也不敢怠慢,天一黑就点燃香灯,摆上果品、清茶,多多地烧纸钱,希望灶君能够"上天言好事,下地保平安"。十二月廿四大扫除,准备过春节。

**十二月廿八或廿九（除夕前一天）**：家家"压"年饭，准备"谢年"。将新煮的饭高高地装满大碗，压捏成塔状（越高越气派），插上梅花、柏叶、天竹、红枣、花生（染成红色）、桂圆、莲子。碗边贴"年饭花"（剪纸），顶端插个红桔。摆放在香几中间，点燃大红烛。桌上摆满猪头、鱼、鸡、鹅、年糕、粽子、红桔、苹果等各种食品及清茶和酒。每种食品都贴上式样不同、内容相宜的红色剪纸。桌前围上桌围或红纸。门前贴春联。各种家具、农具都要贴红色剪纸或红纸，窗上贴窗花，呈现一片祥和、繁华、喜庆的景象。灶司公前同样摆上果品、清茶，换上新的灶君画像、槛联，点燃香灯，迎接灶司公下凡。

**除夕**：过年前，将全身洗得干干净净，换上新衣裳、新鞋帽。伢子崽到长辈面前，叫声"公代，代代好！"（爷爷奶奶）给公代点烟，擂背。博得老人欢心，给一个红包（压岁钱），还能摆到一大把果子。大人吩咐小孩，过年了，要乖点，大起一岁，不许哭闹，要讲好话（吉祥语）。除夕夜吃罢年夜饭，农户不分男女老幼，围炉而坐，叙旧话新，互致祝愿之辞，不到半夜子时，不肯上床，以守"万年香火绵延不断"，俗称守年夜。据称，次年田塍不会倒塌。子夜零时，新岁来临，家家户户燃放鞭炮、烟花，除旧迎新。

## 二、龙游三门源岁时节日民俗

三门源村位于浙江省龙游县北部石佛乡境内，距县城28公里。由于想进去村庄，都必须经过左象山右狮山、文昌阁寨门和左青龙右白虎这三道屏障；又有一泓涧流自北向南穿村而过，成为塔石溪的源头，故称"三门源"。三门源的岁时节俗和江山廿八都有很多相似之处，但也有其特色一面。三门源的采访对象包括：虞月红（女，42岁），胡金莲（女，80岁），江春香（女，77岁），贺根凤（女，63岁），叶浩林（66岁），徐彩文（58岁），翁国良（92岁，风水先生），翁培金（67岁，风水先生的儿子），杨献宝（60岁，三门源村干部）。

**春节**：春节为一岁之首，俗称"三天清明四天年"。十二月廿三要杀猪、廿四后杀鸡，年前进行大扫除。年廿九早上要摆上米饭、豆腐、贴红纸谢天地、拜祖宗。除夕饭家人团聚，吃完饭以后贴春联，贴门神。日子正之时（零点）一到，人们即在家中厅堂设案，摆上供品，燃香点烛，恭拜"太公"，敬祀祖先。

是时爆竹喧天，家家户户开门迎春纳祥，俗称"开正"。清晨，全家人纷纷起床盥洗，穿上早已准备好的新衣服。早餐合家吃面线加鸡蛋，吃蛋去壳，意在除晦气，迎吉祥，面线则象征福寿绵长。早餐后即出门走访邻居亲友，见面笑逐颜开，互道"恭喜"。对登门客人，主人热情请甜：或吃糖果蜜饯，或喝甜茶，以示有个甜蜜的开端。是日街头巷尾、村前厝后，人来人往，喜气洋洋。

龙游发糕是龙游春节每家每户必备的特有食品，发糕花色品种多样，按口味分，有白糕、丝糕、青糕、桂花糕、核桃糕、红枣糕、大栗糕等；按主要原料分，可分为纯糯米糕和混合米糕。龙游发糕配料上乘，加工精细，色泽晶莹如玉，孔细如针，色香味美，食之糯而不黏，甜而不腻。因风味独特，制作精美，又是"福高"的谐音，象征吉利，因而成为节日礼品，逢年过节家家户户蒸制作糕。

八宝菜也是每家每户必备之菜。取金针、木耳、香菇、萝卜丝干、黄豆芽、粉丝、油豆腐、冬菜等，切成细丝，佐以植物油混炒而成，又名"如意菜"。吃之能百事如意。中下之家，"八宝菜"则用红白萝卜丝、香干、千张、油豆腐、大蒜、荸荠、豆芽、咸菜等。

**元宵节**：又称为"上元节"，其中吃汤圆、赏花灯、猜灯谜、舞龙、舞狮子等是元宵节几项重要民间习俗。三门源的元宵节也不例外。汤圆馅以白糖、芝麻、蜜冬瓜、金桔泥、拌以焗葱白的熟猪油、香蕉油（香料），捏成丸馅，蘸湿后置于盛有干糯米粉的盘中，反复数次滚转而成，煮熟后食之香甜而不腻嘴，用以供祀祖先，并作家人早餐。元宵节吃汤圆，取其圆形，寓有全家人团圆、吉利、美满之意。正月二十谢灯，这也是正月灯会的最后一天，此后，家家门前及厅堂的纱灯也不再点燃。舞狮是龙游三门源独特的习俗。正月期间，舞狮人走村串户到人家门前，配合敲锣打鼓讨个彩气，主人家拿1－2元红包，挨家挨户。狮子有双狮、硬头狮子等。

**清明节**：清明一指节气，一指节日。清明是纪念太公大人（已故长辈）的日子，要做清明粿。清明节，前三（天）后七（天），均为清明扫墓祭祖期。这一天一大早，一家人全起床，男人带着孩子到墓地给祖先烧纸、磕头、除去坟上杂草、添加土壤。要带上清明粿、豆腐饭、猪肉、酒水，放在坟前，点上蜡烛，说上几句话"今天是清明节，太公大人起来吃饭，吃的用的都有了，要保佑家人身体健康，男辈事业有成娶个好媳妇，女辈嫁个好人家。"然后磕头、洒酒、烧纸钱、放鞭炮。

**夏至**：夏至是二十四节气之一，出现在阳历六月下旬初的"夏至"是一年中白昼最长的一天。夏至来临之时，长江中下游地区一般已进入梅雨季节，而梅雨

天气温高、湿度大、日照少，正是农作物病虫害的高发季节。村里农家要吃羹。羹是用蚕豆、大蒜芯、嫩笋加入米粉拌成糊状。中午亲人聚会、喝酒时也会烧上十大碗菜以示过节。夏至"忌雨"的习俗，其实就是一种气候期盼。古时农家把夏至半个月分为头时（前三天）、二时（中间五天）和末时（后七天），农人最怕的就是"时中下雨"和"时末打雷下雨"。因为夏至半个月打雷下雨，多半具有梅雨特征，对农作物生长弊多利少；而夏至半月过后，正是烈日炎炎的盛夏时节，作物开始需要水分了，所以农家都盼望分龙日（即农历五月二十）以后，老天能及时下雨。

**"三月三"庙会**：三门源真武山庙会，方圆五十里，每年都要举行。主要有拜菩萨、做生意、看热闹。庙会期间，由和尚做法事，百姓信佛之人，许愿求签；做生意的人乘机做些买卖，附近百姓看热闹。庙会规模一般都在万人以上。庙会期间有善举，乞丐可讨钱，还要举行杂耍、戏剧等喜庆活动。另外，乌石寺庙会在二月初九、九月十九每年两次。

**求雨**：每逢久旱无雨，三门源寺首事人便召集青壮年7—20人，光膀，不戴笠帽，汤布缠腰，手拿柴刀、木棍，前往寿昌西姑洞或者是龙游绿春湖取龙水。带上火种，用油纸包好，放入竹筒中。进入山洞，洞里有水，用火种点燃蜡烛，烧纸钱。用竹筒酌水。然后立马昼夜行走，不能歇脚，一路上遇到树丛荆棘挡路便砍去，将水挂在村口大树上，意为"取龙水求雨"。然后村中族长率众人三拜叩首，以求风调雨顺。此事在民国三年（1914）和二十四年（1935）曾举行过。

**端午节**：要包粽子、做香包、饮雄黄酒。香包又叫香袋、香囊、荷包等，有用五色丝线缠成的，有用碎布缝成的，内装香料（用中草药白芷、川芎、芩草、排草、山柰、甘松、高本行制成），佩在胸前，香气扑鼻。人们在端午节要室内消毒、悬挂蒲艾、饮雄黄酒、浴蒲艾汤、制"午时茶"，小孩更要胸佩"香袋仔"、臂系"长命缕"、额涂雄黄酒。各家各户打扫卫生，撒石灰在墙角、门前。门前插菖蒲、艾叶。名目不少，而目的只有一个，即避免在"恶"日受到外界邪祟侵害。

**七月初七**：七月初七是中国传统的"鹊桥相会"。意为牛郎星和织女星在这天相会。据三门源村民介绍，这一天稍有富余的人家要蒸七层糕，此糕用黄芪树叶与稻草浸出液，浸糯米。晾干后磨成粉浆，放在蒸笼里蒸熟，蒸熟一层加一层粉浆，一共加七层蒸熟透了，叫"七层糕"。

龙游小孩出世，若体弱多病，则于此日取红头绳，均匀地打七个结，套在小孩颈上，以求吉祥安康。此夜，蒸"七层糕"和"桃形团子"，祭拜七仙女，解

旧年七结以米粉团裹之，丢于屋顶。小孩"挂七结"年年换，到16岁为止。

**中秋节**：祭月、赏月、拜月是传统的纪念中秋节的活动方式。三门源村的这天要在堂前摆上石榴、香柚、菱角、月饼等水果糕点。中秋节一般人家吃月饼。当地人又叫胡饼、团圆饼等。在吃月饼的同时，一些家庭也拜月亮婆婆。在米筛里将一碗饭堆成圆尖，插上三炷香，口念："月亮婆婆，拜你三拜。给我做双绣花鞋，穿得破，丢在大门外，讨饭的人拿去当皮鞋。"

**冬至**：每年农历十一月中旬，约当公历 11 月 22 日（或前、后一天），是冬至节，又称冬节。冬至为二十四节气之一，特别为人们所重视，全国不少地方都有"冬至大如年"的说法，把冬至节当作过年一样隆重。三门源冬至除了丰盛的"十大碗"午餐外，还要给祖宗上坟。一碗饭、一块豆腐、一块肉，带上酒扫墓，路远的话可不带。扫墓时要点上蜡烛、烧纸钱。

**赶墟日**：一年中有较多的赶墟日，也称市日、买卖日。附近方圆十里的百姓自然汇集在墟日进行农产品、土特产及日用百货的交易。在此期间也会伴随着文化娱乐、表演戏剧、放映电影等活动。亲朋好友聚集一堂，吃喝玩乐。具体时间见下表：

**龙游赶墟日一览表**

| 时间（农历） | 地 点 | 时间（农历） | 地 点 |
| --- | --- | --- | --- |
| 二月十五 | 雅村 | 九月初九 | 丰塘山村 |
| 二月十九 | 模环 | 九月十五 | 模环 |
| 二月二十六 | 后徐村 | 十月初一 | 塔石镇 |
| 三月初四 | 石佛 | 十月二十 | 泽随 |
| 三月初八 | 马元 | 十月二十六 | 后徐村 |
| 四月初八 | 志棠 | 元旦 | 横山 |
| 八月十三 | 横山 | | |

## 三、总结

通过对两地岁时节俗的调查，我们也有了一些体会：

**1. 廿八都的岁时节日民俗风情丰富多彩。**无论人生礼仪、民间文艺（戏曲、山歌），还是传统服饰、民间木刻、木偶、编织工艺，传统文化依旧传承清晰，其岁时节日习俗都有着深厚的传统，绝大部分的岁时节俗都受到外来文化的影响，岁时节日风俗文化呈现多样的特质，其文化资源蕴含着丰富的学术研究价值。

2. **不管是江山廿八都还是龙游三门源，一些传统的节日民俗正在逐渐衰落或消亡。** 岁时节日民俗"驱邪"的特点逐渐消退，"娱乐"的氛围逐渐增加。诸如烧香拜佛求其平安的做法也逐渐淡化。另外，由于科学技术的发展，三门源"求雨"习俗也没有存在的必要了。

3. **目前，两地对传统岁时习俗的开发与保护仍存在诸多问题，三门源的岁时节俗文化的保护与开发还远远不够。** 例如建造民俗景点最重要的原则是应该尊重原来民俗的基本习惯。但现在却出现了"伪民俗"，即为了某种目的任意编造、添加、拼凑的而当地根本不存在的民俗，这就走进了岁时节日民俗保护的误区。

调查中我们也欣喜地看到，江山廿八都镇已成为"中国历史文化名镇"，每年春节期间的元宵灯会异常热烈，已成为旅游风景区的重要内涵。三门源也成为"中国历史文化名村"，整体保护与开发计划也在有条不紊地进行中。江山廿八都和龙游三门源的岁时节俗文化既为浙西山区岁时节俗文化的形成发展作出过独特的贡献，具有不可替代的作用，同时，又以其植根于一方土壤的浓郁特色和巨大惯性力量，仍将绵延不绝地传承下去。

要旨

# 浙西山間地方の年中行事

崔 成 志・占 剣・周 毅

　四季折々の節日とは、気候条件、生物や気候のもつ周期性の変化に対応しており、人々が社会生活のなかで培ってきた習わしが次第に定まって広く一般に認められるようになったものである。さらに、節日とは慣習的な活動がおこなわれる、ある特定の日時を指してもいる。こうした季節ごとの節日にみられる民俗とは、人々の民俗生活のなかできわめて重要な位置を占めている。それは、人間が生活を送るうえで不可欠な構成要素であり、また人々が時間を認識する際に用いる主要な指標でもある。こうして考えると、節日というのは、人々が作りあげてきた文化の表現形式であるだけではないことがわかる。これは、人々が生存してゆくために必要な技術であり、ある種の実践でもあるといえる。

　江山市の廿八都や龍游県の三門源をはじめとする浙江省西部の山地においてみられる節日の民俗は、この地の民俗文化にとって欠かすことのできないものである。江山市の廿八都という古い鎮は、浙江・福建・江西の三省が境を接するところに位置している。南北の融合した外来文化の数々が、この地で交わり、衝突をくり返してきた。こうして、ここには四季折々の風情豊かな節日の民俗が生みだされ、優れた民間文学や民間芸術といったものも、ごく自然にこの地に集まるようになったのである。龍游県の三門源村もまた、独特の地方色を具えた豊富な節日の民俗文化が脈々と受け継がれてきたところであり、その民俗文化は情緒にあふれている。この二つの地域にみられる豊潤で多彩な民俗や、深みのある民俗、そして鮮やかで華麗な表現の文化といったものは、わたしたちにさまざまな民俗文化の体験をもたらしてくれるだろう。したがって、ここにはきわめて大きな社会的・人文的価値と、豊富な学術的価値があるといってよい。

中国人研究者と日本人研究者から成る浙江省山地農村非物質文化遺産民俗調査団が衢州市を訪れて調査をおこなったのは、2007年8月から2010年8月までの4年間であった。その間、調査団のメンバーは毎年2週間ほどの時間を、浙江省西部の山地での民俗調査に充ててきた。メンバーの研究者たちは、インタビューや参与観察をとおして村の老人たちから知識を得たり、文献調査をおこなったりしながら自らの認識を深め、廿八都や三門源の民俗に関する知識を積み重ねてきている。筆者も現地へ足を運び、二つの地域における節日の民俗と、それに関わるさまざまな職人について把握することに努めてきた。そのなかでも、廿八都と三門源という二つの地域で関連をもつと思われる節日の民俗については、より力を入れて研究を深めている。

中国江南山間地域の民俗文化とその変容
―浙江省江山市廿八都と龍游県三門源―

発　行　　２０１１年３月３０日

編　集　　福田アジオ
　　　　　神奈川大学大学院歴史民俗資料学研究科
　　　　　〒221-8686　横浜市神奈川区六角橋 3-27-1

印　刷　　株式会社　平河工業社